탄탄한 기본기로 실무 능력을 키우는

엑셀과 파워포인트 2016

지은이 **김지연** jykim629@daejin.ac.kr

인하대학교에서 공학박사 학위를 받았고 대우정보시스템(주), LG전자(주)에 근무하면서 그룹전산화 업무, 공정 관리 시스템 개발 및 이동통신 시스템의 소프트웨어 개발 업무를 수행했다. 인하대학교, 명지대학교, 가천대학교와 청강문화산업대학에서 컴퓨터 프로그래밍과 데이터베이스 등을 강의했고 University of North Texas에서 방문 연구원으로 무선 통신 분야를 연구하였다. 현재는 대진대학교 교수로 재직 중이며 컴퓨터 교양 강의를 담당하고 있다.

엑셀과 파워포인트 2016

초판발행 2017년 12월 27일
9쇄발행 2024년 1월 12일

지은이 김지연 / **펴낸이** 전태호
펴낸곳 한빛아카데미(주) / **주소** 서울시 서대문구 연희로2길 62 한빛아카데미(주) 2층
전화 02-336-7112 / **팩스** 02-336-7199
등록 2013년 1월 14일 제2017-000063호 / **ISBN** 979-11-5664-376-0 93000

총괄 박현진 / **책임편집** 김성무 / **기획·편집** 김미정 / **교정** 신꽃다미 / **진행** 안비단
디자인 김미현, 최연희 / **전산편집** 김정미 / **제작** 박성우, 김정우
영업 김태진, 김성삼, 이정훈, 임현기, 이성훈, 김주성 / **마케팅** 길진철, 김호철, 심지연

이 책에 대한 의견이나 오탈자 및 잘못된 내용에 대한 수정 정보는 아래 이메일로 알려주십시오.
잘못된 책은 구입하신 서점에서 교환해 드립니다. 책값은 뒤표지에 표시되어 있습니다.

홈페이지 www.hanbit.co.kr / 이메일 question@hanbit.co.kr

Published by HANBIT Academy, Inc. Printed in Korea

탄탄한 기본기로 실무 능력을 키우는

엑셀과 파워포인트 2016

김지연 지음

한빛아카데미
Hanbit Academy, Inc.

제대로 배워 손쉽게 활용하는 엑셀과 파워포인트

컴퓨터와 인터넷 사용이 일상화되면서 학업에 필요한 자료를 정리하거나 발표 과제나 각종 문서 양식을 만들 때에도 엑셀이나 파워포인트와 같은 오피스 프로그램을 많이 사용하고 있습니다. 비단 학습 활동뿐만 아니라 제품 발표회나 회계 관리 등 다양한 업무 처리에서도 오피스 프로그램은 유용하게 쓰입니다. 엑셀과 파워포인트는 마이크로소프트사의 오피스 제품 중에서 가장 유명하고 활용도가 높은 것으로 1980년대 중반에 초기 버전이 출시된 이후 꾸준히 기능을 추가하고 성능을 향상시켜 현재와 같이 많은 사람들이 애용하는 프로그램으로 자리매김하였습니다.

엑셀은 숫자를 계산하기 위해 만들어진 프로그램입니다. 행과 열로 이루어진 워크시트라는 표 형태의 편집 공간에 데이터를 입력하여 자동으로 계산하고 분석하는 방식입니다. 숫자 계산만이 아니라, 업무 양식을 작성하거나 그래픽과 차트를 이용하여 문서를 보기 좋게 꾸미고 데이터를 쉽게 파악하도록 만들 수도 있습니다.

파워포인트는 프레젠테이션을 위한 프로그램으로 청중을 대상으로 정보의 전달력과 설득력을 높이기 위해 다양한 시청각 효과를 지원합니다. 그림이나 동영상과 같은 멀티미디어 자료를 활용하거나 여러 가지 동적 효과를 설정할 수 있고 주제별로 미리 만들어져 있는 디자인 테마를 가져다 쓸 수 있어서 적절한 디자인을 만들기 어려운 경우에도 근사한 발표 자료를 손쉽게 만들 수 있습니다.

이처럼 엑셀과 파워포인트에 사용하기 쉽고 다양한 기능이 있지만 사용자들은 자주 쓰는 몇 가지 방법 외에는 알지 못하거나 익숙하지 않은 경우가 의외로 많습니다. 각 기능을 정확히 알고 용도에 맞게 잘 활용하면 작업의 효율성을 높일 수 있으므로 기본적인 기능에 대한 이해와 활용 방법을 함께 익혀둘 필요가 있습니다. 시중에는 이미 많은 엑셀과 파워포인트 학습서가 나와 있습니다. 그럼에도 불구하고 이 책을 집필한 이유는 기본기를 충실하게 다지고자 함이고 기본 기능을 확실히 알아두면 다양한 영역의 작업이나 업무에서 효율성을 높일 수 있을 뿐만 아니라 응용할 수 있는 방법을 스스로 찾아낼 수 있다고 생각하기 때문입니다.

수년 동안 학생들에게 엑셀과 파워포인트를 강의하며 모은 많은 자료와 경험을 담고자 집필을 시작하였습니다. 막상 일을 진행하다 보니 오히려 스스로의 부족함과 힘에 부침을 느껴 낙담하기도 하였지만 배움에는 끝이 없다는 것을 다시금 깨달은 소중한 시간이었습니다. 신뢰와 기회를 주신 한빛아카데미㈜ 관계자분께, 특히 처음부터 끝까지 열성적으로 도와주신 김미정 과장님께 감사드립니다.

늘 곁에서 힘이 되어준 오랜 벗들과 가족에게 감사와 사랑을 전합니다.

지은이 **김지연**

학습 보조 자료

학습에 필요한 자료는 다음 주소에서 내려받을 수 있습니다.

http://www.hanbit.co.kr/src/4376

연습문제 해답

이 책은 대학 강의용 교재로 개발되었으므로 연습문제 해답을 제공하지 않습니다.

이 책의 구성요소

EXCEL 2016 POWERPOINT 2016

SECTION 01 차트 만들기

엑셀에서 다루는 많은 숫자를 차트의 시각 효과를 이용한 그래픽으로 표현하면 쉽고 빠르게 이해하여 정보를 훨씬 효과적으로 분석할 수 있다. 문자나 숫자를 셀이나 표에 입력해서 관리하면 정확하고 상세하게 정보를 파악할 수 있지만, 추세를 파악하거나 서로 비교하기는 쉽지 않다. 엑셀에서는 다양한 종류의 차트를 데이터 유형에 따라 선택할 수 있다. 이때 표현하려는 의도와 제공하려는 정보를 제대로 비교 및 파악할 수 있도록 적절한 종류의 차트를 선택하는 것이 중요하다.

1.1 차트의 종류

셀이나 표의 데이터를 분석하여 적당한 차트를 추천받거나 사용자가 원하는 종류의 차트를 직접 선택할 수 있다. 세로 막대형, 가로 막대형, 꺾은선형, 원형 등의 기본적인 차트 외에 오피스 2016 버전에서 새로 추가된 트리맵, 선버스트, 상자 수염 그림, 폭포와 같이 다양한 종류의 차트를 사용 목적에 따라 선택할 수 있다.

1.2 추천 차트

여러 가지 차트 중에서 필요한 차트가 무엇인지 선택하기 어려운 경우에는 차트로 나타내고자 하는 데이터를 선택하기만 하면 된다. 선택한 데이터를 분석하여 몇 가지 적당한 차트를 추천하는 기능인 추천 차트 도구를 사용할 수 있기 때문이다.

기본예제 7-1 추천 차트 삽입하기

남녀별 인구 데이터를 이용하여 워크시트에 추천 차트를 삽입해 보자.

01 '준비.xlsx' 파일의 '추천차트' 시트에서 A2:F5 범위를 선택하고 [삽입] 탭-[차트] 그룹-[추천 차트]를 누른다.

TIP 워크시트에서 연속적인 셀을 범위로 선택하면 [빠른 분석] 단추를 사용할 수 있다. [빠른 분석] 단추를 누르고 [차트] 탭을 선택하면 추천 차트를 볼 수 있다.

238 PART 01 | 엑셀

차트 | CHAPTER 07 239

핵심 기능 소개

엑셀과 파워포인트의 핵심 기능을 소개합니다. 예제를 통해 학습할 수 있는 내용이므로 가벼운 마음으로 읽어 보세요.

기본예제

엑셀과 파워포인트의 기본 기능 및 활용 방법을 학습할 수 있는 146개 예제입니다. 설명과 그림을 보며 차근차근 따라해 보세요.

TIP

예제를 따라할 때 알아두면 좋은 내용입니다. 실무 활용 팁도 얻을 수 있으니 꼼꼼히 살펴보세요.

강의 보조 자료

한빛아카데미 홈페이지에서 '교수회원'으로 가입하신 분은 인증 후 교수용 강의 보조 자료를 제공받을 수 있습니다. 한빛아카데미 홈페이지 상단의 [교수전용공간] 메뉴를 클릭하세요.

http://www.hanbit.co.kr/academy

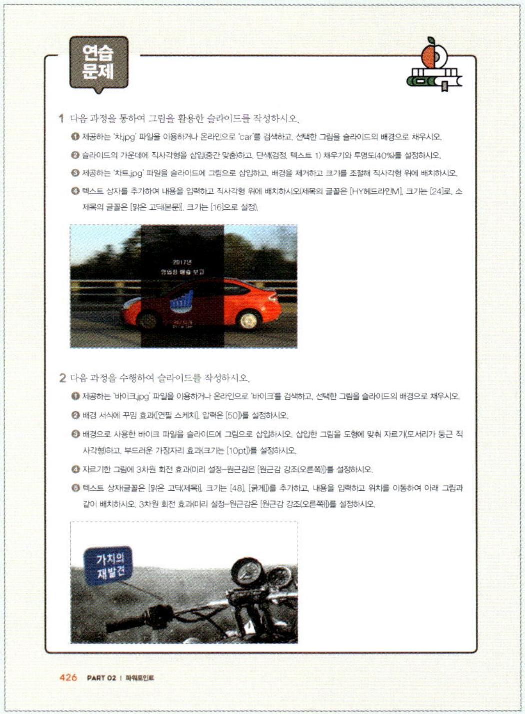

요약예제

각 CHAPTER에서 배운 내용이 모두 담겨 있는 예제입니다. 엑셀과 파워포인트를 빠르게 공부하고 싶거나 배운 내용을 복습하려는 학습자, 수업 중 과제가 필요한 강의자에게 유용합니다.

연습문제

각 CHAPTER의 핵심 내용을 제대로 이해했는지 확인할 수 있는 문제입니다. 예시 화면만 보고 어떻게 만들면 될지 구상한 뒤 상세 항목을 따라 실습해 보면 활용 능력을 키울 수 있습니다.

CHAPTER 07 차트

PART 02 파워포인트

CHAPTER 08 파워포인트 기본 기능

CHAPTER 10 도형과 스마트아트

CHAPTER 11 표와 차트

PART 01

엑셀

EXCEL 2016

CHAPTER 01

엑셀 개요 및 기본 기능

학습목표

- 엑셀의 특징과 새 기능, 엑셀의 메뉴 구성을 설명할 수 있다.
- 워크시트와 셀을 다룰 수 있다.
- 문자와 숫자, 날짜와 통화 데이터를 입력할 수 있다.
- 자동 채우기로 데이터를 입력하고 사용자 지정 목록을 만들 수 있다.

SECTION 01

엑셀 소개하기

엑셀(Excel)은 표 모양으로 된 계산용 프로그램인 스프레드시트(spreadsheet) 프로그램의 하나이다. 엑셀에서는 행과 열로 이루어진 워크시트라는 공간에 데이터를 입력하고, 입력된 값에 식을 적용해 계산하거나 분석 및 처리하는 등의 여러 작업을 할 수 있다. 애플(Apple)사의 비지칼크(VisiCalk)와 로터스(Lotus)사의 로터스 1–2–3(Lotus 1–2–3) 등의 스프레드시트 프로그램도 있지만 엑셀이 가장 널리 알려져 광범위하게 사용되고 있다. 엑셀은 마이크로소프트(Microsoft)사의 다른 오피스 제품과 함께 배포되므로 파워포인트나 워드 등의 프로그램과 손쉽게 연동되는 장점이 있다.

1.1 엑셀의 특징

엑셀에서는 셀(cell)이라는 데이터 입력 공간이 모여 하나의 작업 영역인 워크시트(worksheet)를 이룬다. 데이터나 수식을 입력할 수 있는 각 셀은 열과 행이 교차하는 곳에 위치하므로 열 번호와 행 번호를 조합한 이름을 셀 주소로 사용한다.

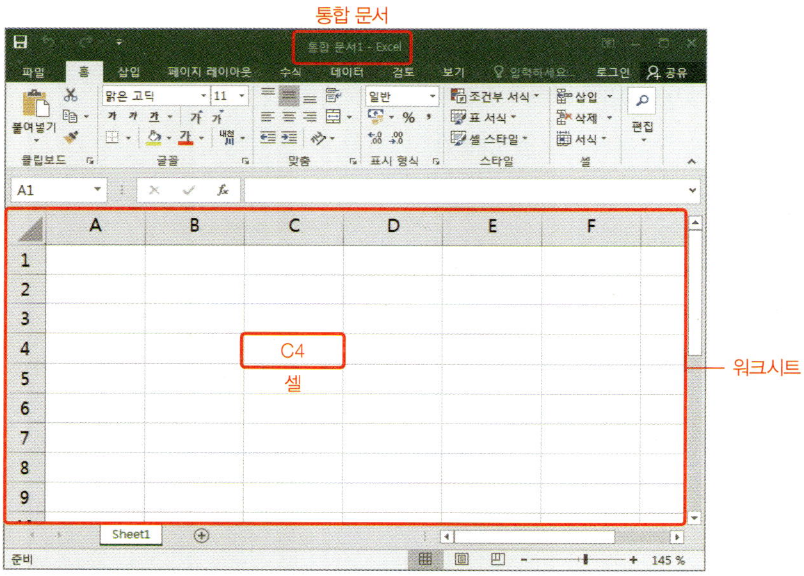

▲ 엑셀의 작업 단위 구성

1,048,576개의 행과 16,384개의 열을 조합한 1,048,576×16,384개의 셀이 모여 하나의 워크시트가 되며 파일 하나에 최대 255개의 워크시트를 생성할 수 있다. 엑셀 파일은 통합 문서 단위로 저장되는데 통합 문서 안에 여러 개의 워크시트를 묶어 관리할 수 있기 때문에 연관된 내용의 다른 파일을 참조하거나 비교 · 분석하기 편리하다.

1.2 엑셀의 새 기능

엑셀에는 수치 계산을 위한 기능뿐 아니라 서식이나 차트 등을 사용하여 데이터를 이해하기 쉽게 표시하는 기능, 데이터를 요약 및 분석하고 예측하는 데 유용한 기능 등이 다양하게 제공된다. 오피스 2016에서 추가된 엑셀의 새 기능은 다음과 같다.

- **새로운 종류의 차트 추가**: 재무 또는 계층 구조 정보에서 일반적으로 사용하는 데이터 시각화나 통계 속성을 찾아내는 차트가 추가되었다.

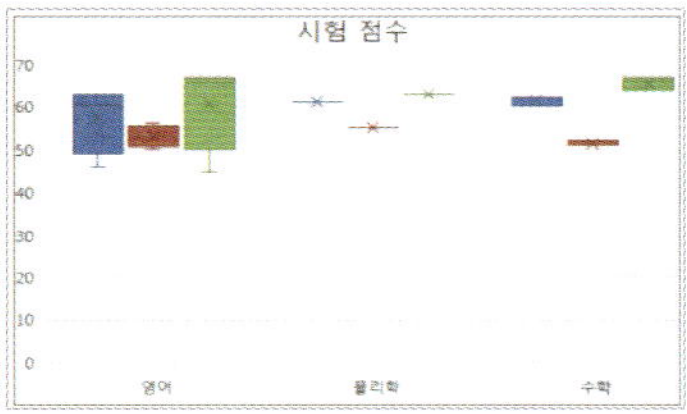

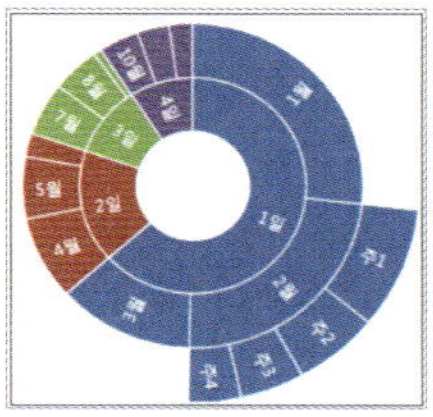

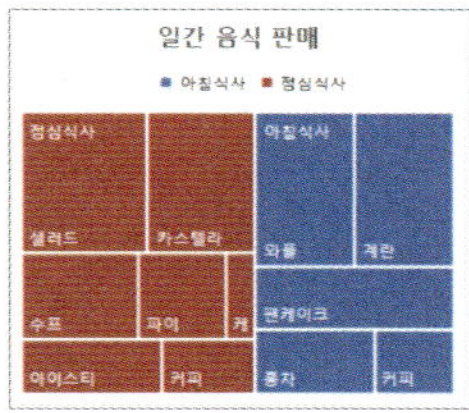

- **가져오기 및 변환**: 여러 종류의 데이터를 쉽고 빠르게 가져와 변환하는 기능이 추가되어 필요한 데이터를 한 곳에서 모두 처리할 수 있게 되었다.

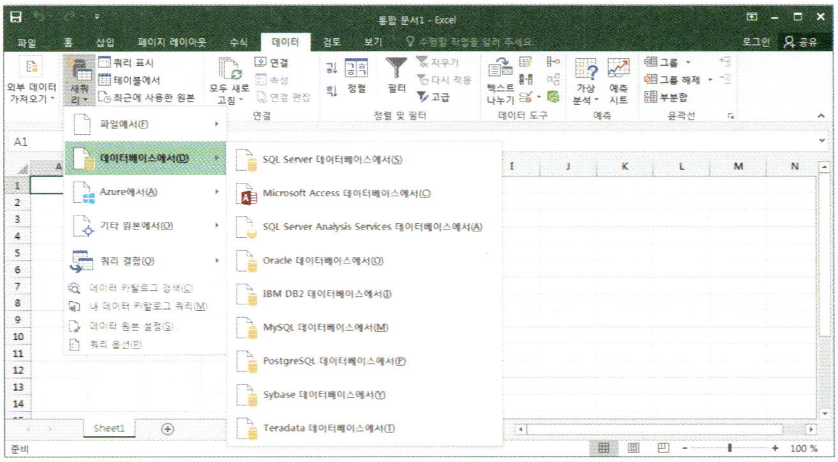

• **예측 함수 추가**: 기존의 선형 예측 함수뿐 아니라 지수 평활법을 기준으로 하는 FORECAST 예측 함수가 추가되었으며, 예측 시트 단추를 사용하면 데이터 계열의 예측 시각화를 빠르게 구현할 수 있다.

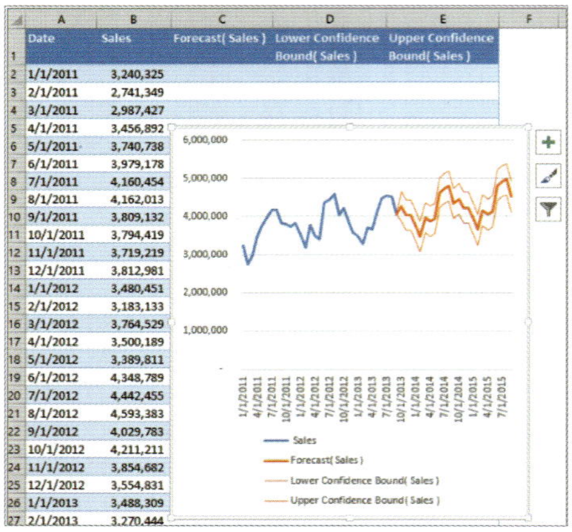

• **3D 맵**: 3D 지리 공간 시각화 도구인 파워 맵이 3D 맵으로 이름이 바뀌어 기본 제공되며 다른 시각화 도구와 함께 표시된다.

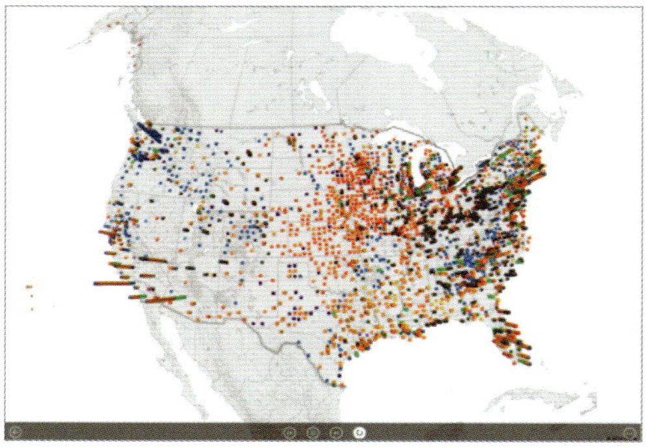

SECTION 02

엑셀 시작하기

엑셀을 실행하면 새 문서를 만들 때 제공되는 다양한 종류의 서식 파일을 검색할 수 있는 메뉴가 나타난다. 검색 키워드를 입력하고 원하는 종류의 서식 파일을 선택한 후 [만들기] 단추를 누르면 서식 파일을 다운로드하여 엑셀 문서를 손쉽게 만들 수 있다. 서식 파일로 만든 엑셀 통합 문서는 용도에 맞게 항목을 수정할 필요가 있기 때문에 엑셀의 기본 기능에 대해 학습한 후에 이용하는 것이 더 바람직할 수도 있다.

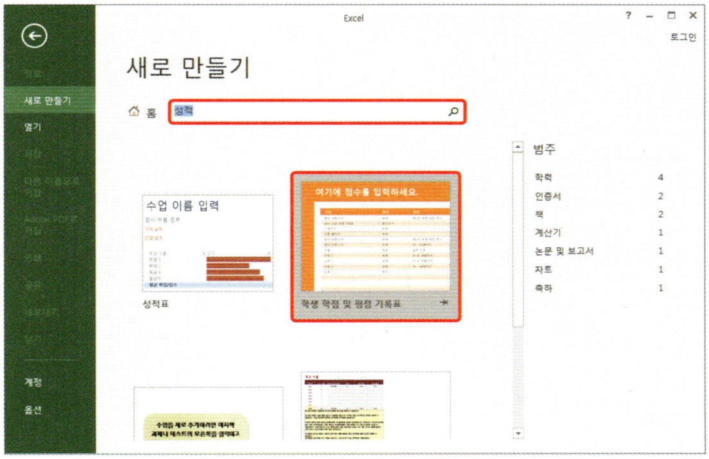

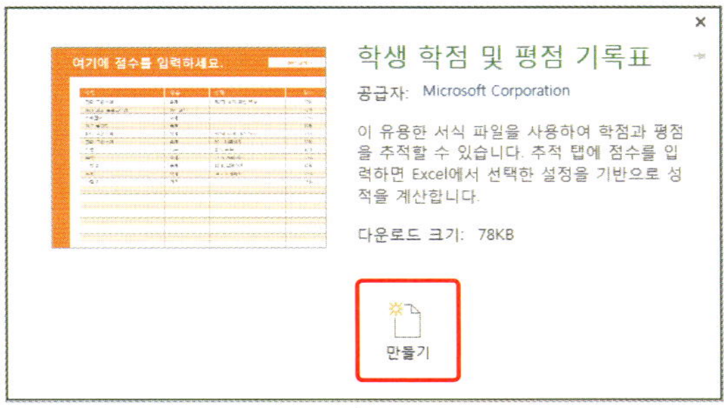

여기서는 서식 파일로 만든 엑셀 통합 문서를 이용해 엑셀의 기본 화면과 메뉴 구성, 파일 저장과 인쇄 방법 등에 대해 알아본다.

2.1 엑셀 기본 화면

엑셀 화면은 다음과 같이 ❶ 메뉴, ❷ 시트, ❸ 상태 표시줄로 구성된다.

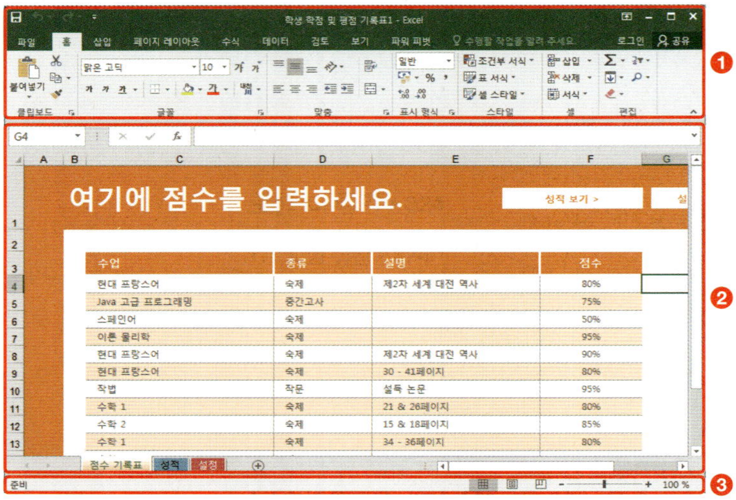

❶ **메뉴**: 화면 상단에는 기능별로 분류된 메뉴 탭과 각 탭에 해당하는 도구 아이콘이 리본 메뉴 형식으로 제공된다.

❷ **시트**: 화면 가운데에는 데이터나 수식을 입력하고 편집하는 데이터시트가 위치한다.

❸ **상태 표시줄**: 화면 하단의 상태 표시줄에는 작업 중인 시트의 보기 형식이나 확대/축소 비율을 지정하는 도구가 있다.

2.2 엑셀의 메뉴 구성

화면 상단에 보이는 메뉴는 기능별로 분류된 탭으로 이루어져 있으며 각 탭을 누르면 관련된 도구 아이콘들이 리본 메뉴에 표시되고 아이콘을 클릭하면 원하는 명령이 실행된다. 메뉴 탭에는 시트에서 선택한 개체의 종류에 따라 개체 속성을 편집하는 메뉴들이 있는 확장 탭이 추가로 표시된다.

2.2.1 홈

[홈] 탭은 가장 많이 사용되는 서식 관련 도구로 구성되며 붙여넣기와 복사, 글꼴과 맞춤 설정, 표시 형식 및 스타일, 삽입과 삭제 등을 수행할 수 있다.

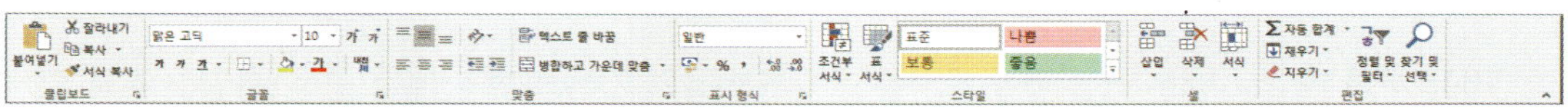

2.2.2 삽입

[삽입] 탭은 그림, 도형, 차트, 피벗 테이블, 3D 맵, 기호, 수식과 같이 다양한 종류의 개체를 삽입하기

위한 도구로 구성되어 있다.

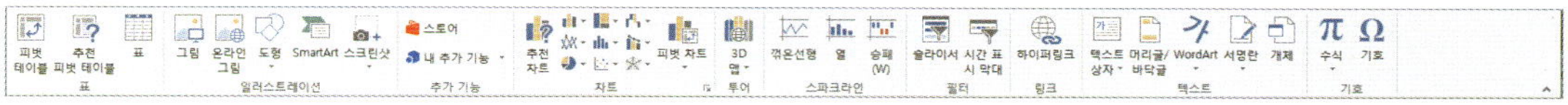

2.2.3 페이지 레이아웃

[페이지 레이아웃] 탭은 시트에 적용하는 테마, 용지, 인쇄 옵션, 시트의 보기 옵션, 개체의 정렬 방법 등을 설정하는 도구로 구성되어 있다.

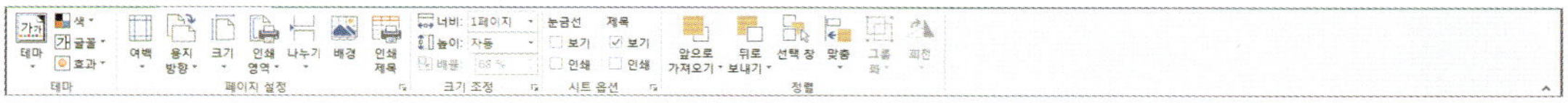

2.2.4 수식

[수식] 탭은 함수 마법사를 실행하거나 기능별로 분류된 함수 라이브러리 목록에서 함수를 선택하는 도구, 이름을 정의하고 관리하는 도구 등으로 구성되어 있다.

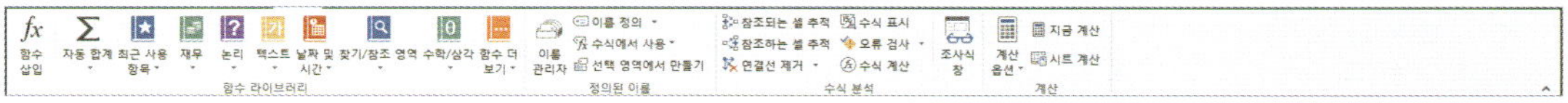

2.2.5 데이터

[데이터] 탭은 엑셀에서 사용 가능한 외부 데이터를 가져오거나 변환 또는 연결하는 도구, 시트에 표시된 데이터를 정렬하거나 필터링하는 도구, 데이터를 분석하고 예측하는 도구 등으로 구성되어 있다.

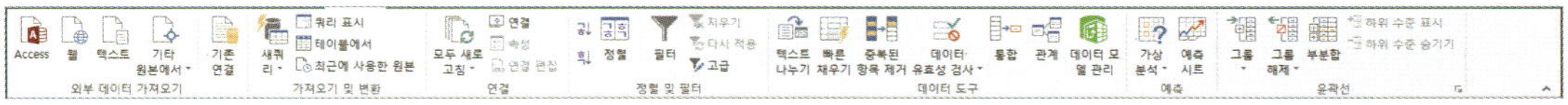

2.2.6 검토

[검토] 탭은 맞춤법 검사, 한자 변환, 메모 삽입과 표시/숨기기, 시트를 보호하기 위한 암호 설정 도구 등으로 구성되어 있다.

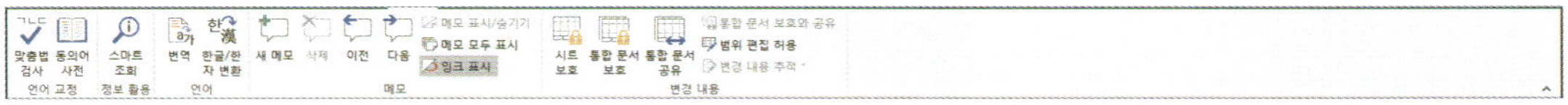

2.2.7 보기

[보기] 탭은 문서의 보기 형태를 선택하거나 확대/축소하는 도구, 창의 정렬 방식을 선택하고 창을 전환하는 도구, 매크로 도구 등으로 구성되어 있다.

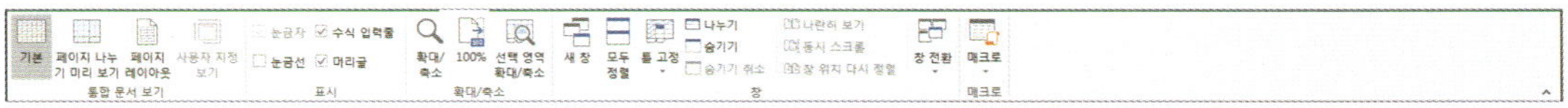

TIP 메뉴에서 [파일] 탭을 누르면 편집 화면에서 백스테이지(backstage) 화면으로 전환된다. 이 화면은 파일 저장, 인쇄, 공유 등의 작업에 필요한 도구와 계정, 옵션 등 엑셀 프로그램의 환경 설정에 필요한 도구 등으로 구성되어 있다.

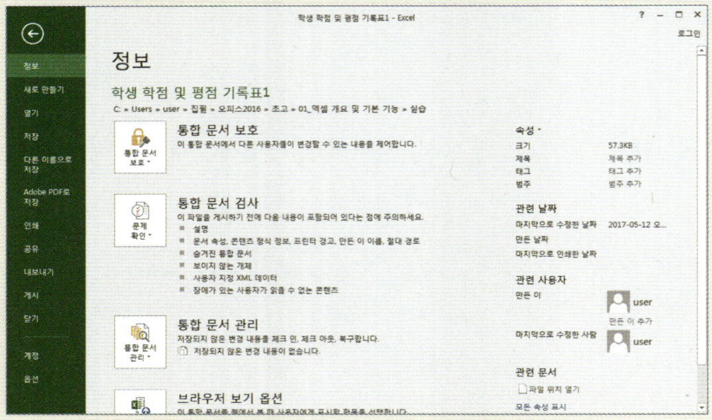

2.3 저장과 인쇄

엑셀 파일은 여러 개의 시트가 하나로 묶여 저장되는 통합 문서이며 파일 확장자는 '.xlsx'이다. 엑셀 파일을 저장할 때 문서의 내용을 보호하기 위한 암호를 설정하거나 다른 형식의 파일로 저장하는 등의 다양한 파일 관리 및 저장 기능을 살펴보고 문서를 인쇄할 때의 환경 설정 기능에 대해서도 알아본다.

기본예제 1-1 엑셀 통합 문서 저장 및 종료하기

편집이 끝난 엑셀 파일을 저장하거나 종료할 때는 빠른 실행 도구 모음이나 백스테이지 화면의 메뉴를 이용한다. 엑셀 파일을 저장하고 프로그램을 종료해 보자.

01 [파일] 탭을 누르고 백스테이지 화면에서 [저장]을 선택한다. 파일을 처음 저장할 때는 [다른 이름으로 저장] 대화상자가 열리며 이 대화상자에서 파일 이름과 저장할 위치를 설정할 수 있다.

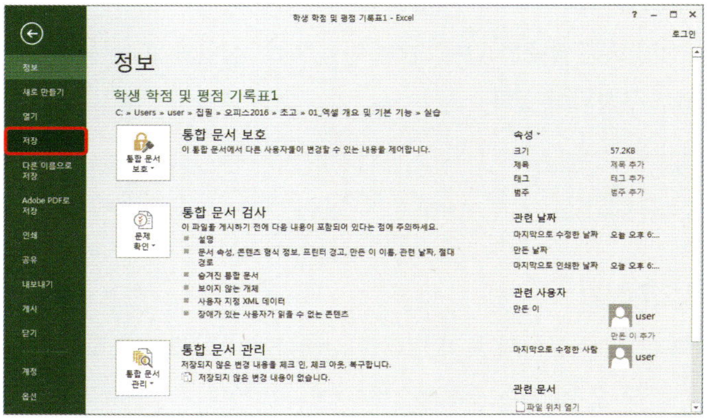

TIP 편집 화면 상단의 빠른 실행 도구 모음에서 [저장] 단추를 누르거나 단축키 Ctrl+S를 눌러 저장할 수도 있다.

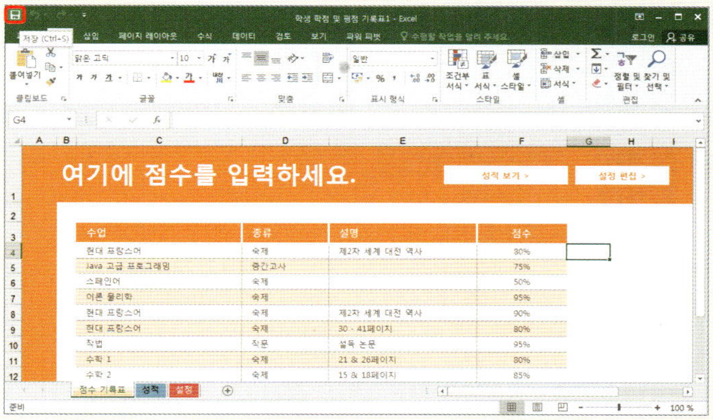

02 [파일] 탭을 누르고 백스테이지 화면에서 [닫기]를 선택하면 현재 문서만 닫히고 편집 화면으로 돌아간다. 문서를 닫을 때 엑셀 프로그램을 종료하려면 [× 닫기] 단추를 누르거나 단축키 Alt+F4를 누른다.

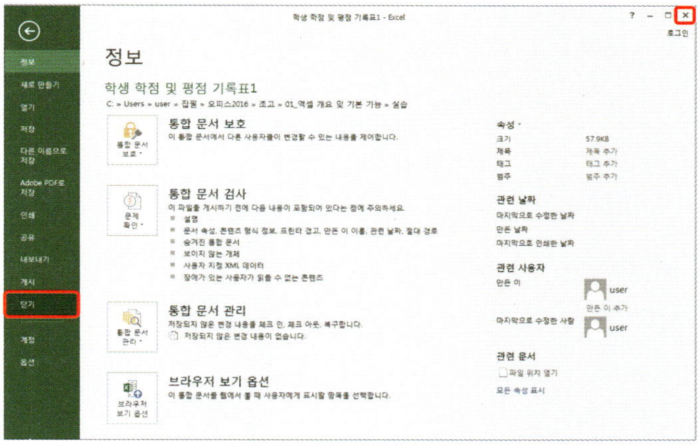

기본예제 1-2 파일에 암호 설정하기

엑셀 통합 문서를 보호하기 위해 암호를 설정할 수 있다. 문서를 열거나 변경한 내용을 저장하기 전에 확인 과정을 거쳐 파일을 보호하도록 암호를 설정해 보자.

01 [파일] 탭을 누르고 백스테이지 화면에서 [정보]를 선택한 후 [통합 문서 보호]–[암호 설정]을 선택한다.

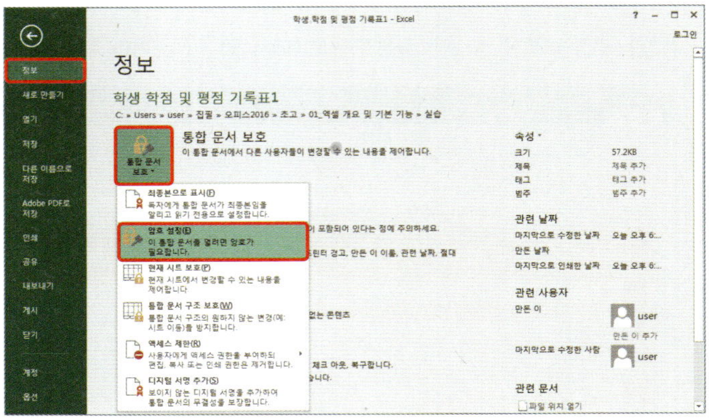

02 [문서 암호화] 대화상자가 나타나면 [암호]에 원하는 값을 입력하고 [확인]을 누른다. [암호 확인] 대화상자에서 동일한 암호를 한 번 더 입력하고 [확인]을 누른다.

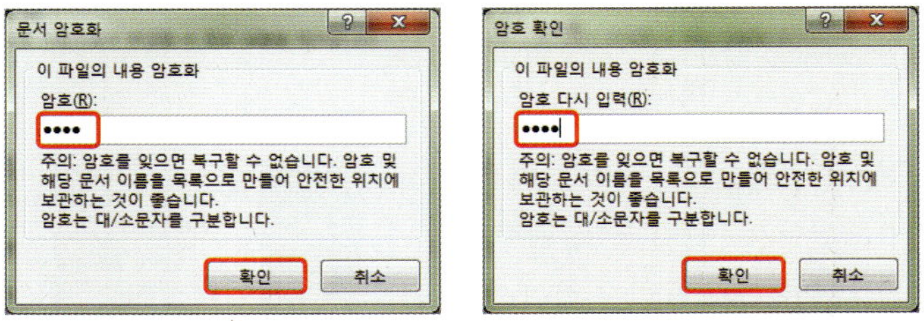

03 변경된 내용을 저장하고 [닫기]를 선택하거나 [✕ 닫기] 단추를 눌러 파일을 닫는다.

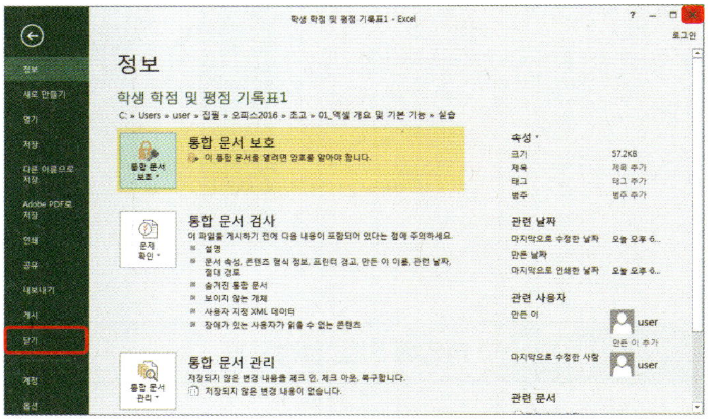

04 파일을 다시 열어보면 [암호] 대화상자가 나타난다. 암호를 입력하고 [확인]을 누른다.

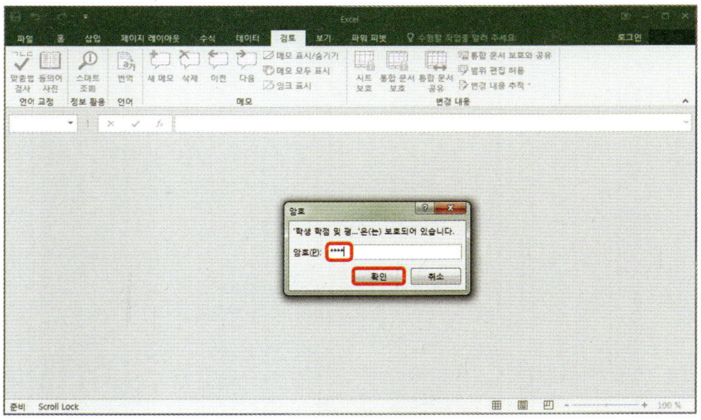

TIP 설정한 암호를 해제하려면 단계 02의 [문서 암호화] 대화상자에서 입력되어 있는 암호를 삭제하고 [확인]을 누르면 된다.

TIP [다른 이름으로 저장] 대화상자에서 파일을 저장할 때도 암호를 설정할 수 있다. [도구]–[일반 옵션]을 선택하고 [일반 옵션] 대화상자에서 [열기 암호]나 [쓰기 암호]를 지정하면 열기와 편집에 앞서 암호를 확인하여 파일을 보호할 수 있다.

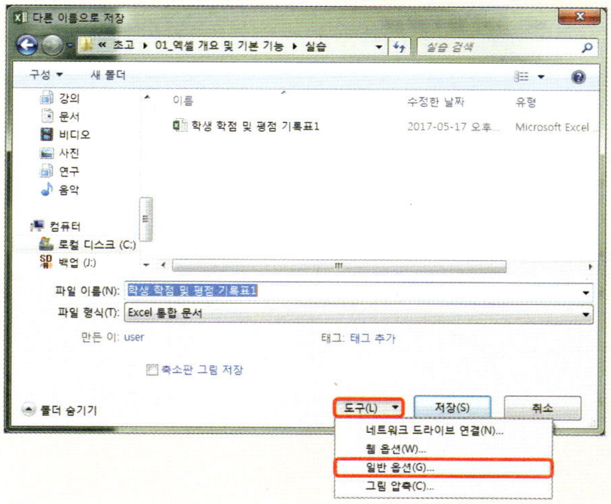

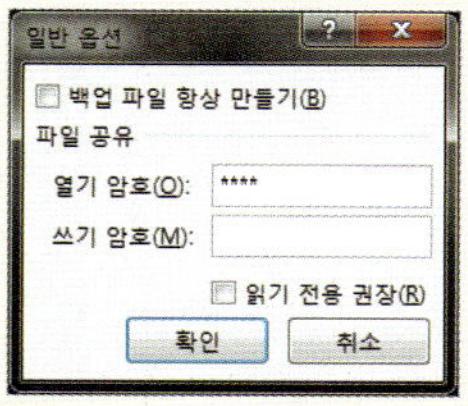

기본예제 1-3 활성 시트 인쇄하기

엑셀 통합 문서는 워크시트 또는 전체 통합 문서를 인쇄 영역으로 설정하여 종이에 인쇄하거나 다른 형식의 파일로 만들 수 있다. 현재 열려 있는 활성 시트를 인쇄해 보자.

01 [파일] 탭–[인쇄]를 선택한다.

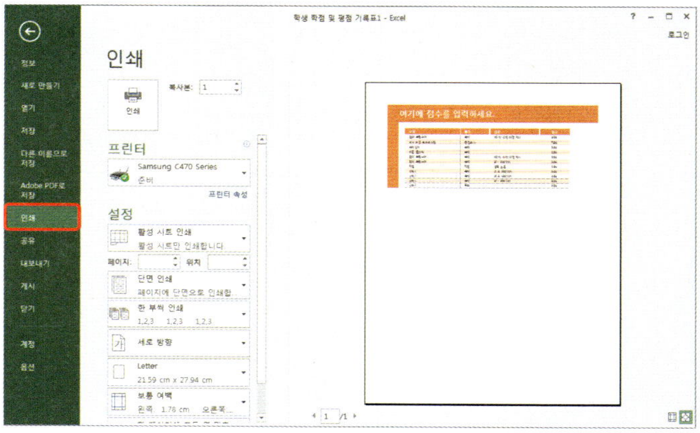

02 [설정]의 인쇄 영역 목록에서 [활성 시트 인쇄]를 선택한다.

TIP 오른쪽의 미리 보기 화면에서 선택한 설정 옵션에 맞는 인쇄 모양을 확인할 수 있다.

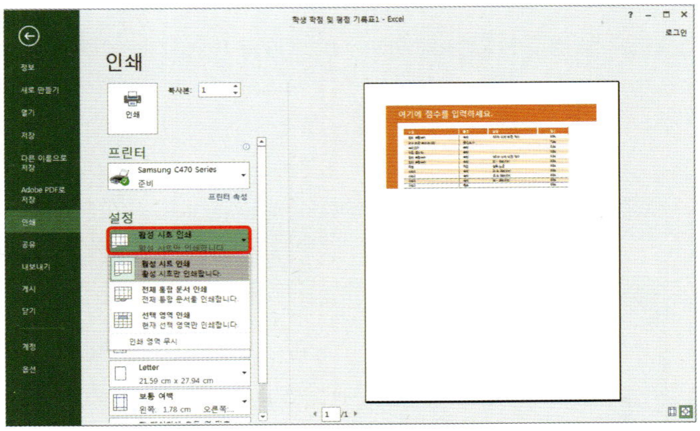

03 용지 방향은 [가로 방향], 배율 옵션은 [한 페이지에 시트 맞추기]로 변경한다.

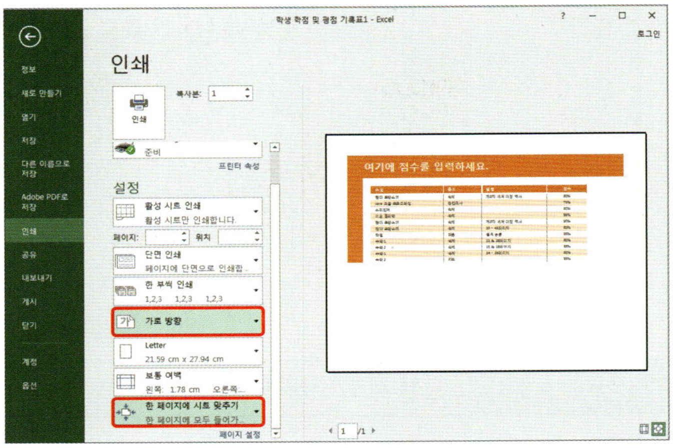

04 인쇄 설정을 마쳤으면 준비 상태의 프린터를 목록에서 선택하고 [인쇄] 단추를 누른다.

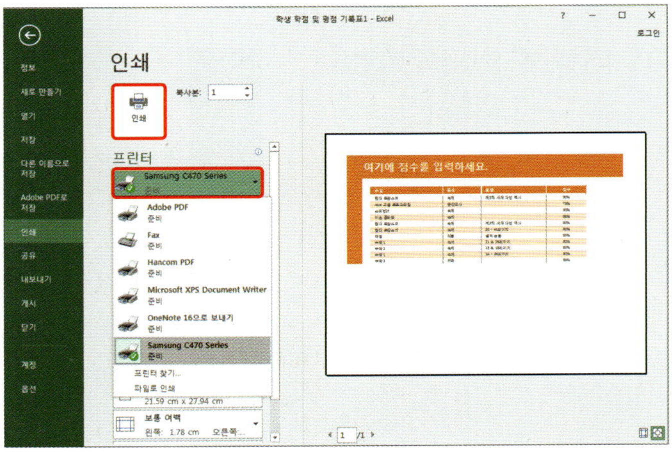

TIP 프린터 목록에서 Adobe PDF, Hancom PDF, Microsoft XPS를 선택하면 종이로 인쇄하는 대신 파일 형태로 변환하여 저장할 수 있다. 변환된 PDF나 XPS 파일을 이용하면 엑셀 프로그램이 설치되어 있지 않은 컴퓨터에서도 엑셀 파일의 내용을 확인할 수 있다.

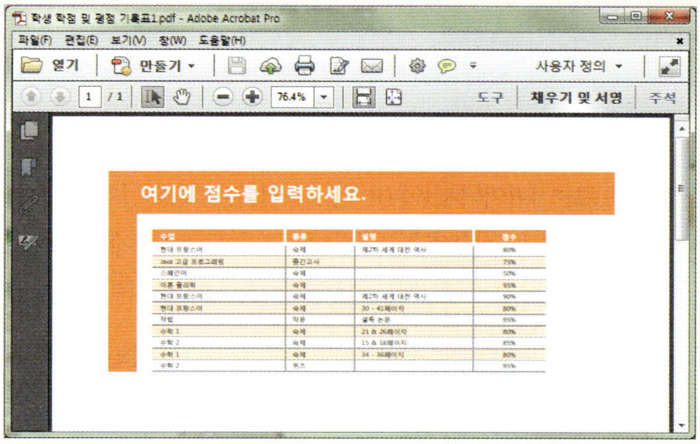

기본예제 1-4 인쇄 영역 설정하고 인쇄하기

워크시트의 특정 범위를 선택하여 인쇄 영역을 설정하고, 인쇄할 때 여백, 제목, 머리글/바닥글 등의 페이지 설정을 하는 방법을 알아보자.

01 워크시트에서 인쇄할 영역을 마우스로 드래그하여 설정하고, [페이지 레이아웃] 탭–[페이지 설정] 그룹–[인쇄 영역] 목록에서 [인쇄 영역 설정]을 선택한다.

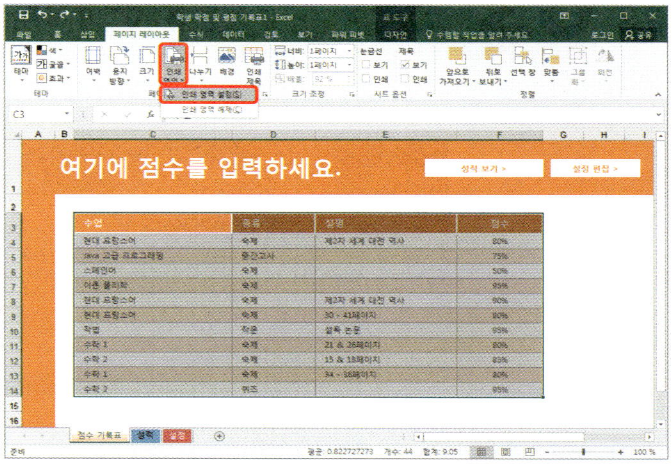

TIP 인쇄 영역을 해제할 때까지는 인쇄 영역이 설정된 범위로 제한되므로, 전체 시트를 인쇄하려면 [인쇄 영역] 목록에서 [인쇄 영역 해제]를 반드시 선택해야 한다.

02 [페이지 레이아웃] 탭–[페이지 설정] 그룹의 [대화상자 표시] 단추를 눌러 [페이지 설정] 대화상자가 나타나면 [여백] 탭을 선택한다. [머리글]과 [바닥글]의 값을 변경하고, [페이지 가운데 맞춤]의 [세로]를 선택한다.

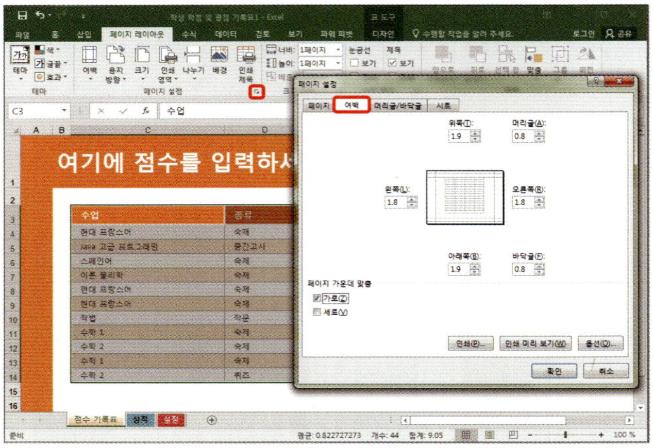

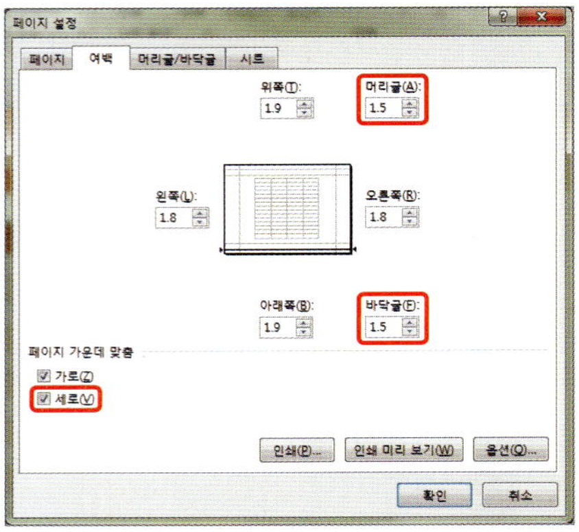

03 [머리글/바닥글] 탭을 선택하고 [머리글]은 [점수 기록표] 항목을, [바닥글]은 [?페이지 중 1페이지] 항목을 선택한다.

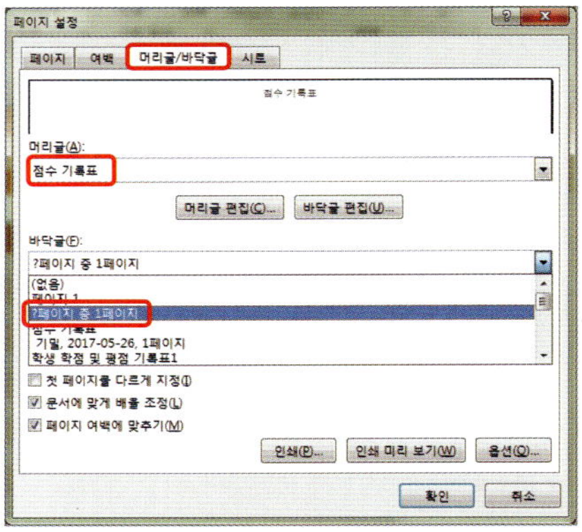

04 [바닥글 편집] 단추를 눌러 [바닥글] 대화상자가 나타나면 [오른쪽 구역] 입력상자를 선택하고 [날짜 삽입] 단추를 누른다. [오른쪽 구역]에 날짜가 표시되면 [확인]을 누른다.

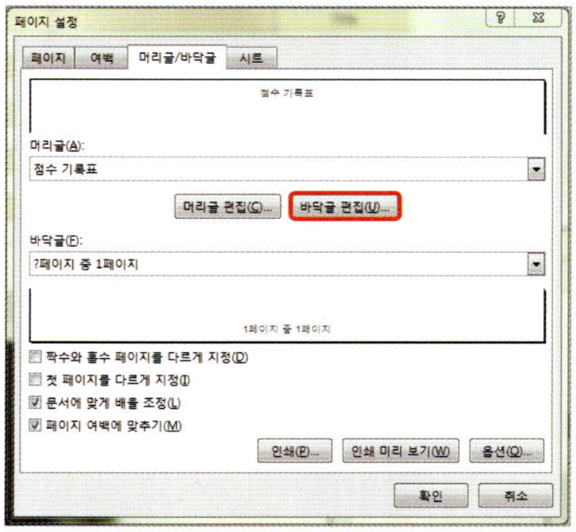

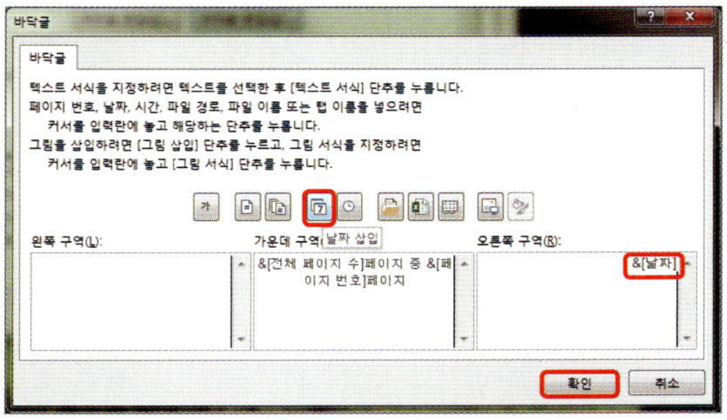

05 [시트] 탭을 누르고 [인쇄 제목]의 [반복할 행] 입력 상자를 누른 다음 워크시트의 3행을 눌러 제목 행을 반복할 행으로 설정한다.

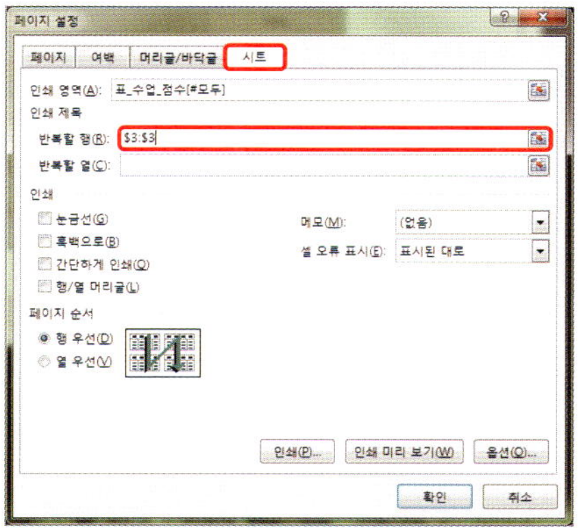

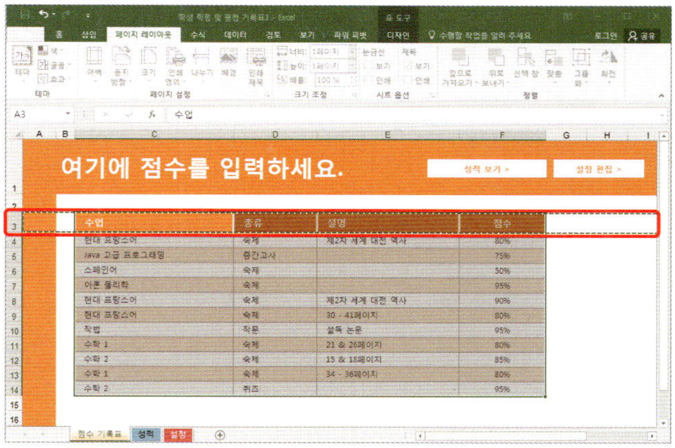

TIP 여러 페이지에 걸쳐 인쇄되는 문서의 경우, 설정한 반복할 행이 매 페이지마다 인쇄 제목으로 출력된다.

TIP 대화상자에 가려 워크시트의 선택할 행이 잘 보이지 않으면 [반복할 행] 상자 오른쪽의 [대화상자 축소] 단추를 눌러 대화상자를 축소하면 워크시트를 선택하기 편리하다.

06 [인쇄 미리 보기] 단추를 누르면 [페이지 설정] 대화상자는 사라지고 백스테이지 메뉴의 [인쇄]가 선택된 화면이 나타난다.

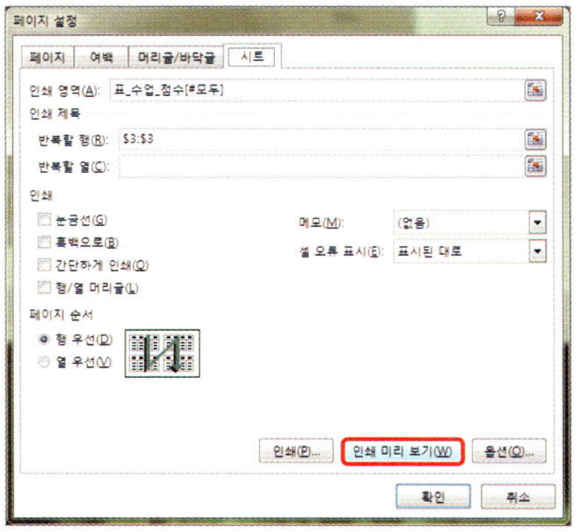

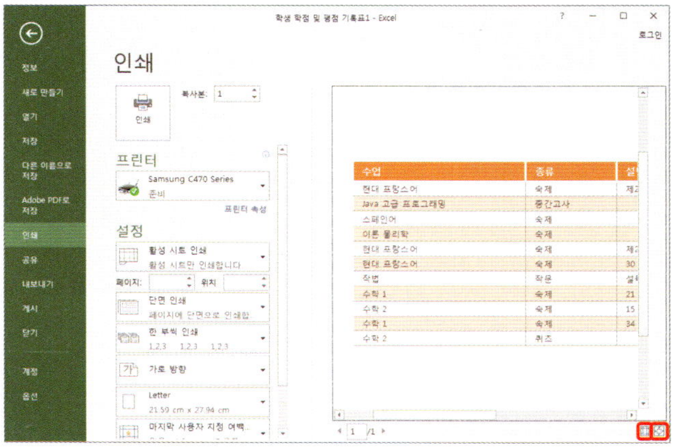

TIP 화면 하단의 [여백 표시] 단추를 누르면 문서에 설정된 여백을 확인할 수 있고, [페이지 확대/축소] 단추를 누르면 내용을 확대하거나 축소해 확인할 수 있다.

SECTION 03

셀 다루기

새 통합 문서에 데이터를 입력할 셀을 선택, 추가, 삭제하는 등의 셀 관리 방법과 워크시트를 추가, 이동, 복사하는 등의 워크시트 관리 방법에 대해 알아본다.

3.1 셀 선택과 편집

워크시트에 데이터를 입력하려면 셀을 선택해야 한다. 그리고 셀을 추가, 삭제하거나 병합이나 분할 또는 셀의 내용을 복사하거나 이동하는 일도 필요하다.

기본예제 1-5 셀 선택하기

셀을 선택할 때는 마우스로 원하는 셀을 누른다. 키보드의 방향키를 이용해 원하는 셀까지 이동해도 된다. 여러 가지 방법으로 셀을 선택해 보자.

01 엑셀 프로그램을 실행하고 시작 화면에서 [새 통합 문서]를 더블 클릭한다.

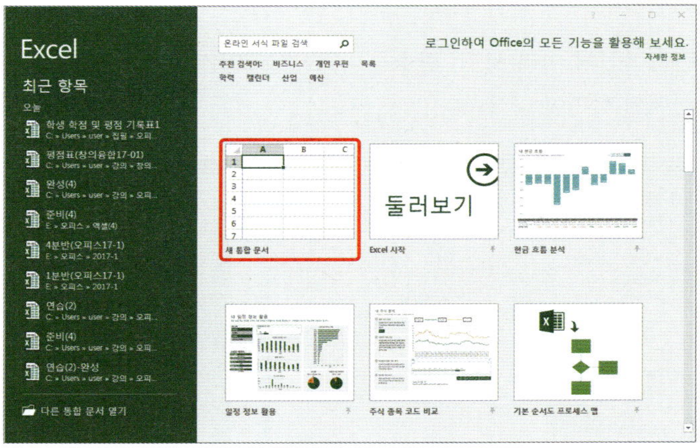

02 워크시트의 편집 영역에서는 마우스 포인터가 ✚ 모양으로 바뀐다. 이 상태에서 원하는 셀을 눌러 선택하고 데이터를 입력한다.

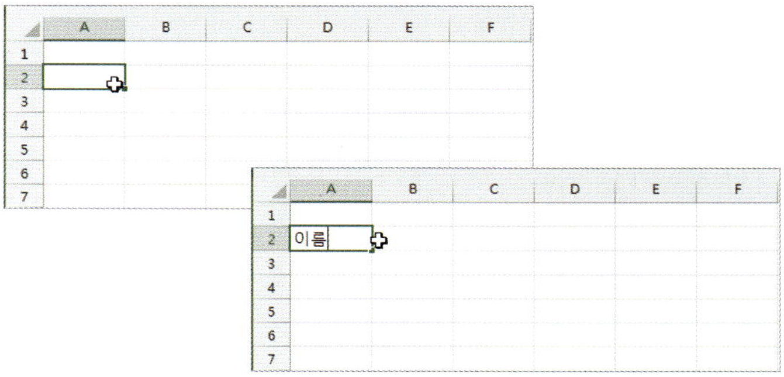

TIP 입력한 데이터의 일부분을 수정하려면 수정할 셀을 선택하고 F2를 누르거나 더블클릭해 셀 안으로 커서를 이동시킨 다음 수정한다. 셀의 전체 내용을 바꿀 때는 셀을 선택하고 새로운 내용을 바로 입력한다.

TIP 데이터를 입력하면서 셀을 이동할 때는 마우스보다 키보드를 사용하는 것이 더 편리하다. Enter나 Tab 또는 키보드의 방향키로 이동하면서 선택한 셀에 입력하면 된다. 키보드를 이용해 셀을 이동하는 방법은 다음 표를 참고한다.

키	이동 방법
Enter	아래쪽으로 이동한다.
Tab	오른쪽으로 이동한다.
Shift+Enter	위쪽으로 이동한다.
Shift+Tab	왼쪽으로 이동한다.
방향키(↑, ↓, ←, →)	위, 아래, 왼쪽, 오른쪽으로 이동한다.
Page Up, Page Down	페이지 단위 위쪽, 페이지 단위 아래쪽으로 이동한다.
Alt+Page Up, Alt+Page Down	페이지 단위 왼쪽, 페이지 단위 오른쪽으로 이동한다.
Ctrl+Home	워크시트의 첫 번째 셀(A1)로 이동한다.
Ctrl+End	데이터가 입력된 범위 중 마지막 셀로 이동한다.
Ctrl+↑, Ctrl+↓	현재 위치한 열의 1행, 해당 열의 마지막(1,048,576) 행으로 이동한다.
Ctrl+←, Ctrl+→	현재 위치한 행의 1열, 해당 행의 마지막(XFD) 열로 이동한다.

03 셀 하나를 선택하고 마우스를 드래그하거나 Shift를 누른 상태에서 키보드의 방향키를 사용하면 연속적인 여러 셀이 선택된다.

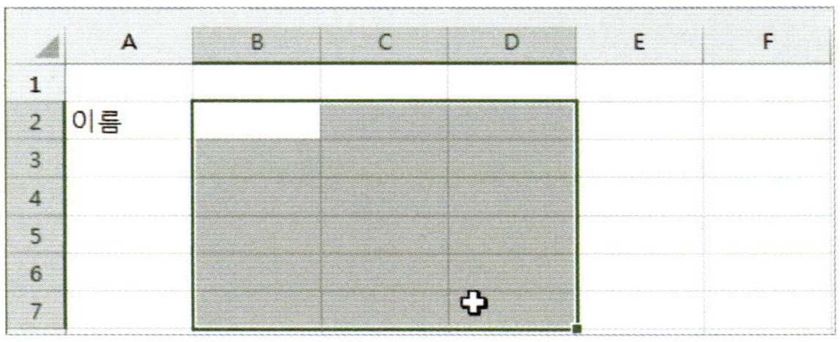

04 Ctrl을 누른 상태에서 마우스를 누르거나 드래그하면 비연속적인 여러 셀을 선택할 수 있다. 하나의 셀에 데이터를 입력하고 Ctrl+Enter를 누르면 선택한 모든 셀에 동일한 데이터가 입력된다.

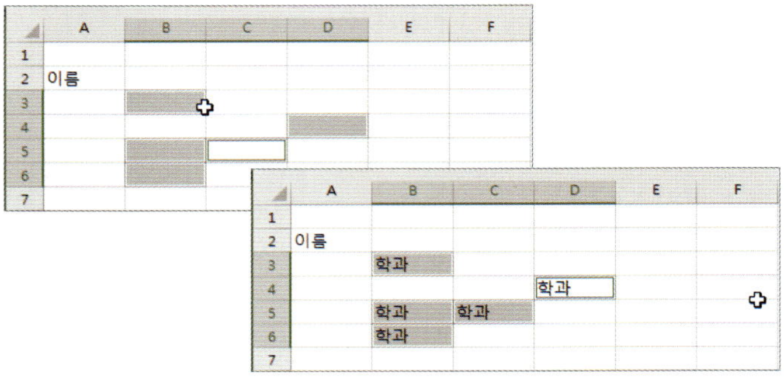

> **TIP** 셀에 입력한 데이터를 삭제할 때는 셀을 선택하고 Delete를 누른다. 마우스 오른쪽 단추를 누르면 표시되는 단축 메뉴에서 [삭제]를 선택해도 된다.

05 행 번호나 열 번호를 마우스로 클릭하거나 드래그하면 전체 행이나 열을 선택할 수 있다.

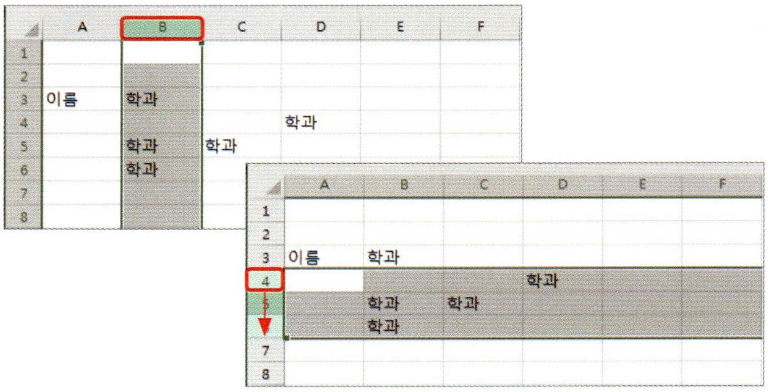

기본예제 1-6 셀 추가와 삭제하기

워크시트에서 작업을 하면서 필요한 만큼 셀을 추가하거나 삭제할 수 있다. 또한 행이나 열도 추가하거나 삭제할 수 있다.

01 셀을 삽입할 위치를 선택하고 [홈] 탭–[셀] 그룹–[삽입]의 [▼ 목록] 단추를 누르고 [셀 삽입]을 선택한다.

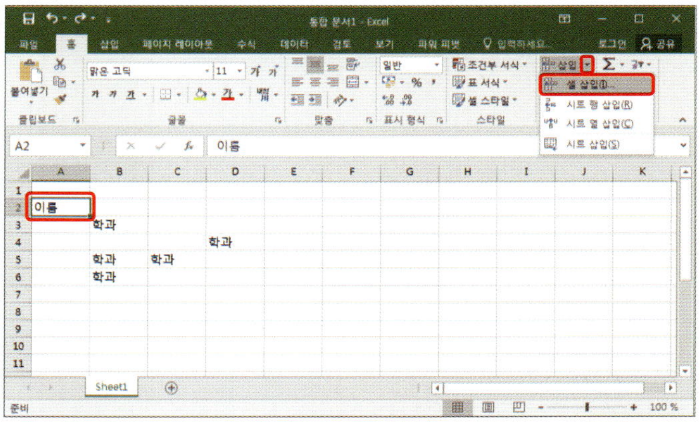

02 [삽입] 대화상자에서 [셀을 아래로 밀기]를 선택하고 [확인]을 누르면 선택한 방향으로 워크시트에 셀이 추가된다.

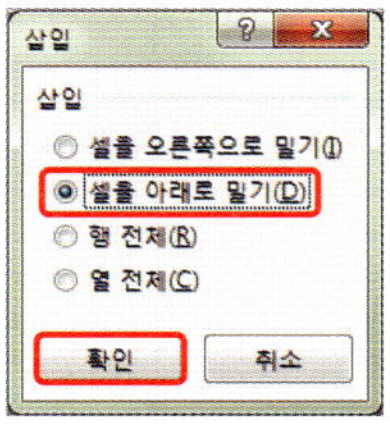

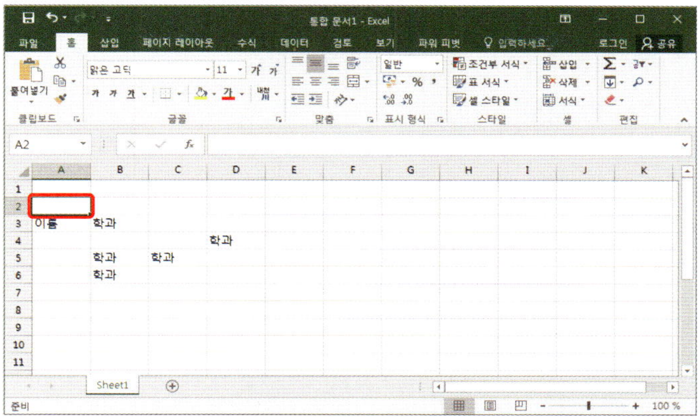

03 열을 추가할 위치를 선택하고 [홈] 탭–[셀] 그룹–[삽입]의 [목록] 단추를 누르고 [시트 열 삽입]을 선택한다. 열과 행이 삽입될 때는 현재 선택한 셀을 기준으로 왼쪽과 위쪽 방향으로 추가된다.

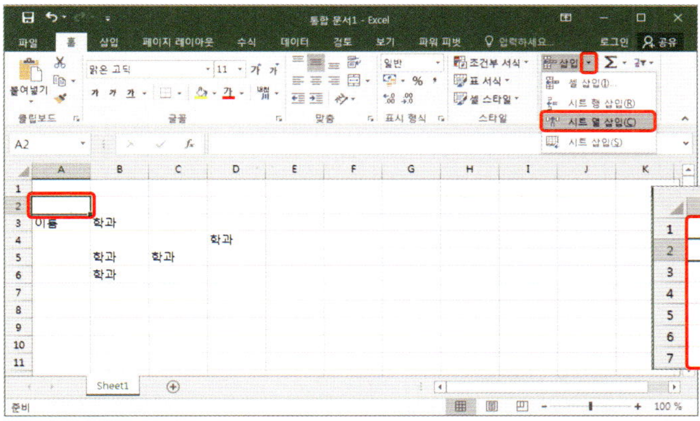

04 4~6행의 행 머리글을 드래그하여 선택하고 [홈] 탭–[셀] 그룹–[삭제]의 [목록] 단추를 누르고 [시트 행 삭제]를 선택한다.

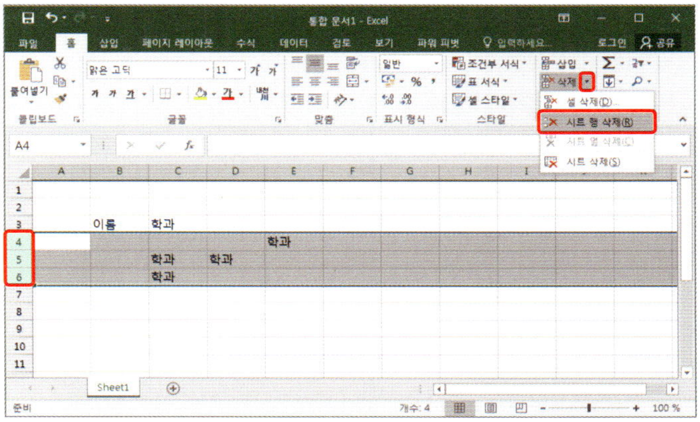

기본예제 1-7 셀 이동과 복사하기

셀에 입력한 데이터를 다른 위치로 이동하거나 값이나 서식을 복사하여 붙여넣는 방법을 알아보자.

01 그림과 같이 데이터를 입력한 다음 복사할 셀(C4)을 선택한다. [홈] 탭–[클립보드] 그룹–[복사]를 누른다.

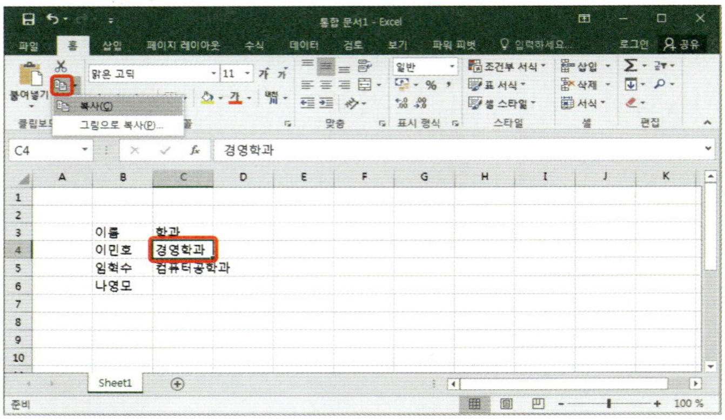

02 복사한 내용을 붙여넣을 셀(C6)을 선택하고 [홈] 탭–[클립보드] 그룹–[붙여넣기]를 누른다.

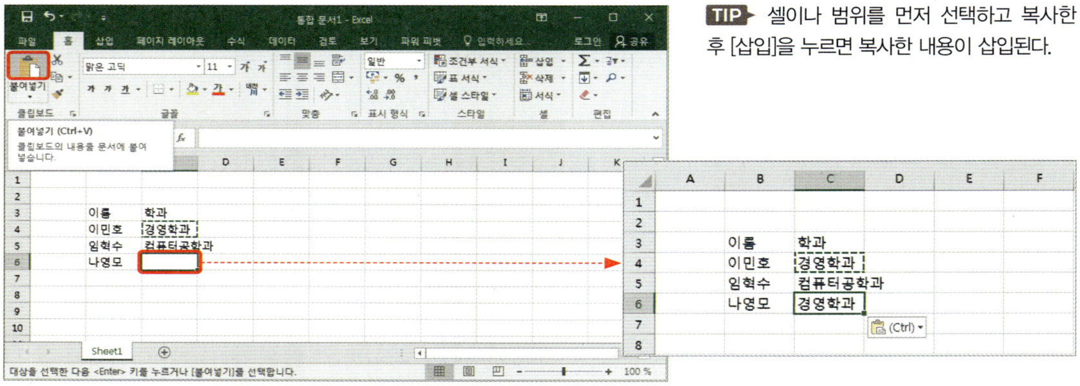

TIP 셀이나 범위를 먼저 선택하고 복사한 후 [삽입]을 누르면 복사한 내용이 삽입된다.

03 셀에 입력한 데이터를 이동할 때는 이동할 셀이나 영역(C3:C6)을 선택하고 선택한 영역의 테두리에 마우스를 위치시켜 마우스 포인터가 십자 모양으로 바뀌면 이동할 위치(E3:E6)로 드래그한다.

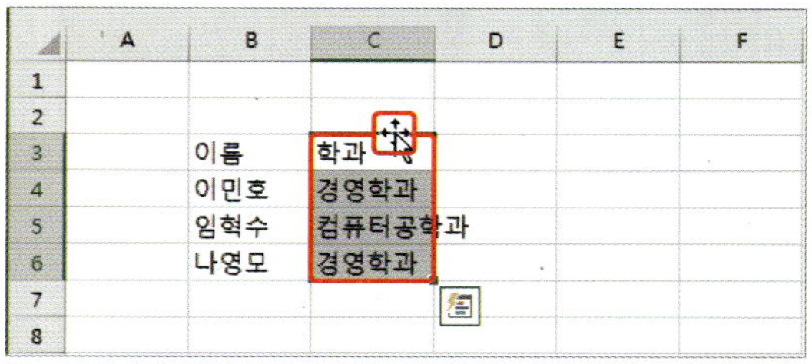

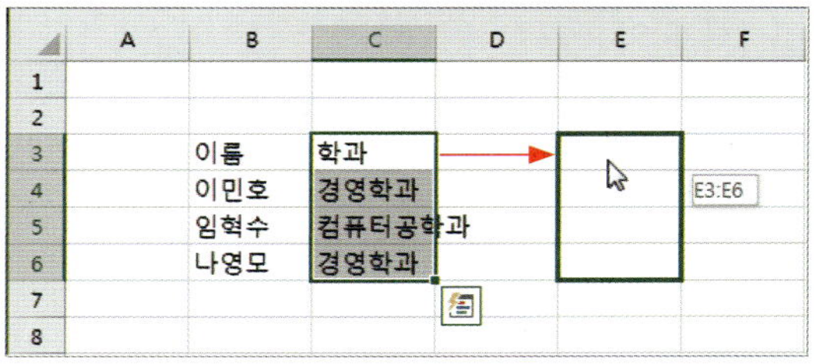

TIP 연속적인 여러 개의 셀을 표시할 때는 C3:C6와 같이 ':' 기호를 사용하여 범위를 나타낸다.

기본예제 1-8 셀 병합과 분할하기

데이터의 제목 등을 입력하기 위해 여러 셀을 병합해야 하는 경우가 있다. 셀을 병합하는 방법과 병합된 셀을 다시 원래 형태로 분할하는 방법을 알아보자.

01 병합할 범위를 선택하고 [홈] 탭–[맞춤] 그룹–[병합하고 가운데 맞춤]의 [▼ 목록] 단추를 누르고 [병합하고 가운데 맞춤]을 선택한다.

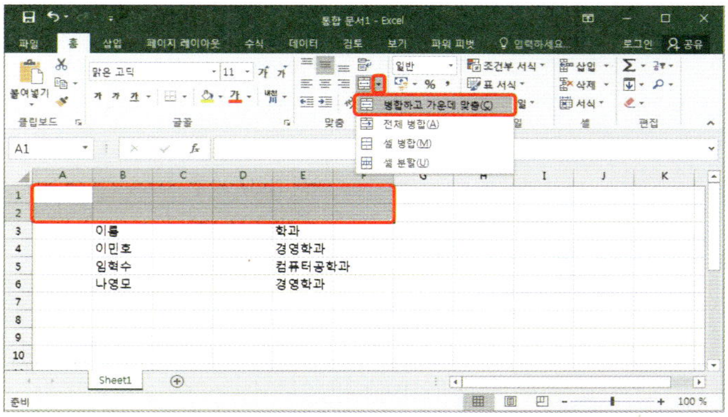

02 병합된 셀에 데이터를 입력하면 가운데 맞춤이 적용된다.

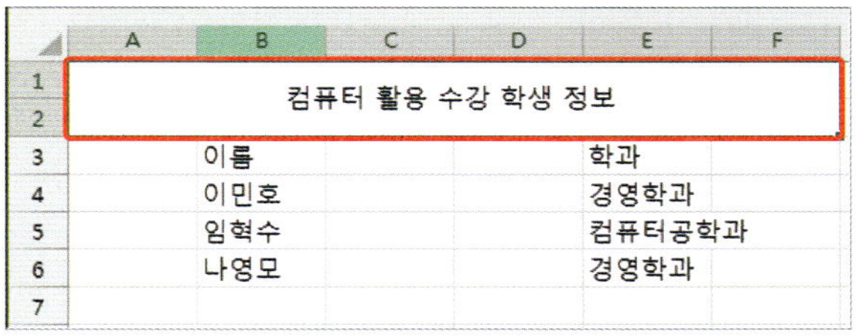

TIP 지정한 범위에 다른 병합 방식인 [전체 병합]과 [셀 병합]을 적용했을 때의 결과는 다음과 같다.

- [전체 병합]을 선택하면 행별로 셀이 병합된다.

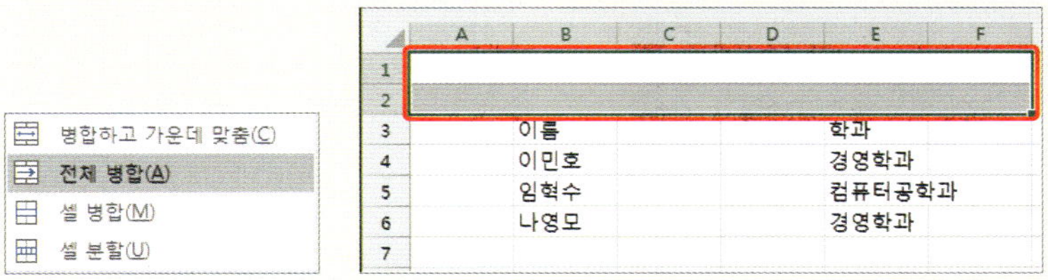

- [셀 병합]을 선택하면 맞춤 설정 없이 하나의 셀로 병합된다.

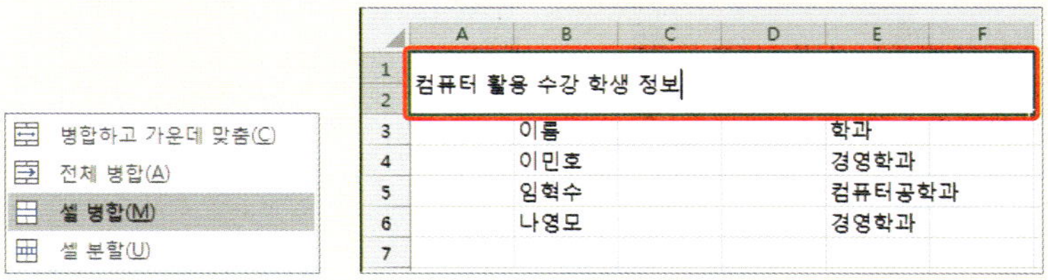

03 병합한 셀을 선택한 상태에서 [홈] 탭-[맞춤] 그룹-[병합하고 가운데 맞춤]의 [▼ 목록] 단추를 누르고 [셀 분할]을 선택한다.

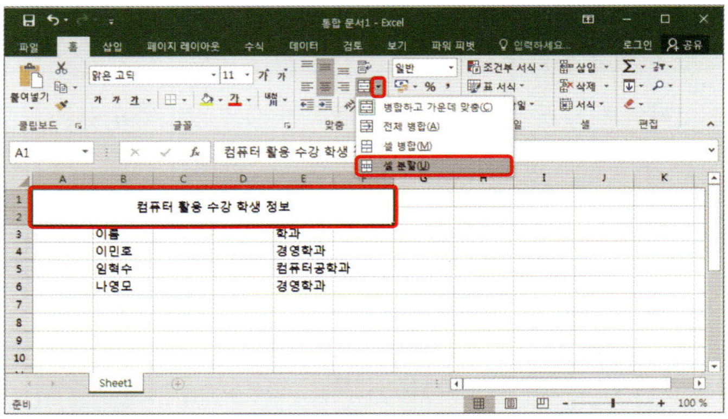

04 셀이 분할되어 병합하기 전의 형태로 바뀐다. 입력된 데이터는 분할된 셀 중에서 첫 번째 셀(A1)에 저장된다.

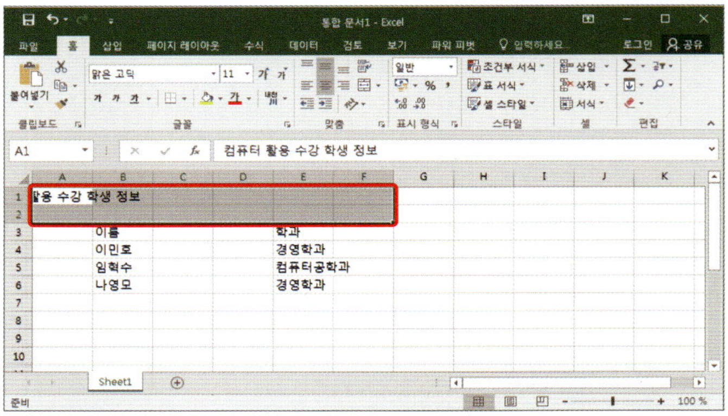

TIP 분할 후에도 A1 셀은 가운데 맞춤으로 설정되어 있어 데이터의 왼쪽이 가려진다. A1 셀을 선택하고 [홈] 탭-[맞춤] 그룹-[왼쪽 맞춤]을 누른다.

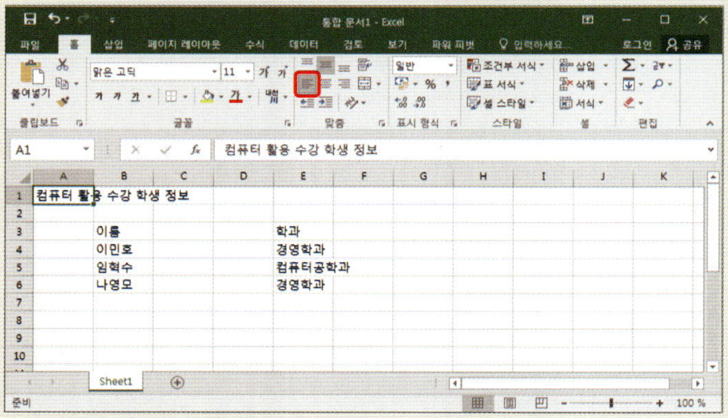

SECTION 04 데이터 입력과 자동 채우기

셀에 입력할 수 있는 데이터는 문자와 숫자를 비롯해 날짜와 통화, 기호, 백분율 등 그 종류가 다양하다. 이 절에서는 다양한 종류의 데이터를 입력할 때 나타나는 특징과 연속적인 셀에 데이터를 입력할 때 유용한 자동 채우기 기능을 알아본다.

4.1 데이터 입력

엑셀에서 다루는 다양한 종류의 데이터를 직접 입력해 보고 데이터의 종류별 특징을 알아본다.

기본예제 1-9 문자 입력하기

셀에 단어나 문장, 기호 등의 문자 데이터를 입력하면 기본적으로 왼쪽 맞춤으로 정렬된다. 여러 종류의 데이터를 셀에 입력해 보자.

01 데이터를 입력할 셀을 선택하고 다음과 같이 문자 데이터를 입력한다. 입력이 끝나면 Enter나 Tab을 눌러 셀을 이동한다.

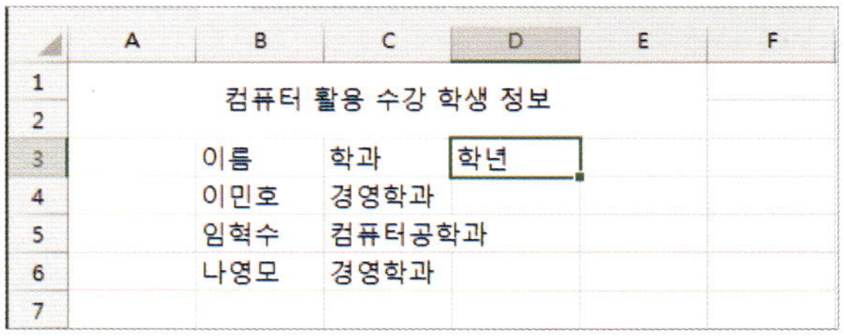

02 C5 셀의 '컴퓨터공학과'처럼 긴 문자 데이터가 입력된 셀의 옆 셀에 데이터를 입력하면 데이터가 가려진다.

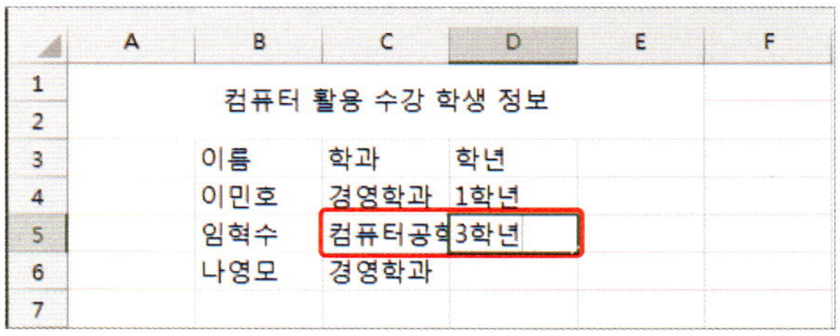

03 긴 문자 데이터를 입력한 경우 단축키 Alt+Enter를 누르면 하나의 셀 안에서 줄이 나뉘어 입력된다.

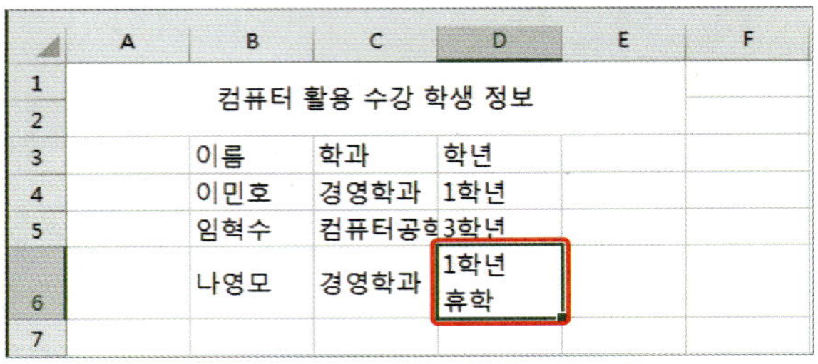

04 전화번호의 경우 *01012345678*처럼 그대로 입력하면 숫자로 인식되어 앞자리의 0이 사라진다. 입력한 값을 그대로 표시하려면 아포스트로피(')를 데이터 앞에 입력한다.

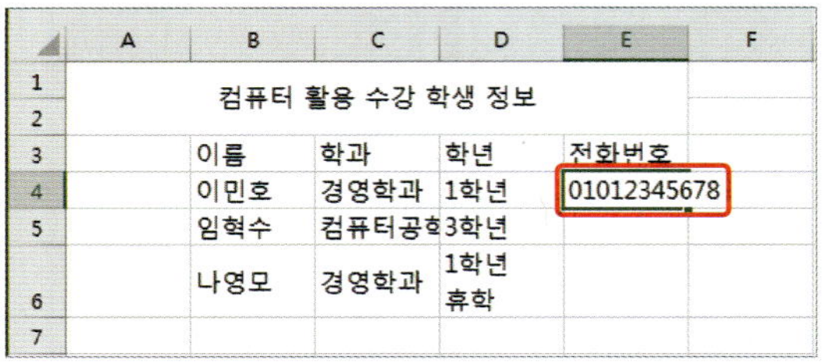

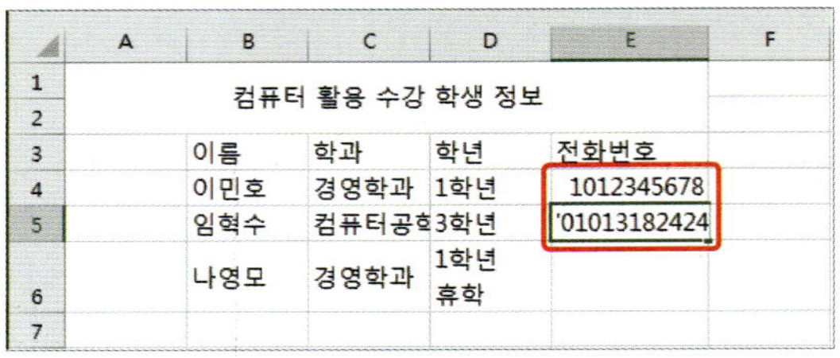

TIP 숫자 앞에 아포스트로피(')를 입력하면 셀에 [오류 표시] 단추가 나타난다. [오류 표시] 단추를 누르고 목록에서 [오류 무시]를 선택하여 오류 표시를 제거한다.

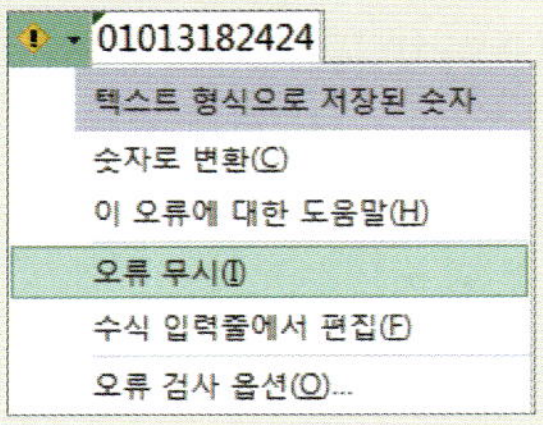

기본예제 1-10 숫자 입력하기

셀에 숫자 데이터를 입력하면 오른쪽 맞춤으로 정렬된다. 숫자 데이터는 음수, 백분율, 통화 등의 다양한 형식으로 표시할 수 있다. 다양한 형식의 숫자 데이터를 입력해 보자.

01 셀을 선택하고 다음과 같이 숫자 데이터를 입력한다.

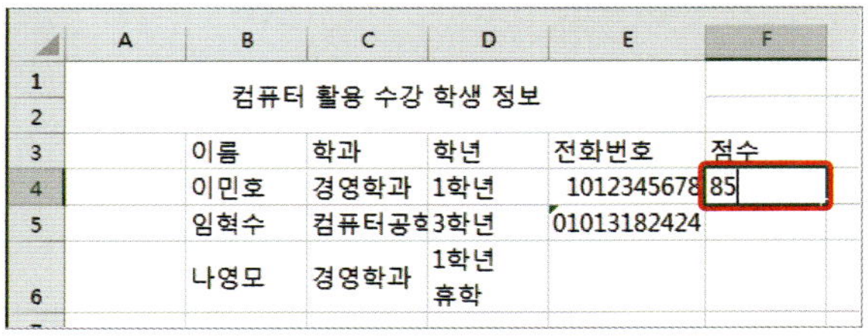

02 다른 셀에 자릿수가 큰 숫자인 *123456789012*를 입력하면 지수 형식으로 표시된다. 12자리 이상이거나 셀의 너비가 좁을 때 숫자 데이터는 지수로 표시된다.

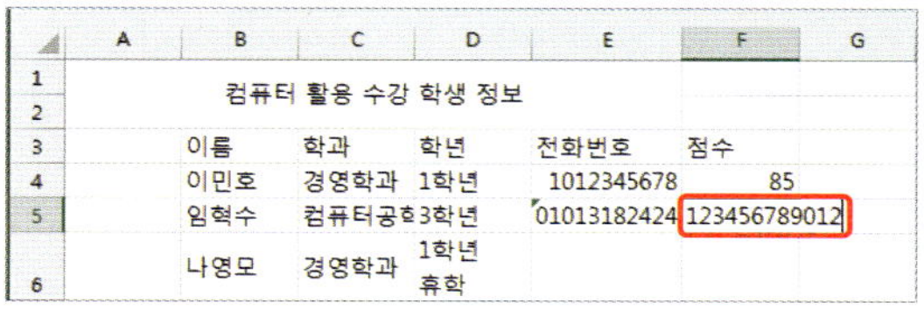

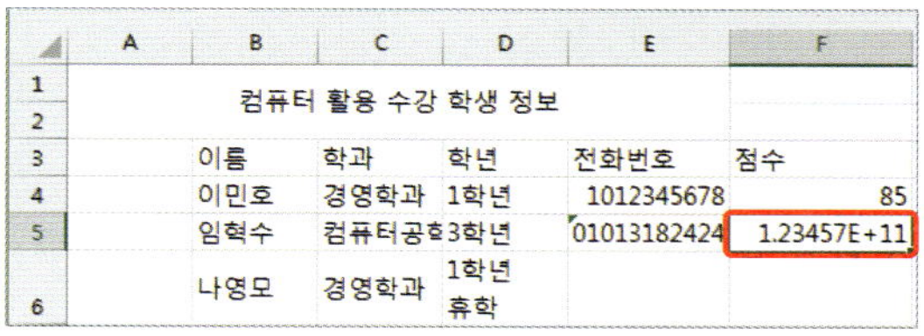

03 숫자 세 자리마다 콤마(,)를 추가하여 *123,456,789,012*라고 입력하면 지수로 표시되지 않고 셀의 너비가 자동 조절된다. 이때 표시 형식이 '통화'로 설정된다.

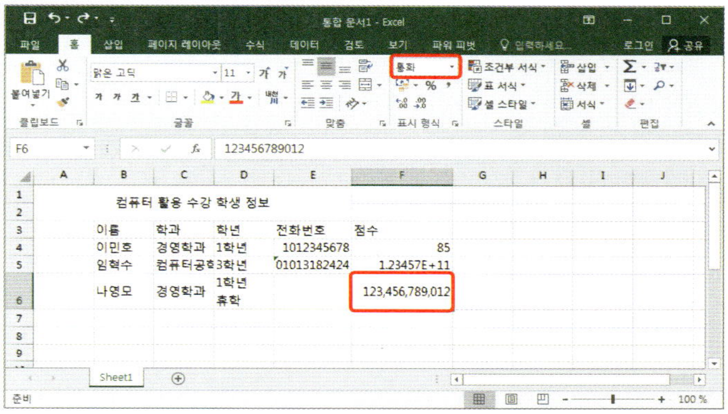

TIP 콤마 외에도 숫자 데이터를 통화 기호(₩, $ 등)와 함께 입력하면 통화 형식으로 표시 형식이 설정된다.

04 열 너비를 좁히면 일반 숫자와 다르게 통화 형식의 숫자는 ##…#으로 표시된다.

TIP 열 너비를 조정하려면 열 번호 사이의 경계선을 마우스로 드래그한다.

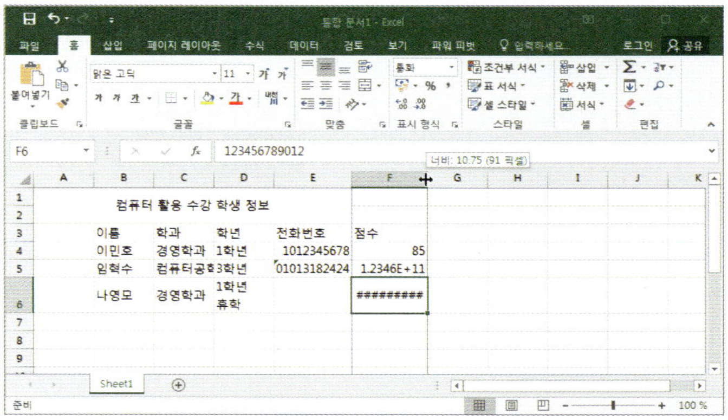

05 음수는 *−0.15*와 같이 '−' 기호와 값을 함께 입력한다.

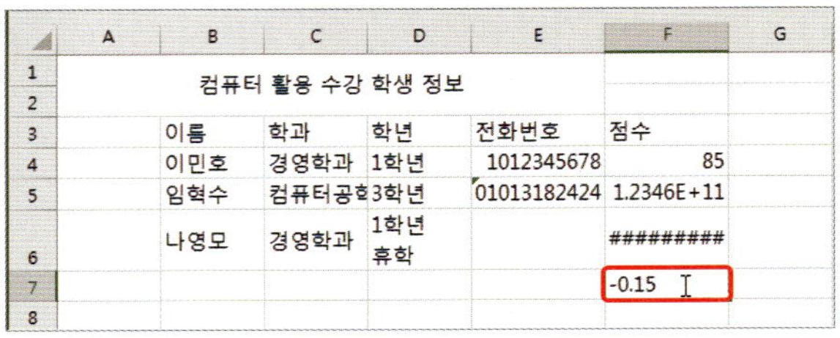

> **TIP** 음수를 입력할 때는 *(0.15)*처럼 괄호 안에 숫자를 적어도 된다. 소수점 이하 자릿수를 늘려 입력한 값을 그대로 표시하고 싶을 때는 [홈] 탭–[표시 형식] 그룹–[자릿수 늘림]을 누른다.

06 숫자와 함께 백분율 기호(%)를 입력하면 표시 형식이 '백분율'로 설정된다. *50%*로 입력한 백분율 데이터는 계산에서 숫자 0.5와 동일하게 사용할 수 있다.

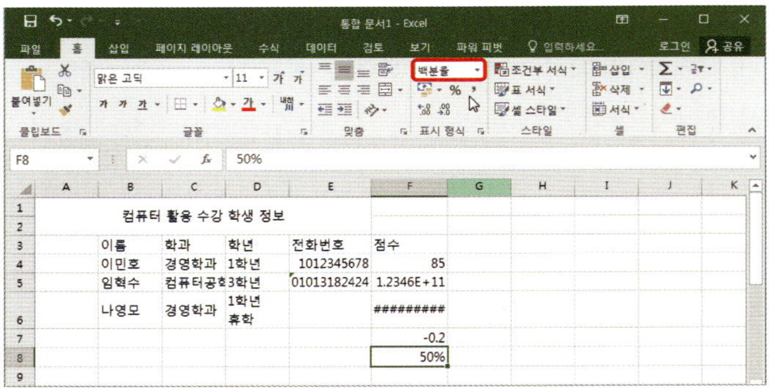

기본예제 1-11 날짜와 시간 입력하기

생년월일이나 입사일, 작업 시간 등 날짜나 시간 데이터는 연, 월, 일, 시각을 나타내는 숫자와 슬래시(/), 하이픈(−), 콜론(:) 등의 구분 기호를 함께 입력한다.

01 *3/20*을 입력하고 Enter를 누르면 '03월 20일'로 표시된다. 연도 값은 시스템 시간을 기준으로 현재 연도로 저장된다.

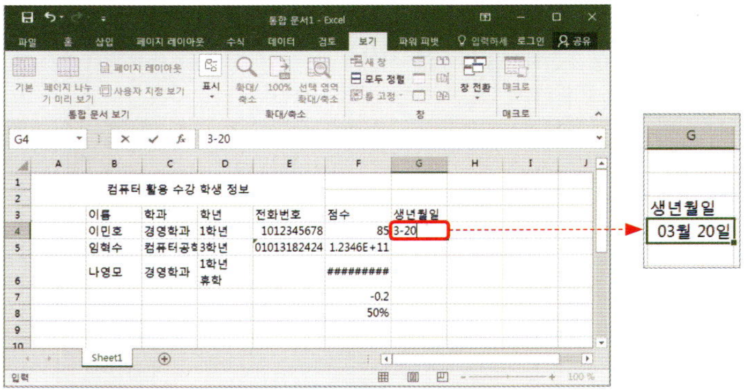

> **TIP** 분수 $\frac{3}{20}$을 셀에 표시하려면 아포스트로피(') 기호를 붙여 *'3/20*이라고 입력한다.

02 슬래시(/) 기호 대신 하이픈(–) 기호를 사용하여 *00–6–15*라고 입력하면 입력한 순서대로 연–월–일 날짜 데이터로 저장된다.

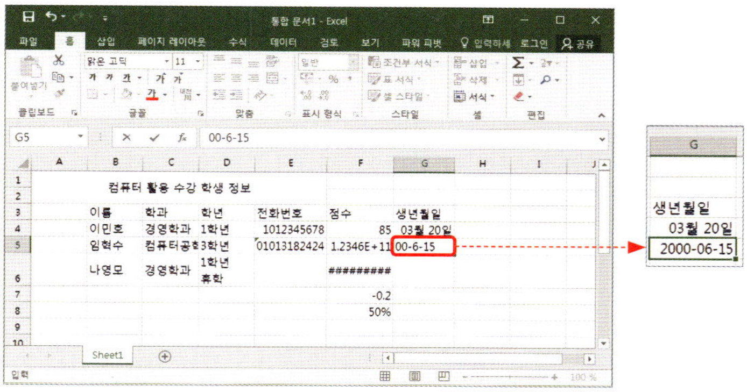

03 날짜를 *11월 20일*로 입력하면 앞서 입력한 값과 달리 표시 형식이 '일반'으로 설정되어 문자 데이터로 저장된다.

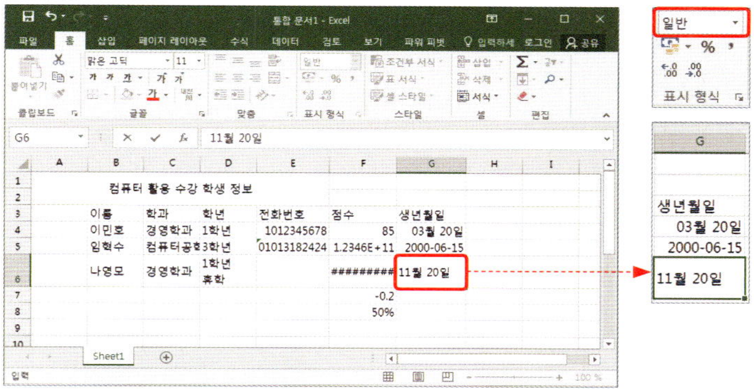

04 시간을 나타내는 콜론(:) 기호를 사용하여 *9:30*을 입력하고 수식 입력줄을 확인해 보면 셀에 입력된 데이터가 '9:30:00 AM'으로 표시된다.

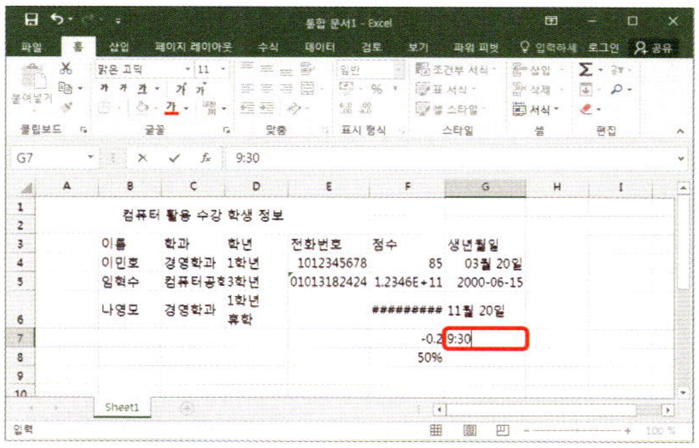

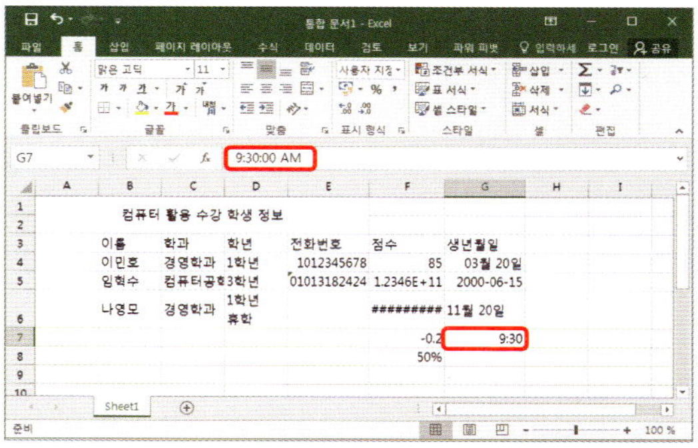

05 이번에는 단축키를 이용하여 날짜와 시간을 입력해 본다. 셀을 선택하고 Ctrl+;을 누르면 현재 날짜가 표시되고, Ctrl+Shift+;을 누르면 현재 시각이 표시된다.

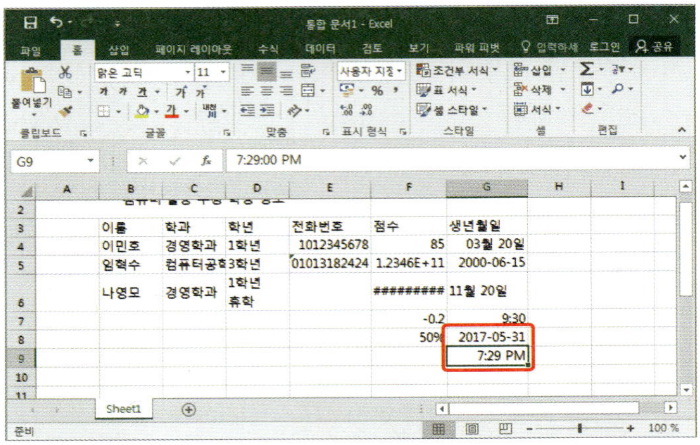

기본예제 1-12 한자와 기호 입력하기

일반적으로 한자는 한글을 입력한 후 한자를 눌러 글자 단위로 변환하는 방법으로 입력한다. 한자 사전에 자주 사용하는 단어를 미리 등록해두고 변환하는 방법도 있다. 기호는 한글 자음을 입력하고 한자를 눌러 기호를 선택하거나 [삽입] 탭의 메뉴를 이용해 입력한다.

01 한자로 변환할 부분을 드래그하여 선택하거나 글자 뒤에 커서를 두고 한자를 누른다.

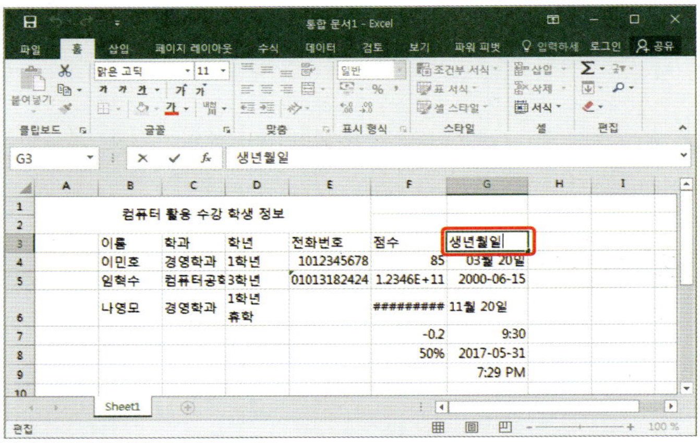

02 [한글/한자 변환] 대화상자가 열리고, 한자 사전에 등록되어 있는 단어나 글자가 [한자 선택] 목록에 표시된다. 적합한 단어 혹은 글자를 선택하고 [입력 형태]를 선택한 후 [변환]을 누른다.

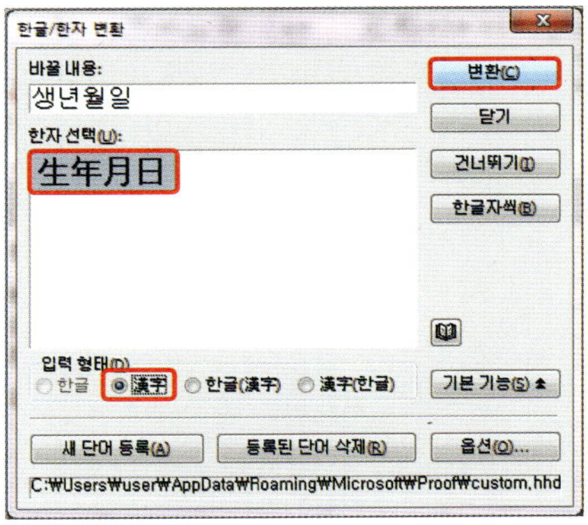

03 E3 셀을 선택하고 F2를 눌러 기호를 삽입할 곳에 커서를 둔다. 한글 자음을 입력하고 한자를 눌러 기호 목록이 나타나면 원하는 기호를 선택한다.

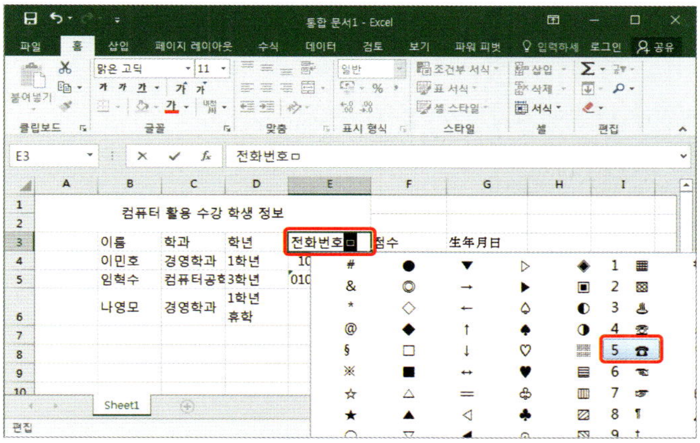

TIP 다음은 한글 자음에 따라 한자로 삽입할 수 있는 기호이다.

04 메뉴를 이용해 기호를 삽입하려면 기호를 삽입할 위치에 커서를 두고 [삽입] 탭-[기호] 그룹-[기호]를 누른다.

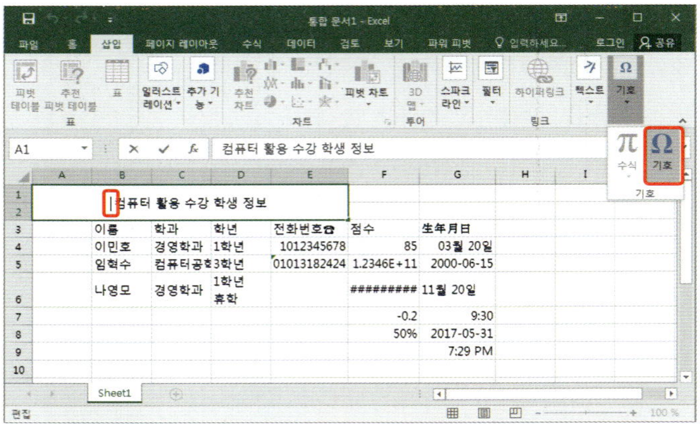

05 [기호] 대화상자에서 삽입할 기호를 찾아 선택하고 [삽입]을 누른다.

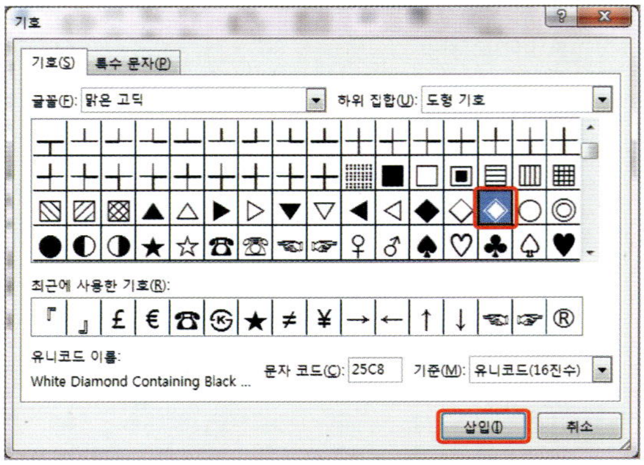

06 셀에 기호가 삽입된 것을 확인할 수 있다. [닫기]를 눌러 [기호] 대화상자를 닫는다.

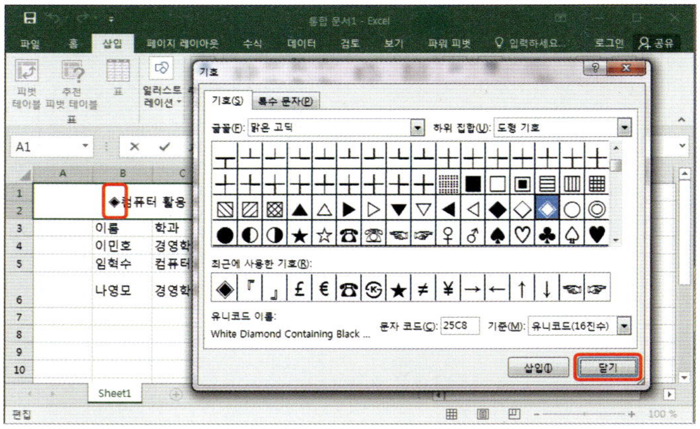

4.2 자동 채우기 기능

셀에 동일한 데이터를 연속적으로 입력하거나 일련번호처럼 규칙적으로 증가하는 값을 입력하는 경우 자동 채우기 기능을 이용하면 손쉽게 입력할 수 있다. 숫자뿐만 아니라 규칙적으로 채워 넣을 문자나 단어도 사용자 지정 목록에 등록해서 자동 채우기 기능으로 입력할 수 있다.

기본예제 1-13 채우기 핸들로 자동 채우기

셀 오른쪽 아래에 작은 사각형으로 표시되는 채우기 핸들을 이용해 데이터를 자동으로 채워 보자.

01 선택한 셀에 데이터를 입력하고 채우기 핸들에 마우스를 가져가면 마우스 포인터가 작은 십자형으로 바뀌는데, 이때 마우스를 아래로 드래그한다.

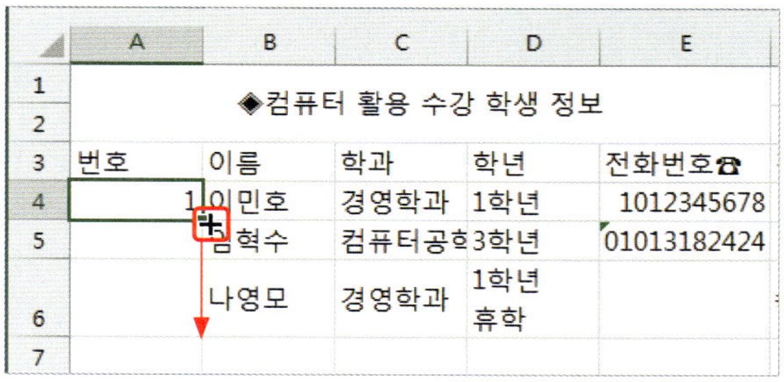

02 데이터가 같은 값으로 복사되는데, [자동 채우기 옵션] 단추를 눌러 목록에서 [연속 데이터 채우기]를 선택한다.

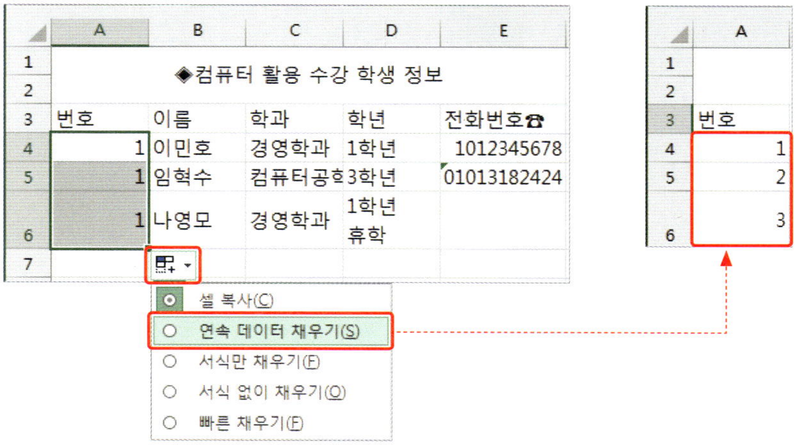

> **TIP** [자동 채우기 옵션] 단추가 표시되지 않는다면 [파일] 탭-[옵션]을 선택하고 [고급] 범주의 [잘라내기/복사/붙여넣기]에서 [콘텐츠를 붙여넣을 때 붙여넣기 옵션 단추 표시]에 체크하면 된다.

> **TIP** Ctrl을 누른 채로 채우기 핸들을 드래그하면 연속 데이터 채우기가 실행되며, 드래그하는 방향에 따라 값이 증가하거나 감소한다.

03 다음과 같이 문자와 날짜 데이터를 입력하고 입력한 범위를 선택한다.

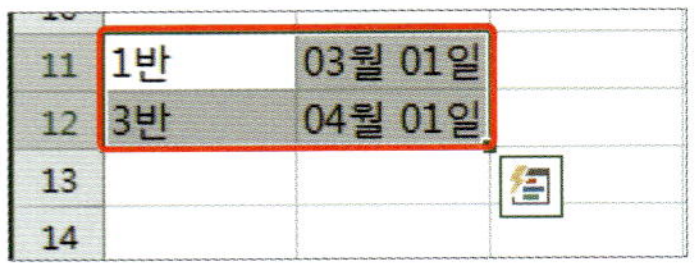

04 채우기 핸들을 드래그하면 입력한 값의 간격만큼 증가하며 연속 데이터로 채워진다.

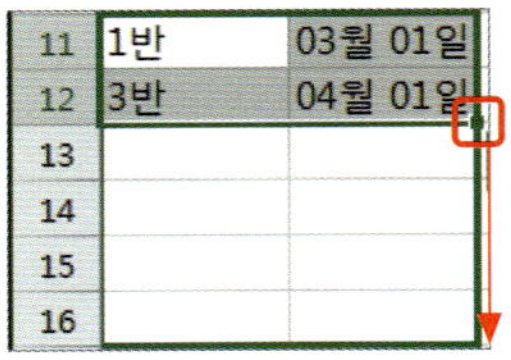

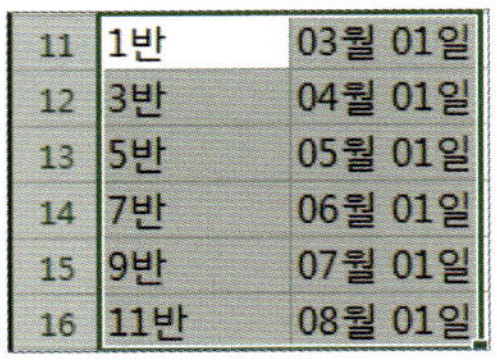

기본예제 1-14 사용자 지정 목록 만들기

엑셀에서 지원하지 않지만 자주 사용하는 연속 데이터는 사용자 지정 목록으로 등록하면 자동 채우기 기능으로 입력할 수 있다.

01 [파일] 탭-[옵션]을 선택한다.

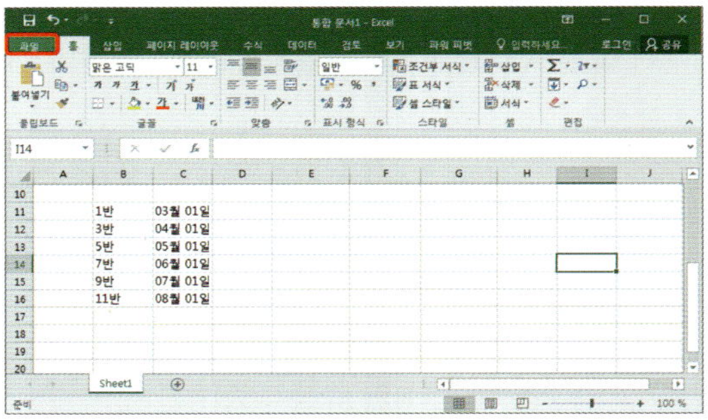

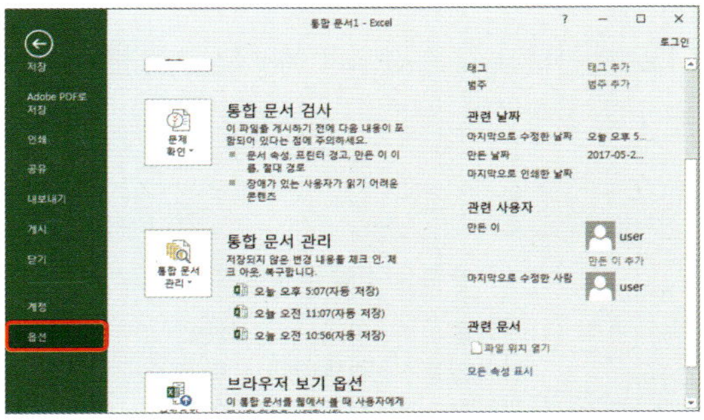

02 [Excel 옵션] 대화상자가 나타나면 [고급] 범주를 선택하고 [일반]의 [사용자 지정 목록 편집]을 누른다.

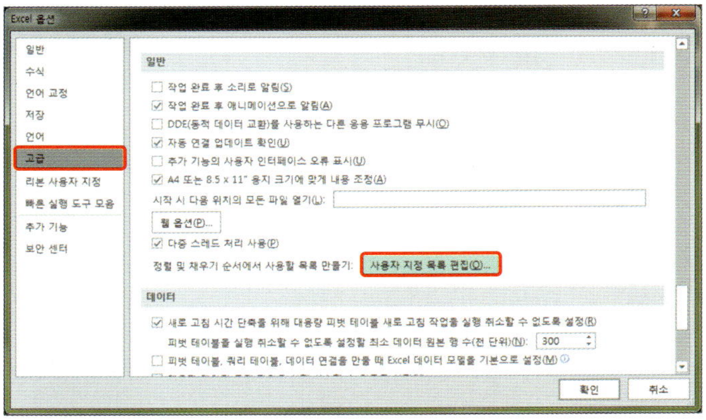

03 [사용자 지정 목록] 대화상자의 [목록 항목]에 추가할 값으로 *상, 중, 하*를 입력하고 [추가]를 누른다.

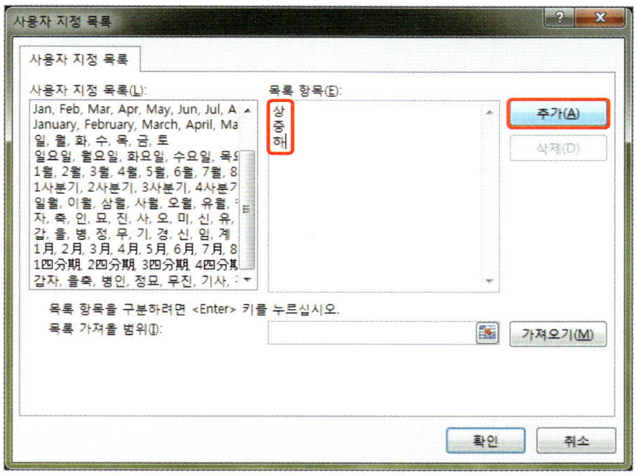

04 [사용자 지정 목록]에 추가한 목록이 표시되면 [확인]을 눌러 대화상자를 닫고, [Excel 옵션] 대화상자에서도 [확인]을 눌러 옵션 설정을 종료한다.

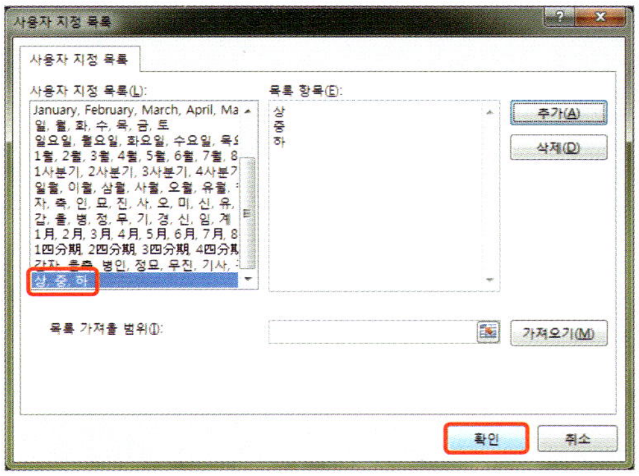

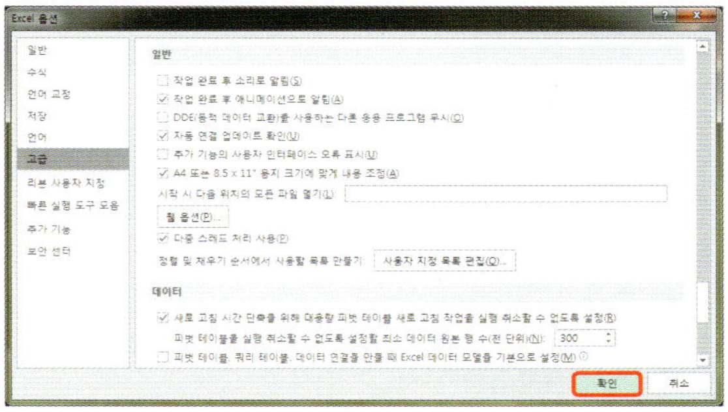

05 셀에 값을 입력하고 채우기 핸들을 드래그하여 자동 채우기를 하면 사용자 지정 목록에 등록해 둔 값으로 데이터가 만들어진다.

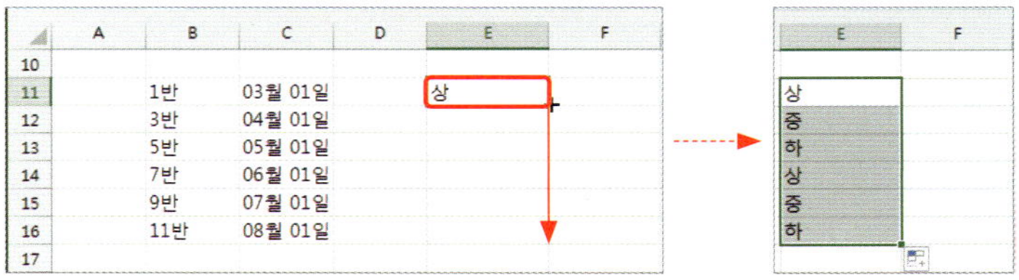

TIP 연속 데이터 채우기에 사용되는 목록의 값은 순서대로 증가한 후 다시 반복된다(상–중–하–상).

기본예제 1-15 데이터에 맞게 셀 모양 설정하기

셀에 입력한 내용에 맞게 행과 열의 높이와 너비를 조정하고 셀 테두리나 스타일 등 셀 모양을 설정하는 방법을 알아보자.

01 열 너비 조정하기: 열 머리글 사이의 경계선을 드래그하여 원하는 너비로 조정하거나, 경계선을 더블클릭하여 입력된 데이터의 길이에 맞게 자동 맞춤한다.

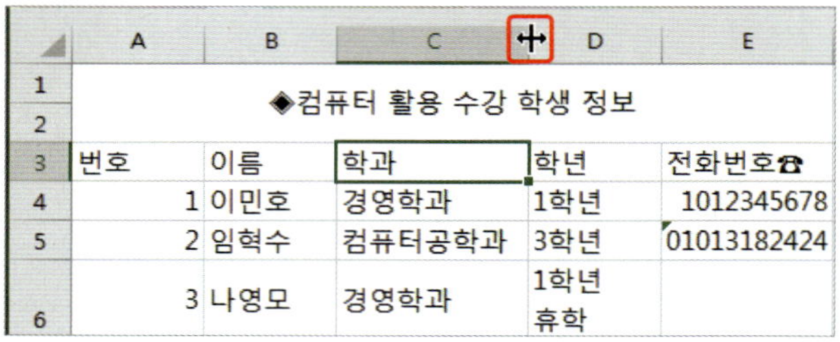

02 행 높이 조정하기: 여러 행이나 열의 높이나 너비를 동일하게 조절할 수 있다. 행 머리글을 드래그하여 여러 행을 선택하고 행 경계선을 드래그하면 선택한 모든 행의 높이가 동일하게 조절된다.

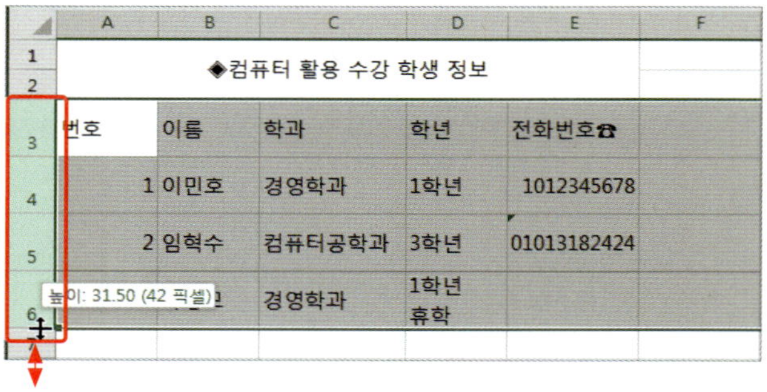

03 셀 테두리 설정하기: 테두리를 설정할 셀을 범위 설정하고 [홈] 탭–[글꼴] 그룹–[테두리] 목록에서 원하는 모양을 선택한다. 또는 [다른 테두리]를 선택해 [셀 서식] 대화상자를 열고 테두리 모양을 설정한다.

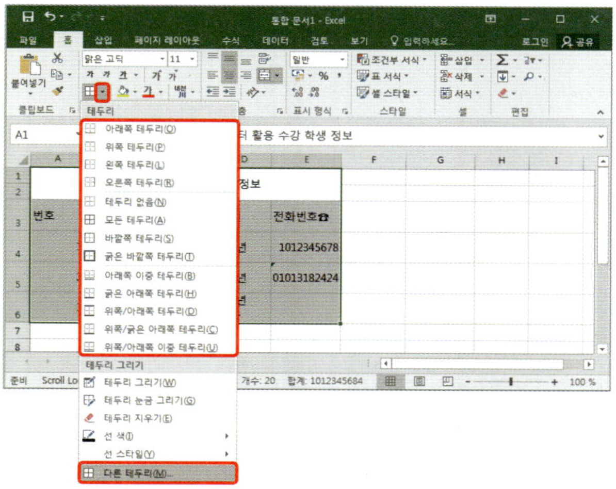

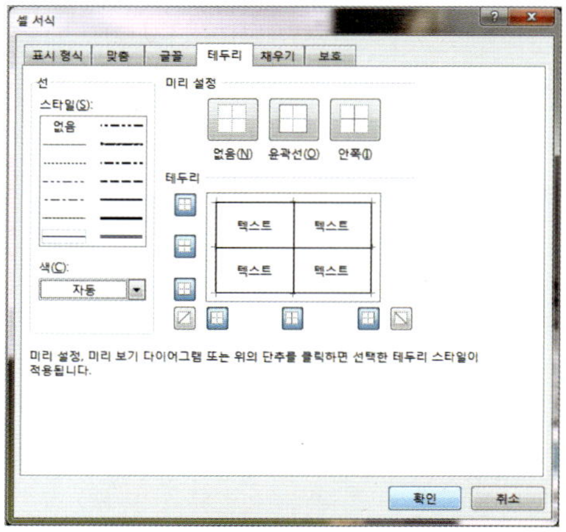

TIP [셀 서식] 대화상자를 표시하려면 마우스 오른쪽 단추로 셀을 누르면 열리는 단축 메뉴에서 [셀 서식]을 선택해도 된다.

04 셀 채우기 색 설정하기: 채우기 색을 설정할 셀이나 영역을 선택하고 [홈] 탭–[글꼴] 그룹–[채우기 색] 목록에서 색상을 선택한다.

TIP [셀 서식] 대화상자의 [채우기] 탭에서 채우기 색을 설정해도 된다.

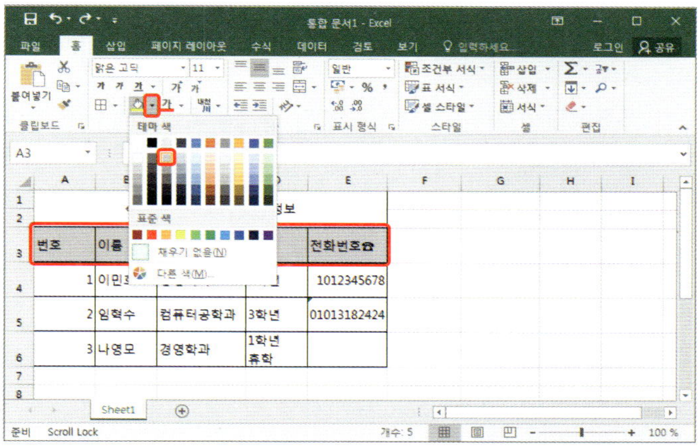

05 셀 스타일 설정하기: 셀 스타일을 지정할 셀을 선택하고 [홈] 탭–[스타일] 그룹–[셀 스타일]을 눌러 원하는 셀 스타일을 선택한다.

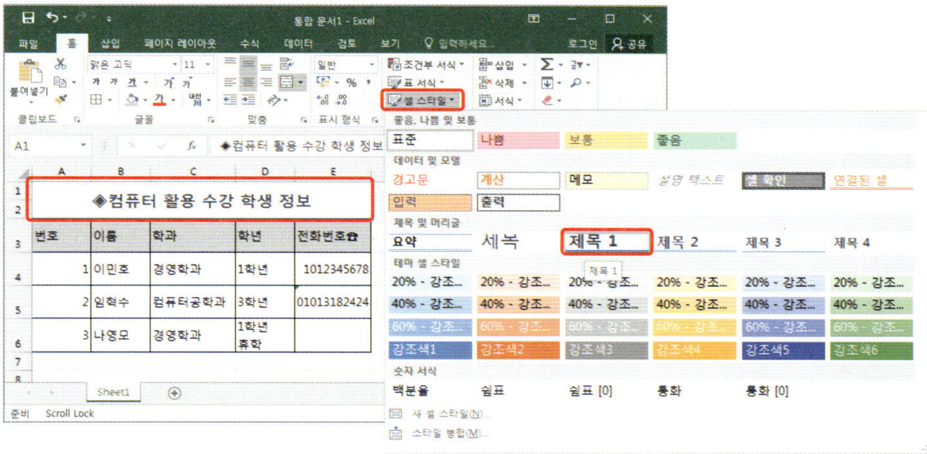

SECTION 05

워크시트 다루기

엑셀 파일은 여러 개의 워크시트로 구성될 수 있다. 워크시트의 이름을 정하고 탭 색을 설정해 워크시트를 구분할 수 있으며, 워크시트는 삽입, 추가, 복사, 삭제 등의 작업으로 관리할 수 있다. 워크시트를 다루는 다양한 방법을 알아본다.

5.1 워크시트 관리

엑셀 화면 하단에 표시되는 시트 탭을 마우스 오른쪽 단추로 누르면 워크시트를 관리하기 위한 단축 메뉴가 표시된다.

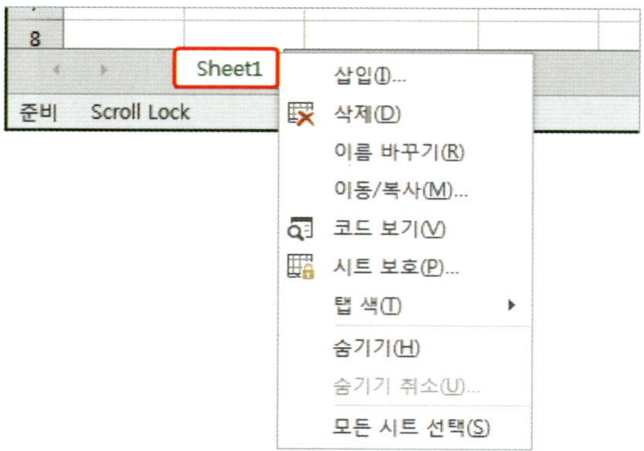

TIP [홈] 탭-[셀] 그룹의 [삽입], [삭제], [서식] 메뉴에도 워크시트 관련 기능이 제공된다.

기본예제 1-16 워크시트 이름과 탭 색 바꾸기

종이 서류를 하나의 파일에 넣어 관리할 때 라벨에 이름을 적거나 색을 다르게 하여 구분하듯이, 여러 개의 워크시트를 구별하기 쉽도록 이름과 탭 색을 설정할 수 있다. 워크시트의 이름을 바꾸고 시트 탭에 색을 설정해 보자.

01 화면 하단의 시트 탭(sheet1)을 더블클릭하거나 마우스 오른쪽 단추로 눌러 나타나는 단축 메뉴에서 [이름 바꾸기]를 선택하고 다음과 같이 이름을 입력한다.

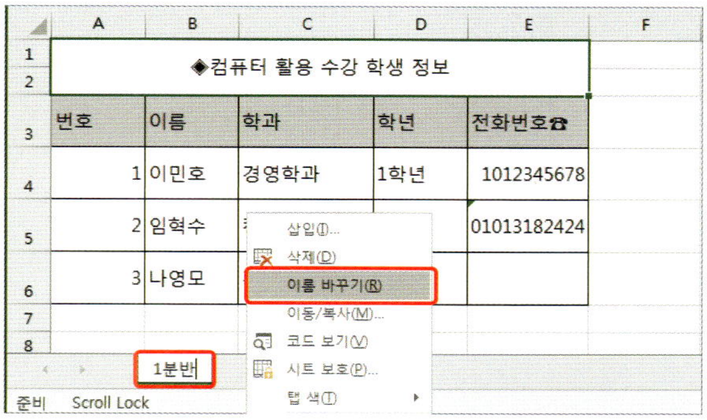

02 탭 색을 설정할 시트 탭을 마우스 오른쪽 단추로 누르고 단축 메뉴에서 [탭 색]을 선택한 후 원하는 색을 선택한다.

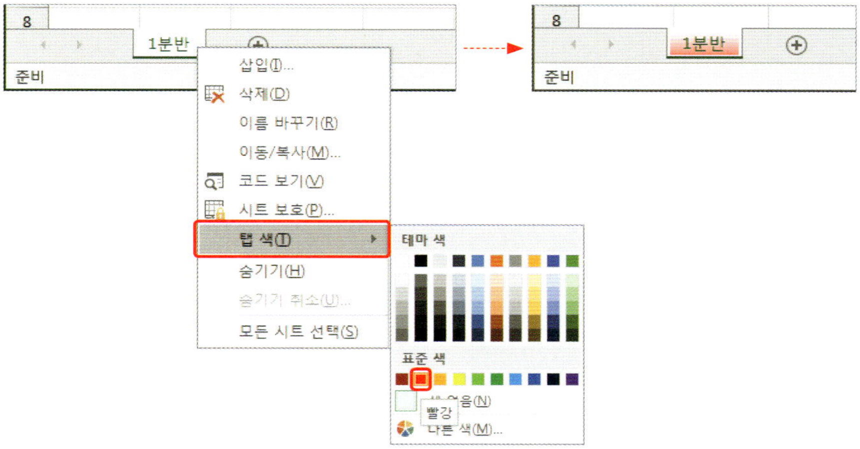

기본예제 1-17 워크시트 추가/삭제와 복사하기

기본적으로 제공되는 하나의 워크시트 외에 워크시트를 추가로 삽입하거나 삭제하는 방법, 워크시트의 순서를 바꾸거나 복사하는 방법을 알아보자.

01 시트 탭의 오른쪽에 있는 [⊕ 새 시트] 단추를 누르면 현재 워크시트 뒤에 새 워크시트가 추가된다.

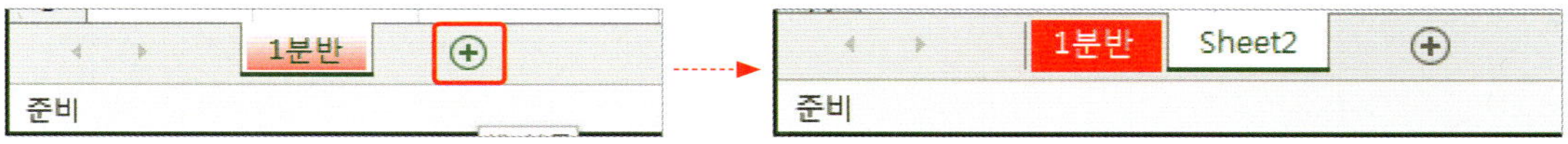

TIP 시트 탭을 마우스 오른쪽 단추로 누르고 단축 메뉴에서 [삽입]을 선택하면 새 워크시트나 서식 파일에서 제공하는 워크시트를 추가할 수 있다.

02 시트 탭을 마우스 오른쪽 단추로 누르고 단축 메뉴에서 [삭제]를 선택하면 선택한 워크시트가 삭제된다.

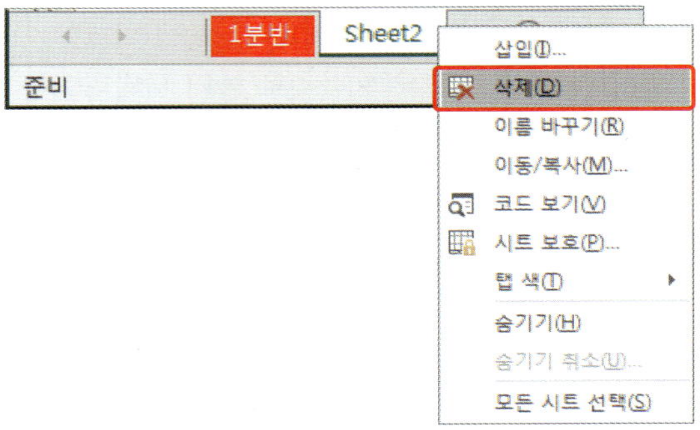

03 워크시트를 원하는 위치로 이동하거나 복사하려면 단축 메뉴에서 [이동/복사]를 선택한다.

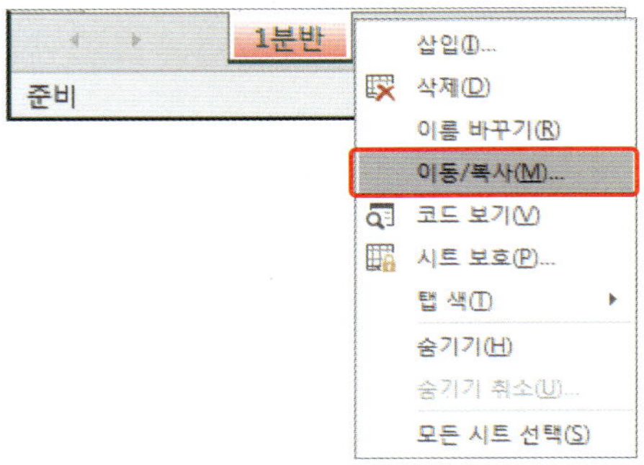

04 [이동/복사] 대화상자가 나타나면 워크시트를 복사할 엑셀 파일과 워크시트 위치를 선택한 후 [복사본 만들기]에 체크하고 [확인]을 눌러 워크시트를 복사한다.

TIP [복사본 만들기]를 선택하지 않으면 워크시트가 이동된다.

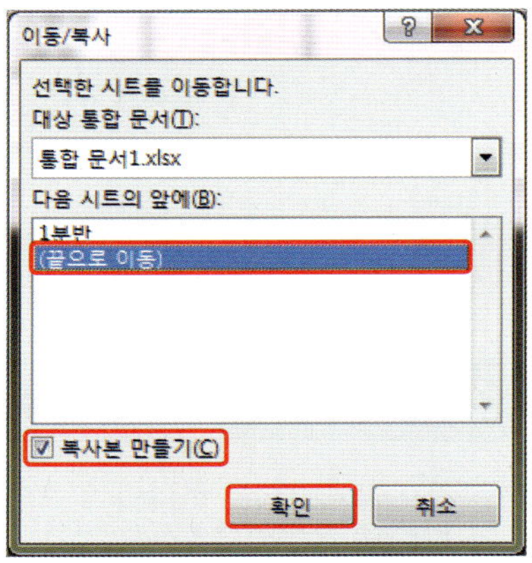

05 복사해서 새로 추가된 워크시트는 이름과 탭 색을 변경하여 원본과 구분하기 쉽게 만든다.

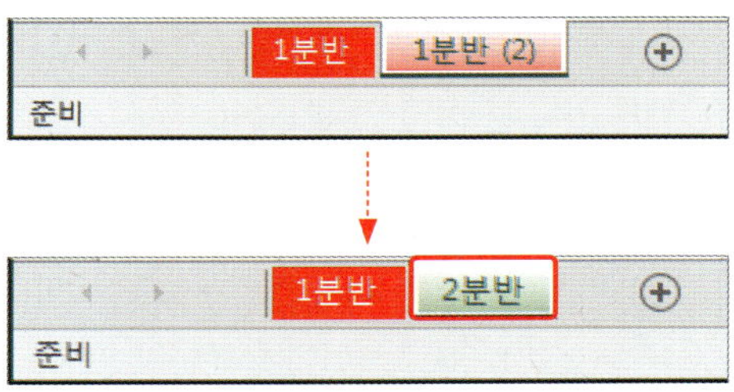

요약예제

문자, 숫자, 날짜, 기호 등의 데이터를 입력하고 자동 채우기 기능, 맞춤과 병합 기능, 셀 편집 기능 등을 사용하여 교통비 청구서 양식을 만들어 엑셀 파일로 저장해 보자.

1 교통비 청구서 양식에 필요한 데이터를 입력한다.

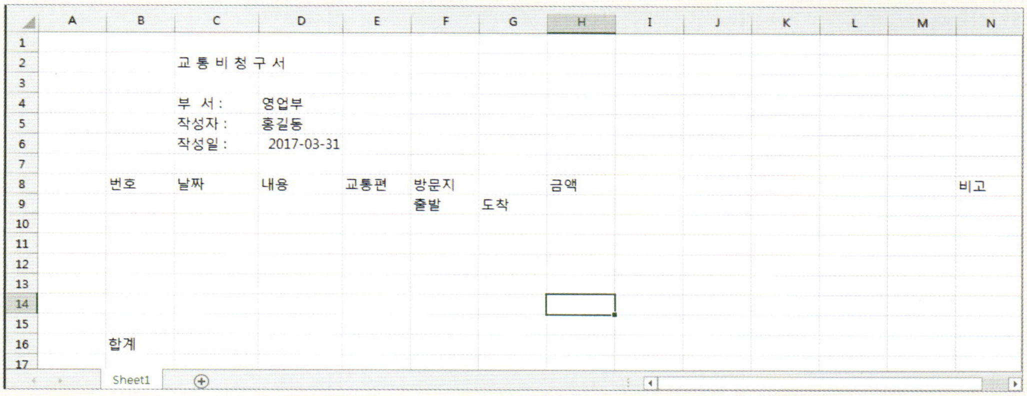

TIP 작성일에는 단축키 Ctrl+;를 사용하여 현재 날짜를 입력한다.

2 번호 항목은 채우기 핸들을 드래그하여 [연속 데이터 채우기]로 데이터를 채운다.

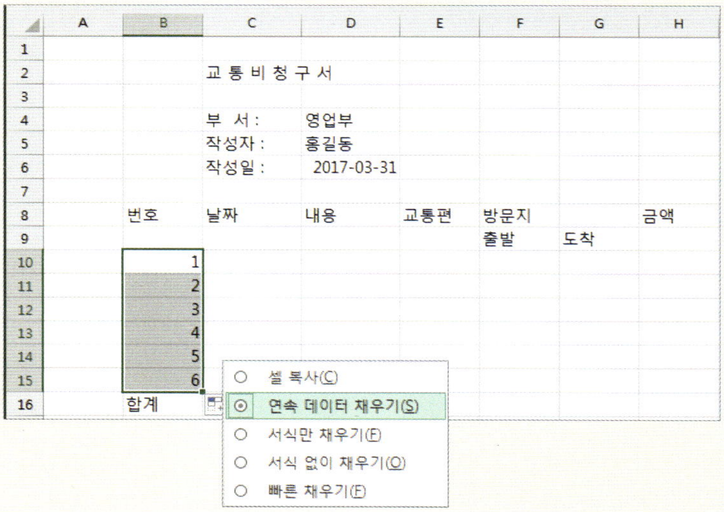

3 사용자 지정 목록에 '십만(十萬)–만(萬)–천(千)–백(百)–십(十)–일(一)'을 등록하고, 등록한 목록으로 금액 항목을 자동 채우기한다.

4 결재란을 추가하고 모양에 맞게 맞춤과 병합을 설정한다. 글꼴 모양 및 행/열의 높이와 너비를 조정하고, 셀 테두리와 채우기 색을 설정한다.

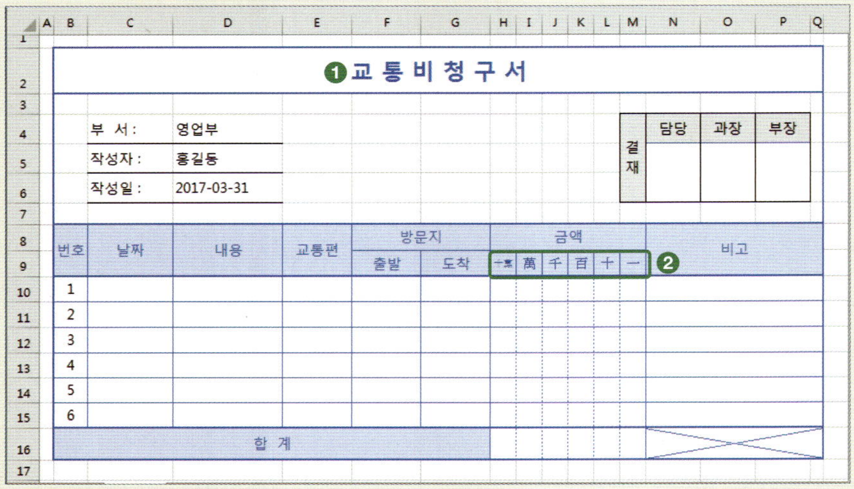

❶ 제목의 글꼴은 [맑은 고딕], 글꼴 크기는 [18pt], 글꼴 색은 [파랑]으로 설정한다.

❷ 금액은 [셀 서식] 대화상자의 [맞춤] 탭에서 [텍스트 조정]–[셀에 맞춤]으로 설정한다.

5 양식에 내용을 입력한다.

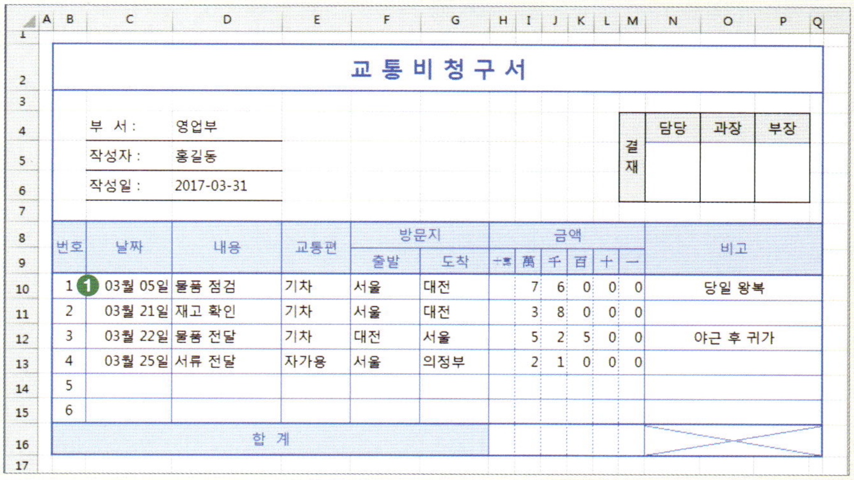

❶ 날짜는 *3-15*나 *3/15*처럼 '월-일' 또는 '월/일' 형식으로 입력한다.

TIP 양식에 입력할 때, 셀 범위를 미리 지정하고 Tab을 누르면서 값을 입력하면 순서대로 셀 위치를 이동할 수 있어 편리하다.

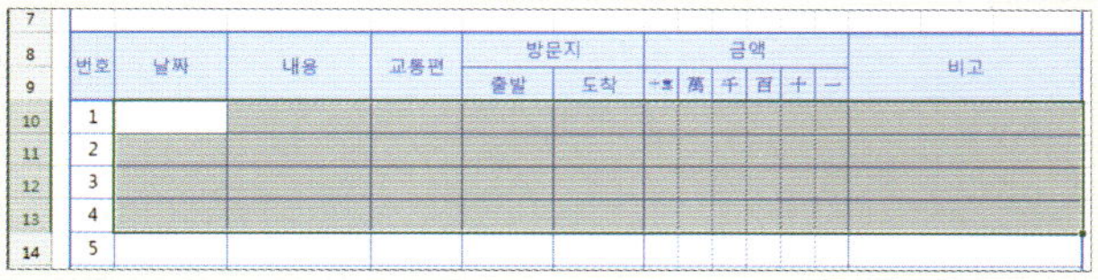

6 워크시트 이름을 '3월'로 바꾸고 시트 탭의 색을 설정한 후, '교통비청구서' 파일로 저장한다.

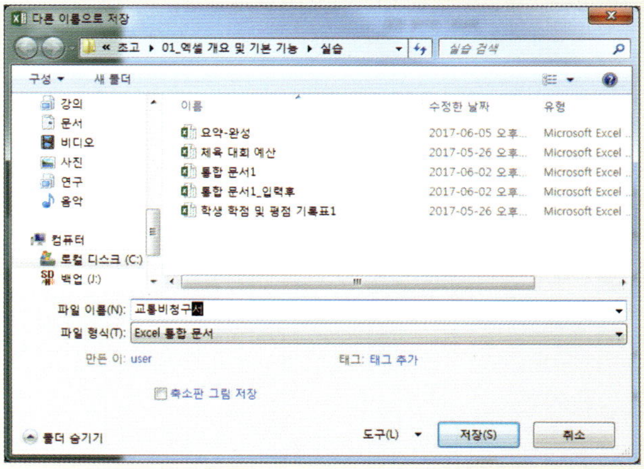

연습문제

1 아래의 조건에 맞게 실기 평가표 양식을 작성하시오.

❶ 등급(우수–양호–보통–불량–실격)을 사용자 지정 목록에 등록하고 자동 채우기로 입력하시오.

❷ 배점은 채우기 핸들을 이용하여 동일한 간격(95–85)으로 연속 데이터 채우기를 하시오.

❸ 워크시트의 이름을 '실기평가표'로 변경하시오.

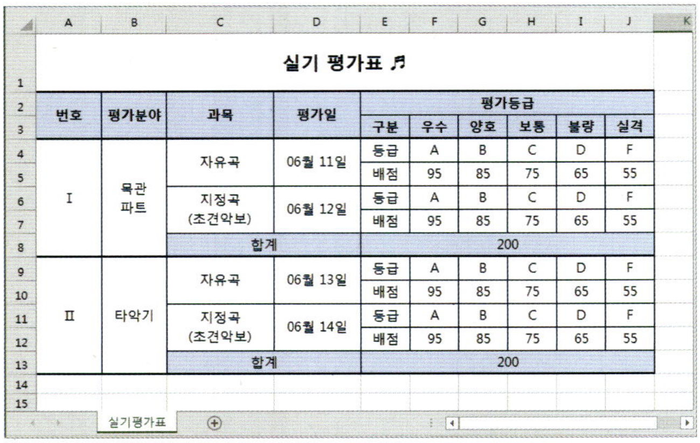

실기 평가표 ♬

번호	평가분야	과목	평가일	평가등급					
				구분	우수	양호	보통	불량	실격
I	목관 파트	자유곡	06월 11일	등급	A	B	C	D	F
				배점	95	85	75	65	55
		지정곡 (조견악보)	06월 12일	등급	A	B	C	D	F
				배점	95	85	75	65	55
		합계		200					
II	타악기	자유곡	06월 13일	등급	A	B	C	D	F
				배점	95	85	75	65	55
		지정곡 (조견악보)	06월 14일	등급	A	B	C	D	F
				배점	95	85	75	65	55
		합계		200					

실기평가표

2 아래의 조건에 맞게 시간표를 작성하시오.

❶ 워크시트를 삽입하고 이름을 '시간표'로 변경하시오.

❷ 교시(1교시–2교시– … –18교시)와 시간(9:00–9:30– … –17:30)은 채우기 핸들을 이용해 연속 데이터 채우기를 하시오.

☆ 2017-1학기 시간표 ★

요일 / 시간		월	화	수	목	금	토
1교시	9:00						
2교시	9:30						
3교시	10:00			문화컨텐츠와 컴퓨터 프로그래밍			
4교시	10:30						
5교시	11:00						
6교시	11:30		정보사회와 컴퓨터			영상일본어	
7교시	12:00						
8교시	12:30						
9교시	13:00						
10교시	13:30	OFFICE 실무		영어회화			
11교시	14:00		웹프로그래밍				
12교시	14:30						
13교시	15:00						
14교시	15:30						
15교시	16:00						
16교시	16:30						
17교시	17:00						
18교시	17:30						

실기평가표 시간표

CHAPTER 02

수식과 표시 형식

학습목표

- 수식을 입력하는 기본 형식과 연산자의 종류를 설명할 수 있다.
- 자동 합계 도구로 수식을 입력할 수 있다.
- 상대 참조와 절대 참조의 개념을 이해하고 활용할 수 있다.
- 셀의 이름을 정의하고 사용할 수 있다.
- 표시 형식의 사용법을 알고 사용자 지정 표시 형식을 설정할 수 있다.

SECTION 01

수식 입력하기

엑셀을 사용하는 가장 큰 이유는 수식을 사용하여 많은 데이터를 자동으로 계산하기 위해서이다. 수식을 사용하면 셀에 입력된 값을 계산할 수 있을 뿐 아니라 셀 값을 수정하더라도 수식을 다시 작성하지 않도록 셀을 참조할 수 있다.

1.1 수식 입력 형식

엑셀에서 사용하는 수식은 반드시 등호(=)로 시작해야 하고 연산자와 피연산자로 구성된다. 연산자의 종류에 따라 피연산자의 갯수나 값의 데이터형이 다르며 데이터형으로는 숫자, 문자 혹은 참/거짓과 같은 논리형이 있다.

= 피연산자 연산자 피연산자

피연산자는 값을 사용할 수도 있지만 A1이나 B1과 같이 셀 주소를 사용하여 셀에 있는 값을 수식에 적용할 수 있다. 이때 값이 변하더라도 수식의 변경 없이 새로운 값을 계산할 수 있는 참조 방식을 사용한다.

1.2 연산자의 종류

수식에 사용하는 연산자는 기능에 따라 산술 연산자, 비교 연산자, 연결 연산자로 구분할 수 있다. 다음과 같이 A1:D1 셀에 입력된 데이터를 피연산자로 하는 수식을 E1 셀에 입력하는 경우를 가정해보자.

	A	B	C	D	E
1	5	3	서울	특별시	

다음 표는 이 데이터를 기준으로 각 연산자의 기능, 수식 입력 방법, 셀에 표시되는 계산 결과를 정리한 것이다.

종류	연산자	기능	수식	표시 결과
산술 연산자	+	더하기	=A1+B1	8
	−	빼기	=A1−B1	2
	*	곱하기	=A1*B1	15
	/	나누기	=A1/B1	1.666667
	^	제곱	=A1^B1	125
비교 연산자	〈	작다	=A1〈B1	FALSE
	〈=	작거나 같다	=A1〈=B1	FALSE
	〉	크다	=A1〉B1	TRUE
	〉=	크거나 같다	=A1〉=B1	TRUE
	=	같다	=A1=B1	FALSE
	〈〉	다르다	=A1〈〉B1	TRUE
연결 연산자	&	텍스트 연결	=C1&D1	서울특별시

기본예제 2-1 연산자를 이용한 수식 작성하기

산술 연산자와 비교 연산자를 이용해 수식을 입력하고 계산 결과를 표시해 보자.

01 '준비.xlsx' 파일을 열고 '수식' 시트를 선택한다.

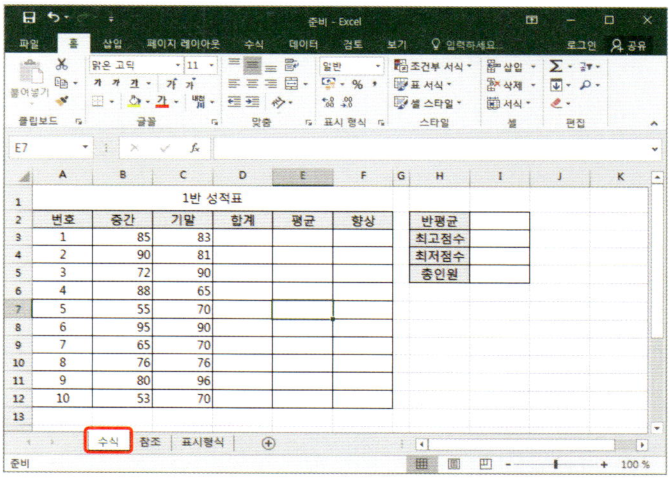

02 D3 셀에 합계를 구할 *=B3+C3* 수식을 입력하고 Enter를 누른다. 셀 주소 B3와 C3는 직접 입력해도 되고 마우스로 해당 셀을 눌러 수식에 적용해도 된다.

	A	B	C	D	E	F
1	1반 성적표					
2	번호	중간	기말	합계	평균	향상
3	1	85	83	=B3+C3		
4	2	90	81			
5	3	72	90			
6	4	88	65			
7	5	55	70			
8	6	95	90			

TIP 셀을 선택하고 수식 입력줄에 수식을 입력해도 된다. 작성한 수식을 변경할 때는 셀을 더블클릭하거나 수식 입력줄을 선택한 후 수정한다.

D3 | fx =B3+C3

	A	B	C	D	E	F
1	1반 성적표					
2	번호	중간	기말	합계	평균	향상
3	1	85	83	=B3+C3		
4	2	90	81			

03 D3 셀의 채우기 핸들을 D12 셀까지 드래그하여 합계 계산 결과를 자동으로 채운다.

	A	B	C	D	E	F
1	1반 성적표					
2	번호	중간	기말	합계	평균	향상
3	1	85	83	168		
4	2	90	81	171		
5	3	72	90	162		
6	4	88	65	153		
7	5	55	70	125		
8	6	95	90	185		
9	7	65	70	135		
10	8	76	76	152		
11	9	80	96	176		
12	10	53	70	123		

04 E3 셀에 *=D3/2* 수식을 입력하고 Enter를 눌러 평균을 계산한다.

	A	B	C	D	E	F
1	1반 성적표					
2	번호	중간	기말	합계	평균	향상
3	1	85	83	168	=D3/2	
4	2	90	81	171		
5	3	72	90	162		
6	4	88	65	153		
7	5	55	70	125		

TIP 평균을 구하는 수식을 *=(B3+C3)/2*로 입력해도 된다. 일반적인 수학식처럼 엑셀에서도 괄호 안에 작성된 식이 우선순위가 높아 먼저 계산된다.

05 E3 셀의 채우기 핸들을 드래그하여 나머지 셀의 평균을 자동 채우기로 구한다.

	A	B	C	D	E	F
1	1반 성적표					
2	번호	중간	기말	합계	평균	향상
3	1	85	83	168	84	
4	2	90	81	171	85.5	
5	3	72	90	162	81	
6	4	88	65	153	76.5	
7	5	55	70	125	62.5	
8	6	95	90	185	92.5	
9	7	65	70	135	67.5	
10	8	76	76	152	76	
11	9	80	96	176	88	
12	10	53	70	123	61.5	

TIP 연속적인 여러 셀에 같은 수식을 사용할 때는 범위를 한꺼번에 선택한 후에 수식을 입력하고 단축키 Ctrl+Enter를 눌러도 된다.

① 범위를 모두 선택한다.

	A	B	C	D	E	F
1	1반 성적표					
2	번호	중간	기말	합계	평균	향상
3	1	85	83	168		
4	2	90	81	171		
5	3	72	90	162		
6	4	88	65	153		
7	5	55	70	125		
8	6	95	90	185		
9	7	65	70	135		
10	8	76	76	152		
11	9	80	96	176		
12	10	53	70	123		

② 수식을 입력한다.

	A	B	C	D	E	F
1	1반 성적표					
2	번호	중간	기말	합계	평균	향상
3	1	85	83	168	=(B3+C3)/2	
4	2	90	81	171		
5	3	72	90	162		
6	4	88	65	153		
7	5	55	70	125		
8	6	95	90	185		
9	7	65	70	135		
10	8	76	76	152		
11	9	80	96	176		
12	10	53	70	123		

③ 단축키 Ctrl+Enter를 눌러 선택한 모든 셀에 수식을 적용한다.

	A	B	C	D	E	F
1	1반 성적표					
2	번호	중간	기말	합계	평균	향상
3	1	85	83	168	84	
4	2	90	81	171	85.5	
5	3	72	90	162	81	
6	4	88	65	153	76.5	
7	5	55	70	125	62.5	
8	6	95	90	185	92.5	
9	7	65	70	135	67.5	
10	8	76	76	152	76	
11	9	80	96	176	88	
12	10	53	70	123	61.5	

06 F3 셀에 *=C3〉=B3+5* 수식을 입력하고 Enter를 누른다. 이것은 기말 점수가 중간 점수보다 5점 이상 크면 성적이 향상되었다고 판단하는 수식이다.

	A	B	C	D	E	F
1	1반 성적표					
2	번호	중간	기말	합계	평균	향상
3	1	85	83	168	84	=C3>=B3+5
4	2	90	81	171	85.5	
5	3	72	90	162	81	
6	4	88	65	153	76.5	
7	5	55	70	125	62.5	
8	6	95	90	185	92.5	
9	7	65	70	135	67.5	
10	8	76	76	152	76	
11	9	80	96	176	88	
12	10	53	70	123	61.5	

07 이처럼 비교 연산자를 사용한 계산 결과는 논리값(TRUE 혹은 FALSE)을 가진다. F3 셀의 채우기 핸들을 드래그하여 나머지 항목에도 값을 표시한다.

	A	B	C	D	E	F
1	1반 성적표					
2	번호	중간	기말	합계	평균	향상
3	1	85	83	168	84	FALSE
4	2	90	81	171	85.5	FALSE
5	3	72	90	162	81	TRUE
6	4	88	65	153	76.5	FALSE
7	5	55	70	125	62.5	TRUE
8	6	95	90	185	92.5	FALSE
9	7	65	70	135	67.5	TRUE
10	8	76	76	152	76	FALSE
11	9	80	96	176	88	TRUE
12	10	53	70	123	61.5	TRUE

SECTION 02

자동 합계 도구로 수식 입력하기

자동 합계 도구는 엑셀에서 자주 사용하는 합계나 평균 등의 계산 기능을 메뉴로 모아놓고 마우스로 선택하면 바로 실행되도록 하는 간편한 기능이다. 자동 합계 기능을 이용하면 수식 입력 방법을 몰라도 간단한 통계 계산을 할 수 있다.

2.1 자동 합계 도구의 종류

자동 합계 도구는 합계, 평균, 숫자 개수, 최대값, 최소값을 계산하는 함수로 구성되어 있다. 함수란 계산식을 미리 만들어 놓고 쉽게 사용하도록 하는 기능이다. 예를 들어 A1에서 A10 셀까지 합계를 구할 때 A1+A2+A3+…+A10 대신 합계를 구하는 함수를 이용하면 길고 복잡한 수식을 직접 작성할 필요 없이 함수 이름만으로 계산을 쉽게 할 수 있다.

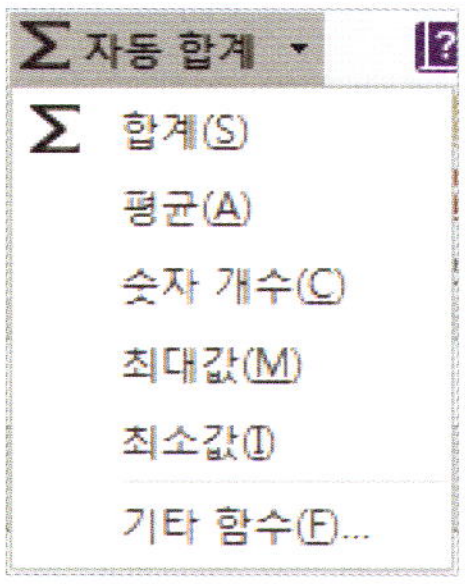

TIP 자동 합계 도구는 [홈] 탭이나 [수식] 탭에서 선택할 수 있다.

기본예제 2-2 평균 구하기

자동 합계 메뉴를 이용하면 수식을 직접 입력하는 것보다 간편하게 평균을 계산할 수 있다.

01 I2 셀을 선택하고 [수식] 탭-[함수 라이브러리] 그룹-[자동 합계] 목록에서 [평균]을 선택한다.

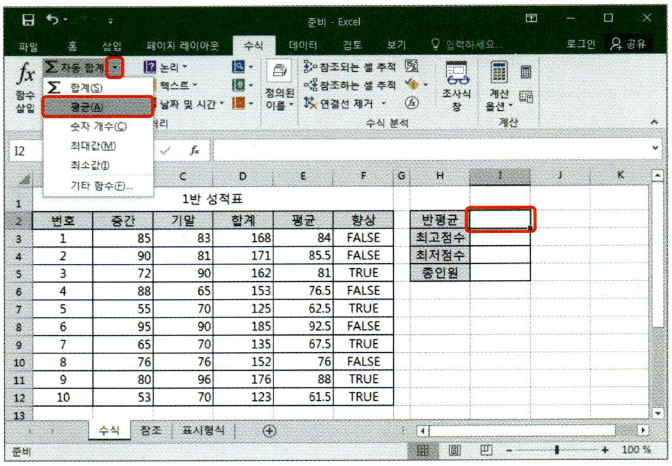

TIP 더하기 연산자(+)와 나누기 연산자(/)를 활용하여 평균을 계산할 수도 있지만, 학생 수가 많으면 수식 작성이 매우 번거로워진다.

02 I2 셀에 *=AVERAGE( )*라는 수식이 만들어진다. 여기에서 괄호 안에 평균을 구할 값이나 셀 이름 혹은 범위를 설정하면 된다.

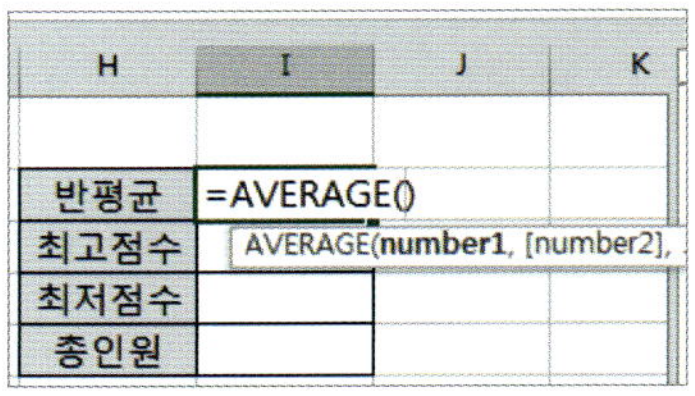

03 E3:E12 범위를 드래그하면 *=AVERAGE(E3:E12)*로 수식이 바뀐다. 선택한 범위가 평균을 구할 영역이 된다.

TIP 연속적인 셀을 범위로 설정하여 함수에 사용할 때는 E3:E12와 같이 콜론(:) 기호를 사용하면 된다.

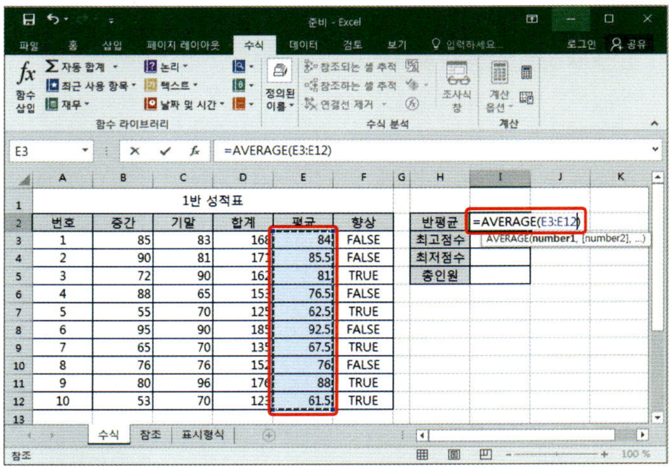

04 Enter를 눌러 자동 합계 도구로 계산한 평균을 확인한다.

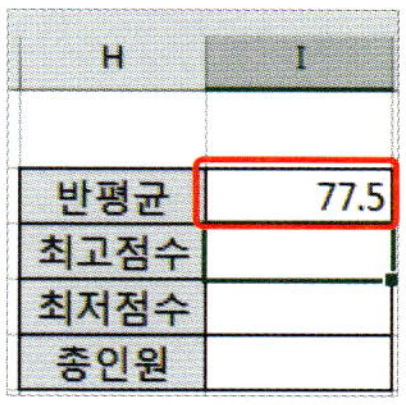

> **TIP** 계산 결과에 표시되는 소수점 자릿수를 변경하려면 [홈] 탭-[표시 형식] 그룹에서 [자릿수 늘림]이나 [자릿수 줄임]을 누른다.

기본예제 2-3 최대값과 최소값 구하기

자동 합계 도구의 최대값과 최소값 함수를 사용하여 중간 점수와 기말 점수 중에서 최고 점수와 최저 점수를 구해 보자.

01 최고 점수를 표시할 I3 셀을 선택하고 [수식] 탭-[함수 라이브러리] 그룹-[자동 합계] 목록에서 [최대값]을 선택한다.

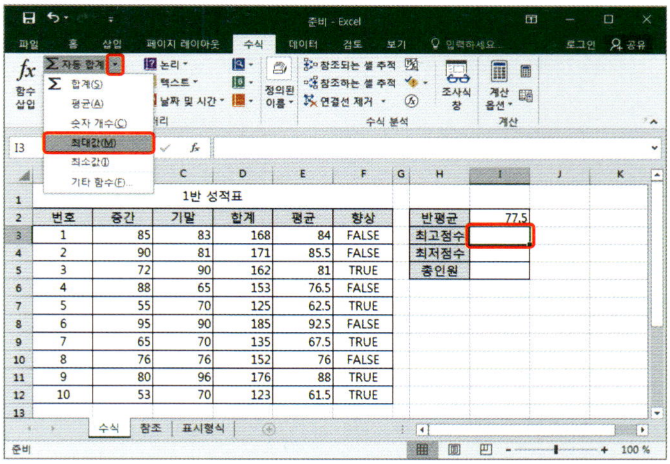

02 마우스로 B3:C12 범위를 선택하면 *=MAX(B3:C12)*로 수식이 표시된다.

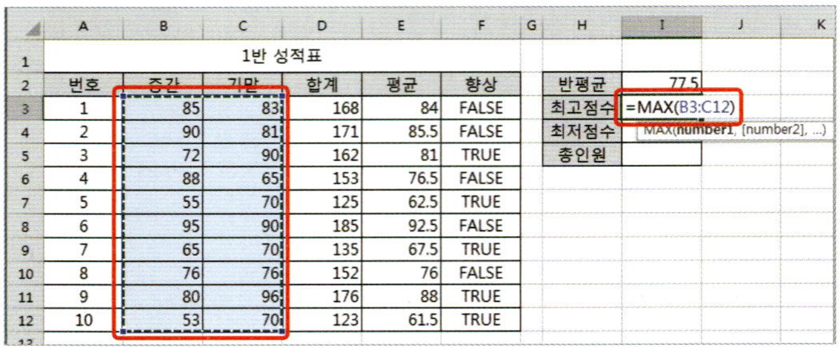

03 Enter를 눌러 MAX( ) 함수로 계산된 최고 점수를 확인한다.

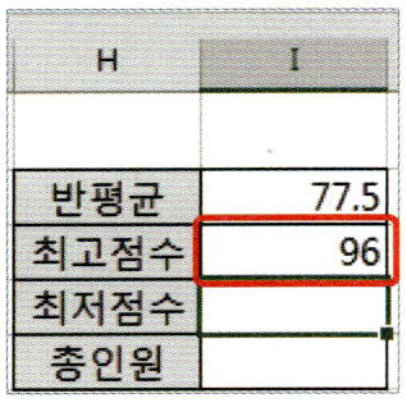

04 I4 셀을 선택하고 [자동 합계] 목록에서 [최소값]을 선택한 후 중간 점수와 기말 점수인 B3:C12를 범위로 설정하여 최저 점수를 구한다.

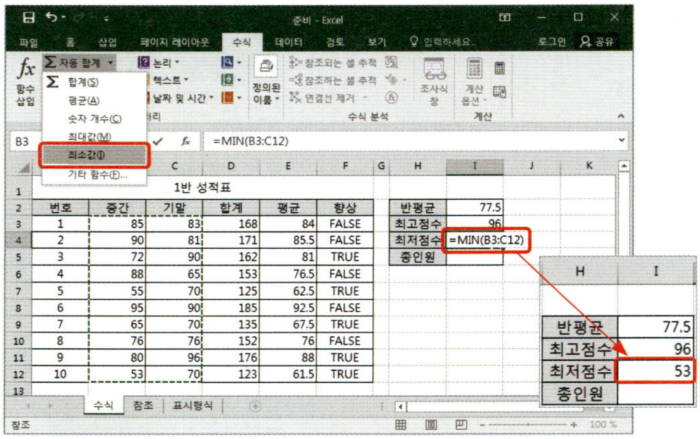

기본예제 2-4 숫자 개수 구하기

자동 합계 도구의 숫자 개수 함수는 숫자만 세는 함수이므로 반드시 숫자가 입력된 셀을 범위로 설정해야 올바른 계산을 할 수 있다. 숫자 개수 함수를 사용하여 인원수를 계산해 보자.

01 총인원을 표시할 I5 셀을 선택하고 [수식] 탭–[함수 라이브러리] 그룹–[자동 합계] 목록에서 [숫자 개수]를 선택한다.

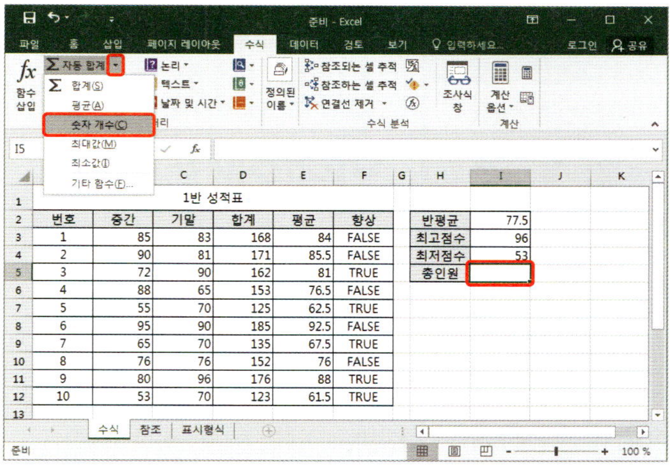

02 개수를 세려는 숫자가 있는 A3:A12 범위를 드래그하면 I5셀에 *=COUNT(A3:A12)* 수식이 표시된다.

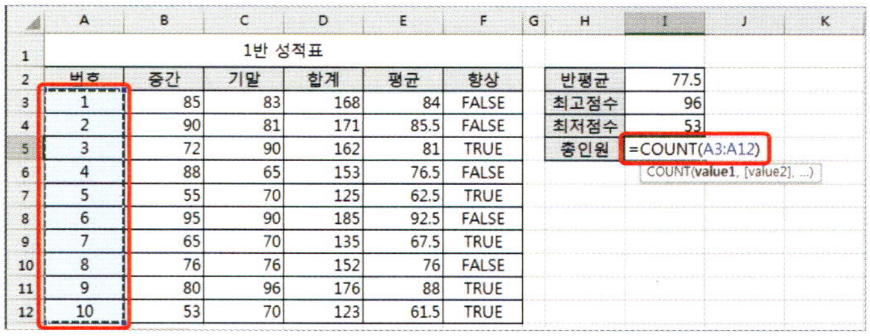

03 Enter를 눌러 계산 결과를 확인한다.

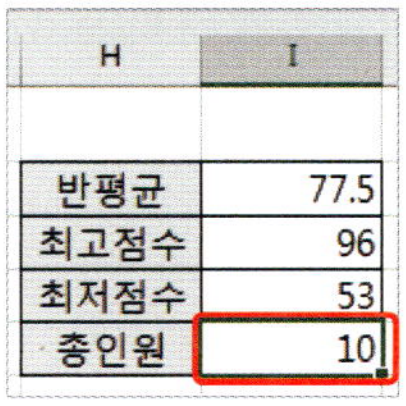

TIP 자동 합계 도구로 제공되는 COUNT( ) 함수는 숫자 개수만 계산할 수 있지만, 엑셀 함수에는 문자의 개수를 세거나 특정 조건에 맞는 셀의 개수를 세는 함수도 있다. 이 함수들의 사용법은 CHAPTER 04에서 설명한다.

SECTION 03 상대 참조와 절대 참조 이해하기

엑셀에서는 셀에 입력된 값을 직접 사용하지 않고 셀 주소를 사용하여 수식을 작성함으로써 셀에 입력된 값이 변경되더라도 변경된 값이 적용된 계산 결과를 바로 표시할 수 있다. 셀 주소를 수식에 사용하여 값을 가져오는 것을 참조라고 한다. 참조를 통해 셀 값이 입력되거나 변경될 때 실시간으로 계산할 수 있다는 것이 엑셀 프로그램의 큰 장점이다.

3.1 상대 참조

기존에 작성한 수식을 복사할 때는 채우기 핸들을 이용한 자동 채우기 방식을 주로 사용한다. 자동 채우기로 복사한 수식은 복사된 위치에 따라 원래 식에서 참조하는 셀 주소가 자동으로 변경되는데 이를 상대 참조라고 한다.

기본예제 2-5 상대 참조를 이용한 수식 만들기

엑셀에서 가장 일반적으로 사용하는 상대 참조로 작성한 수식을 손쉽게 복사해서 사용해 보자.

01 '준비.xlsx' 파일을 열고 '참조' 시트를 선택한다.

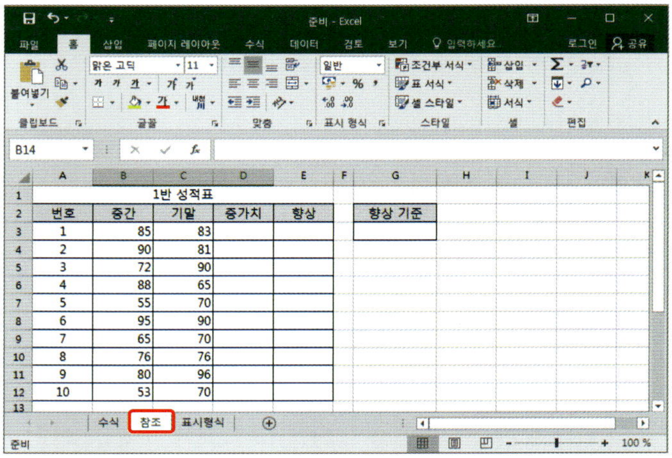

02 중간 점수와 기말 점수의 차이를 나타내는 증가치를 계산하기 위해 D3 셀에 *=C3-B3* 수식을 입력한다.

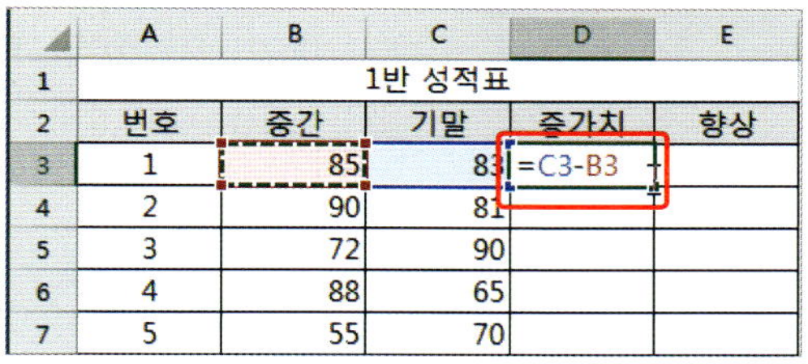

	A	B	C	D	E
1	1반 성적표				
2	번호	중간	기말	증가치	향상
3	1	85	83	=C3-B3	
4	2	90	81		
5	3	72	90		
6	4	88	65		
7	5	55	70		

TIP 증가치 계산은 *=B3-C3* 수식을 사용해도 된다.

03 D3 셀에 계산 결과가 표시되면 D12 셀까지 채우기 핸들을 드래그하여 수식을 복사한다.

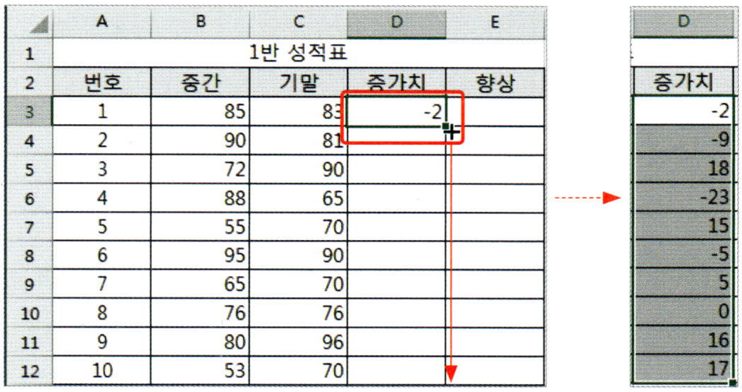

	A	B	C	D	E
1	1반 성적표				
2	번호	중간	기말	증가치	향상
3	1	85	83	-2	
4	2	90	81		
5	3	72	90		
6	4	88	65		
7	5	55	70		
8	6	95	90		
9	7	65	70		
10	8	76	76		
11	9	80	96		
12	10	53	70		

D
증가치
-2
-9
18
-23
15
-5
5
0
16
17

04 D12 셀을 선택하고 수식 입력줄을 보면 수식이 복사될 때 상대 참조가 적용된 것을 확인할 수 있다.

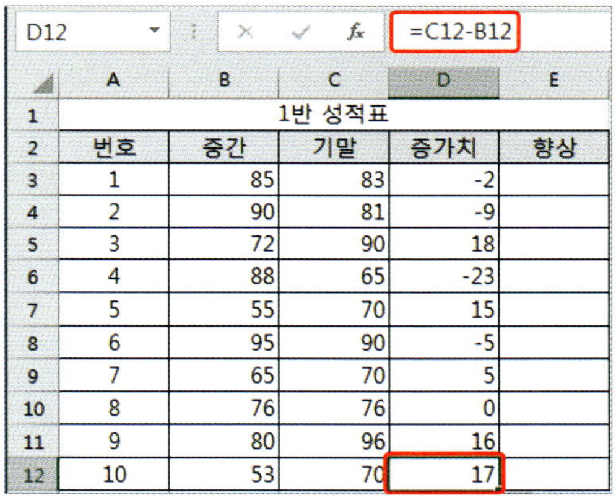

D12 =C12-B12

	A	B	C	D	E
1	1반 성적표				
2	번호	중간	기말	증가치	향상
3	1	85	83	-2	
4	2	90	81	-9	
5	3	72	90	18	
6	4	88	65	-23	
7	5	55	70	15	
8	6	95	90	-5	
9	7	65	70	5	
10	8	76	76	0	
11	9	80	96	16	
12	10	53	70	17	

3.2 절대 참조

절대 참조는 수식을 복사할 때 복사 위치에 따라 셀 주소가 바뀌지 않도록 참조하는 방식이다. 참조하는 셀 주소(D3)에 '$D$3'처럼 달러($) 기호를 붙이면 수식을 복사할 때 변경되지 않는 부분임을 표시할 수 있다.

TIP 셀 주소를 나타내는 행이나 열 번호 중에서 하나만 바뀌도록 $ 기호를 붙이는 형태($D3 혹은 D$3)를 혼합 참조라고 한다.

기본예제 2-6 절대 참조의 필요성 알기

[기본예제 2-1]에서는 점수 향상 여부를 판단하는 셀에 *=C3>=B3+5* 수식을 입력하여 기말 점수가 중간 점수보다 5점 이상 큰 경우를 기준으로 TRUE를 표시하도록 했다. 이때 기준이 바뀔 때마다 수식을 매번 수정하지 않도록 하기 위해 임의의 셀(G3)에 점수 향상 기준을 입력해 두고 사용해 보자.

01 G3 셀에 점수 향상을 판단할 기준이 되는 값으로 *10*을 입력한다.

	A	B	C	D	E	F	G
1			1반 성적표				
2	번호	중간	기말	증가치	향상		향상 기준
3	1	85	83	-2			10
4	2	90	81	-9			
5	3	72	90	18			
6	4	88	65	-23			
7	5	55	70	15			

02 E3 셀에 *=D3>=G3* 수식을 입력한다.

TIP 셀 주소는 직접 입력해도 되지만 마우스로 해당 셀을 선택하면 수식에 자동으로 적용된다.

	A	B	C	D	E	F	G
1			1반 성적표				
2	번호	중간	기말	증가치	향상		향상 기준
3	1	85	83	-2	=D3>=G3		10
4	2	90	81	-9			
5	3	72	90	18			
6	4	88	65	-23			
7	5	55	70	15			

03 나머지 점수의 향상 여부도 판단하도록 이 수식을 자동 채우기로 복사한다. 이때 E9 셀과 E10 셀의 결과 값에 오류가 발생한다.

	A	B	C	D	E	F	G
1			1반 성적표				
2	번호	중간	기말	증가치	향상		향상 기준
3	1	85	83	-2	FALSE		10
4	2	90	81	-9	FALSE		
5	3	72	90	18	TRUE		
6	4	88	65	-23	FALSE		
7	5	55	70	15	TRUE		
8	6	95	90	-5	FALSE		
9	7	65	70	5	TRUE		
10	8	76	76	0	TRUE		
11	9	80	96	16	TRUE		
12	10	53	70	17	TRUE		
13							

04 결과 값에 오류가 발생한 셀을 더블클릭해 보면 수식이 변경되어 올바른 기준 값을 참조하지 않고 있는 것을 알 수 있다.

TIP 값이 없는 G10 셀을 수식에서 참조하고 있으므로 오류가 발생한 것이다.

	A	B	C	D	E	F	G
1			1반 성적표				
2	번호	중간	기말	증가치	향상		향상 기준
3	1	85	83	-2	FALSE		10
4	2	90	81	-9	FALSE		
5	3	72	90	18	TRUE		
6	4	88	65	-23	FALSE		
7	5	55	70	15	TRUE		
8	6	95	90	-5	FALSE		
9	7	65	70	5	TRUE		
10	8	76	76	0	=D10>=G10		
11	9	80	96	16	TRUE		
12	10	53	70	17	TRUE		

기본예제 2-7 절대 참조를 이용한 수식 만들기

[기본예제 2-6]에서는 수식이 복사될 때 상대 참조가 되어 참조하는 셀 주소가 변경되었다. 셀 주소가 바뀌지 않도록 수식을 절대 참조 형식으로 변경해 보자.

01 E3 셀에 *=D3>=G3* 수식을 입력하고 F4를 눌러 *G3*이 *$G$3*이 되도록 한 다음 Enter를 누른다.

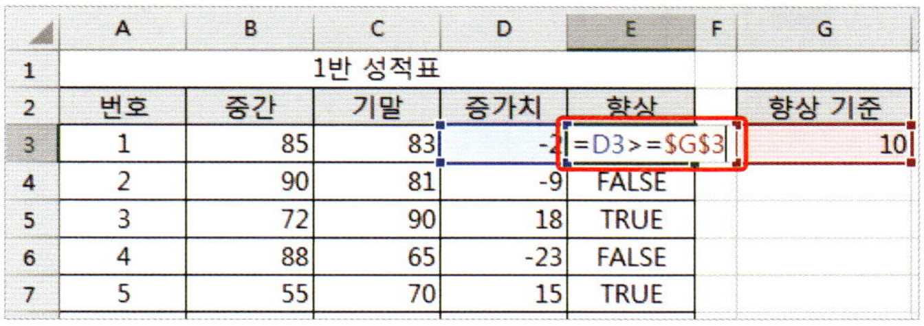

TIP 셀 주소의 앞이나 뒤에 커서를 두고 F4를 반복해서 누르면 'G3→$G$3→G$3→$G3'의 순환 형태로 셀 주소가 바뀐다.

02 채우기 핸들을 E12 셀까지 드래그해 수식을 복사한다. E9 셀과 E10 셀의 결과 값도 올바르게 구해진다.

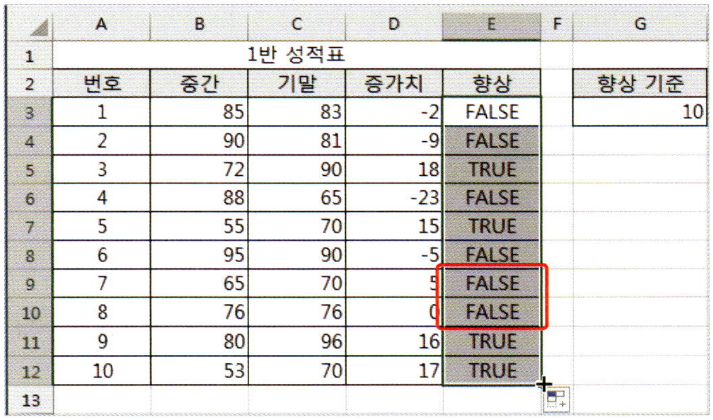

03 E10 셀을 더블클릭하면 수식과 수식에서 참조하고 있는 영역이 표시된다. 참조하는 G3 셀의 주소가 복사될 때 변경되지 않은 것을 확인할 수 있다.

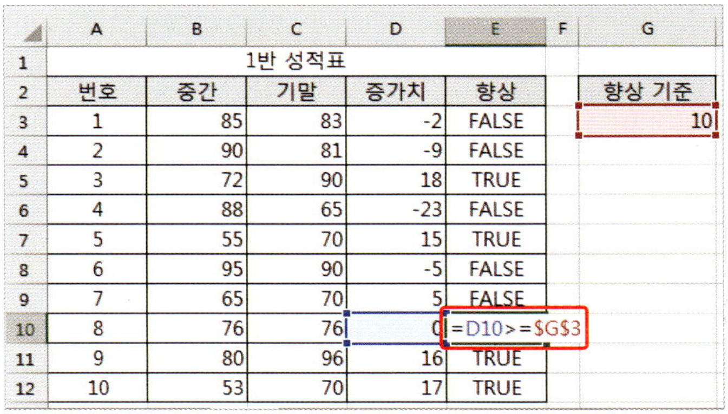

SECTION 04

이름 정의하기

엑셀의 모든 셀에는 열과 행의 번호가 조합된 고유한 주소가 있지만 따로 이름을 정의할 수 있다. 특정 셀에 이름을 붙일 수도 있고, 여러 개의 셀을 범위로 지정하여 이름을 붙일 수도 있다. 이름을 정의하고 활용하는 방법에 대해 알아본다.

4.1 셀 이름

셀에 이름을 정의하고 수식에 사용하면 절대 참조처럼 수식을 복사할 때 변경되지 않는다. 또한 의미를 쉽게 파악할 수 있는 이름(예를 들어 '향상기준')을 사용하면 셀 주소를 사용할 때보다 수식을 이해하기 쉬워진다.

기본예제 2-8 셀 이름 정의하고 사용하기

[기본예제 2-7]에서 사용한 절대 참조 방법 대신 셀에 정의한 이름을 이용해 수식을 만들어 보자.

01 G3 셀을 선택하고 [수식] 탭-[정의된 이름] 그룹-[이름 정의] 목록에서 [이름 정의]를 선택한다.

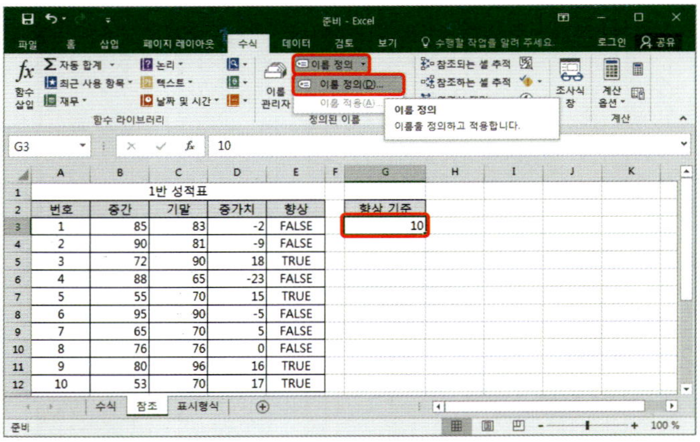

02 [새 이름] 대화상자에서 [이름]을 *향상기준*으로 변경하고 [확인]을 누른다.

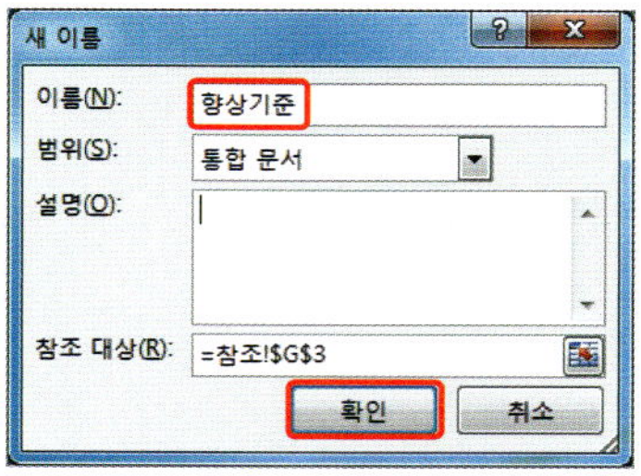

TIP 셀 이름은 숫자로 시작하거나 공백 문자를 사용할 수 없다. 또한, 엑셀 통합 문서 전체에서 이름이 중복되지 않도록 주의해서 정의해야 한다.

03 이름 상자의 [▼ 목록] 단추를 눌러 보면 정의한 이름이 추가된 것을 확인할 수 있다.

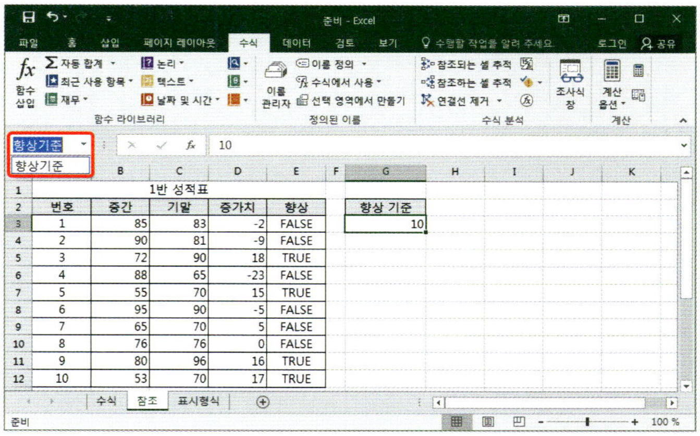

TIP G3 셀을 선택하고 이름 상자에 직접 이름을 입력해도 된다.

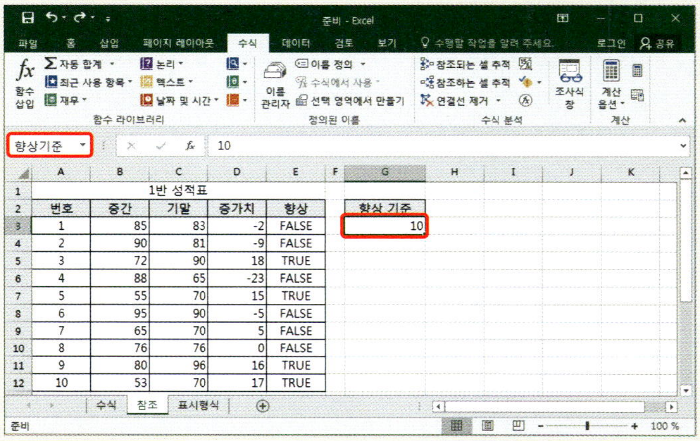

04 E3 셀을 선택하고 수식 입력줄에서 *=D3>=향상기준*이라고 입력한다.

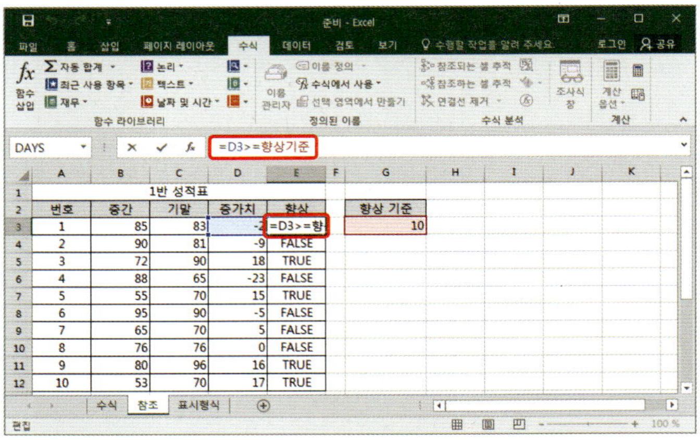

05 E3 셀의 채우기 핸들을 E12 셀까지 드래그해 복사한다.

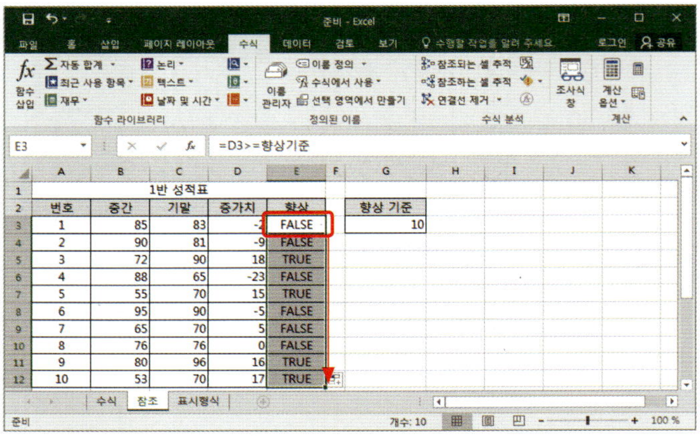

06 복사된 셀을 더블클릭하여 수식을 확인하면 정의된 이름으로 셀을 참조하고 있는 것을 알 수 있다.

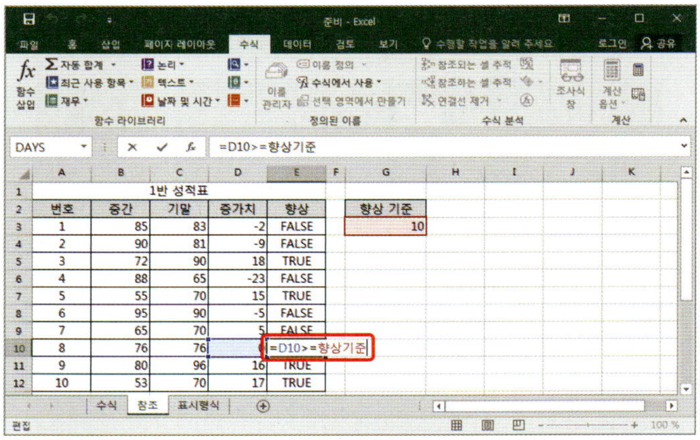

4.2 영역 이름

데이터 범위에 이름을 정의해 두면 이름 상자 목록에서 한 번의 선택으로 해당 영역을 빠르게 지정할 수 있다. 또한 이 이름을 수식에 사용하면 수식의 의미를 명확하게 표현할 수 있다는 장점도 있다.

기본예제 2-9 영역 이름 정의하고 사용하기

데이터 범위에 이름을 정의하고 수식에 활용하는 방법을 알아보자.

01 B2:D12 범위를 선택하고 [수식] 탭–[정의된 이름] 그룹–[선택 영역에서 만들기]를 누른다.

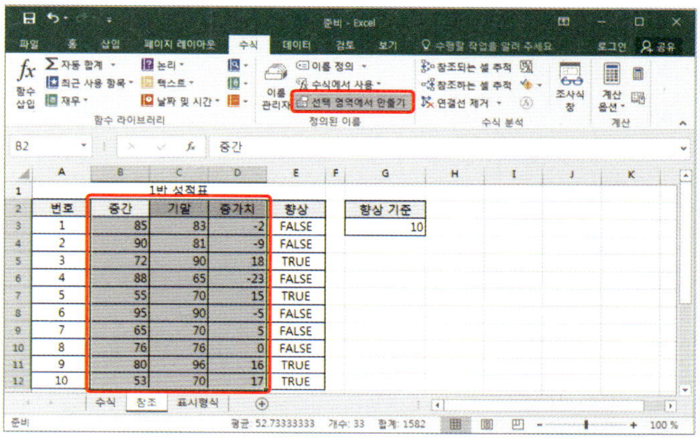

02 [선택 영역에서 이름 만들기] 대화상자에서 [첫 행]에 체크하고 [확인]을 누른다.

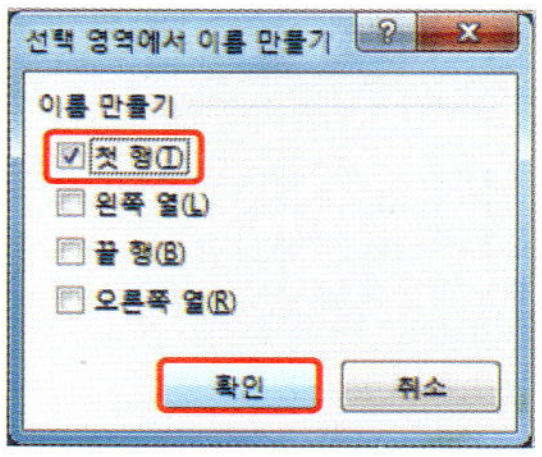

03 이름 상자 목록을 열거나 [수식] 탭–[정의된 이름] 그룹–[이름 관리자]를 누르면 추가된 이름을 확인할 수 있다.

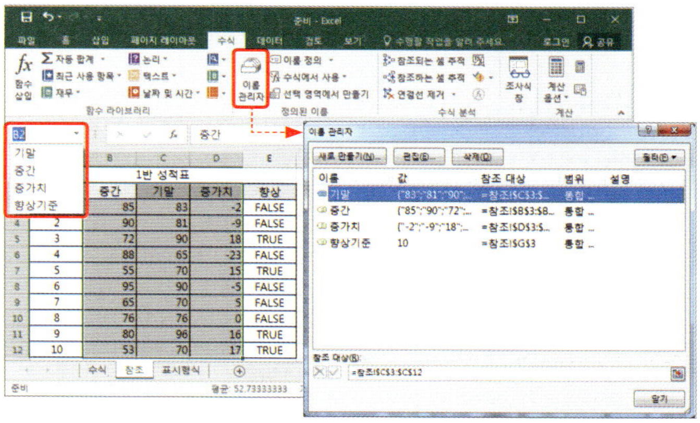

TIP [이름 관리자] 대화상자를 이용하면 통합 문서 전체에서 정의한 이름이나 영역을 편집하거나 삭제할 수 있다.

04 B14 셀을 선택하고 [수식] 탭–[함수 라이브러리] 그룹–[자동 합계] 목록에서 [평균]을 선택한다.

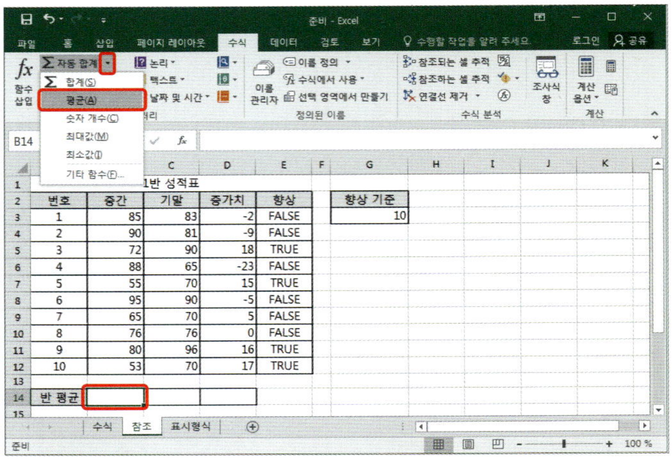

05 [수식] 탭–[정의된 이름] 그룹–[수식에서 사용] 목록에서 [중간]을 선택한다.

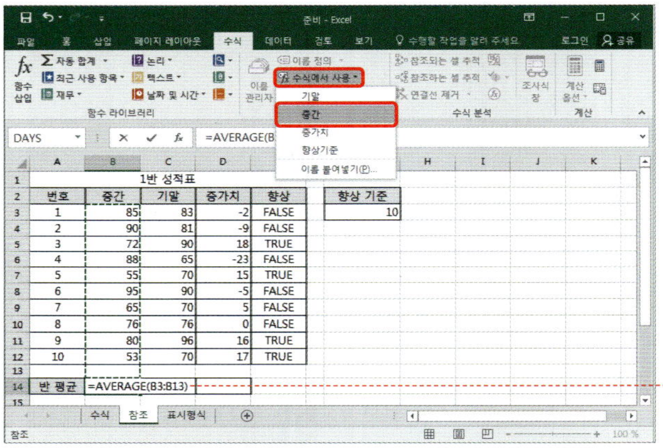

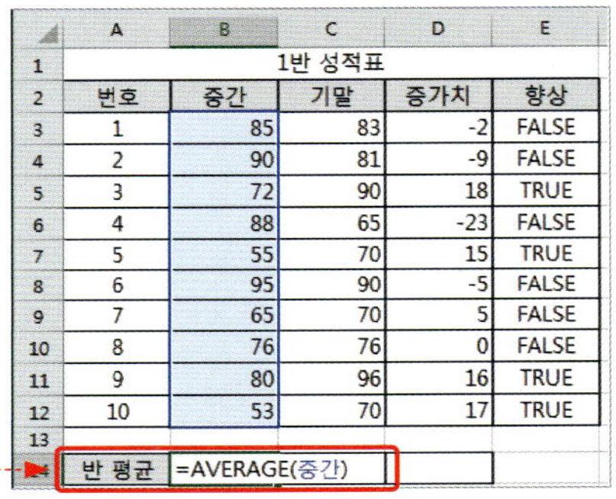

	A	B	C	D	E
1	1반 성적표				
2	번호	중간	기말	증가치	향상
3	1	85	83	-2	FALSE
4	2	90	81	-9	FALSE
5	3	72	90	18	TRUE
6	4	88	65	-23	FALSE
7	5	55	70	15	TRUE
8	6	95	90	-5	FALSE
9	7	65	70	5	FALSE
10	8	76	76	0	FALSE
11	9	80	96	16	TRUE
12	10	53	70	17	TRUE
13					
14	반 평균	=AVERAGE(중간)			

06 Enter를 누르면 수식의 계산 결과가 표시된다. 같은 방법으로 C14 셀과 D14 셀에 '기말'과 '증가치'의 평균을 계산한다.

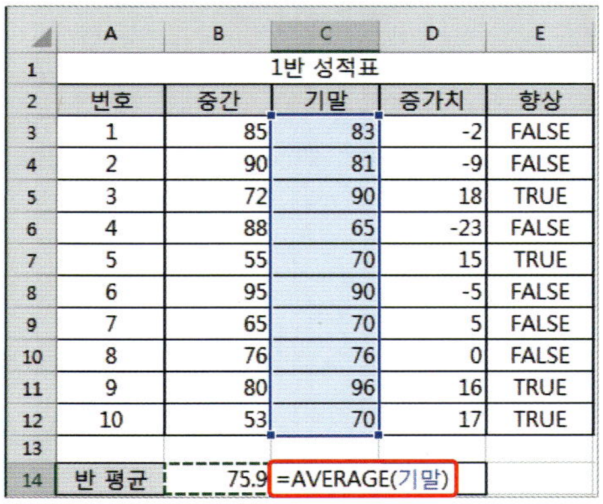

	A	B	C	D	E
1	1반 성적표				
2	번호	중간	기말	증가치	향상
3	1	85	83	-2	FALSE
4	2	90	81	-9	FALSE
5	3	72	90	18	TRUE
6	4	88	65	-23	FALSE
7	5	55	70	15	TRUE
8	6	95	90	-5	FALSE
9	7	65	70	5	FALSE
10	8	76	76	0	FALSE
11	9	80	96	16	TRUE
12	10	53	70	17	TRUE
13					
14	반 평균	75.9	=AVERAGE(기말)		

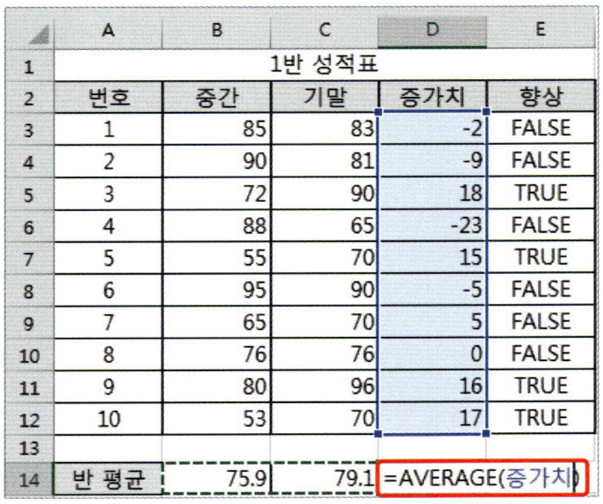

	A	B	C	D	E
1	1반 성적표				
2	번호	중간	기말	증가치	향상
3	1	85	83	-2	FALSE
4	2	90	81	-9	FALSE
5	3	72	90	18	TRUE
6	4	88	65	-23	FALSE
7	5	55	70	15	TRUE
8	6	95	90	-5	FALSE
9	7	65	70	5	FALSE
10	8	76	76	0	FALSE
11	9	80	96	16	TRUE
12	10	53	70	17	TRUE
13					
14	반 평균	75.9	79.1	=AVERAGE(증가치)	

SECTION 05

표시 형식 사용하기

숫자 사이에 콤마(,)를 넣어 세 자리마다 구분하여 표시하거나 통화 기호(₩, $) 또는 여러 가지 단위 기호를 함께 표시하면 숫자의 의미가 좀 더 명확해지고 보기도 쉽다. 숫자나 문자, 날짜와 같은 데이터의 표시 형식을 지정하는 방법을 알아본다.

5.1 표시 형식

표시 형식이란 셀에 입력한 데이터에 단위나 특정 형식을 지정하여 표시되도록 하는 기능이다. 표시 형식을 지정하면 숫자에 단위를 나타내는 기호 또는 세 자리 구분 기호를 붙이거나 날짜 데이터에 요일을 같이 표시하는 등 데이터를 다양한 형식으로 구성할 수 있다.

기본예제 2-10 셀에 표시 형식 만들기

숫자를 명확하고 보기 좋게 만들기 위해 사용하는 자릿수 구분 콤마 기호, 백분율 기호, 통화 기호, 소수 자릿수 맞춤 등을 셀에 적용하여 표시하는 방법을 알아본다.

01 '준비.xlsx' 파일의 '표시형식' 시트에서 E3:E12 범위를 선택하고 [홈] 탭-[표시 형식] 그룹-[쉼표 스타일]을 누른다.

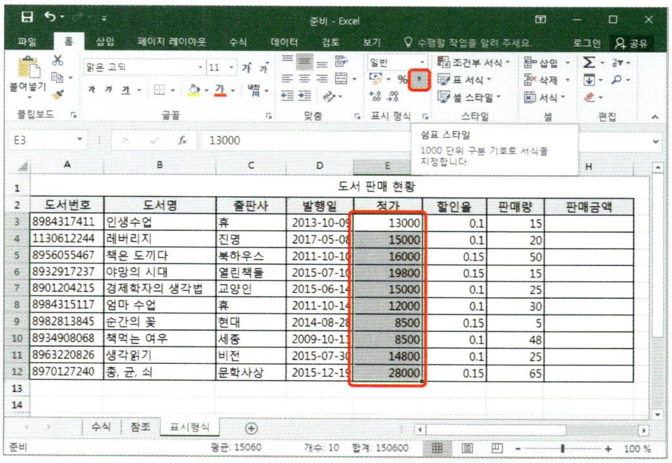

02 F3:F12 범위를 선택하고 [홈] 탭–[표시 형식] 그룹–[자릿수 늘림]을 누른다.

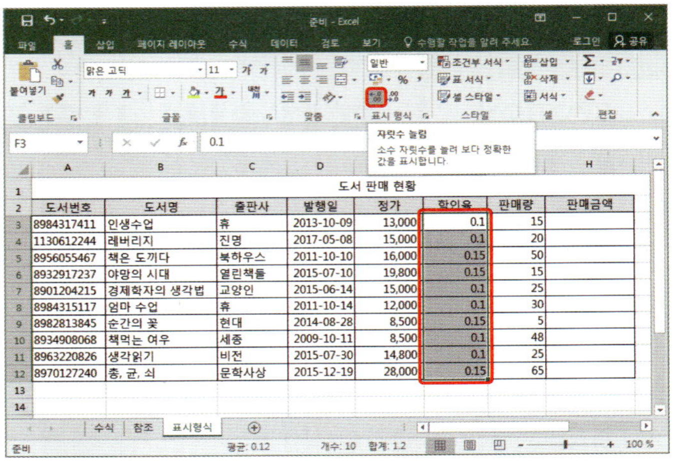

03 수식을 사용하여 판매금액을 계산하고 [홈] 탭– [표시 형식] 그룹–[회계 표시 형식] 목록에서 [₩ 한국어]를 선택한다. [자릿수 줄임]을 눌러 다음 그림과 같이 자릿수를 맞춘다.

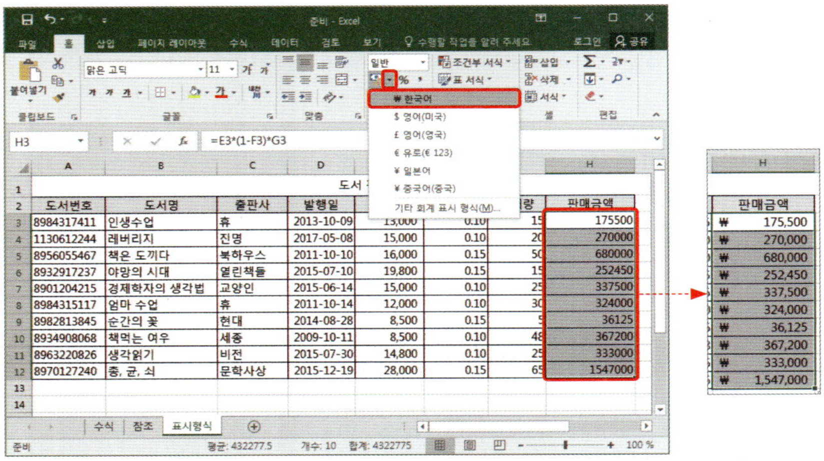

TIP 판매금액은 H3 셀에 *=E3*(1–F3)*G3* 수식을 입력한 후 채우기 핸들을 H12 셀까지 드래그하여 계산한다.

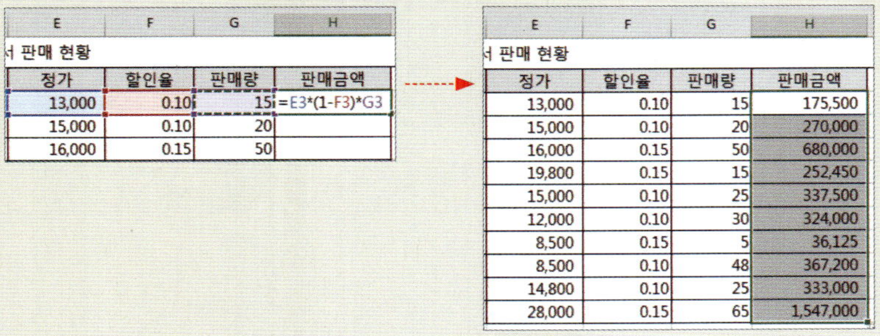

04 E3:E12 범위를 선택하고 [홈] 탭-[표시 형식] 그룹-[표시 형식] 목록에서 [통화]를 선택한다.

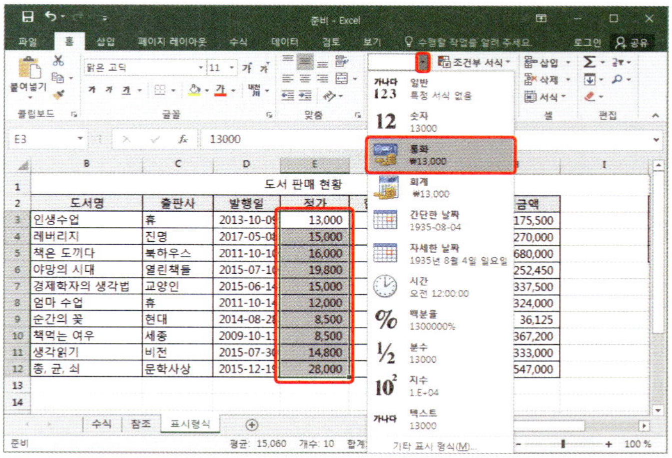

TIP 통화 서식을 적용하면 첫 번째 숫자 바로 앞에 통화 기호가 표시된다. 회계 서식과의 차이는 다음 그림으로 알 수 있다.

통화		회계	
₩1,234,567	양수	₩	1,234,567
(₩1,234,567)	음수	-₩	1,234,567
₩0	0	₩	-

05 할인율 값을 백분율로 표시하기 위해 F3:F12 범위를 선택하고 [홈] 탭-[표시 형식] 그룹-[% 백분율 스타일]을 누른다.

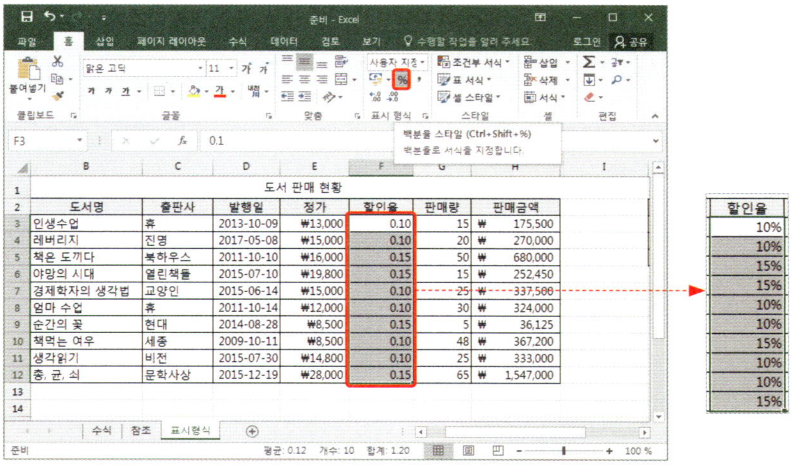

TIP 설정한 표시 형식을 취소하려면 [홈] 탭-[표시 형식] 그룹-[표시 형식] 목록에서 [일반]을 선택한다.

5.2 사용자 지정 표시 형식

사용자 지정 표시 형식은 엑셀에서 제공하는 표시 형식 이외에 필요한 서식을 미리 정해놓은 기호를 사용하여 정의하는 방법이다. 숫자, 날짜, 문자 등 데이터의 종류에 따라 사용하는 기호가 다르다.

데이터	기호	설명
숫자	#	유효 숫자만 표시한다. 예를 들어 010에서 앞의 0이나 0.10에서 뒤의 0을 표시하지 않는다.
	0	유효 숫자가 아닌 경우 0으로 표시하여 자릿수를 맞춘다.
	?	유효 숫자가 아닌 경우 공백으로 표시하여 자릿수를 맞춘다.
	,	숫자 서식 중간에 사용하면 세 자리마다 콤마(,) 기호를 넣고, 서식 마지막에 사용하면 세 자리를 제외하고 표시(천 단위)한다.
날짜	y	연도를 표시한다.
	m	월을 표시한다.
	d	일 또는 영문으로 요일을 표시한다.
	a	한글로 요일을 표시한다.
연결	@	입력 문자 그대로 표시한다.
	*	'*' 기호 뒤에 오는 문자를 셀의 공백에 반복하여 채운다.
	_	'_' 기호 뒤의 문자를 공백으로 표시한다.

기본예제 2-11 숫자에 사용자 지정 표시 형식 만들기

책 판매량을 나타내는 숫자 뒤에 '권'을 붙여 데이터의 의미를 더 명확하게 표시하거나 판매금액을 천 단위로 표시하는 등 숫자 데이터에 사용자 지정 표시 형식을 설정해 보자.

01 G3:G12 범위를 선택하고 [홈] 탭-[표시 형식] 그룹의 [대화상자 표시] 단추를 누른다.

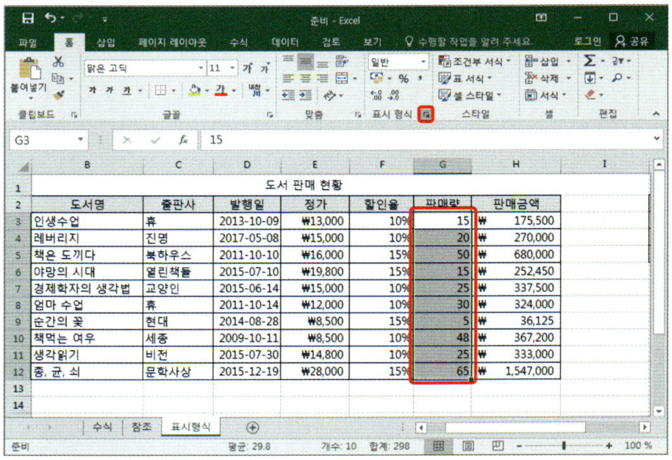

02 [셀 서식] 대화상자가 나타나면 [표시 형식] 탭의 [범주] 목록에서 [사용자 지정]을 선택한다.

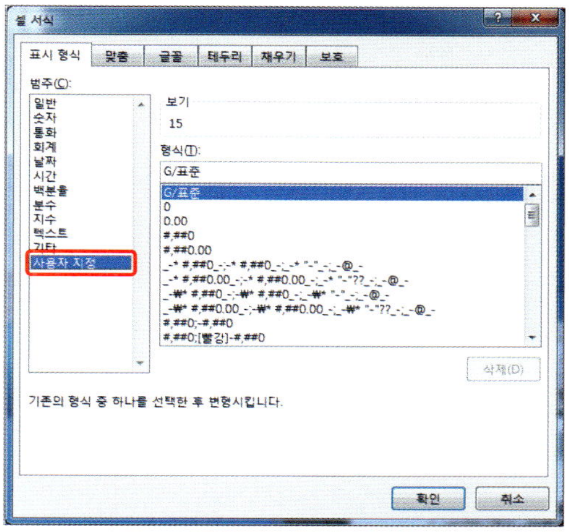

TIP [범주] 목록에서 원하는 모양과 유사한 기존 형식을 먼저 선택한 후 [사용자 지정]을 선택하여 변형할 수 있다.

03 [형식]에 *G/표준"권"*을 입력하고 [확인]을 눌러 [셀 서식] 대화상자를 닫는다.

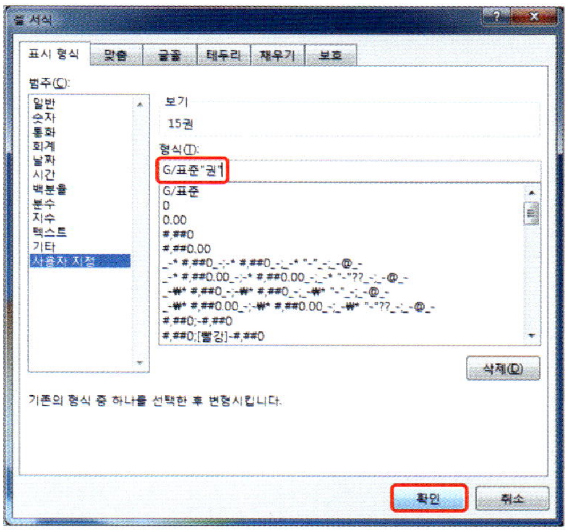

TIP 만약 판매량 숫자 뒤에 *권*을 직접 입력하면 숫자가 아닌 텍스트 데이터가 되어 판매금액을 계산하는 수식에 오류가 발생한다.

D	E	F	G	H
도서 판매 현황				
발행일	정가	할인율	판매량	판매금액
2013-10-09	₩13,000	10%	15권	#VALUE!

04 H3:H12 범위를 선택하고 단축키 Ctrl+1을 눌러 [셀 서식] 대화상자를 연다.

TIP 현재 설정되어 있는 [회계] 항목이 선택된 상태로 [범주] 목록이 나타난다.

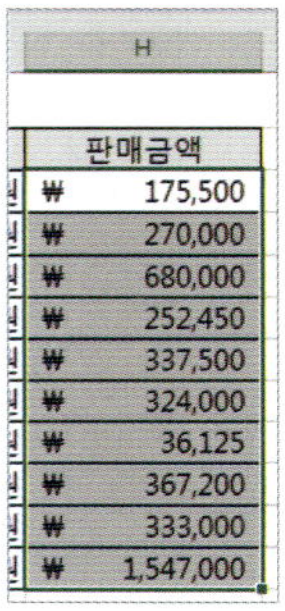

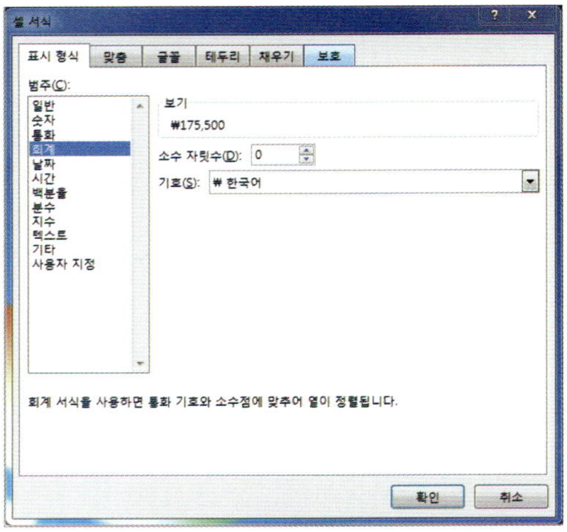

05 [범주]에서 [사용자 지정]을 선택하고 [#,##0] 형식을 선택한 다음, [형식]에 콤마(,)와 *"천원"*을 입력하여 *#,##0,"천원"*으로 수정하고 [확인]을 누른다.

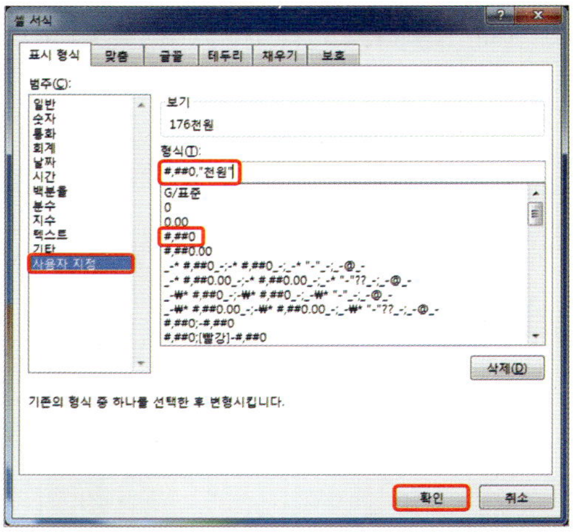

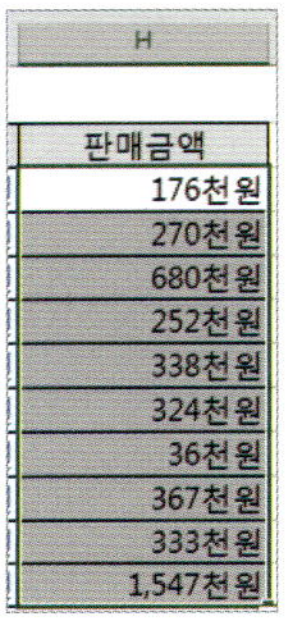

06 도서번호에 형식(000-000-0000)을 설정하기 위해 A3:A12 범위를 선택하고 마우스 오른쪽 단추를 눌러 단축 메뉴가 나타나면 [셀 서식]을 선택한다.

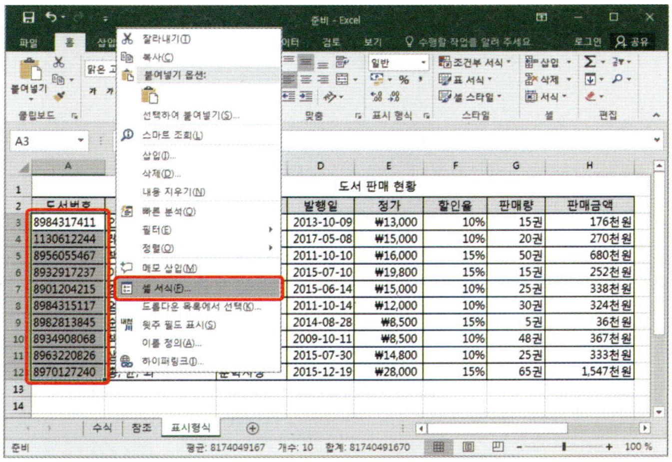

07 [셀 서식] 대화상자의 [표시 형식] 탭에서 [범주]의 [사용자 지정]을 선택하고 [형식]에 *000-000-0000*을 입력한 후 [확인]을 누른다.

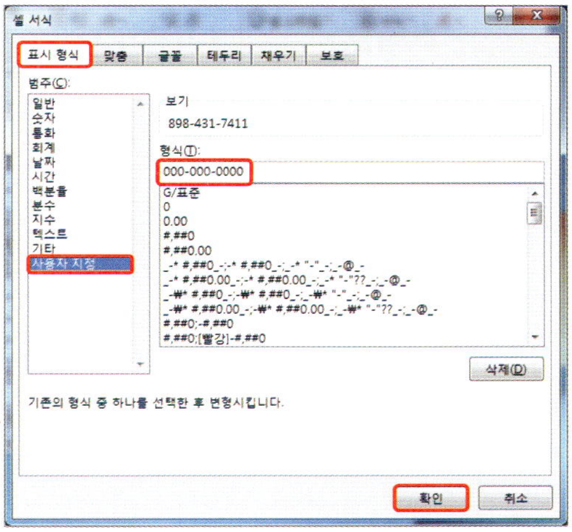

08 설정한 형식으로 도서번호가 표시된다. 이제 도서번호 값을 수정하거나 추가할 때 10자리 숫자만 입력하면 '-' 기호가 자동으로 추가된다.

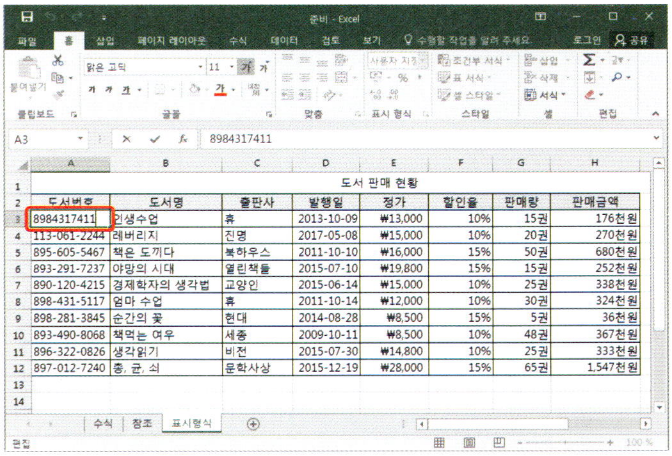

TIP 다음은 엑셀 작업에 많이 사용되는 몇 가지 숫자 서식의 예이다.

셀의 값	서식	셀의 표시 결과	설명
35	G/표준 "명"	35 명	
	"총" G/표준 "권"	총 35 권	
0	#,###		0을 유효하지 않은 숫자로 처리하여 표시하지 않는다.
	#,##0	0	
1234567	#,##0,"천원"	1,235천원	1000으로 나눈 결과를 반올림값으로 표시한다.
	#,##0,,"백만"	1백만	1000000으로 나눈 결과를 표시한다.

기본예제 2-12 날짜에 사용자 지정 표시 형식 만들기

날짜와 시간 값을 나타내기 위해 사용하는 기호와 표시 결과는 다음과 같다. 기호를 사용하여 날짜에 사용자 지정 표시 형식을 만들어 보자.

데이터	기호	서식	표시 결과	설명
날짜	y	yy	17	연도를 두 자리로 표시한다.
		yyyy	2017	연도를 네 자리로 표시한다.
	m	m	1	월을 1~12로 표시한다.
		mm	01	월을 01~12로 표시한다.
		mmm	Jan	월을 영문 세 자리(Jan~Dec)로 표시한다.
		mmmm	January	월을 영문(January~December)으로 표시한다.
	d	d	1	일을 0~31로 표시한다.
		dd	01	일을 01~31로 표시한다.
		ddd	Sun	요일을 영문 세 자리(Sun~Sat)로 표시한다.
		dddd	Sunday	요일을 영문(Sunday~Saturday)으로 표시한다.
	a	aaa	일	요일을 한글 한 자리(일~토)로 표시한다.
		aaaa	일요일	요일을 한글(일요일~토요일)로 표시한다.
시간	h	h	1	시간을 0~23으로 표시한다.
		hh	01	시간을 00~23으로 표시한다.
	m	m	0	분을 0~59로 표시한다.
		mm	01	분을 00~59로 표시한다.
	s	s	0	초를 0~59로 표시한다.
		ss	01	초를 00~59로 표시한다.

01 D3:D12 범위를 선택하고 [홈] 탭–[표시 형식] 그룹의 [대화상자 표시] 단추를 누른다.

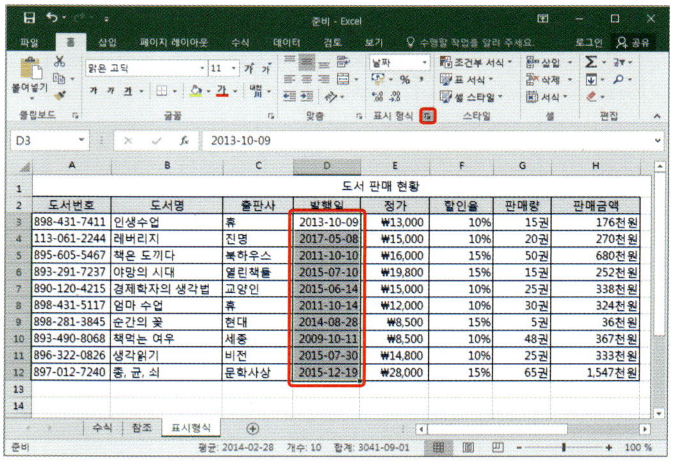

02 [셀 서식] 대화상자의 [표시 형식] 탭에서 [범주]의 [사용자 지정]을 선택한다.

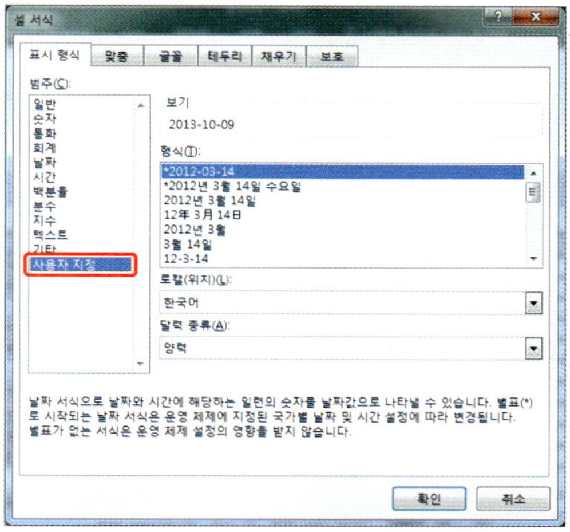

03 [형식]에 *yy-mm-dd(aaa)*를 입력하고 [확인]을 누른다.

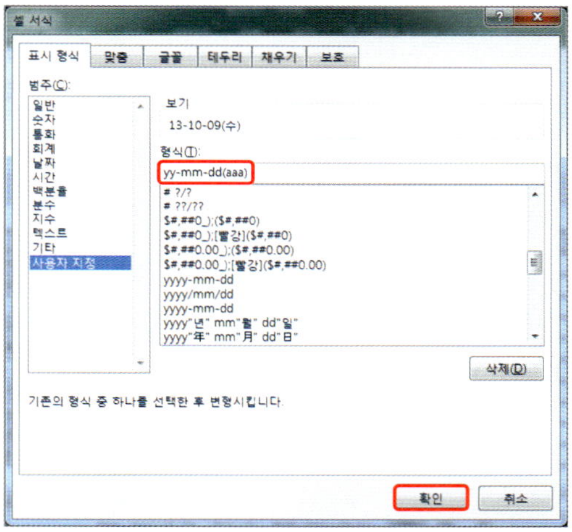

04 열 너비를 적당히 조절하면 설정한 형식으로 발행일이 표시되는 것을 확인할 수 있다.

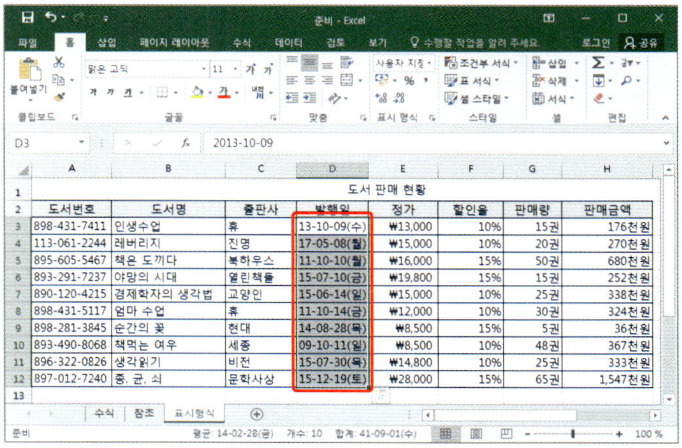

기본예제 2-13 문자에 사용자 지정 표시 형식 만들기

숫자나 날짜 외에 문자에도 표시 형식을 설정할 수 있다. 문자에 표시 형식을 설정하면 셀 값의 의미를 명확하게 파악할 수 있을 뿐 아니라 간편하게 입력할 수 있다는 장점도 있다. 문자 값인 출판사 이름에 표시 형식을 설정해 보자.

01 C3 셀을 선택하고 [홈] 탭－[표시 형식] 그룹의 [대화상자 표시] 단추를 누른다.

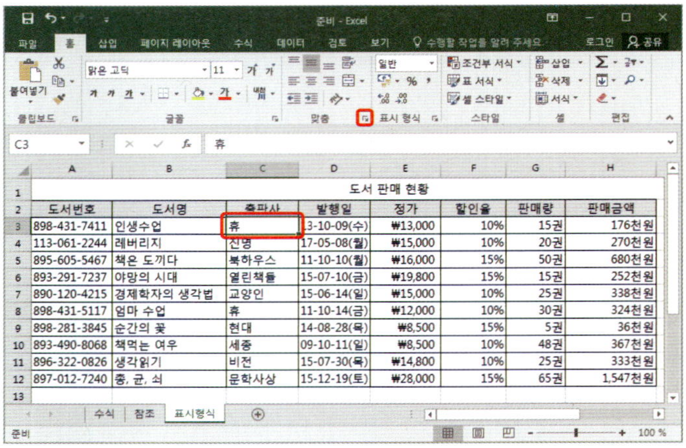

02 [셀 서식] 대화상자가 열리면 [표시 형식] 탭의 [범주] 목록에서 [사용자 지정]을 선택하고 [형식]에 *[파랑]@ "출판"*을 입력한 후 [확인]을 누른다.

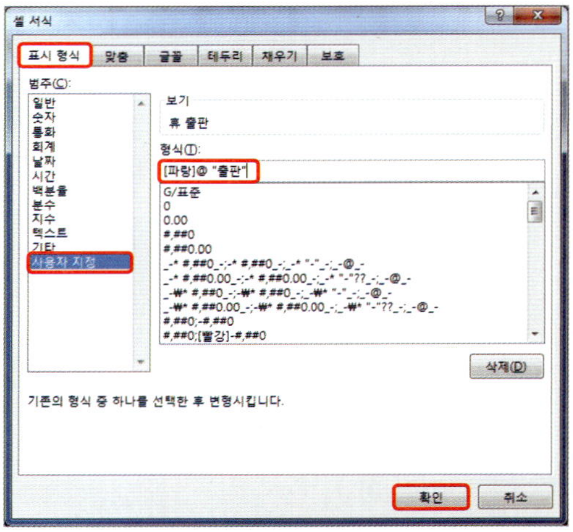

TIP 색을 지정할 때는 서식의 가장 앞부분에 대괄호([ ])와 함께 색 이름을 입력한다. 사용 가능한 색 이름은 [검정], [녹색], [흰색], [파랑], [자홍], [노랑], [녹청], [빨강] 여덟 가지다.

03 C3 셀의 채우기 핸들을 C12 셀까지 드래그하여 복사한다.

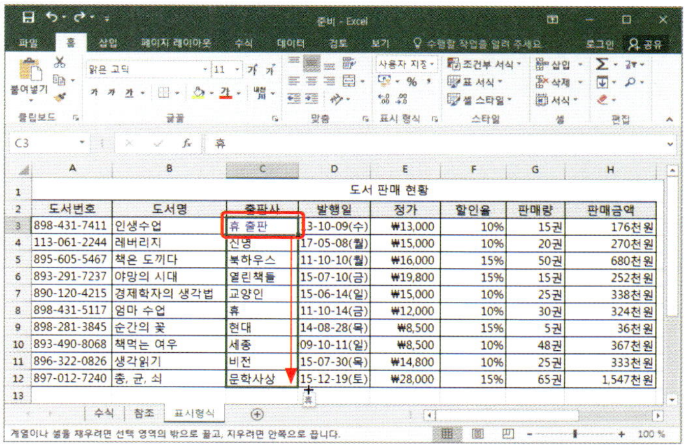

04 [자동 채우기 옵션] 목록에서 [서식만 채우기]를 선택한다.

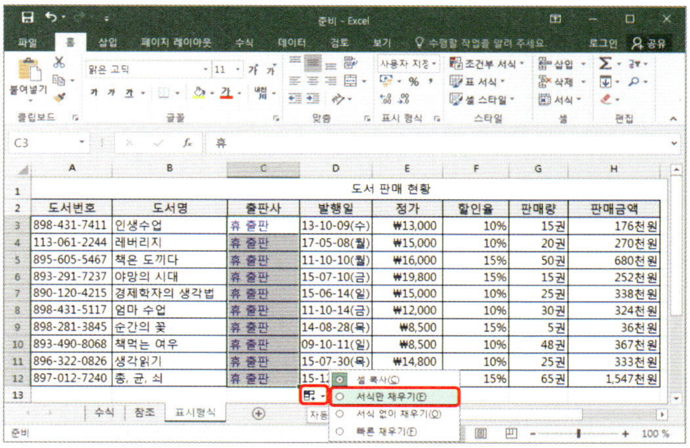

05 출판사 이름의 형식과 색이 설정한 모양으로 표시된다.

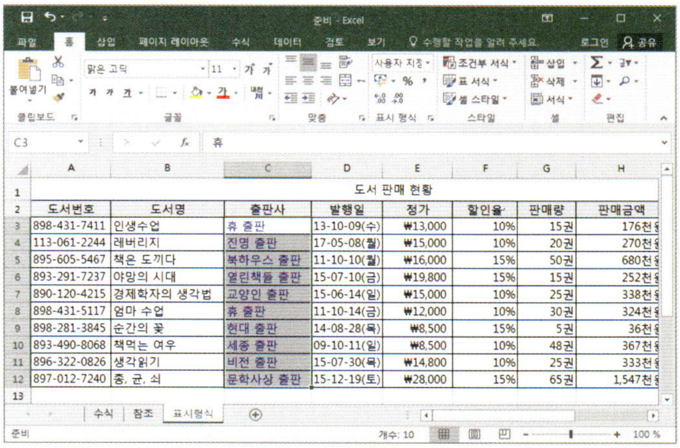

요약예제

수식과 자동 합계 함수, 셀 참조 및 사용자 지정 표시 형식을 이용하여 거래명세서 양식을 만들어 보자.

1 거래명세서 양식에 필요한 내용을 모두 입력하고 글꼴 색을 [파랑]으로 설정한다. 이때 날짜는 검은색으로 그대로 둔다.

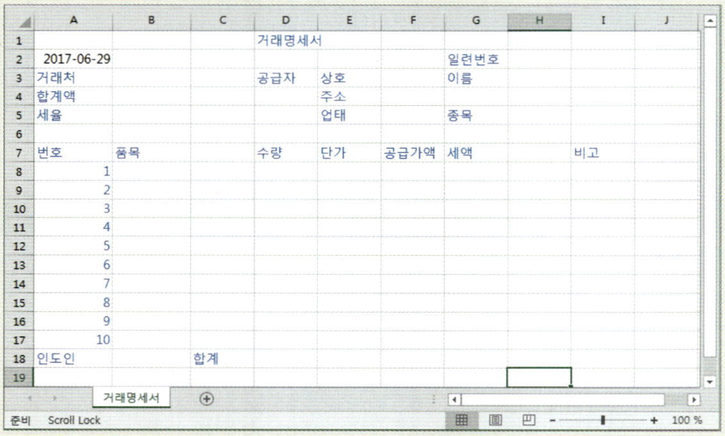

TIP 번호 항목은 채우기 핸들을 드래그하여 연속 데이터 채우기로 입력한다.

2 제목인 '거래명세서'의 글꼴 크기를 [16pt]로 수정한다. D1:E1 범위에 [병합하고 가운데 맞춤]을 적용한 후, 선 색은 [파랑]으로 하고 [아래쪽 이중 테두리]를 설정한다.

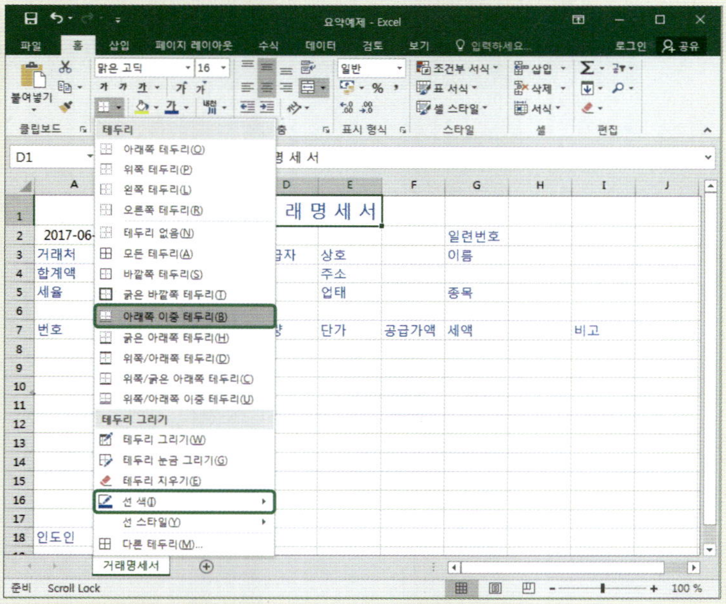

3 양식의 모양에 맞게 셀을 병합하고 테두리를 설정한다.

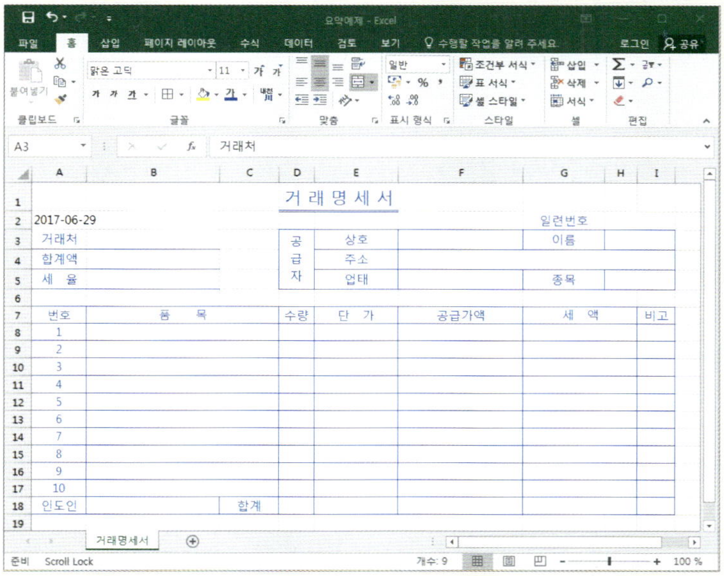

4 A2 셀을 선택하고 [셀 서식] 대화상자를 연다. [표시 형식] 탭의 [범주] 목록에서 [사용자 지정]을 선택하고 [형식]에 *yy"年"m"月"d"日"(aaa)*를 입력한 후 [확인]을 누른다.

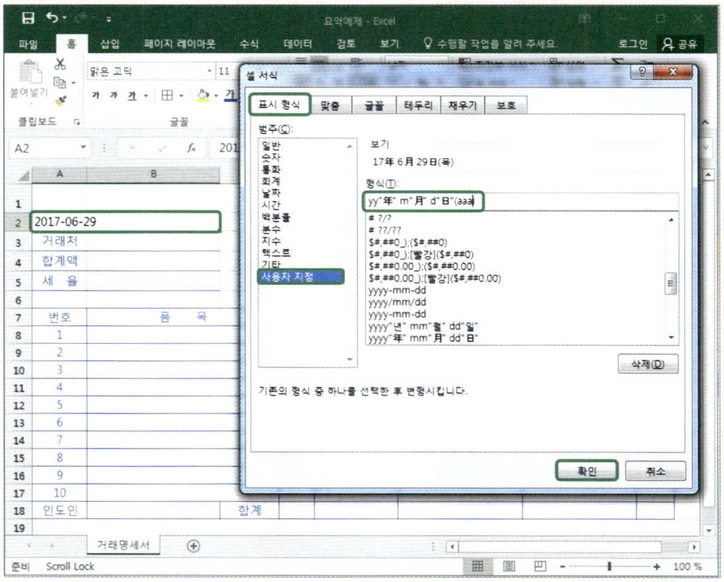

5 H2:I2 병합 셀을 선택하고 [셀 서식] 대화상자의 사용자 지정 형식에 *000000-00*을 입력한다. [확인] 단추를 눌러 [셀 서식] 대화상자를 닫고, 일련번호의 값으로 *17062901*을 입력한다.

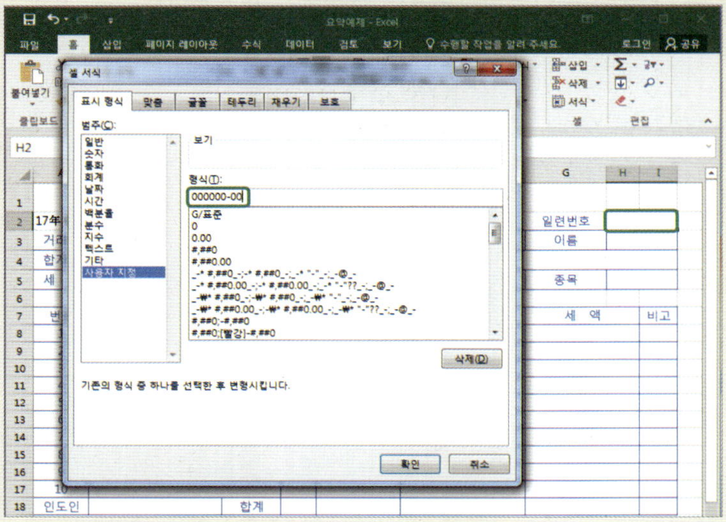

6 다음과 같이 셀 서식을 각각 설정하고 셀의 값을 입력한다.

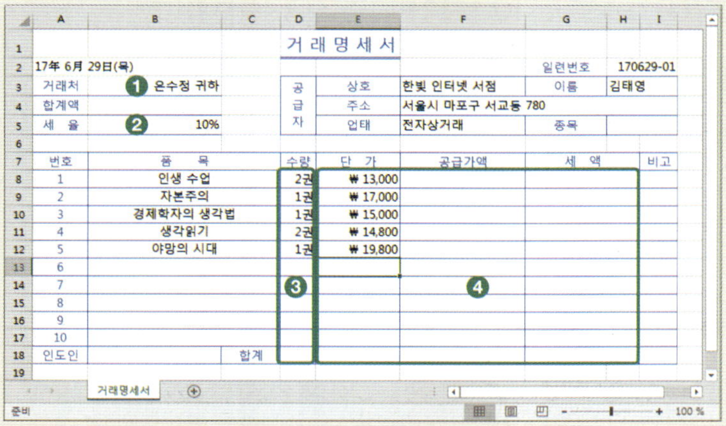

❶ B3 셀의 사용자 지정 형식을 *@"귀하"*로 설정하고 *온수정*을 입력한다.

❷ B5 셀의 표시 형식을 *백분율*로 설정하고 *10*을 입력한다.

❸ D8:D18 범위의 사용자 지정 형식을 *G/표준"권"*으로 설정하고 값을 입력한다.

❹ E8:G18 범위의 사용자 지정 형식을 *₩ #,##0*으로 설정하고 단가를 입력한다.

7 B4 셀에서 마우스 오른쪽 버튼을 눌러 [셀 서식] 대화상자를 열고 [표시 형식] 탭–[범주] 목록에서 [기타]를, [형식]에서 [숫자(한글)]을 선택한다. [범주]에서 다시 [사용자 지정]을 선택하고 [형식]을 *[DBNum4][$-ko-KR]G/표준 "원정"*으로 수정한 후 [확인]을 누른다.

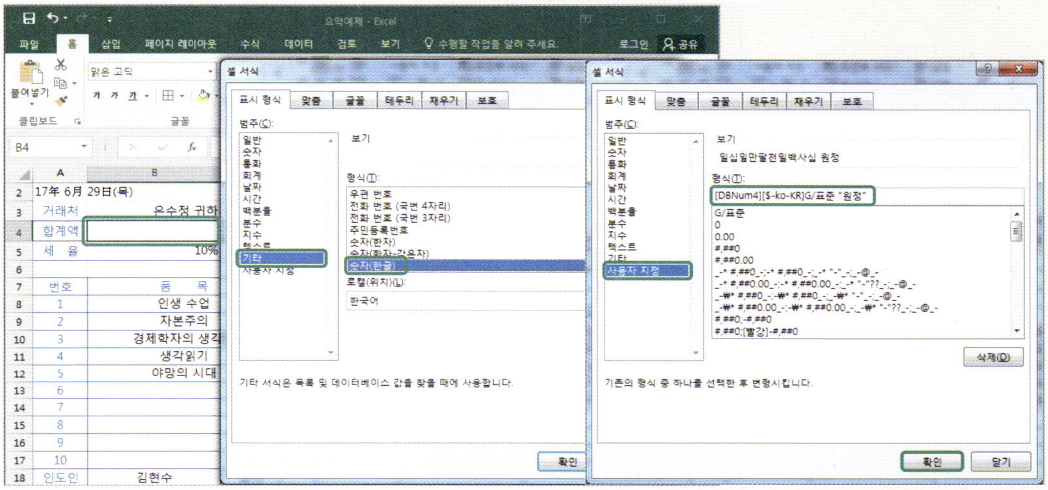

8 자동 합계 함수와 수식을 입력하여 다음과 같이 공급가액, 세액, 합계와 합계액을 구한다.

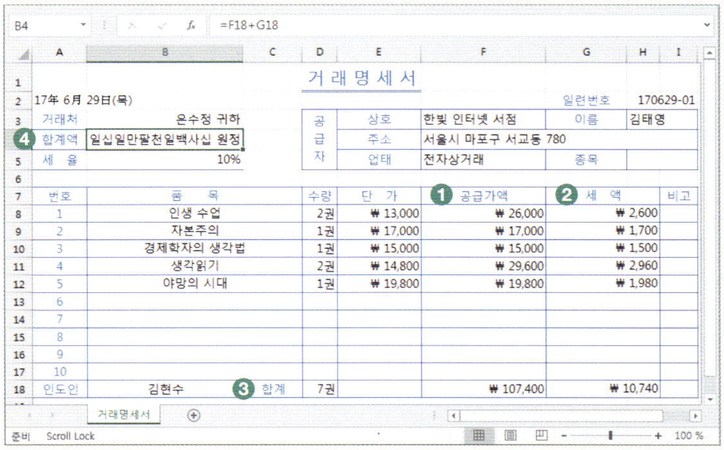

❶ 공급가액은 수량*단가로 계산한다. F8 셀에 *=D8*E8* 수식을 입력한 후 자동 채우기로 아래 모든 항목을 계산한다.

❷ 세액은 공급가액*세율로 계산한다. G8 셀에 *=F8*$B$5* 수식을 입력한 후 아래 항목도 자동 채우기로 계산한다.

❸ 수량, 공급가액, 세액의 합계는 [수식] 탭–[함수 라이브러리] 그룹–[자동 합계] 목록에서 [합계]를 선택하여 구한다.

❹ 합계액은 B4 셀에 *=F18+G18* 수식을 입력해 '공급가액의 합계+세액의 합계'로 계산한다.

연습문제

1 '연습.xlsx' 파일의 '연습1' 시트를 열고 1분기 도서 판매 현황을 다음과 같이 작성하시오.

❶ 자동 합계 도구를 이용하여 합계를 구하시오.

❷ 판매량과 판매금액에 사용자 지정 서식을 설정하여 그림과 같이 표시하시오.

❸ 원/달러 환율(B14 셀)에 사용자 지정 서식을 설정하고, 셀 이름을 '환율'로 정의하시오.

❹ 정의된 이름인 '환율'을 수식에 사용하여 판매금액의 달러 합계를 계산하고, 사용자 지정 서식을 설정하시오.

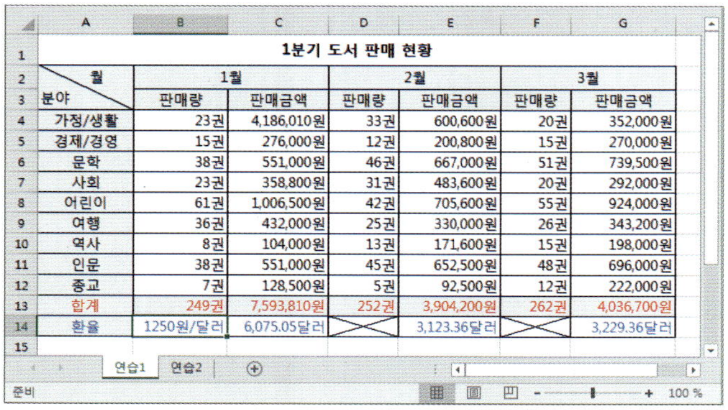

1분기 도서 판매 현황

월 / 분야	1월		2월		3월	
	판매량	판매금액	판매량	판매금액	판매량	판매금액
가정/생활	23권	4,186,010원	33권	600,600원	20권	352,000원
경제/경영	15권	276,000원	12권	200,800원	15권	270,000원
문학	38권	551,000원	46권	667,000원	51권	739,500원
사회	23권	358,800원	31권	483,600원	20권	292,000원
어린이	61권	1,006,500원	42권	705,600원	55권	924,000원
여행	36권	432,000원	25권	330,000원	26권	343,200원
역사	8권	104,000원	13권	171,600원	15권	198,000원
인문	38권	551,000원	45권	652,500원	48권	696,000원
종교	7권	128,500원	5권	92,500원	12권	222,000원
합계	249권	7,593,810원	252권	3,904,200원	262권	4,036,700원
환율	1250원/달러	6,075.05달러		3,123.36달러		3,229.36달러

2 '연습.xlsx' 파일의 '연습2' 시트를 열고 다음 조건에 맞는 오피스 실무 성적표를 작성하시오.

❶ 학번에 사용자 지정 서식을 설정하시오.

❷ 각 학생의 총점을 '과제 점수*비율(20%)+출석 점수*비율(20%)+중간 점수*비율(30%)+기말 점수*비율(30%)'의 수식으로 구한 다음, 자동 채우기로 모든 학생의 총점을 구하시오.

❸ 자동 합계 도구를 사용하여 인원, 평균, 최고와 최저를 구하고 그림과 같이 사용자 지정 서식을 설정하시오.

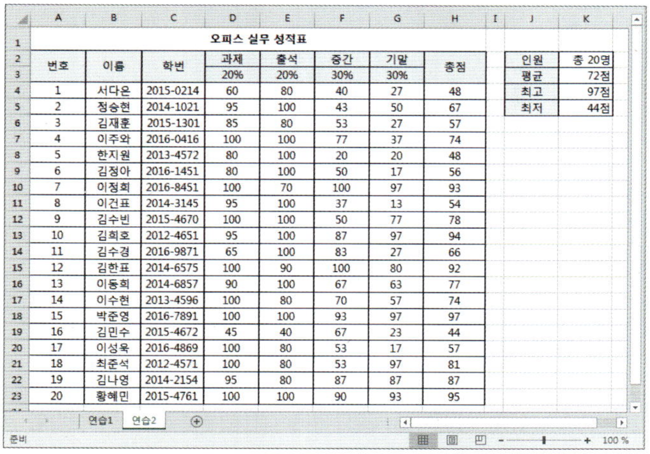

오피스 실무 성적표

번호	이름	학번	과제 20%	출석 20%	중간 30%	기말 30%	총점
1	서다온	2015-0214	60	80	40	27	48
2	정승현	2014-1021	95	100	43	50	67
3	김재훈	2015-1301	85	80	53	27	57
4	이주와	2016-0416	100	100	77	37	74
5	한지원	2013-4572	80	100	20	20	48
6	김정아	2016-1451	80	100	50	17	56
7	이정희	2016-8451	100	70	100	97	93
8	이건표	2014-3145	95	100	37	13	54
9	김수빈	2015-4670	100	100	50	77	78
10	김희호	2012-4651	95	100	87	97	94
11	김수경	2016-9871	65	100	83	27	66
12	김한표	2014-6575	100	90	100	80	92
13	이동희	2014-6857	90	100	67	63	77
14	이수현	2013-4596	100	80	70	57	74
15	박준영	2016-7891	100	100	93	97	97
16	김민수	2015-4672	45	40	67	23	44
17	이성욱	2016-4869	100	80	53	17	57
18	최준석	2012-4571	100	80	53	97	81
19	김나영	2014-2154	95	80	87	87	87
20	황혜민	2015-4761	100	100	90	93	95

인원	총 20명
평균	72점
최고	97점
최저	44점

CHAPTER 03

기본 함수

학습목표

- 함수의 형식과 범주별 함수의 종류를 설명할 수 있다.
- 수학/삼각 함수와 통계 함수를 사용할 수 있다.
- 텍스트 함수와 날짜/시간 함수를 활용할 수 있다.
- 조건을 선택하고 결합하는 논리 함수를 사용할 수 있다.

SECTION 01

함수의 기본 이해하기

수식을 직접 만들어 데이터를 계산하는 것 외에도 엑셀에서 제공하는 다양한 함수를 사용하면 여러 가지 수식 계산을 쉽게 할 수 있다. 합계나 평균, 표준편차 등을 구하는 다양한 기능의 함수가 미리 만들어져 있어서 함수명과 인수를 이용해 편리하게 작성할 수 있다.

1.1 함수의 형식

엑셀 함수는 수학 함수 f(x)처럼 특정 결과 값을 구하기 위한 수식을 이름으로 미리 정의한 기능이다. 수학 함수 $f(x)=x+2$의 경우 x가 3이면 함수의 결과 값은 5가 되고, 이때 3을 인수라고 한다. 엑셀에서 함수를 이용할 때는 등호 기호(=)와 함께 함수명 뒤에 괄호 기호(( ))를 사용하여 인수를 적는다.

$$= 함수명(인수_1, 인수_2, \cdots, 인수_n)$$

인수의 개수와 데이터 형식은 함수에 따라 다르게 정의되어 있다. 함수명과 인수를 일일이 기억하기 어려우므로 엑셀에서 제공하는 함수 마법사나 함수 라이브러리를 이용하면 편리하다.

1.2 함수의 종류

엑셀에서 제공하는 함수는 기능에 따라 다음과 같은 범주로 분류할 수 있다. 이 중에서 많이 활용되는 함수를 사용하여 엑셀 통합 문서를 만들어 보기로 한다.

범주	함수
수학/삼각	SUM, SUMIF, SUMIFS, ROUND, ROUNDUP, ROUNDDOWN, RANK.EQ, RANK.AVG
통계	AVERAGE, AVERAGEIF, AVERAGEIFS, COUNT, COUNTA, COUNTBLANK, COUNTIF, COUNTIFS, MAX, MIN, LARGE, SMALL, MEDIAN, STDEV.S, STDEV.P, VAR.S, VAR.P
텍스트	LEFT, MID, RIGHT
날짜 및 시간	TODAY, NOW, YEAR, MONTH, DAY, DATE, WEEKDAY, DATEDIF
논리	AND, OR, NOT, IF
찾기/참조 영역	VLOOKUP, HLOOKUP, CHOOSE, INDEX, MATCH
재무	FV, PMT

SECTION 02

수학/삼각 및 통계 함수 사용하기

수식 계산에 가장 많이 사용되는 합계, 반올림, 내림 등을 구하는 수학/삼각 함수와 평균, 표준 편차 등을 구하는 통계 함수를 활용하는 방법을 알아본다.

2.1 수학/삼각 및 통계 함수

CHAPTER 02에서 자동 합계 도구를 이용해 계산했던 합계(SUM), 평균(AVERAGE), 개수(COUNT), 최대값(MAX), 최소값(MIN) 함수를 수식에 직접 사용해 보기로 한다. 또, 반올림(ROUND), 표준편차(STDEV.S), 분산(VAR.S), 중간값(MEDIAN)을 구하고 순위를 구하는 함수(RANK.EQ)도 사용해 본다.

기본예제 3-1 합계와 평균, 개수, 최대와 최소값 구하기

SUM, AVERAGE, COUNT, MAX, MIN 함수를 수식에 사용하여 값을 계산해 보자. 각 함수의 인수 형식과 기능은 다음과 같다.

함수명과 인수	기능
SUM(number1, [number2], …)	인수의 합을 구한다. 인수에는 숫자나 셀 이름, 셀 영역을 최대 255개까지 지정할 수 있다.
AVERAGE(number1, [number2], …)	인수의 평균을 구한다.
COUNT(value1, [value2], …)	지정한 인수에서 숫자가 포함된 셀의 개수를 구한다.
MAX(number1, [number2], …)	지정한 인수 중에서 최대값을 구한다.
MIN(number1, [number2], …)	지정한 인수 중에서 최소값을 구한다.

01 '준비.xlsx' 파일을 열고 '채점표' 시트를 선택한다.

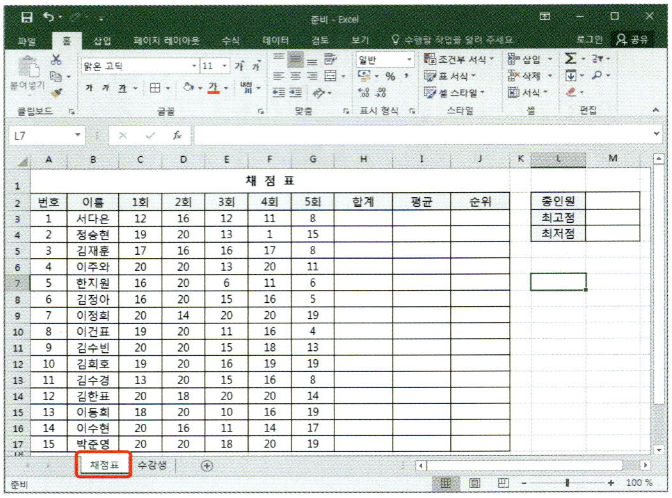

번호	이름	1회	2회	3회	4회	5회	합계	평균	순위
1	서다은	12	16	12	11	8			
2	정승현	19	20	13	1	15			
3	김재훈	17	16	16	17	8			
4	이주와	20	20	13	20	11			
5	한지원	16	20	6	11	6			
6	김정아	16	20	15	16	5			
7	이정희	20	14	20	20	19			
8	이건표	19	20	11	16	4			
9	김수빈	20	20	15	18	13			
10	김회호	19	20	16	19	19			
11	김수경	13	20	15	16	8			
12	김한표	20	18	20	20	14			
13	이동희	18	20	10	16	19			
14	이수현	20	16	11	14	17			
15	박준영	20	20	18	20	19			

총인원	
최고점	
최저점	

02 H3 셀에 *=SUM(* 수식을 입력하고 C3:G3 범위를 드래그한 후 *)*를 입력해 수식을 완성한다.

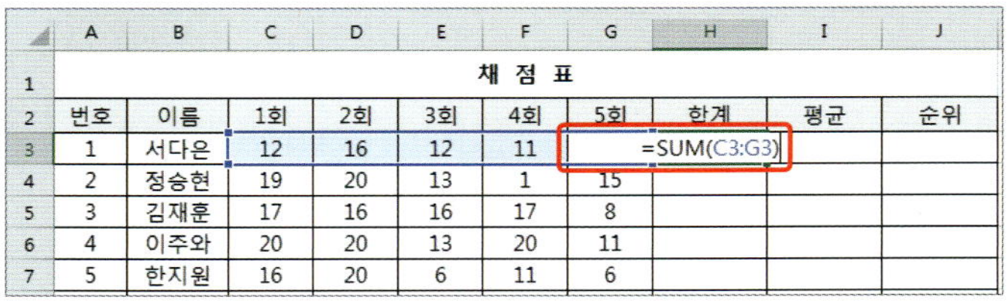

번호	이름	1회	2회	3회	4회	5회	합계	평균	순위
1	서다은	12	16	12	11		=SUM(C3:G3)		
2	정승현	19	20	13	1	15			
3	김재훈	17	16	16	17	8			
4	이주와	20	20	13	20	11			
5	한지원	16	20	6	11	6			

TIP 마우스로 드래그한 영역이 함수 SUM의 인수로 입력된다.

03 H3 셀의 채우기 핸들을 H17 셀까지 드래그하여 복사한다.

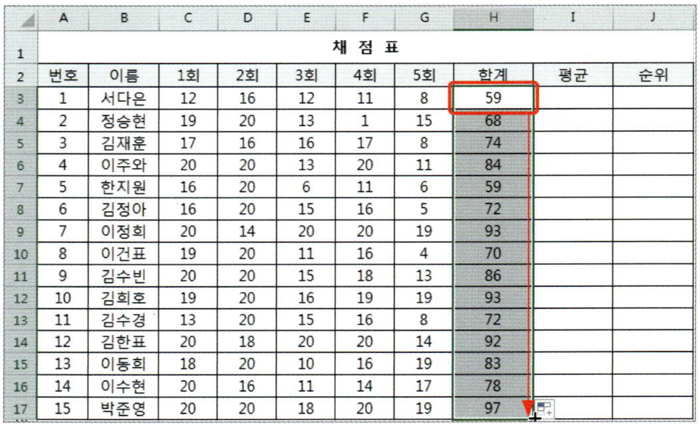

번호	이름	1회	2회	3회	4회	5회	합계	평균	순위
1	서다은	12	16	12	11	8	59		
2	정승현	19	20	13	1	15	68		
3	김재훈	17	16	16	17	8	74		
4	이주와	20	20	13	20	11	84		
5	한지원	16	20	6	11	6	59		
6	김정아	16	20	15	16	5	72		
7	이정희	20	14	20	20	19	93		
8	이건표	19	20	11	16	4	70		
9	김수빈	20	20	15	18	13	86		
10	김회호	19	20	16	19	19	93		
11	김수경	13	20	15	16	8	72		
12	김한표	20	18	20	20	14	92		
13	이동희	18	20	10	16	19	83		
14	이수현	20	16	11	14	17	78		
15	박준영	20	20	18	20	19	97		

04 합계를 구할 때 사용한 SUM 함수 대신 AVERAGE 함수를 적용하면 I3:I17 범위에 평균을 계산할 수 있다.

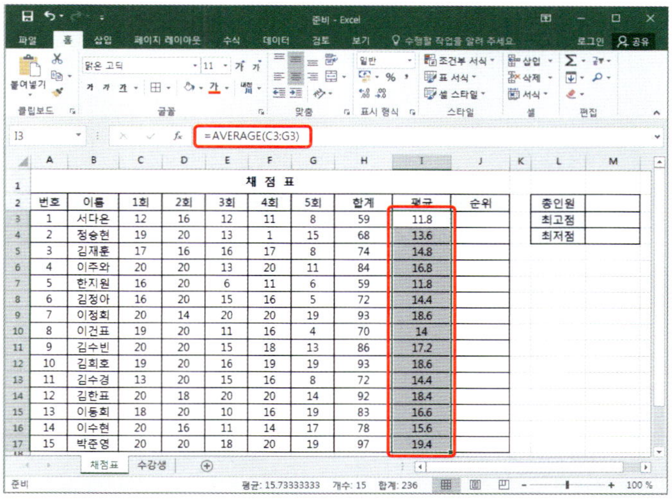

05 M2 셀에 *=COUNT(A3:A17)* 수식을 입력해 총인원을 계산한다.

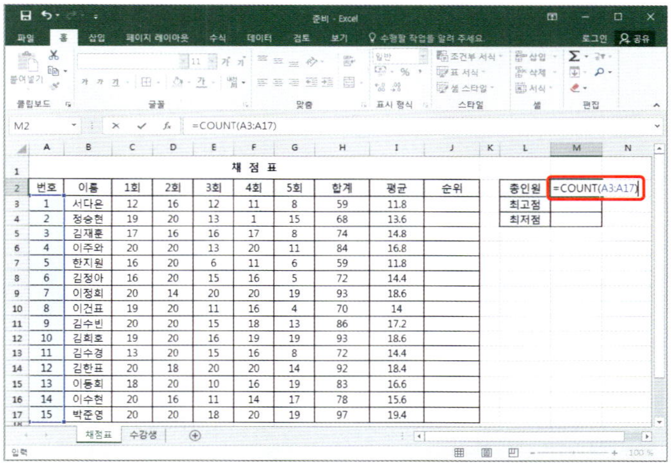

TIP A3:A17 범위를 드래그하여 수식에 입력되도록 한다. COUNT 함수가 숫자 개수만 계산할 수 있기 때문에 텍스트 데이터인 이름 영역(B3:B17)을 인수로 선택하지 않도록 주의한다.

06 M3 셀에 *=MAX(H3:H17)* 수식을 입력해 최고점을 계산한다.

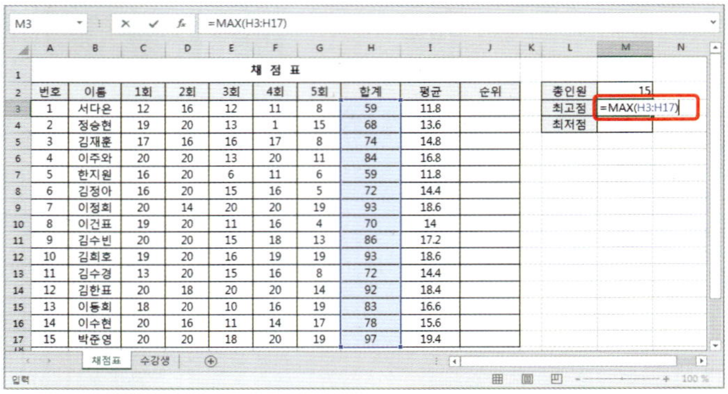

07 M4 셀에 *=MIN(H3:H17)* 수식을 입력해 최저점을 계산한다.

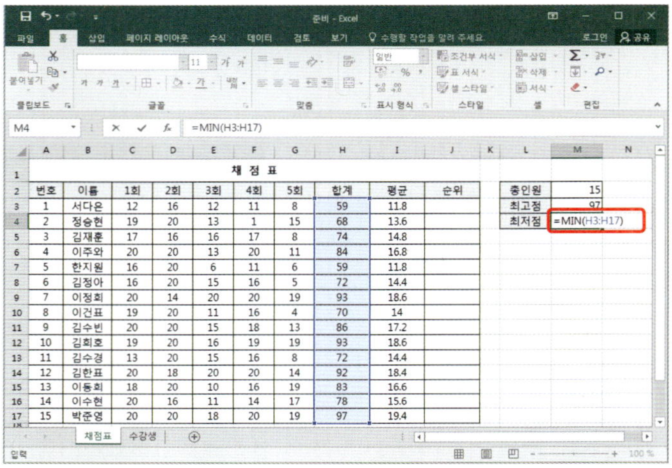

기본예제 3-2 표준편차, 분산, 중간값 구하기

통계 범주에 제공되는 엑셀 함수 중에서 모집단 혹은 표본집단의 표준편차와 분산을 구하여 데이터의 산포도나 기대 값과의 거리를 계산하는 함수, 데이터 집합에서 큰 값과 작은 값 또는 중간값을 구하는 함수를 활용해 보자. 각 함수의 인수 형식과 기능은 다음과 같다.

함수명과 인수	기능
STDEV.P(number1, number2, …)	모집단의 표준편차를 구한다.
STDEV.S(number1, number2, …)	표본집단의 표준편차를 구한다.
VAR.P(number1, number2, …)	모집단의 분산을 구한다.
VAR.S(number1, number2, …)	표본집단의 분산을 구한다.
LARGE(array, k)	데이터 집합에서 k번째로 큰 값을 구한다.
SMALL(array, k)	데이터 집합에서 k번째로 작은 값을 구한다.
MEDIAN(number1, number2, …)	주어진 수의 중간값을 구한다.

01 '채점표' 시트의 L6:M8 범위에 그림과 같이 입력하고 서식을 설정한다.

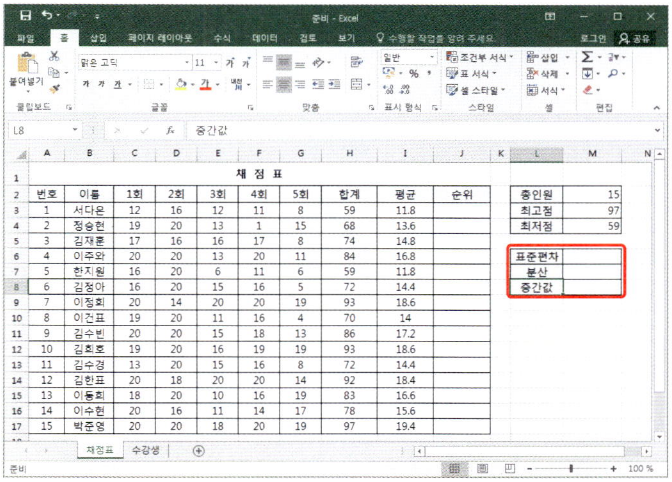

TIP L2:M4 범위를 복사하여 붙여넣거나 삽입한 다음, 셀의 내용만 그림과 같이 입력해도 된다.

02 M6 셀에 *=STDEV.S(C3:C17)* 수식을 입력해 1회 데이터의 표준편차를 구한다.

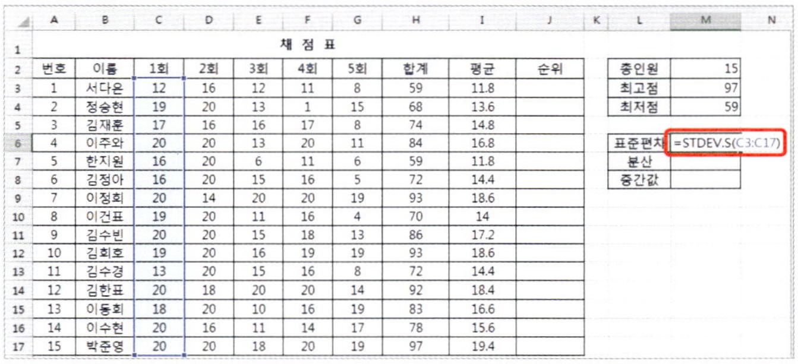

03 M7 셀에 *=VAR.S(C3:C17)* 수식을 입력해 분산값을 계산한다.

04 M8 셀에 *=MEDIAN(C3:C17)* 수식을 입력해 1회 데이터의 중간값을 구한다.

채 점 표

번호	이름	1회	2회	3회	4회	5회	합계	평균	순위
1	서다은	12	16	12	11	8	59	11.8	
2	정승현	19	20	13	1	15	68	13.6	
3	김재훈	17	16	16	17	8	74	14.8	
4	이주와	20	20	13	20	11	84	16.8	
5	한지원	16	20	6	11	6	59	11.8	
6	김정아	16	20	15	16	5	72	14.4	
7	이정희	20	14	20	20	19	93	18.6	
8	이건표	19	20	11	16	4	70	14	
9	김수빈	20	20	15	18	13	86	17.2	
10	김희호	19	20	16	19	19	93	18.6	
11	김수경	13	20	15	16	8	72	14.4	
12	김한표	20	18	20	20	14	92	18.4	
13	이동희	18	20	10	16	19	83	16.6	
14	이수현	20	16	11	14	17	78	15.6	
15	박준영	20	20	18	20	19	97	19.4	

총인원	15
최고점	97
최저점	59
표준편차	2.6313133
분산	6.9238095
중간값	=MEDIAN(C3:C17)

TIP MEDIAN, LARGE, SMALL 함수를 AVERAGE, MAX, MIN 함수와 비교해 보고 차이점을 이해하도록 한다. LARGE 함수와 SMALL 함수는 MEDIAN 함수보다 인수가 하나 더 있는데, 예를 들어서 *=LARGE(C3:C17, 5)* 수식은 주어진 데이터 집합에서 다섯 번째로 큰 값을 구한다는 의미이다.

기본예제 3-3 반올림, 올림, 내림값 구하기

수학/삼각 범주의 함수 중에서 숫자를 반올림, 올림, 내림하는 함수인 ROUND, ROUNDUP, ROUNDDOWN 함수를 사용하여 '채점표' 시트의 데이터를 수정해 보자. 각 함수의 인수 형식과 기능은 다음과 같다.

함수명과 인수	기능
ROUND(number, number_digits)	지정한 자릿수로 숫자를 반올림한다.
ROUNDUP(number, number_digits)	0에서 먼 방향으로 숫자를 올림한다.
ROUNDDOWN(number, number_digits)	0에서 가까운 방향으로 숫자를 내림한다.

01 '채점표' 시트를 열고 표준편차 값이 소수 둘째 자리에서 반올림되도록 M6 셀의 수식을 *=ROUND(STDEV.S(C3:C17), 2)* 로 수정한다.

M6 =ROUND(STDEV.S(C3:C17), 2)

채 점 표

번호	이름	1회	2회	3회	4회	5회	합계	평균	순위
1	서다은	12	16	12	11	8	59	11.8	
2	정승현	19	20	13	1	15	68	13.6	
3	김재훈	17	16	16	17	8	74	14.8	
4	이주와	20	20	13	20	11	84	16.8	
5	한지원	16	20	6	11	6	59	11.8	
6	김정아	16	20	15	16	5	72	14.4	
7	이정희	20	14	20	20	19	93	18.6	
8	이건표	19	20	11	16	4	70	14	
9	김수빈	20	20	15	18	13	86	17.2	
10	김희호	19	20	16	19	19	93	18.6	
11	김수경	13	20	15	16	8	72	14.4	
12	김한표	20	18	20	20	14	92	18.4	
13	이동희	18	20	10	16	19	83	16.6	
14	이수현	20	16	11	14	17	78	15.6	
15	박준영	20	20	18	20	19	97	19.4	

총인원	15
최고점	97
최저점	59
표준편차	2.63
분산	6.9238095
중간값	19

TIP [홈] 탭–[표시 형식] 그룹의 [자릿수 줄임] 단추와 달리 ROUND 함수를 사용하면 원래의 값이 바뀌므로 주의한다.

02 분산의 소수점 이하 값을 버림하도록 M7 셀의 수식을 *=ROUNDDOWN(VAR.S(C3:C17), 0)*으로 수정한다.

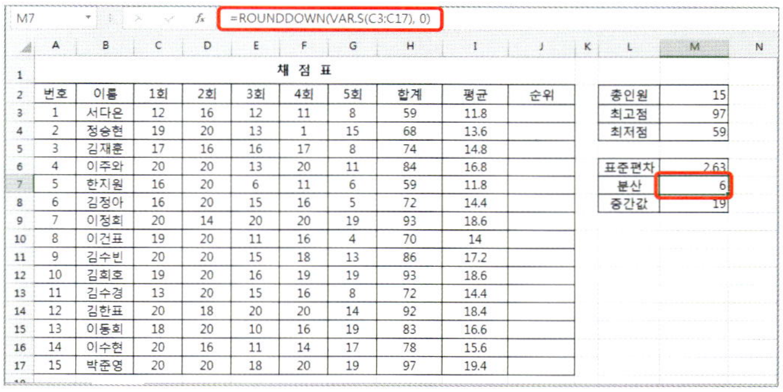

TIP 반올림, 내림, 올림 함수에서 사용하는 두 번째 인수인 'number_digits'는 다음과 같이 자릿수를 지정하기 위한 값으로 사용된다. A1 셀의 값이 1234.567이라면 ROUND(A1, 1)의 결과 값은 소수점 첫째 자리까지 표시하여 1234.6이 된다.

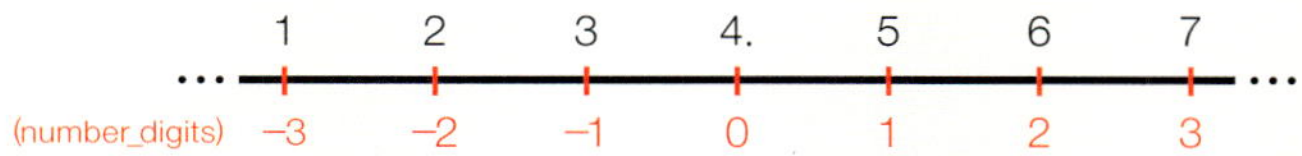

기본예제 3-4 데이터 크기에 따른 순위 구하기

데이터의 크기에 따른 순위를 구하는 RANK.EQ 함수와 RANK.AVG 함수는 순위를 표시하는 방법에 차이가 있다. RANK.EQ 함수를 사용하면 값이 같을 경우 높은 순위가 표시되고, RANK.AVG 함수를 사용하면 값이 같은 순위 값의 평균이 표시된다. 각 함수의 인수 형식과 기능은 다음과 같다.

함수명과 인수	기능
RANK.EQ(number, ref, order)	목록 내에서 지정한 수의 상대적인 크기 순위를 구한다. 둘 이상의 값이 순위가 같으면 가장 높은 순위를 반환한다.
RANK.AVG(number, ref, order)	둘 이상의 값이 순위가 같으면 평균 순위를 반환한다.

01 '채점표' 시트의 J3 셀을 선택하고 [수식] 탭–[함수 라이브러리] 그룹–[함수 더 보기] 목록에서 [통계]–[RANK.EQ]를 선택한다.

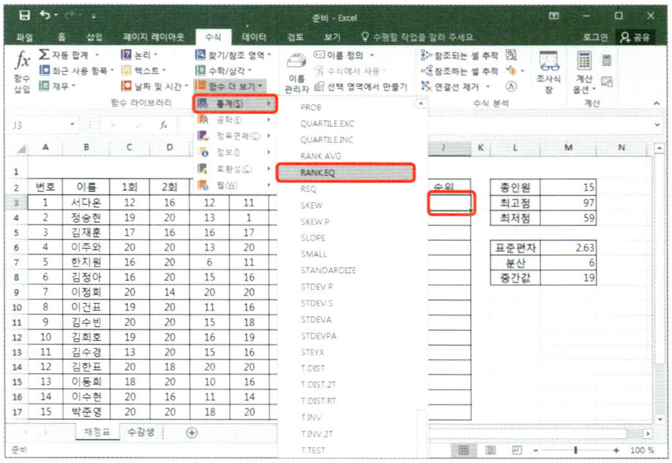

02 [함수 인수] 대화상자의 [Number]에는 *H3*을, [Ref]에는 *$H$3:$H$17*을 입력한다. [Order]에는 값을 입력하지 않고 [확인]을 누른다.

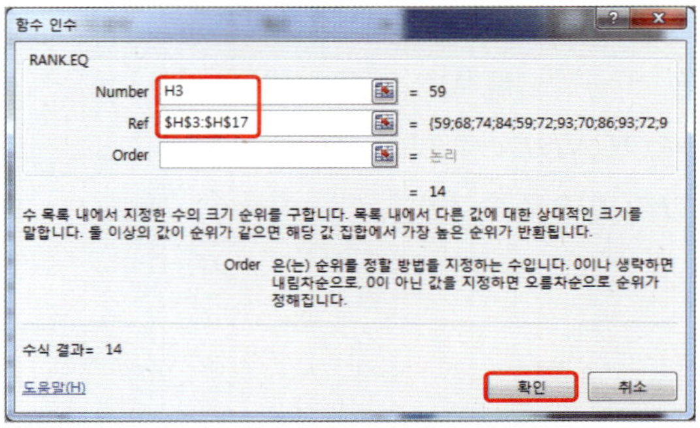

TIP [Ref]에는 순위를 구할 수의 목록을 지정하는데, 절대 참조 형식으로 설정해야 수식을 복사하여 사용할 때 범위가 변경되지 않는다. [Order] 값을 생략하거나 *0*을 입력하면 내림차순으로 순위가 구해지고 그 이외의 값을 지정하면 오름차순으로 순위가 구해진다.

03 J3 셀의 채우기 핸들을 드래그하여 자동 채우기하면 나머지 셀에 수식이 복사되어 모든 사람의 순위를 구할 수 있다.

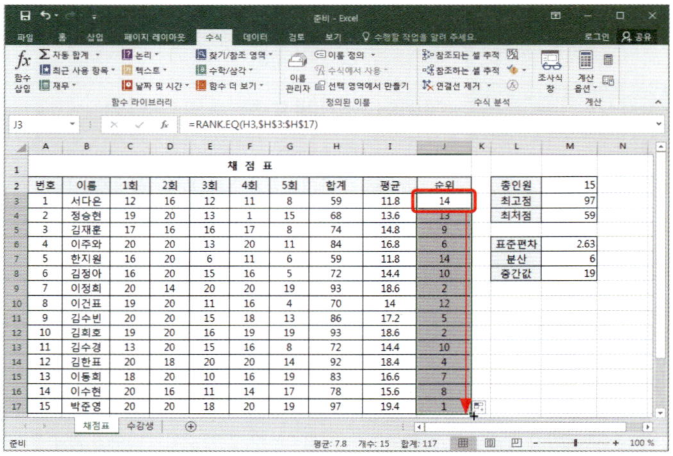

TIP 순위를 구할 때 RANK.AVG 함수를 사용하면 다음과 같이 결과가 달라진다.

번호	이름	1회	2회	3회	4회	5회	합계	평균	순위 (RANK.EQ 함수)	순위 (RANK.AVG 함수)
1	서다은	12	16	12	11	8	59	11.8	14	14.5
2	정승현	19	20	13	1	15	68	13.6	13	13
3	김재훈	17	16	16	17	8	74	14.8	9	9
4	이주와	20	20	13	20	11	84	16.8	6	6
5	한지원	16	20	6	11	6	59	11.8	14	14.5
6	김정아	16	20	15	16	5	72	14.4	10	10.5
7	이정희	20	14	20	20	19	93	18.6	2	2.5
8	이건표	19	20	11	16	4	70	14	12	12
9	김수빈	20	20	15	18	13	86	17.2	5	5
10	김희호	19	20	16	19	19	93	18.6	2	2.5
11	김수경	13	20	15	16	8	72	14.4	10	10.5
12	김한표	20	18	20	20	14	92	18.4	4	4
13	이동희	18	20	10	16	19	83	16.6	7	7
14	이수현	20	16	11	14	17	78	15.6	8	8
15	박준영	20	20	18	20	19	97	19.4	1	1

SECTION 03

텍스트 함수와 날짜/시간 함수 사용하기

텍스트 데이터에서 필요한 문자를 일부 추출하는 텍스트 함수와 현재 날짜나 시각을 표시하거나 경과된 기간을 계산하는 날짜/시간 관련 함수의 사용 방법을 알아본다.

3.1 텍스트 함수

문자열은 하나 이상의 텍스트로 이루어진 데이터를 말하는데, 이러한 문자열에서 원하는 개수만큼의 문자를 추출하기 위한 텍스트 함수는 다음과 같다.

함수명과 인수	기능
LEFT(text, num_chars)	문자열의 시작 지점부터 지정한 개수만큼 문자를 추출한다.
RIGHT(text, num_chars)	문자열의 끝 지점부터 지정한 개수만큼 문자를 추출한다.
MID(text, start_num, num_chars)	문자열의 지정 위치부터 지정한 개수만큼 문자를 추출한다.

기본예제 3-5 원하는 텍스트 추출하기

입력된 문자열로부터 생년월일, 성별, 지역 등 필요한 정보를 LEFT, RIGHT, MID 함수로 추출하여 표시해 보자.

01 '준비.xlsx' 파일을 열고 '수강생' 시트를 선택한다.

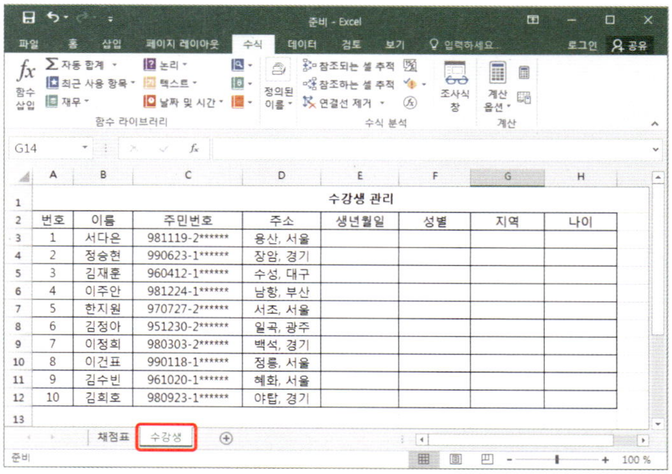

02 E3 셀에 *=LEFT(C3, 6)* 수식을 입력한다.

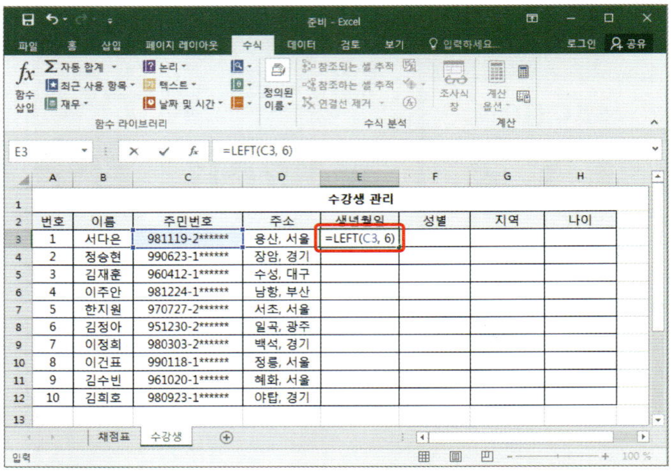

03 E3 셀의 채우기 핸들을 E12 셀까지 드래그하여 수식을 복사하면 모든 수강생의 생년월일이 표시된다.

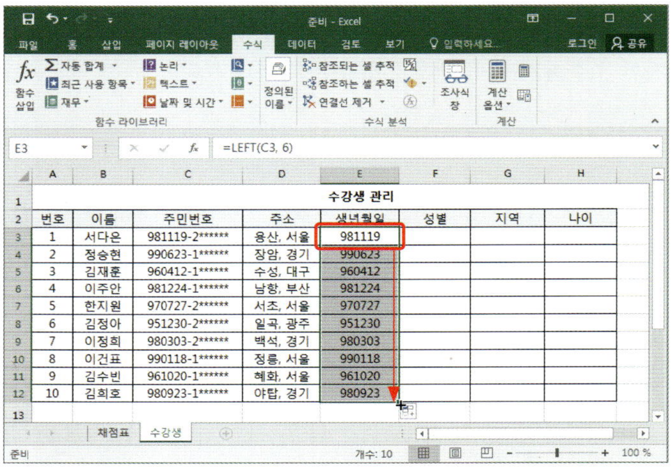

04 F3 셀에 *=MID(C3, 8, 1)* 수식을 입력한다.

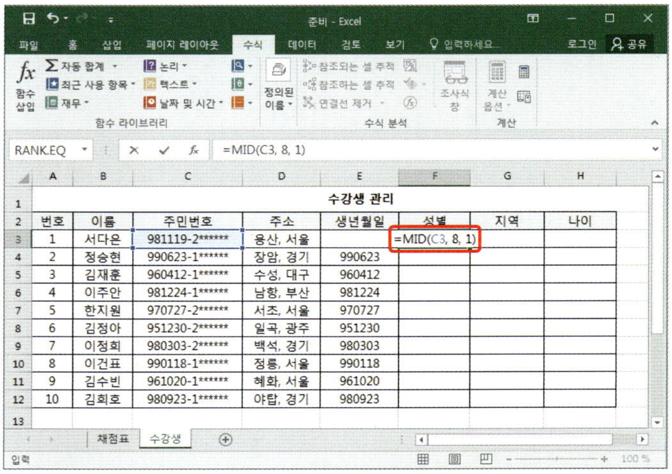

05 F3 셀의 채우기 핸들을 F12 셀까지 드래그하여 수식을 복사하면 모든 수강생의 성별이 '1' 또는 '2'로 표시된다.

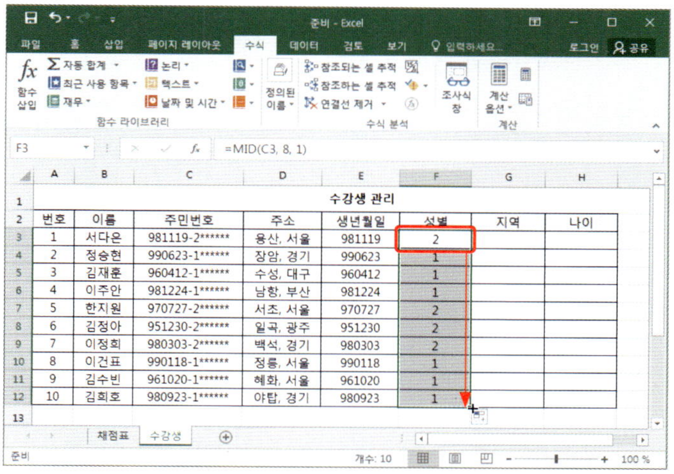

TIP 성별을 '1' 또는 '2'로 표시하지 않고 '남' 또는 '여'와 같이 문자로 바꾸어 표시하려면 SECTION 04에서 다루는 IF 함수를 이용한다.

06 G3 셀에 *=RIGHT(D3, 2)* 수식을 입력한다.

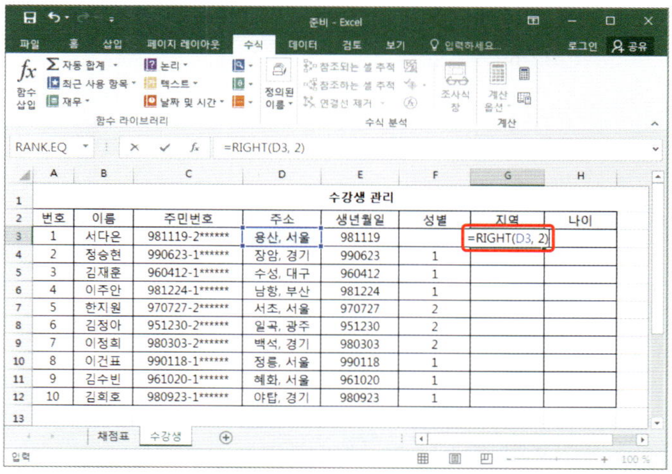

07 G3 셀의 채우기 핸들을 G12 셀까지 드래그하여 수식을 복사하면 모든 수강생의 지역 정보가 표시된다.

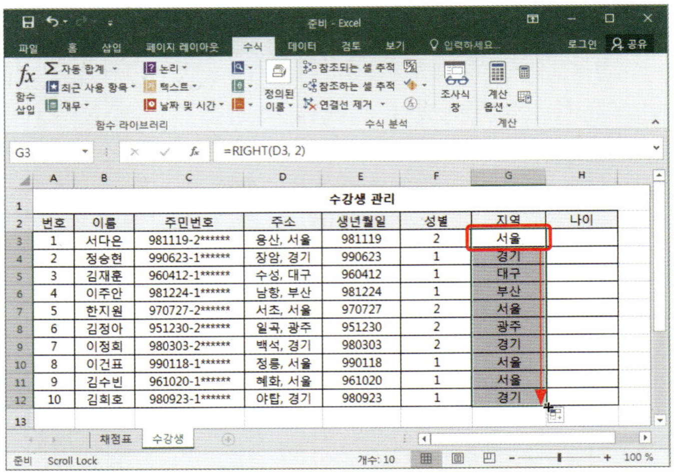

3.2 날짜/시간 함수

엑셀의 날짜 데이터는 숫자 값으로 저장되고 계산되는데, 1900년 1월 1일을 기준으로 하루가 지날 때마다 1씩 증가하는 숫자 일련번호의 개념이다. 따라서 1900년 1월 2일은 2, 1900년 1월 3일은 3, 2018년 1월 1일은 43101이란 값으로 저장되며 이를 사칙연산 등의 계산에도 사용할 수 있다. 셀에 입력된 숫자를 '일반'이나 '숫자' 표시 형식 대신 연-월-일과 같은 '날짜' 표시 형식으로 설정하면 날짜 형태로 표시된다.

날짜 형식	일반
1900-01-01	1
1900-01-02	2
2018-01-01	43101
2018-01-02	43102

=J6+1 수식의 계산 결과

기본예제 3-6 생년월일을 날짜 형식으로 바꾸기

[기본예제 3-5]에서 주민번호 문자열로부터 생년월일 값을 추출해 보았는데, 추출된 결과 값이 텍스트이므로 나이를 계산하는 수식에는 사용할 수 없다. DATE 함수를 사용하면 주민번호에서 추출한 텍스트 형식의 생년월일 데이터를 날짜 형식으로 바꿀 수 있다.

함수명과 인수	기능
DATE(year, month, day)	세 가지 인수의 값을 결합하여 날짜를 생성한다.

01 '수강생' 시트의 E3:E12 범위를 선택하고 Delete를 눌러 내용을 삭제한다.

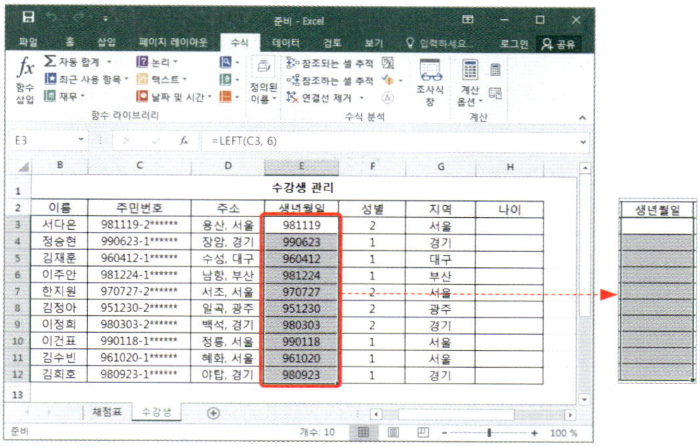

02 E3 셀을 선택하고 [수식] 탭–[함수 라이브러리] 그룹–[날짜 및 시간] 목록에서 [DATE]를 선택한다.

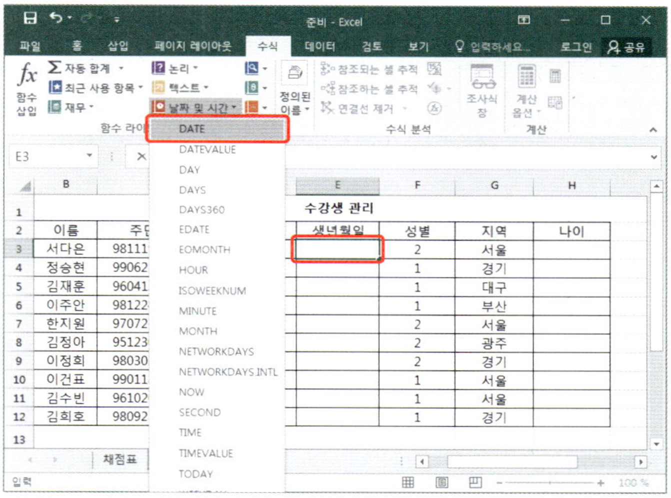

03 [함수 인수] 대화상자의 [Year] 입력란에 *LEFT(C3, 2)*를 입력한다.

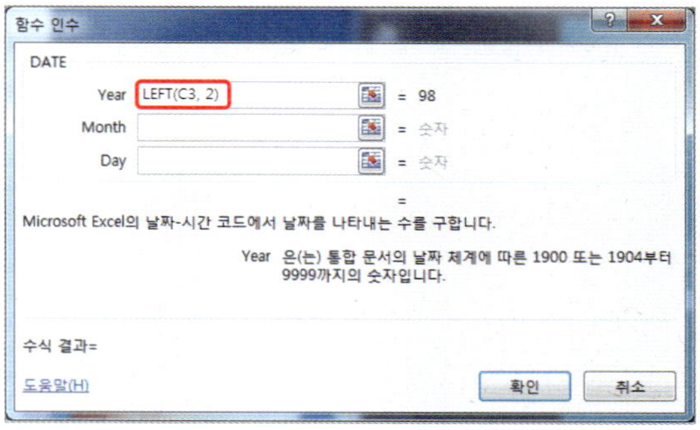

TIP 주민번호 앞의 두 자리를 추출하여 날짜의 연도를 계산한다. [Year]의 값이 0~1899인 경우 1900을 더하고, 1900~9999 사이인 경우 그 값을 연도로 한다. 그 외의 값이 인수 값이 되는 경우 #NUM! 오류를 표시한다.

04 [Month] 입력란에는 *MID(C3, 3, 2)*를 입력한다.

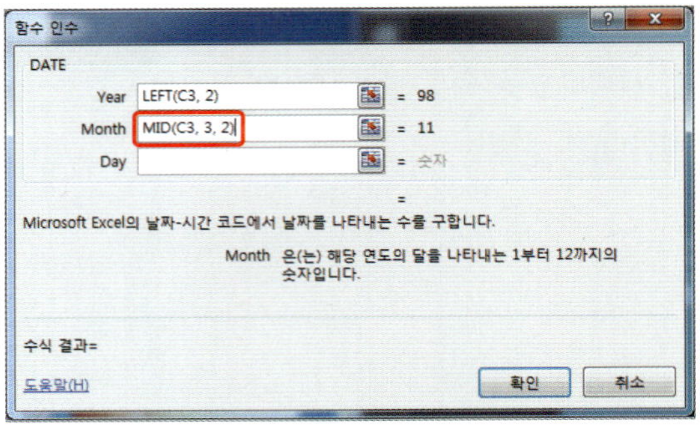

TIP 주민번호 가운데의 두 자리를 추출하여 월을 계산한다. [Month]에 1보다 작은 값이 오면 [Year]로 지정한 연도에서 달을 빼는 방식으로 계산하고, 12보다 큰 값이 오면 지정 연도에서 달을 더하여 계산한다. 예를 들어, [Year] 값이 2008이고 [Month]가 −3이라면 2007년 9월이 된다.

05 [Day] 입력란에 *MID(C3, 5, 2)*를 입력하고 [확인]을 누른다.

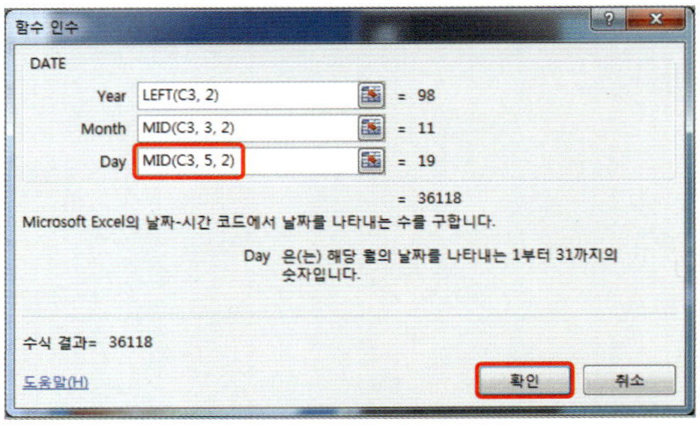

06 E3 셀의 채우기 핸들을 E12 셀까지 드래그하여 복사하면 모든 수강생의 생년월일이 날짜 형식으로 표시된다.

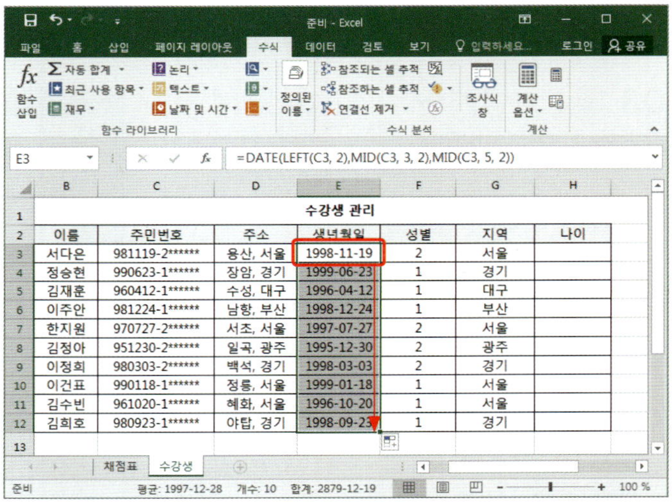

기본예제 3-7 연, 월, 일을 구하기

현재 날짜나 시간 정보를 셀에 표시하거나 기간을 계산할 때 유용한 함수의 사용법을 알아보자.

함수명과 인수	기능
TODAY( )	현재 날짜의 일련 번호를 계산해서 날짜 서식으로 표시한다.
NOW( )	현재 날짜와 시간의 일련 번호를 계산해서 날짜 및 시간 형식으로 표시한다.
YEAR(serial_number)	특정 날짜의 연도를 1900~9999 사이의 정수로 표시한다.
MONTH(serial_number)	특정 날짜의 월을 1~12 사이의 정수로 표시한다.
DAY(serial_number)	특정 날짜의 일을 1~31 사이의 정수로 표시한다.

01 '수강생' 시트에서 C14 셀을 선택하고 단축키 Ctrl+; 을 눌러 현재 날짜를 입력한다.

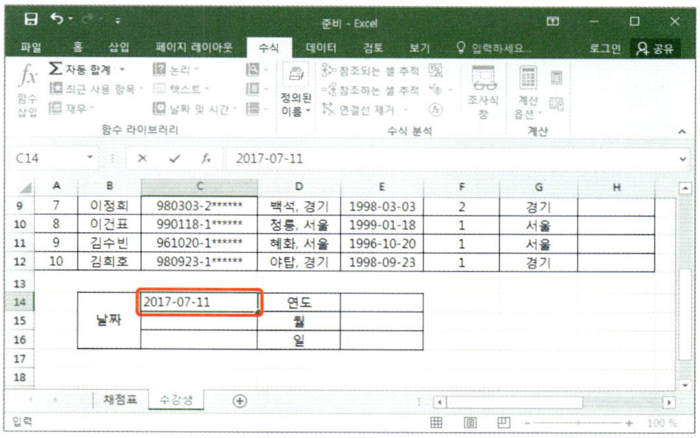

02 C15 셀에 *=TODAY( )* 수식을 입력한다.

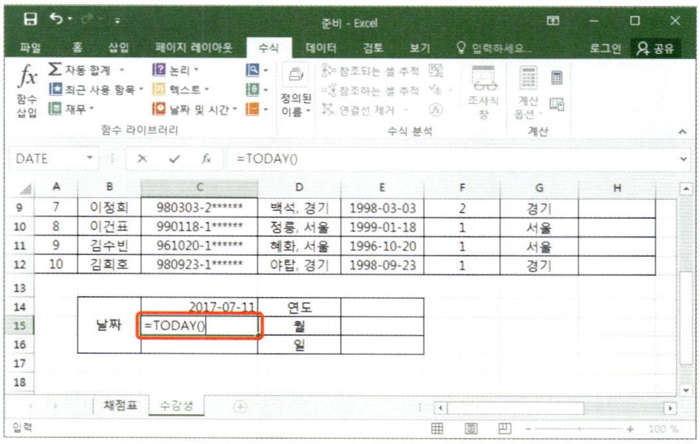

TIP TODAY 함수로 구한 현재 날짜는 통합 문서를 다시 열거나 워크시트를 다시 계산할 때 업데이트되므로 동적인 값이라고 할 수 있다. 반면, 단축키 Ctrl+; 으로 표시한 날짜는 고정된 값이다.

03 C16 셀에 *=NOW( )* 수식을 입력한다.

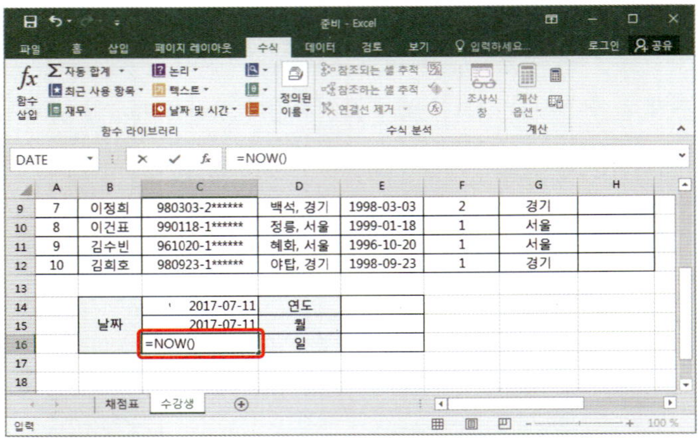

TIP NOW 함수는 현재 날짜와 시간 정보를 함께 표시하지만, 단축키 Ctrl+Shift+; 을 사용하면 현재 시각만 셀에 표시된다. NOW 함수에서 표시한 시간과 날짜도 동적으로 업데이트되는 값이다.

04 현재 날짜에서 연도만 분리해서 표시하기 위해 E14 셀에 *=YEAR(TODAY( ))* 수식을 입력한다.

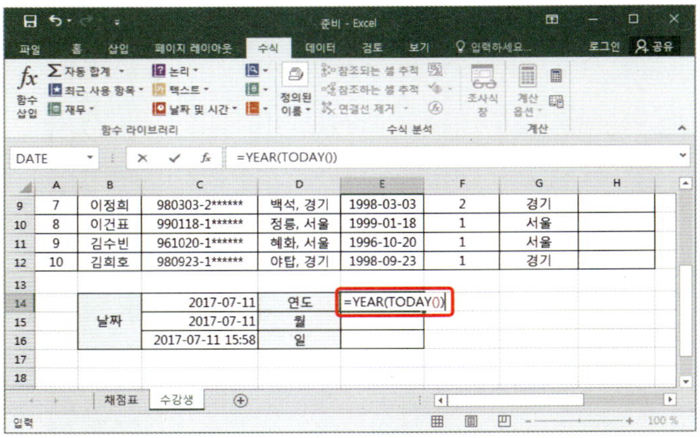

05 날짜에서 월과 일을 분리해서 표시하기 위해 E15 셀과 E16 셀에 *=MONTH(TODAY( ))* 수식과 *=DAY(TODAY( ))* 수식을 각각 입력한다.

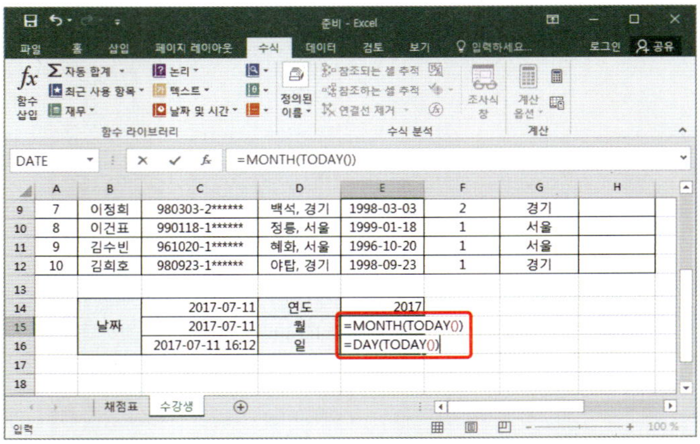

기본예제 3-8 경과 기간 구하기

[기본예제 3-6]에서 계산한 생년월일 데이터와 [기본예제 3-7]에서 현재 날짜를 구할 때 사용한 TODAY 함수로 수강생의 나이를 계산해 보자. 생년월일을 시작 날짜로 하고 현재 날짜를 마지막 날짜로 하여 경과 기간을 구하는 DATEDIF 함수를 이용하면 된다. DATEDIF 함수는 다른 통합 문서와의 호환성을 지원하는 함수로, 함수 라이브러리 목록에는 표시되지 않는다.

인수 형식	표시 결과
DATEDIF(start_date, end_date, unit)	두 날짜 사이의 경과 기간을 계산하는 함수이며 인수 unit은 계산 결과를 표시하는 형식이다.

TIP 인수 unit에 사용하는 형식은 다음과 같으며 이때 대소문자는 구분하지 않는다.

인수 형식	표시 결과
"y"	경과 년 수를 의미한다.
"m"	경과 개월 수를 의미한다.
"d"	경과 일 수를 의미한다.
"ym"	경과 년을 뺀 나머지 개월 수를 의미한다.
"yd"	경과 년을 뺀 나머지 일 수를 의미한다.
"md"	경과 개월을 뺀 나머지 일 수를 의미한다.

01 '수강생' 시트의 H3 셀에 *="만"&DATEDIF(E3,TODAY(),"Y")&"세"* 수식을 입력한다.

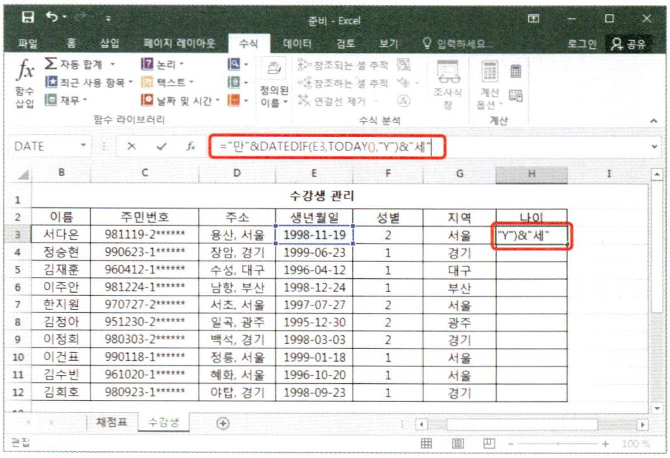

02 H3 셀의 채우기 핸들을 H12 셀까지 드래그하여 모든 사람의 나이를 계산한다.

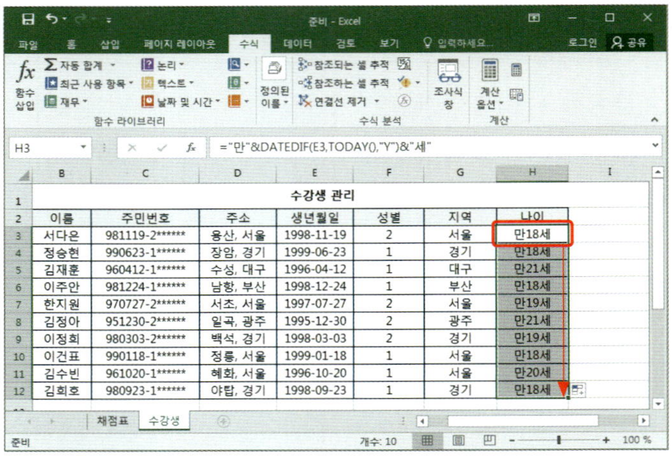

TIP 경과한 기간을 ~년 ~개월로 표시하려면 수식을 *=DATEDIF(E3,TODAY(),"Y")&"년"&DATEDIF(E3,TODAY(),"YM")&"개월"*로 수정하면 된다.

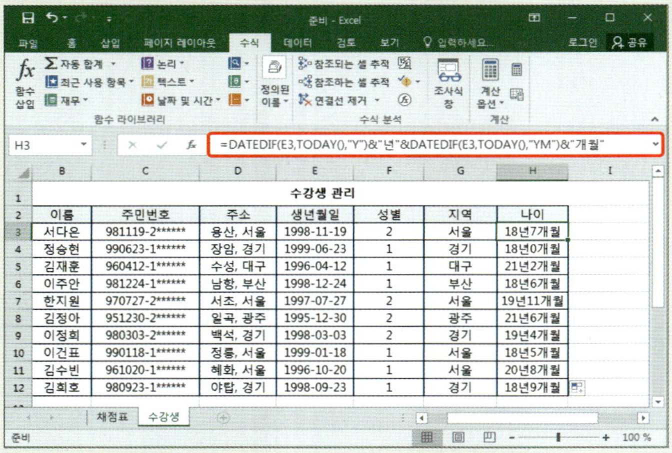

SECTION 04 논리 함수 사용하기

논리 함수에는 주어진 조건을 참(TRUE) 또는 거짓(FALSE)으로 판단하고 그 결과에 따라 셀에 다른 값을 표시하는 IF 함수, 조건을 두 가지 이상 결합하는 AND, OR, NOT 함수 등이 있다. 논리 함수를 사용하여 조건에 따라 값을 다르게 표시하는 방법과 여러 조건이 결합된 복잡한 조건식을 만드는 방법을 알아본다.

4.1 조건 선택 함수

가장 많이 사용하는 함수 중 하나인 IF 함수는 첫 번째 인수인 조건식을 계산하여 논리 값(TRUE/FALSE)으로 판단하고 각 경우에 따라 표시할 결과를 두 번째 인수와 세 번째 인수로 지정한다.

함수명과 인수	기능
IF(logical_test, value_if_true, value_if_false)	TRUE나 FALSE로 판정되는 수식을 논리 검사하여 TRUE일 때와 FALSE일 때 셀에 표시할 값을 지정한다.

기본예제 3-9 조건에 맞는 데이터 선택하기

[기본예제 3-5]에서는 '수강생' 시트의 주민번호 데이터에서 텍스트를 추출하여 성별을 '1' 또는 '2'로 나타내었다. IF 함수를 사용하여 성별을 '남' 또는 '여'로 구분하여 표시하도록 수정해 보자.

01 '수강생' 시트의 F3 셀을 선택하고 수식 입력줄에서 수식을 *=IF(MID (C3,8,1)="1", "남", "여")*로 수정한다.

TIP 수식을 수정하려면 셀을 더블클릭하거나 셀을 선택한 후 F2를 눌러도 된다. 또, 수식에 사용하는 텍스트에는 큰따옴표("")를 붙인다.

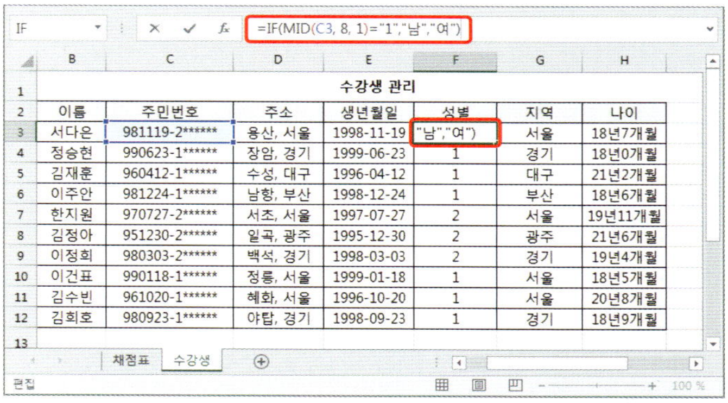

TIP 2000년 이후 출생자의 주민번호에는 성별 구분 숫자가 '3'과 '4'이다. 데이터에 2000년 이후 출생자의 주민번호가 있다면 수식을 *=IF(ISODD(MID(C3,8,1)),"남","여")*로 수정해야 한다. ISODD 함수는 값이 홀수인지 검사하는 것이다.

02 F3 셀의 채우기 핸들을 F12 셀까지 드래그하면 수식이 복사되어 모든 수강생의 성별이 표시된다.

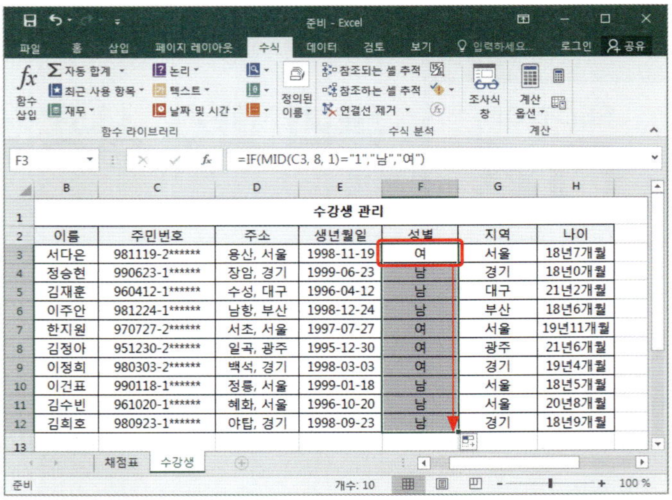

기본예제 3-10 중첩된 조건에 맞는 데이터 선택하기

조건에 따라 데이터를 선택하는 IF 함수는 필요한 경우 중첩 형태로 사용할 수 있다. IF 함수의 두 번째나 세 번째 인수로 IF 함수를 다시 사용하는 경우를 중첩되었다고 하며, 이런 경우 두 개 이상의 조건을 검사할 수 있다. IF 함수를 중첩 사용하여 합계가 90 이상이면 '상', 70 이상이면 '중', 그 외의 경우 '하'로 평가한 결과를 표시해 보자.

01 '채점표' 시트를 열고 평가를 표시할 열을 추가한다.

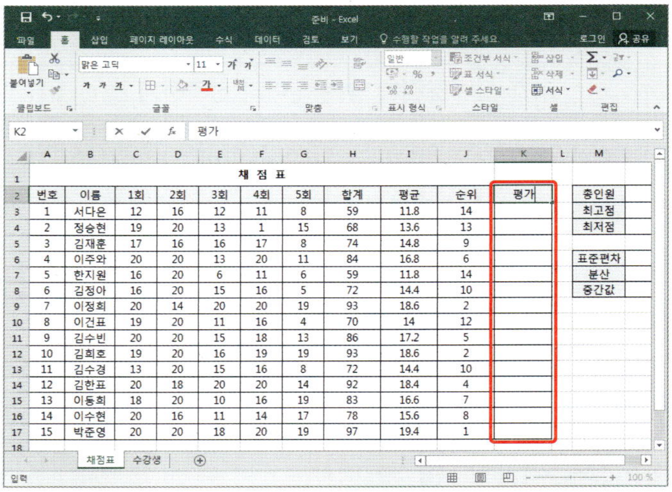

> **TIP** K열을 선택하고 [홈] 탭-[셀] 그룹-[삽입] 목록에서 [시트 열 삽입]을 선택하면 J열 다음에 열이 삽입된다. 서식을 복사하고 테두리를 설정한 다음, 제목을 입력한다. J2:J17 범위를 선택하고 [시트 열 삽입]을 누르면 서식이 복사된 상태로 셀이 추가된다.

02 K3 셀을 선택하고 [수식] 탭–[함수 라이브러리] 그룹–[논리] 목록에서 [IF]를 선택한다.

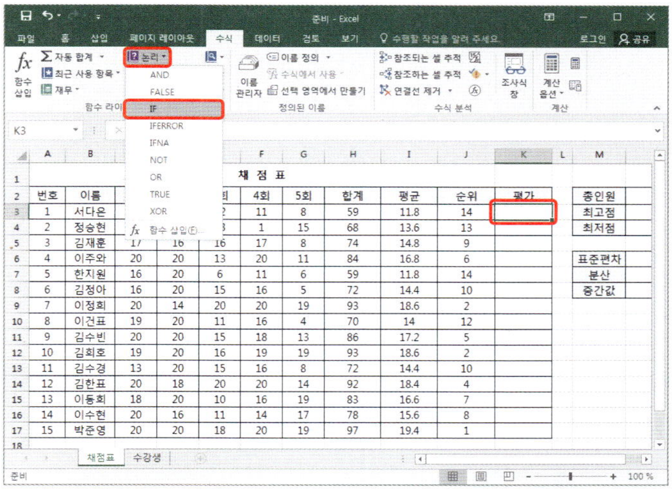

03 [함수 인수] 대화상자의 [Logical_test]에 조건을 판정할 수식인 *H3>=90*을 입력한다.

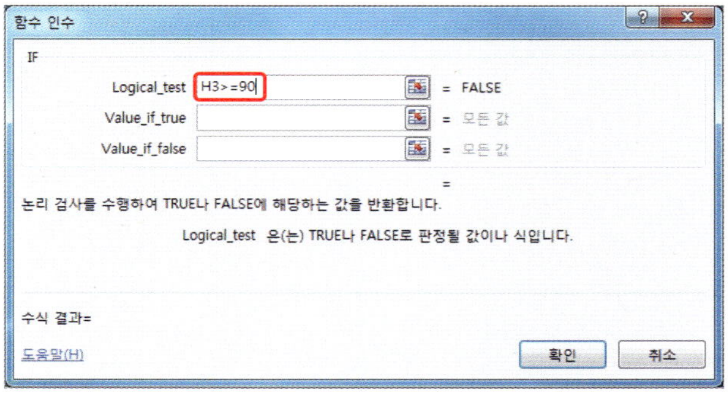

04 수식이 TRUE인 경우 표시할 값인 [Value_if_true]에 *"상"*을 입력한다.

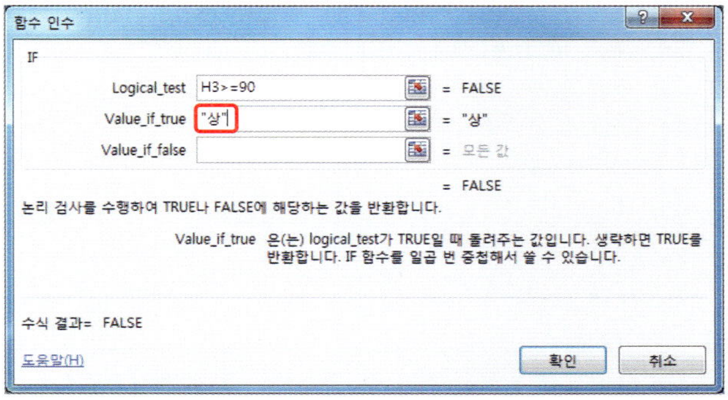

05 마지막 인수인 [Value_if_false]에 *IF(H3〉=70, "중", "하")* 수식을 입력하고 [확인]을 누른다.

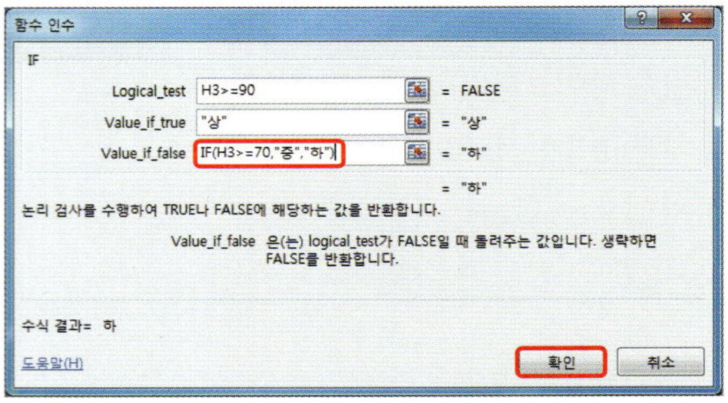

06 K3 셀의 채우기 핸들을 K17 셀까지 드래그하여 다른 수강생의 평가 결과를 표시한다.

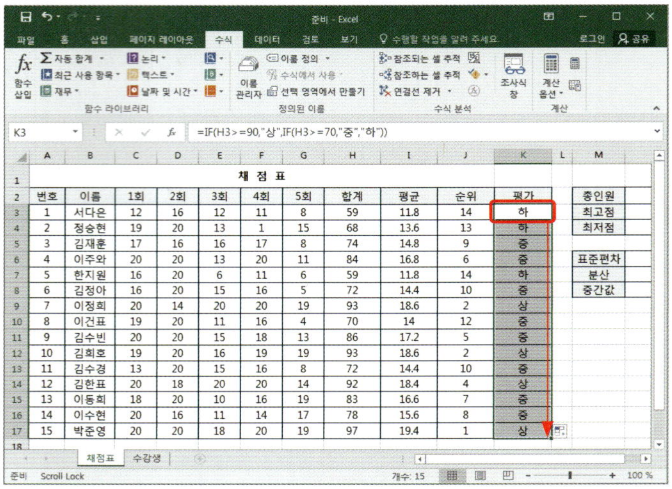

4.2 조건의 결합

중첩된 조건 함수 외에도 여러 조건을 결합하여 검사하는 논리 함수로 AND와 OR이 주로 사용된다.

함수명과 인수	기능
AND(logical1, logical2, …)	모든 인수의 검사 결과가 TRUE이면 TRUE를 반환한다.
OR(logical1, logical2, …)	하나 이상의 인수가 TRUE이면 TRUE를 반환하고, 모든 인수가 FALSE인 경우만 FALSE를 반환한다.

기본예제 3-11 복잡한 조건을 결합하여 데이터 선택하기

여러 조건을 결합하여 검사하는 함수 AND와 OR을 이용하여 수강생의 합격 및 재시험 여부를 판단하고 그 결과를 셀에 표시해 보자.

TIP 재시험 기준은 1~5회 점수 중 한 번이라도 10점 미만이면 '재시험'으로 표기한다. 합격여부는 합계가 70점 이상이고 재시험 대상이 아닌 경우 '합격'으로, 그렇지 않은 경우 '불합격'으로 표시한다.

01 '채점표' 시트에 두 개의 열을 추가한 후 그림과 같이 서식을 설정한다.

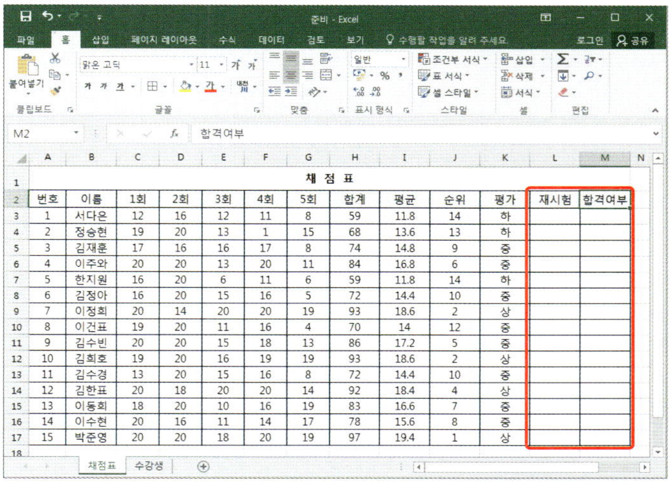

02 L3 셀을 선택하고 [수식] 탭–[함수 라이브러리] 그룹–[논리] 목록에서 [OR]을 선택한다.

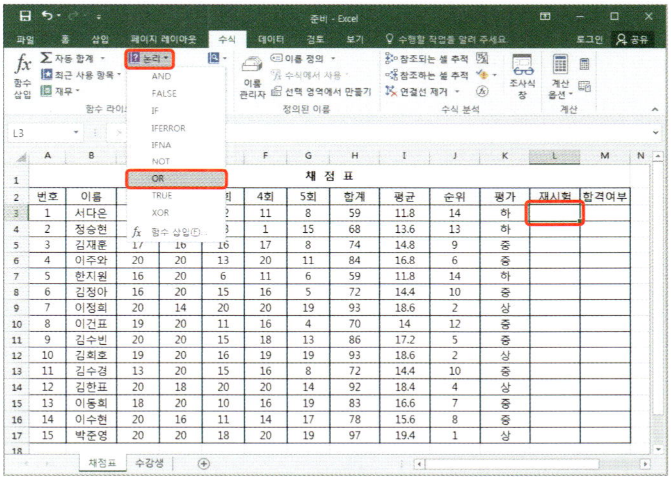

03 [함수 인수] 대화상자의 [Logical1]~[Logical5]에 *C3<10, D3<10, E3<10, F3<10, G3<10* 수식을 각각 입력하고 [확인]을 누른다.

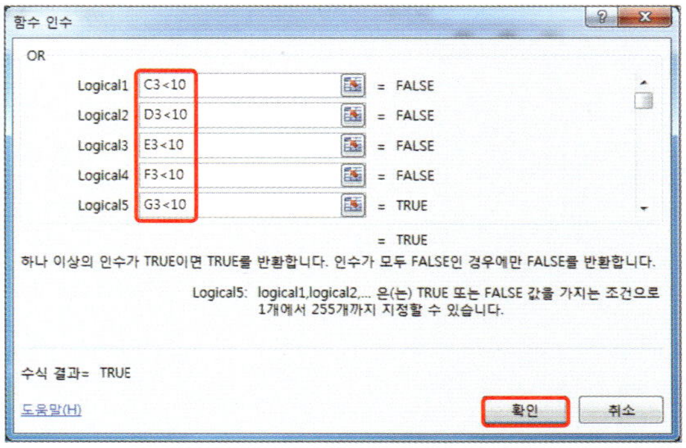

TIP [함수 인수] 대화상자가 나타나면 처음에는 인수 입력란이 두 개이다. 인수를 하나씩 입력하고 다음 인수를 마우스로 클릭하면 입력란이 하나씩 추가된다.

04 L3 셀의 수식에 IF 함수를 사용하여 =IF(OR(C3<10,D3<10,E3<10,F3<10,G3<10),"재시험","")으로 수정하고 Enter를 누른다.

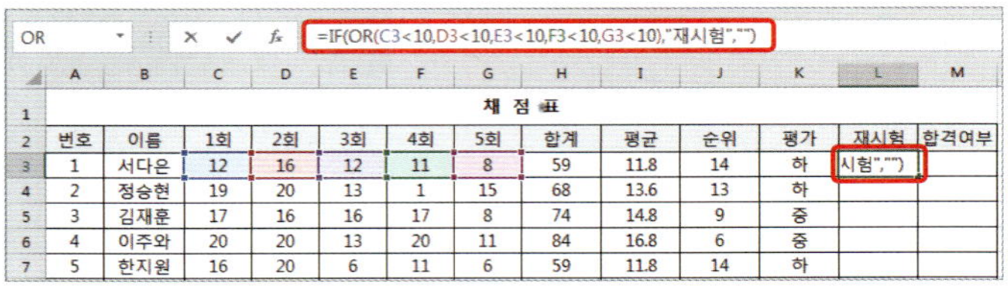

TIP OR 함수의 결과가 TRUE인 경우 '재시험'으로, FALSE인 경우 아무 텍스트 값도 표시하지 않도록 하는 수식이다.

05 L3 셀의 채우기 핸들을 L17 셀까지 드래그하여 다른 수강생의 재시험 여부도 표시한다.

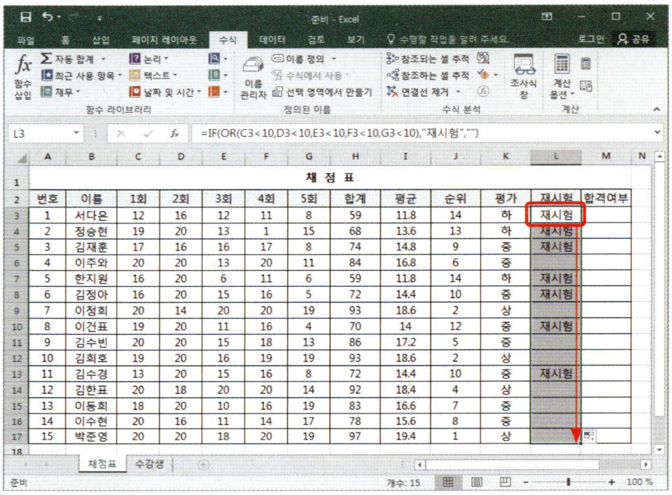

06 M3 셀을 선택하고 [수식] 탭–[함수 라이브러리] 그룹–[논리] 목록에서 [AND]를 선택한다.

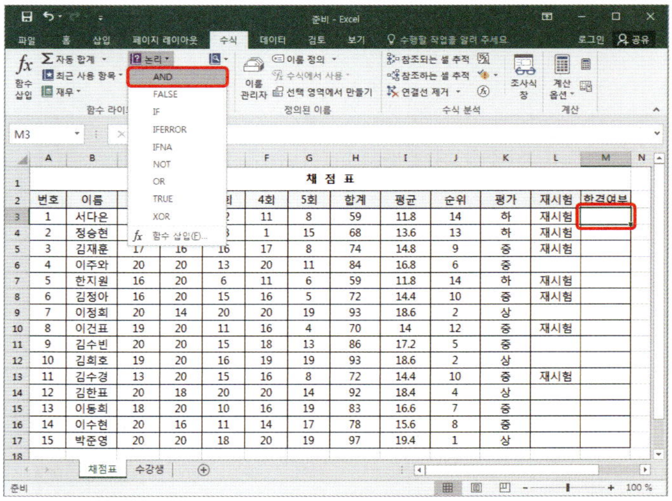

07 [함수 인수] 대화상자의 [Logical1]에 *H3>=70* 수식을, [Logical2]에 *L3<>"재시험"* 수식을 각각 입력하고 [확인]을 누른다.

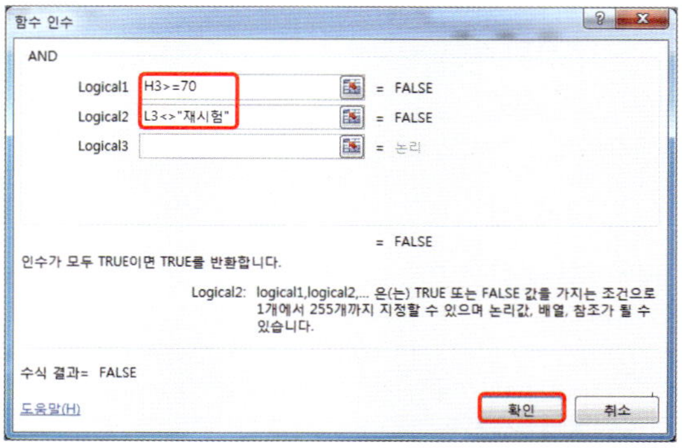

08 M3 셀의 수식을 *=IF(AND(H3>=70,L3<>"재시험"),"합격","불합격")*으로 수정하고 Enter를 누른다.

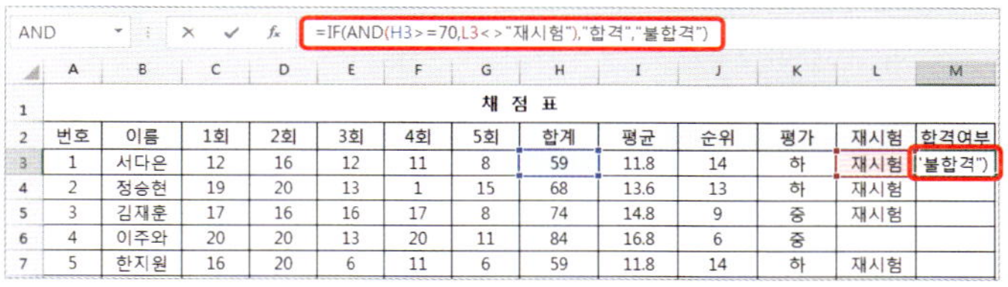

TIP 함수 AND의 결과가 TRUE인 경우 '합격'으로, FALSE인 경우 '불합격'으로 표시하도록 하는 수식이다.

09 M3 셀의 채우기 핸들을 M17 셀까지 드래그하여 다른 수강생의 합격여부도 표시한다.

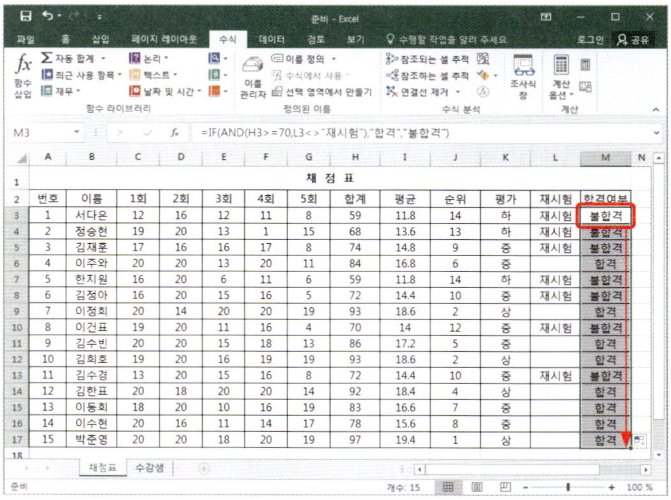

요약예제

수학, 통계, 텍스트, 날짜 및 시간, 논리 등의 범주에 따라 다양한 기능을 갖는 함수를 활용하여 사원별 판매현황 자료를 만들어 보자.

1 워크시트에 필요한 내용을 모두 입력한다.

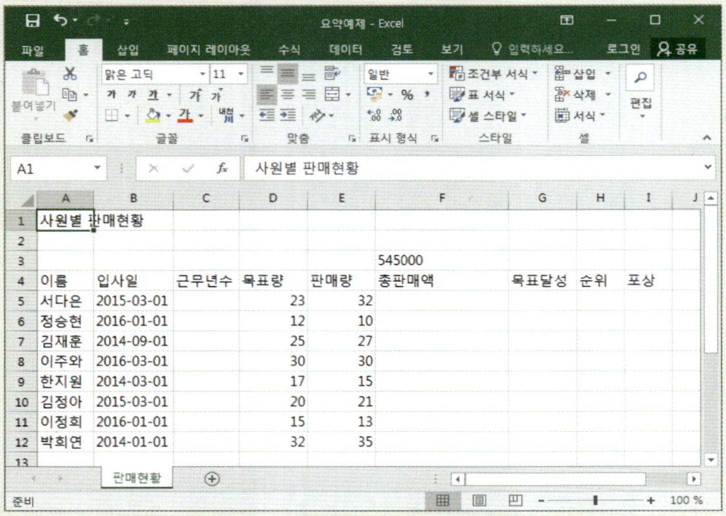

2 A1:I1 범위를 [병합하고 가운데 맞춤]한 후, 제목인 '사원별 판매현황'의 글꼴 크기를 [14]로 수정하고 행 높이를 적절히 조정한다.

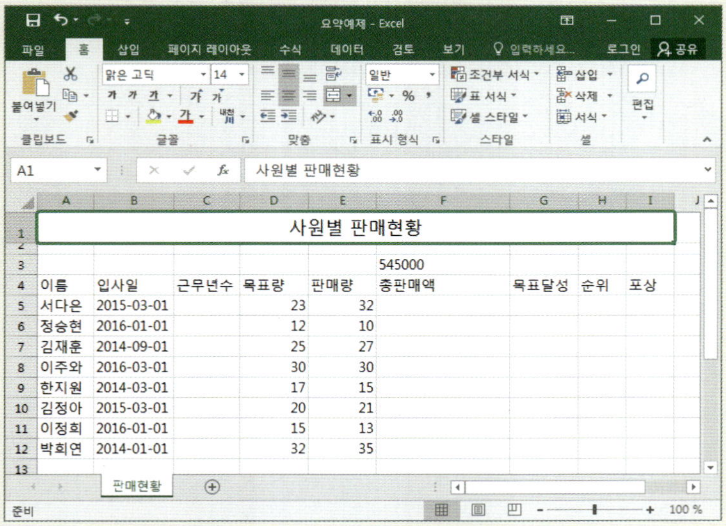

3 그림과 같이 셀 테두리를 그리고, 제목 영역인 A4:I4의 채우기 색을 [황금색, 강조 4, 80% 더 밝게]로 설정한다. A3:I12 범위를 선택하고 [홈] 탭–[맞춤] 그룹에서 [가운데 맞춤]을 선택한다.

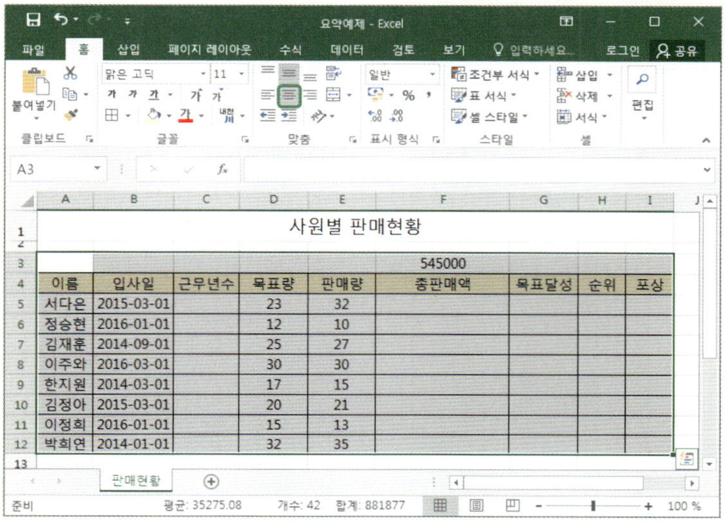

4 근무년수를 구하기 위해 C5 셀에 *=DATEDIF(B5,TODAY( ),"Y")&"년 "&DATEDIF(B5,TODAY( ),"YM")&"개월"* 수식을 입력하고 C5 셀의 채우기 핸들을 C12 셀까지 드래그해서 모든 사원의 근무년수를 표시한다.

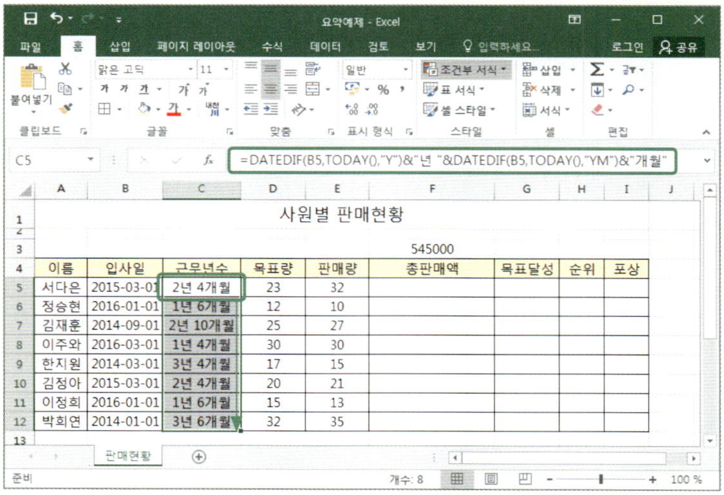

5 총판매액은 단가(F3)와 판매량(E5:E12)을 곱하는 식으로 구한다. F5 셀에 *=PRODUCT($F$3, E5)* 수식을 입력하고 F5 셀의 채우기 핸들을 F12 셀까지 드래그한다.

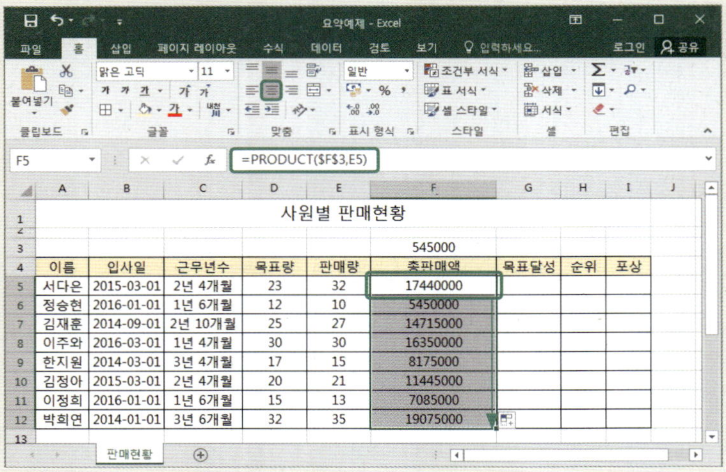

이름	입사일	근무년수	목표량	판매량	총판매액	목표달성	순위	포상
서다은	2015-03-01	2년 4개월	23	32	17440000			
정승현	2016-01-01	1년 6개월	12	10	5450000			
김재훈	2014-09-01	2년 10개월	25	27	14715000			
이주와	2016-03-01	1년 4개월	30	30	16350000			
한지원	2014-03-01	3년 4개월	17	15	8175000			
김정아	2015-03-01	2년 4개월	20	21	11445000			
이정희	2016-01-01	1년 6개월	15	13	7085000			
박희연	2014-01-01	3년 6개월	32	35	19075000			

TIP PRODUCT 함수는 인수의 곱을 구하는 함수이므로 수식을 *=$F$3*E5*로 입력해도 된다. 단가를 나타내는 F3 셀은 식을 복사할 때 바뀌지 않도록 F4를 사용하여 절대 참조 형식으로 입력한다.

6 판매량이 목표량보다 크거나 같은 경우 목표달성에 '달성', 그렇지 않으면 '미달성'으로 표시한다. G5 셀에 *=IF(E5>=D5, "달성", "미달성")* 수식을 입력하고 G5 셀의 채우기 핸들을 G12 셀까지 드래그해서 복사한다.

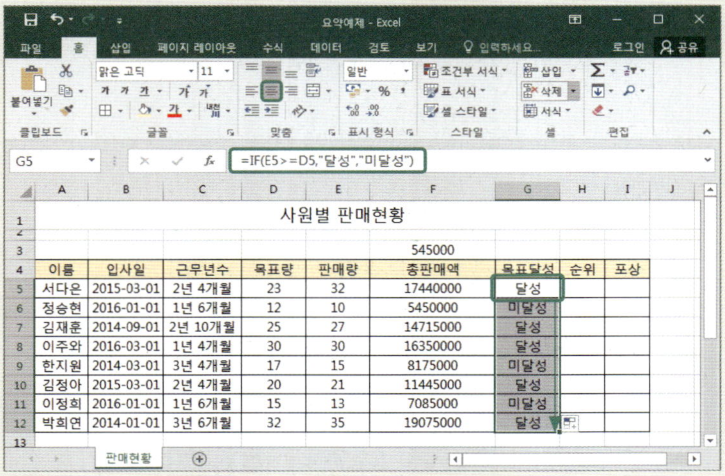

이름	입사일	근무년수	목표량	판매량	총판매액	목표달성	순위	포상
서다은	2015-03-01	2년 4개월	23	32	17440000	달성		
정승현	2016-01-01	1년 6개월	12	10	5450000	미달성		
김재훈	2014-09-01	2년 10개월	25	27	14715000	달성		
이주와	2016-03-01	1년 4개월	30	30	16350000	달성		
한지원	2014-03-01	3년 4개월	17	15	8175000	미달성		
김정아	2015-03-01	2년 4개월	20	21	11445000	달성		
이정희	2016-01-01	1년 6개월	15	13	7085000	미달성		
박희연	2014-01-01	3년 6개월	32	35	19075000	달성		

7 순위는 총판매액을 기준으로 내림차순으로 구한다. H5 셀에 *=RANK.EQ(F5,$F$5:$F$12,0)* 수식을 입력하고 H5 셀의 채우기 핸들을 H12 셀까지 드래그해서 복사한다.

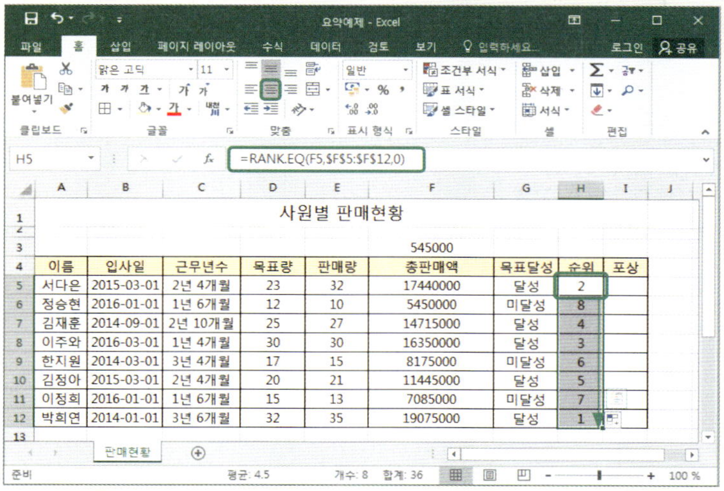

이름	입사일	근무년수	목표량	판매량	총판매액	목표달성	순위	포상
서다은	2015-03-01	2년 4개월	23	32	17440000	달성	2	
정승현	2016-01-01	1년 6개월	12	10	5450000	미달성	8	
김재훈	2014-09-01	2년 10개월	25	27	14715000	달성	4	
이주와	2016-03-01	1년 4개월	30	30	16350000	달성	3	
한지원	2014-03-01	3년 4개월	17	15	8175000	미달성	6	
김정아	2015-03-01	2년 4개월	20	21	11445000	달성	5	
이정희	2016-01-01	1년 6개월	15	13	7085000	미달성	7	
박희연	2014-01-01	3년 6개월	32	35	19075000	달성	1	

8 판매량이 30 이상이고 목표달성이 '달성'이면 포상에 '★'를 표시하도록 한다. I5 셀에 *=IF(AND(E5>=30,G5="달성"),"★","")* 수식을 입력하고 I5 셀의 채우기 핸들을 I12 셀까지 드래그해서 복사한 다음 가운데 맞춤으로 설정한다.

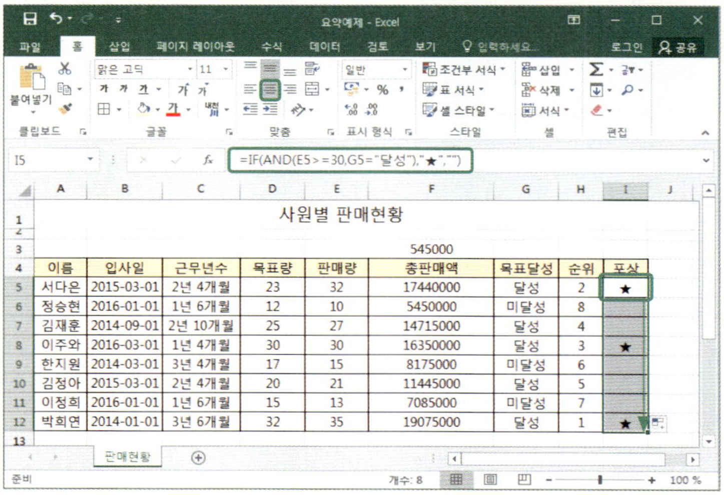

이름	입사일	근무년수	목표량	판매량	총판매액	목표달성	순위	포상
서다은	2015-03-01	2년 4개월	23	32	17440000	달성	2	★
정승현	2016-01-01	1년 6개월	12	10	5450000	미달성	8	
김재훈	2014-09-01	2년 10개월	25	27	14715000	달성	4	
이주와	2016-03-01	1년 4개월	30	30	16350000	달성	3	★
한지원	2014-03-01	3년 4개월	17	15	8175000	미달성	6	
김정아	2015-03-01	2년 4개월	20	21	11445000	달성	5	
이정희	2016-01-01	1년 6개월	15	13	7085000	미달성	7	
박희연	2014-01-01	3년 6개월	32	35	19075000	달성	1	★

TIP 자음 'ㅁ'을 입력하고 [한자]를 이용하면 '★' 기호를 쉽게 삽입할 수 있다.

9 단가(F3)와 총판매액(F5:F12)의 표시 형식을 아래와 같이 사용자 지정 형식으로 설정한다.

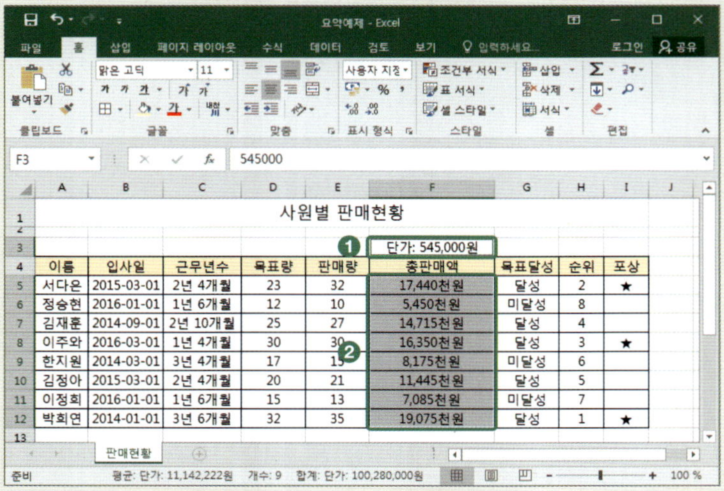

❶ F3 셀의 사용자 지정 형식을 *"단가:" #,##0"원"*으로 설정한다.

❷ F5:F12 범위의 사용자 지정 형식을 *#,##0,"천원"*으로 설정한다.

연습 문제

1 '연습.xlsx' 파일의 '연습1' 시트를 열고 1학기 전공 성적표를 다음과 같이 작성하시오.

❶ COUNT 함수를 사용하여 총인원수를 구하고 사용자 지정 표시 형식을 설정하시오. J2 셀의 이름을 '총원'으로 정의하시오.

❷ 채우기 핸들을 이용하여 번호를 연속으로 채우시오.

❸ SUM 함수를 사용하여 총점을 구하시오(총점=중간+기말+과제+출석).

❹ OR 함수와 IF 함수를 사용하여 중간 또는 기말 점수가 15 미만이면 '신청가능', 아니면 공백("")으로 계절학기에 표시하시오.

❺ RANK.EQ 함수를 사용하여 총점을 기준으로 내림차순 순위를 구하시오.

❻ IF 함수를 사용하여 순위가 총인원수의 30% 이하인 경우 'A', 60% 이하인 경우 'B', 그 외는 'C'로 등급을 표시하시오(수식에는 J2 셀의 이름인 '총원'을 사용할 것).

❼ 셀 병합, 셀 테두리와 색 채우기, 글꼴과 맞춤을 다음 그림과 같이 설정하시오.

1학기 전공 성적표

								총인원수	16명
번호	이름	중간 (30)	기말 (40)	과제 (20)	출석 (10)	총점 (100)	계절학기	순위	등급
1	강소희	30	10	20	8	68	신청가능	13	C
2	김민욱	30	25	10	8	73		10	C
3	나문영	30	30	15	10	85		5	B
4	문영희	23	26	20	10	79		9	B
5	박수지	28	20	10	8	66		15	C
6	박철국	25	30	17	9	81		7	B
7	송은희	30	30	10	10	80		8	B
8	은지우	21	40	20	5	86		4	A
9	이수진	30	24	19	10	83		6	B
10	임재진	20	20	14	9	63		16	C
11	전희주	25	40	20	10	95		1	A
12	정지연	26	20	16	10	72		11	C
13	최성수	23	45	15	10	93		3	A
14	최수명	20	30	10	9	69		12	C
15	홍경화	10	40	10	8	68	신청가능	13	C
16	황세경	30	40	18	7	95		1	A

연습1 연습2

2 '연습.xlsx' 파일의 '연습2' 시트를 열고 다음 조건에 맞는 물품 배송 목록을 작성하시오.

❶ J2 셀에 사용자 지정 표시 형식을 설정하고, '환율'로 이름을 정의하시오.

❷ C4:C13 범위의 표시 형식을 '통화'로 설정하시오.

❸ PRODUCT 함수를 사용하여 총금액(달러)를 구하고, 표시 형식을 '통화'로 설정하시오.

❹ '환율' 이름을 수식에 사용하여 주문금액을 구하고, 사용자 지정 표시 형식을 설정하시오(주문금액=총금액(달러)*환율).

❺ 주문일, 시작일, 종료일에 사용자 지정 표시 형식을 설정하여 '월-일(요일)'로 표시하시오.

❻ IF 함수와 AND 함수를 사용하여 시작일과 종료일이 모두 있는 경우(값이 0보다 큰 경우)는 '완료', 그 외는 '미완료'로 표시하시오.

❼ IF 함수와 DATEDIF 함수를 사용하여 배송여부가 '완료'인 경우에 배송기간을 일 단위로 계산하여 표시하고 그렇지 않은 경우는 공백("")으로 표시한 다음 숫자 뒤에 '일'이 표시되도록 사용자 지정 표시 형식을 설정하시오.

❽ 셀 병합, 셀 테두리와 색 채우기, 글꼴과 맞춤을 다음 그림과 같이 설정하시오.

	A	B	C	D	E	F	G	H	I	J
1	**물품 배송 목록**									
2									환율	1,150(원/달러)
3	번호	수량	단가(달러)	총금액(달러)	주문금액	주문일	시작일	종료일	배송여부	배송기간
4	13042	35	$15.00	$525.00	총 603,750원	01-20(금)	01-23(월)	01-26(목)	완료	3 일
5	13051	23	$20.00	$460.00	총 529,000원	01-21(토)	01-23(월)	01-26(목)	완료	3 일
6	13052	15	$25.50	$382.50	총 439,875원	01-23(월)	01-23(월)		미완료	
7	13072	30	$12.00	$360.00	총 414,000원	01-23(월)	01-24(화)	01-27(금)	완료	3 일
8	13090	10	$25.50	$255.00	총 293,250원	01-24(화)	01-24(화)		미완료	
9	14075	50	$9.80	$490.00	총 563,500원	01-24(화)	01-25(수)	01-28(토)	완료	3 일
10	15081	35	$25.50	$892.50	총 1,026,375원	01-24(화)			미완료	
11	15091	24	$12.00	$288.00	총 331,200원	01-25(수)	01-26(목)		미완료	
12	16112	23	$12.50	$287.50	총 330,625원	01-25(수)			미완료	
13	16120	25	$15.00	$375.00	총 431,250원	01-26(목)	01-26(목)		미완료	
14										

연습1 | 연습2

CHAPTER 04

고급 함수

학습목표

- 조건에 맞는 값으로 개수, 합계, 평균을 구할 수 있다.
- 찾기 및 참조 함수를 사용하여 원하는 값을 찾을 수 있다.
- 재무 계산에 필요한 함수를 활용할 수 있다.

SECTION 01

조건에 맞는 값 구하기

조건에 따라 값을 다르게 표시하는 논리 함수에 대해서는 CHAPTER 03에서 다루어 보았다. 그런데 조건에 맞는 데이터의 개수를 세거나 조건에 맞는 데이터만 선별해 합계나 평균을 구하는 함수도 데이터 통계나 분석에 많이 활용된다. 또한, 여러 조건을 기술하여 모든 조건을 만족하는 경우의 합계를 구하거나 평균을 구하는 함수도 있으므로 상황에 맞게 활용할 수 있다.

1.1 조건에 맞는 개수를 구하는 함수

숫자 개수를 구하는 COUNT 함수의 기능과 사용법은 CHAPTER 03에서 알아보았다. 여기서는 COUNT 함수와 유사하지만 데이터의 유형에 상관없이 개수를 세거나 주어진 조건에 따라 개수를 계산하는 함수에 대해 알아본다.

범주	함수
COUNTA(value1, value2, …)	인수 중 비어 있지 않은 셀의 개수를 계산한다.
COUNTBLANK(range)	지정한 범위에 있는 빈 셀의 개수를 계산한다.
COUNTIF(range, criteria)	지정한 범위 내에서 조건에 맞는 셀의 개수를 계산한다.
COUNTIFS(criteria_range, criteria, …)	범위 내에서 주어진 모든 조건에 맞는 셀의 개수를 계산한다.

기본예제 4-1 자격증을 취득한 인원 수와 영어시험 미응시 인원 수 계산하기

COUNTA 함수와 COUNTBLANK 함수를 사용하여 자격증이 있는 사원의 수와 영어시험에 응시하지 않은 사원의 수를 계산해 보자.

01 '준비.xlsx' 파일을 열고 '인사' 시트를 선택한다.

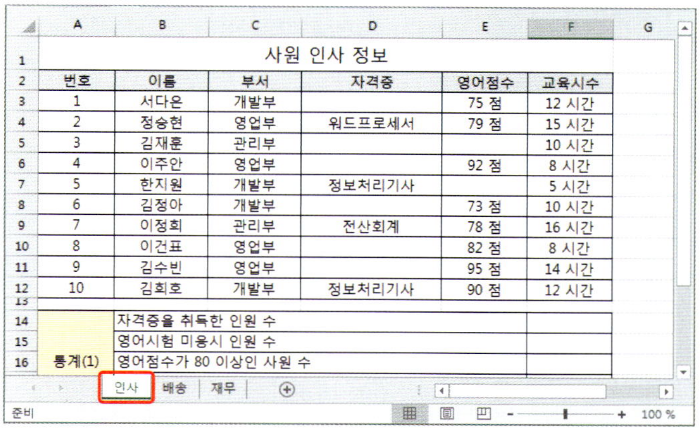

	사원 인사 정보				
번호	이름	부서	자격증	영어점수	교육시수
1	서다은	개발부		75 점	12 시간
2	정승현	영업부	워드프로세서	79 점	15 시간
3	김재훈	관리부			10 시간
4	이주안	영업부		92 점	8 시간
5	한지원	개발부	정보처리기사		5 시간
6	김정아	개발부		73 점	10 시간
7	이정희	관리부	전산회계	78 점	16 시간
8	이건표	영업부		82 점	8 시간
9	김수빈	영업부		95 점	14 시간
10	김희호	개발부	정보처리기사	90 점	12 시간
	자격증을 취득한 인원 수				
	영어시험 미응시 인원 수				
통계(1)	영어점수가 80 이상인 사원 수				

02 F14 셀에 *=COUNTA(D3:D12)&"명"* 수식을 입력한다.

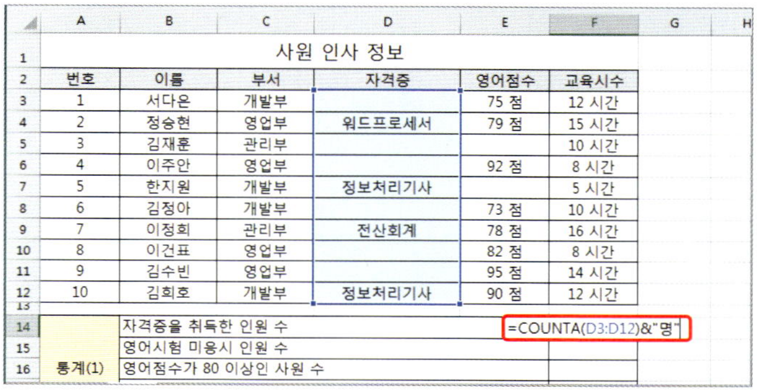

	사원 인사 정보				
번호	이름	부서	자격증	영어점수	교육시수
1	서다은	개발부		75 점	12 시간
2	정승현	영업부	워드프로세서	79 점	15 시간
3	김재훈	관리부			10 시간
4	이주안	영업부		92 점	8 시간
5	한지원	개발부	정보처리기사		5 시간
6	김정아	개발부		73 점	10 시간
7	이정희	관리부	전산회계	78 점	16 시간
8	이건표	영업부		82 점	8 시간
9	김수빈	영업부		95 점	14 시간
10	김희호	개발부	정보처리기사	90 점	12 시간
	자격증을 취득한 인원 수				=COUNTA(D3:D12)&"명"
	영어시험 미응시 인원 수				
통계(1)	영어점수가 80 이상인 사원 수				

TIP COUNTA 함수는 지정한 범위에서 숫자뿐 아니라 텍스트, 논리 값 등 데이터의 종류에 상관없이 값이 입력되어 있는 셀의 개수를 계산한다.

03 F15 셀에 *=COUNTBLANK(E3:E12)&"명"* 수식을 입력한다.

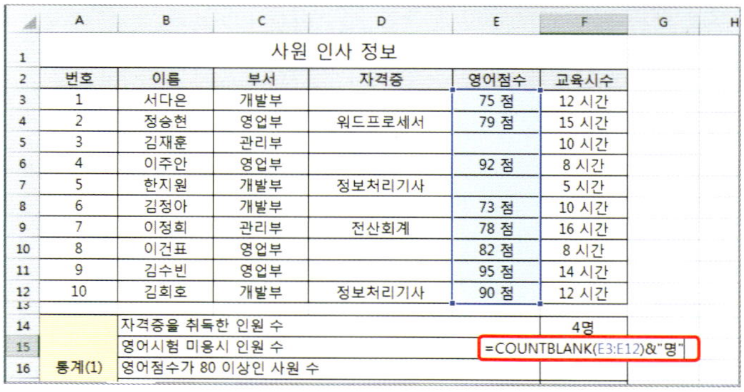

	사원 인사 정보				
번호	이름	부서	자격증	영어점수	교육시수
1	서다은	개발부		75 점	12 시간
2	정승현	영업부	워드프로세서	79 점	15 시간
3	김재훈	관리부			10 시간
4	이주안	영업부		92 점	8 시간
5	한지원	개발부	정보처리기사		5 시간
6	김정아	개발부		73 점	10 시간
7	이정희	관리부	전산회계	78 점	16 시간
8	이건표	영업부		82 점	8 시간
9	김수빈	영업부		95 점	14 시간
10	김희호	개발부	정보처리기사	90 점	12 시간
	자격증을 취득한 인원 수				4명
	영어시험 미응시 인원 수				=COUNTBLANK(E3:E12)&"명"
통계(1)	영어점수가 80 이상인 사원 수				

TIP COUNTBLANK 함수는 공백("") 문자를 포함해 값이 없는 셀의 개수를 계산한다. 함수 COUNTA에서도 공백을 개수에 포함해 계산하므로 COUNTBLANK 함수나 COUNTA 함수를 사용할 때는 범위에 공백 문자만 입력된 셀이 없도록 주의해야 한다.

기본예제 4-2 주어진 조건에 맞는 인원 수 계산하기

COUNTIF 함수와 COUNTIFS 함수를 사용하여 주어진 조건에 맞는 인원 수를 계산해 보자. 조건이 하나 이상인 경우 덧셈(+)이나 뺄셈(−)을 조합하여 구할 수도 있고, COUNTIFS 함수를 사용해 구할 수도 있다. 실습 예제를 통해 각 경우에 따른 함수의 활용 방법을 익혀 보자.

01 '인사' 시트의 F16 셀에 *=COUNTIF(E3:E12,">=80")&"명"* 수식을 입력한다.

	A	B	C	D	E	F
2	번호	이름	부서	자격증	영어점수	교육시수
3	1	서다은	개발부		75 점	12 시간
4	2	정승현	영업부	워드프로세서	79 점	15 시간
5	3	김재훈	관리부			10 시간
6	4	이주안	영업부		92 점	8 시간
7	5	한지원	개발부	정보처리기사		5 시간
8	6	김정아	개발부		73 점	10 시간
9	7	이정희	관리부	전산회계	78 점	16 시간
10	8	이건표	영업부		82 점	8 시간
11	9	김수빈	영업부		95 점	14 시간
12	10	김희호	개발부	정보처리기사	90 점	12 시간
14	통계(1)	자격증을 취득한 인원 수				4명
15		영어시험 미응시 인원 수				2명
16		영어점수가 80 이상인 사원 수			=COUNTIF(E3:E12,">=80")&"명"	
17		관리부 또는 영업부 사원의 수				
18		영어점수가 80에서 90 사이인 사원 수				

TIP CHAPTER 03에서 학습한 IF 함수와 달리 COUNTIF 함수에서는 조건을 큰따옴표(" ")로 묶어 *">=80"*으로 표현한다. 값(80)이 아니라 셀(H16)을 참조할 때는 다음과 같이 *">="&H16*으로 수식을 작성한다.

	A	B	C	D	E	F	G	H
14		자격증을 취득한 인원 수				4명		
15		영어시험 미응시 인원 수				2명		기준점수
16	통계(1)	영어점수가 기준점수 이상인 사원 수			=COUNTIF(E3:E12,">="&H16)&"명"			80

02 F17 셀에 *=COUNTIF(C3:C12,"=관리부")+COUNTIF(C3:C12,"=영업부")&"명"* 수식을 입력한다.

	A	B	C	D	E	F
2	번호	이름	부서	자격증	영어점수	교육시수
3	1	서다은	개발부		75 점	12 시간
4	2	정승현	영업부	워드프로세서	79 점	15 시간
5	3	김재훈	관리부			10 시간
6	4	이주안	영업부		92 점	8 시간
7	5	한지원	개발부	정보처리기사		5 시간
8	6	김정아	개발부		73 점	10 시간
9	7	이정희	관리부	전산회계	78 점	16 시간
10	8	이건표	영업부		82 점	8 시간
11	9	김수빈	영업부		95 점	14 시간
12	10	김희호	개발부	정보처리기사	90 점	12 시간
14	통계(1)	자격증을 취득한 인원 수				4명
15		영어시험 미응시 인원 수				2명
16		영어점수가 80 이상인 사원 수				4명
17		관리부 또는 영업부 사원의 수		=COUNTIF(C3:C12,"=관리부")+COUNTIF(C3:C12,"=영업부")&"명"		
18		영어점수가 80에서 90 사이인 사원 수				

TIP COUNTIF 함수의 조건에는 OR이나 AND를 사용할 수 없으니 덧셈(+)과 뺄셈(−)을 이용해 조건을 결합한다. 예를 들어, 관리부 또는 영업부 사원의 수는 관리부 사원의 수와 영업부 사원의 수를 더해서 구할 수 있다. 또, 조건에 사용한 등호(=) 연산자는 생략 가능하므로 *=COUNTIF(C3:C12,"관리부")*…로 작성해도 된다.

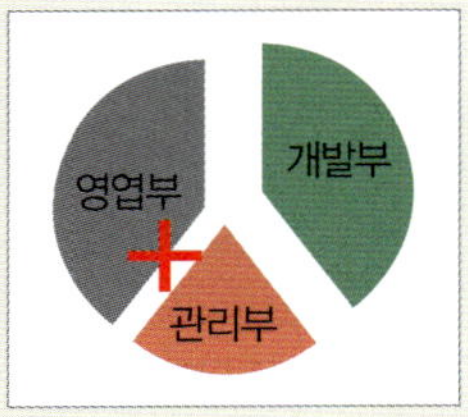

03 F18 셀에 *=COUNTIF(E3:E12,">=80")-COUNTIF(E3:E12,">90")&"명"* 수식을 입력한다.

	A	B	C	D	E	F	G	H
2	번호	이름	부서	자격증	영어점수	교육시수		
3	1	서다은	개발부		75 점	12 시간		
4	2	정승현	영업부	워드프로세서	79 점	15 시간		
5	3	김재훈	관리부			10 시간		
6	4	이주안	영업부		92 점	8 시간		
7	5	한지원	개발부	정보처리기사		5 시간		
8	6	김정아	개발부		73 점	10 시간		
9	7	이정희	관리부	전산회계	78 점	16 시간		
10	8	이건표	영업부		82 점	8 시간		
11	9	김수빈	영업부		95 점	14 시간		
12	10	김회호	개발부	정보처리기사	90 점	12 시간		
13								
14	통계(1)	자격증을 취득한 인원 수				4명		
15		영어시험 미응시 인원 수				2명		
16		영어점수가 80 이상인 사원 수				4명		
17		관리부 또는 영업부 사원의 수				6명		
18		영어점수가 80에서 90 사이인 사원 수				=COUNTIF(E3:E12,">=80")-COUNTIF(E3:E12,">90")&"명"		
19		영업부에서 영어점수가 80 미만인 사원 수						

TIP 영어점수가 80 이상 90 이하인 사원의 수를 계산하기 위해 뺄셈(-)을 이용하여 다음 그림과 같이 빗금친 영역을 구한다.

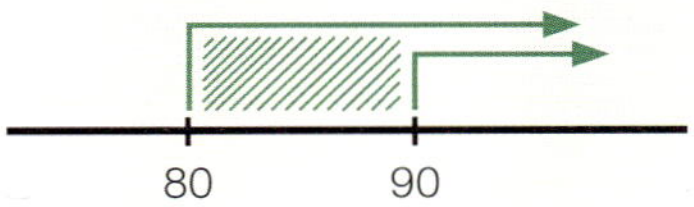

04 F19 셀에 *=COUNTIFS(C3:C12,"영업부",E3:E12,"<80") &"명"* 수식을 입력하고 Enter를 누른다.

	A	B	C	D	E	F	G	H
3	1	서다은	개발부		75 점	12 시간		
4	2	정승현	영업부	워드프로세서	79 점	15 시간		
5	3	김재훈	관리부			10 시간		
6	4	이주안	영업부		92 점	8 시간		
7	5	한지원	개발부	정보처리기사		5 시간		
8	6	김정아	개발부		73 점	10 시간		
9	7	이정희	관리부	전산회계	78 점	16 시간		
10	8	이건표	영업부		82 점	8 시간		
11	9	김수빈	영업부		95 점	14 시간		
12	10	김회호	개발부	정보처리기사	90 점	12 시간		
13								
14	통계(1)	자격증을 취득한 인원 수				4명		
15		영어시험 미응시 인원 수				2명		
16		영어점수가 80 이상인 사원 수				4명		
17		관리부 또는 영업부 사원의 수				6명		
18		영어점수가 80에서 90 사이인 사원 수				2명		
19		영업부에서 영어점수가 80 미만인 사원 수				=COUNTIFS(C3:C12,"영업부",E3:E12,"<80")&"명"		

TIP 여러 조건을 모두 만족하는 경우(AND의 개념)의 개수를 구하려면 조건을 하나 이상 입력할 수 있는 COUNTIFS 함수를 사용한다. 단계 **03**의 뺄셈 수식 대신 *=COUNTIFS(E3:E12,">=80",E3:E12,"<=90")* 수식을 입력해도 된다.

1.2 조건에 맞는 데이터의 합계와 평균을 구하는 함수

SUM 함수와 AVERAGE 함수는 교육시수의 합계나 영어점수의 평균 등과 같이 범위로 지정한 셀 값의 합계나 평균을 구할 때 사용한다. 이번에는 자격증이 없는 사원의 교육시수 합계나 영업부에 근무하는 사원의 영어점수 평균과 같이 특정 조건에 부합하는 데이터의 합계나 평균을 구할 때 사용할 수 있는 함수에 대해 알아본다.

함수명과 인수	기능
SUMIF(range, criteria, sum_range)	주어진 조건에 따라 지정되는 셀의 합을 구한다.
SUMIFS(sum_range, criteria_range, criteria, …)	조건이 둘 이상일 때 지정되는 셀의 합을 구한다.
AVERAGEIF(range, criteria, average_range)	주어진 조건에 따라 지정되는 셀의 평균을 구한다.
AVERAGEIFS(average_range, criteria_range, criteria, …)	조건이 둘 이상일 때 지정되는 셀의 평균을 구한다.

기본예제 4-3 조건에 맞는 합계 계산하기

SUMIF 함수와 SUMIFS 함수를 사용하여 자격증이 없는 사원의 교육시수 합계와 개발부에서 10시간 이상 교육받은 사원의 교육시수 합계를 계산해 보자.

01 '인사' 시트의 F20 셀에 *=SUMIF(D3:D12,"",F3:F12)&"시간"* 수식을 입력한다.

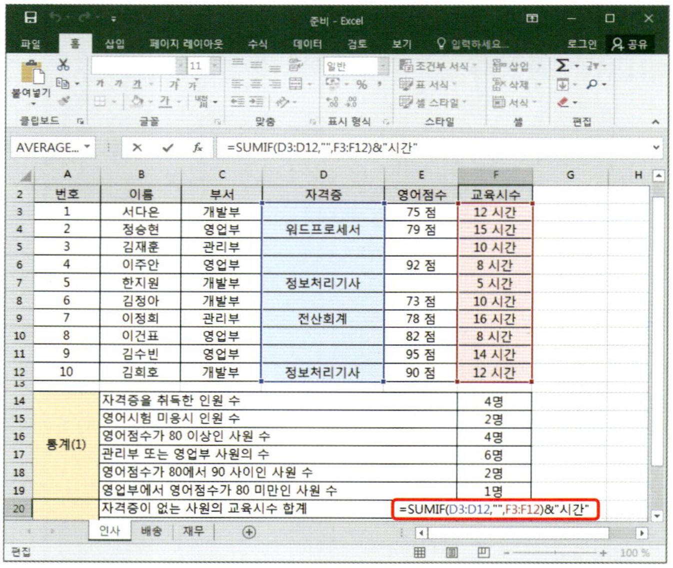

TIP 셀의 값이 비어 있는지 검사하기 위해 ISBLANK 함수를 사용할 수 있는데, SUMIF 함수의 조건(criteria)에는 IF 함수처럼 다른 함수를 중첩 사용할 수 없으므로 공백("") 문자를 이용하여 조건을 검사한다. 만약 자격증이 있는 사원을 검사 조건으로 한다면 *=SUMIF(D3:D12,"<>"&"",F3:F12)&"시간"* 수식을 사용하면 된다.

02 F21 셀에 *=SUMIF(F3:F12, ">=10")&"시간"* 수식을 입력한다.

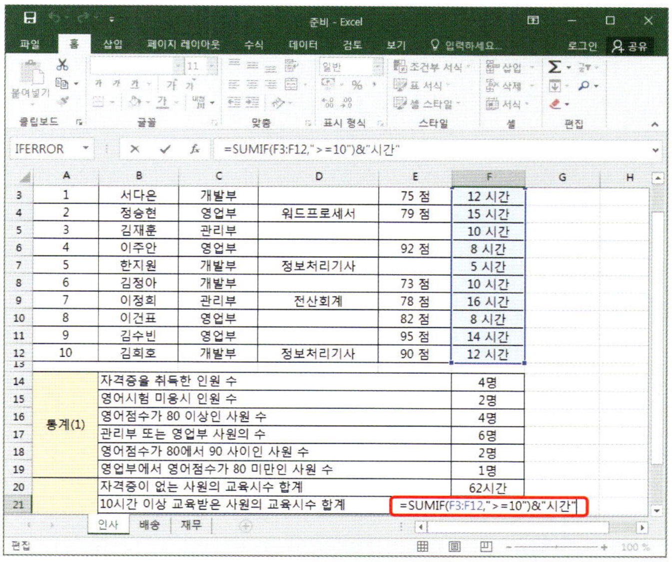

TIP SUMIF 함수의 인수에서 조건의 범위를 나타내는 range와 계산할 범위를 나타내는 sum_range가 동일한 경우에는 세 번째 인수 sum_range를 생략할 수 있다.

03 F22 셀에 *=SUMIFS(F3:F12, F3:F12, ">=10", C3:C12, "개발부")&"시간"* 수식을 입력한다.

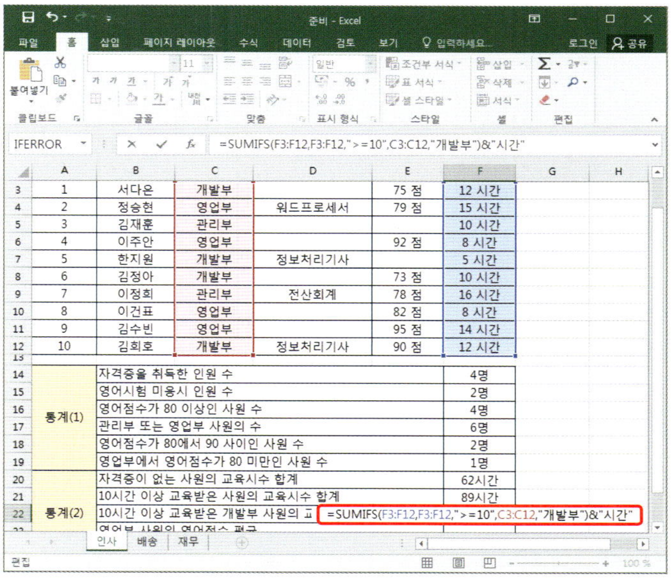

TIP 두 가지 이상의 조건을 모두 만족하는 경우의 합계는 SUMIFS 함수로 구할 수 있다. 이때, 합계를 구할 값의 범위가 첫 번째 인수로 지정되어야 한다.

기본예제 4-4 조건에 맞는 평균 계산하기

AVERAGEIF 함수와 AVERAGEIFS 함수를 사용하여 영업부 사원의 영어점수 평균과 10시간 이상 교육받은 영업부 사원의 영어점수 평균을 계산해 보자.

01 '인사' 시트의 F23 셀에 *=AVERAGEIF(C3:C12,"영업부",E3:E12)&"점"* 수식을 입력한다.

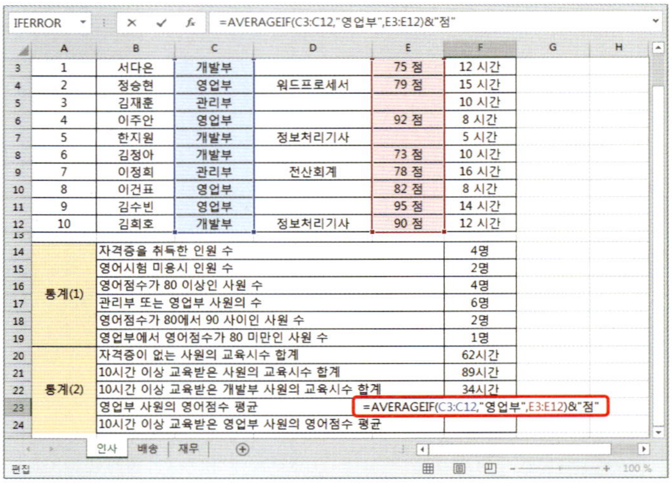

TIP AVERAGEIF 함수의 세 번째 인수 average_range에는 평균을 구할 값의 범위를 지정하면 된다.

02 F24 셀에 *=AVERAGEIFS(E3:E12,F3:F12,">=10",C3:C12,"영업부")&"점"* 수식을 입력한다.

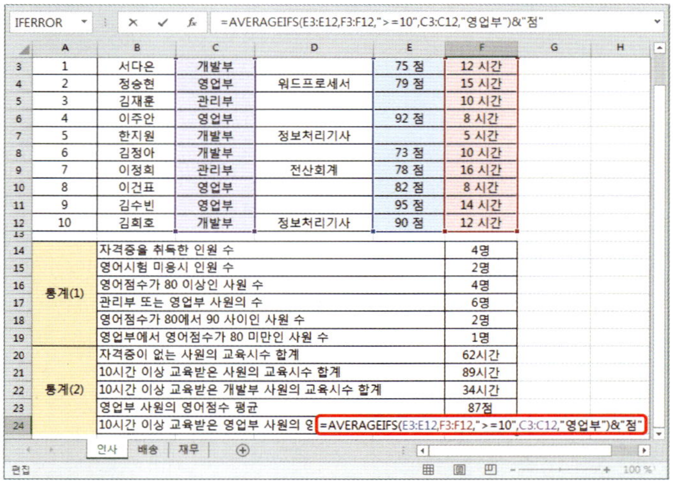

TIP 10시간 이상 교육받은 영업부 사원은 교육시수와 부서 조건을 모두 만족해야 하므로 AVERAGEIFS 함수를 사용하여 평균을 구한다. 이때, 평균을 구할 값의 범위를 첫 번째 인수로 지정한다.

SECTION 02

찾기 및 참조 함수 사용하기

함수 라이브러리 중 '찾기/참조 영역' 범주에는 특정 값이나 위치를 기준으로 주어진 범위에서 원하는 값을 찾는 함수들이 있다. 이 함수들을 이용하면 원하는 행/열 번호를 가져오거나 상품 세부 목록을 코드로 검색하여 해당 상품의 품명이나 무게 등을 일일이 입력하지 않아도 원하는 셀에 자동으로 채워 넣을 수 있다. 찾기/참조 영역 함수 중 유용한 몇 가지 함수의 사용법을 알아본다.

2.1 행 번호와 열 번호를 구하는 함수

많은 데이터를 나열할 때는 일련번호로 순서를 정하는 경우가 많은데, 이때 채우기 핸들을 이용하면 번호를 손쉽게 입력할 수 있다. 하지만 이렇게 채운 번호 중 일부가 중간에 삭제되면 번호 순서가 연속적이지 않게 된다.

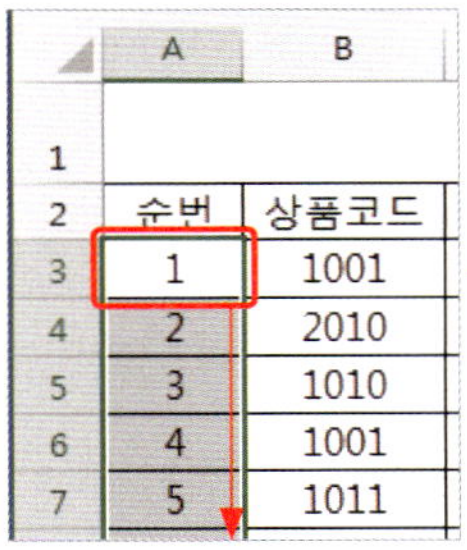

▲ 연속 데이터 채우기

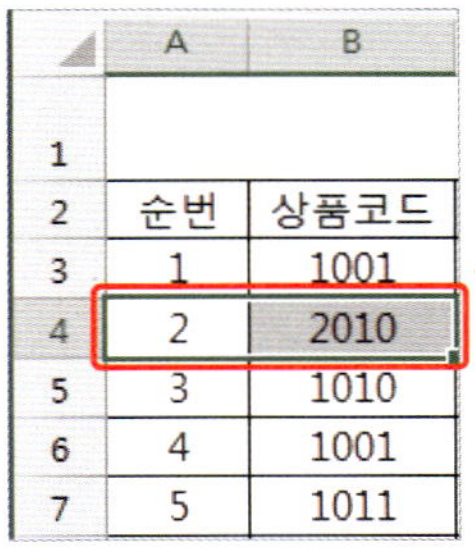

▲ 순번 2를 삭제

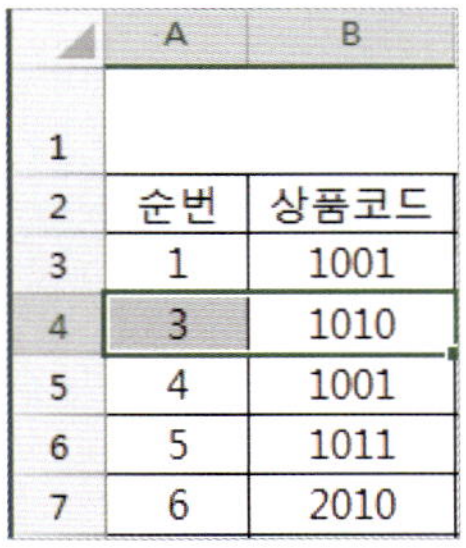

▲ 비연속적인 순번

이런 경우 ROW 함수를 사용하여 순번을 계산하면 행이 삭제되어도 순번이 다시 연속적으로 채워진다.

함수명과 인수	기능
ROW([reference])	주어진 셀의 행 번호를 구한다. 인수 reference는 하나의 셀 주소를 사용하거나 생략할 수 있다.
COLUMN([reference])	주어진 셀의 열 번호를 구한다. 예를 들어, *=COLUMN(D10)* 수식은 4를 반환한다.

기본예제 4-5 행 번호를 이용하여 순번 계산하기

일련번호 형식으로 순번을 만들 때 연속 데이터 채우기를 하는 대신 ROW 함수로 행 번호를 가져와 계산해 보자.

01 '준비.xlsx' 파일을 열고 '배송' 시트를 선택한다.

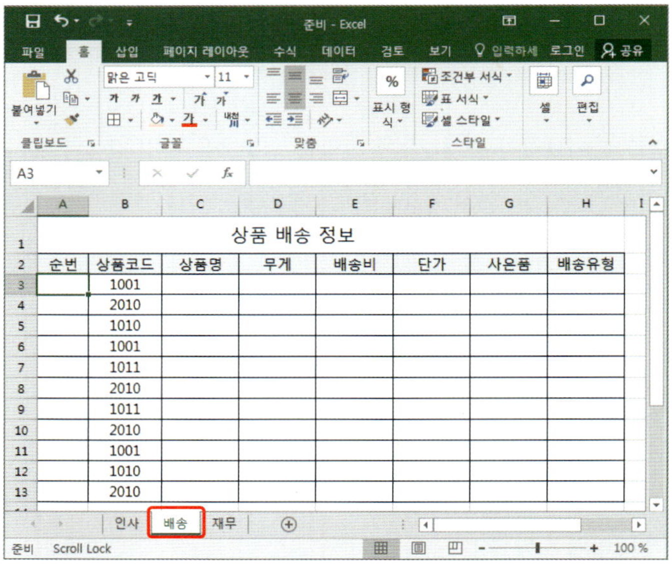

02 A3 셀에 *=ROW( )–2* 수식을 입력한다.

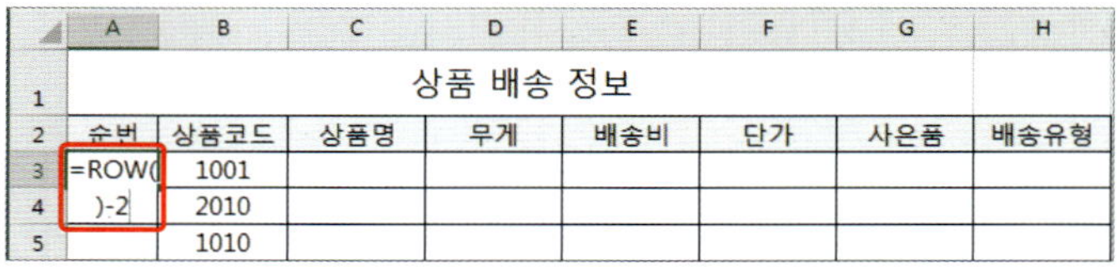

TIP ROW 함수에서 인수 reference를 생략하면 수식이 입력된 현재 셀을 참조하므로, 이는 수식 *=ROW(A3)–2*와 같다.

03 A3 셀의 채우기 핸들을 A13 셀까지 드래그하여 수식을 자동 채우기한다.

04 A4:H4 범위를 선택하고 마우스 오른쪽 단추를 눌러 [삭제]를 선택한다.

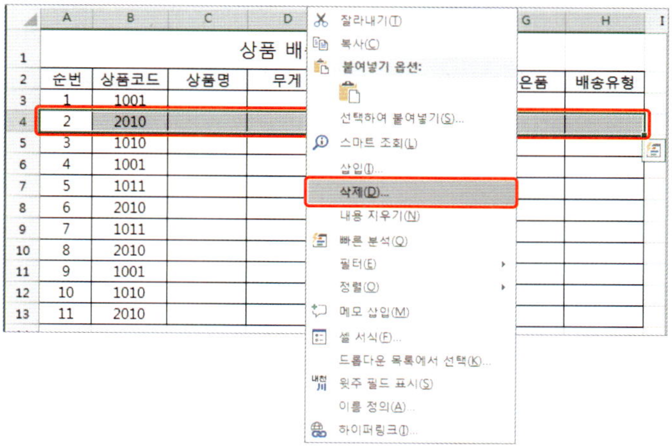

05 [삭제] 대화상자에서 [셀을 위로 밀기]를 선택하고 [확인]을 누른다.

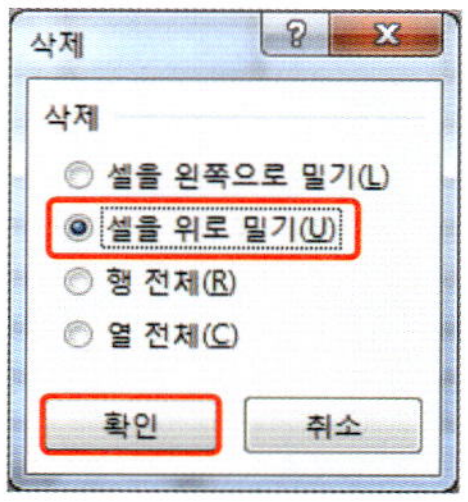

06 행을 삭제해도 ROW 함수를 사용하여 계산한 순번은 연속적인 값을 유지한다.

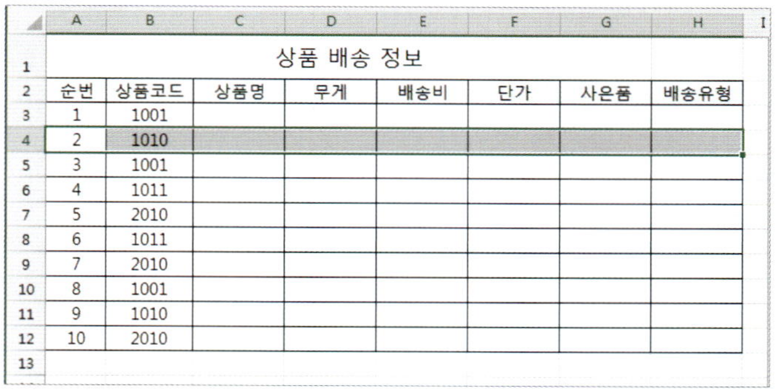

2.2 열을 기준으로 찾는 함수

일반적으로 정보를 관리할 때는 관리할 대상의 이름과 함께 번호나 코드를 사용하여 구분하는데, 학번이나 제품코드, 품번 등을 예로 들 수 있다. 학번을 기준으로 이름, 학과, 연락처 등의 학생 정보를 관리하거나 상품코드별로 품명, 단가, 무게 등의 상품정보를 관리할 수 있고, 학번이나 상품코드를 이용해 다른 세부 정보를 찾을 수도 있다. 매일 혹은 매월 주문되는 상품 정보를 입력해야 하는 경우, 상품코드를 입력하면 제품명이나 단가 등이 자동으로 채워지도록 하려면 VLOOKUP 함수를 사용하면 된다.

함수명과 인수	기능
VLOOKUP(lookup_value, table_array, col_index, range_lookup)	주어진 범위의 첫 열을 검색하여 원하는 항목을 찾아 반환한다.

기본예제 4-6 상품코드로 상품명과 무게 찾기

VLOOKUP 함수를 사용하여 상품코드를 기준으로 품목표에서 상품명과 무게를 찾아 셀에 표시해 보자.

01 '배송' 시트에서 C3 셀을 선택하고, [수식] 탭–[함수 라이브러리] 그룹–[찾기/참조 영역] 목록에서 [VLOOKUP]을 선택한다.

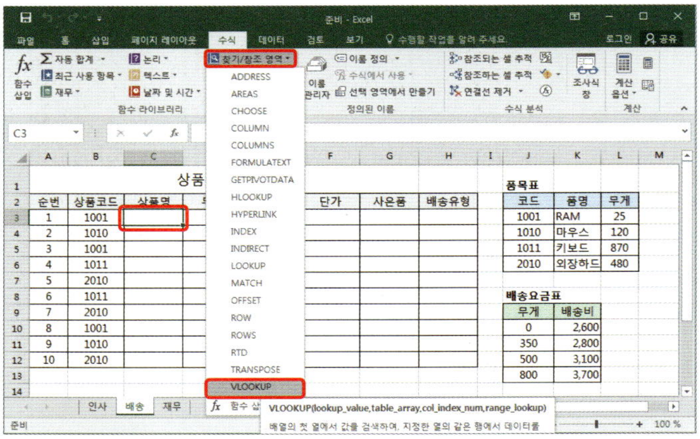

02 [함수 인수] 대화상자의 [Lookup_value] 입력란에 *B3*을 입력한다.

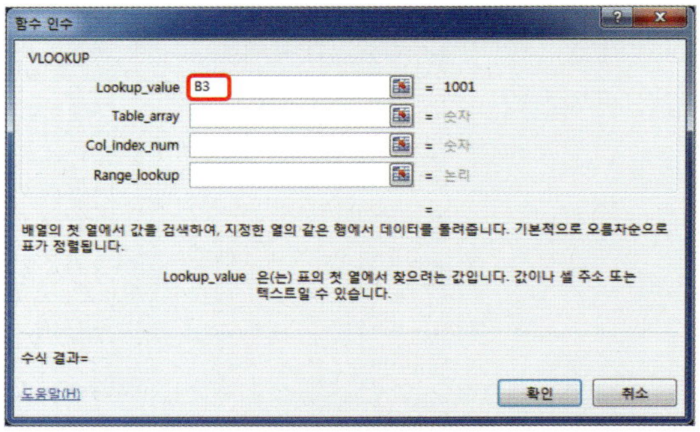

TIP Lookup_value 인수에는 상품명을 찾기 위해 사용할 하나의 기준(키) 값, 즉 상품코드를 입력한다.

03 [Table_array] 입력란에는 워크시트에서 J3:L6 범위를 드래그하여 입력하고, 다른 셀로 수식을 복사할 때 범위가 변경되지 않도록 F4를 눌러 절대 참조 형식으로 바꾼다.

TIP 대화상자에 데이터 영역이 가려져 범위를 선택하기 불편하다면 입력란 오른쪽의 [대화상자 축소] 단추를 이용한다.

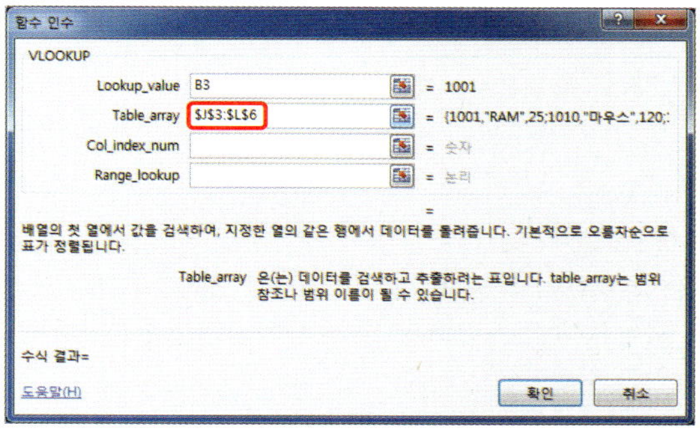

TIP Table_array는 상품코드를 검색하고 상품명 값을 가져올 품목표의 범위(배열)이다. 이때 검색 기준인 상품코드 값이 수직(vertical) 방향으로 첫 번째 열에 있어야 한다.

(Table_array 범위)

코드	품명	무게
1001	RAM	25
1010	마우스	120
1011	키보드	870
2010	외장하드	480

첫 번째 열이 검색 기준

04 [Col_index_num] 입력란에는 *2*를 입력한다.

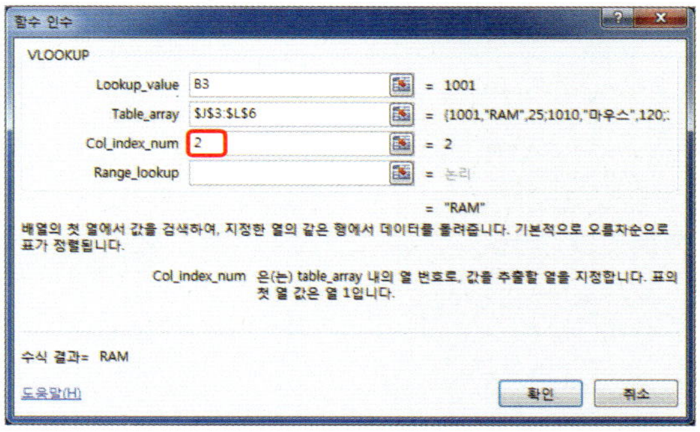

TIP 단계 **03**에서 지정한 범위(J3:L6) 내에서 추출할 값(상품명)이 위치한 열 번호가 Col_index_num 인수가 된다. J, K, L 열은 각각 열 번호 1, 2, 3이 된다.

품목표 (Table_array 범위)

J	K	L
코드	품명	무게
1001	RAM	25
1010	마우스	120
1011	키보드	870
2010	외장하드	480
1	2	3

(Col_index_num 값)

05 [Range_lookup] 입력란에 *FALSE*를 입력하고 [확인]을 누른다.

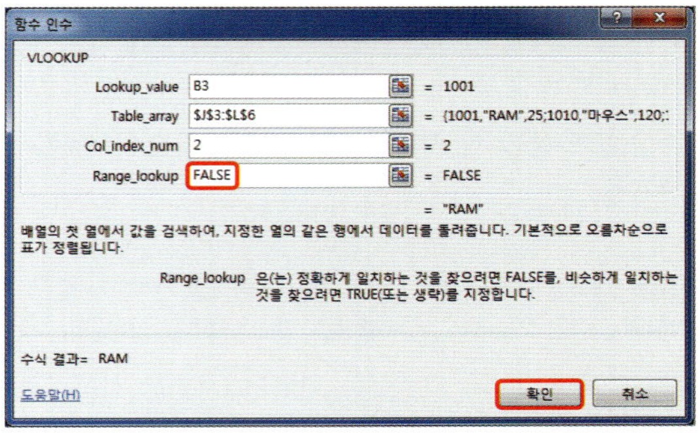

TIP Range_lookup 인수에는 찾는 기준이 범위인지(비슷하게 일치), 아닌지(정확하게 일치)를 지정한다. 범위를 기준으로 찾을 때는 생략해도 된다.

06 C3 셀의 채우기 핸들을 C12 셀까지 드래그하여 수식을 복사하면 모든 상품명이 표시된다.

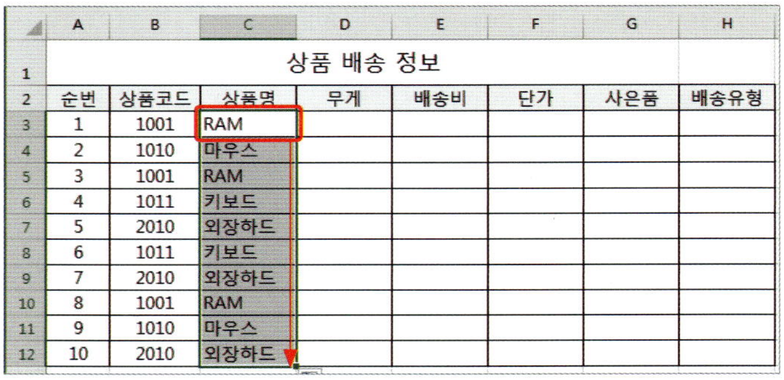

07 같은 방법으로 품목표에서 상품코드를 찾아 무게를 표시한다.

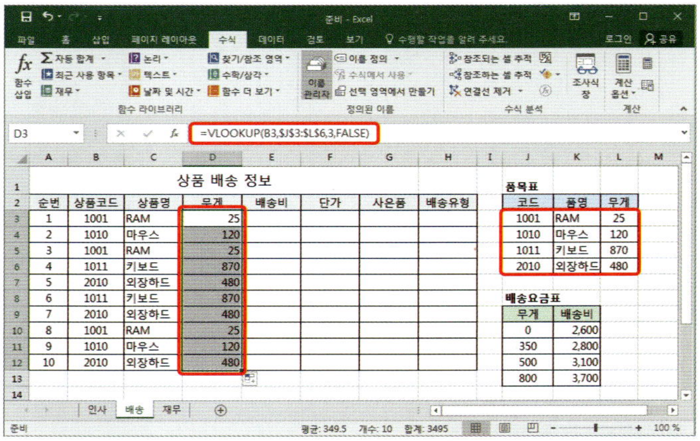

TIP D3 셀에 *=VLOOKUP(B3,$J$3:$L$6,3,FALSE)* 수식을 입력하고, 수식을 다른 셀로 복사하면 된다.

기본예제 4-7 무게 범위를 이용해 배송비 찾기

VLOOKUP 함수는 정확한 기준 값을 검색할 때도 사용하지만, 범위 내의 값을 검색할 때도 사용할 수 있다. 상품 무게의 범위에 따라 배송비를 찾아 셀에 표시해 보자.

01 E3 셀에 *=VLOOKUP(D3, $J$10:$K$13,2)* 수식을 입력한다. 범위를 검색하므로 네 번째 인수는 TRUE로 입력하거나 생략해도 된다.

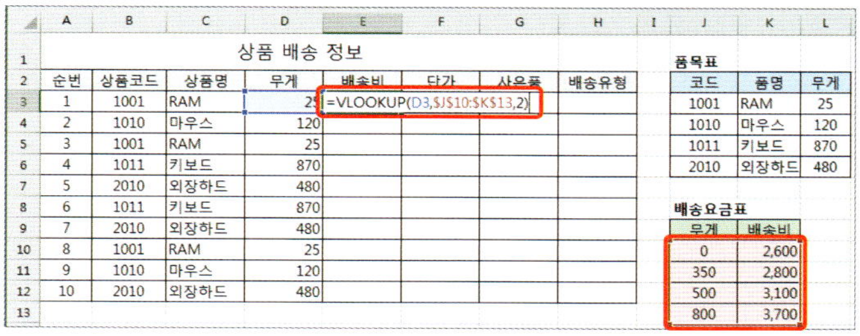

	A	B	C	D	E	F	G	H
1	상품 배송 정보							
2	순번	상품코드	상품명	무게	배송비	단가	사은품	배송유형
3	1	1001	RAM	25	=VLOOKUP(D3,$J$10:$K$13,2)			
4	2	1010	마우스	120				
5	3	1001	RAM	25				
6	4	1011	키보드	870				
7	5	2010	외장하드	480				
8	6	1011	키보드	870				
9	7	2010	외장하드	480				
10	8	1001	RAM	25				
11	9	1010	마우스	120				
12	10	2010	외장하드	480				

품목표

코드	품명	무게
1001	RAM	25
1010	마우스	120
1011	키보드	870
2010	외장하드	480

배송요금표

무게	배송비
0	2,600
350	2,800
500	3,100
800	3,700

TIP 상품 무게에 따른 배송요금은 J10:K13 범위에 입력되어 있다. 이때, 첫 번째 열의 검색 기준(무게)이 반드시 오름차순으로 정렬되어 있어야 한다. 그렇지 않은 경우 VLOOKUP 함수에서는 올바른 배송비 정보를 찾아올 수 없다.

02 E3 셀의 채우기 핸들을 E12 셀까지 드래그해서 수식을 복사하면 모든 상품의 배송비가 표시된다.

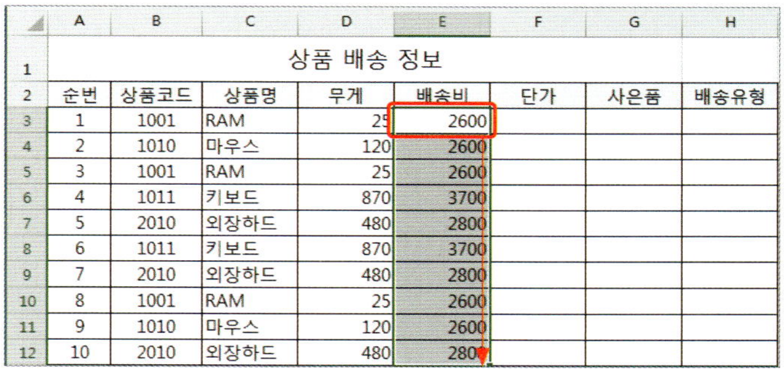

	A	B	C	D	E	F	G	H
1	상품 배송 정보							
2	순번	상품코드	상품명	무게	배송비	단가	사은품	배송유형
3	1	1001	RAM	25	2600			
4	2	1010	마우스	120	2600			
5	3	1001	RAM	25	2600			
6	4	1011	키보드	870	3700			
7	5	2010	외장하드	480	2800			
8	6	1011	키보드	870	3700			
9	7	2010	외장하드	480	2800			
10	8	1001	RAM	25	2600			
11	9	1010	마우스	120	2600			
12	10	2010	외장하드	480	280			

2.3 행을 기준으로 찾는 함수

열이 아닌 행 방향으로 관리되는 목록에서 원하는 값을 검색할 때는 HLOOKUP 함수를 사용한다.

함수명과 인수	기능
HLOOKUP(lookup_value, table_array, row_index, range_lookup)	주어진 범위의 첫 행을 검색하여 원하는 항목을 찾아 반환한다.

TIP 검색 영역인 table_array 범위에서 검색 기준 값은 수평(horizontal) 방향으로 첫 번째 행에 있어야 한다.

(Table_array 범위)

코드	1001	1010	1011	2010
단가	60,000	15,000	30,000	100,000

→ 첫 번째 행이 검색 기준

기본예제 4-8 상품코드로 단가와 사은품 찾기

HLOOKUP 함수를 사용하여 상품코드를 검색 기준으로 단가와 사은품 정보를 검색해 보자.

01 F3 셀에 *=HLOOKUP(B3,$C$16:$F$17,2,FALSE)* 수식을 입력한다.

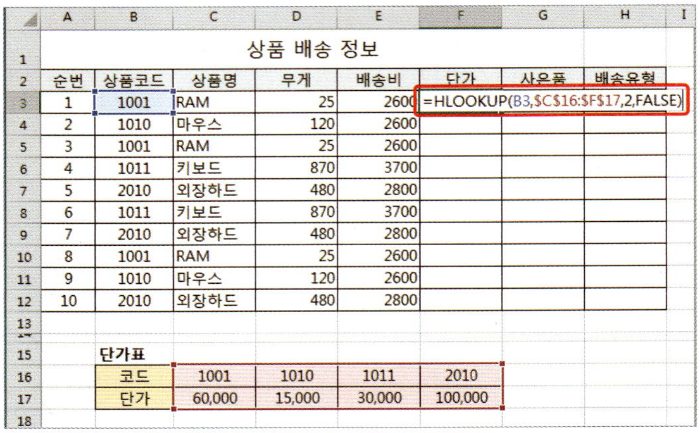

상품 배송 정보

순번	상품코드	상품명	무게	배송비	단가	사은품	배송유형
1	1001	RAM	25	2600	=HLOOKUP(B3,$C$16:$F$17,2,FALSE)		
2	1010	마우스	120	2600			
3	1001	RAM	25	2600			
4	1011	키보드	870	3700			
5	2010	외장하드	480	2800			
6	1011	키보드	870	3700			
7	2010	외장하드	480	2800			
8	1001	RAM	25	2600			
9	1010	마우스	120	2600			
10	2010	외장하드	480	2800			

단가표

코드	1001	1010	1011	2010
단가	60,000	15,000	30,000	100,000

02 F3 셀의 채우기 핸들을 F12 셀까지 드래그해서 수식을 복사한다. 모든 상품의 단가가 표시된다.

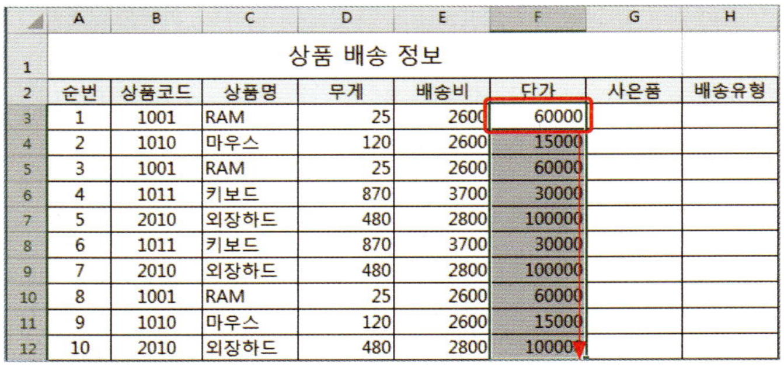

상품 배송 정보

순번	상품코드	상품명	무게	배송비	단가	사은품	배송유형
1	1001	RAM	25	2600	60000		
2	1010	마우스	120	2600	15000		
3	1001	RAM	25	2600	60000		
4	1011	키보드	870	3700	30000		
5	2010	외장하드	480	2800	100000		
6	1011	키보드	870	3700	30000		
7	2010	외장하드	480	2800	100000		
8	1001	RAM	25	2600	60000		
9	1010	마우스	120	2600	15000		
10	2010	외장하드	480	2800	10000		

03 G3 셀에 *=HLOOKUP(F3,$C$20:$E$21,2)* 수식을 입력한다. 단가 범위를 검색하므로 네 번째 인수는 생략한다.

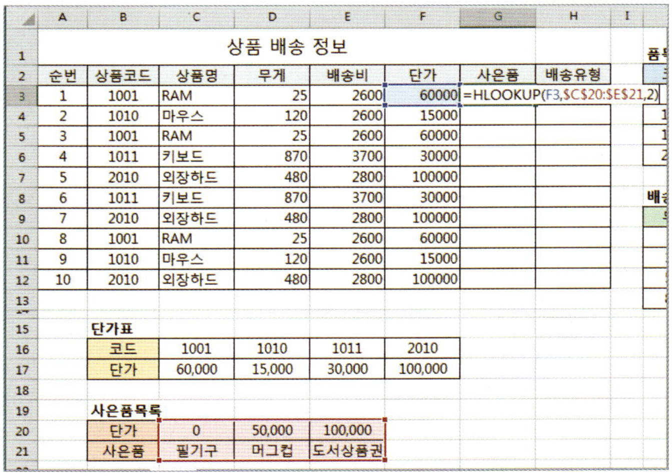

상품 배송 정보

순번	상품코드	상품명	무게	배송비	단가	사은품	배송유형
1	1001	RAM	25	2600	60000	=HLOOKUP(F3,$C$20:$E$21,2)	
2	1010	마우스	120	2600	15000		
3	1001	RAM	25	2600	60000		
4	1011	키보드	870	3700	30000		
5	2010	외장하드	480	2800	100000		
6	1011	키보드	870	3700	30000		
7	2010	외장하드	480	2800	100000		
8	1001	RAM	25	2600	60000		
9	1010	마우스	120	2600	15000		
10	2010	외장하드	480	2800	100000		

단가표

코드	1001	1010	1011	2010
단가	60,000	15,000	30,000	100,000

사은품목록

단가	0	50,000	100,000
사은품	필기구	머그컵	도서상품권

04 G3 셀의 채우기 핸들을 G12 셀까지 드래그해서 수식을 복사하면 모든 사은품 정보가 표시된다.

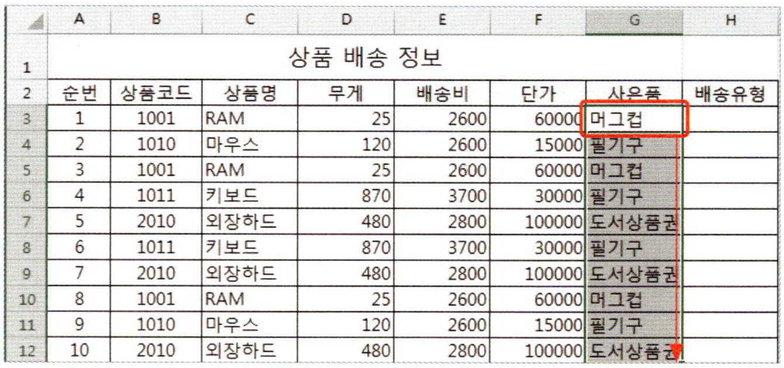

	A	B	C	D	E	F	G	H
1	상품 배송 정보							
2	순번	상품코드	상품명	무게	배송비	단가	사은품	배송유형
3	1	1001	RAM	25	2600	60000	머그컵	
4	2	1010	마우스	120	2600	15000	필기구	
5	3	1001	RAM	25	2600	60000	머그컵	
6	4	1011	키보드	870	3700	30000	필기구	
7	5	2010	외장하드	480	2800	100000	도서상품권	
8	6	1011	키보드	870	3700	30000	필기구	
9	7	2010	외장하드	480	2800	100000	도서상품권	
10	8	1001	RAM	25	2600	60000	머그컵	
11	9	1010	마우스	120	2600	15000	필기구	
12	10	2010	외장하드	480	2800	100000	도서상품권	

2.4 순서나 위치로 찾는 함수

목록의 순서를 이용하거나 주어진 범위 내의 상대적인 위치를 이용하여 조건에 맞는 값을 찾는 함수도 있다. 목록에서 특정 순서에 있는 값을 검색하는 CHOOSE 함수와 범위 내에서 특정 행과 열에 위치하는 값을 검색하는 INDEX 함수, 상대적인 위치를 찾아내는 MATCH 함수를 이용하여 필요한 값을 추출하는 방법을 알아본다.

- 배송유형: choose(상품코드 첫글자 → 1: 일반, 2: 특송)
- 상품검색: index, match

함수명과 인수	기능
CHOOSE(index_num, value1, value2, …)	목록에서 인덱스 번호로 값 하나를 선택한다.
INDEX(array, row_num, column_num)	범위 내의 특정 행과 열에 있는 값을 검색한다.
MATCH(lookup_value, lookup_array, match_type)	범위 내에서 특정 값이 있는 상대 위치를 검색한다.

기본예제 4-9 상품코드 첫 글자로 배송유형 찾기

상품코드의 첫 글자가 '1'인 경우 배송유형을 '일반'으로, '2'인 경우 '특송'으로 입력하는 수식을 CHOOSE 함수를 이용하여 작성해 보자.

01 '배송' 시트에서 H3 셀을 선택하고 [수식] 탭–[함수 라이브러리] 그룹–[찾기/참조 영역] 목록에서 [CHOOSE]를 선택한다.

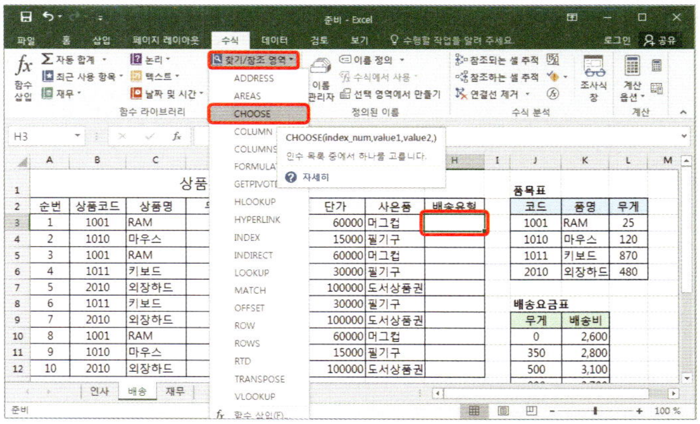

02 [함수 인수] 대화상자의 [Index_num] 입력란에 *LEFT(B3,1)*을 입력한다.

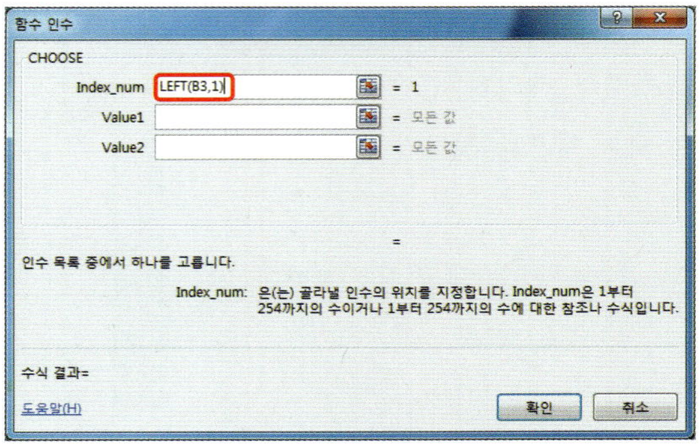

TIP LEFT 함수로 상품코드 첫 글자를 추출하여 Index_num 인수로 사용한다. Index_num에는 1부터 254까지의 수만 사용할 수 있다.

03 [Value1] 입력란에 *"일반"*을, [Value2] 입력란에 *"특송"*을 입력하고 [확인]을 누른다.

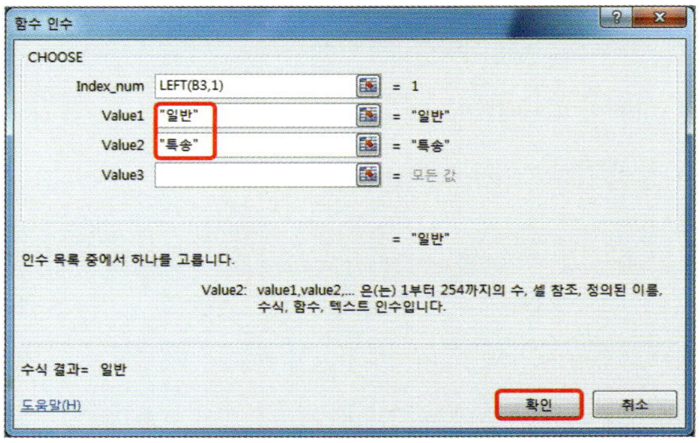

04 H3 셀의 채우기 핸들을 H12 셀까지 드래그해서 수식을 복사한다. 모든 배송유형이 표시된다.

	A	B	C	D	E	F	G	H
1	상품 배송 정보							
2	순번	상품코드	상품명	무게	배송비	단가	사은품	배송유형
3	1	1001	RAM	25	2600	60000	머그컵	일반
4	2	1010	마우스	120	2600	15000	필기구	일반
5	3	1001	RAM	25	2600	60000	머그컵	일반
6	4	1011	키보드	870	3700	30000	필기구	일반
7	5	2010	외장하드	480	2800	100000	도서상품권	특송
8	6	1011	키보드	870	3700	30000	필기구	일반
9	7	2010	외장하드	480	2800	100000	도서상품권	특송
10	8	1001	RAM	25	2600	60000	머그컵	일반
11	9	1010	마우스	120	2600	15000	필기구	일반
12	10	2010	외장하드	480	2800	100000	도서상품권	특송

기본예제 4-10 상품코드로 품명과 무게 검색하기

상품코드를 입력하면 품명과 무게를 조회하는 수식을 INDEX 함수와 MATCH 함수를 사용하여 작성해 보자.

01 '배송' 시트에 검색할 데이터를 입력하기 위한 행을 삽입한다. 14행을 선택하고 [홈] 탭–[셀] 그룹–[삽입] 목록에서 [시트 행 삽입]을 선택해 행 두 개를 삽입한다.

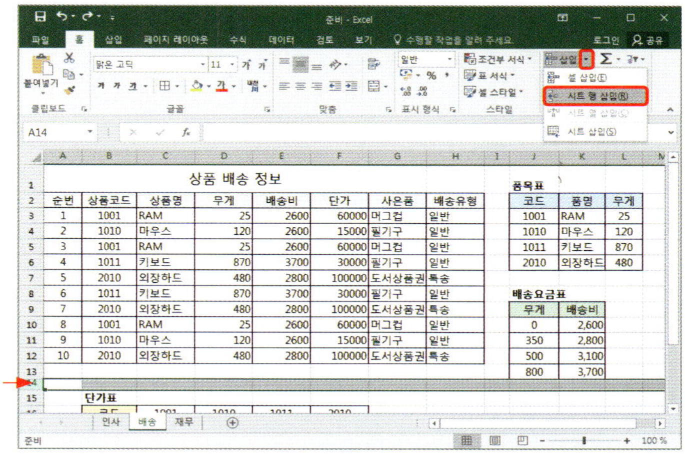

02 삽입한 행에 다음과 같이 입력한다.

TIP B15 셀과 B16 셀에 입력한 *1001*과 *무게*를 J2:L6 범위에 있는 품목표에서 검색하려는 조건이다.

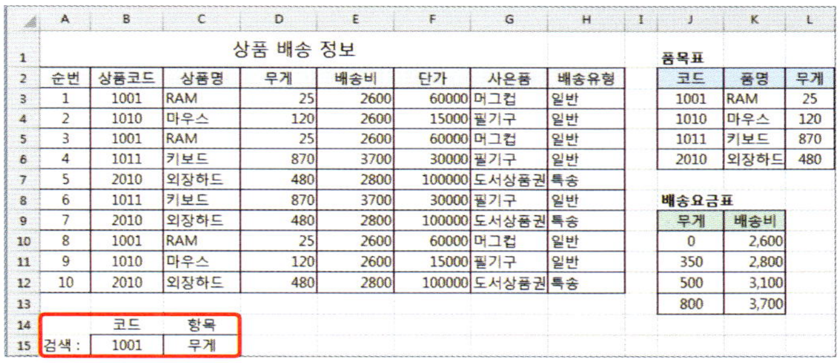

03 D15 셀을 선택하고 [수식] 탭–[함수 라이브러리] 그룹–[찾기/참조 영역] 목록에서 [INDEX]를 선택한다.

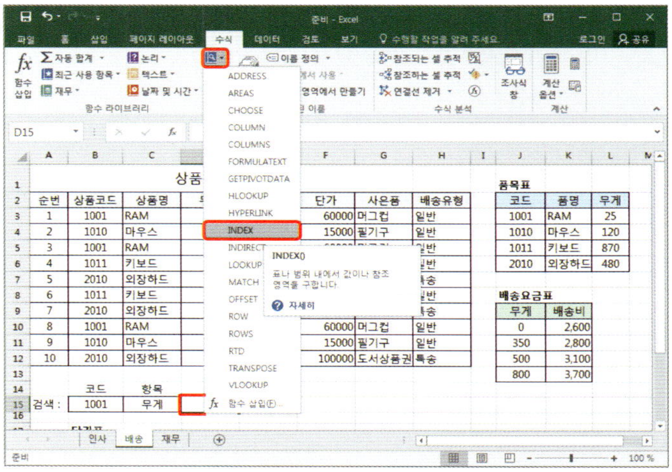

04 [인수 선택] 대화상자가 나타나면 첫 번째 항목인 [array,row_num,column_num]을 선택하고 [확인]을 누른다.

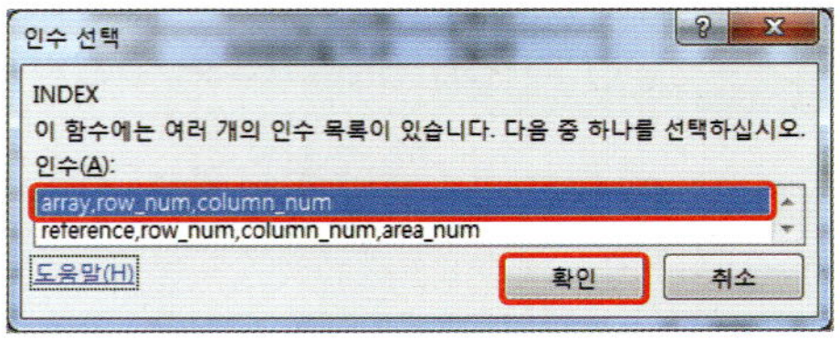

TIP INDEX 함수는 지정된 범위에서 값을 찾는 배열형과 특정 셀의 주소를 반환하는 참조형의 두 가지 기능을 모두 사용할 수 있다. 이번 실습에서 활용하는 기능은 배열형이다.

05 [함수 인수] 대화상자의 [Array] 입력란에 품목표의 *J2:L6* 영역을 입력한다.

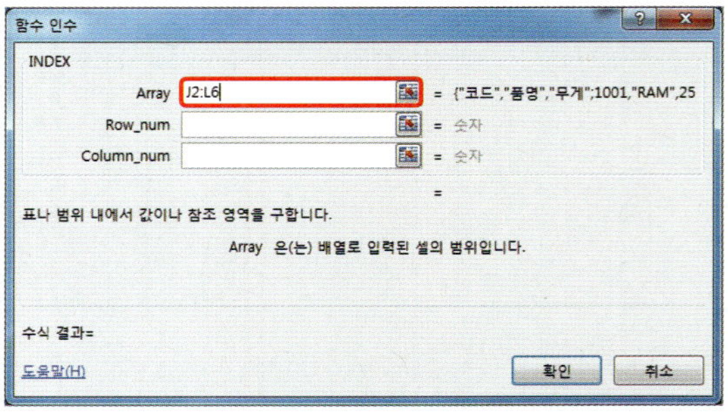

TIP 조건을 검색할 범위를 지정하는 과정이다.

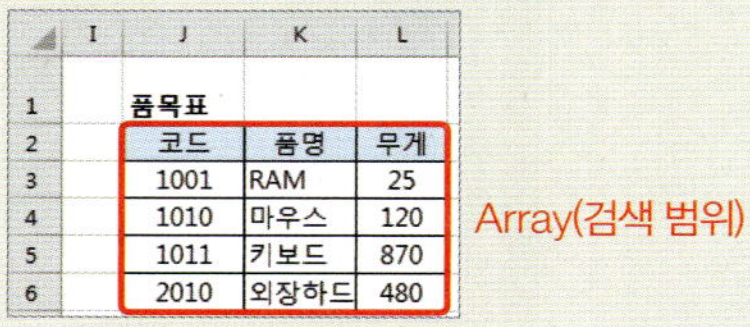

	I	J	K	L
1		품목표		
2		코드	품명	무게
3		1001	RAM	25
4		1010	마우스	120
5		1011	키보드	870
6		2010	외장하드	480

06 [Row_num] 입력란에 *MATCH(B15,J2:J6,0)*을 입력한다.

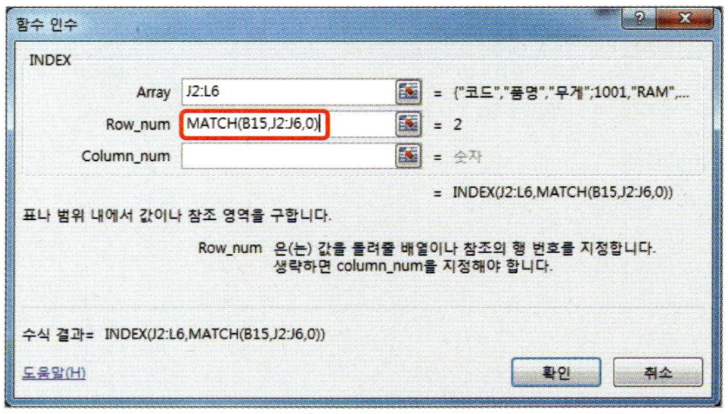

TIP MATCH 함수를 이용해서 검색 조건 중 B15 셀의 값(1001)이 위치한 행 번호를 계산하면 그 결과는 2가 된다. MATCH 함수를 이용해서 검색 범위(J2:J6) 내에서 B15 셀의 상대적인 위치를 계산하면 2가 되고 INDEX 함수에서 이 값을 행 번호로 사용하게 된다.

품목표

코드	품명	무게
1001	RAM	25
1010	마우스	120
1011	키보드	870
2010	외장하드	480

MATCH 함수의 세 번째 인수인 match_type에 사용하는 값은 다음과 같다.

인수 형식	의미
1 또는 생략	첫 번째 인수(lookup_value)보다 작거나 같은 값 중에서 최대값을 찾는다.
0	첫 번째 인수(lookup_value)와 같은 첫 번째 값을 찾는다.
–1	첫 번째 인수(lookup_value)보다 크거나 같은 값 중에서 최소값을 찾는다.

07 [Column_num] 입력란에는 *MATCH(C15,J2:L2,0)*을 입력하고 [확인]을 누른다.

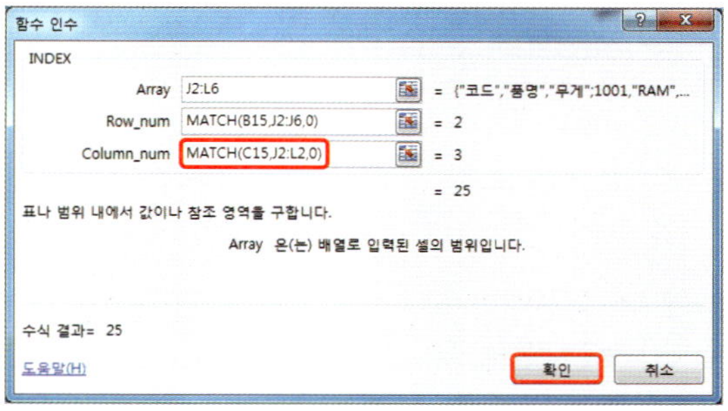

TIP 검색 조건 중 C15 셀의 값(무게)이 위치한 열 번호를 MATCH 함수로 계산하였고, 결과는 3이 된다.

품목표

코드	품명	무게
1001	RAM	25
1010	마우스	120
1011	키보드	870
2010	외장하드	480

08 B15 셀과 C15 셀에 검색할 조건을 변경하여 입력하면 D15 셀에 표시되는 결과가 달라진다.

상품 배송 정보

순번	상품코드	상품명	무게	배송비	단가	사은품	배송유형
1	1001	RAM	25	2600	60000	머그컵	일반
2	1010	마우스	120	2600	15000	필기구	일반
3	1001	RAM	25	2600	60000	머그컵	일반
4	1011	키보드	870	3700	30000	필기구	일반
5	2010	외장하드	480	2800	100000	도서상품권	특송
6	1011	키보드	870	3700	30000	필기구	일반
7	2010	외장하드	480	2800	100000	도서상품권	특송
8	1001	RAM	25	2600	60000	머그컵	일반
9	1010	마우스	120	2600	15000	필기구	일반
10	2010	외장하드	480	2800	100000	도서상품권	특송

	코드	항목	
검색 :	2010	품명	외장하드

품목표

코드	품명	무게
1001	RAM	25
1010	마우스	120
1011	키보드	870
2010	외장하드	480

배송요금표

무게	배송비
0	2,600
350	2,800
500	3,100
800	3,700

SECTION 03 재무 함수 사용하기

엑셀의 함수 라이브러리에서 제공하는 재무 함수는 금융이나 회계 등의 특정 업무 분야에 주로 사용한다. 여기에서는 일상 생활에서 적금이나 대출 등의 은행 거래, 할부금 계산 등에 활용할 수 있는 함수에 대해 알아본다.

3.1 재무 계산에 사용하는 함수

미래의 투자 가치나 적금 만기액 계산, 이자율에 따라 일정 금액을 정기적으로 납입하는 대출 상환금이나 할부금 계산 등을 하기 위해 FV 함수와 PMT 함수를 이용할 수 있다.

함수명과 인수	기능
FV(rate, nper, pmt, pv, type)	고정 이자율을 기반으로 투자의 미래 가치나 일정 기간 정기 납입 후의 기대 금액을 계산한다.
PMT(rate, nper, pv, fv, type)	일정 금액을 정기적으로 납입하고 고정 이자율이 적용되는 대출 상환금이나 할부금을 계산한다.

기본예제 4-11 적금 만기액 계산하기

연이율 2.5%로 2년간 30만 원씩 납입하는 적금의 경우, 만기에 찾을 수 있는 금액을 FV 함수를 이용하여 계산해 보자.

01 '준비.xlsx' 파일을 열고 '재무' 시트를 선택한다.

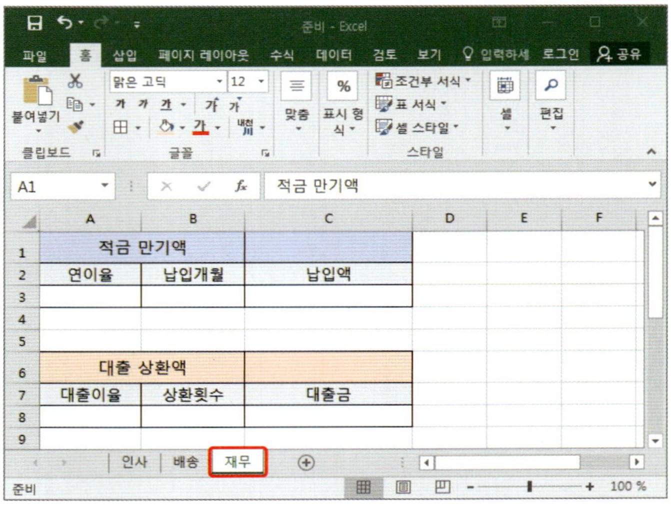

02 A3 셀의 연이율은 *2.5%*, B3 셀의 납입개월은 *24*, C3 셀의 납입액은 *300000*이라고 입력한다.

	A	B	C
1	적금 만기액		
2	연이율	납입개월	납입액
3	2.50%	24	₩300,000

03 C1 셀을 선택하고 [수식] 탭–[함수 라이브러리] 그룹–[재무] 목록에서 [FV]를 선택한다.

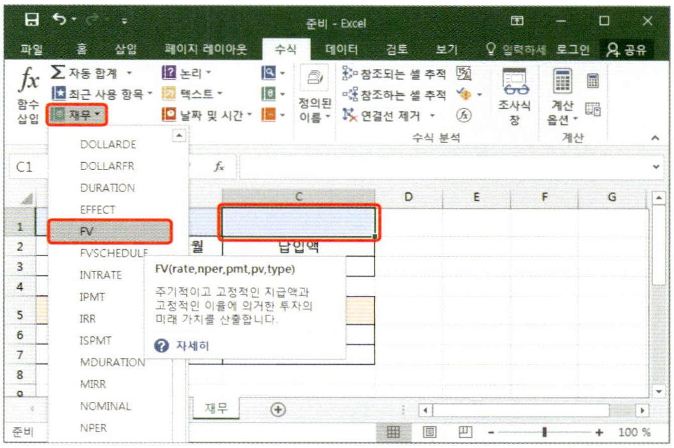

04 [함수 인수] 대화상자의 [Rate] 입력란에 *A3/12*, [Nper] 입력란에 *B3*, [Pmt] 입력란에 *–C3*을 입력하고 [확인]을 누른다.

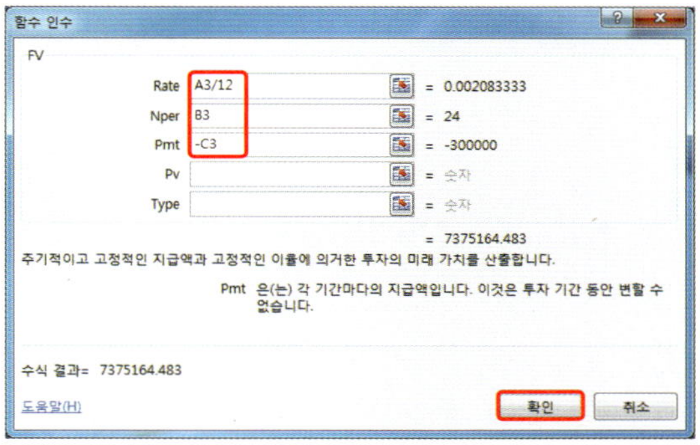

TIP 인수 rate는 기간별 이자율로, 연이율 2.5%는 월로 환산하면 2.5%/12와 같다. 분기별로 적금을 납입한다면 기간별 이자율은 2.5%/4가 된다. 인수 nper에는 납입기간을, 인수 pmt에는 납입액을 입력한다. 이때 인수 pmt에는 부호를 바꿔 음수로 입력해야 계산 결과가 양수로 표시된다. 나머지 인수 pv와 type은 생략 가능하다.

05 주어진 조건에 따라 계산된 결과가 적금 만기액에 표시된다.

	A	B	C
1	적금 만기액		₩7,375,164
2	연이율	납입개월	납입액
3	2.50%	24	₩300,000

기본예제 4-12 대출 상환액 계산하기

연이율 5%로 1천만 원을 대출받아 1년간 상환하는 경우의 매월 상환액을 PMT 함수로 계산해 보자.

01 '재무' 시트를 열고 A7 셀의 대출이율에 *5%*, B7 셀의 상환횟수에는 *12*, C7 셀의 대출금에는 *10000000*을 입력한다.

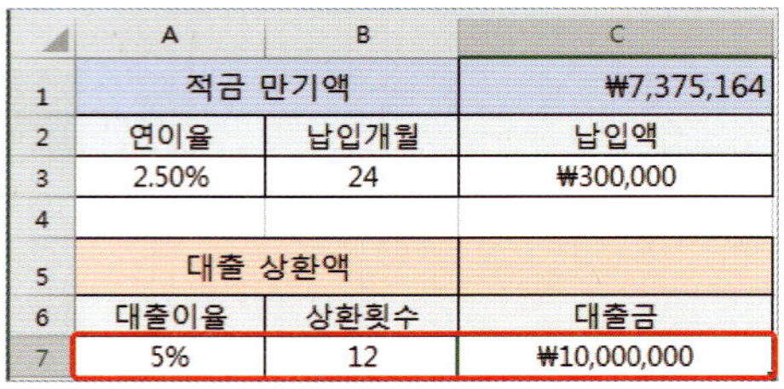

	A	B	C
1	적금 만기액		₩7,375,164
2	연이율	납입개월	납입액
3	2.50%	24	₩300,000
4			
5	대출 상환액		
6	대출이율	상환횟수	대출금
7	5%	12	₩10,000,000

02 C5 셀을 선택하고 [수식] 탭–[함수 라이브러리] 그룹–[재무] 목록에서 [PMT]를 선택한다.

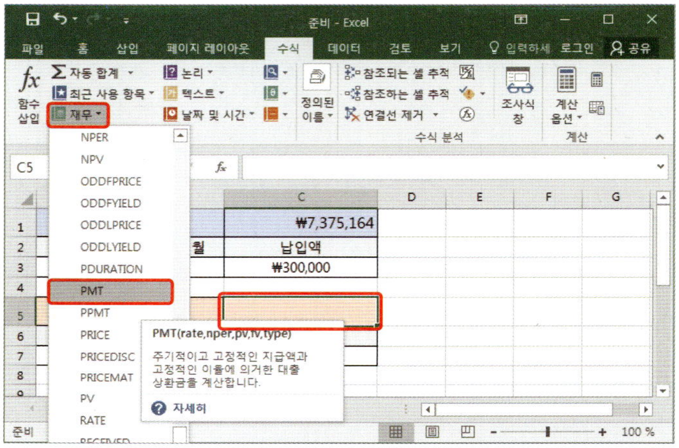

03 [함수 인수] 대화상자의 [Rate] 입력란에 *A7/12*, [Nper] 입력란에 *B7*, [Pv]에 *−C7*을 입력하고 [확인]을 누른다.

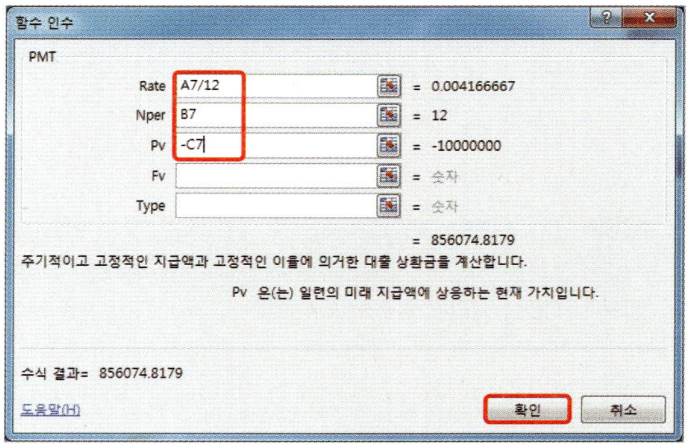

04 주어진 조건에 따라 계산된 결과가 대출 상환액으로 표시된다.

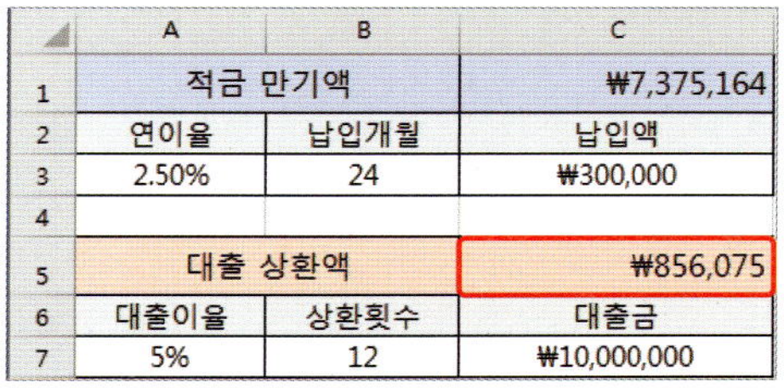

	A	B	C
1	적금 만기액		₩7,375,164
2	연이율	납입개월	납입액
3	2.50%	24	₩300,000
4			
5	대출 상환액		₩856,075
6	대출이율	상환횟수	대출금
7	5%	12	₩10,000,000

요약예제

찾기/참조 영역 함수와 통계 함수를 활용하여 물품 구매서를 만들어 보자.

1 '요약예제.xlsx' 파일의 '물품구매서' 시트를 선택하고 셀 병합하기와 테두리 모양, 채우기 색 등을 설정하여 다음과 같이 셀을 편집한다.

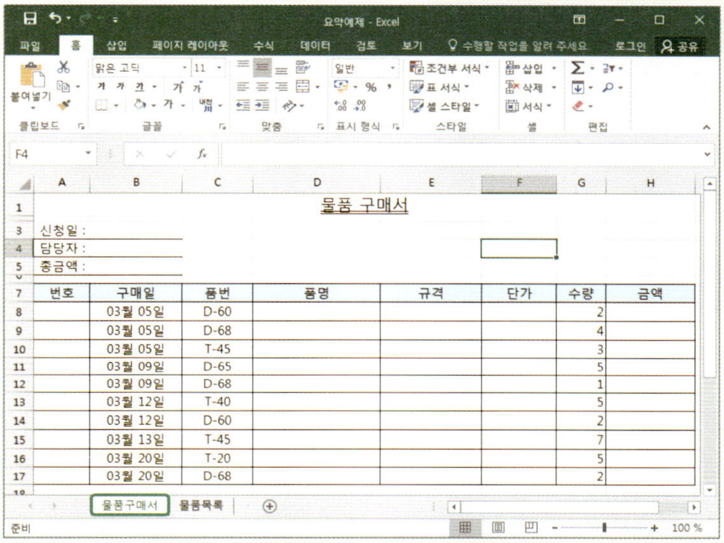

❶ A1:H1 범위를 선택하고 [홈] 탭-[맞춤] 그룹-[병합하고 가운데 맞춤]을 누른 다음, [홈] 탭-[글꼴] 그룹에서 제목의 [글꼴 크기]를 [14]로, 밑줄은 [이중 밑줄]로 설정한다.

❷ A3:B5 범위를 선택하고 마우스 오른쪽 단추를 눌러 단축 메뉴에서 [셀 서식]을 선택한 다음 [셀 서식] 대화상자의 [테두리] 탭에서 셀의 아래 테두리를 실선으로 설정한다.

❸ A7:H7 범위를 선택하고 [홈] 탭-[글꼴] 그룹에서 [채우기 색]을 [파랑, 강조 1, 80% 더 밝게]로 설정하고, [맞춤] 그룹에서 [가운데 맞춤]을 설정한다.

2 [⊕ 새 시트] 단추를 눌러 새 워크시트를 삽입하고 다음과 같이 결재란 모양을 편집한 후 결재란을 모두 선택하고 [홈] 탭–[클립보드] 그룹–[복사] 목록에서 [그림으로 복사]를 선택한다. [그림 복사] 대화상자에서 [모양]은 [화면에 표시된 대로], [형식]은 [그림]을 선택하고 [확인]을 누른다.

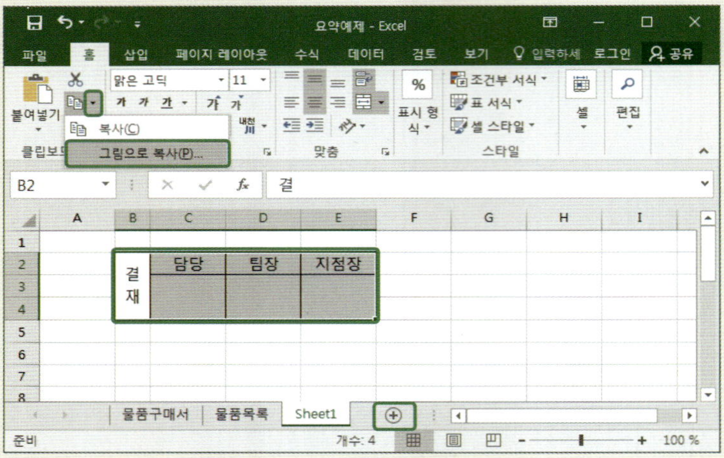

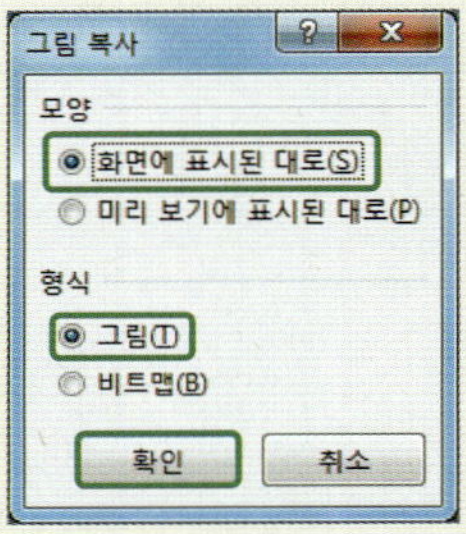

3 '물품구매서' 시트를 선택하고 [홈] 탭–[클립보드] 그룹–[붙여넣기]를 누른 후 결재란을 적당한 곳에 위치시킨다.

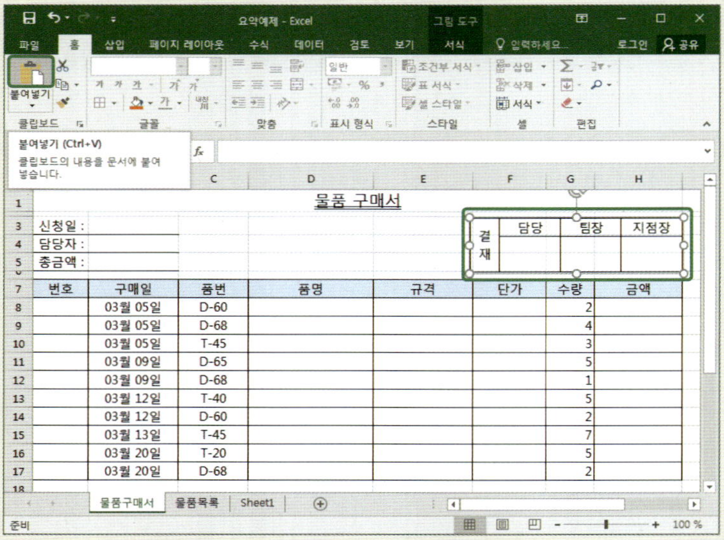

4 A8 셀에 *=ROW( )-7* 수식을 입력하고 Enter를 누른다. A8 셀의 채우기 핸들을 A17 셀까지 드래그해서 수식을 복사하여 번호를 모두 표시한다.

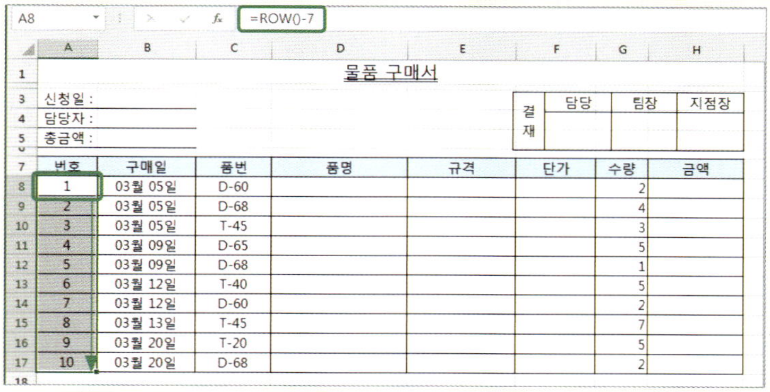

A8 | =ROW()-7

물품 구매서

신청일 :
담당자 :
총금액 :

결재	담당	팀장	지점장

번호	구매일	품번	품명	규격	단가	수량	금액
1	03월 05일	D-60				2	
2	03월 05일	D-68				4	
3	03월 05일	T-45				3	
4	03월 09일	D-65				5	
5	03월 09일	D-68				1	
6	03월 12일	T-40				5	
7	03월 12일	D-60				2	
8	03월 13일	T-45				7	
9	03월 20일	T-20				5	
10	03월 20일	D-68				2	

5 D8 셀에 *=VLOOKUP(C8,물품목록!$A$4:$B$9,2,FALSE)* 수식을 입력하고 D8 셀의 채우기 핸들을 D17 셀까지 드래그해 수식을 복사하여 품명을 모두 표시한다.

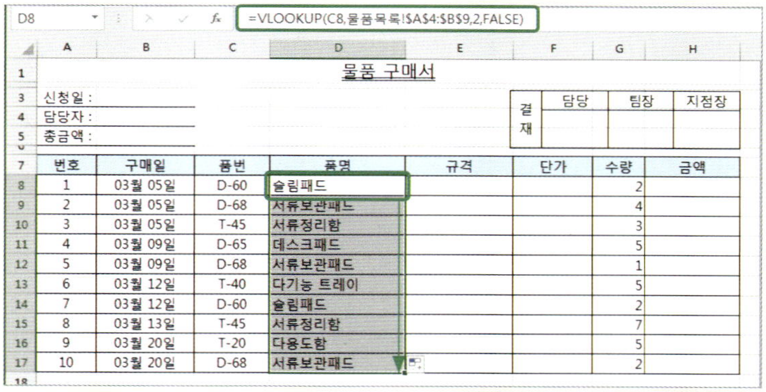

D8 | =VLOOKUP(C8,물품목록!$A$4:$B$9,2,FALSE)

물품 구매서

신청일 :
담당자 :
총금액 :

결재	담당	팀장	지점장

번호	구매일	품번	품명	규격	단가	수량	금액
1	03월 05일	D-60	슬림패드			2	
2	03월 05일	D-68	서류보관패드			4	
3	03월 05일	T-45	서류정리함			3	
4	03월 09일	D-65	데스크패드			5	
5	03월 09일	D-68	서류보관패드			1	
6	03월 12일	T-40	다기능 트레이			5	
7	03월 12일	D-60	슬림패드			2	
8	03월 13일	T-45	서류정리함			7	
9	03월 20일	T-20	다용도함			5	
10	03월 20일	D-68	서류보관패드			2	

TIP VLOOKUP 함수의 두 번째 인수에는 품명을 검색하기 위한 영역을 지정해야 하는데, 이 예제는 선택한 워크시트가 아니라 다른 워크시트에 검색할 내용이 있는 경우이다. '물품목록' 시트를 선택하고 A4:B9 범주를 드래그한 다음, F4를 눌러 절대 참조 형식으로 설정하면 수식에 *물품목록!$A$4:$B$9*가 입력된다.

6 E8 셀을 선택하고 단계 **5**과 같은 방식으로 규격을 '물품목록' 시트에서 찾아서 표시한다. *=VLOOKUP(C8,물품목록!$A$4:$C$9,3,FALSE)* 수식을 입력하고, 채우기 핸들로 복사하여 모든 규격 정보를 찾아 표시한다.

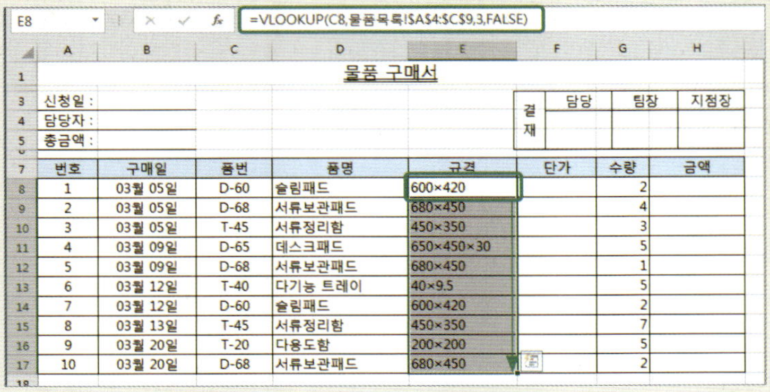

물품 구매서

신청일 :
담당자 :
총금액 :

결재	담당	팀장	지점장

번호	구매일	품번	품명	규격	단가	수량	금액
1	03월 05일	D-60	슬림패드	600×420		2	
2	03월 05일	D-68	서류보관패드	680×450		4	
3	03월 05일	T-45	서류정리함	450×350		3	
4	03월 09일	D-65	데스크패드	650×450×30		5	
5	03월 09일	D-68	서류보관패드	680×450		1	
6	03월 12일	T-40	다기능 트레이	40×9.5		5	
7	03월 12일	D-60	슬림패드	600×420		2	
8	03월 13일	T-45	서류정리함	450×350		7	
9	03월 20일	T-20	다용도함	200×200		5	
10	03월 20일	D-68	서류보관패드	680×450		2	

7 F8 셀에 *=VLOOKUP(C8,물품목록!$A$4:$D$9,4,FALSE)* 수식을 입력하여 단계 **6**과 같은 방식으로 단가를 찾는다. 채우기 핸들로 수식을 복사하여 모든 단가 정보를 찾아 표시하고, [홈] 탭–[표시 형식] 그룹–[, 쉼표 스타일]을 누른다.

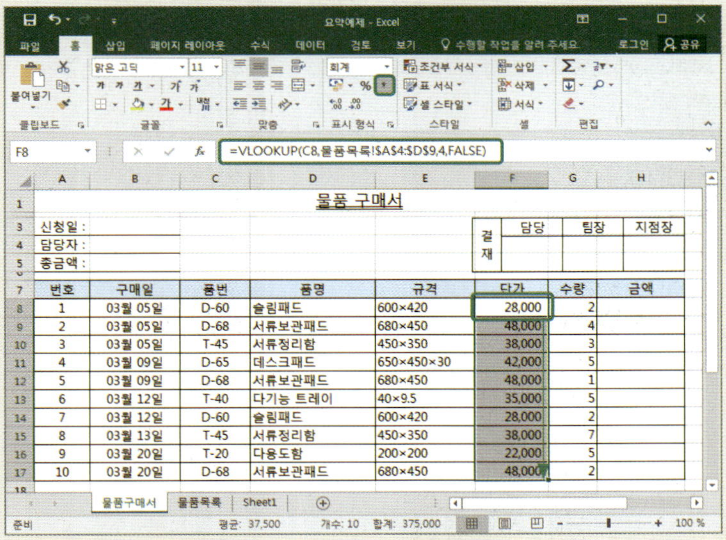

물품 구매서

신청일 :
담당자 :
총금액 :

결재	담당	팀장	지점장

번호	구매일	품번	품명	규격	단가	수량	금액
1	03월 05일	D-60	슬림패드	600×420	28,000	2	
2	03월 05일	D-68	서류보관패드	680×450	48,000	4	
3	03월 05일	T-45	서류정리함	450×350	38,000	3	
4	03월 09일	D-65	데스크패드	650×450×30	42,000	5	
5	03월 09일	D-68	서류보관패드	680×450	48,000	1	
6	03월 12일	T-40	다기능 트레이	40×9.5	35,000	5	
7	03월 12일	D-60	슬림패드	600×420	28,000	2	
8	03월 13일	T-45	서류정리함	450×350	38,000	7	
9	03월 20일	T-20	다용도함	200×200	22,000	5	
10	03월 20일	D-68	서류보관패드	680×450	48,000	2	

8 H8 셀에 단가와 수량을 곱하는 *=PRODUCT(F8,G8)* 수식을 입력하고 Enter를 눌러 금액을 계산한다. H8 셀의 채우기 핸들을 드래그하여 모든 값을 계산하고 표시 형식을 [회계]로 지정한다.

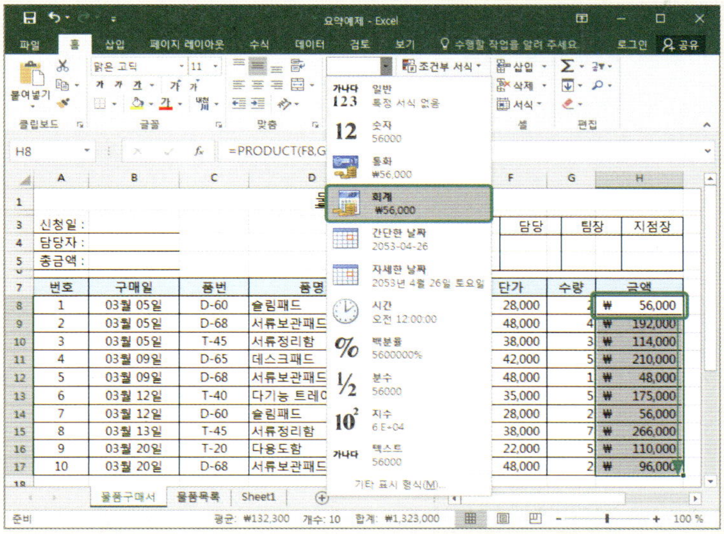

9 B3 셀에 단축키 Ctrl+; 을 사용하여 현재 날짜를 표시하고, B4 셀의 담당자는 *이서영*을 입력한다. B5 셀에는 *=SUM(H8:H17)* 수식을 입력하여 총금액을 계산하고, B3:B5 범위는 오른쪽 맞춤으로 설정한다.

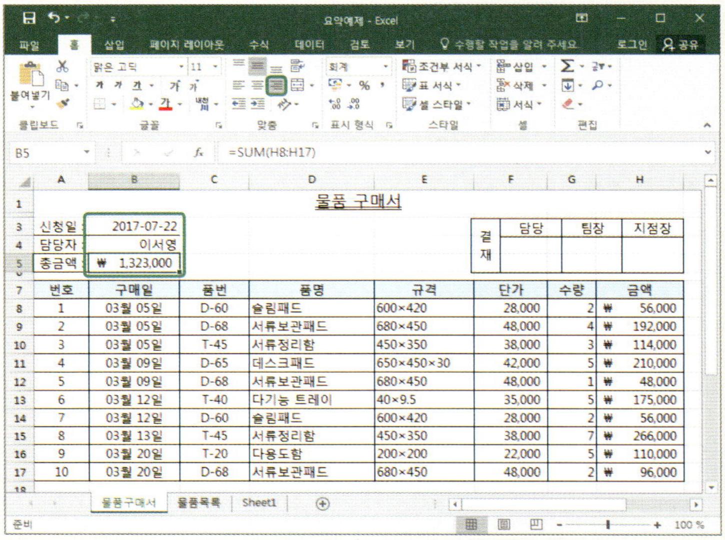

연습문제

1 '연습.xlsx' 파일의 '연습1' 시트를 열고 퀴즈 정오표를 지시대로 작성하시오.

❶ 번호는 ROW 함수를 이용하여 입력하시오.

❷ COUNTIF 함수를 사용하여 정답개수를 구하시오.

❸ SUMIF 함수를 이용하여 C5:G5 범위의 배점에 따라 점수를 계산하시오.

❹ L10:M12 범위의 등급표를 이용하여 각 학생의 등급을 표시하시오.

❺ INDEX 함수와 MATCH 함수를 사용하여 L5 셀에 이름을 입력하면 해당 학생의 점수가 M5 셀에 표시되도록 하시오.

❻ 셀 병합, 셀 테두리, 색 채우기, 글꼴과 맞춤을 그림과 같이 설정하시오.

퀴즈 정오표

번호	이름	퀴즈 번호/배점					정답개수	점수	등급
		1	2	3	4	5			
		25	15	20	25	15			
1	강소희	O	X	O	O	O	4	85	A
2	김민욱	X	O	O	O	O	4	75	B
3	나문영	O	O	O	O	O	5	100	A
4	문영희	O	O	X	O	X	3	65	B
5	박수지	O	X	O	O	O	4	85	A
6	박철국	O	O	O	O	O	5	100	A
7	송은희	O	O	O	O	O	5	100	A
8	은지우	X	O	X	X	O	2	30	C
9	이수진	O	O	O	O	O	5	100	A
10	임재진	O	O	O	X	O	4	75	B
11	전희주	O	O	O	O	X	4	85	A
12	정지연	O	O	O	O	O	5	100	A
13	최성수	O	O	O	O	X	4	85	A
14	최수명	X	O	X	O	O	3	55	C
15	홍경화	O	O	O	O	O	5	100	A

점수 조회	
이름	점수
박철국	100

등급표	
0	C
60	B
80	A

2 '연습.xlsx' 파일의 '연습2' 시트를 열고 다음 조건에 맞도록 물품 배송 목록을 작성하시오.

❶ HLOOKUP 함수를 사용하여 모델별로 차량 가격(기본가격+옵션가격)을 구하고, 표시 형식을 '통화'로 설정하시오.

❷ PMT 함수를 이용하여 각 모델의 할부개월별 할부금을 계산하여 D10:G13 범위에 표시하시오.

❸ 셀 병합, 셀 테두리, 색 채우기, 글꼴과 맞춤을 그림과 같이 설정하시오.

차량 할부금 계산

모델	A	B	C	D
기본가격	15,000,000	20,000,000	25,000,000	30,000,000
옵션가격	850,000	960,000	1,200,000	1,350,000
이자율	6.5%			

		차량 가격			
		A	B	C	D
		₩15,850,000	₩20,960,000	₩26,200,000	₩31,350,000
할부개월	24	₩706,058	₩933,689	₩1,167,112	₩1,396,525
	36	₩485,787	₩642,403	₩803,004	₩960,846
	48	₩375,882	₩497,065	₩621,332	₩743,464
	60	₩310,123	₩410,106	₩512,633	₩613,399

CHAPTER 05

데이터 관리

학습목표

- 외부 데이터를 가져오고 데이터 유효성 검사를 할 수 있다.
- 원하는 항목을 기준으로 데이터를 정렬할 수 있다.
- 조건에 맞는 데이터만 필터링하여 표시할 수 있다.
- 데이터를 그룹화하여 부분합을 계산할 수 있다.
- 조건에 따라 셀 서식을 다르게 설정할 수 있다.

SECTION 01 데이터 관리하기

엑셀을 이용하면 데이터를 체계적으로 정리하고 조건에 따라 필요한 데이터만 골라내거나 그룹화하는 등 많은 양의 데이터를 관리할 수 있다. 또 외부 데이터를 일괄적으로 엑셀 데이터 목록으로 만들 수 있고, 중복된 항목을 제거하거나 데이터 유효성 검사도 할 수 있다. 텍스트 파일을 이용하여 엑셀 워크시트를 작성하고 텍스트 나누기와 중복 데이터 제거하기 등의 데이터 도구를 사용하여 데이터를 관리하는 방법을 알아본다.

1.1 외부 데이터 이용

엑셀 작업을 하다보면 필요한 데이터가 다른 엑셀 파일에 저장되어 있거나 텍스트 파일(*.txt)이나 웹 페이지 혹은 데이터베이스 파일 등 다른 형식의 파일로 이루어져 있는 경우가 있다. 이런 경우에는 데이터 관리 기능을 사용해 워크시트로 가져와야 한다.

TIP 마이크로소프트에서 제공하는 온라인 구독 서비스인 오피스 365는 독립형으로 실행하는 오피스 2016의 메뉴와 다른 부분이 있다. 오피스 365는 최신 버전의 오피스 프로그램을 사용할 수 있지만 기능 면에서 몇 가지 한계가 있다. 이 예제에서 사용하는 외부 데이터 가져오기 기능은 오피스 365의 에디션에 따라 사용이 제한될 수 있다.

기본예제 5-1 텍스트 파일로 워크시트에 데이터 생성하기

텍스트 파일로 저장된 물품 판매 현황 데이터를 엑셀의 워크시트에 알맞은 형식으로 저장해 보자.

01 엑셀을 실행해 새 통합 문서를 열고 [데이터] 탭-[외부 데이터 가져오기] 그룹-[텍스트]를 선택한다.

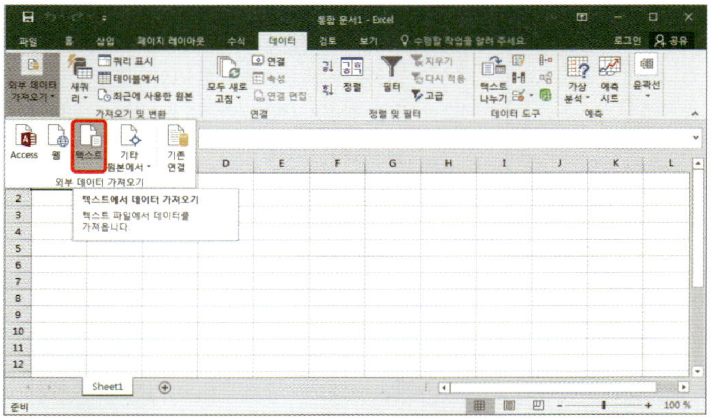

02 [텍스트 파일 가져오기] 대화상자에서 '판매.txt' 파일을 선택하고 [가져오기]를 누른다.

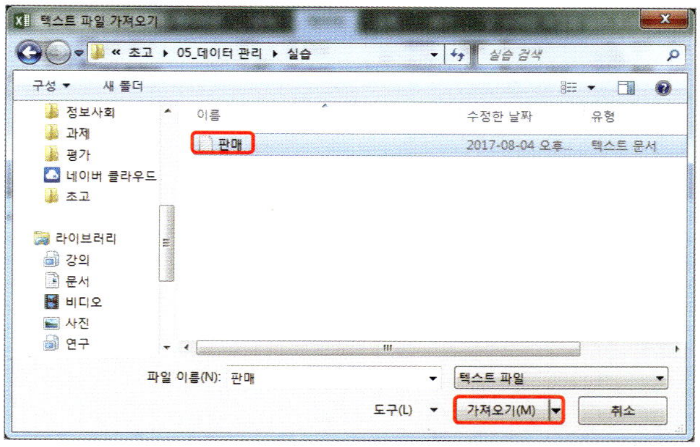

03 [텍스트 마법사] 1단계에서 [원본 데이터 형식]을 [구분 기호로 분리됨]으로 선택하고 [다음]을 누른다.

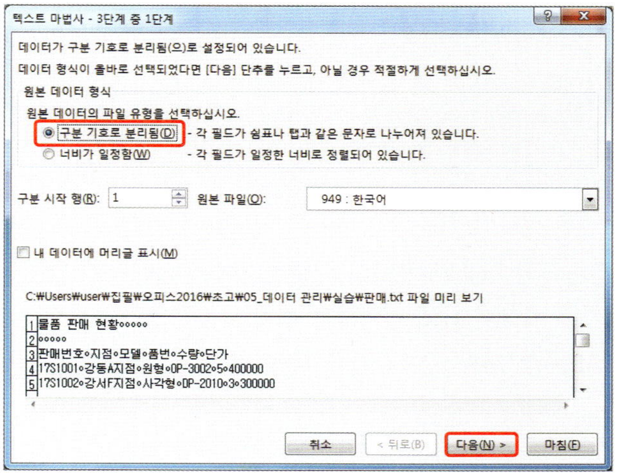

04 [텍스트 마법사] 2단계에서 [구분 기호]를 [탭]으로 선택하고 [다음]을 누른다.

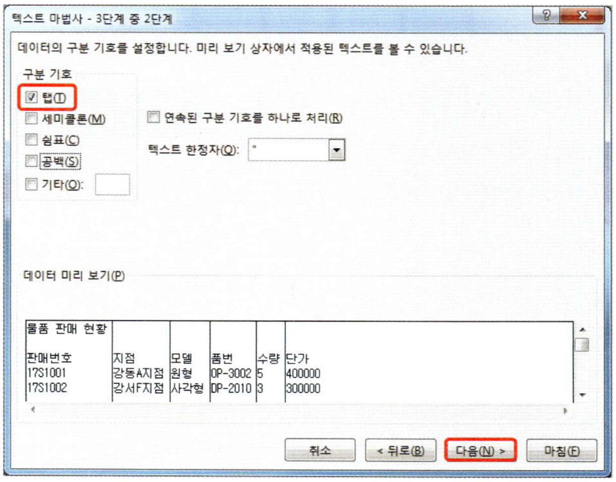

05 [텍스트 마법사] 3단계에서 여섯 번째 열인 '단가'를 선택하고 [열 데이터 서식]에서 [열 가져오지 않음(건너뜀)]을 선택한 다음 [마침]을 누른다.

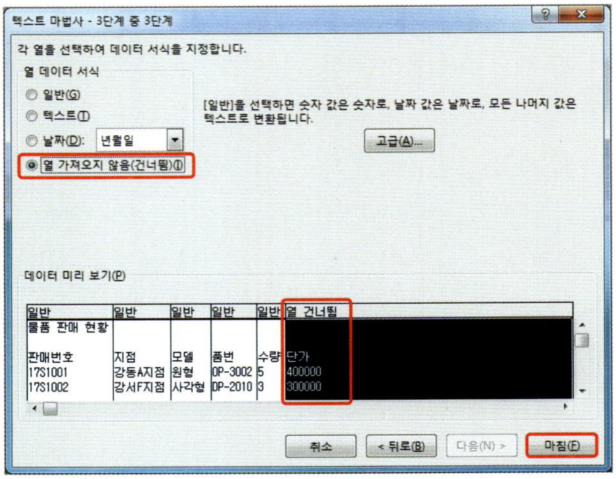

TIP 단가의 값은 품번과 연관되어 있어서 품번에 따라 달라진다. 단가처럼 품번과 연관되는 정보를 분리하여 관리하면 단가가 변경되는 경우 판매목록 전체를 일일이 수정하지 않아도 된다.

06 [데이터 가져오기] 대화상자에서 데이터가 들어갈 위치를 [기존 워크시트]로 선택하고 현재 워크시트의 A1 셀을 선택하면 *=Sheet1!$A$1*로 표시된다. [확인]을 눌러 대화상자를 닫는다.

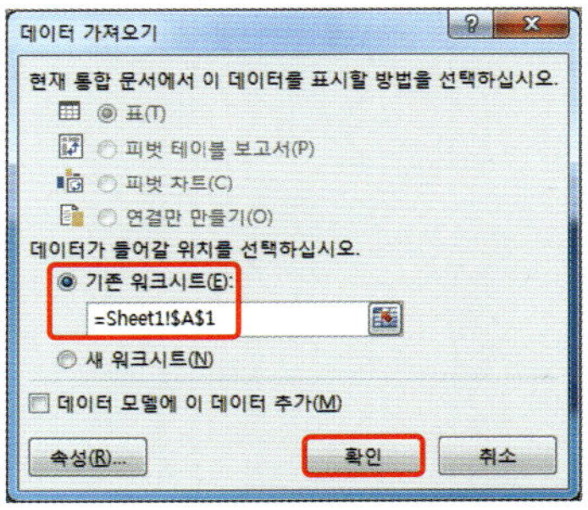

07 데이터가 입력된 워크시트의 이름을 '판매목록'으로 바꾸고, 통합 문서를 '판매.xlsx'라는 이름으로 저장한다.

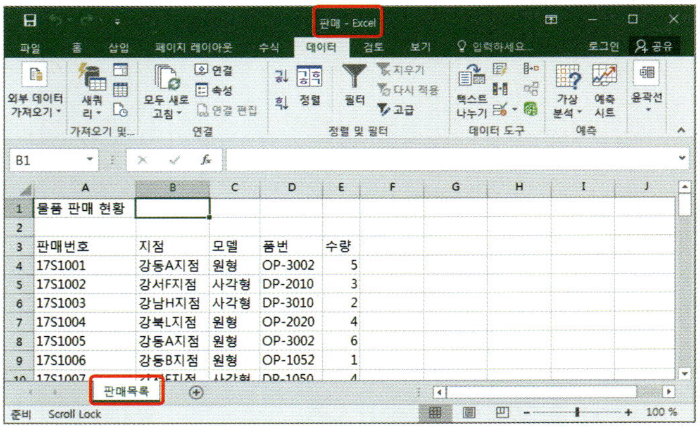

1.2 데이터 도구 기능

많은 데이터를 모아 놓고 사용할 때는 데이터를 검색하거나 수정하기 편하도록 체계적으로 관리하는 것이 좋다. 엑셀 워크시트에 데이터를 입력할 때 첫 행에는 필드 이름을 지정하고 해당 필드 이름 아래에 열 방향으로 필드 값을 나열하는 것도 데이터를 관리하기 위한 방법이다. 데이터는 반드시 유효한 값으로 입력해야 하고 하나의 셀에는 하나의 필드 값만 입력하는 것이 바람직하다. 하나의 셀에 두 개의 필드에 해당하는 값을 잘못 입력하거나 수량을 음수로 잘못 입력하지 않도록 엑셀의 데이터 도구 기능을 사용하는 방법을 알아본다.

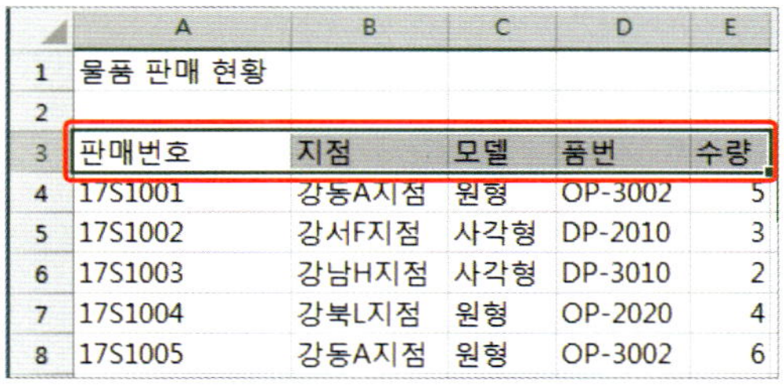

	A	B	C	D	E
1	물품 판매 현황				
2					
3	판매번호	지점	모델	품번	수량
4	17S1001	강동A지점	원형	OP-3002	5
5	17S1002	강서F지점	사각형	DP-2010	3
6	17S1003	강남H지점	사각형	DP-3010	2
7	17S1004	강북L지점	원형	OP-2020	4
8	17S1005	강동A지점	원형	OP-3002	6

기본예제 5-2 텍스트 나누기

데이터 도구 중 텍스트 나누기 기능을 사용해 '판매목록' 시트의 '지점' 필드를 '지역' 필드와 '지점명' 필드로 나누어 보자.

01 '판매.xlsx' 파일의 '판매목록' 시트에서 B열과 C열 사이에 열을 삽입하기 위해 C열의 임의의 셀에 마우스를 두고 [홈] 탭-[셀] 그룹-[삽입] 목록에서 [시트 열 삽입]을 선택한다.

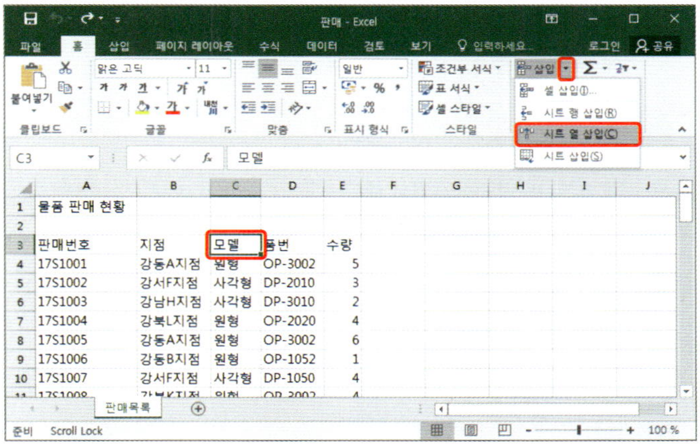

02 B4:B65 범위를 선택하고 [데이터] 탭–[데이터 도구] 그룹–[텍스트 나누기]를 누른다.

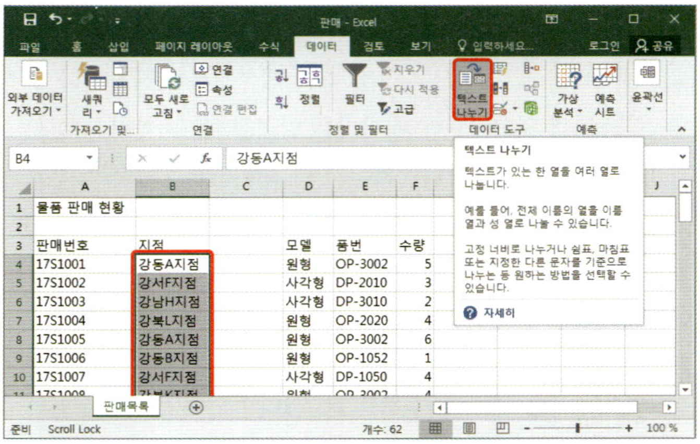

03 [텍스트 마법사] 1단계에서 [원본 데이터 형식]을 [너비가 일정함]으로 선택하고 [다음]을 누른다.

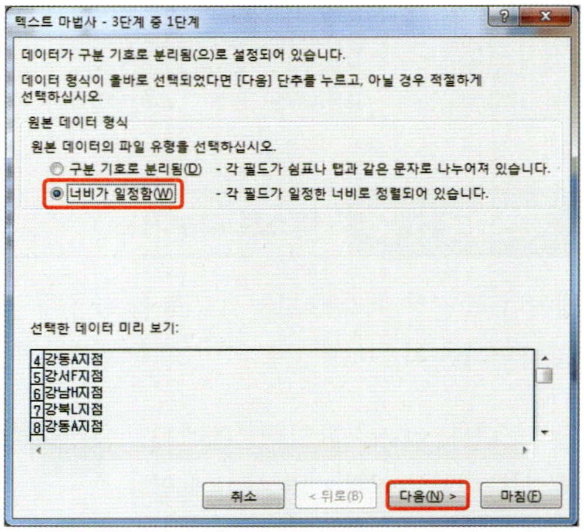

04 [텍스트 마법사] 2단계에서 [데이터 미리 보기]에 있는 눈금자를 마우스로 선택하여 열 구분선을 지정하고 [다음]을 누른다.

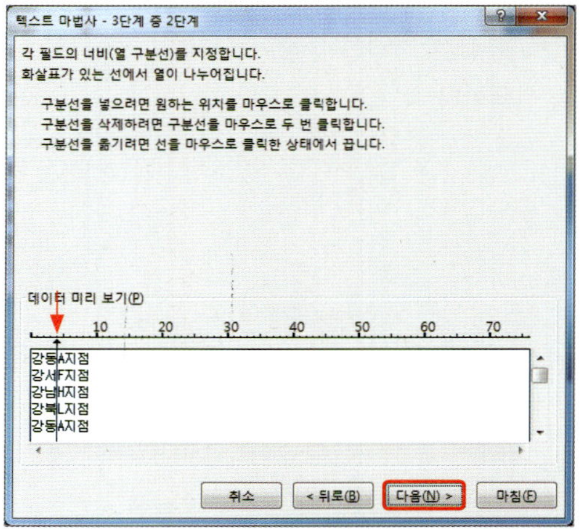

TIP 열 구분선은 화살표로 표시되며 열 구분선이 표시되는 곳을 경계로 열이 나누어진다.

05 [텍스트 마법사] 3단계에서 [열 데이터 서식]을 [일반]으로 선택하고 [마침]을 누른다.

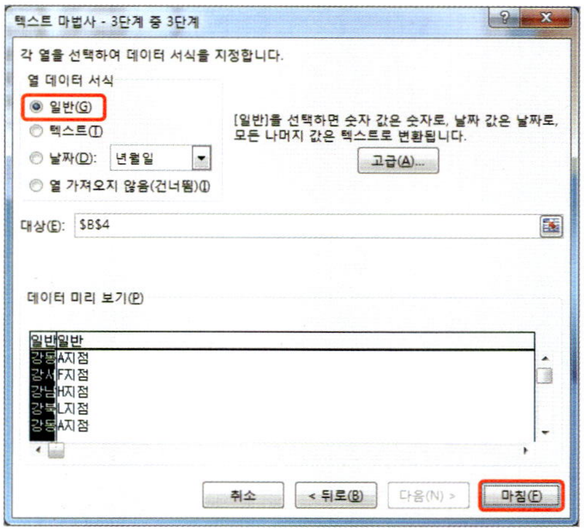

06 필드명을 수정하기 위해 B3 셀에는 *지역*, C3 셀에는 *지점명*이라고 입력한다.

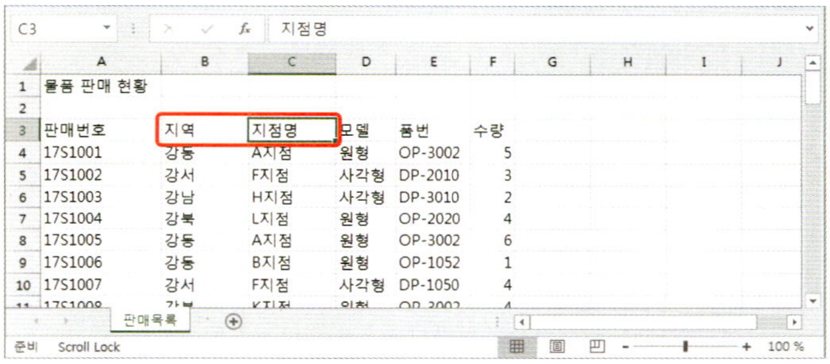

기본예제 5-3 중복된 항목 제거하기

[기본예제 5-1]에서 텍스트 파일의 데이터를 워크시트로 가져오는 방법을 알아보았다. 같은 방법으로 품번에 따른 단가 정보를 새 워크시트에 만들어 보자. 텍스트 파일에는 물품 판매 현황이 모두 저장되어 품번과 단가 값이 중복 입력되어 있으므로 데이터 도구를 사용하여 중복된 항목을 제거해야 한다.

01 '판매.xlsx' 파일을 열고 [데이터] 탭–[외부 데이터 가져오기] 그룹–[텍스트]를 누른다.

TIP 시트의 데이터 범위 내에서는 [외부 데이터 가져오기]를 선택할 수 없으므로 데이터 범위 바깥에 있는 임의의 셀을 선택해야 한다.

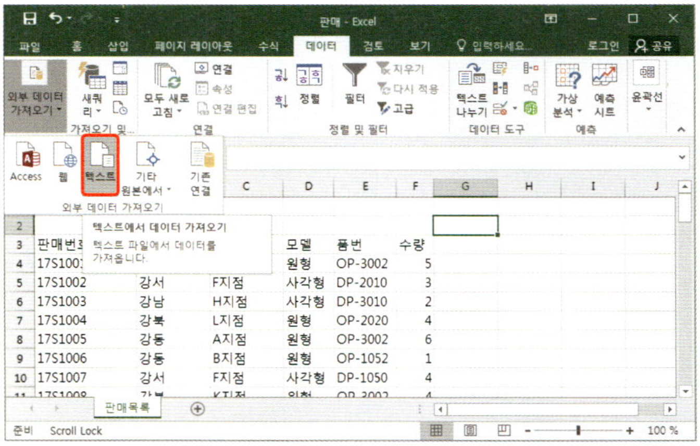

02 [텍스트 파일 가져오기] 대화상자에서 '판매.txt' 파일을 선택하고 [가져오기]를 누른다.

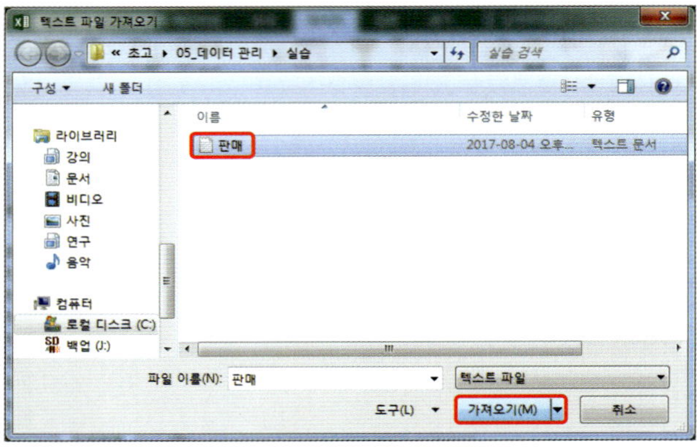

03 [텍스트 마법사]의 1단계에서 [원본 데이터 형식]으로 [구분 기호로 분리됨]이 선택된 상태에서 [다음]을 누른다.

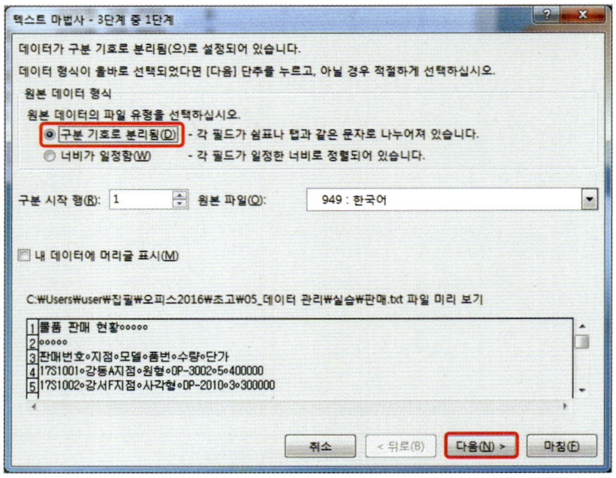

04 [텍스트 마법사]의 2단계에서 [구분 기호]를 [탭]으로 선택한 뒤 [다음]을 누른다.

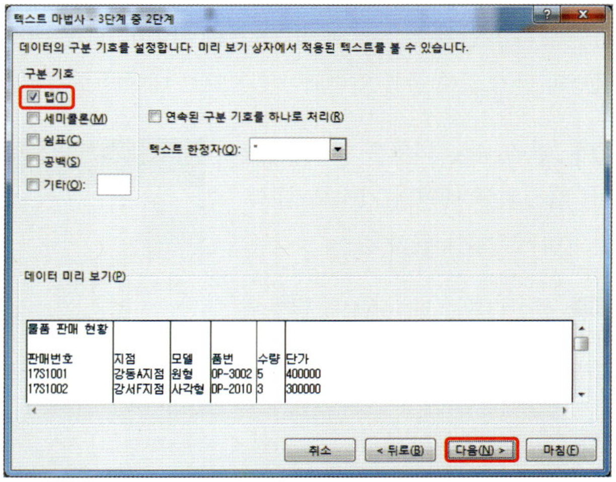

05 [텍스트 마법사]의 3단계에서 1~3번째 열과 다섯 번째 열을 각각 선택하고 [열 데이터 서식]에서 [열 가져오지 않음(건너뜀)]을 선택한 다음 [마침]을 누른다.

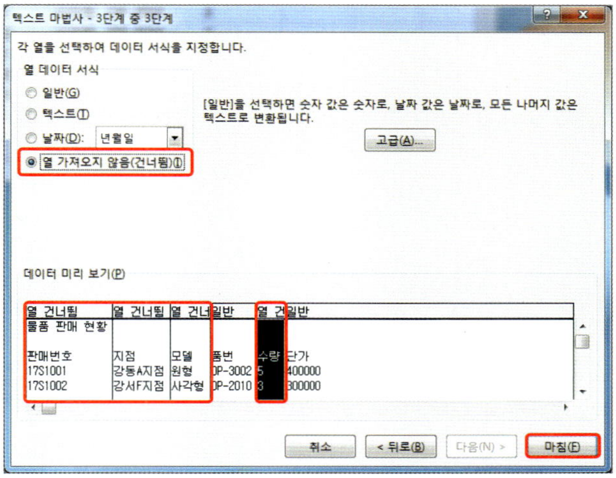

06 [데이터 가져오기] 대화상자에서 데이터가 들어갈 위치로 [새 워크시트]를 선택하고 [확인]을 누른다.

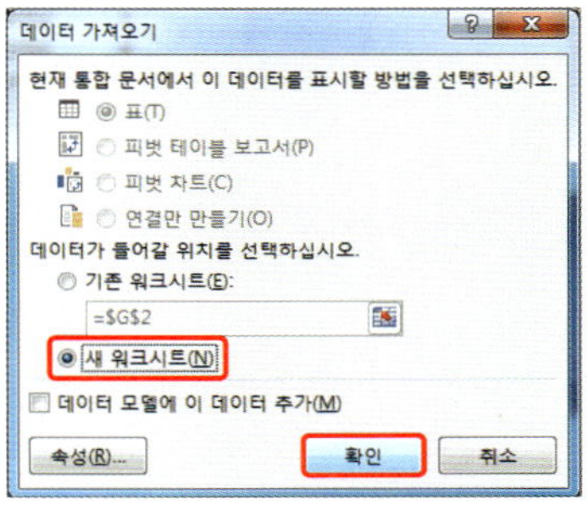

07 마우스를 데이터 영역에 둔 상태에서 [데이터] 탭–[데이터 도구] 그룹–[중복된 항목 제거]를 누른다.

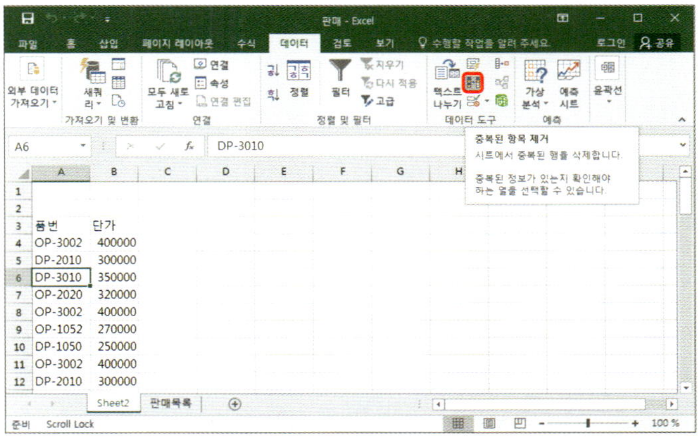

08 [중복된 항목 제거] 대화상자에서 '품번'을 선택하고 [확인]을 누른다.

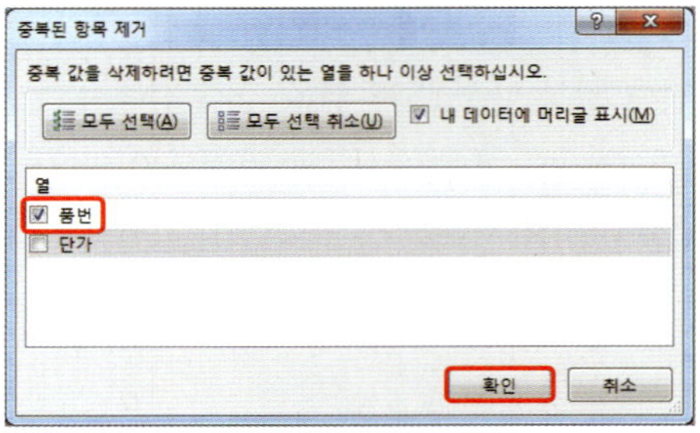

09 중복된 값이 제거되었다는 메시지 창이 나타나면 [확인]을 누른다.

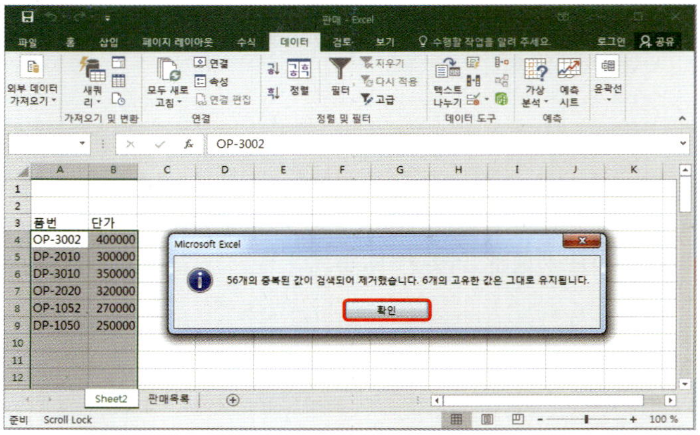

10 시트의 이름을 *단가표*로 수정하고 위치를 '판매목록' 시트 뒤로 이동시킨다.

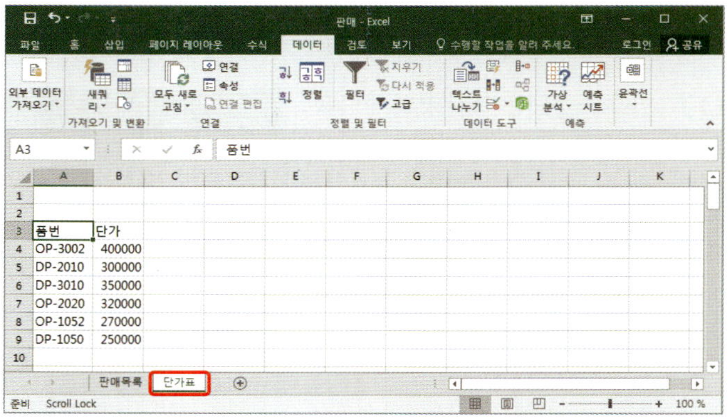

TIP '판매목록' 시트에 '단가' 필드를 추가하고 VLOOKUP 함수를 이용하면 '단가표' 시트에서 품번별 단가 데이터를 가져올 수 있다. 단가 정보를 분리해서 저장하고 필요할 때 함수를 이용하여 값을 가져오면 단가가 바뀌어도 판매목록을 모두 수정하지 않고 '단가표' 시트의 값만 수정하면 되므로 데이터 관리가 용이하다.

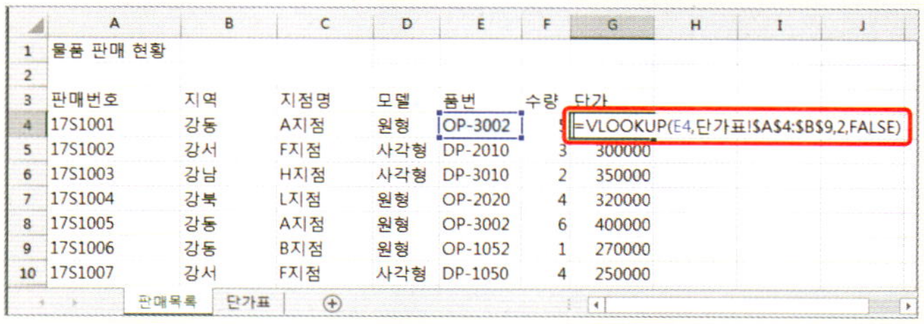

기본예제 5-4 데이터 유효성 검사하기

품번을 잘못 입력하거나 판매 수량을 음수나 0으로 입력하는 등 데이터를 입력할 때 발생하기 쉬운 오류를 미리 검사하여 잘못된 값이 입력되지 못하게 방지하는 데이터 유효성 검사 기능을 사용해 보자.

01 '판매목록' 시트에서 '품번' 필드의 데이터 유효성을 검사하기 위해 E4:E65 범위를 선택하고 [데이터] 탭–[데이터 도구] 그룹–[데이터 유효성 검사]를 누른다.

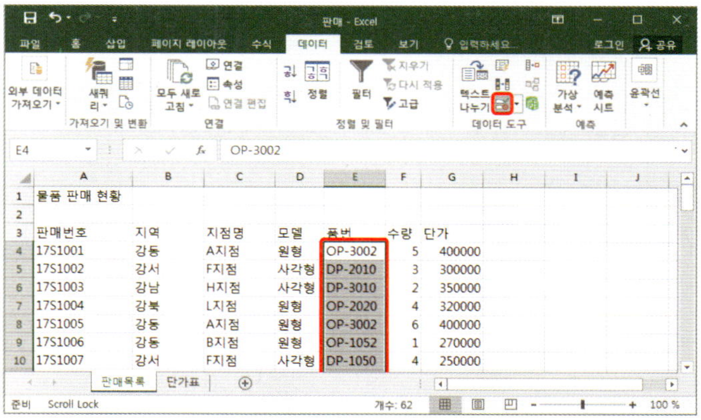

02 [데이터 유효성] 대화상자의 [설정] 탭에서 [유효성 조건]의 [제한 대상]은 [목록]으로 하고, [원본]은 '단가표' 시트의 A4:A9 범위를 선택한 다음 [확인]을 누른다.

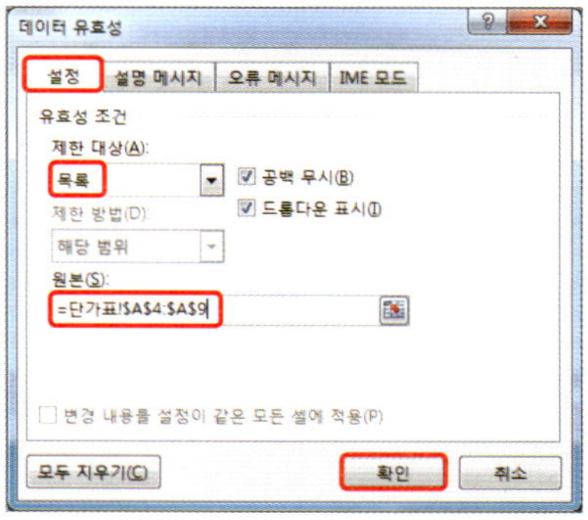

03 데이터 유효성 조건을 설정한 '품번' 필드는 값을 목록에서 선택하여 입력할 수 있어서 입력 오류를 방지할 수 있다.

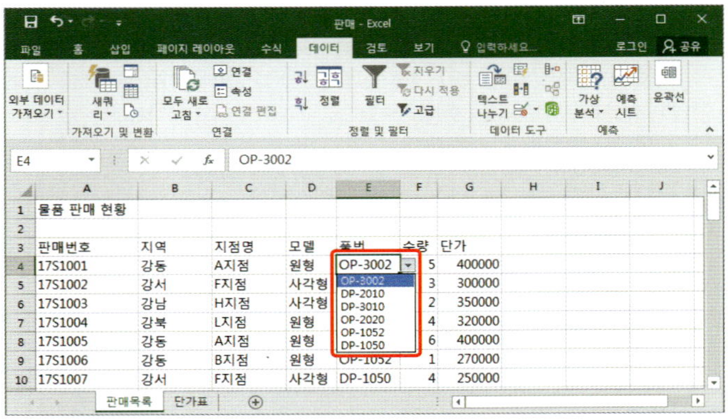

TIP 품번 값을 목록에서 선택하지 않고 직접 입력하다가 오류가 발생하면 다음과 같은 메시지 창이 나타난다.

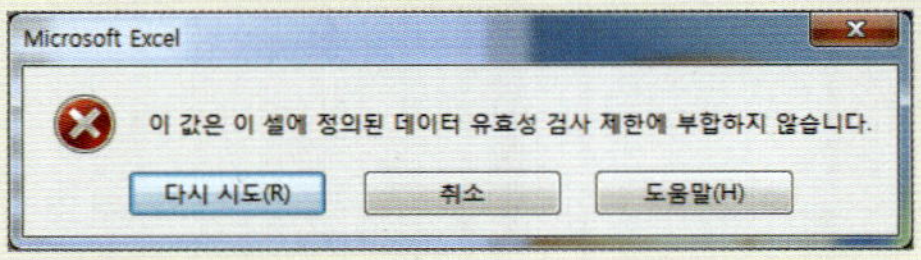

04 '수량' 필드에는 양의 정수만 입력할 수 있도록 데이터 유효성 검사 조건을 설정하기로 한다. F4:F65 범위를 선택하고 [데이터] 탭-[데이터 도구] 그룹-[데이터 유효성 검사]를 누른다.

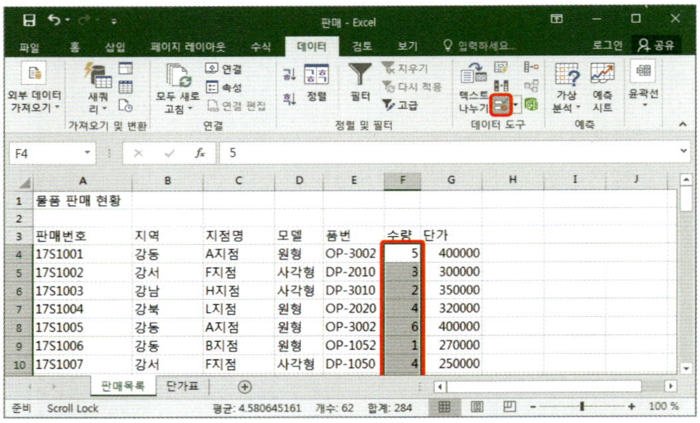

05 [데이터 유효성] 대화상자의 [설정] 탭에서 [유효성 조건]의 [제한 대상]은 [정수]로, [제한 방법]은 [>]로 선택하고, [최소값]에 *0*을 입력한 다음 [확인]을 누른다.

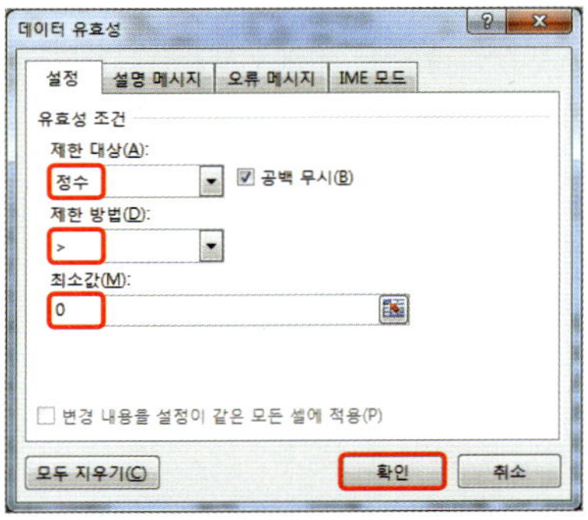

06 '수량' 필드에 양의 정수가 아닌 값을 입력하면 메시지 창에 오류 메시지가 표시되어 잘못된 값을 입력하는 경우를 방지한다.

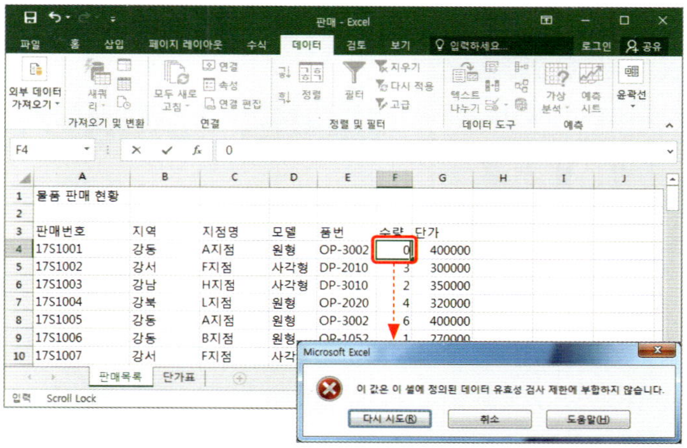

TIP 설정한 유효성 검사 조건을 해제하려면 해제할 셀을 선택하고 [데이터 유효성] 대화상자의 [모두 지우기]를 누른 다음 [확인]을 누른다. 유효성 검사 조건을 해제할 셀이 여러 개라면 [변경 내용을 설정이 같은 모든 셀에 적용]을 선택하면 된다.

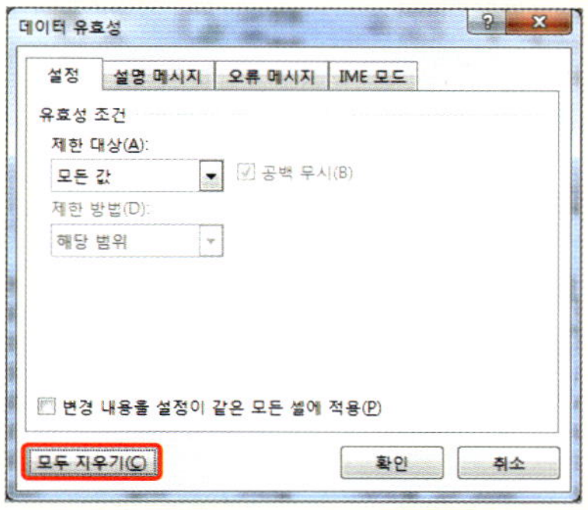

EXCEL 2016 POWERPOINT 2016

SECTION 02

데이터 정렬하기

많은 양의 데이터를 관리하는 기본적인 방법 중의 하나는 보기 쉽게 정렬하는 것이다. 판매번호순, 지점별 판매금액순 등과 같이 원하는 기준을 하나 이상 지정하여 순서대로 빠르게 재배치하도록 하는 정렬 기능에 대해 알아본다.

2.1 단일 항목 정렬

데이터는 하나의 필드나 사용자 지정 목록에 등록한 값의 순서를 기준으로 오름차순 또는 내림차순으로 정렬할 수 있다. 지점순으로 정렬하거나 판매금액순으로 정렬하는 것과 같은 경우로, 정렬된 데이터는 순서에 따라 셀에 다시 배치되어 저장 위치가 변경된다.

기본예제 5-5 판매금액별 물품 판매 현황 정렬하기

판매번호 순서대로 입력되어 있는 물품 판매 현황 데이터를 판매금액을 기준으로 내림차순 정렬해 보자.

01 '판매.xlsx' 파일의 '판매목록' 시트에서 '판매금액' 필드를 H열에 추가한 다음, '수량'과 '단가'를 곱한 *=F4*G4* 수식으로 판매금액을 계산해서 표시한다.

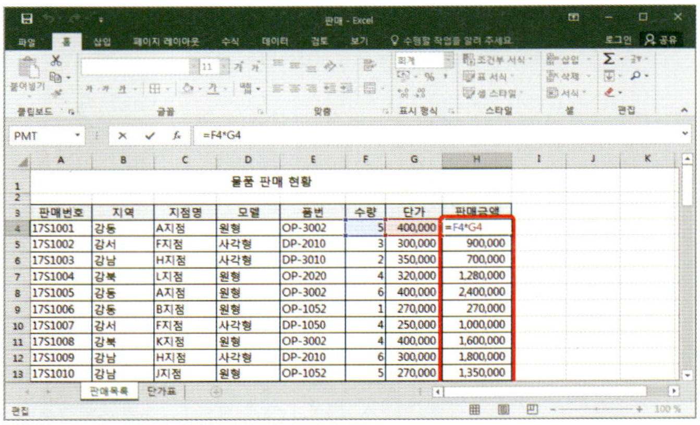

TIP A1:H1 범위를 [병합하고 가운데 맞춤]으로 제목을 설정하고, A3:H65의 데이터 범위에는 셀 테두리를 모두 그린다. '단가'와 '판매금액' 필드의 표시 형식은 [쉼표 스타일]로 설정한다.

02 판매금액을 기준으로 정렬하기 위해 H열에서 임의의 셀을 선택하고 [홈] 탭-[편집] 그룹-[정렬 및 필터] 목록에서 [숫자 내림차순 정렬]을 선택한다.

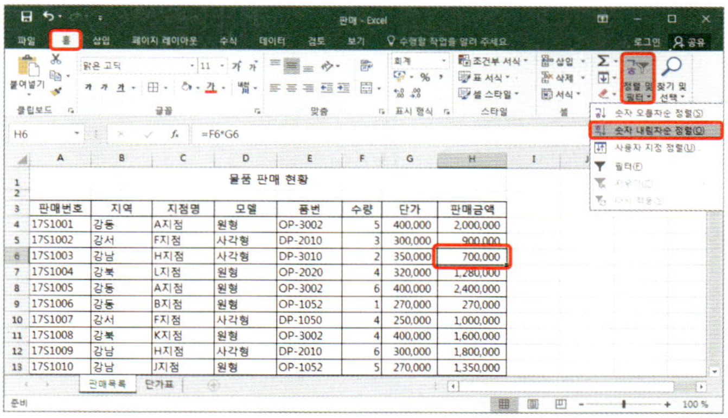

TIP 단일 항목을 기준으로 정렬할 때는 기준 값이 있는 임의의 셀을 선택하면 되는데, 선택한 셀을 포함하는 연속적인 영역이 정렬의 대상이 된다. 만약 데이터가 연속적이지 않은 영역에 입력되어 있다면 정렬 대상에 포함되지 않는다.

TIP 정렬 도구는 [홈] 탭에서도 선택할 수 있지만, 다음 그림과 같이 셀을 선택하고 마우스 오른쪽 단추를 눌러 나타나는 단축 메뉴에서 선택할 수도 있다.

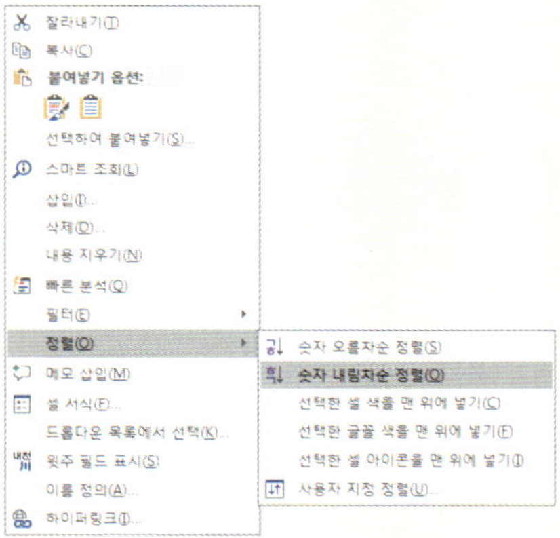

03 판매금액이 큰 순서대로 판매 목록이 정렬된다.

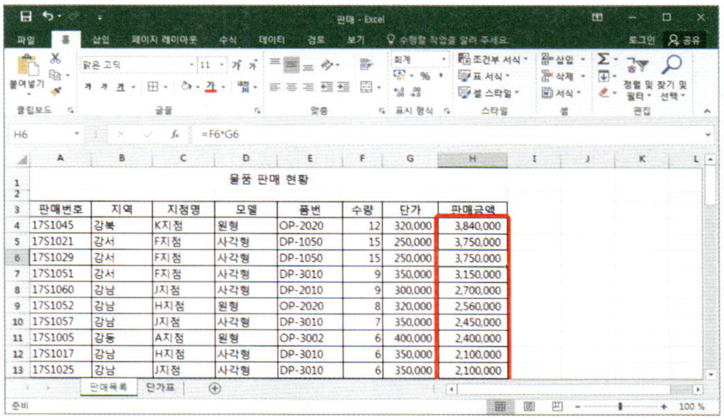

> **TIP** 정렬 후에는 판매목록 데이터의 순서가 달라진다. 원래 순서대로 표시하고 싶으면 '판매번호' 필드를 정렬 기준으로 다시 정렬하면 된다.

2.2 복수 항목 정렬

지역별로 판매금액을 내림차순으로 정렬하거나 지점별 판매 물품의 품번을 오름차순으로 정렬하는 경우에는 정렬 기준이 두 개 이상의 필드가 된다. 이와 같이 여러 개의 항목을 기준으로 데이터를 정렬하는 방법을 알아본다.

기본예제 5-6 지역별 판매금액을 내림차순으로 정렬하기

여러 항목을 기준으로 데이터를 정렬하려면 [데이터] 탭의 [정렬] 메뉴를 이용한다. 물품 판매 현황 데이터를 이용하여 지역별 판매금액순으로 정렬해 보자.

01 '판매목록' 시트에서 데이터가 있는 연속적인 영역의 임의의 셀을 선택하고 [데이터] 탭–[정렬 및 필터] 그룹–[정렬]을 누른다.

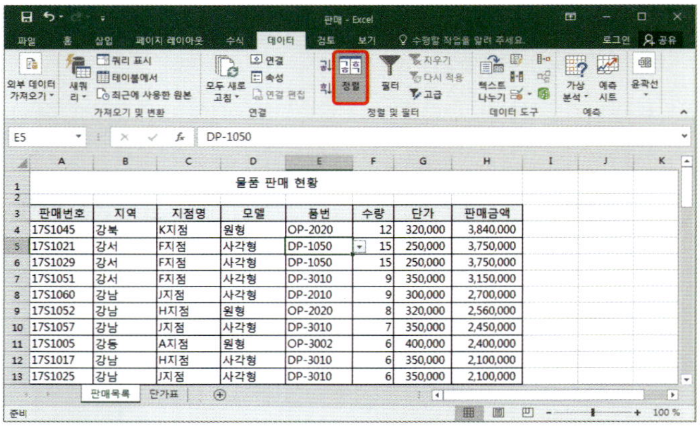

02 [정렬] 대화상자가 나타나면 [정렬 기준]은 '지역', [정렬]은 '오름차순'으로 선택한다.

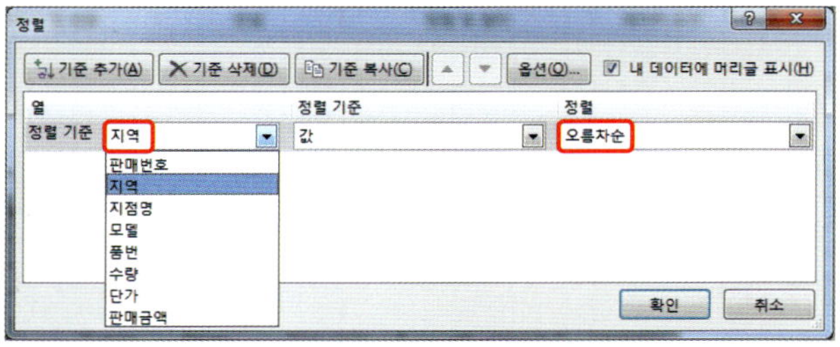

03 [기준 추가] 단추를 눌러 [다음 기준]을 추가하고 '판매금액'과 '내림차순'을 선택한 다음 [확인]을 누른다.

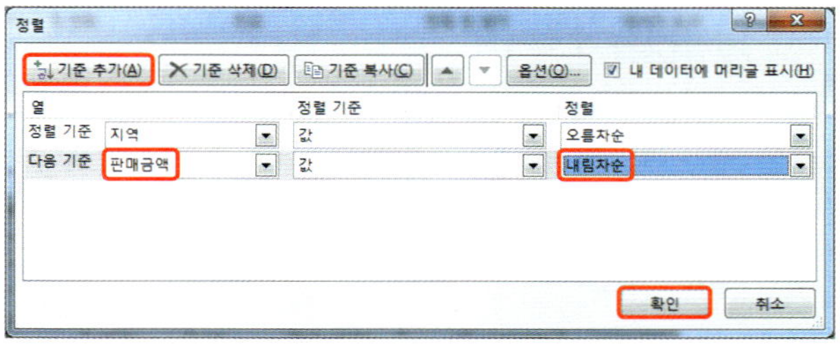

04 판매금액이 지역별로 내림차순 정렬된 결과가 표시된다.

	A	B	C	D	E	F	G	H
1	물품 판매 현황							
2								
3	판매번호	지역	지점명	모델	품번	수량	단가	판매금액
4	17S1060	강남	J지점	사각형	DP-2010	9	300,000	2,700,000
5	17S1052	강남	H지점	원형	OP-2020	8	320,000	2,560,000
6	17S1057	강남	J지점	사각형	DP-3010	7	350,000	2,450,000
7	17S1017	강남	H지점	사각형	DP-3010	6	350,000	2,100,000
8	17S1025	강남	J지점	사각형	DP-3010	6	350,000	2,100,000
9	17S1038	강남	H지점	원형	OP-3002	5	400,000	2,000,000
10	17S1009	강남	H지점	사각형	DP-2010	6	300,000	1,800,000
11	17S1055	강남	J지점	사각형	DP-1050	7	250,000	1,750,000
12	17S1018	강남	H지점	원형	OP-2020	5	320,000	1,600,000
13	17S1022	강남	J지점	원형	OP-3002	4	400,000	1,600,000
14	17S1024	강남	H지점	원형	OP-2020	5	320,000	1,600,000
15	17S1026	강남	J지점	원형	OP-2020	5	320,000	1,600,000
16	17S1030	강남	H지점	원형	OP-3002	4	400,000	1,600,000
17	17S1032	강남	J지점	원형	OP-2020	5	320,000	1,600,000
18	17S1043	강남	J지점	사각형	DP-2010	5	300,000	1,500,000
19	17S1010	강남	J지점	원형	OP-1052	5	270,000	1,350,000
20	17S1061	강남	H지점	원형	OP-1052	5	270,000	1,350,000
21	17S1049	강남	H지점	원형	OP-1052	3	270,000	810,000
22	17S1003	강남	H지점	사각형	DP-3010	2	350,000	700,000
23	17S1012	강남	H지점	원형	OP-3002	1	400,000	400,000
24	17S1039	강남	J지점	사각형	DP-3010	1	350,000	350,000
25	17S1020	강남	J지점	원형	OP-1052	1	270,000	270,000
26	17S1028	강남	H지점	원형	OP-1052	1	270,000	270,000
27	17S1005	강동	A지점	원형	OP-3002	6	400,000	2,400,000
28	17S1001	강동	A지점	원형	OP-3002	5	400,000	2,000,000
29	17S1047	강동	B지점	원형	OP-3002	5	400,000	2,000,000
30	17S1054	강동	A지점	사각형	DP-2010	5	300,000	1,500,000

SECTION 03

필터 사용하기

물품 판매 현황에서 임의의 지역 데이터만 골라서 표시하거나 판매 수량이 일정 수량 이상인 판매 목록만 보이도록 하는 것과 같이 많은 양의 데이터 중에서 조건에 맞는 데이터만 표시하거나 인쇄하려면 필터 기능을 이용하면 된다. 엑셀의 필터 기능에는 메뉴에서 편리하게 설정할 수 있는 자동 필터와 다양한 조건을 조합하여 설정할 수 있는 고급 필터 방식이 있다. 필터 기능을 수행하면 워크시트에 전체 데이터 대신 필터링된 결과만 보이지만, 데이터가 삭제된 것이 아니므로 필터를 해제하면 원래대로 표시된다.

3.1 자동 필터

자동 필터 메뉴는 필터 기능을 가장 쉽게 사용할 수 있는 방법으로서, 데이터 목록의 필드 이름 옆에 [필터] 단추를 표시하고 이 단추를 눌러 원하는 조건을 선택할 수 있도록 한다. 숫자와 문자 등 데이터의 종류에 따라 범위를 지정하거나 값을 비교하여 판단할 수 있는 메뉴를 다양하게 지원하며 한 가지 이상의 필터 기준을 AND 조건으로 조합할 수 있으므로 복잡한 조건도 쉽게 처리할 수 있다.

기본예제 5-7 자동 필터 설정과 해제하기

'지점명'과 '모델'을 조건으로 지정하여 특정 지점의 특정 모델만 선택하여 표시하도록 자동 필터 기능을 활용해 보자. 그리고 적용된 필터의 설정을 해제하는 방법도 알아보자.

01 '판매.xlsx' 파일의 '판매목록' 시트를 열고 [데이터] 탭–[정렬 및 필터] 그룹–[필터]를 누른다.

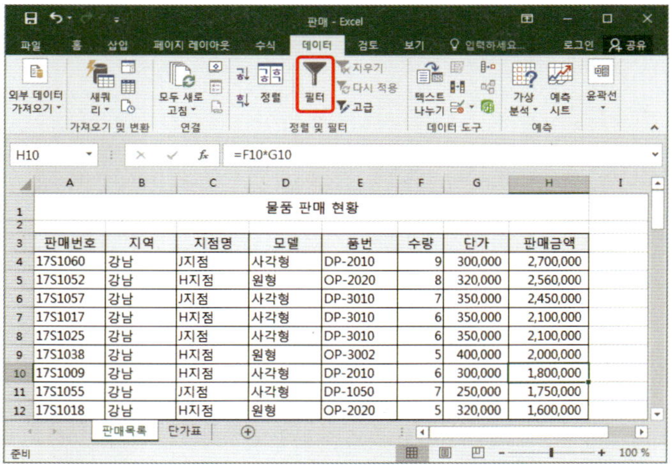

02 각 필드 이름에 [▾ 필터] 단추가 표시된다. '지점명'의 [▾ 필터] 단추를 눌러 목록에서 [A지점]만 선택하고 [확인]을 누른다.

TIP 필터 결과가 표시될 때 워크시트의 행 번호는 파란색으로 바뀌고, 필터 조건에 사용한 필드 이름 옆의 필터 단추는 [필터 적용] 모양으로 변경된다.

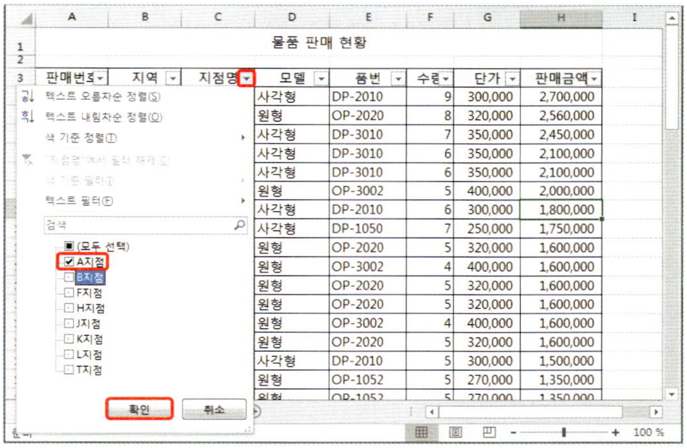

03 '모델'의 [▾ 필터] 단추를 눌러 목록에서 [원형]만 선택하고 [확인]을 누른다.

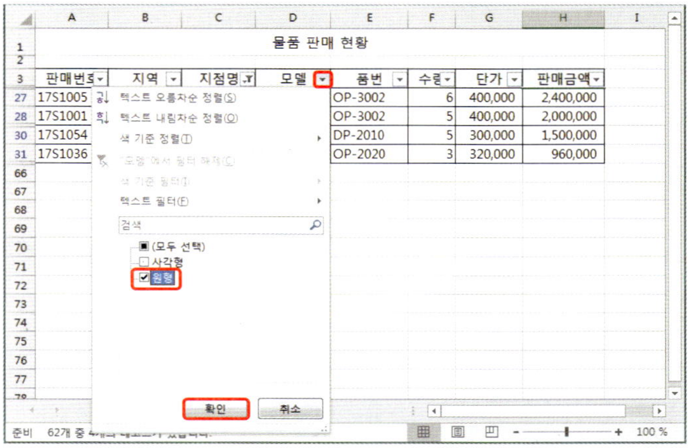

04 필터링된 결과가 워크시트에 표시된다. [데이터] 탭–[정렬 및 필터] 그룹–[지우기]를 누르면 필터 설정이 해제되고 원래의 데이터가 모두 나타난다.

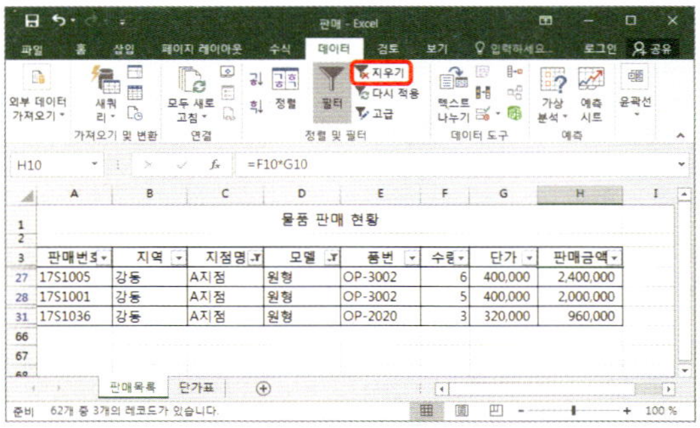

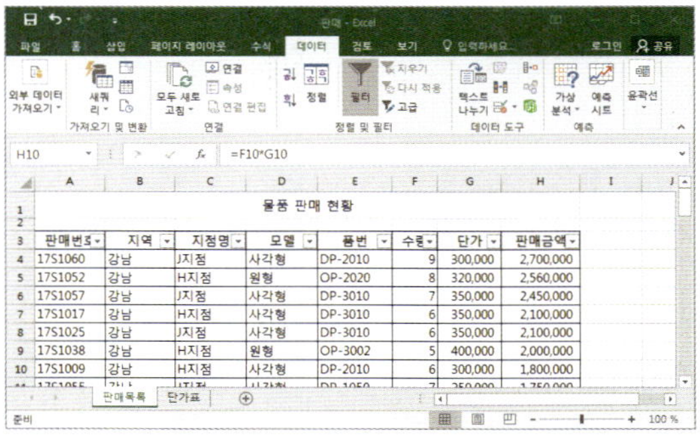

TIP [지우기] 대신 [필터]를 눌러도 되는데, 이 경우 필드 이름 옆에 있는 [▾ 필터] 단추도 제거된다.

기본예제 5-8 선택적 자동 필터 설정하기

자동 필터는 기준으로 사용할 필드 값이 숫자인지 문자인지에 따라 범위를 판단하거나 특정 값과 비교할 수 있는 메뉴를 제공한다. 데이터 형식에 따라 필터 조건을 선택할 수 있는 자동 필터 메뉴를 활용하여 판매금액이 상위 20% 이상인 데이터만 표시해 보자.

01 '판매목록' 시트를 열고 [데이터] 탭-[정렬 및 필터] 그룹-[필터]를 누른다.

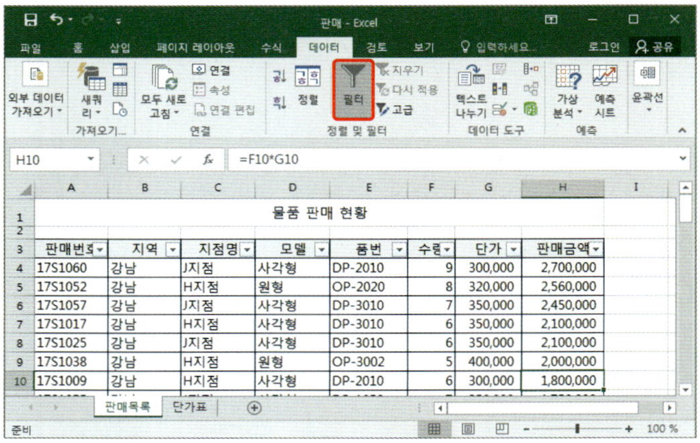

02 '판매금액'의 [▾ 필터] 단추를 누르고 메뉴에서 [숫자 필터]-[상위 10]을 선택한다.

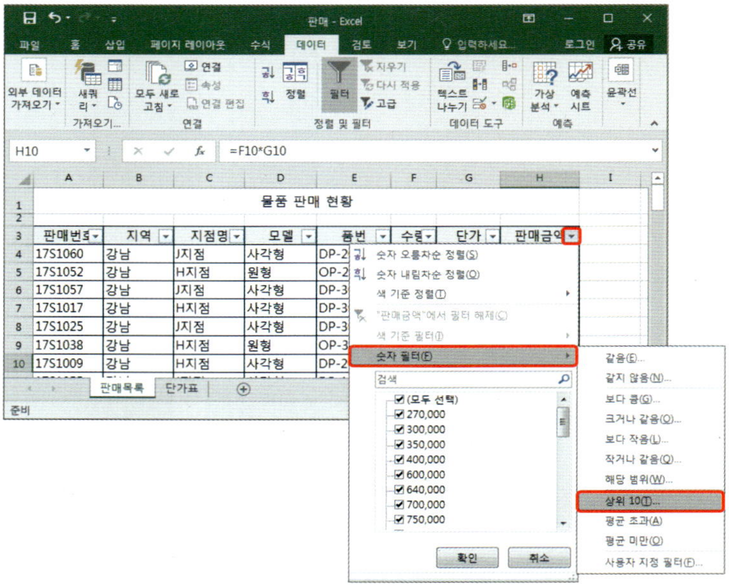

03 [상위 10 자동 필터] 대화상자에서 [상위], [20], [%]를 각각 선택하고 [확인]을 누른다.

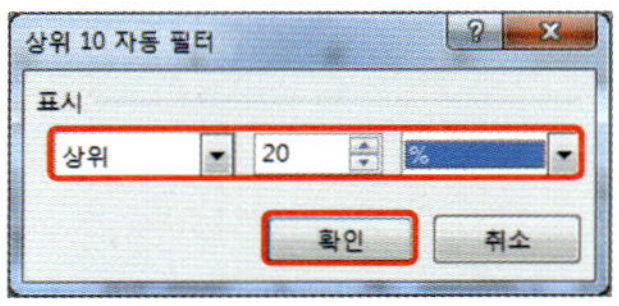

04 판매금액이 상위 20%인 결과만 표시된다.

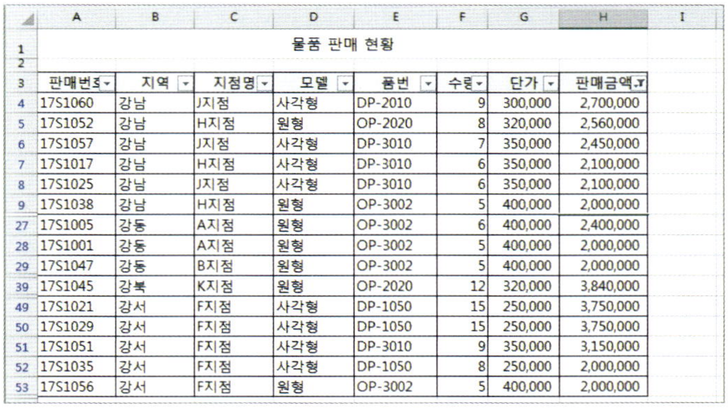

	A	B	C	D	E	F	G	H
1				물품 판매 현황				
3	판매번호	지역	지점명	모델	품번	수량	단가	판매금액
4	17S1060	강남	J지점	사각형	DP-2010	9	300,000	2,700,000
5	17S1052	강남	H지점	원형	OP-2020	8	320,000	2,560,000
6	17S1057	강남	J지점	사각형	DP-3010	7	350,000	2,450,000
7	17S1017	강남	H지점	사각형	DP-3010	6	350,000	2,100,000
8	17S1025	강남	J지점	사각형	DP-3010	6	350,000	2,100,000
9	17S1038	강남	H지점	원형	OP-3002	5	400,000	2,000,000
27	17S1005	강동	A지점	원형	OP-3002	6	400,000	2,400,000
28	17S1001	강동	A지점	원형	OP-3002	5	400,000	2,000,000
29	17S1047	강동	B지점	원형	OP-3002	5	400,000	2,000,000
39	17S1045	강북	K지점	원형	OP-2020	12	320,000	3,840,000
49	17S1021	강서	F지점	사각형	DP-1050	15	250,000	3,750,000
50	17S1029	강서	F지점	사각형	DP-1050	15	250,000	3,750,000
51	17S1051	강서	F지점	사각형	DP-3010	9	350,000	3,150,000
52	17S1035	강서	F지점	사각형	DP-1050	8	250,000	2,000,000
53	17S1056	강서	F지점	원형	OP-3002	5	400,000	2,000,000

기본예제 5-9 사용자 지정 자동 필터 설정하기

판매금액이 2백만 원 이상 3백만 원 미만인 데이터만 필터링하거나 사각형 또는 원형 모델만 필터링하는 등 사용자가 직접 원하는 조건을 식으로 지정하여 필터링하는 자동 필터 방법도 있다. 사용자 지정 자동 필터 기능을 활용하여 단가가 35만 원에서 40만 원 사이인 물품의 판매 데이터만 표시해 보자.

01 '판매목록' 시트를 열고 [데이터] 탭-[정렬 및 필터] 그룹의 [필터]를 누른 다음 '단가'의 [▾ 필터] 단추를 눌러 [숫자 필터]-[사용자 지정 필터]를 선택한다.

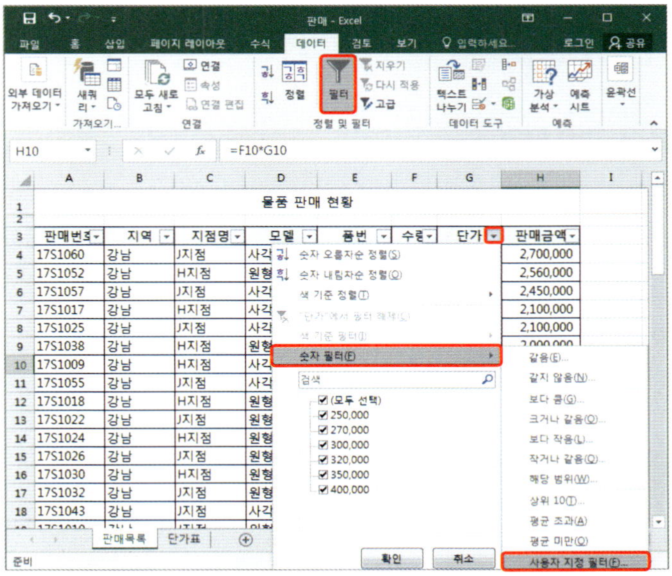

TIP 이전 실습에서 적용한 필터는 설정을 모두 해제한다.

02 [사용자 지정 자동 필터] 대화상자에서 [찾을 조건]의 [단가]를 그림과 같이 설정하고 [확인]을 누른다.

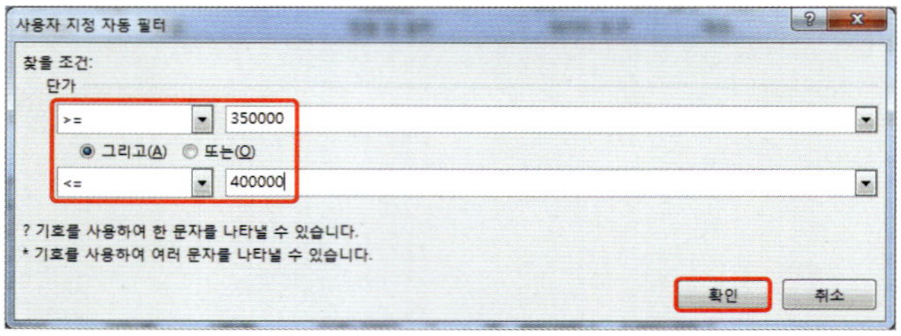

03 설정한 조건에 맞는 판매 데이터만 표시된다.

	A	B	C	D	E	F	G	H
1	물품 판매 현황							
2								
3	판매번호	지역	지점명	모델	품번	수량	단가	판매금액
6	17S1057	강남	J지점	사각형	DP-3010	7	350,000	2,450,000
7	17S1017	강남	H지점	사각형	DP-3010	6	350,000	2,100,000
8	17S1025	강남	J지점	사각형	DP-3010	6	350,000	2,100,000
9	17S1038	강남	H지점	원형	OP-3002	5	400,000	2,000,000
13	17S1022	강남	J지점	원형	OP-3002	4	400,000	1,600,000
16	17S1030	강남	H지점	원형	OP-3002	4	400,000	1,600,000
22	17S1003	강남	H지점	사각형	DP-3010	2	350,000	700,000
23	17S1012	강남	H지점	원형	OP-3002	1	400,000	400,000
24	17S1039	강남	J지점	사각형	DP-3010	1	350,000	350,000
27	17S1005	강동	A지점	원형	OP-3002	6	400,000	2,400,000
28	17S1001	강동	A지점	원형	OP-3002	5	400,000	2,000,000
29	17S1047	강동	B지점	원형	OP-3002	5	400,000	2,000,000
42	17S1008	강북	K지점	원형	OP-3002	4	400,000	1,600,000
51	17S1051	강서	F지점	사각형	DP-3010	9	350,000	3,150,000
53	17S1056	강서	F지점	원형	OP-3002	5	400,000	2,000,000
55	17S1062	강서	F지점	원형	OP-3002	4	400,000	1,600,000

3.2 고급 필터

자동 필터는 편리하게 사용할 수 있지만, 수량이 10개 이상이거나 판매금액이 3백만 원 이상인 데이터를 필터링하는 것처럼 필드와 필드의 OR 조건 결합은 불가능하다. 엑셀에서 제공하는 고급 필터 도구를 사용하면 다양한 필터 조건을 AND나 OR 조건식으로 결합할 수 있으며, 필터링 결과 중에서 중복된 값을 제거할 수 있다. 또한 필터링 결과를 같은 워크시트의 다른 위치나 다른 워크시트 등 원래의 데이터와 다른 장소에 표시할 수도 있다.

기본예제 5-10 고급 필터의 조건 지정하기

고급 필터를 사용하려면 먼저 빈 셀에 필드 이름과 조건식을 작성해야 한다. 조건을 지정할 때 같은 행인 경우에는 AND 조건, 다른 행인 경우에는 OR 조건이 된다. '수량' 이 10개 이상이거나 '판매금액'이 3백만 원 이상인 데이터를 필터링하기 위한 OR 조건을 지정해 보자.

01 '판매목록' 시트의 J1:K1 범위에 조건에 사용할 필드 이름(*수량, 판매금액*)을 입력한다.

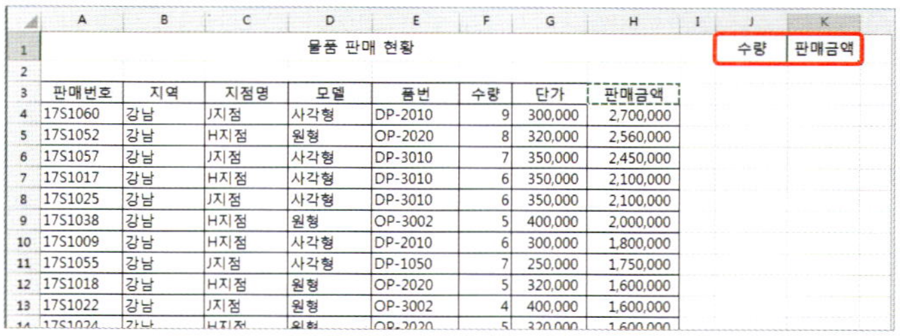

TIP F3 셀과 H3 셀을 복사하여 J1 셀과 K1 셀에 붙여넣어도 된다.

02 '수량'이 10개 이상이거나 '판매금액'이 3백만 원 이상인 필터 조건을 사용하기 위해 J2 셀에 *>=10*, K3 셀에 *>=3000000*을 입력한다.

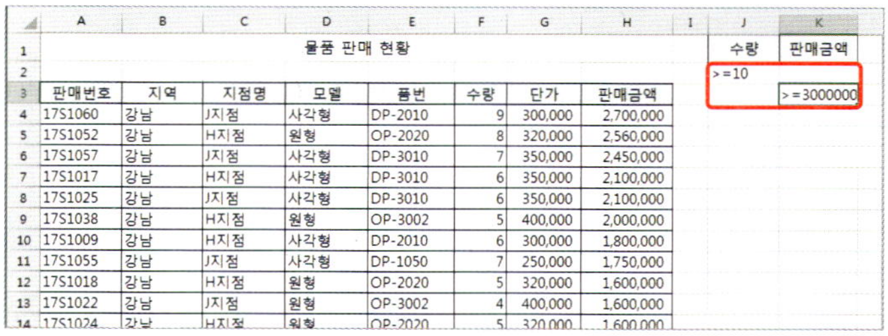

TIP 두 개 이상의 필터 조건을 OR로 결합하는 경우, 단계 **02**와 같이 식을 각각 다른 행에 적으면 된다. 만약 판매 수량이 10개 이상이고 판매금액은 3백만 원 이상인 경우처럼 필터 조건을 AND로 결합해야 한다면 왼쪽 그림과 같이 식을 같은 행에 적어야 한다. AND와 OR의 복합 형태 필터 조건도 표현이 가능한데, 오른쪽 그림과 같이 조건을 작성하면 강남 지역에서 수량 5개 이상이거나 강북 지역에서 수량 5개 이상인 데이터를 필터링할 수 있다.

J	K
수량	판매금액
>=10	>=3000000

▲ AND 조건

J	K
지역	수량
강남	>=5
강북	>=5

▲ AND와 OR의 복합 조건

기본예제 5-11 고급 필터 설정하기

[기본예제 5-10]에서 작성한 필터 조건을 이용하여 수량이 10개 이상이거나 판매금액이 3백만 원 이상인 판매 데이터를 필터링한 결과를 표시해 보자.

01 '판매목록' 시트에서 데이터 영역의 임의의 셀을 선택한 뒤 [데이터] 탭–[정렬 및 필터] 그룹–[고급]을 누른다.

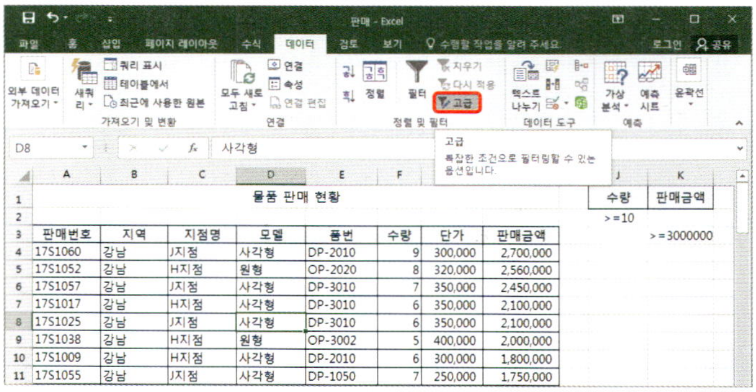

02 [고급 필터] 대화상자에서 [결과]와 [목록 범위], [조건 범위]를 각각 그림과 같이 설정하고 [확인]을 누른다.

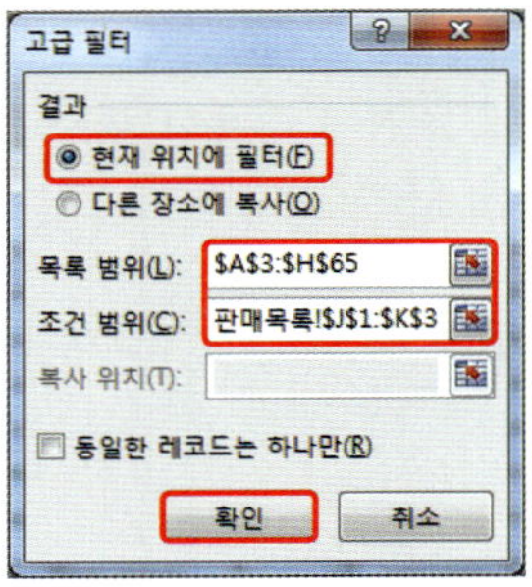

TIP [목록 범위]에는 현재 셀이 포함된 연속적인 영역이 자동으로 설정된다. 다른 영역으로 설정하려면 반드시 필드 이름이 포함되도록 해야 한다.

03 필터링 결과가 표시된다. [데이터] 탭–[정렬 및 필터] 그룹–[지우기]를 누르면 고급 필터가 해제되고 원래의 데이터가 모두 나타난다.

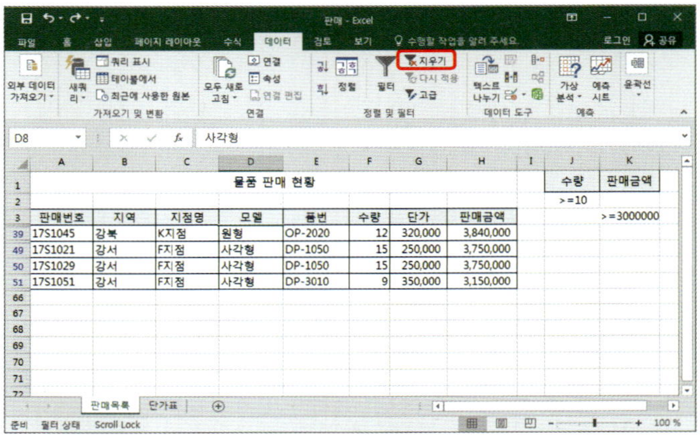

TIP 단계 02에서 [결과]를 [다른 장소에 복사]로 선택하고 [복사 위치]를 A67 셀로 설정하면(*판매목록!$A$67*), 원래 데이터는 바뀌지 않고 A67 셀부터 표시된다.

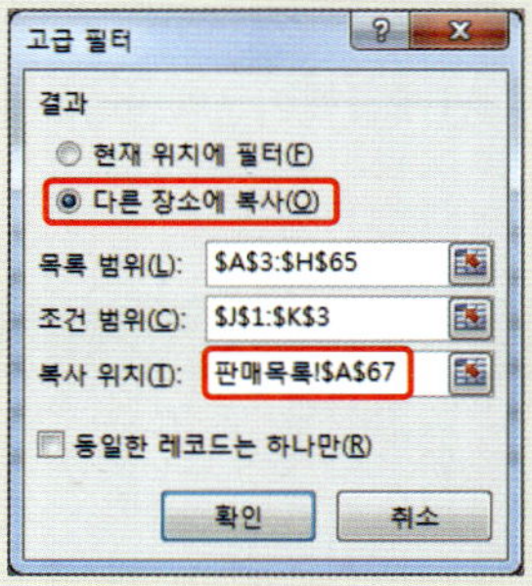

SECTION 04

부분합 구하기

지역별 혹은 지점별로 판매금액의 합계나 평균을 구하는 경우 지역이나 지점을 기준으로 그룹화하여 합계나 평균을 계산하는 부분합 도구를 사용할 수 있다. 합계와 평균 외에 최대값, 최소값, 개수, 표준편차, 분산 등을 구할 때도 부분합 기능을 활용할 수 있다.

4.1 부분합 추가와 삭제

그룹별로 부분합을 구하려면 먼저 해당 그룹에 대한 정렬 작업을 해야 한다. 가령 지역별 판매금액의 부분합을 구하는 경우, 부분합을 구하기 전에 먼저 지역을 기준으로 데이터 목록을 정렬해야 한다. 정렬되지 않은 데이터에 대해 부분합을 구하면 그룹별 계산 결과가 올바르게 표시되지 않는다.

기본예제 5-12 지역별 판매금액의 소계 구하기

부분합 도구를 사용하여 물품 판매 현황 데이터를 지역별로 그룹화하여 판매금액의 부분합을 구해 보자.

01 '판매.xlsx' 파일의 '판매목록' 시트에서 B열의 '지역' 필드 값 중 임의의 셀을 선택하고 마우스 오른쪽 단추를 눌러 [정렬]-[텍스트 오름차순 정렬]을 선택한다.

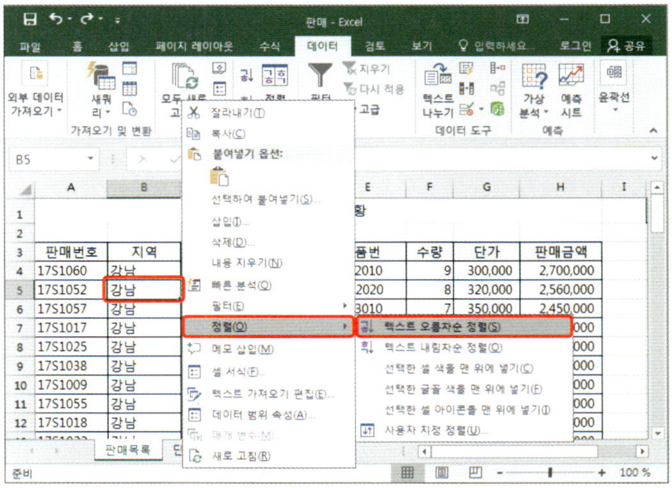

02 데이터 영역 중 임의의 셀을 선택하고 [데이터] 탭-[윤곽선] 그룹-[부분합]을 누른다.

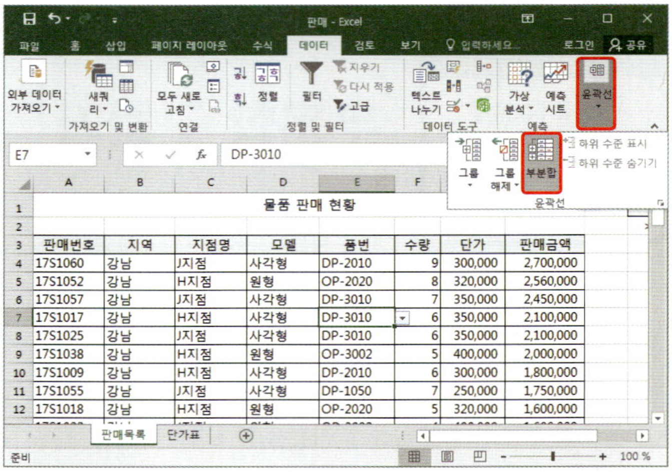

03 [부분합] 대화상자에서 [그룹화할 항목]은 '지역', [사용할 함수]는 '합계', [부분합 계산 항목]은 '판매금액'을 선택하고 [확인]을 누른다.

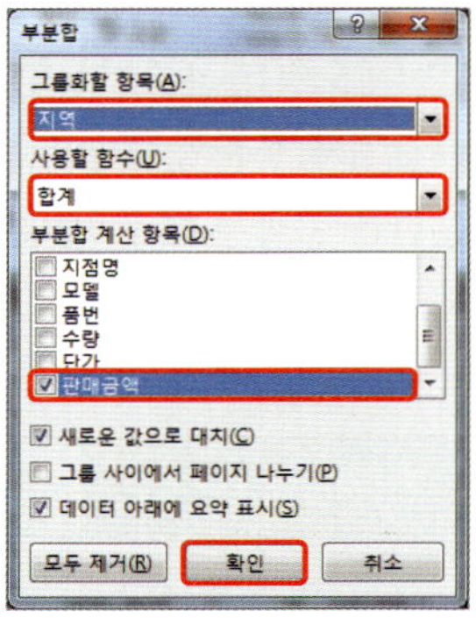

04 행 번호 왼쪽에 윤곽선과 수준 번호 [1]~[3]이 표시된다. [2]를 누르면 상세 데이터는 감춰지고 지역별 요약과 총합계가 표시된다.

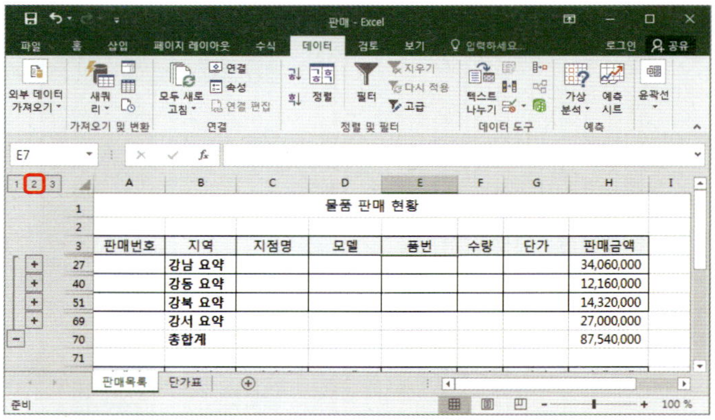

TIP 수준 번호나 [+ 확장], [- 축소] 단추를 이용하면 수준별로 상세 정보나 요약 정보를 표시하는 모양으로 바꿀 수 있다.

05 작성한 부분합을 삭제하려면 [데이터] 탭–[윤곽선] 그룹–[부분합]을 눌러 [부분합] 대화상자를 다시 열고 [모두 제거]를 누른다.

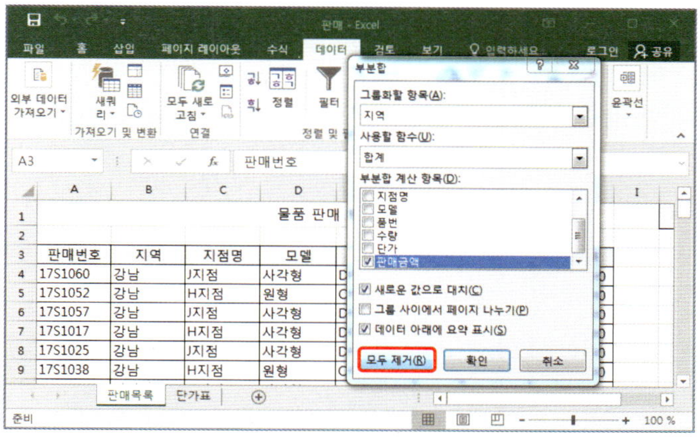

4.2 부분합의 중첩

두 개 이상의 기준으로 그룹화하여 부분합을 작성하는 경우, 예를 들어 지역별 소계를 구하고 지역 내에서 모델별로 다시 소계를 작성하고자 할 때에는 먼저 두 그룹을 기준으로 데이터를 정렬하고 부분합을 중첩해야 한다. 하나의 그룹으로 소계를 구하는 경우에도 합계와 평균 등 다른 종류의 부분합 함수를 사용해야 한다면 부분합을 중첩한다. 이와 같이 부분합을 중첩 설정하는 방법을 알아본다.

기본예제 5-13 지역별 소계 및 모델별 평균 구하기

물품 판매 현황 데이터의 지역별 수량 및 판매금액 소계를 계산하고, 같은 지역 내에서는 모델별로 그룹화하여 수량과 판매금액의 평균을 표시하도록 중첩된 부분합을 작성해 보자.

01 '판매목록' 시트에서 [데이터] 탭–[정렬 및 필터] 그룹–[정렬]을 누른다.

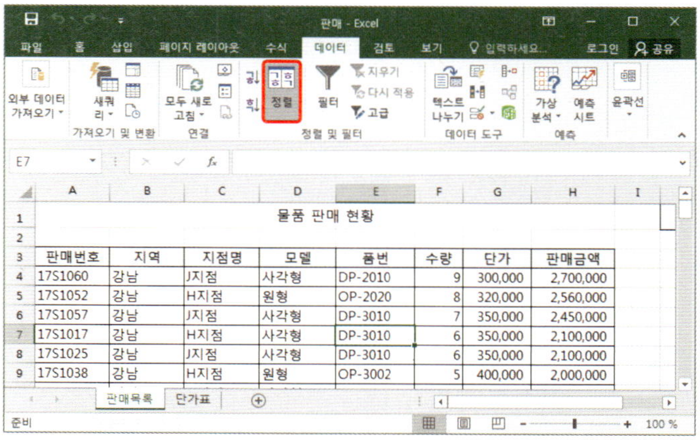

02 [정렬] 대화상자에서 [기준 추가] 단추를 눌러 정렬 기준을 '지역'과 '모델'의 두 가지로 설정한 다음 각각 '오름차순'을 선택하고 [확인]을 누른다.

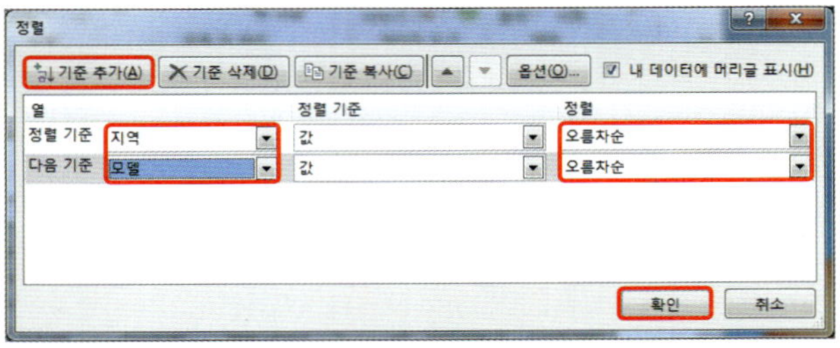

03 데이터 영역 중 임의의 셀을 선택하고 [데이터] 탭–[윤곽선] 그룹–[부분합]을 누른다.

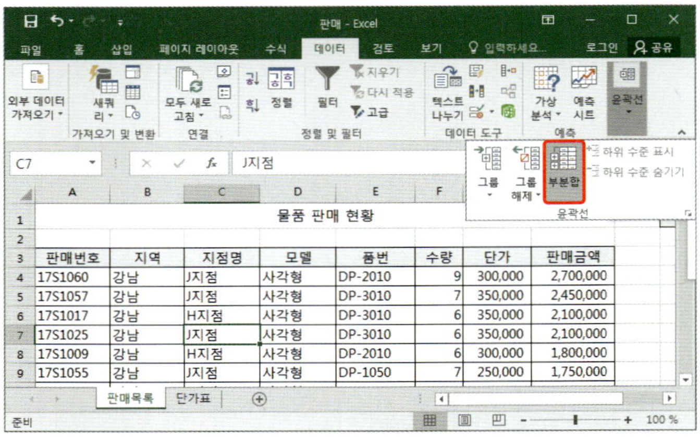

04 [부분합] 대화상자에서 [그룹화할 항목]을 '지역', [사용할 함수]는 '합계', [부분합 계산 항목]은 '수량'과 '판매금액'으로 설정하고 [확인]을 누른다.

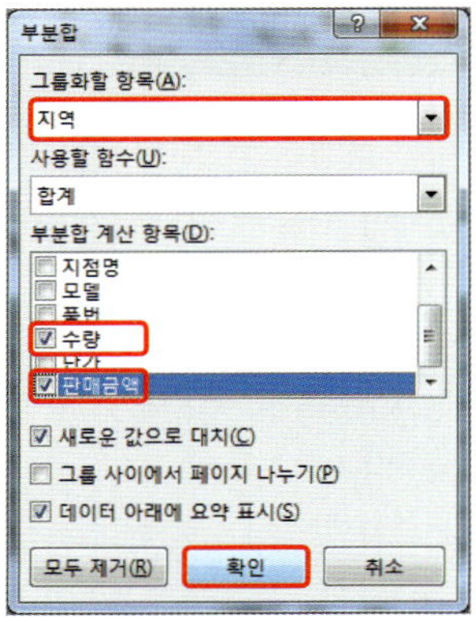

05 윤곽선과 수준 번호가 표시된다. 모델별 소계를 중첩하기 위해 단계 **03**과 같이 [데이터] 탭-[윤곽선] 그룹-[부분합]을 다시 누른다.

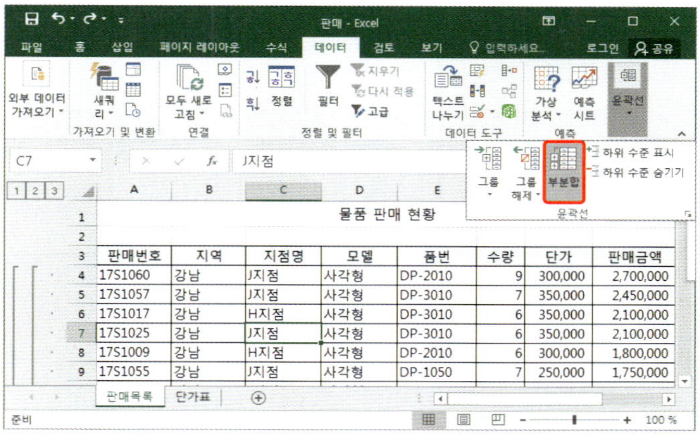

06 [부분합] 대화상자에서 [그룹화할 항목]은 '모델', [사용할 함수]는 '평균', [부분합 계산 항목]은 '수량'과 '판매금액'으로 설정하고, [새로운 값으로 대치] 항목의 선택을 해제한 다음 [확인]을 누른다.

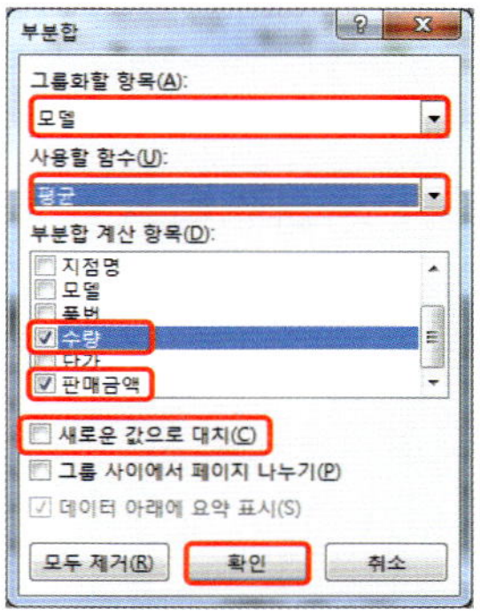

TIP [새로운 값으로 대치] 항목이 선택되어 있으면 기존 부분합이 제거되고 새로 설정한 부분합만 표시된다. 부분합을 중첩하려면 반드시 선택을 해제한다.

07 단계 [1]~[4]의 수준 번호 중 [3]을 누르면 지역별 요약과 모델별 평균을 볼 수 있다. '수량' 필드에는 [홈] 탭-[표시 형식] 그룹-[자릿수 줄임]을 눌러 적용하고 '판매금액' 필드는 [표시 형식]을 [회계]로 설정해 그림과 같이 편집한다.

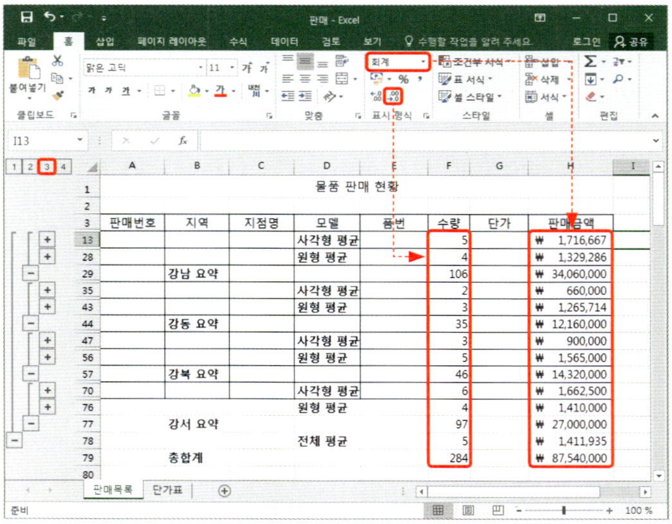

SECTION 05

조건부 서식 지정하기

특정 조건을 만족하는 셀을 강조하거나 구별하기 쉽도록 다른 서식을 설정하는 방법을 조건부 서식이라고 한다. 판매목록 중에서 특정 제품만 구별되도록 노란색으로 셀을 채우거나 판매금액 상위 10%에 해당하는 데이터는 빨간색 글꼴 또는 아이콘으로 구분해서 표시하는 등의 경우이다. 조건부 서식은 여러 가지 형식으로 설정할 수 있는데, 여기서는 다양한 조건부 서식 지정 방법에 대해 알아본다.

5.1 조건부 서식 규칙

조건부 서식을 지정하려면 먼저 조건에 맞는 셀을 검사하는 규칙을 만들어야 한다. 엑셀에서는 여러 경우의 규칙을 제공하므로 쉽게 골라서 사용할 수 있다. 셀 강조 규칙, 상위/하위 규칙의 목록에 다양한 조건을 비교할 수 있는 규칙이 있고, 수식을 사용하여 사용자가 원하는 규칙을 만드는 메뉴도 있다.

기본예제 5-14 셀 강조 규칙 설정과 규칙 지우기

물품 판매 현황에서 품번이 'OP−2020'인 데이터만 셀 서식을 [진한 녹색 텍스트가 있는 녹색 채우기]로 설정하도록 조건부 서식을 적용해 보고, 설정한 규칙을 지우는 방법도 알아보자.

01 '판매목록' 시트에서 '품번' 필드인 E4:E65 범위를 모두 선택하고 [홈] 탭−[스타일] 그룹−[조건부 서식] 목록에서 [셀 강조 규칙]−[같음]을 선택한다.

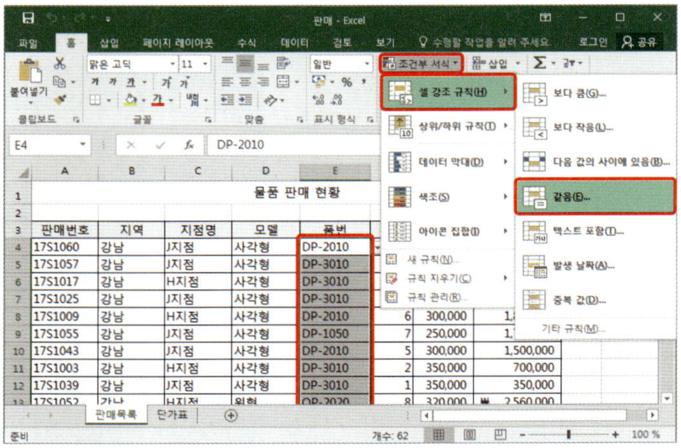

TIP 이전 실습에서 적용한 부분합 설정을 모두 해제한 뒤 실습을 진행한다.

02 [같음] 대화상자에서 *OP-2020*을 입력하고 [적용할 서식]은 [진한 녹색 텍스트가 있는 녹색 채우기]를 선택하고 [확인]을 누른다.

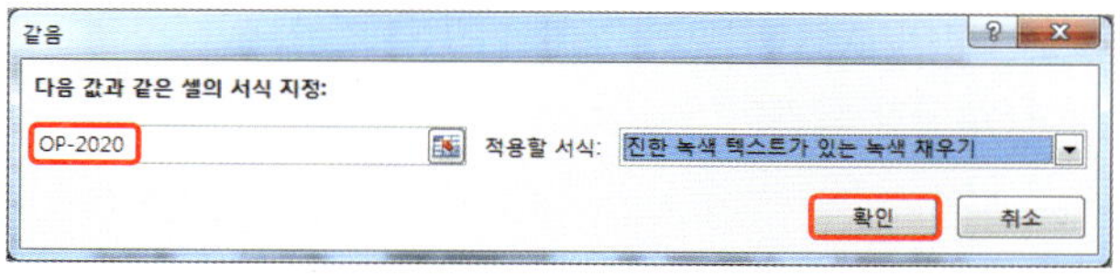

03 품번이 'OP-2020'인 데이터에 설정한 서식이 적용된다. 조건부 서식을 지우려면 [홈] 탭-[스타일] 그룹-[조건부 서식] 목록에서 [규칙 지우기]-[시트 전체에서 규칙 지우기]를 선택한다.

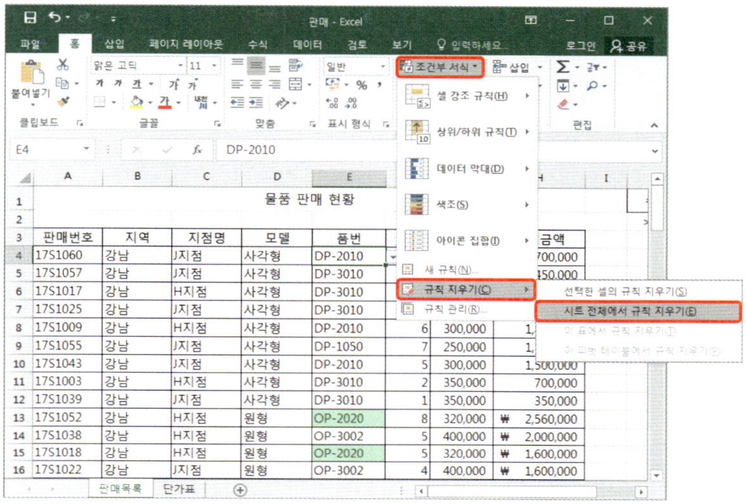

TIP E4:E65 범위를 선택하고 [홈] 탭-[스타일] 그룹-[조건부 서식] 목록에서 [규칙 지우기]-[선택한 셀의 규칙 지우기]를 선택해도 된다.

기본예제 5-15 상위/하위 규칙 설정과 규칙 편집하기

물품 판매 현황에서 판매금액을 기준으로 상위/하위 규칙을 적용하여 조건부 서식을 설정해 보자.

01 '판매목록' 시트에서 '판매금액' 데이터 영역인 H4:H65 범위를 선택하고 [홈] 탭-[스타일] 그룹-[조건부 서식] 목록에서 [상위/하위 규칙]-[상위 10%]를 선택한다.

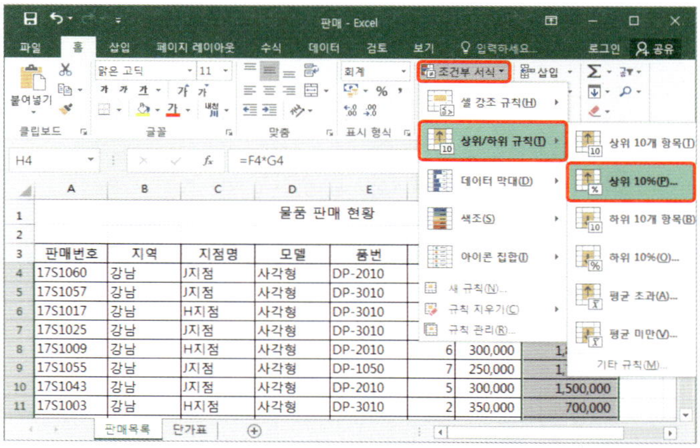

02 [상위 10%] 대화상자에서 값은 *10*으로 설정하고 서식은 [빨강 텍스트]를 선택한 다음 [확인]을 누른다.

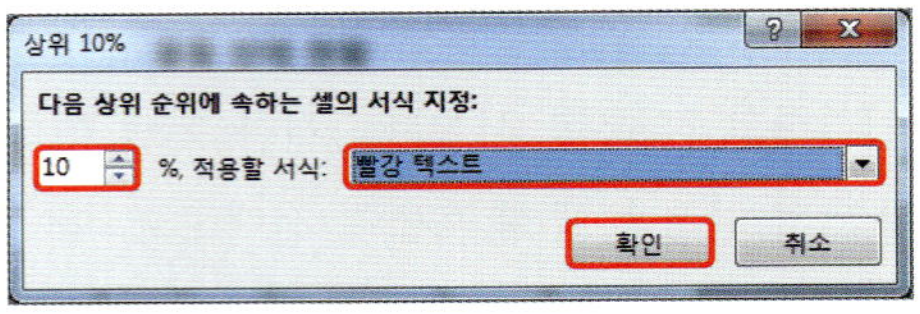

03 상위 10%에 해당하는 판매금액에 설정한 서식이 적용된다. 설정한 조건부 서식을 수정하려면 [홈] 탭–[스타일] 그룹–[조건부 서식] 목록에서 [규칙 관리]를 선택한다.

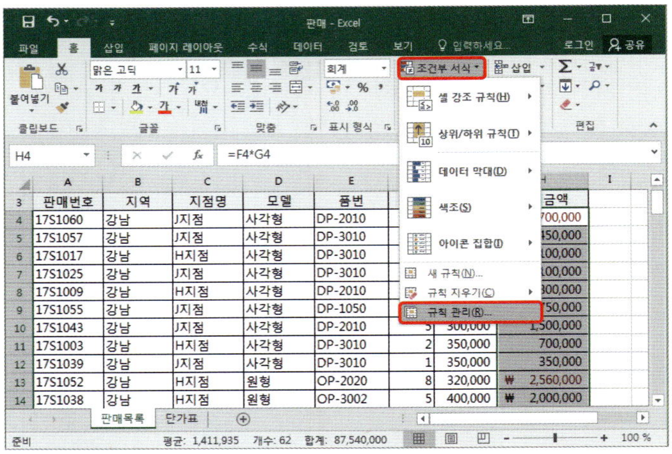

04 [조건부 서식 규칙 관리자] 대화상자에서 [상위 10%] 규칙을 선택하고 [규칙 편집]을 누른다.

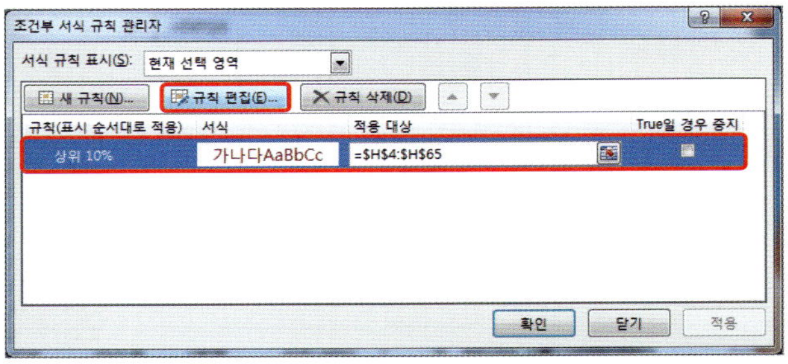

05 [서식 규칙 편집] 대화상자에서 필요한 값을 수정(하위, 20%)하고 [확인]을 누른다.

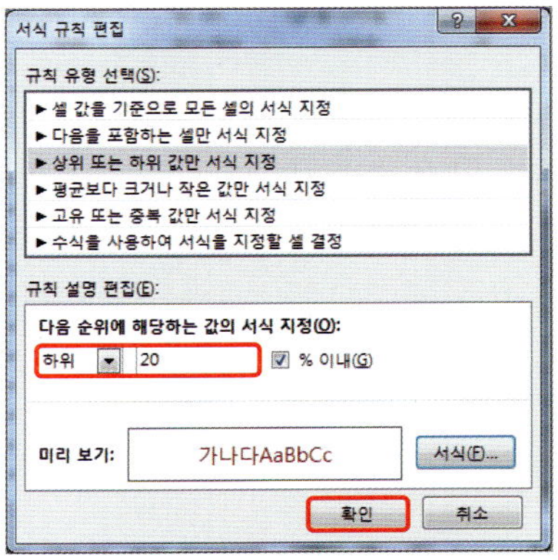

06 [조건부 서식 규칙 관리자] 대화상자에서 [확인]을 누른다.

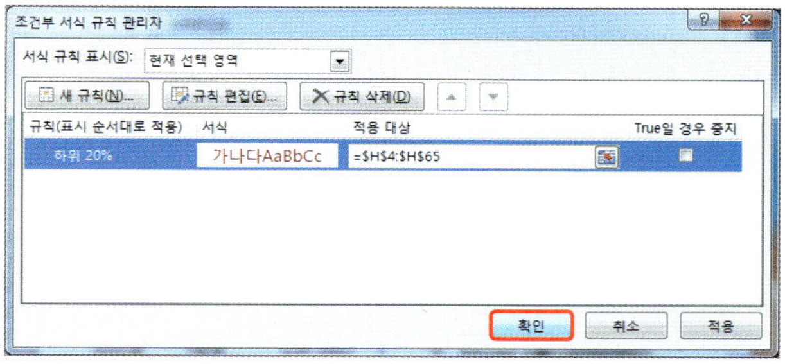

07 수정한 조건부 서식에 따라 하위 20%에 해당하는 판매금액이 빨간색 텍스트로 표시된다.

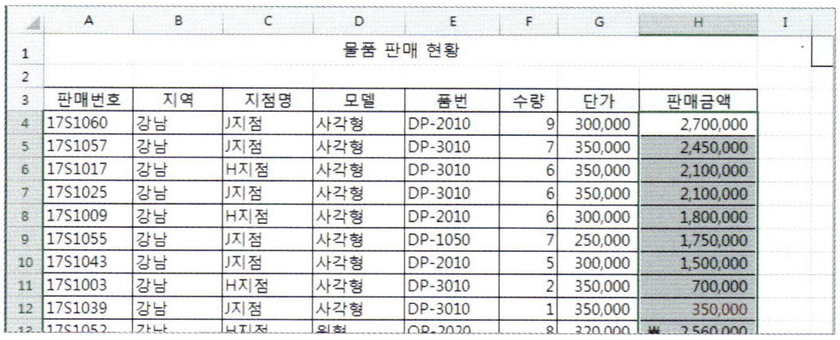

기본예제 5-16 수식을 작성하여 서식 지정하기

단가가 35만 원 이상인 물품의 판매 현황 데이터가 표시되는 행 전체를 노란색으로 채우도록 조건부 서식을 설정해 보자.

TIP 이전의 실습처럼 조건의 기준이 되는 셀에만 서식을 설정하는 것이 아니라, 해당 행의 다른 셀에도 조건부 서식을 설정하려면 수식을 직접 작성해야 한다.

01 '판매목록' 시트에서 조건부 서식을 설정할 A4:H65 범위를 선택하고 [홈] 탭–[스타일] 그룹–[조건부 서식] 목록에서 [새 규칙]을 선택한다.

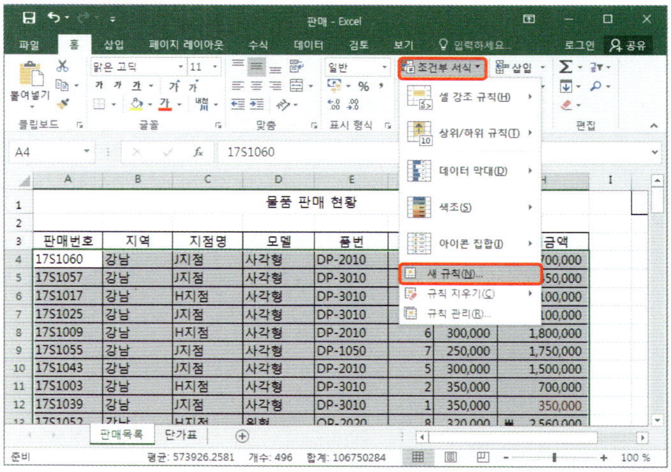

02 [새 서식 규칙] 대화상자가 나타나면 [규칙 유형 선택] 목록에서 [수식을 사용하여 서식을 지정할 셀 결정]을 선택하고 [규칙 설명 편집]의 입력란에 *=$G4>=350000* 수식을 입력한 다음 [서식]을 선택한다.

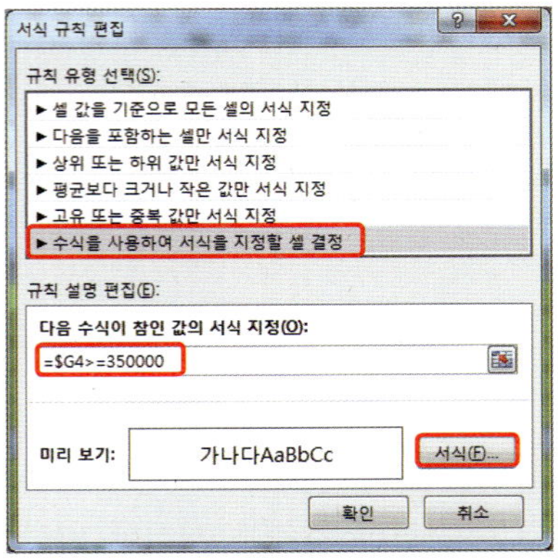

TIP 조건부 서식의 수식을 입력할 때는 참조 방식을 잘 구분해서 작성해야 한다. '판매목록' 시트의 G4:G65 범위에 있는 '단가'의 값이 350000보다 큰지 검사하는 수식에는 시작 셀인 $G4를 혼합 참조 방식으로 사용한다. 4행부터 65행까지 반복해서 수식을 적용할 때 열 번호 G는 절대 참조로 바뀌지 않도록 고정하고 행 번호만 4~65까지 변경하며 조건을 검사하기 때문이다.

03 [셀 서식] 대화상자의 [채우기] 탭에서 [배경색]을 [노랑]으로 선택하고 [확인]을 누른다.

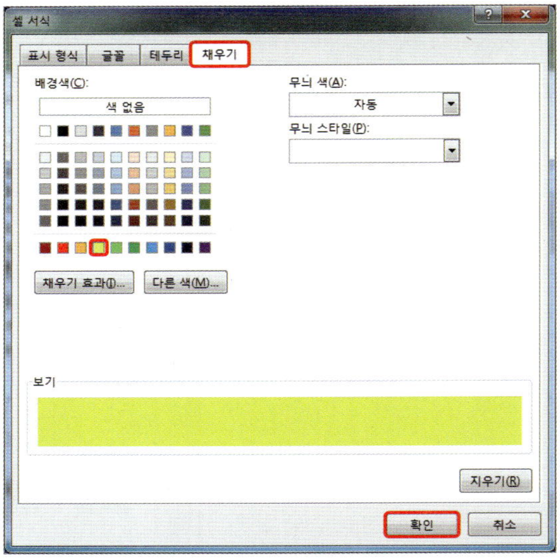

04 [새 서식 규칙] 대화상자의 [미리 보기]에 설정한 서식 모양이 표시된다. [확인]을 눌러 창을 닫는다.

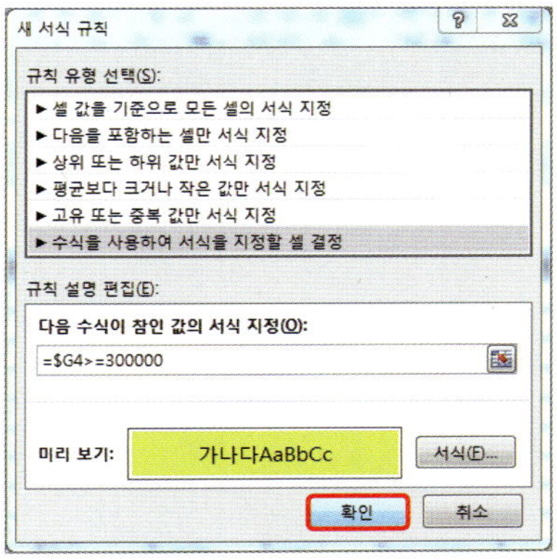

05 '단가'가 35만 원 이상인 물품에 해당하는 판매 데이터의 행 전체에 설정한 서식이 적용된다.

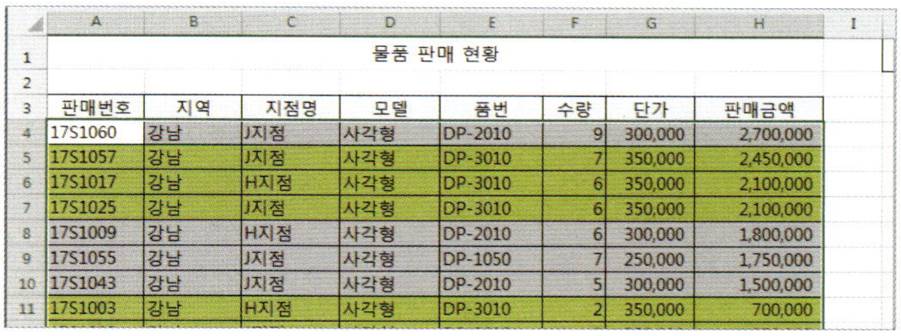

5.2 데이터 시각화

조건부 서식은 앞의 실습에서와 같이 특정 조건에 맞는 값을 검사하여 서식을 설정할 수도 있지만 막대나 색조, 아이콘과 같은 시각화 방법으로 셀 값을 표현할 수도 있다. 셀 값의 크기에 따라 막대의 길이를 다르게 하거나 색조의 명암, 아이콘의 형태로 데이터를 쉽게 비교할 수 있도록 시각화하면 이해력을 높일 수 있다.

기본예제 5-17 데이터 막대와 아이콘으로 서식 설정하기

물품 판매 현황에서 '판매금액' 필드의 모든 셀에 데이터 막대를 표시하여 값을 쉽게 비교할 수 있도록 설정해 보자.

01 '판매목록' 시트에서 '판매금액' 필드인 H4:H65 범위를 선택하고 [홈] 탭–[스타일] 그룹–[조건부 서식] 목록에서 [데이터 막대]–[그라데이션 채우기]의 [파랑 데이터 막대]를 선택한다.

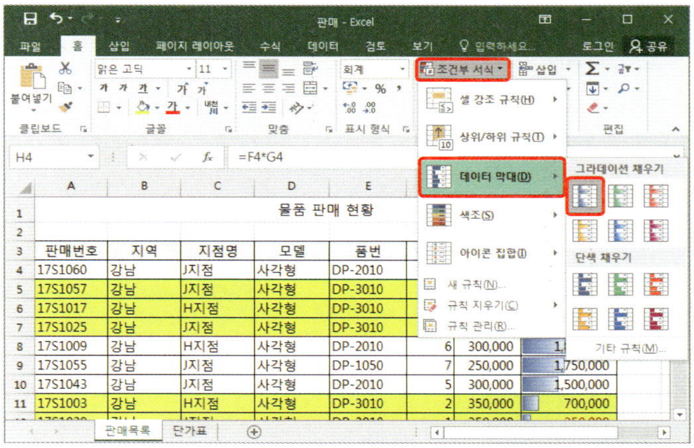

02 판매금액의 값에 따라 데이터 막대의 길이가 다르게 표시된다.

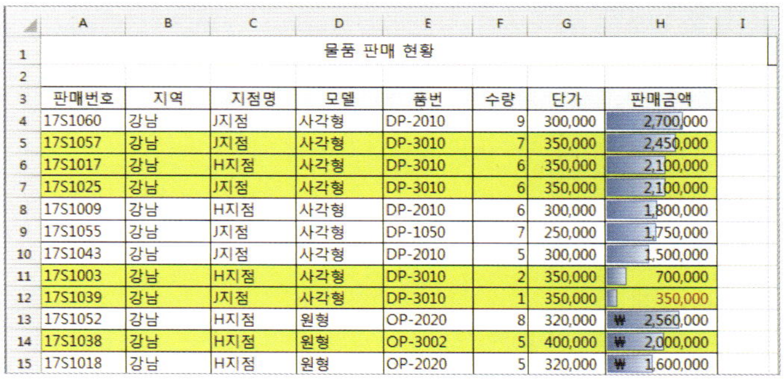

03 F4:F65 범위의 '수량' 필드를 모두 선택하고 [홈] 탭-[스타일] 그룹-[조건부 서식] 목록에서 [아이콘 집합]-[방향]의 [삼각형 3개]를 선택한다.

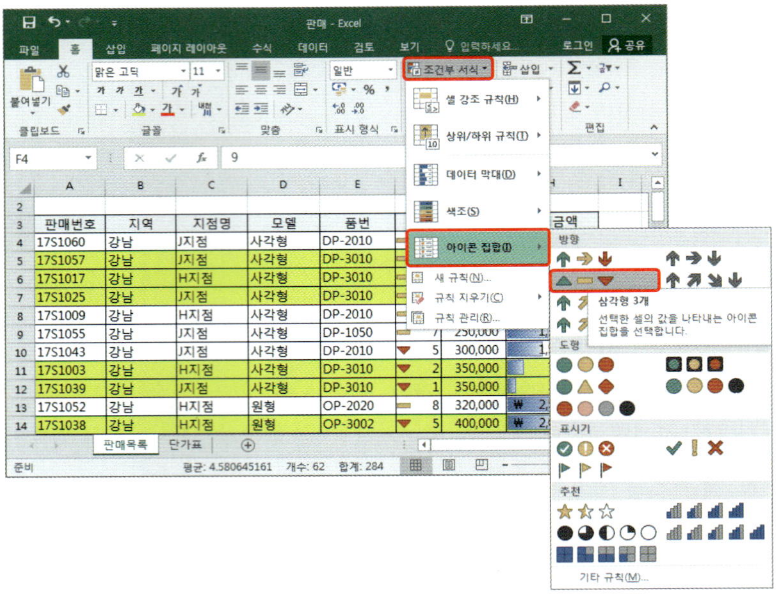

04 '수량' 필드의 모든 셀 값이 세 가지 삼각형 형태로 표시된다. 규칙을 수정하기 위해 [홈] 탭-[스타일] 그룹-[조건부 서식] 목록에서 [규칙 관리]를 선택한다.

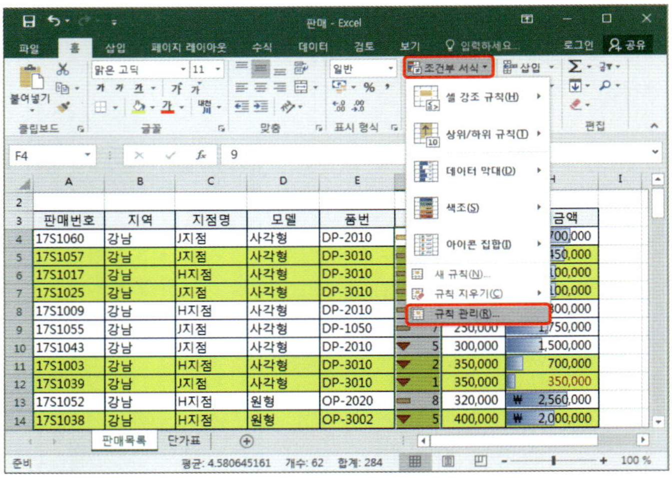

05 [조건부 서식 규칙 관리자] 대화상자에서 [아이콘 집합]을 선택하고 [규칙 편집]을 누른다.

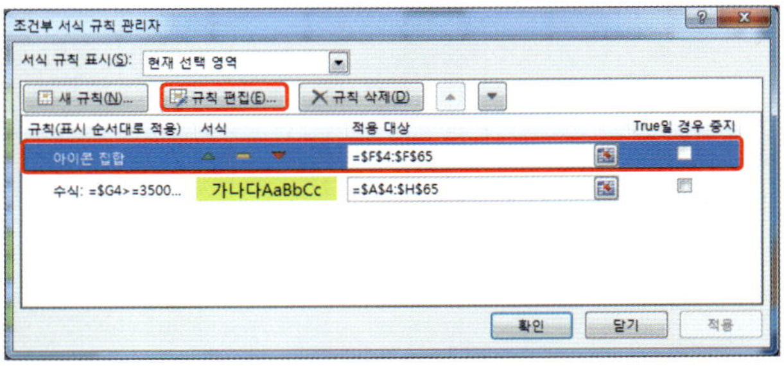

06 [서식 규칙 편집] 대화상자에서 [규칙 설명 편집]의 [값]과 [종류]를 그림과 같이 수정하고 [확인]을 누른다.

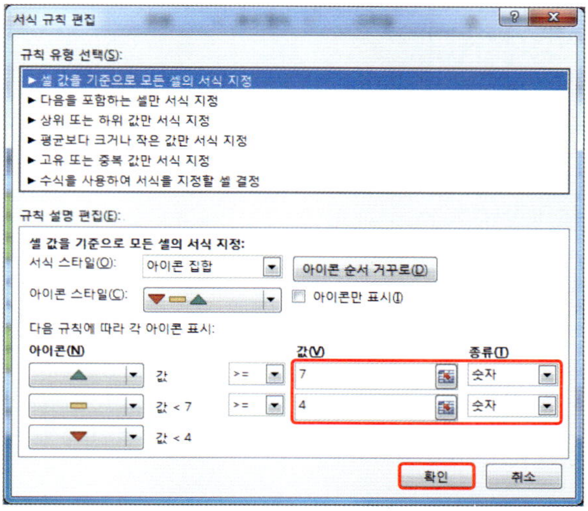

TIP [삼각형 3개] 서식에서는 기본 규칙 설정에서 '수량'을 퍼센트 단위로 3등분하여 아이콘으로 표시했는데, 이를 수정하여 7 이상일 때, 4 이상일 때, 그 이하로 변경하여 표시하도록 한다.

07 [조건부 서식 규칙 관리자] 대화상자에서 [확인]을 눌러 창을 닫는다.

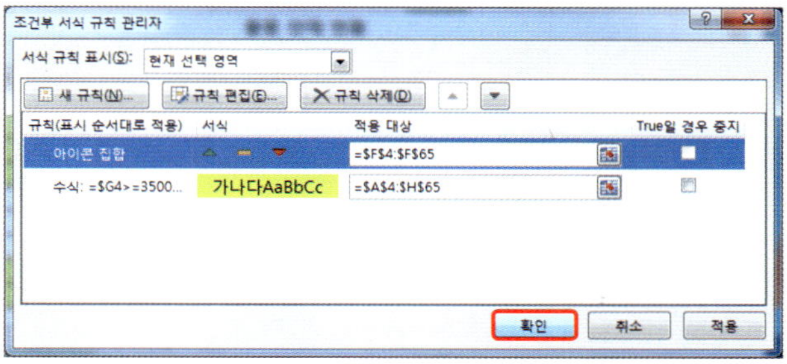

08 변경된 규칙에 따라 세 가지 형태의 삼각형이 구분되어 셀 안에 표시된다.

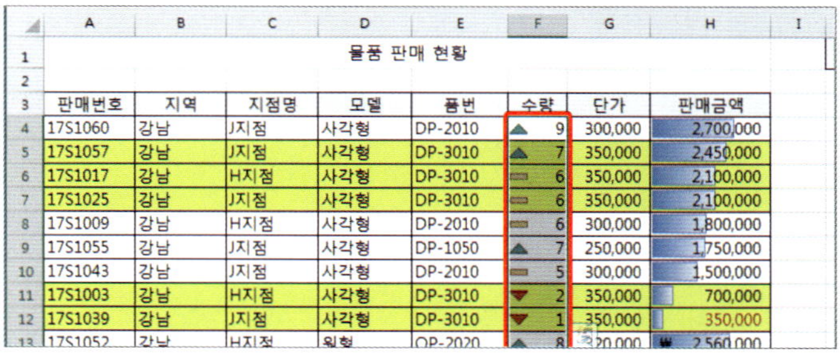

요약예제

이번 장에서 학습한 데이터 유효성 검사, 정렬과 필터, 부분합과 조건부 서식 지정 방법을 활용하여 작업 명세서를 만들어 보자.

1 '요약예제.xlsx' 파일의 '작업' 시트에서 '현장명' 필드인 A3:A14 범위를 선택하고 [데이터] 탭–[데이터 도구] 그룹–[데이터 유효성 검사] 목록에서 [데이터 유효성 검사]를 선택한다.

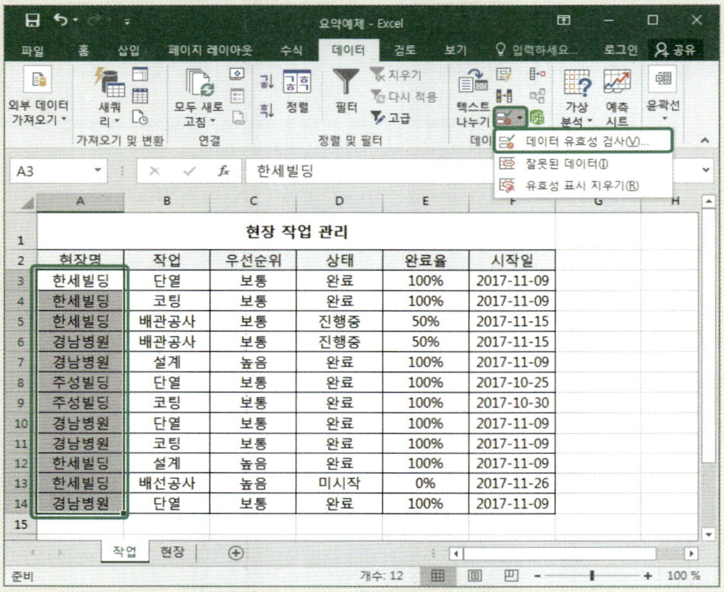

2 [데이터 유효성] 대화상자의 [설정] 탭에서 [유효성 조건]의 [제한 대상]은 [목록], [원본]은 '현장' 시트의 A2:A6 범위를 선택하여 *=현장!$A$2:$A$6*으로 설정하고 [확인]을 누른다.

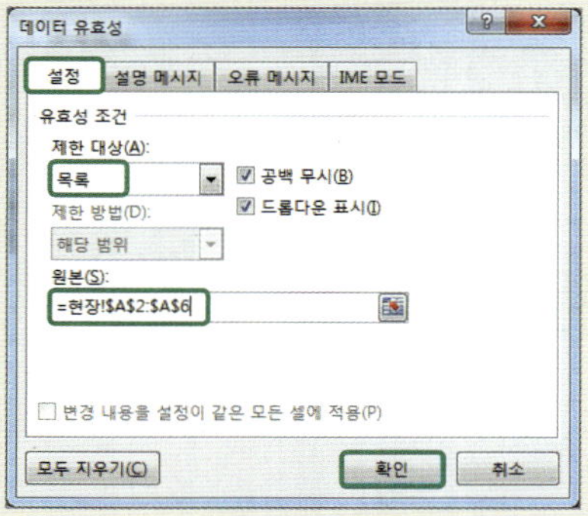

3 우선순위가 높은 미완료 작업을 필터링해서 결과를 표시한다. 고급 필터를 사용하기 위해 먼저 H1:I3 범위에 그림과 같이 우선순위는 높음, 완료율은 *<100%*로 입력하여 필터 조건을 작성한다.

	A	B	C	D	E	F	G	H	I
1	현장 작업 관리							필터 조건	
2	현장명	작업	우선순위	상태	완료율	시작일		우선순위	완료율
3	한세빌딩	단열	보통	완료	100%	2017-11-09		높음	<100%
4	한세빌딩	코팅	보통	완료	100%	2017-11-09			
5	한세빌딩	배관공사	보통	진행중	50%	2017-11-15			
6	경남병원	배관공사	보통	진행중	50%	2017-11-15			
7	경남병원	설계	높음	완료	100%	2017-11-09			
8	주성빌딩	단열	보통	완료	100%	2017-10-25			
9	주성빌딩	코팅	보통	완료	100%	2017-10-30			
10	경남병원	단열	보통	완료	100%	2017-11-09			
11	경남병원	코팅	보통	완료	100%	2017-11-09			
12	한세빌딩	설계	높음	완료	100%	2017-11-09			
13	한세빌딩	배선공사	높음	미시작	0%	2017-11-26			
14	경남병원	단열	보통	완료	100%	2017-11-09			

4 현장 작업 관리 데이터 영역 내 임의의 셀을 선택하고, [데이터] 탭-[정렬 및 필터] 그룹-[고급]을 누른다.

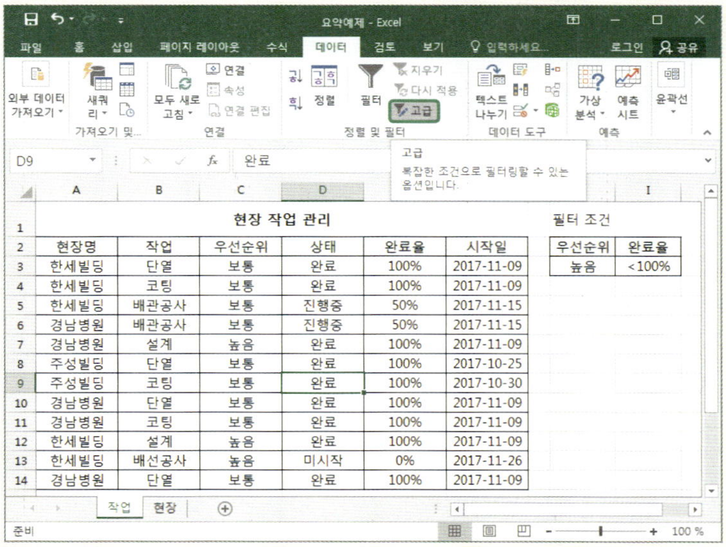

	A	B	C	D	E	F	G	H	I
1	현장 작업 관리							필터 조건	
2	현장명	작업	우선순위	상태	완료율	시작일		우선순위	완료율
3	한세빌딩	단열	보통	완료	100%	2017-11-09		높음	<100%
4	한세빌딩	코팅	보통	완료	100%	2017-11-09			
5	한세빌딩	배관공사	보통	진행중	50%	2017-11-15			
6	경남병원	배관공사	보통	진행중	50%	2017-11-15			
7	경남병원	설계	높음	완료	100%	2017-11-09			
8	주성빌딩	단열	보통	완료	100%	2017-10-25			
9	주성빌딩	코팅	보통	완료	100%	2017-10-30			
10	경남병원	단열	보통	완료	100%	2017-11-09			
11	경남병원	코팅	보통	완료	100%	2017-11-09			
12	한세빌딩	설계	높음	완료	100%	2017-11-09			
13	한세빌딩	배선공사	높음	미시작	0%	2017-11-26			
14	경남병원	단열	보통	완료	100%	2017-11-09			

5 [고급 필터] 대화상자에서 [결과]를 [다른 장소에 복사]로 선택하고 [목록 범위]는 *$A$2:$F$14*, [조건 범위]는 *작업!$H$2:$I$3*, [복사 위치]는 *작업!$H$5*로 설정하고 [확인]을 누르면 필터링 결과가 H5 셀부터 표시된다.

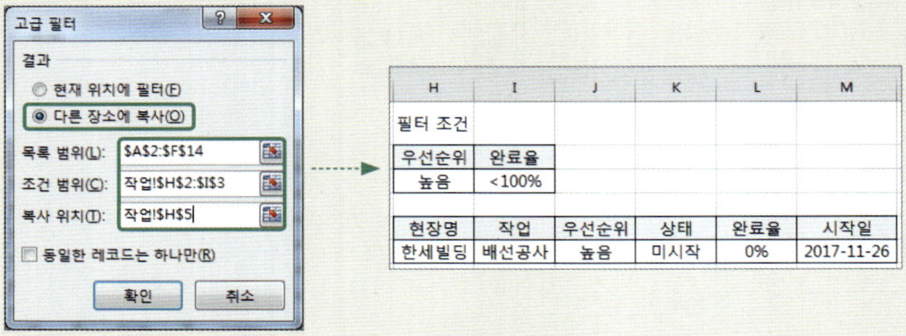

6 현장별 작업에 대한 부분합을 계산하기 전에 먼저 데이터를 정렬하기 위해 데이터 영역 내 임의의 셀을 선택하고 [데이터] 탭–[정렬 및 필터] 그룹–[정렬]을 누른다.

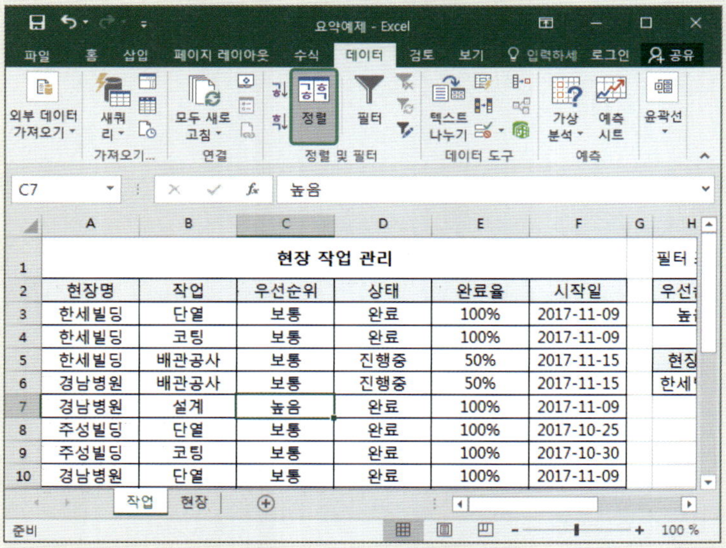

7 [정렬] 대화상자에서 [정렬 기준]과 [다음 기준]으로 '현장명'과 '작업'을 각각 '오름차순'으로 설정하고 [확인]을 누른다.

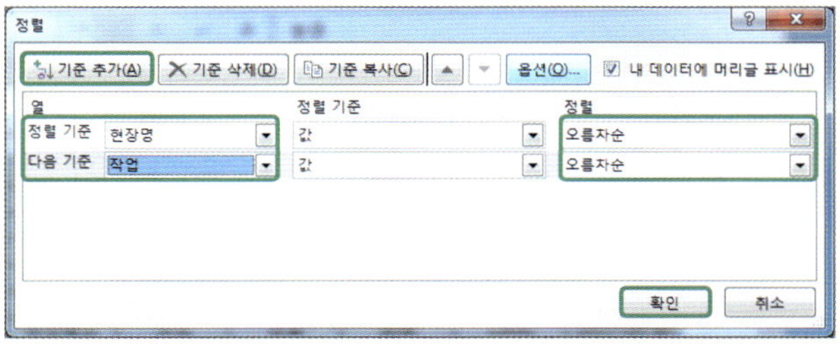

8 데이터 영역 내 임의의 셀을 선택하고 [데이터] 탭–[윤곽선] 그룹–[부분합]을 누른다.

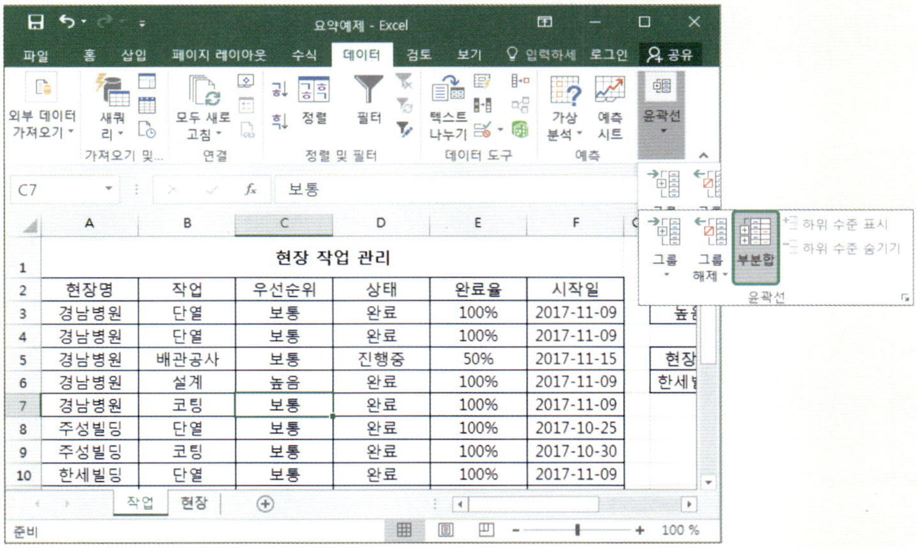

9 [부분합] 대화상자에서 [그룹화할 항목]을 '현장명', [사용할 함수]는 '개수', [부분합 계산 항목]은 '작업'으로 설정하고 [확인]을 누른다.

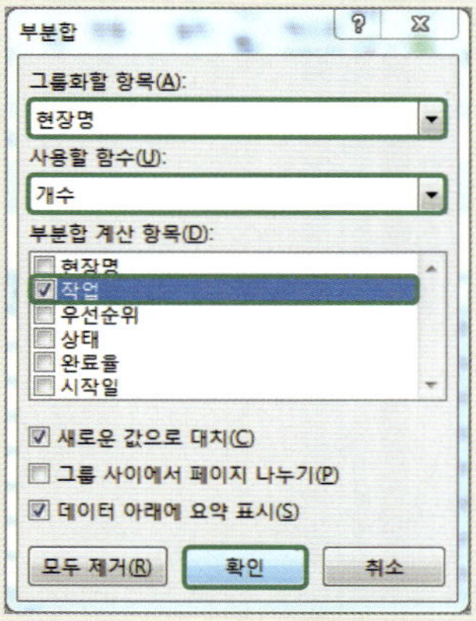

10 완료율의 평균도 부분합으로 중첩 계산하기 위해 [데이터] 탭–[윤곽선] 그룹–[부분합]을 눌러 [부분합] 대화상자를 다시 실행한다. [사용할 함수]로 '평균', [부분합 계산 항목]은 '완료율'로 설정하고 [새로운 값으로 대치] 항목의 선택을 해제한 뒤 [확인]을 누른다.

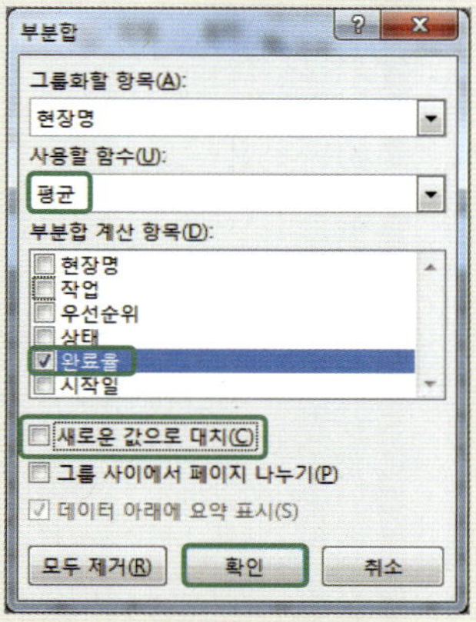

11 [1]~[4]의 수준 번호 중 [4]를 선택하고 A3:F18 범위를 선택한다. 우선순위가 높은 작업에 조건부 서식을 설정하기 위해 [홈] 탭–[스타일] 그룹–[조건부 서식] 목록에서 [새 규칙]을 선택한다.

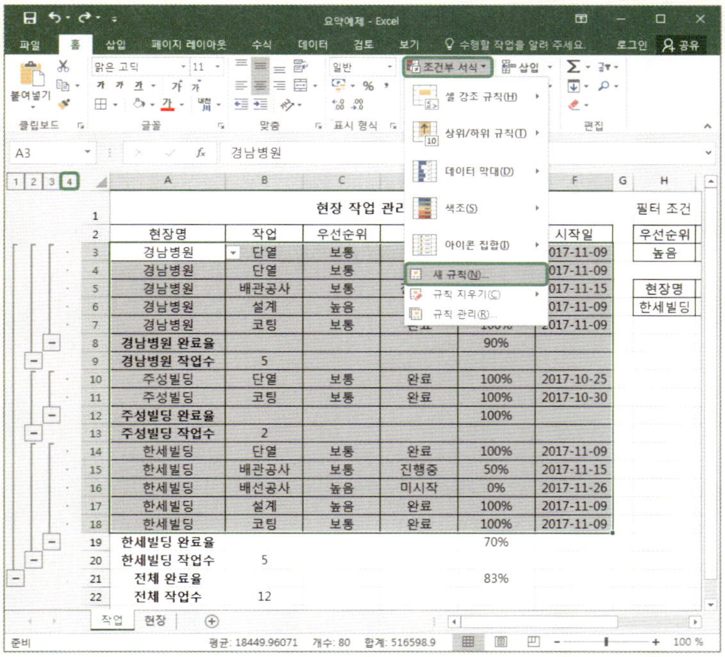

12 [새 서식 규칙] 대화상자가 나타나면 [규칙 유형 선택] 목록에서 [수식을 사용하여 서식을 지정할 셀 결정]을 선택하고 [규칙 설명 편집]의 입력란에 *=$C3="높음"* 수식을 입력하고 [서식]을 누른다.

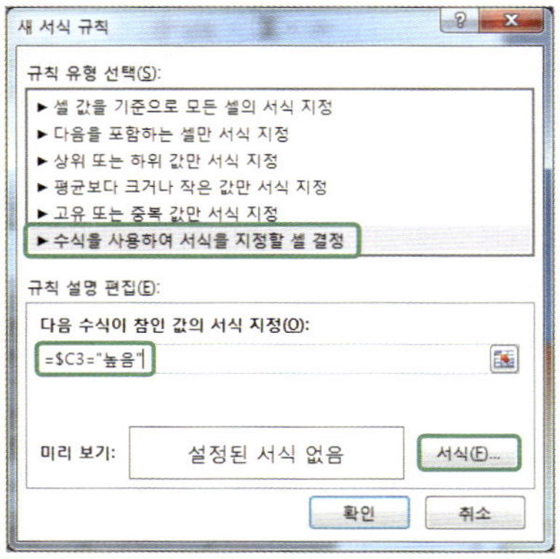

13 [셀 서식] 대화상자의 [글꼴] 탭에서 [색]을 [빨강]으로 설정하고, [채우기] 탭에서 [배경색]을 [밝은 주황]으로 설정한 다음 [확인]을 누른다.

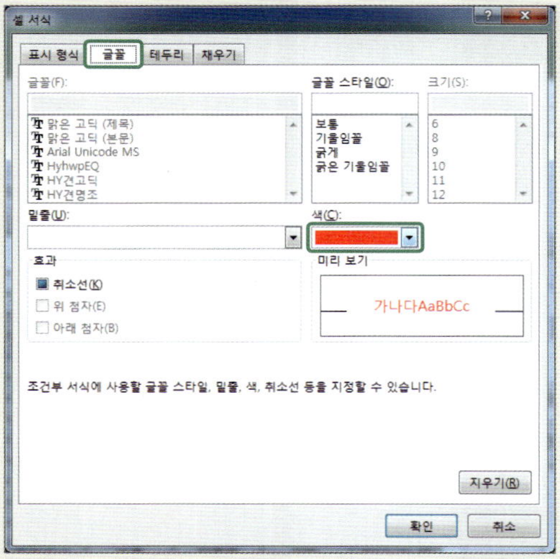

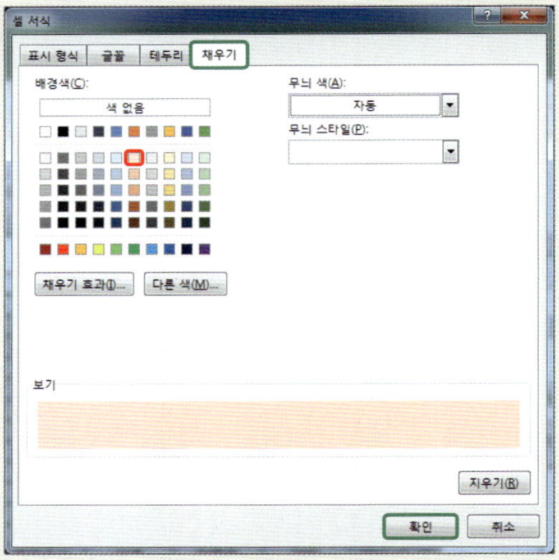

14 [새 서식 규칙] 대화상자에서 [확인]을 눌러 창을 닫으면 조건부 서식이 설정된 데이터를 확인할 수 있다.

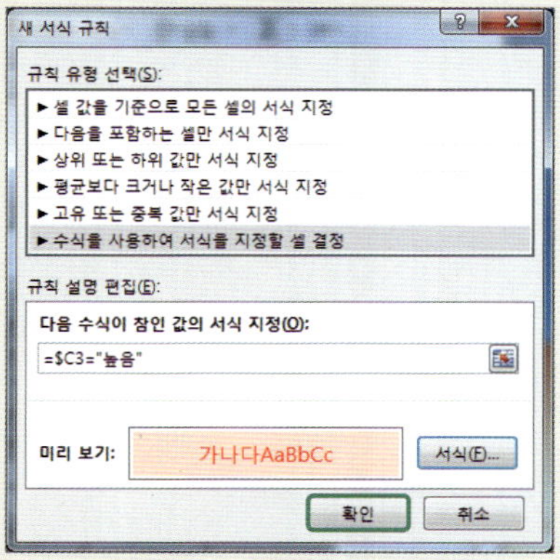

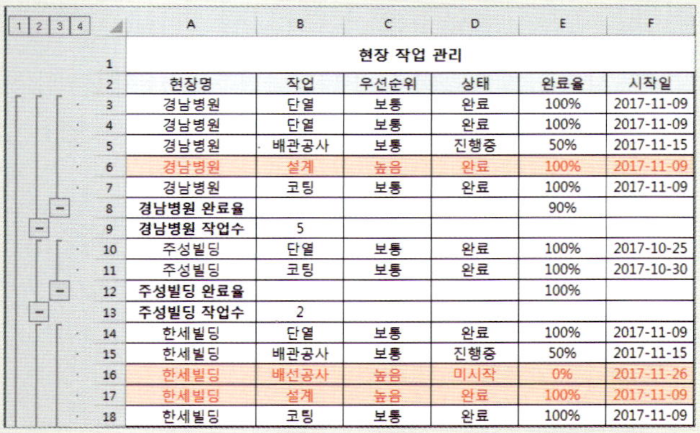

	A	B	C	D	E	F
1	현장 작업 관리					
2	현장명	작업	우선순위	상태	완료율	시작일
3	경남병원	단열	보통	완료	100%	2017-11-09
4	경남병원	단열	보통	완료	100%	2017-11-09
5	경남병원	배관공사	보통	진행중	50%	2017-11-15
6	경남병원	설계	높음	완료	100%	2017-11-09
7	경남병원	코팅	보통	완료	100%	2017-11-09
8	경남병원 완료율				90%	
9	경남병원 작업수	5				
10	주성빌딩	단열	보통	완료	100%	2017-10-25
11	주성빌딩	코팅	보통	완료	100%	2017-10-30
12	주성빌딩 완료율				100%	
13	주성빌딩 작업수	2				
14	한세빌딩	단열	보통	완료	100%	2017-11-09
15	한세빌딩	배관공사	보통	진행중	50%	2017-11-15
16	한세빌딩	배선공사	높음	미시작	0%	2017-11-26
17	한세빌딩	설계	높음	완료	100%	2017-11-09
18	한세빌딩	코팅	보통	완료	100%	2017-11-09

연습 문제

1 '연습.xlsx' 파일의 '연습1' 시트를 열어 연도별 매출액을 지시대로 작성하시오.

❶ '연도'와 '우편물종류', '우편물상세' 필드를 기준으로 정렬하시오. 단, '연도' 필드는 내림차순으로, 나머지 필드는 오름차순으로 정렬하시오.

❷ '우편물종류'가 '소포'이고 '금액'이 60만 원 이상이거나 '우편물상세'가 '특수'이고 '금액'이 65만 원 이상인 데이터를 필터링하시오. 고급 필터를 사용하여 필터 조건은 F2 셀에, 필터링 결과는 F6 셀부터 표시하시오.

❸ 조건부 서식을 이용하여 '우편물상세' 필드의 값이 '등기'인 행 전체를 노란색으로 채우시오.

❹ 부분합 기능을 이용하여 연도별 '금액'의 합계와 평균을 구하시오.

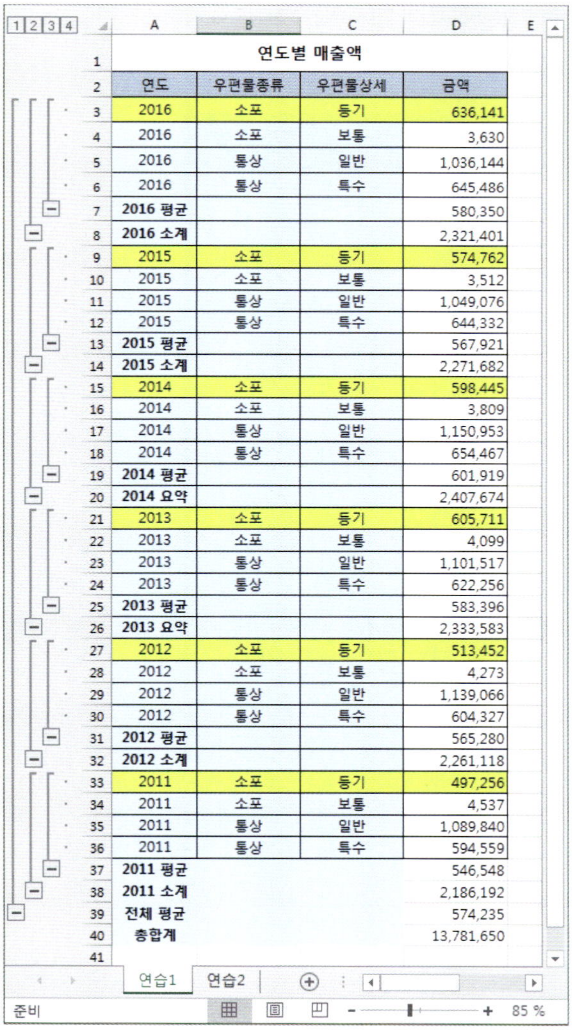

연도별 매출액

연도	우편물종류	우편물상세	금액
2016	소포	등기	636,141
2016	소포	보통	3,630
2016	통상	일반	1,036,144
2016	통상	특수	645,486
2016 평균			580,350
2016 소계			2,321,401
2015	소포	등기	574,762
2015	소포	보통	3,512
2015	통상	일반	1,049,076
2015	통상	특수	644,332
2015 평균			567,921
2015 소계			2,271,682
2014	소포	등기	598,445
2014	소포	보통	3,809
2014	통상	일반	1,150,953
2014	통상	특수	654,467
2014 평균			601,919
2014 요약			2,407,674
2013	소포	등기	605,711
2013	소포	보통	4,099
2013	통상	일반	1,101,517
2013	통상	특수	622,256
2013 평균			583,396
2013 요약			2,333,583
2012	소포	등기	513,452
2012	소포	보통	4,273
2012	통상	일반	1,139,066
2012	통상	특수	604,327
2012 평균			565,280
2012 소계			2,261,118
2011	소포	등기	497,256
2011	소포	보통	4,537
2011	통상	일반	1,089,840
2011	통상	특수	594,559
2011 평균			546,548
2011 소계			2,186,192
전체 평균			574,235
총합계			13,781,650

2 '연습.xlsx' 파일의 '연습2' 시트를 열어 아래 조건에 맞게 작성하시오.

❶ SUM 함수와 RANK.EQ 함수를 이용하여 총점과 순위를 계산하여 표시하시오.

❷ 제목 셀은 병합하고, 데이터 영역의 모든 셀에 테두리 선을 설정하시오.

❸ D3:G22 범위에 음수가 입력되면 오류 메시지를 표시하도록 데이터 유효성 검사 기능을 설정하시오.

❹ '학과'와 '이름' 필드를 기준으로 오름차순 정렬하시오.

❺ '총점' 필드에 조건부 서식을 이용하여 70% 이상, 30% 이상, 그 이하인 경우로 구분하여 그림과 같이 '별 3개 아이콘'으로 표시하시오.

❻ 조건부 서식을 설정하여 '출석' 필드의 값이 10 미만인 학생의 이름이 있는 셀을 주황색으로 채우시오.

❼ 학과별 과제, 출석, 중간, 기말의 평균을 부분합 기능을 이용하여 계산하시오.

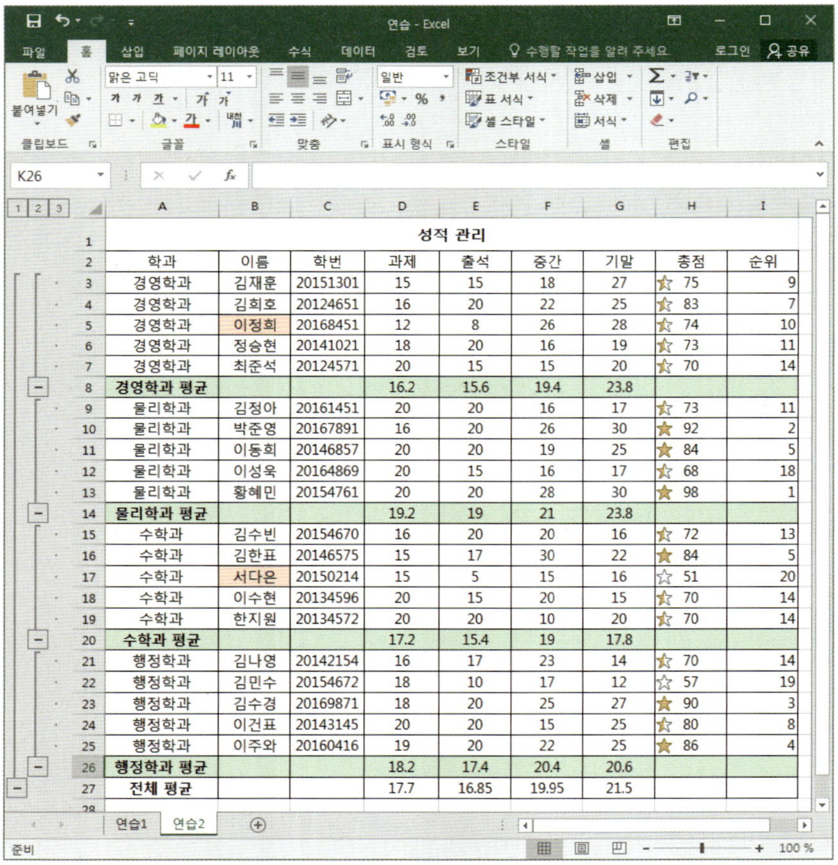

	A	B	C	D	E	F	G	H	I
1	성적 관리								
2	학과	이름	학번	과제	출석	중간	기말	총점	순위
3	경영학과	김재훈	20151301	15	15	18	27	75	9
4	경영학과	김희호	20124651	16	20	22	25	83	7
5	경영학과	이정희	20168451	12	8	26	28	74	10
6	경영학과	정승현	20141021	18	20	16	19	73	11
7	경영학과	최준석	20124571	20	15	15	20	70	14
8	**경영학과 평균**			16.2	15.6	19.4	23.8		
9	물리학과	김정아	20161451	20	20	16	17	73	11
10	물리학과	박준영	20167891	16	20	26	30	92	2
11	물리학과	이동희	20146857	20	20	19	25	84	5
12	물리학과	이성욱	20164869	20	15	16	17	68	18
13	물리학과	황혜민	20154761	20	20	28	30	98	1
14	**물리학과 평균**			19.2	19	21	23.8		
15	수학과	김수빈	20154670	16	20	20	16	72	13
16	수학과	김한표	20146575	15	17	30	22	84	5
17	수학과	서다은	20150214	15	5	15	16	51	20
18	수학과	이수현	20134596	20	15	20	15	70	14
19	수학과	한지원	20134572	20	20	10	20	70	14
20	**수학과 평균**			17.2	15.4	19	17.8		
21	행정학과	김나영	20142154	16	17	23	14	70	14
22	행정학과	김민수	20154672	18	10	17	12	57	19
23	행정학과	김수경	20169871	18	20	25	27	90	3
24	행정학과	이건표	20143145	20	20	15	25	80	8
25	행정학과	이주와	20160416	19	20	22	25	86	4
26	**행정학과 평균**			18.2	17.4	20.4	20.6		
27	**전체 평균**			17.7	16.85	19.95	21.5		

CHAPTER 06

데이터 분석

학습목표

- 표를 작성하고 편집할 수 있다.
- 피벗 테이블을 작성하고 편집하며 활용할 수 있다.
- 가상 분석을 위해 목표값 찾기와 시나리오 관리자 기능을 사용할 수 있다.

EXCEL 2016 POWERPOINT 2016

SECTION 01

표 활용하기

엑셀에서는 셀에 입력된 데이터를 이용하여 마우스 클릭만으로 간단하게 표를 작성할 수 있다. 엑셀에서 제공하는 스타일 목록을 이용하여 셀을 손쉽게 꾸밀 수도 있고 수식 셀의 자동 복사나 요약 정보 표시, 필터링 작업 등도 간편하게 할 수 있다.

1.1 표 작성

엑셀에서는 표를 워크시트에 삽입하고 직접 데이터를 입력할 수도 있지만, 셀에 입력된 데이터를 표로 바꿀 수도 있다. 표가 생성되면 기본 서식이 설정되는데, 표 도구를 이용하여 다양한 스타일을 설정할 수 있다.

기본예제 6-1 표 만들고 스타일 설정하기

셀에 입력된 데이터를 표로 변환하고 스타일을 설정해 보자.

01 '준비.xlsx' 파일의 '표' 시트에서 데이터 영역에 있는 임의의 셀을 선택하고 [삽입] 탭-[표] 그룹-[표]를 누른다.

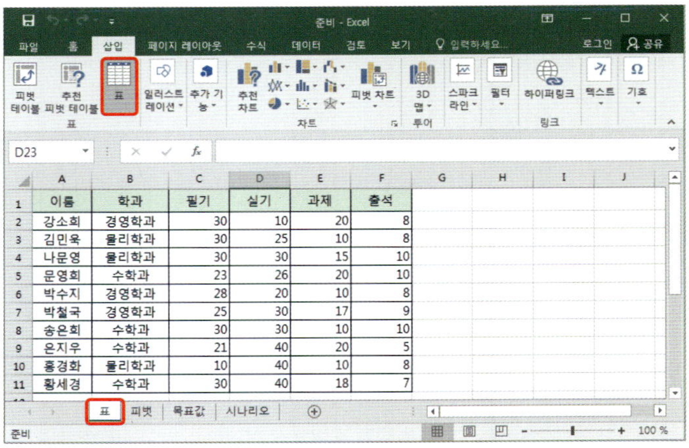

02 [표 만들기] 대화상자에서 표에 사용할 데이터를 *=$A$1:$F$11*로 지정하고, [머리글 포함]을 선택한 다음 [확인]을 누른다.

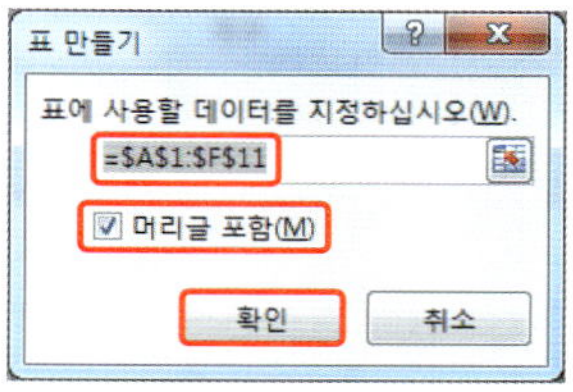

03 셀 영역이 표로 변환된다. 표가 선택된 상태에서 [표 도구]의 [디자인] 탭–[표 스타일] 그룹–[빠른 스타일] 목록에서 [표 스타일 밝게 1]을 선택한다.

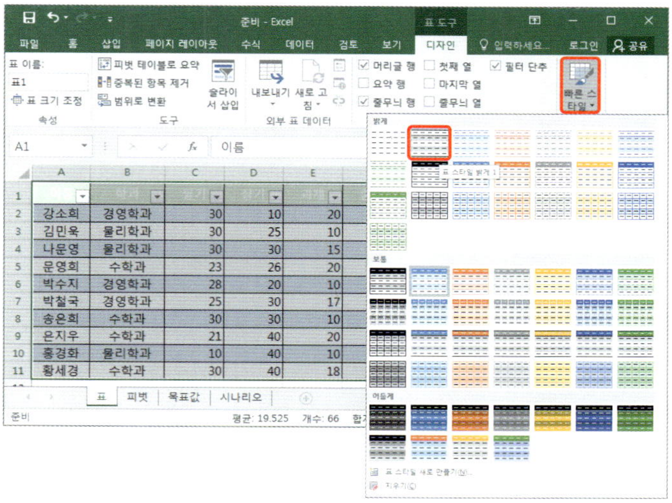

04 필드 이름에서 [▾ 필터] 단추 표시를 제거하려면 [표 도구]의 [디자인] 탭–[표 스타일 옵션] 그룹에서 [필터 단추]의 선택을 해제한다.

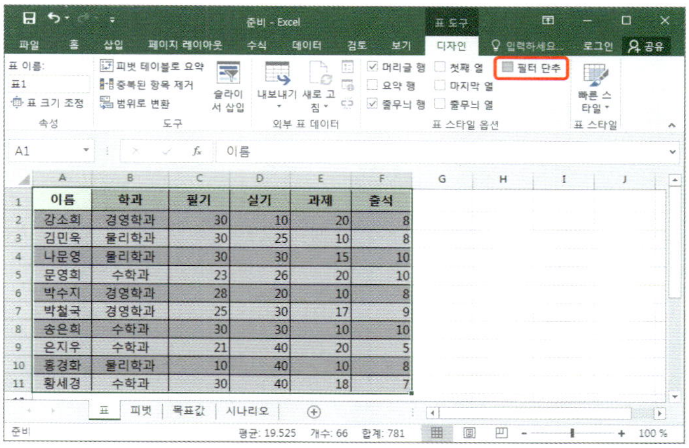

기본예제 6-2 표 편집하고 수식 계산하기

표에 행이나 열을 추가하고 합계나 평균 등 필요한 수식을 설정해 보자.

01 표 안에 있는 임의의 셀을 선택하고 [표 도구]의 [디자인] 탭-[표 스타일 옵션] 그룹에서 [요약 행]을 선택해 표 마지막 행을 추가한다. 평균을 계산하여 표시하도록 목록에서 [평균]을 선택한다.

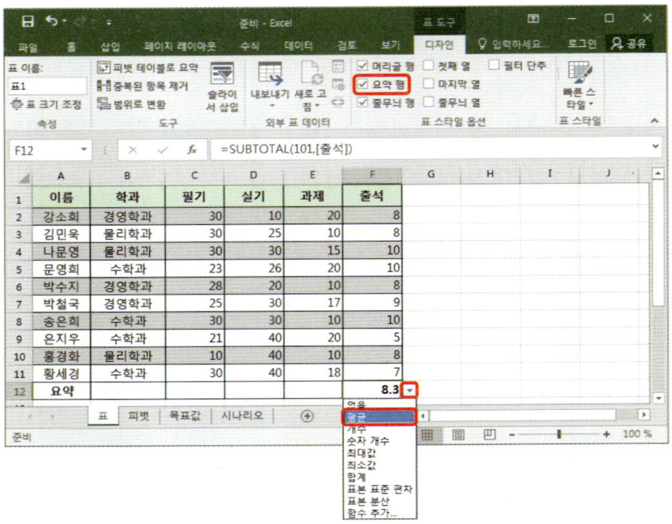

02 '학과' 필드의 요약 행에서는 [개수]를 선택하고, '필기', '실기', '과제' 필드의 요약 행에서는 [평균]을 각각 선택한다.

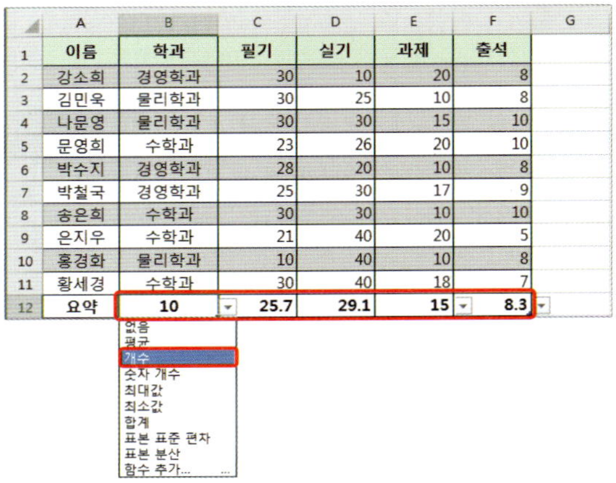

03 G1 셀에 *총점*을 입력하고 Enter를 누르면 표 오른쪽에 '총점' 필드가 표시될 열이 추가된다.

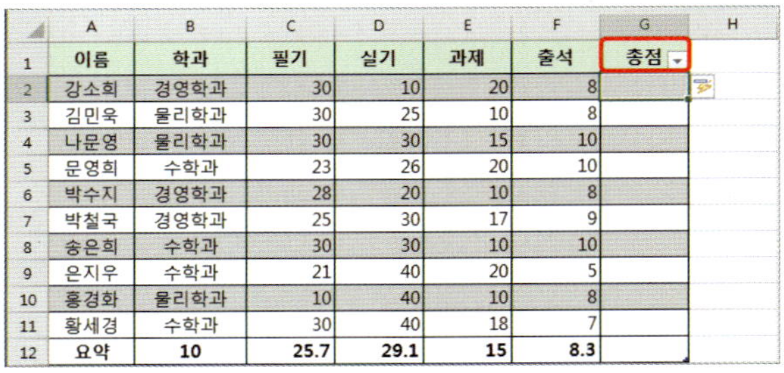

04 '총점' 필드의 값을 계산하기 위해 G2 셀을 선택하고 [홈] 탭-[편집] 그룹-[자동 합계] 목록에서 [합계]를 선택한다.

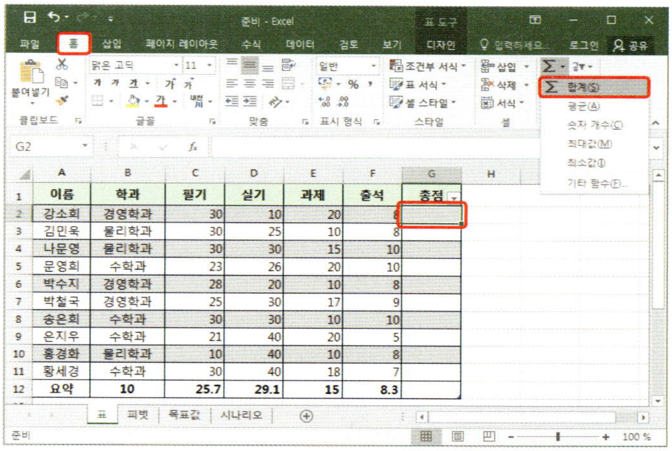

	A	B	C	D	E	F	G
1	이름	학과	필기	실기	과제	출석	총점
2	강소희	경영학과	30	10	20	8	
3	김민욱	물리학과	30	25	10	8	
4	나문영	물리학과	30	30	15	10	
5	문영희	수학과	23	26	20	10	
6	박수지	경영학과	28	20	10	8	
7	박철국	경영학과	25	30	17	9	
8	송은희	수학과	30	30	10	10	
9	은지우	수학과	21	40	20	5	
10	홍경화	물리학과	10	40	10	8	
11	황세경	수학과	30	40	18	7	
12	요약	10	25.7	29.1	15	8.3	

05 G2 셀에 *=SUM(표1[@[필기]:[출석]])* 수식이 표시되면 Enter 를 누른다.

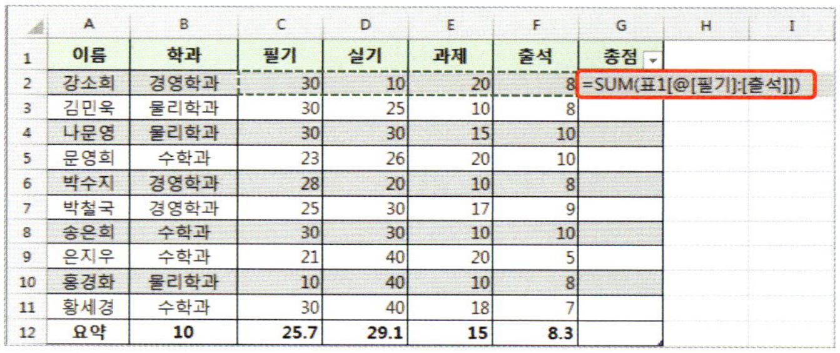

	A	B	C	D	E	F	G
1	이름	학과	필기	실기	과제	출석	총점
2	강소희	경영학과	30	10	20	8	=SUM(표1[@[필기]:[출석]])
3	김민욱	물리학과	30	25	10	8	
4	나문영	물리학과	30	30	15	10	
5	문영희	수학과	23	26	20	10	
6	박수지	경영학과	28	20	10	8	
7	박철국	경영학과	25	30	17	9	
8	송은희	수학과	30	30	10	10	
9	은지우	수학과	21	40	20	5	
10	홍경화	물리학과	10	40	10	8	
11	황세경	수학과	30	40	18	7	
12	요약	10	25.7	29.1	15	8.3	

TIP 표 데이터를 참조하는 수식에는 필드 이름을 대괄호로 묶은 *[필기]*와 같은 형식이 사용된다. *[필기]*는 필기 값이 들어 있는 열 전체 셀을 의미하고 *[@필기]*는 필기 열의 값 중 현재 행의 위치에 있는 셀만 참조한다는 의미이다. 단계 **05**의 *[@[필기]:[출석]]*은 현재 행의 위치에 있는 필기 값부터 출석 값까지의 범위를 참조한다는 의미로, 가령 G2 셀의 수식이 계산된다면 C2:F2 범위를 참조하게 된다.

06 '총점' 필드가 모두 계산되어 셀에 결과가 표시된다. 요약 행의 G12 셀을 선택하고 목록에서 [평균]을 선택해 총점의 평균을 표시한다.

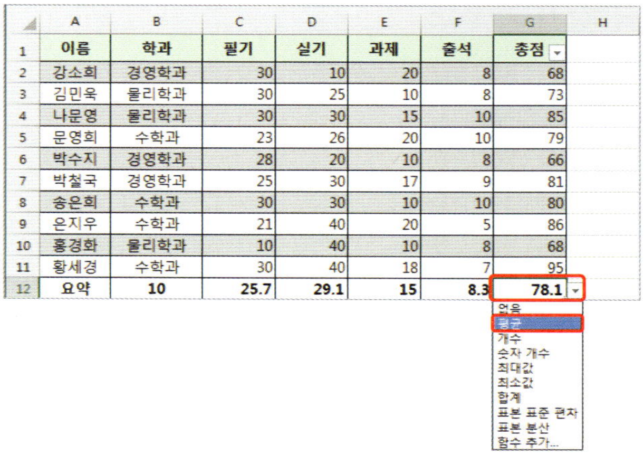

	A	B	C	D	E	F	G
1	이름	학과	필기	실기	과제	출석	총점
2	강소희	경영학과	30	10	20	8	68
3	김민욱	물리학과	30	25	10	8	73
4	나문영	물리학과	30	30	15	10	85
5	문영희	수학과	23	26	20	10	79
6	박수지	경영학과	28	20	10	8	66
7	박철국	경영학과	25	30	17	9	81
8	송은희	수학과	30	30	10	10	80
9	은지우	수학과	21	40	20	5	86
10	홍경화	물리학과	10	40	10	8	68
11	황세경	수학과	30	40	18	7	95
12	요약	10	25.7	29.1	15	8.3	78.1

TIP 표에 사용할 데이터가 셀에 입력되어 있지 않으면 워크시트에 표를 먼저 만들고 데이터를 추가한다.

① 표가 위치할 셀(I1)을 먼저 선택하고 [삽입] 탭–[표] 그룹–[표]를 누른다. [표 만들기] 대화상자에서 표에 사용할 데이터를 *=$I$1*로 설정하고 [확인]을 누른다.

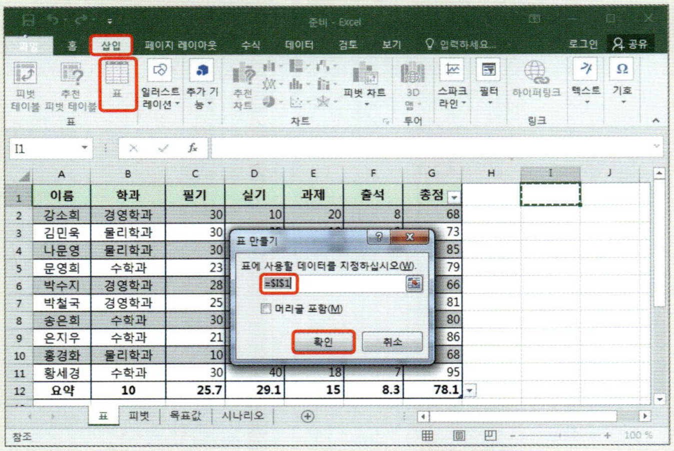

② I1 셀에 표가 삽입되면 1열에 *학과*를 입력하고 Enter나 Tab을 누른 다음 '학과' 필드의 값을 입력한다.

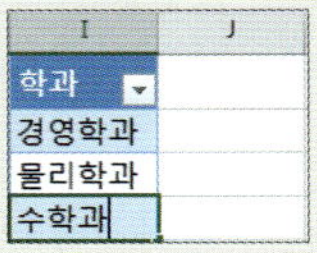

③ J1 셀에 *담당자*를 입력해 표에 열이 추가되면 '담당자' 필드의 값을 표의 두 번째 열에 모두 입력한다. K1 셀에도 필드 이름(전화)과 값을 모두 입력한다.

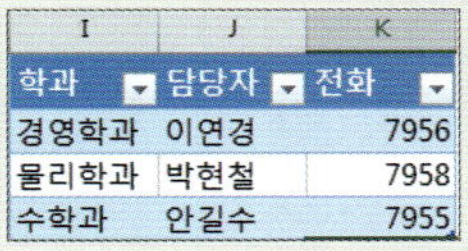

④ 표의 행이나 열을 삽입/삭제/선택하거나 내용을 지우는 등의 표 편집은 표를 마우스 오른쪽 단추로 누르면 나타나는 단축 메뉴에서 선택할 수 있다.

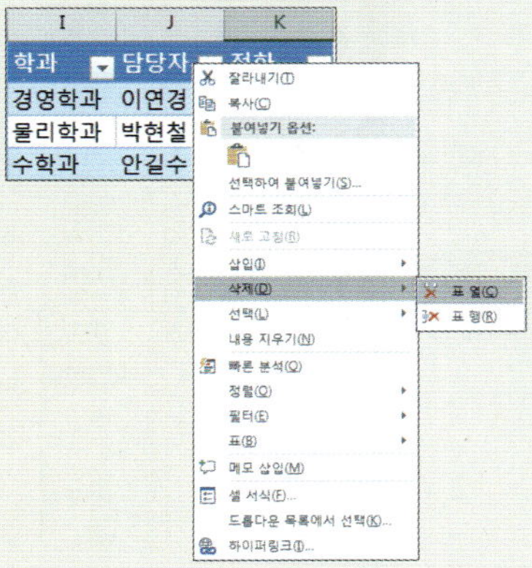

기본예제 6-3 슬라이서 삽입하기

표 도구에는 조건을 선택하는 슬라이서 삽입 기능이 있어서 필터 단추를 이용하지 않고도 조건에 따라 필터링한 결과만 표에 나타나게 할 수 있다. 슬라이서 삽입 기능을 이용해 보자.

01 표 안에 있는 임의의 셀을 선택하고 [표 도구]의 [디자인] 탭–[도구] 그룹–[슬라이서 삽입]을 누른다.

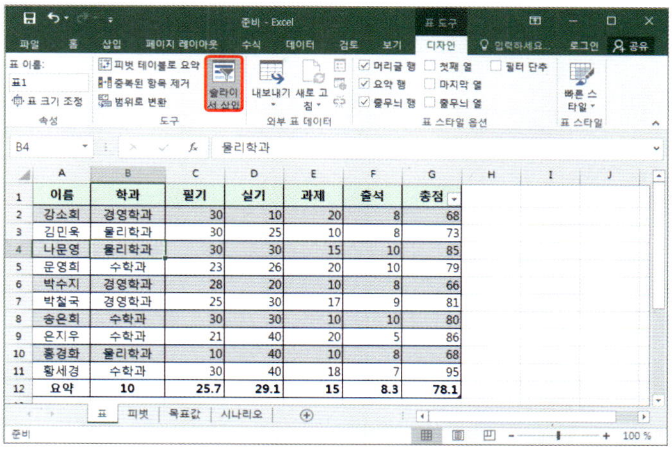

02 [슬라이서 삽입] 대화상자에서 '학과'를 선택하고 [확인]을 누른다.

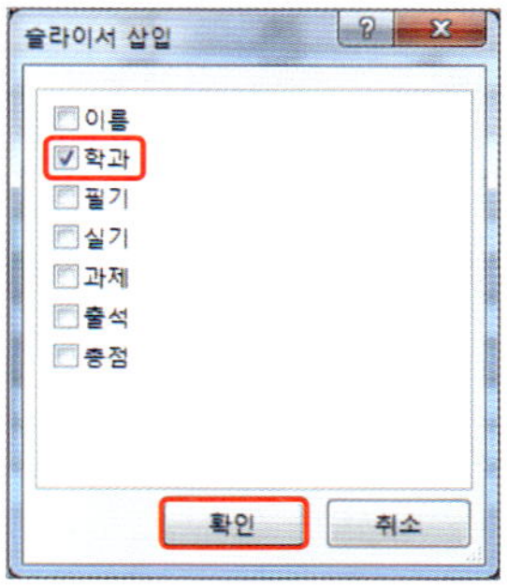

03 워크시트에 삽입된 슬라이서의 크기와 위치를 마우스로 조절한 다음 [슬라이서 도구]의 [옵션] 탭–[슬라이서 스타일] 그룹–[빠른 스타일] 목록에서 [슬라이서 스타일 어둡게 6]을 선택한다.

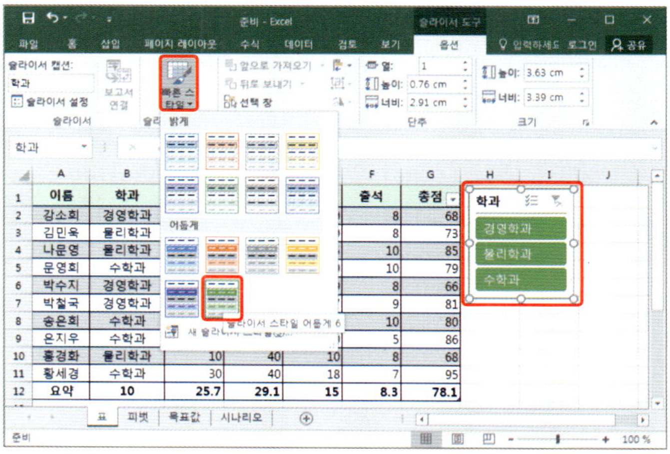

TIP 삽입된 슬라이서를 삭제하려면 슬라이서를 마우스 오른쪽 단추로 누르고 [학과 제거]를 선택한다.

04 슬라이서에서 '수학과'를 선택하면 표에 '수학과' 데이터만 필터링된 결과가 표시된다.

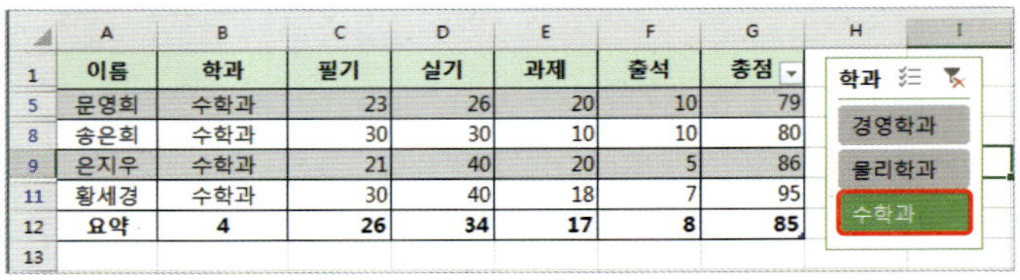

	A	B	C	D	E	F	G
1	이름	학과	필기	실기	과제	출석	총점
5	문영희	수학과	23	26	20	10	79
8	송은희	수학과	30	30	10	10	80
9	은지우	수학과	21	40	20	5	86
11	황세경	수학과	30	40	18	7	95
12	요약	4	26	34	17	8	85
13							

05 필터를 제거하려면 [필터 지우기] 단추를 누른다.

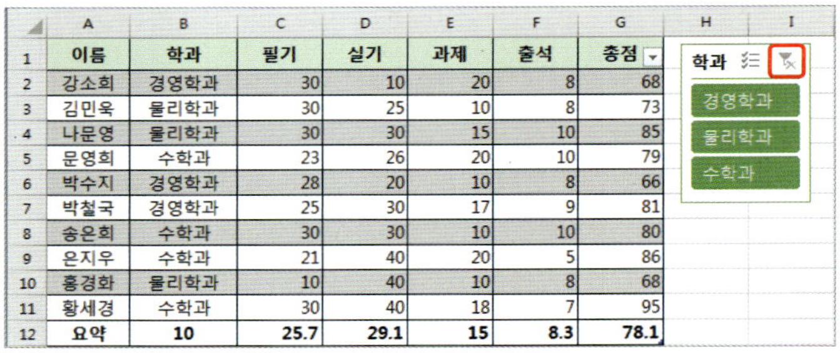

	A	B	C	D	E	F	G
1	이름	학과	필기	실기	과제	출석	총점
2	강소희	경영학과	30	10	20	8	68
3	김민욱	물리학과	30	25	10	8	73
4	나문영	물리학과	30	30	15	10	85
5	문영희	수학과	23	26	20	10	79
6	박수지	경영학과	28	20	10	8	66
7	박철국	경영학과	25	30	17	9	81
8	송은희	수학과	30	30	10	10	80
9	은지우	수학과	21	40	20	5	86
10	홍경화	물리학과	10	40	10	8	68
11	황세경	수학과	30	40	18	7	95
12	요약	10	25.7	29.1	15	8.3	78.1

TIP 여러 학과를 선택하여 필터링하려면 슬라이서에 있는 [다중 선택] 단추를 누른 후 학과명을 선택하면 된다.

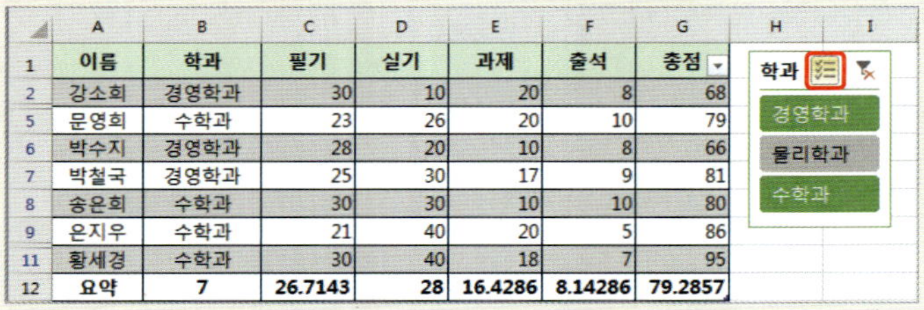

	A	B	C	D	E	F	G
1	이름	학과	필기	실기	과제	출석	총점
2	강소희	경영학과	30	10	20	8	68
5	문영희	수학과	23	26	20	10	79
6	박수지	경영학과	28	20	10	8	66
7	박철국	경영학과	25	30	17	9	81
8	송은희	수학과	30	30	10	10	80
9	은지우	수학과	21	40	20	5	86
11	황세경	수학과	30	40	18	7	95
12	요약	7	26.7143	28	16.4286	8.14286	79.2857

SECTION 02

피벗 테이블 만들기

피벗 테이블은 데이터를 요약하여 합계나 평균과 같은 계산 결과를 분석하기 쉽게 열과 행이 교차하는 곳에 값을 표시하는 표의 형태로 만들어진다. '부분합'처럼 날짜나 특정 기준으로 그룹화하는 기능이 있으며 그룹화 기준을 여러 개 선택할 수 있어서 부분합보다 더 다양하게 활용할 수 있다.

2.1 피벗 테이블 작성

엑셀에서 제공하는 추천 피벗 테이블 기능을 이용하면 선택한 데이터에 가장 적합한 레이아웃을 자동으로 만들 수 있다. 자동으로 만든 피벗 테이블을 수정하거나 다양한 함수를 피벗 테이블에 적용하기 위해 피벗 테이블을 작성하고 수정하는 방법을 알아본다.

기본예제 6-4 월별 매출액 피벗 테이블 만들기

월별 매출액 데이터를 이용하여 우편물을 종류별로 분석하고 요약 자료로 활용할 수 있도록 피벗 테이블 형식으로 만들어 보자.

01 '준비.xlsx' 파일의 '피벗' 시트에서 데이터 영역에 있는 임의의 셀을 선택하고 [삽입] 탭–[표] 그룹–[피벗 테이블]을 누른다.

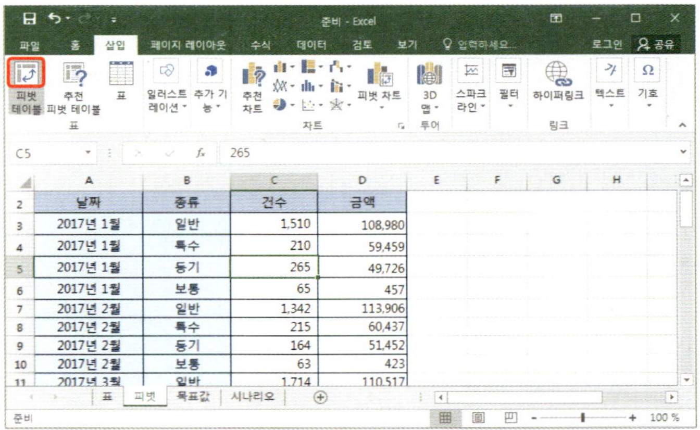

02 [피벗 테이블 만들기] 대화상자에서 [표/범위]가 데이터 영역인 *피벗!$A$2:$D$50*으로 되어 있는지 확인하고, 피벗 테이블 넣을 위치를 [새 워크시트]로 설정한 다음 [확인]을 누른다.

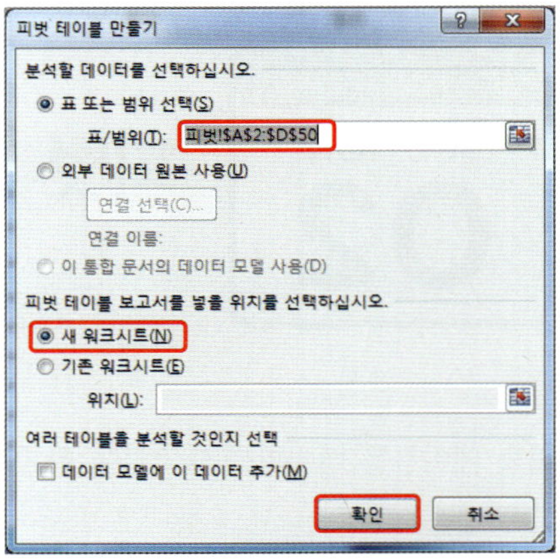

03 'Sheet1' 시트가 삽입되고 [피벗 테이블 필드] 작업 창이 나타나면 필드 목록에서 '날짜', '종류', '금액'을 차례로 선택한다. 이때 '날짜'를 선택하면 '월'도 같이 선택된다.

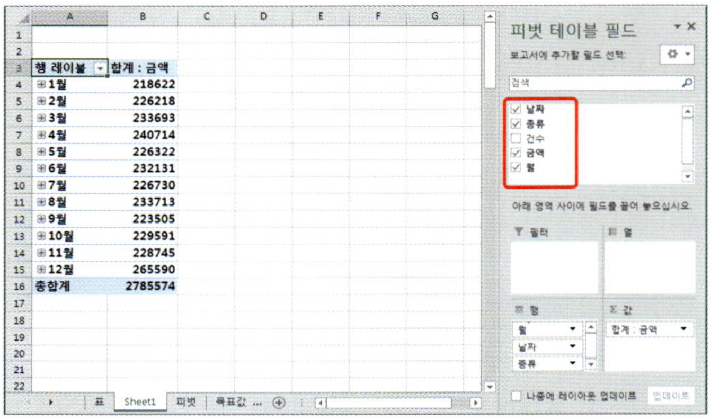

TIP [피벗 테이블 필드] 작업 창에서 필드를 선택하면 워크시트에 레이아웃이 나타난다. 필드 목록에서 원하는 필드를 마우스로 드래그하여 해당 영역에 위치시키면 원하는 레이아웃이 되도록 설정할 수 있다.

04 [피벗 테이블 필드] 작업 창의 [행] 영역에 있던 '날짜'는 제거하고 '월'은 마우스로 드래그하여 [열] 영역으로 위치를 이동하면 레이아웃이 변경된다.

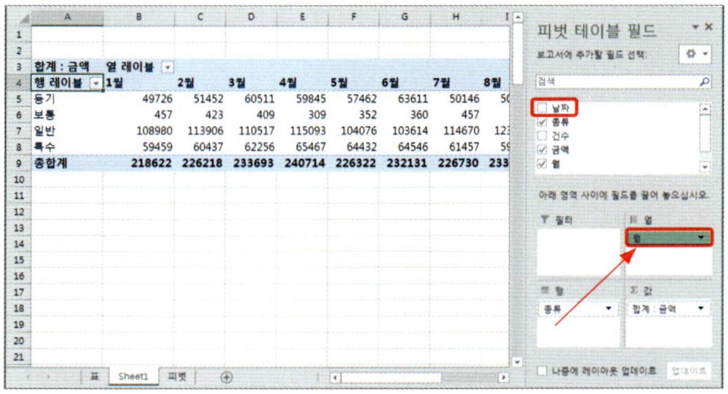

TIP 필드 목록에서 필드를 제거하려면 선택을 해제하면 된다. 하단의 영역에서 필드를 제거하려면 해당 필드를 [피벗 테이블 필드] 작업 창 바깥으로 드래그하거나 다음 그림과 같이 필드를 눌러 나타나는 메뉴에서 [필드 제거]를 선택하면 된다.

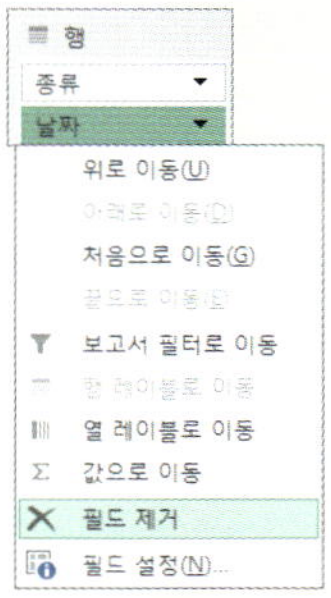

기본예제 6-5 피벗 테이블의 구조와 함수 변경하기

월별 매출액 데이터를 분기별로 요약하고 '건수' 필드도 평균을 계산해 함께 표시되도록 피벗 테이블을 수정해 보자.

01 '준비.xlsx' 파일의 'Sheet1' 시트에서 행 레이블에 있는 임의의 월을 선택하고 [피벗 테이블 도구]의 [분석] 탭–[그룹] 그룹–[그룹 선택]을 누른다.

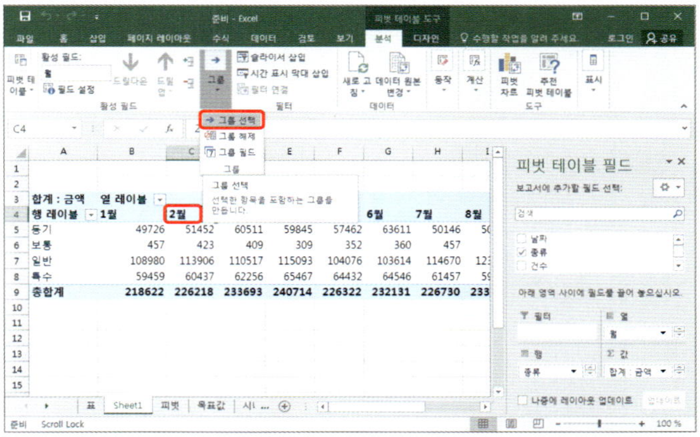

02 [그룹화] 대화상자의 [단위] 목록에서 '분기'만 선택하고 [확인]을 누른다.

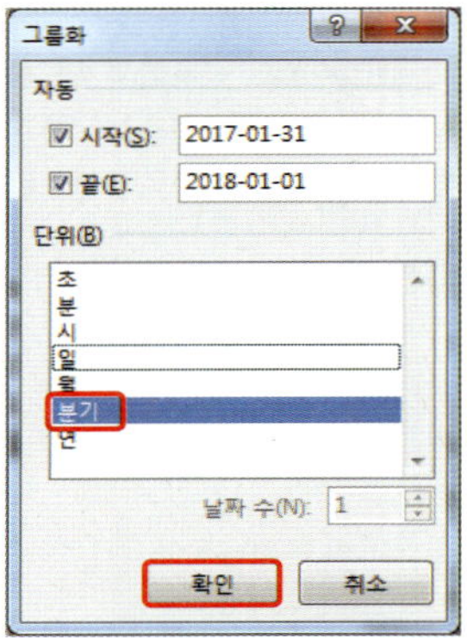

03 필드 목록의 '건수'를 드래그하여 [값] 영역에 추가한다.

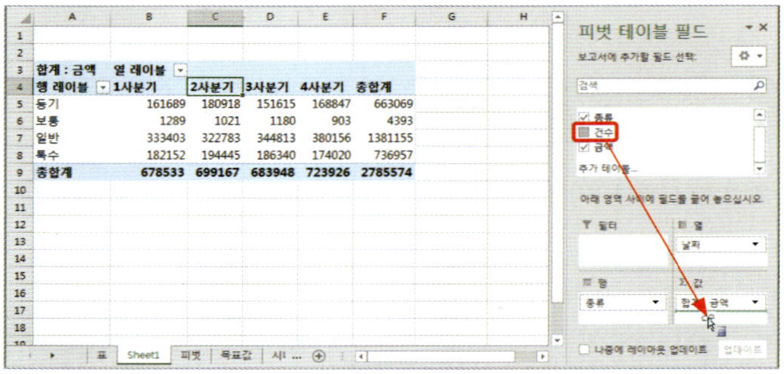

TIP 월별 데이터를 분기별로 그룹화하려면 임의의 월을 마우스 오른쪽 단추로 눌러 [그룹]을 선택하면 된다. 분기별 데이터를 다시 월별 데이터로 표시하려면 [그룹 해제]를 누른다.

04 '건수'에 대한 합계 대신 평균값을 계산하기 위해 [값] 영역의 '합계 : 건수'를 선택하고 [값 필드 설정]을 선택한다.

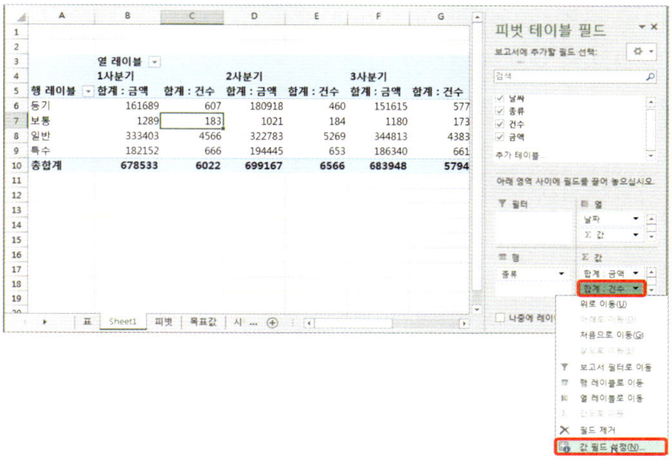

행 레이블	1사분기 합계 : 금액	1사분기 합계 : 건수	2사분기 합계 : 금액	2사분기 합계 : 건수	3사분기 합계 : 금액	3사분기 합계 : 건수
동기	161689	607	180918	460	151615	577
보통	1289	183	1021	184	1180	173
일반	333403	4566	322783	5269	344813	4383
특수	182152	666	194445	653	186340	661
총합계	678533	6022	699167	6566	683948	5794

05 [값 필드 설정] 대화상자에서 [값 필드 요약 기준]을 '평균'으로 선택하고 [확인]을 누른다.

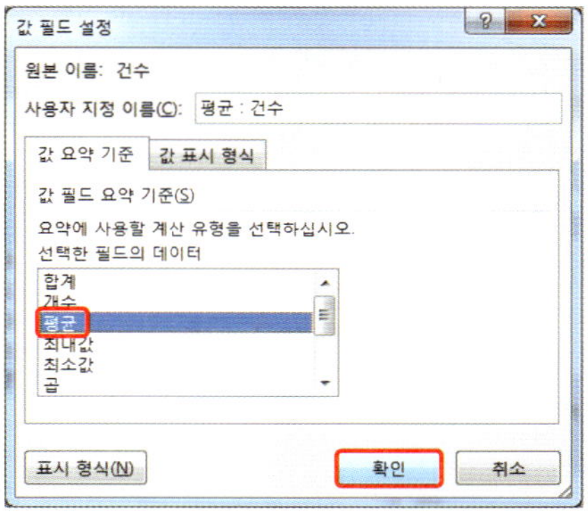

06 분기별 매출액의 합계와 평균 건수가 피벗 테이블에 함께 표시된다.

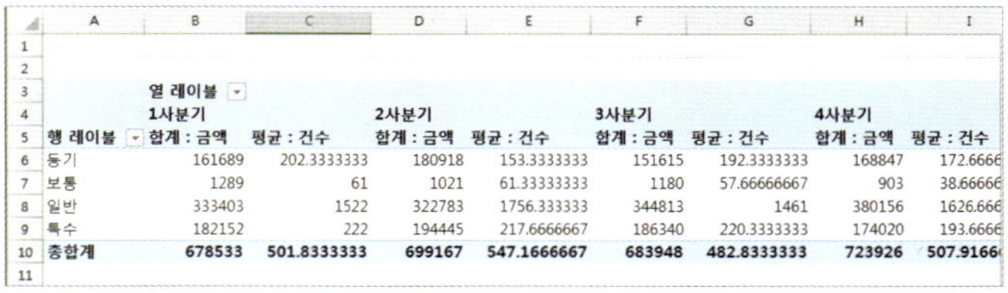

행 레이블	1사분기 합계 : 금액	1사분기 평균 : 건수	2사분기 합계 : 금액	2사분기 평균 : 건수	3사분기 합계 : 금액	3사분기 평균 : 건수	4사분기 합계 : 금액	4사분기 평균 : 건수
동기	161689	202.3333333	180918	153.3333333	151615	192.3333333	168847	172.6666
보통	1289	61	1021	61.33333333	1180	57.66666667	903	38.66666
일반	333403	1522	322783	1756.333333	344813	1461	380156	1626.666
특수	182152	222	194445	217.6666667	186340	220.3333333	174020	193.6666
총합계	678533	501.8333333	699167	547.1666667	683948	482.8333333	723926	507.9166

기본예제 6-6 피벗 테이블 편집하기

피벗 테이블에 표시되는 합계와 평균의 데이터 표시 형식을 변경하고 슬라이서를 삽입해 보자. 또한 피벗 테이블 스타일을 이용해 피벗 테이블을 편집해 보자.

01 '합계 : 금액' 필드의 임의의 셀을 마우스 오른쪽 단추로 눌러 [필드 표시 형식]을 선택한다.

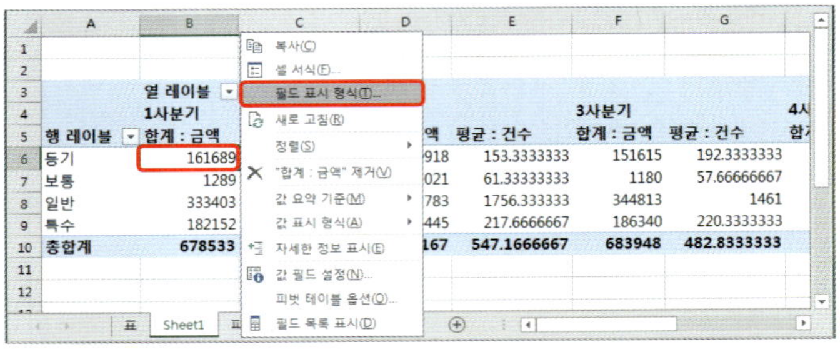

02 [셀 서식] 대화상자의 [범주]에서 [숫자]를 선택하고 [1000 단위 구분 기호 사용]을 선택한 다음 [확인]을 누른다.

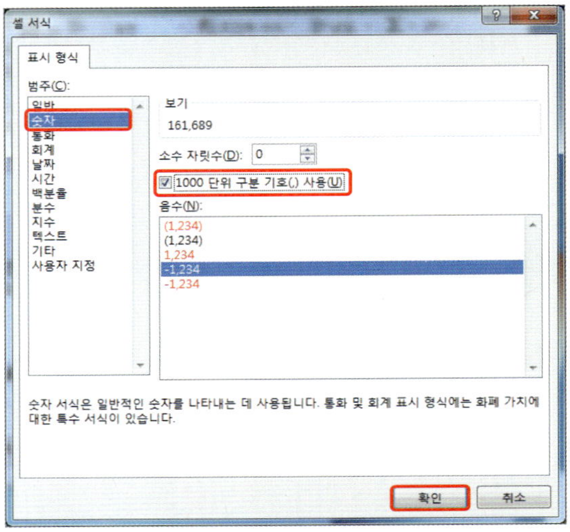

03 '평균 : 건수' 필드에서 단계 **01~02**를 반복한다. 이때 [셀 서식] 대화상자에서 [범주]는 [숫자], [소수 자릿수]는 [1]로 설정하고, [1000 단위 구분 기호 사용]을 선택한 다음 [확인]을 누른다.

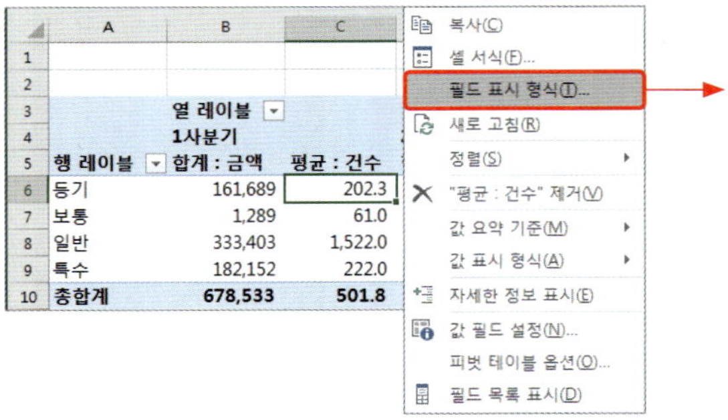

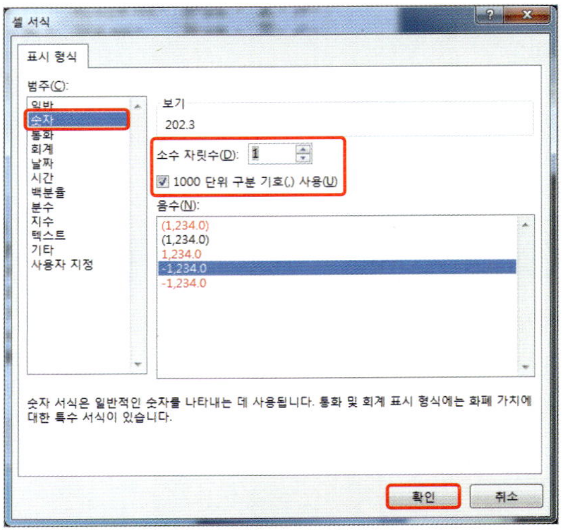

04 [피벗 테이블 도구]의 [분석] 탭–[표시] 그룹에서 [필드 머리글]의 선택을 해제하고, [필터] 그룹–[슬라이서 삽입]을 누른다.

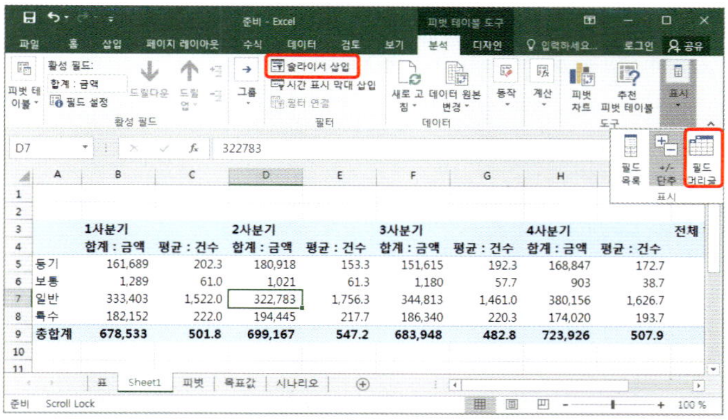

05 [슬라이서 삽입] 대화상자에서 '종류'를 선택하고 [확인]을 누른다.

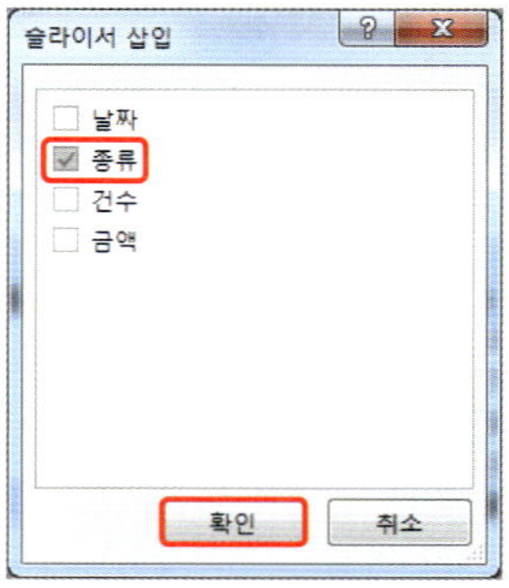

06 워크시트에 삽입된 슬라이서를 선택하고, [슬라이서 도구]의 [옵션] 탭–[단추] 그룹에서 [열]은 '4', [높이]는 '0.6cm', [너비]는 '1.3cm'로 설정한다. 슬라이서의 위치를 마우스로 드래그하여 설정한다.

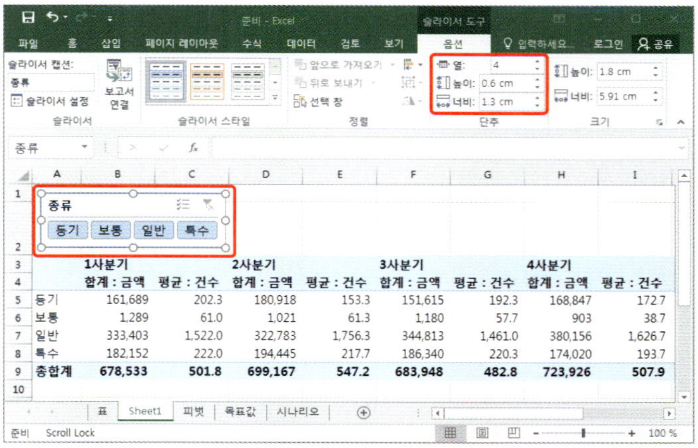

07 피벗 테이블의 임의의 셀을 선택하고 [피벗 테이블 도구]의 [디자인] 탭–[피벗 테이블 스타일] 그룹에서 [자세히] 단추를 누르고 [피벗 스타일 보통 2]를 선택한다.

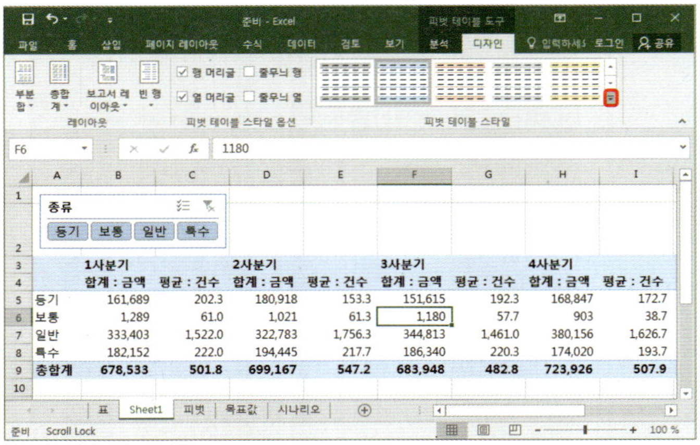

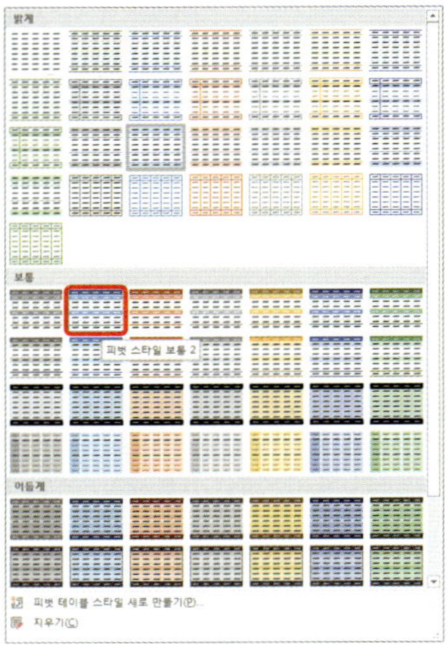

08 [피벗 테이블 도구]의 [디자인] 탭–[피벗 테이블 스타일 옵션] 그룹–[줄무늬 열]을 선택하고 A9 셀에 *요약*을 입력하여 테이블을 수정한 다음, 시트 이름을 '분기요약'으로 바꾼다.

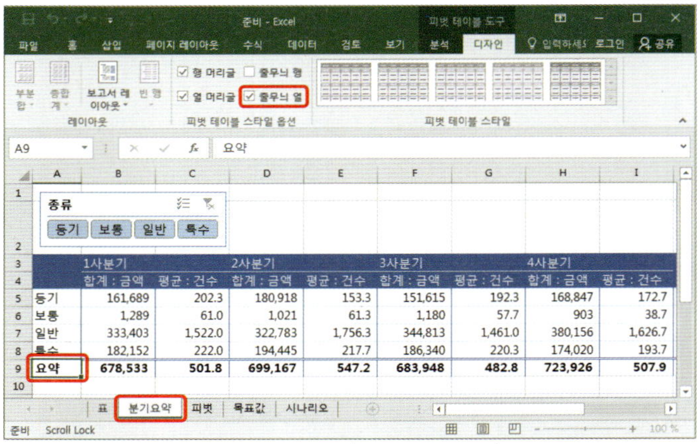

SECTION 03 가상 분석 활용하기

목표값 찾기와 시나리오 관리자는 목표값을 충족하기 위해 필요한 변수 값을 예측하거나 다양한 변수에 따라 결과를 예측하는 가상 분석 도구이다. 엑셀에서 이루어지는 대부분의 작업은 측정된 데이터를 수식에 적용하여 결과를 계산하는 방식이 일반적이다. 반면, 가상 분석 도구를 이용하면 계산 결과를 먼저 설정하고 수식에 적용되는 데이터를 찾거나 데이터를 여러 값으로 가정한 뒤 수식에 적용할 때 발생할 여러 개의 결과를 요약하여 보고서로 작성할 수 있다.

3.1 목표값 찾기

목표값 찾기는 계산 결과 값을 기준으로 입력 값을 탐색하는 방법이다. 가령 임금총액을 산출하기 위해 필요한 항목에는 기본급 외 각종 수당과 상여금이 있다. 임금총액이 연간 수입이라면 월평균보수는 임금총액을 12개월로 나누어 계산할 수 있다. 목표로 하는 월평균보수를 받기 위해 여러 항목 중 기본급은 얼마가 되어야 하는지를 계산하려면 수식을 역으로 탐색해야 하는데, 이 경우 엑셀의 목표값 찾기 기능을 이용하면 간단하게 찾을 수 있다.

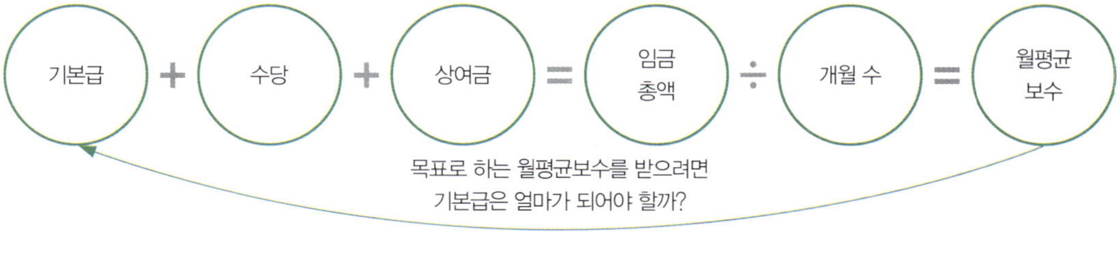

기본예제 6-7 월평균보수를 기준으로 기본급 찾기

임금총액 산출 데이터를 이용해 '최민아' 사원이 목표로 하는 월평균보수 300만 원을 받으려면 기본급은 얼마가 되어야 하는지 탐색해 보자.

01 '준비.xlsx' 파일의 '목표값' 시트에서 G3 셀에 *=SUM(B3:E3)*12+SUM (B3:E3)*F3* 수식을 입력하여 임금총액을 계산한다.

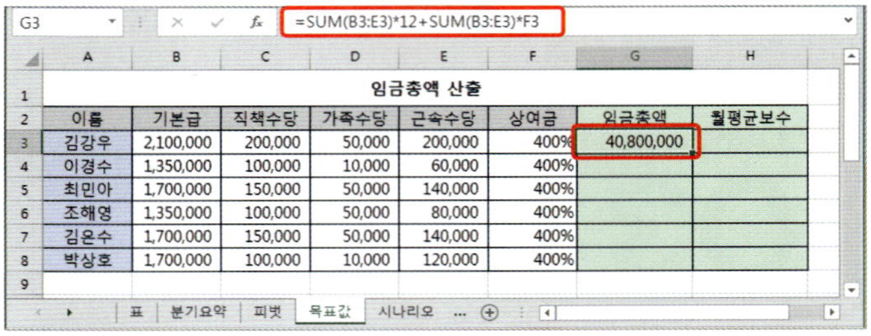

02 H3 셀에 *=G3/12* 수식을 입력하여 월평균보수를 계산한다.

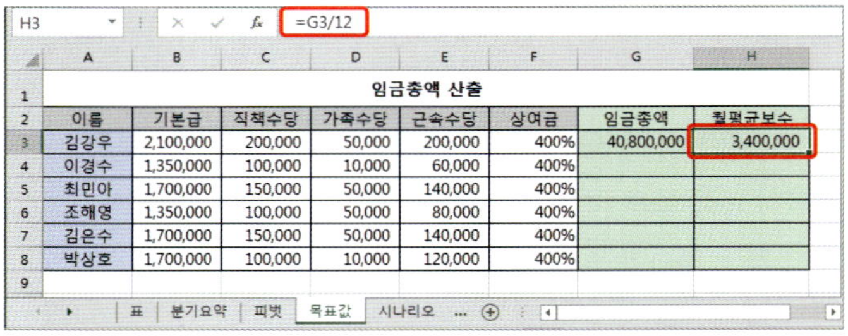

03 G3:H3 범위를 선택하고 채우기 핸들을 드래그하여 모든 임금총액과 월평균보수 값을 표시한다.

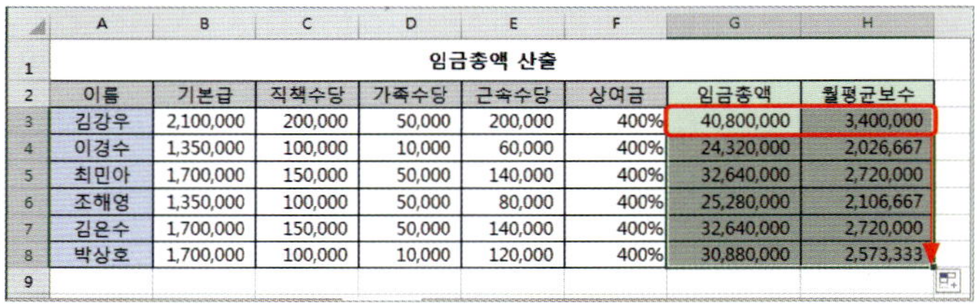

04 목표값을 구할 H5 셀을 선택하고 [데이터] 탭–[예측] 그룹–[가상 분석] 목록에서 [목표값 찾기]를 선택한다.

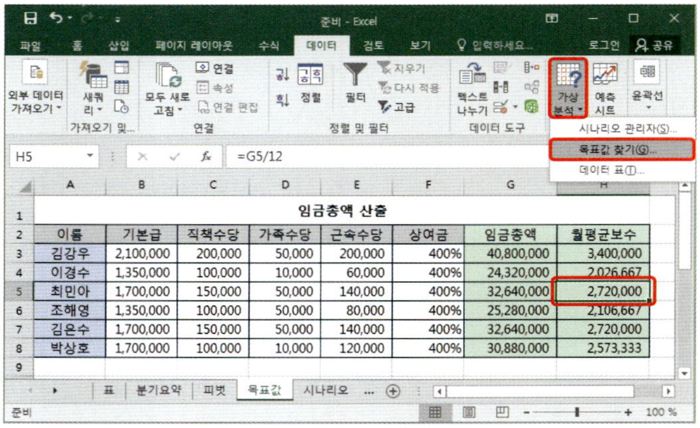

05 [목표값 찾기] 대화상자에서 [찾는 값]은 *3000000*, [값을 바꿀 셀]은 *$B$5*로 설정하고 [확인]을 눌러 대화상자를 닫는다.

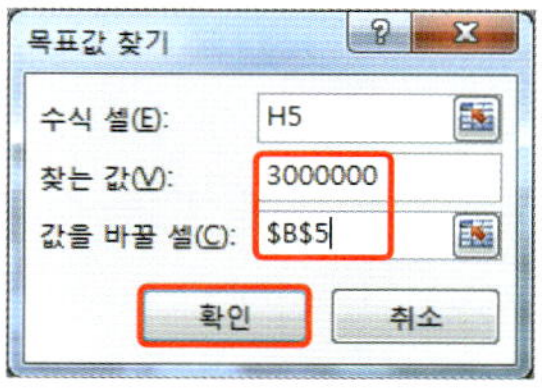

TIP [값을 바꿀 셀]을 입력할 때는 셀 주소를 직접 입력해도 되고 워크시트에서 B5 셀을 선택해도 된다.

06 [목표값 찾기 상태] 대화상자에 답을 찾았다는 메시지가 표시되고, 워크시트에는 B5 셀의 값과 H5 셀의 값이 변경된다. 변경된 값을 유지하려면 [확인]을 누르고, 원래의 값으로 되돌리려면 [취소]를 누른다.

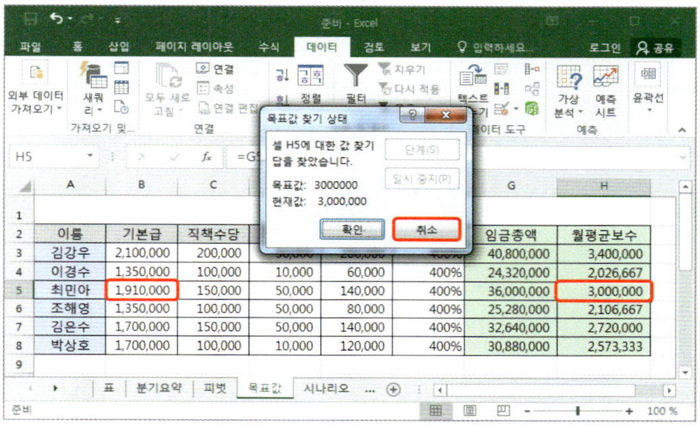

3.2 시나리오 작성

수입과 지출 데이터를 이용해 순이익을 계산하는 예산 관리의 경우, 값이 고정적이지 않은 항목이 있다면 변동되는 값을 고려한 여러 가지 시나리오를 작성할 수 있다. 이와 같이 고정적이지 않은 변수의 값을 정해놓고 결과 값이 어떻게 달라지는지 분석하여 요약 보고서나 피벗 테이블 형태로 보여주는 것이 엑셀의 시나리오 작성 도구이다.

기본예제 6-8 시나리오 실행과 요약하기

변동지출 항목을 포함하는 지출 관리를 통해 최대 순이익과 최소 순이익을 파악하는 시나리오를 작성해 보자.

01 '준비.xlsx' 파일의 '시나리오' 시트에서 [데이터] 탭–[예측] 그룹–[가상 분석] 목록에서 [시나리오 관리자]를 선택한다.

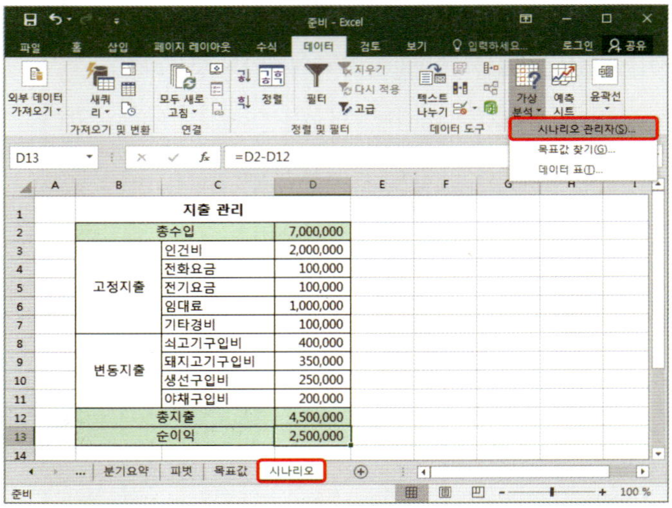

02 [시나리오 관리자] 대화상자에서 [추가]를 누른다.

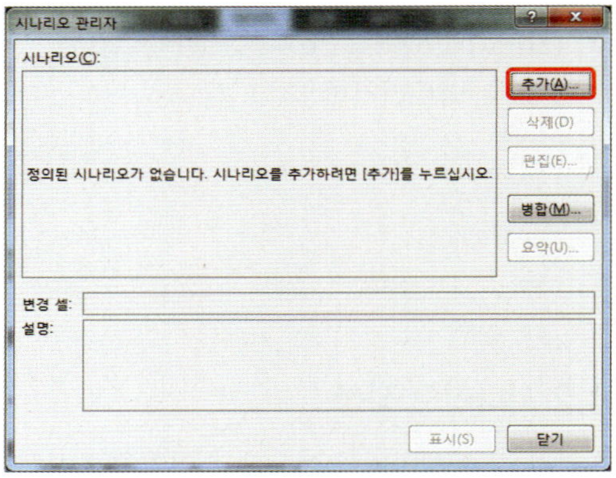

03 [시나리오 추가] 대화상자에서 [시나리오 이름]에 *최저지출*을 입력하고, [변경 셀]은 *$D$8:$D$11*로 설정한 다음 [확인]을 누른다.

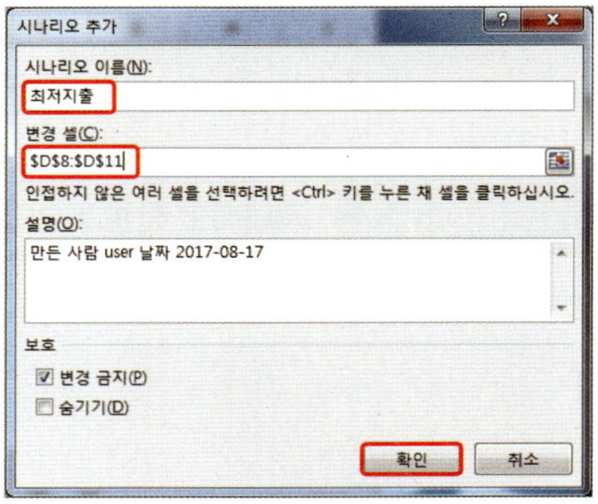

TIP [변경 셀]을 설정할 때는 마우스로 워크시트에서 D8:D11 범위를 선택하면 입력란에 표시된다. 대화상자에 데이터 영역이 가려져 불편하다면 입력란 오른쪽의 [대화상자 축소] 단추를 눌러 대화상자를 축소한 다음 해당 범위를 선택하면 된다.

04 [시나리오 값] 대화상자에 변동지출이 최저일 때 예상되는 값을 다음과 같이 각 셀에 입력하고 [확인]을 누른다.

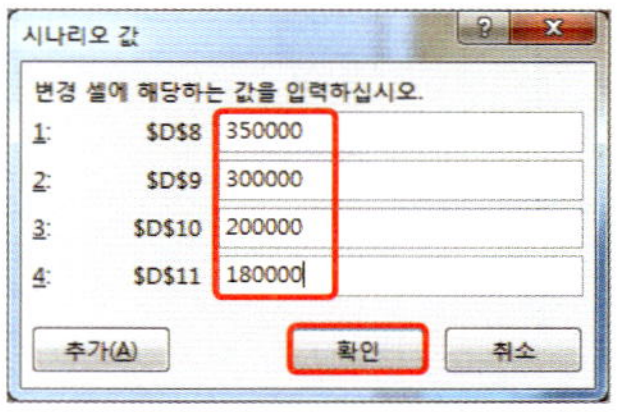

05 [시나리오 관리자] 대화상자의 [시나리오] 목록에 '최저지출'이 표시된다. 변동지출의 최대 예상 시나리오를 작성하기 위해 [추가]를 누른다.

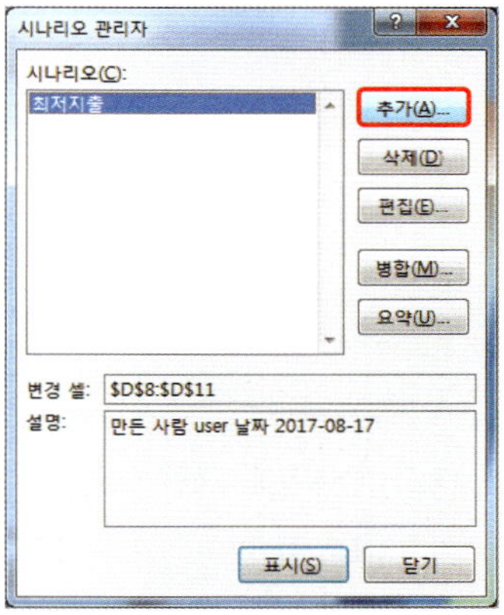

06 [시나리오 추가] 대화상자에서 [시나리오 이름]에 *최대지출*을 입력하고, [변경 셀]의 값이 *D8:D11*인 것을 확인한 다음 [확인]을 누른다.

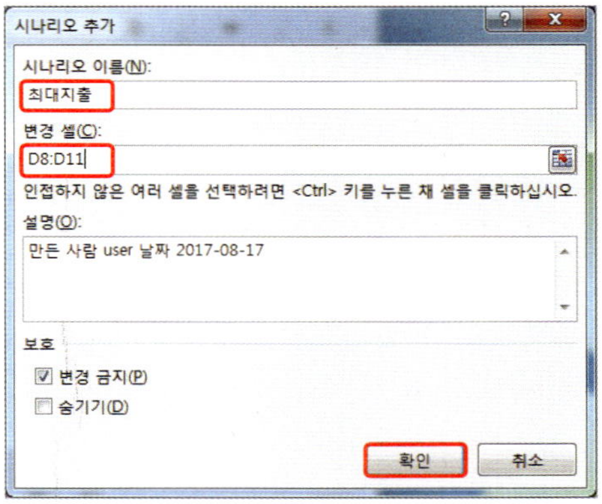

07 [시나리오 값] 대화상자에 변동지출의 최대 예상 값을 각각 입력하고 [확인]을 누른다.

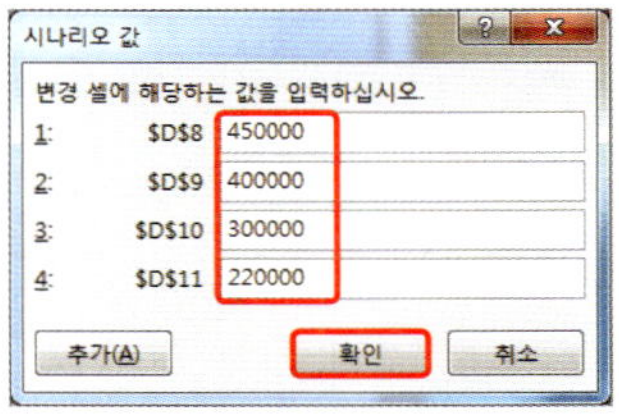

08 [시나리오 관리자] 대화상자의 [시나리오] 목록에 '최대지출'이 추가된다. 추가한 시나리오에 대한 요약 보고서를 작성하기 위해 [요약]을 선택한다.

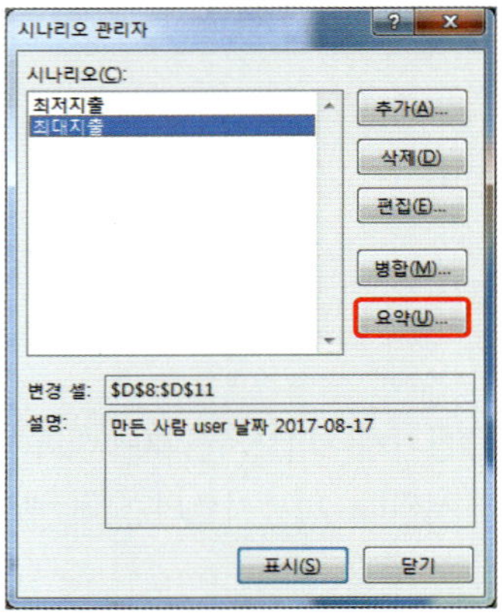

TIP [시나리오 관리자] 대화상자에 있는 단추들의 기능은 다음과 같다.

① [추가]: 시나리오를 추가한다.

② [삭제]: 목록에서 선택하고 있는 시나리오를 삭제한다.

③ [편집]: 선택한 시나리오에서 설정한 값을 수정한다.

④ [병합]: 다른 통합문서나 워크시트의 시나리오를 통합한다.

⑤ [요약]: 목록에 있는 시나리오를 요약한 보고서를 작성한다.

⑥ [표시]: 선택한 시나리오를 워크시트에 반영한다.

⑦ [닫기]: [시나리오 관리자] 대화상자를 종료한다.

09 [시나리오 요약] 대화상자에서 [보고서 종류]는 [시나리오 요약]을, [결과 셀]은 순이익이 표시되는 *D13* 셀로 설정하고 [확인]을 누른다.

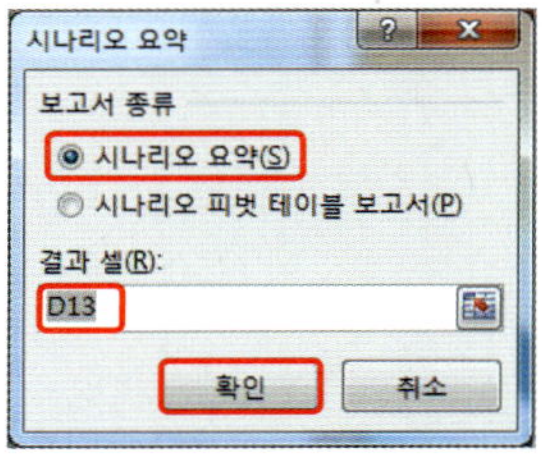

10 시나리오 요약 결과가 표시된 '시나리오 요약' 워크시트가 추가된다. '변경 셀'과 '결과 셀'에 표기된 셀 번호 대신 다음과 같이 내용을 입력하여 이해하기 쉽게 수정한다.

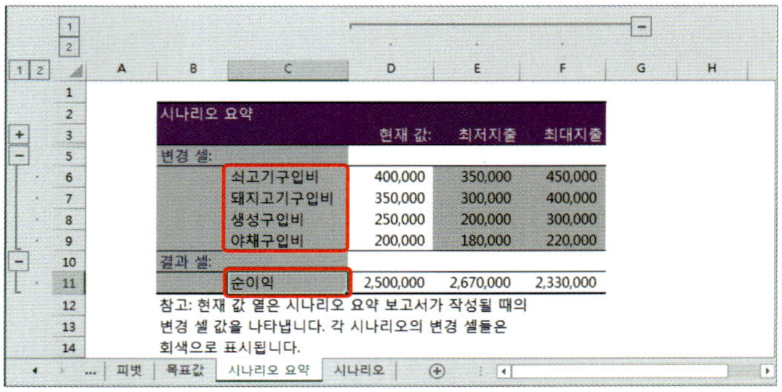

요약예제

이번 장에서 학습한 표와 피벗 테이블, 목표값 찾기 및 시나리오 관리자를 활용하여 도서 판매 요약 보고서를 만들어 보자.

1 '요약예제.xlsx' 파일의 '판매현황' 시트를 열고 '도서명' 필드인 B3:B22 범위를 선택한다. [데이터] 탭–[데이터 도구] 그룹–[데이터 유효성 검사] 목록에서 [데이터 유효성 검사]를 선택한다.

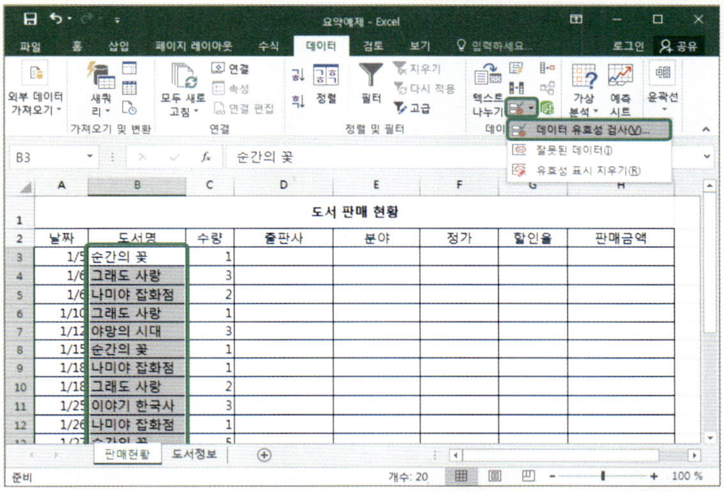

2 [데이터 유효성] 대화상자의 [설정] 탭에서 [제한 대상]은 [목록]을 선택하고, [원본]은 '도서정보' 시트의 A2:A8 범위를 선택하여 *=도서정보!$A$2:$A$8*로 설정한 다음 [확인]을 누른다.

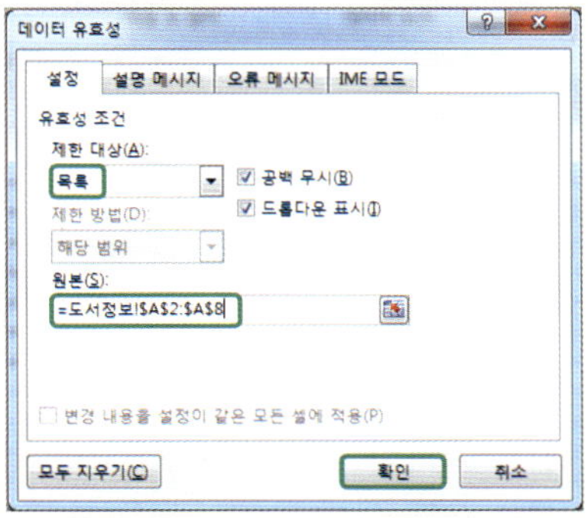

3 VLOOKUP 함수를 이용하여 '도서정보' 시트에 있는 '출판사', '분야', '정가', '할인율'을 검색하고, '정가'와 '할인율' 셀에 그림과 같이 표시 형식을 설정한다.

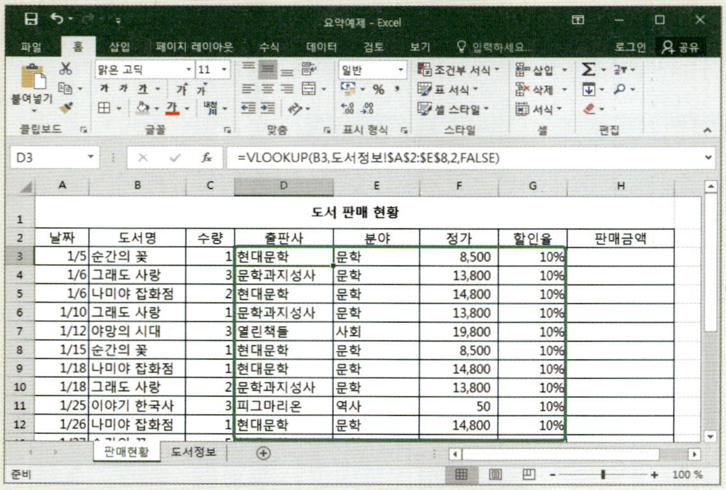

	A	B	C	D	E	F	G	H
1	도서 판매 현황							
2	날짜	도서명	수량	출판사	분야	정가	할인율	판매금액
3	1/5	순간의 꽃	1	현대문학	문학	8,500	10%	
4	1/6	그래도 사랑	3	문학과지성사	문학	13,800	10%	
5	1/6	나미야 잡화점	2	현대문학	문학	14,800	10%	
6	1/10	그래도 사랑	1	문학과지성사	문학	13,800	10%	
7	1/12	야망의 시대	3	열린책들	사회	19,800	10%	
8	1/15	순간의 꽃	1	현대문학	문학	8,500	10%	
9	1/18	나미야 잡화점	1	현대문학	문학	14,800	10%	
10	1/18	그래도 사랑	2	문학과지성사	문학	13,800	10%	
11	1/25	이야기 한국사	3	피그마리온	역사	50	10%	
12	1/26	나미야 잡화점	1	현대문학	문학	14,800	10%	

TIP D3 셀에는 *=VLOOKUP(B3,도서정보!$A$2:$E$8,2,FALSE)*, E3 셀에는 *=VLOOKUP(B3,도서정보!$A$2:$E$8,3,FALSE)*, F3 셀에는 *=VLOOKUP(B3,도서정보!$A$2:$E$8,4,FALSE)*, G3 셀에는 *=VLOOKUP(B3,도서정보!$A$2:$E$8,5,FALSE)*을 입력하고, 수식을 복사하여 다른 모든 값을 계산한다.

4 H3 셀에 *=C3*F3*(1−G3)* 수식을 입력한 후 채우기 핸들을 이용하여 복사하고 표시 형식을 그림과 같이 설정한다.

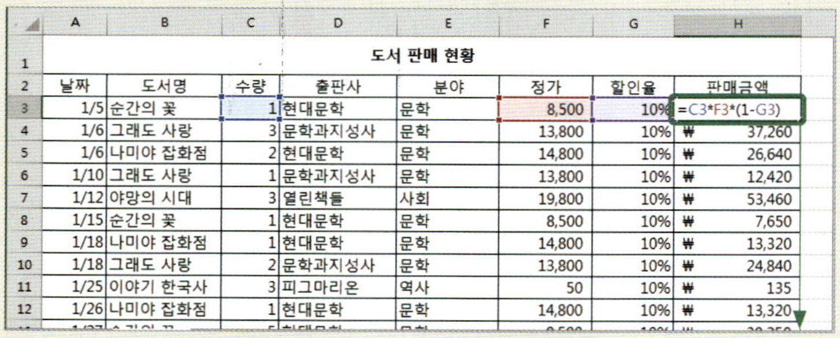

	A	B	C	D	E	F	G	H
1	도서 판매 현황							
2	날짜	도서명	수량	출판사	분야	정가	할인율	판매금액
3	1/5	순간의 꽃	1	현대문학	문학	8,500	10%	=C3*F3*(1-G3)
4	1/6	그래도 사랑	3	문학과지성사	문학	13,800	10%	₩ 37,260
5	1/6	나미야 잡화점	2	현대문학	문학	14,800	10%	₩ 26,640
6	1/10	그래도 사랑	1	문학과지성사	문학	13,800	10%	₩ 12,420
7	1/12	야망의 시대	3	열린책들	사회	19,800	10%	₩ 53,460
8	1/15	순간의 꽃	1	현대문학	문학	8,500	10%	₩ 7,650
9	1/18	나미야 잡화점	1	현대문학	문학	14,800	10%	₩ 13,320
10	1/18	그래도 사랑	2	문학과지성사	문학	13,800	10%	₩ 24,840
11	1/25	이야기 한국사	3	피그마리온	역사	50	10%	₩ 135
12	1/26	나미야 잡화점	1	현대문학	문학	14,800	10%	₩ 13,320

TIP 판매금액을 구하는 식은 *=수량*정가*(1−할인율)*이다.

5 데이터 영역 내 임의의 셀을 선택하고 [삽입] 탭–[표] 그룹–[피벗 테이블]을 누른다. [피벗 테이블 만들기] 대화상자에서 [표/범위]를 A2:H22 범위로 설정하고 [확인]을 누른다.

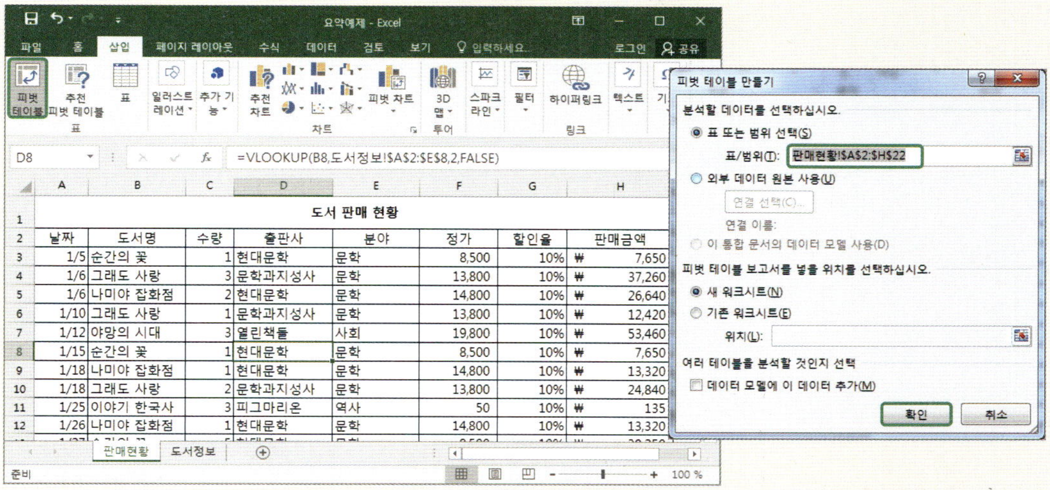

6 추가된 'Sheet1' 시트의 이름을 '판매요약'으로 바꾸고 [피벗 테이블 필드] 작업 창에서 [필터] 영역에는 '출판사', [열] 영역에는 '분야', [행] 영역에는 '날짜'를 마우스로 끌어 놓는다.

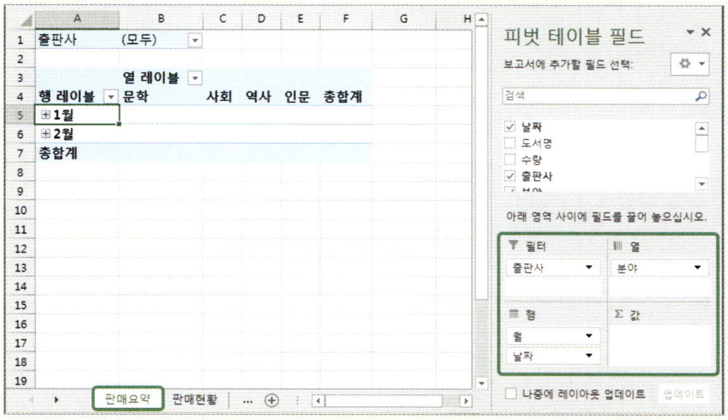

7 [피벗 테이블 필드] 작업 창의 [행] 영역에서 '날짜'는 제거하고 [값] 영역에 '수량'과 '판매금액'을 끌어다 놓는다.

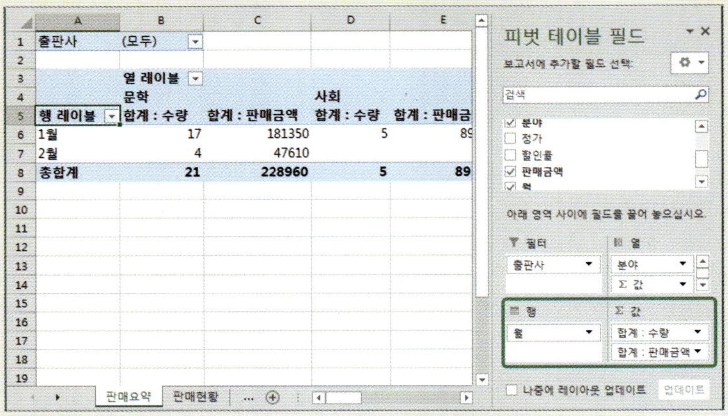

8 [피벗 테이블 도구]의 [분석] 탭–[표시] 그룹에서 [+/– 단추]와 [필드 머리글]을 눌러 선택을 해제하고 [필터] 그룹–[슬라이서 삽입]을 누른다.

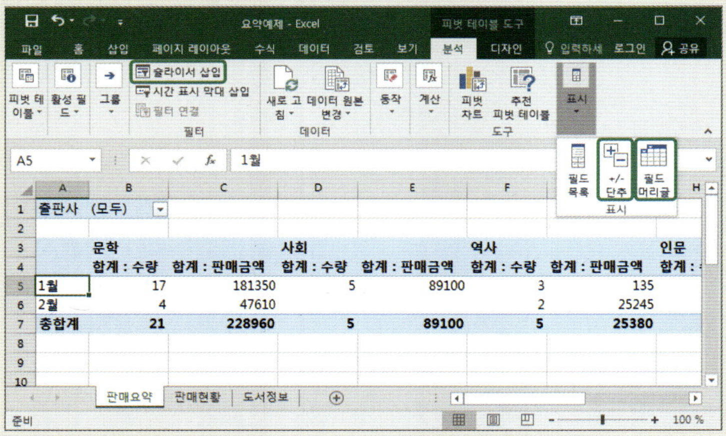

9 [슬라이서 삽입] 대화상자에서 '분야'를 선택하고 [확인]을 누른 다음, [슬라이서 도구]의 [옵션] 탭-[단추] 그룹에서 [열]을 '4', [높이]를 '0.6cm'로 설정한다. 슬라이서를 드래그하여 적당한 위치로 이동시킨다.

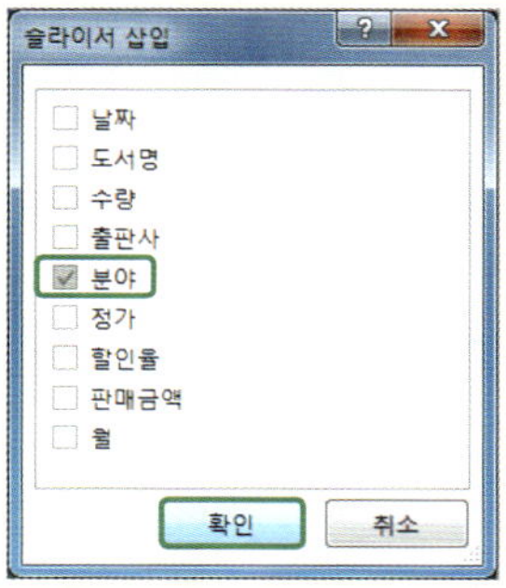

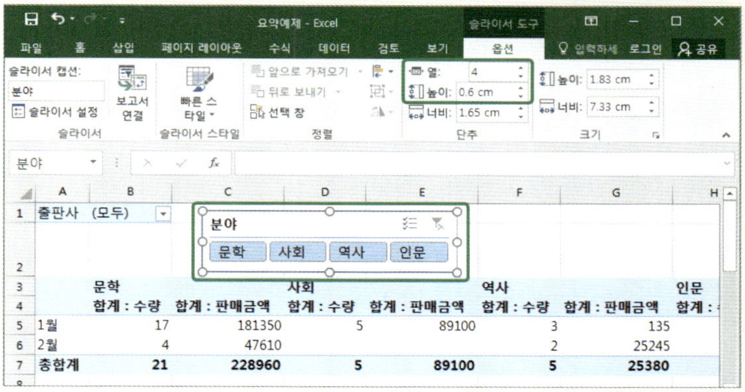

10 '합계:수량' 필드 이름은 *판매수량*으로, '합계:판매금액' 필드 이름은 *금액*으로 수정한다. 3:4열에 [오른쪽 맞춤]을 설정하고, '금액' 필드의 표시 형식을 [회계]로 설정한다.

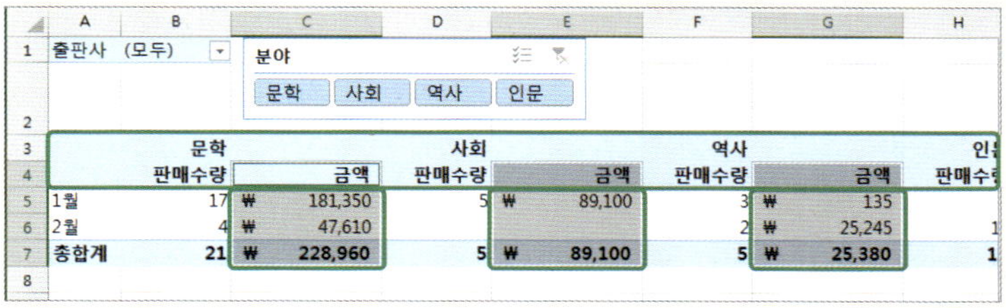

11 [피벗 테이블 도구]의 [디자인] 탭-[피벗 테이블 스타일 옵션] 그룹에서 [줄무늬 열]을 선택하고, [피벗 테이블 스타일] 그룹에서 [피벗 스타일 보통 6]을 선택한다.

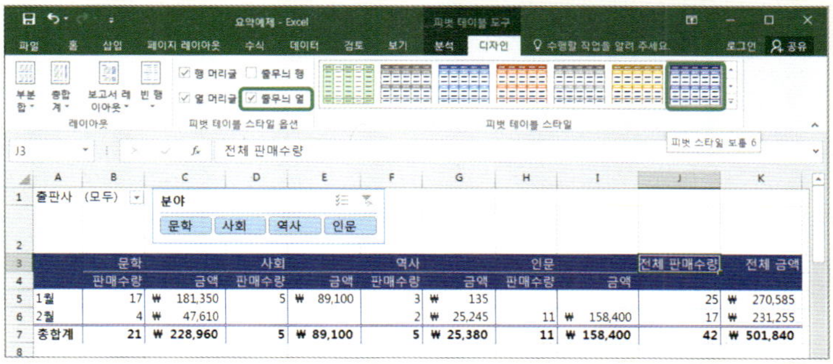

연습 문제

1 '연습.xlsx' 파일의 '연습1' 시트를 열어 목표값 찾기를 실행하고 요약 보고서를 작성하시오.

❶ 목표값 찾기를 이용하여 도서명 '야망의 시대'의 판매금액이 40만 원이 되려면 판매 수량이 몇 권이 되어야 하는지 계산하시오.

❷ 도서 판매 현황 데이터를 표로 만들고 다음 그림과 같이 요약 행('수량' 합계, '할인율' 평균, '판매금액' 합계)과 표시 형식, 표 스타일(표 스타일 밝게 16)을 설정하시오.

	A	B	C	D	E	F	G
1	도서 판매 현황						
2	도서명	수량	출판사	분야	정가	할인율	판매금액
3	순간의 꽃	10	현대문학	문학	8,500	10%	₩ 76,500
4	그래도 사랑	35	문학과지성사	문학	13,800	10%	₩ 434,700
5	나미야 잡화점	22	현대문학	문학	14,800	10%	₩ 293,040
6	인생수업	15	휴	종교	13,000	10%	₩ 175,500
7	자본주의	11	진명출판	경제	17,000	10%	₩ 168,300
8	책은 도끼다	21	북하우스	인문	16,000	10%	₩ 302,400
9	야망의 시대	20	열린책들	사회	19,800	15%	₩ 336,600
10	경제학자의 생각법	16	교양인	경제	15,000	10%	₩ 216,000
11	엄마 수업	12	휴	가정	12,000	10%	₩ 129,600
12	책먹는 여우	31	세종서적	문학	8,500	10%	₩ 237,150
13	생각읽기	14	비전	경제	14,800	10%	₩ 186,480
14	총균쇠	28	북하우스	역사	28,000	10%	₩ 705,600
15	인사이드 아웃	9	북하우스	문학	9,500	10%	₩ 76,950
16	이야기 한국사	30	피그마리온	역사	15,000	15%	₩ 382,500
17	과학혁명의 구조	26	북하우스	과학	18,000	10%	₩ 421,200
18	베이비 위스퍼 골드	8	세종서적	가정	19,500	10%	₩ 140,400
19	로맨틱 한시	6	비전	문학	15,000	10%	₩ 81,000
20	뇌물의 역사	5	교양인	역사	16,800	10%	₩ 75,600
21	프랑스 아이처럼	14	세종서적	가정	15,000	15%	₩ 178,500
22	요약	총 333권				평균 11%	₩ 4,618,020

2 '연습.xlsx' 파일의 '연습2' 시트를 열고 다음 조건에 맞게 작성하시오.

❶ H2 셀의 환율(원/달러)을 적용하여 환산가격(원)을 계산한 결과를 H4 셀에 표시하시오.

❷ 구매물품의 합계가 환산가격(원)으로 20만 원을 초과하는 경우 관부가세가 부과된다면, 관부가세를 피하려면 환율(원/달러)이 얼마일 때 물품을 구매해야 하는지 계산하시오.

❸ 환율이 1,100원일 때, 환율이 1,150원일 때, 환율이 1,200원일 때의 세 가지 시나리오를 고려하여 환율 변동에 따른 총 구매액(원)에 대한 요약 보고서를 다음 그림과 같이 작성하시오.

시나리오 요약		현재 값:	시나리오1	시나리오2	시나리오3
변경 셀:					
	환율(원/달러)	1,124	1,100	1,150	1,200
결과 셀:					
	총 구매액(원)	200,000	195,690	204,585	213,480

참고: 현재 값 열은 시나리오 요약 보고서가 작성될 때의
변경 셀 값을 나타냅니다. 각 시나리오의 변경 셀들은
회색으로 표시됩니다.

연습1 | 시나리오 요약 | 연습2

CHAPTER

07

차트

학습목표

- 차트 종류를 알고, 차트를 만들고 활용할 수 있다.
- 차트 구성 요소를 알고 차트를 편집할 수 있다.
- 스파크라인을 만들고 활용할 수 있다.

SECTION 01

차트 만들기

엑셀에서 다루는 많은 숫자를 차트의 시각 효과를 이용한 그래픽으로 표현하면 이해가 쉽고 정보를 훨씬 효과적으로 분석할 수 있다. 문자나 숫자를 셀이나 표에 입력해서 관리하면 정확하고 상세하게 정보를 파악할 수 있지만, 추세를 파악하거나 서로 비교하기는 쉽지 않다. 엑셀에서는 다양한 종류의 차트를 데이터 유형에 따라 선택할 수 있다. 이때 표현하려는 의도와 제공하려는 정보를 제대로 비교 및 파악할 수 있도록 적절한 종류의 차트를 선택하는 것이 중요하다.

1.1 차트의 종류

셀이나 표의 데이터를 분석하여 적당한 차트를 추천받거나 사용자가 원하는 종류의 차트를 직접 선택할 수 있다. 세로 막대형, 가로 막대형, 꺾은선형, 원형 등의 기본적인 차트 외에 오피스 2016 버전에서 새로 추가된 트리맵, 선버스트, 상자 수염 그림, 폭포와 같이 다양한 종류의 차트를 사용 목적에 따라 선택할 수 있다.

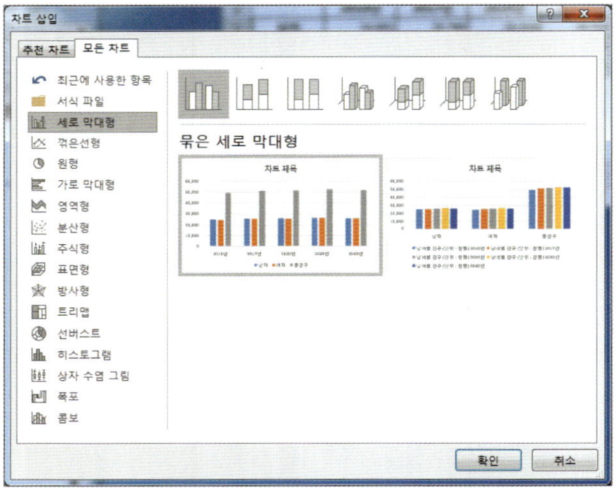

1.2 추천 차트

여러 가지 차트 중에서 필요한 차트가 무엇인지 선택하기 어려운 경우에는 차트로 나타내고자 하는 데이터를 선택하기만 하면 된다. 선택한 데이터를 분석하여 몇 가지 적당한 차트를 추천하는 기능인 추천 차트 도구를 사용할 수 있기 때문이다.

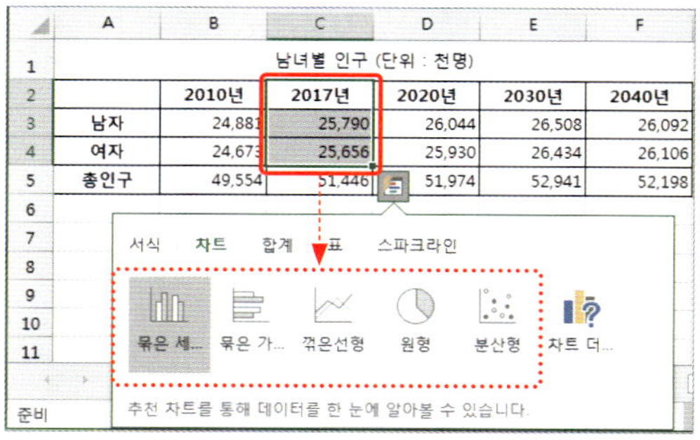

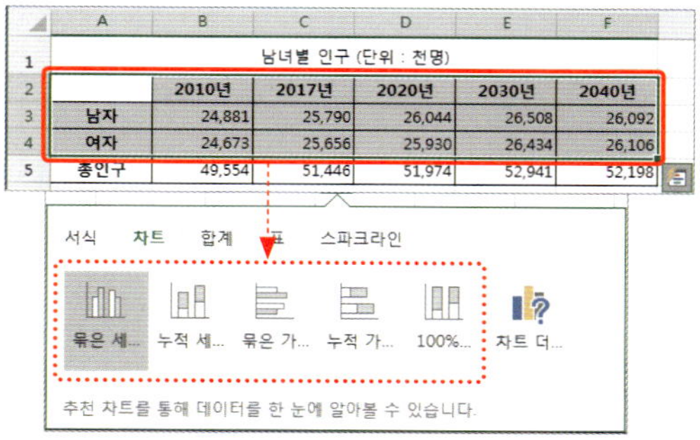

기본예제 7-1 추천 차트 삽입하기

남녀별 인구 데이터를 이용하여 워크시트에 추천 차트를 삽입해 보자.

01 '준비.xlsx' 파일의 '추천차트' 시트에서 A2:F5 범위를 선택하고 [삽입] 탭–[차트] 그룹–[추천 차트]를 누른다.

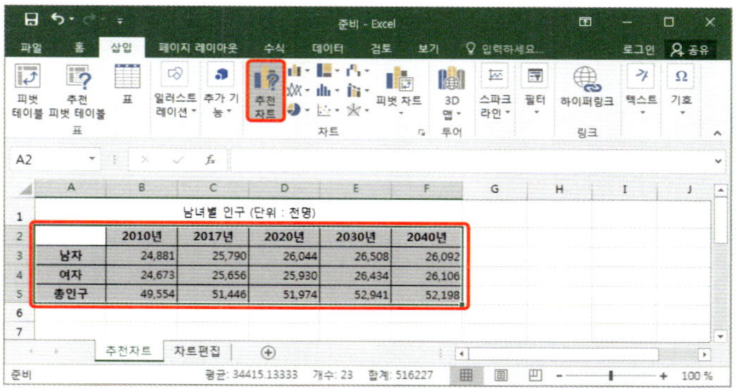

TIP 워크시트에서 연속적인 셀을 범위로 선택하면 [빠른 분석] 단추를 사용할 수 있다. [빠른 분석] 단추를 누르고 [차트] 탭을 선택하면 추천 차트를 볼 수 있다.

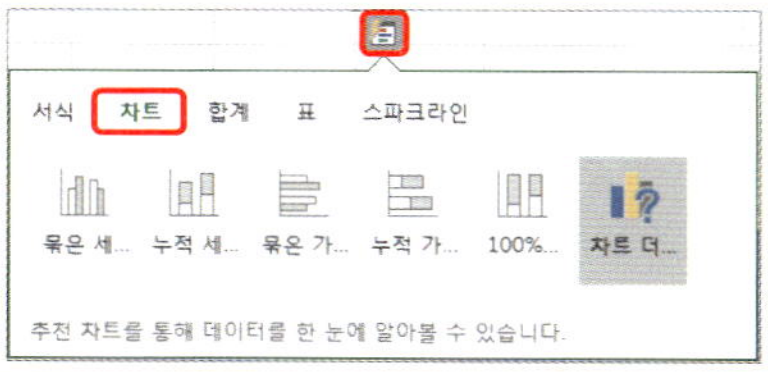

02 [차트 삽입] 대화상자의 [추천 차트] 탭에서 차트 목록을 확인할 수 있다. [묶은 세로 막대형]을 선택하고 [확인]을 누른다.

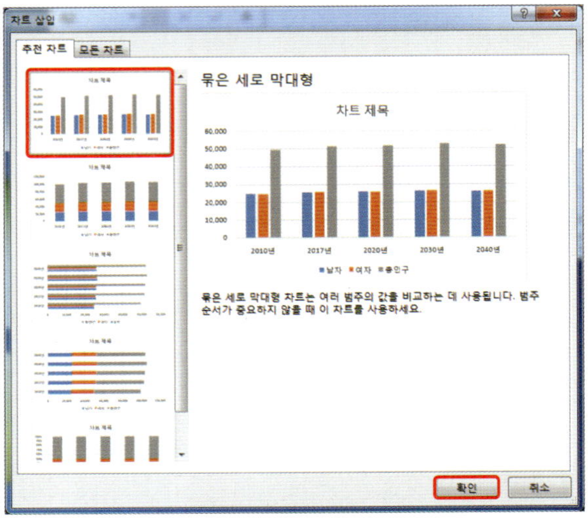

03 삽입된 차트를 선택하고 드래그하여 적당한 위치로 이동하고, 차트의 조절점을 드래그하여 크기를 조절한다.

TIP 삽입된 차트를 삭제하려면 차트를 선택한 상태에서 Delete를 누른다.

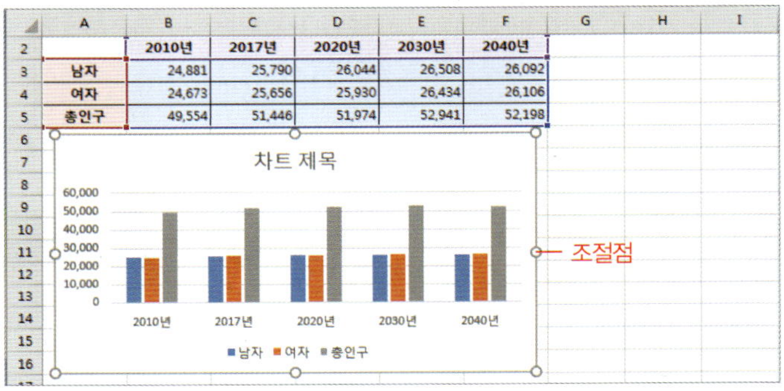

04 차트를 선택한 상태에서 [차트 도구]의 [디자인] 탭–[데이터] 그룹–[행/열 전환]을 누르면 차트 모양이 바뀐다.

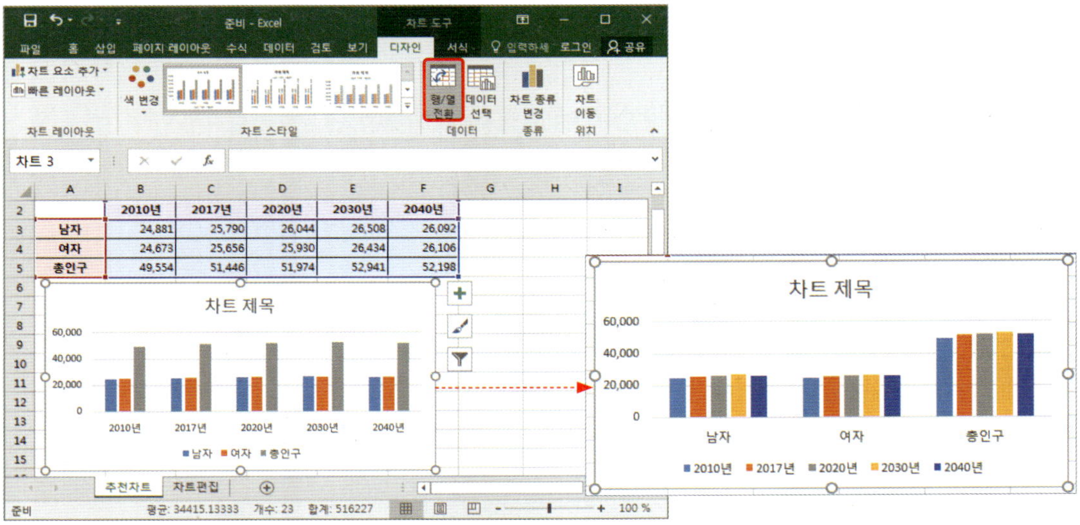

05 [차트 도구]의 [디자인] 탭–[데이터] 그룹–[데이터 선택]을 누르면 나타나는 [데이터 원본 선택] 대화상자에서 [행/열 전환]을 누르고 [확인]을 누른다.

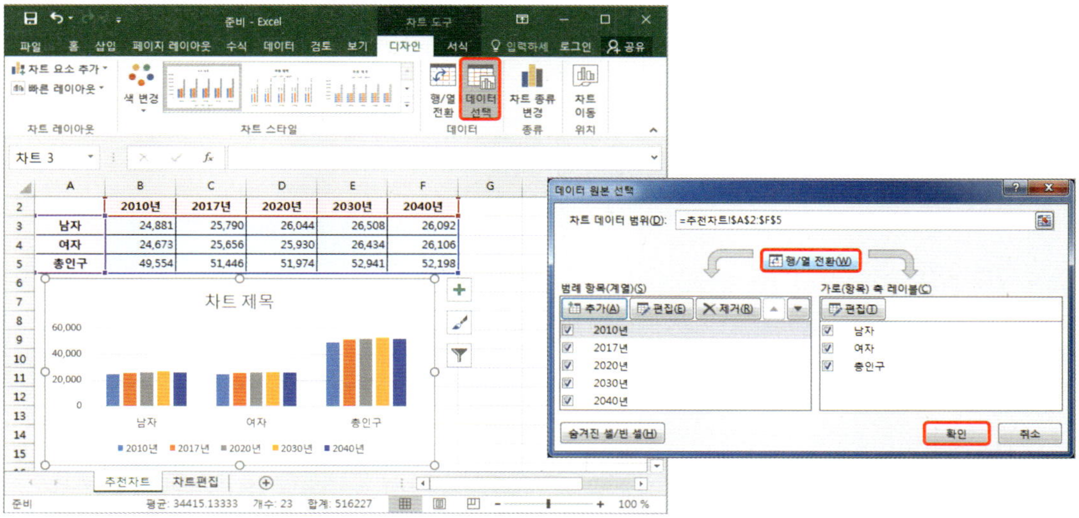

TIP [데이터 원본 선택] 대화상자에서는 행/열 전환뿐만 아니라 차트에 사용된 데이터의 범위를 변경하거나 편집 혹은 제거할 수 있다.

06 차트의 종류를 변경하기 위해 차트를 선택하고 [차트 도구]의 [디자인] 탭–[종류] 그룹–[차트 종류 변경]을 누른다.

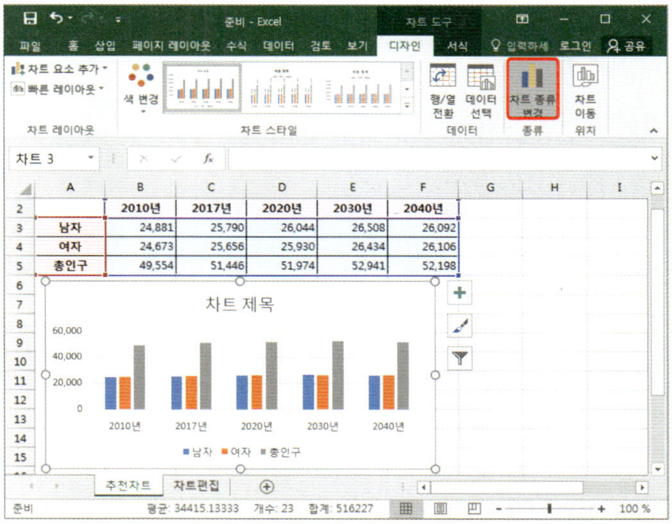

07 [차트 종류 변경] 대화상자의 [모든 차트] 탭에서 [콤보]를 선택한다. '총인구'의 차트 종류는 [표식이 있는 꺾은선형]으로 선택하고 [보조 축] 항목을 선택한 다음 [확인]을 누른다.

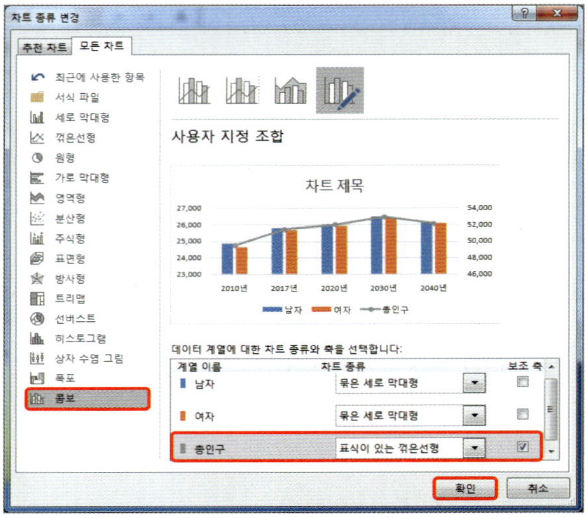

TIP 콤보 차트는 두 가지 이상의 유형을 하나의 차트로 구성하는 형태로, 차트에 표시할 데이터 중 값의 범위나 종류가 유사하지 않은 항목을 보조 축으로 나타내면 항목 간 차이와 값을 더 정확하게 볼 수 있다.

08 차트의 색과 스타일을 변경하기 위해 [차트 도구]의 [디자인] 탭-[차트 스타일] 그룹-[색 변경] 목록에서 [단색형]의 [색 1]을 선택하고 [차트 스타일] 목록에서 [스타일 6]을 선택한다.

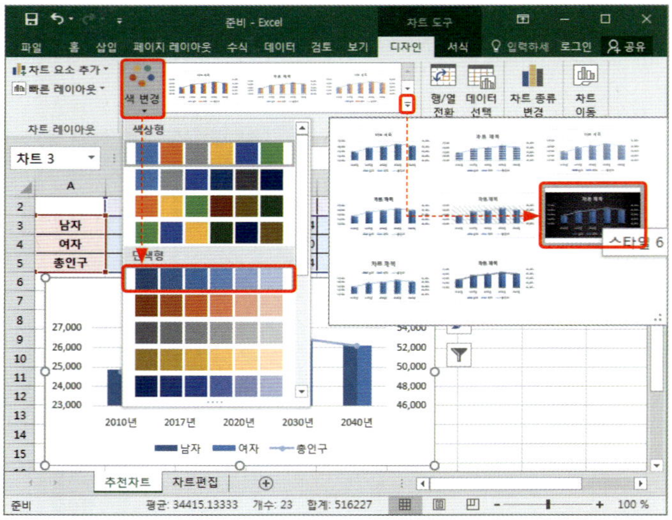

09 차트 제목을 선택하여 '남녀별 인구'로 수정하고, [차트 도구]의 [디자인] 탭-[위치] 그룹-[차트 이동]을 누른다.

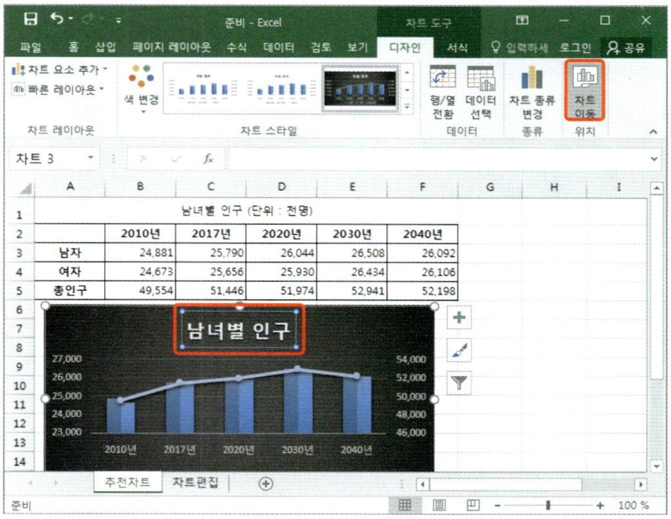

10 [차트 이동] 대화상자에서 [새 시트]를 선택하고 [확인]을 누르면 차트가 새 워크시트인 'Chart1' 시트에 삽입된다.

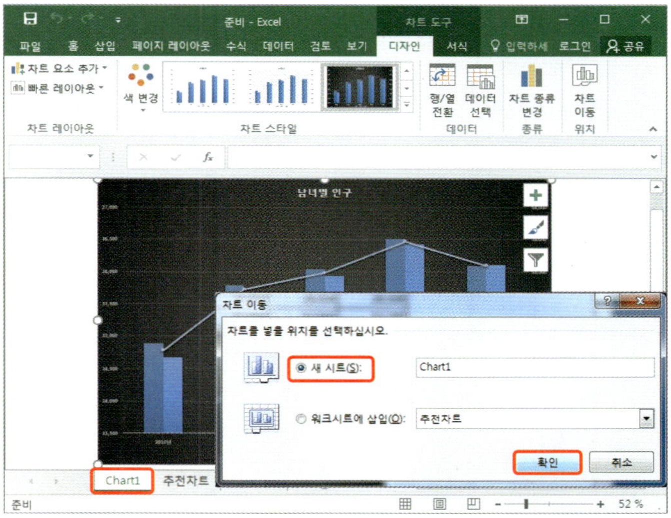

SECTION 02

차트 편집하기

추천 차트와 엑셀에서 제공하는 차트 디자인 도구를 활용하면 손쉽게 차트를 만들고 보기 좋게 꾸밀 수 있다. 사용자가 직접 차트 서식을 설정하는 경우에는 차트의 구성 요소를 구별할 필요가 있다. 여기서는 차트를 구성하는 요소를 이해하고 각 구성 요소에 대한 세부적인 서식 설정을 통해 사용자가 원하는 모양으로 차트를 만들고 편집하는 방법을 학습한다.

2.1 차트의 구성 요소

차트는 그래프라고 하는 그림 영역과 제목, 데이터 계열, 축, 범례 등 여러 가지 구성 요소로 이루어져 있다. 원하는 모양의 차트를 만들려면 차트의 구성 요소를 정확히 파악하고 각 요소에 따라 달라지는 속성을 설정하는 방법을 알아야 한다.

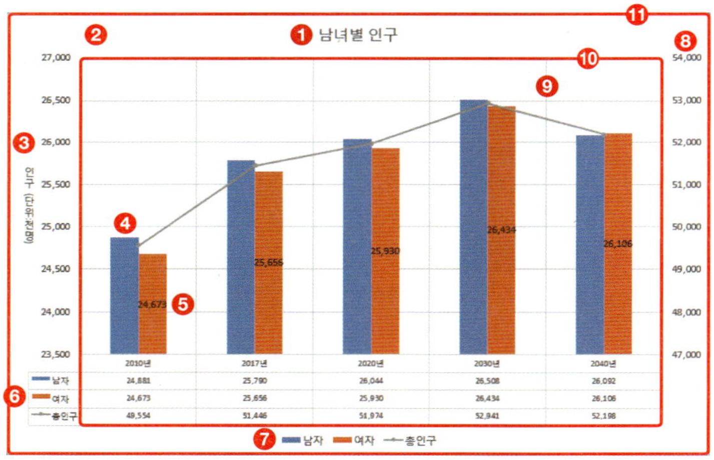

1. 차트 제목
2. 축
3. 축 제목
4. 데이터 계열/요소
5. 데이터 레이블
6. 데이터 표
7. 범례
8. 보조 축
9. 눈금선
10. 그림 영역
11. 차트 영역

2.2 차트의 서식 설정

차트의 서식을 설정하려면 차트 구성 요소의 속성을 변경해야 한다. 서식 작업 창을 이용하면 필요한 작업을 수행할 수 있다. 서식 작업 창을 화면에 나타나게 하려면 차트 구성 요소를 선택하고 마우스 오른쪽 단추를 누르거나(방법 1), [차트 도구]의 [서식] 탭을 이용하거나(방법 2), 차트 구성 요소를 더블클릭하면 된다(방법 3).

방법 1. 차트 구성 요소를 선택하고 마우스 오른쪽 단추를 누른다.

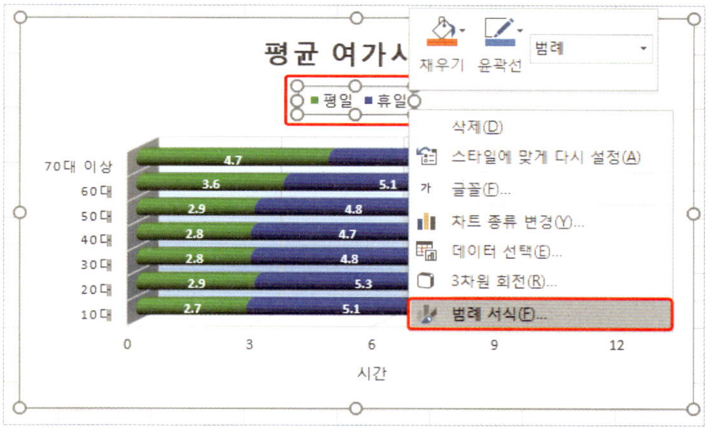

방법 2. 차트를 선택하고 [차트 도구]의 [서식] 탭–[현재 선택 영역] 그룹–[차트 요소] 목록에서 서식을 설정할 구성 요소를 선택하고 [선택 영역 서식]을 누른다.

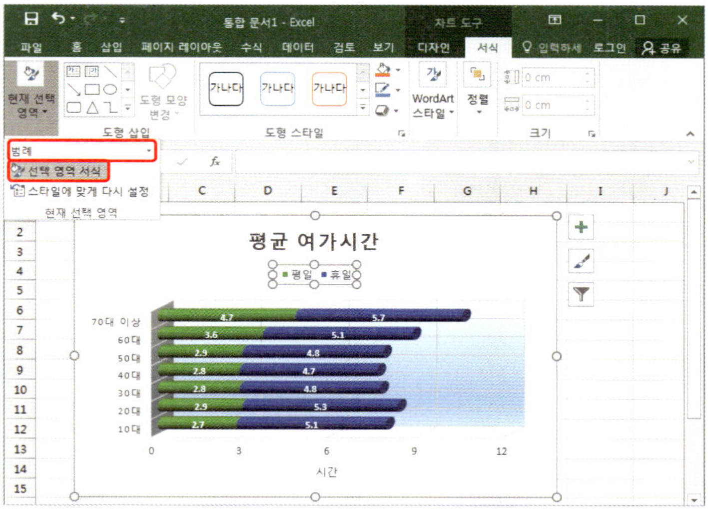

방법 3. 차트의 구성 요소를 더블클릭한다.

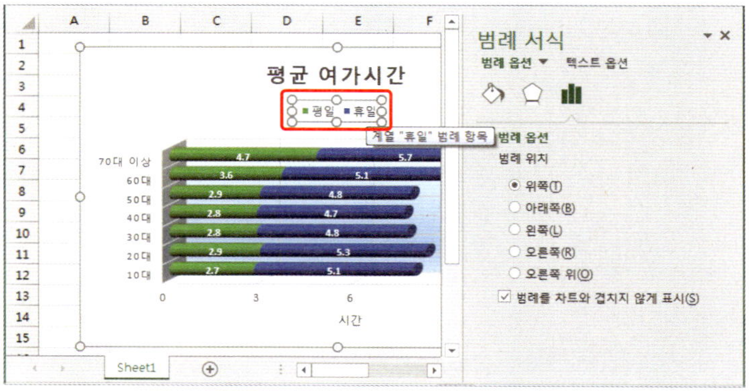

기본예제 7-2 차트 서식 설정하기

평균 여가시간 데이터를 이용하여 차트를 삽입하고 차트 서식을 설정해 보자.

01 '준비.xlsx' 파일의 '차트편집' 시트에서 A2:C9 범위를 선택하고 [삽입] 탭–[차트] 그룹–[세로 또는 가로 막대형 차트 삽입] 목록에서 [3차원 누적 가로 막대형]을 선택한다.

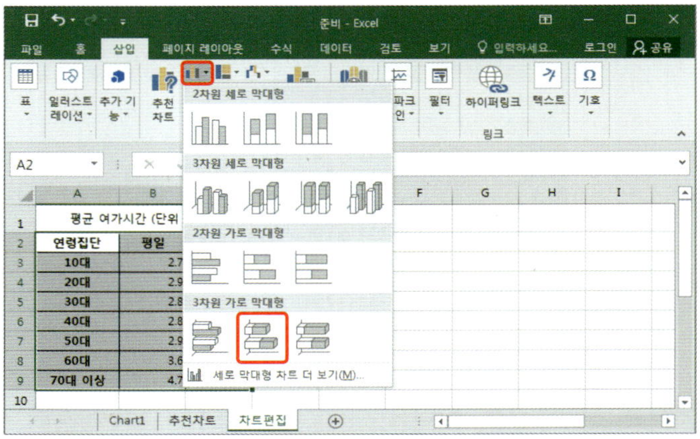

02 삽입된 차트를 선택하고 [차트 도구]의 [디자인] 탭–[차트 스타일] 그룹–[색 변경] 목록에서 [색상형]의 [색 4]를 선택하고, [차트 스타일] 목록에서 [스타일 3]을 선택한다.

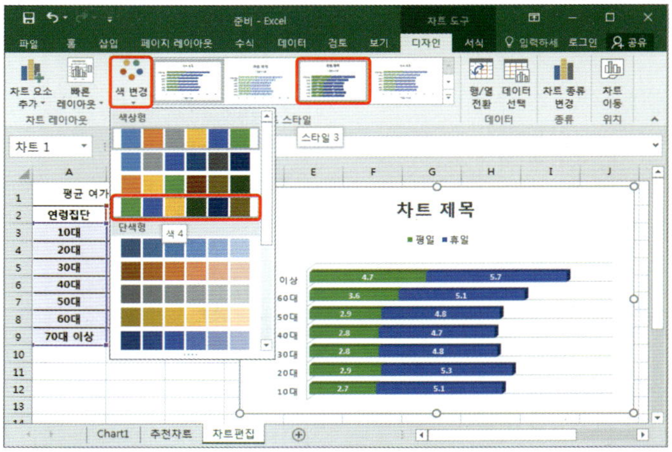

03 차트 제목을 선택하여 '평균 여가시간'으로 수정하고, [차트 도구]의 [서식] 탭–[현재 선택 영역] 그룹–[차트 요소] 목록에서 [범례]를 선택하고 [선택 영역 서식]을 누른다.

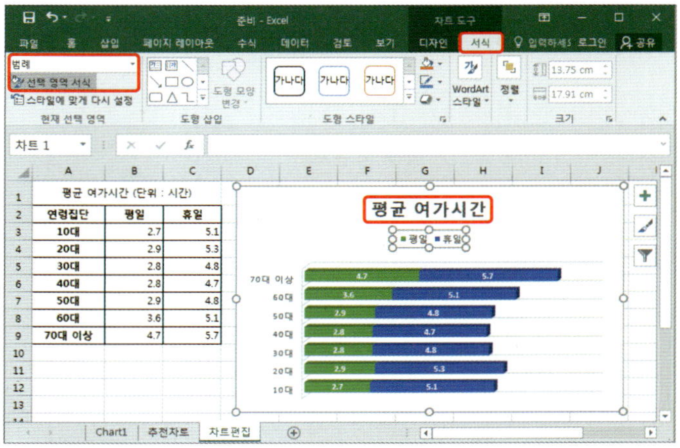

04 오른쪽에 나타난 [범례 서식] 작업 창에서 [범례 옵션]–[범례 옵션] 탭–[범례 옵션]에서 [범례 위치]를 [오른쪽 위]로 선택하고 [범례를 차트와 겹치지 않게 표시] 항목의 선택을 해제한다.

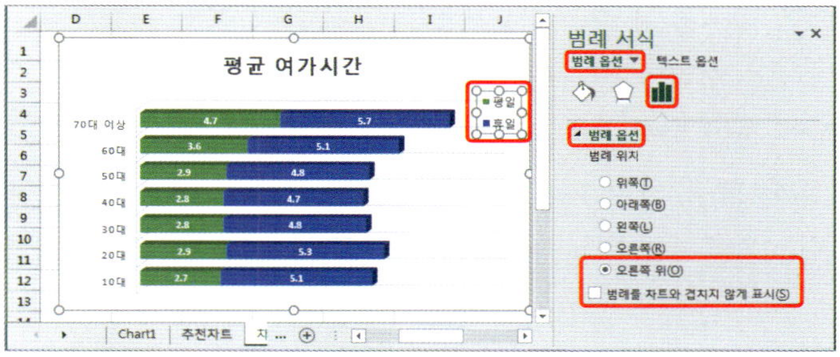

TIP [범례를 차트와 겹치지 않게 표시]를 선택하면 범례가 자리를 차지하게 되어 그래프가 나타나는 차트의 그림 영역이 상대적으로 작아진다.

05 서식 작업 창에서 [▼ 옵션] 단추를 눌러 [밑면]을 선택하고 [밑면 서식] 작업 창이 나타나면 [밑면]–[채우기 및 선] 탭–[채우기]에서 [그라데이션 채우기]를 선택한다.

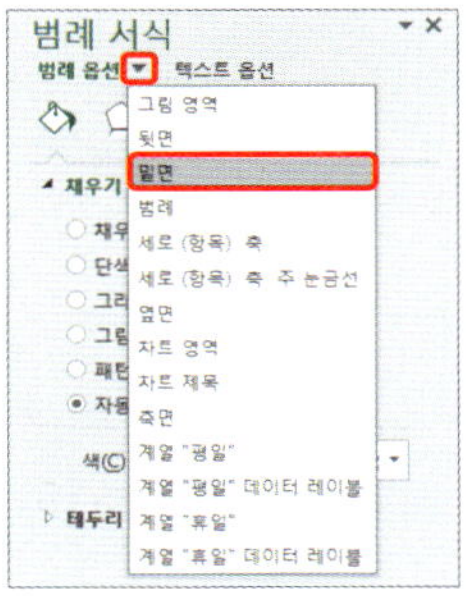

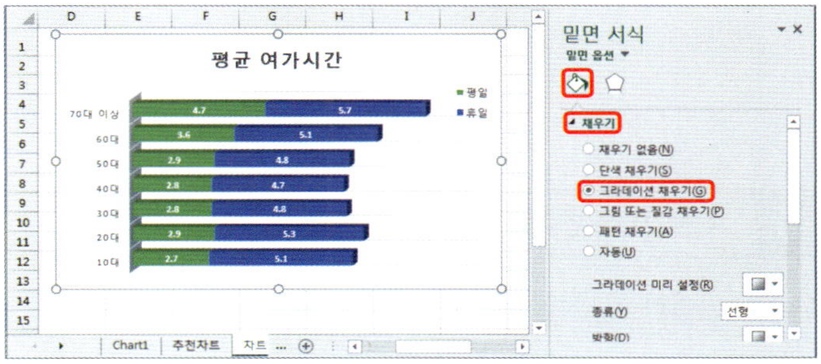

06 [▼ 옵션] 단추를 눌러 [계열 "평일"]을 선택하고 [데이터 계열 서식] 작업 창이 나타나면 [계열 옵션]–[계열 옵션] 탭–[계열 옵션]에서 [세로 막대 모양]의 [원통형]을 선택한다.

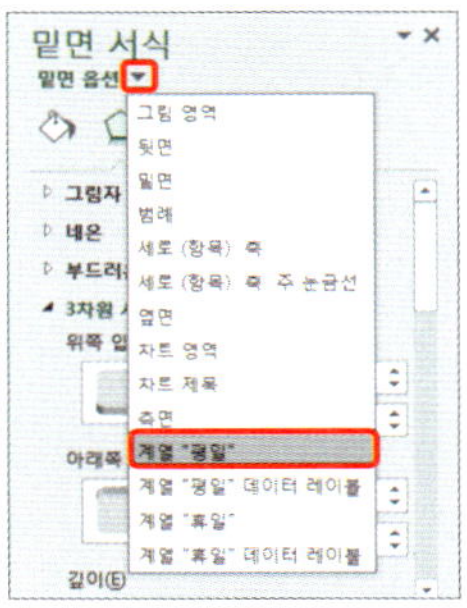

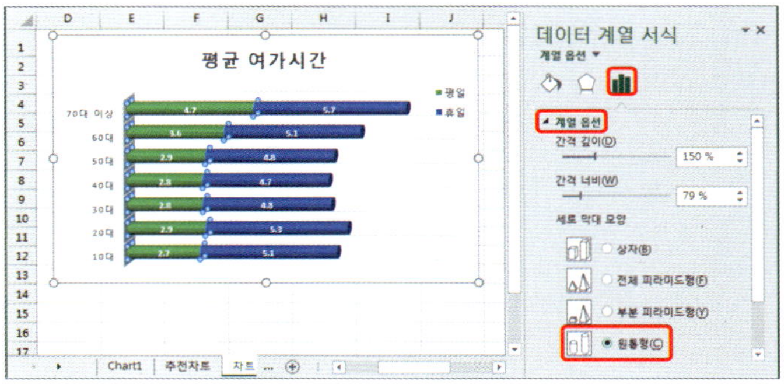

TIP [계열 "휴일"]을 선택해 막대 모양을 바꿔도 된다.

07 [▼ 옵션] 단추를 눌러 [차트 영역]을 선택하고 [차트 영역 서식] 작업 창이 나타나면 [차트 옵션]–[효과] 탭–[3차원 회전]에서 [X 회전]은 '50°', [Y 회전]은 '–20°'로 설정한다.

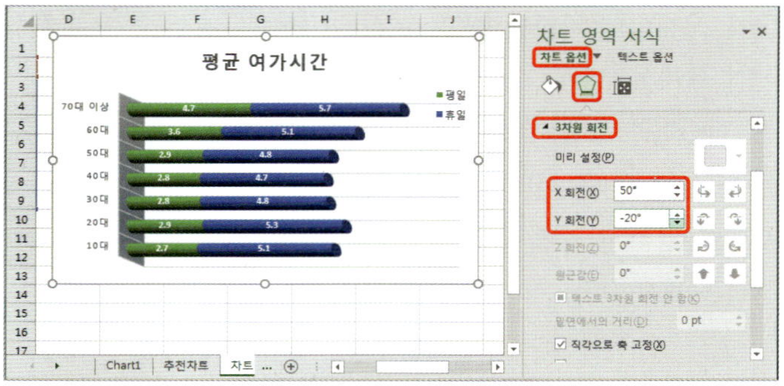

08 [차트 옵션]–[채우기 및 선] 탭–[채우기]에서 [그라데이션 채우기]를 선택한다.

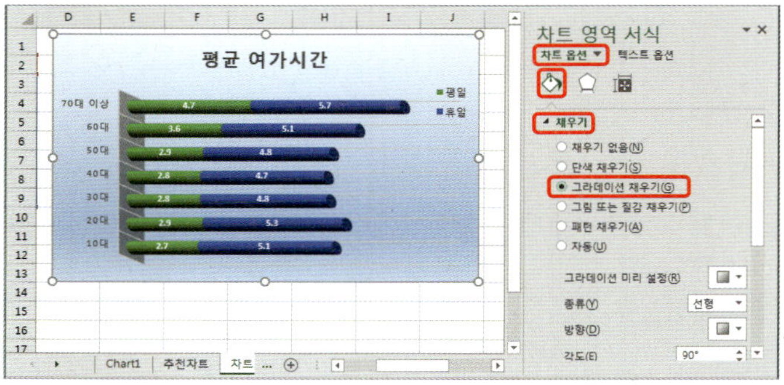

기본예제 7-3 차트 요소 추가와 차트 필터링하기

[기본예제 7–2]에서 편집한 차트에 축 제목과 눈금선 등의 차트 구성 요소를 추가하는 방법과 차트에 표시되는 데이터를 필터링하는 방법을 알아보자.

01 '준비.xlsx' 파일의 '차트편집' 시트에서 차트를 선택하고 [차트 도구]의 [디자인] 탭–[차트 레이아웃] 그룹–[차트 요소 추가] 목록에서 [축]–[기본 가로]를 선택한다.

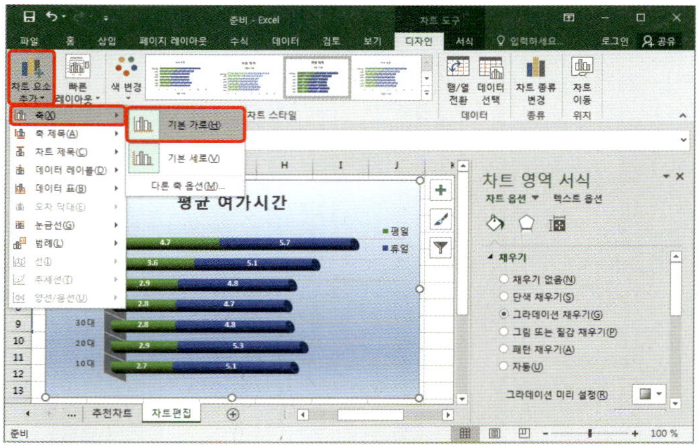

TIP 차트를 선택하면 나타나는 오른쪽 상단의 [+ 차트 요소] 단추를 눌러 원하는 항목을 선택하거나 차트 요소를 추가할 수 있다. 또한, 선택을 해제하여 차트 구성 요소를 삭제할 수도 있다.

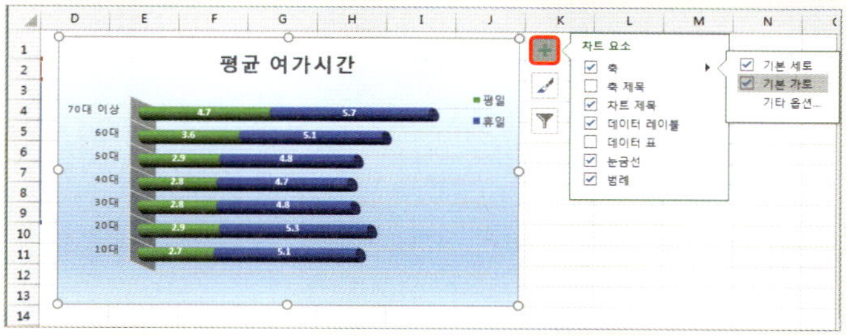

02 축 제목을 추가하기 위해 차트를 선택하고 [+ 차트 요소] 단추를 눌러 [축 제목]–[기본 가로]를 선택한다. 차트에 추가된 축 제목에 '시간'을 입력한다.

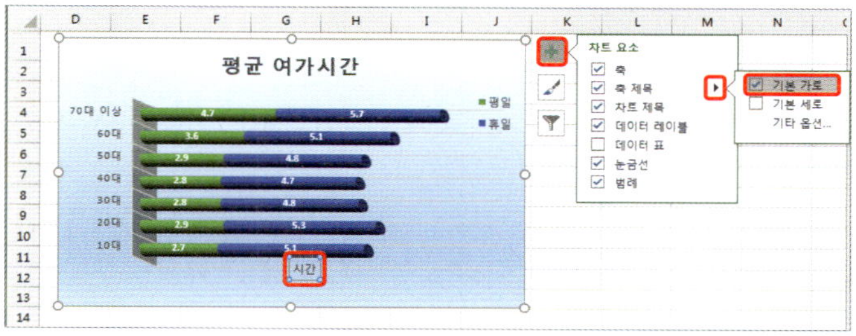

TIP [+ 차트 요소] 단추를 한 번 더 누르면 차트 요소 선택 메뉴가 화면에서 사라진다.

03 [+ 차트 요소] 단추를 누르고 [눈금선]–[기본 주 세로]를 선택하여 세로 눈금선을 차트에 추가한다.

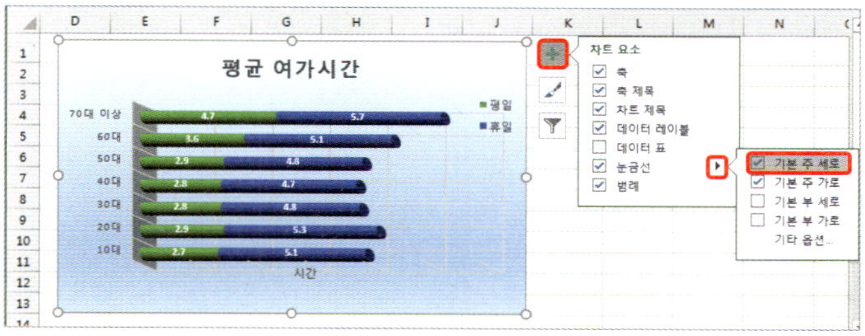

TIP 차트의 구성 요소로 추가된 세로 눈금선이 가로축의 주 눈금선이 된다.

04 데이터 레이블 중에서 [계열 "휴일" 요소 "40대"]를 선택하고 [데이터 레이블 서식] 작업 창의 [레이블 옵션]-[레이블 옵션] 탭-[레이블 옵션]에서 [계열 이름], [항목 이름]을 선택한다.

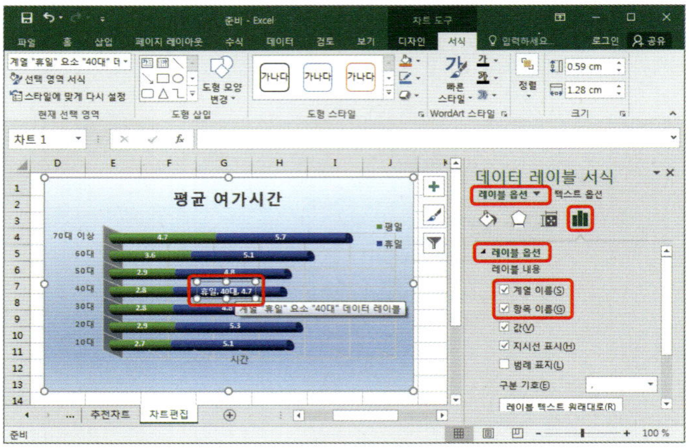

TIP 40대를 나타내는 파란색 막대 위에 표시된 데이터 레이블(4.7)을 마우스로 한 번 누르면 ["휴일"] 계열이 모두 선택되고, 한 번 더 누르면 [계열 "휴일" 요소 "40대"] 데이터 레이블만 선택할 수 있다.

05 평일 데이터만 필터링하기 위해 차트를 선택하고 [차트 필터] 단추를 누른 다음 [값] 탭-[계열]에서 '평일'만 선택하고 [적용]을 누른다.

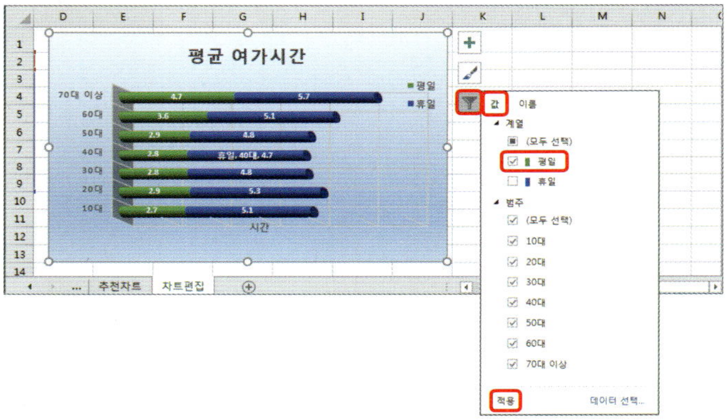

TIP 차트 필터로 데이터를 필터링하면 데이터를 편집하지 않고도 원하는 계열만 더 명확하게 확인할 수 있다는 장점이 있다.

06 [차트 요소] 단추를 누른 다음 [데이터 표]는 선택하고 [범례]는 선택을 해제한다.

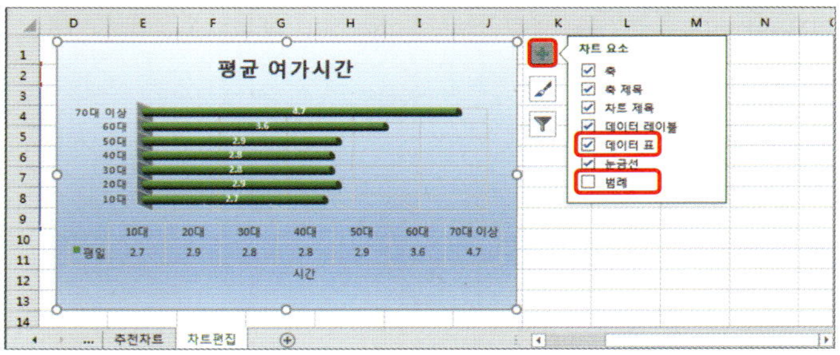

SECTION 03

스파크라인 만들기

스파크라인은 셀 안에 작은 차트를 만들어 넣어 데이터 추세를 간편하게 분석하거나 데이터 크기를 쉽게 비교할 수 있도록 표시하는 기능이다. 스파크라인 기능을 활용하면 한 번의 클릭으로 데이터를 시각적으로 표현할 수 있어서 텍스트로 입력된 데이터를 훨씬 쉽게 이해할 수 있다.

3.1 스파크라인의 특징

데이터를 시각적으로 표현하면 더 쉽게 이해하고 분석할 수 있다는 장점은 차트와 유사하지만, 스파크라인은 차트처럼 워크시트에 삽입되는 개체가 아니라 셀에 포함되는 작은 차트라는 점이 다르다. 다음 그림과 같이 스파크라인은 마치 배경처럼 셀 안에 텍스트와 함께 표시할 수 있다.

남녀별 인구 (단위 : 천명)						
	2010년	2017년	2020년	2030년	2040년	추이
남자	24,881	25,790	26,044	26,508	26,092	남자 추이
여자	24,673	25,656	25,930	26,434	26,106	여자 추이
총인구	49,554	51,446	51,974	52,941	52,198	총인구 추이

기본예제 7-4 스파크라인 만들기

남녀별 인구 데이터를 이용하여 연도별 추이를 알 수 있게 셀 안에 스파크라인을 만들어 보자.

01 '준비.xlsx' 파일의 '추천차트' 시트에서 G2 셀에 *추이*를 입력하고 G2:G5 범위를 선택한 다음 [홈] 탭–[글꼴] 그룹–[테두리] 목록에서 [모든 테두리]를 선택한다.

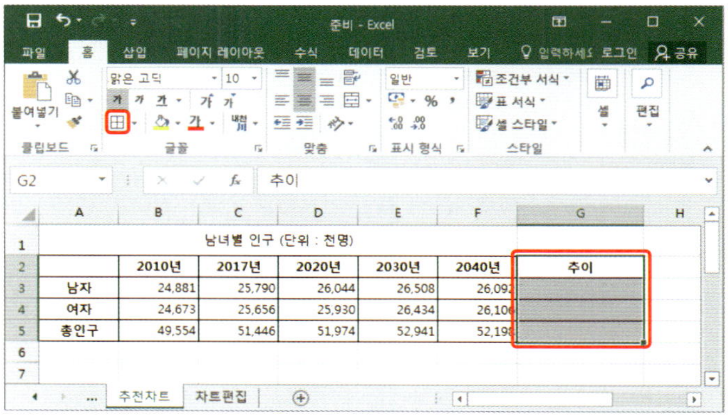

02 데이터 영역인 B3:F5 범위를 선택하고 [삽입] 탭–[스파크라인] 그룹–[열]을 누른다.

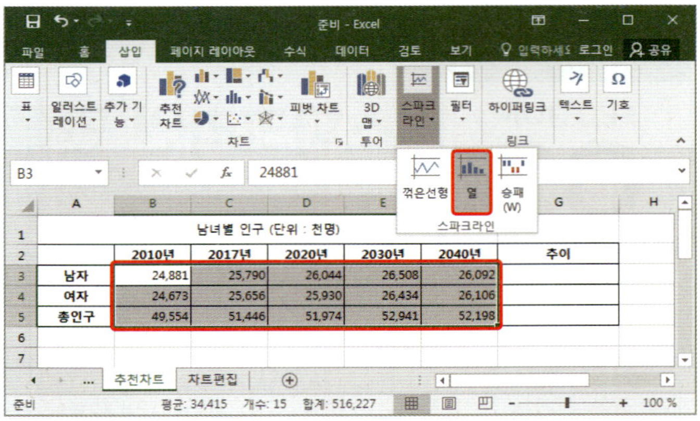

03 [스파크라인 만들기] 대화상자에서 [데이터 범위]는 *B3:F5*, [위치 범위]는 *$G$3:$G$5*로 설정하고 [확인]을 누른다.

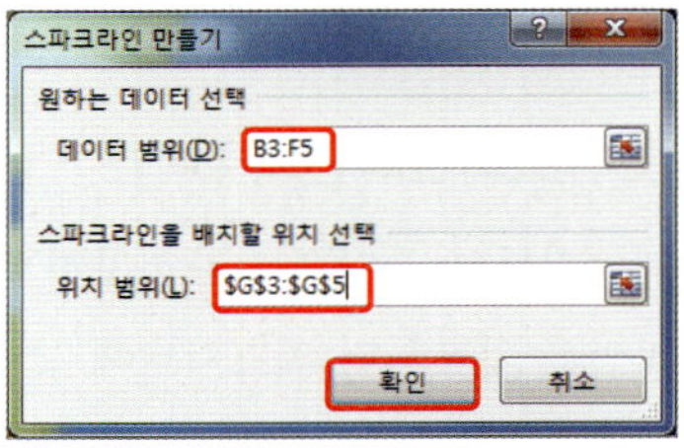

TIP 데이터 범위나 스파크라인을 배치할 위치는 마우스로 드래그하여 선택하면 된다.

04 G3:G5 범위의 각 셀 안에 스파크라인이 만들어진다. 스파크라인을 삭제하려면 [스파크라인 도구]의 [디자인] 탭–[그룹] 그룹–[지우기]를 누른 뒤 원하는 지우기 방법을 선택한다.

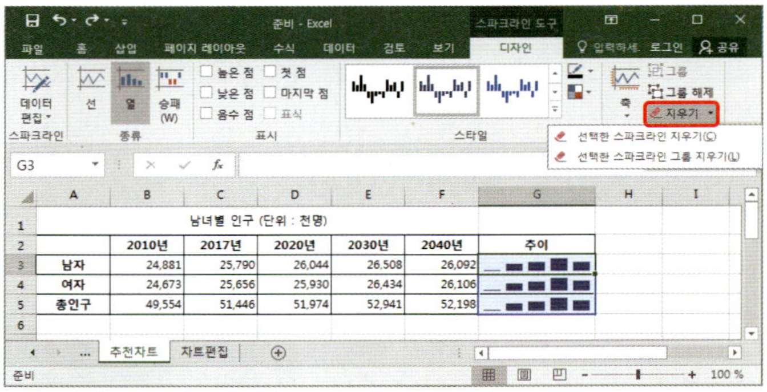

TIP 여러 셀을 범위로 지정하여 한 번에 스파크라인을 만들면 스파크라인이 그룹화되므로 [선택한 스파크라인 그룹 지우기]를 선택하면 모든 셀의 스파크라인을 한 번에 지울 수 있다. [선택한 스파크라인 지우기]는 스파크라인을 개별적으로 지울 때 사용한다.

기본예제 7-5 스파크라인 편집하기

스파크라인 도구의 여러 가지 기능을 사용하여 스파크라인의 종류, 스타일, 색 등을 변경하여 편집해 보자.

01 '준비.xlsx' 파일의 '추천차트' 시트에서 스파크라인 영역인 G3:G5 범위를 선택하고 [스파크라인 도구]의 [디자인] 탭–[종류] 그룹–[선]을 누른다.

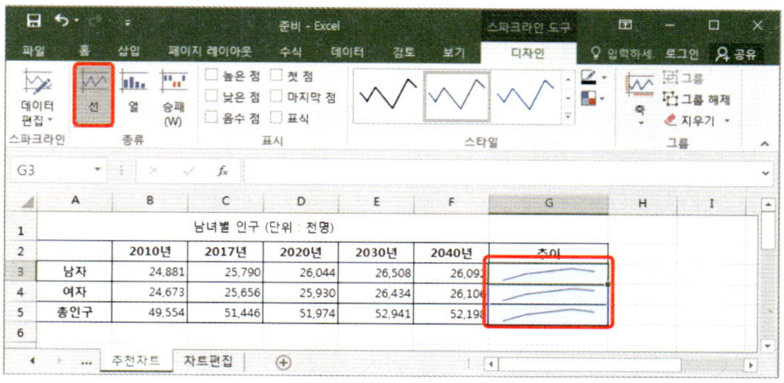

TIP 스파크라인이 그룹화되어 있는 경우 스파크라인 영역 중 아무 셀이나 누르면 전체 영역이 모두 선택되고, 스파크라인 도구로 디자인을 변경하면 모든 셀의 스파크라인이 함께 변경된다.

02 [스파크라인 도구]의 [디자인] 탭–[표시] 그룹–[표식]을 선택하고 [스타일] 그룹–[스파크라인 스타일 어둡게 #6]을 선택한다.

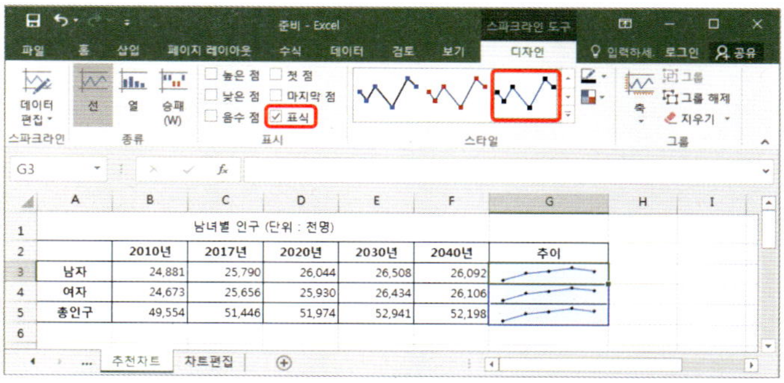

03 [스파크라인 도구]의 [디자인] 탭–[스타일] 그룹–[스파크라인 색] 목록에서 [두께]–[2¼]을 선택한다.

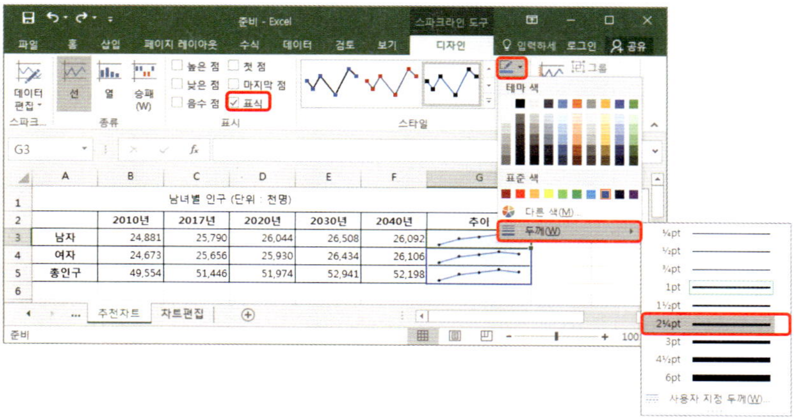

04 [스파크라인 도구]의 [디자인] 탭–[스타일] 그룹–[표식 색] 목록에서 [높은 점]을 [빨강]으로 설정한다.

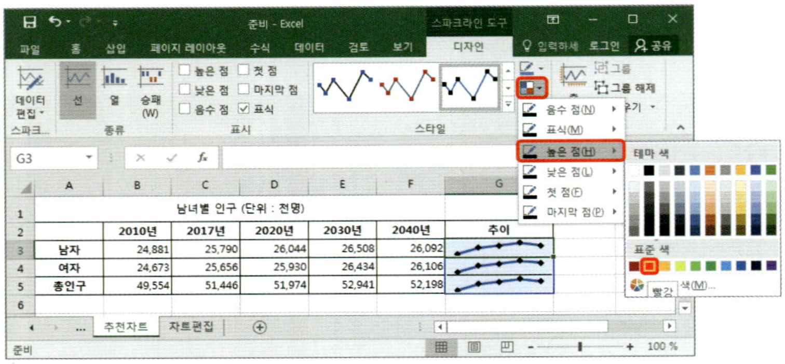

05 단계 **04**와 같은 방식으로 스파크라인의 [표식 색] 목록에서 [낮은 점]을 [녹색]으로 설정한다.

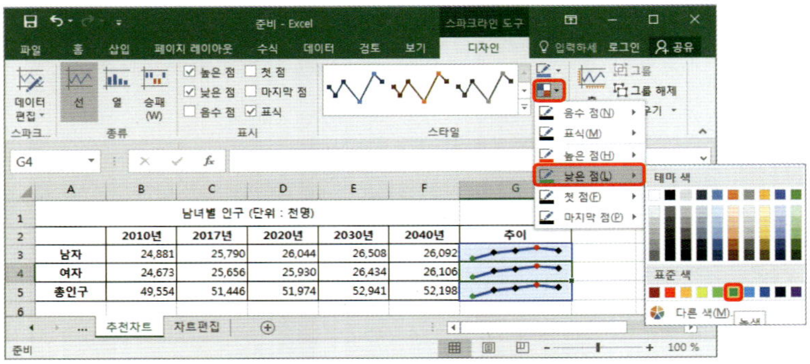

요약예제

오피스 2016 버전에서는 트리맵, 선버스트, 상자 수염 그림, 폭포와 같이 새롭게 추가된 다양한 종류의 차트를 목적에 따라 선택할 수 있다. 계층 구조 데이터를 표시하기에 좋은 선버스트 차트와 변동하는 데이터의 증감을 표시하기 좋은 폭포 차트를 만들어 보자.

1 월별 판매량을 비교하기 위한 선버스트 차트를 만들기 위해 '요약예제.xlsx' 파일의 '판매현황' 시트에서 A2:D14 범위를 선택한다.

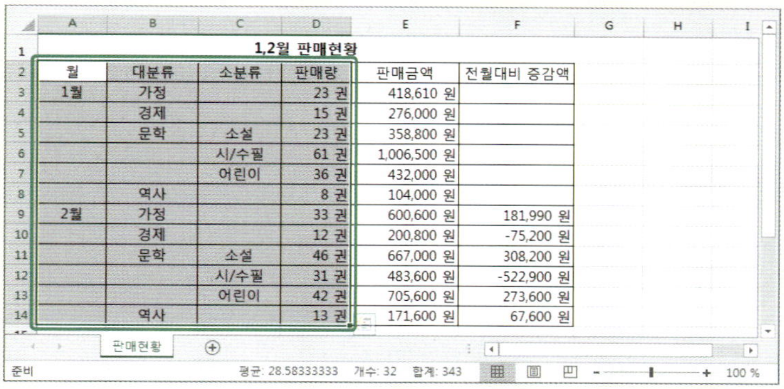

2 [삽입] 탭–[차트] 그룹–[계층 구조 차트 삽입] 목록에서 [선버스트]를 선택한다.

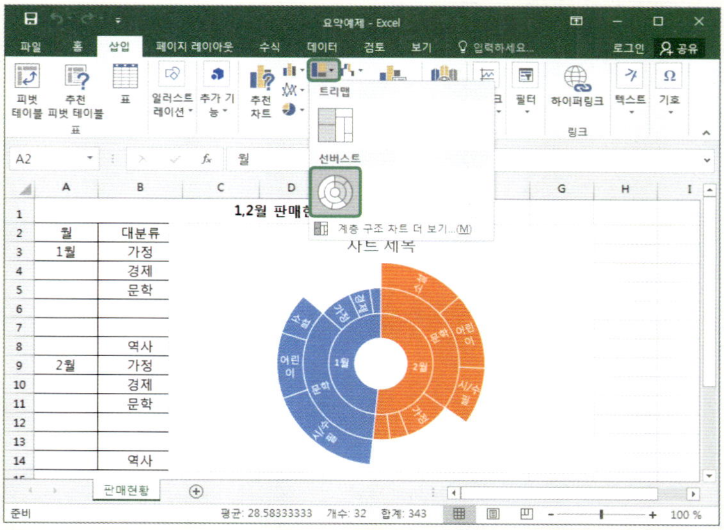

TIP 계층 구조를 나타낼 때 선버스트 차트는 계층 수준을 표시하기에 적합하고 트리맵 차트는 차트에 나타나는 면적을 이용해 비율을 표시하기에 더 적합하다.

3 차트 제목에 *1,2월 판매비교*를 입력하고 [차트 도구]의 [디자인] 탭–[차트 레이아웃] 그룹–[차트 요소 추가] 목록에서 [데이터 레이블]–[기타 데이터 레이블 옵션]을 선택한다.

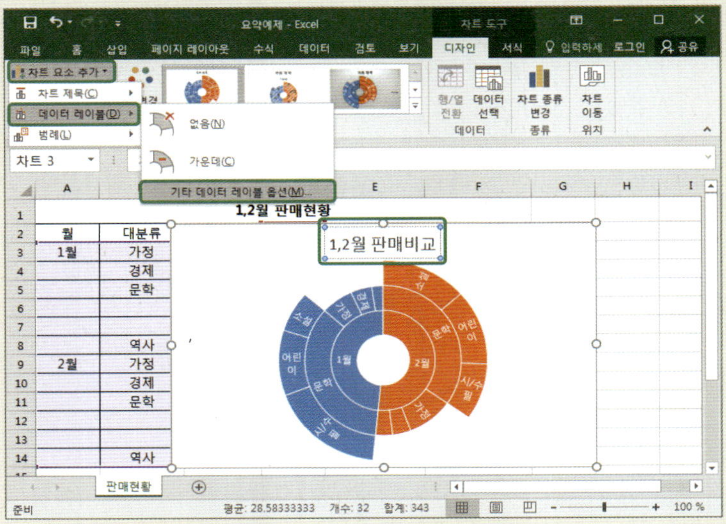

TIP 임의의 데이터 레이블을 선택하고 마우스 오른쪽 단추를 눌러 [데이터 레이블 서식]을 선택해도 된다.

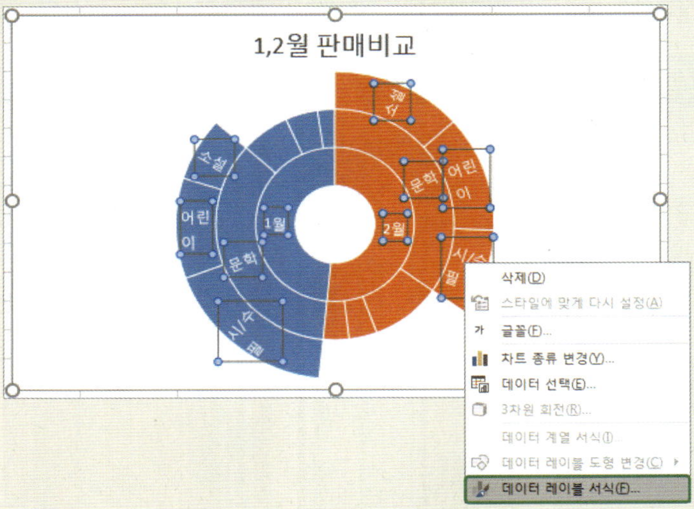

4 [데이터 레이블 서식] 작업 창이 열리면 [레이블 옵션]–[레이블 옵션] 탭–[레이블 내용]에서 [값]을 선택한다. [차트 도구]의 [디자인] 탭–[위치] 그룹–[차트 이동]을 누른다.

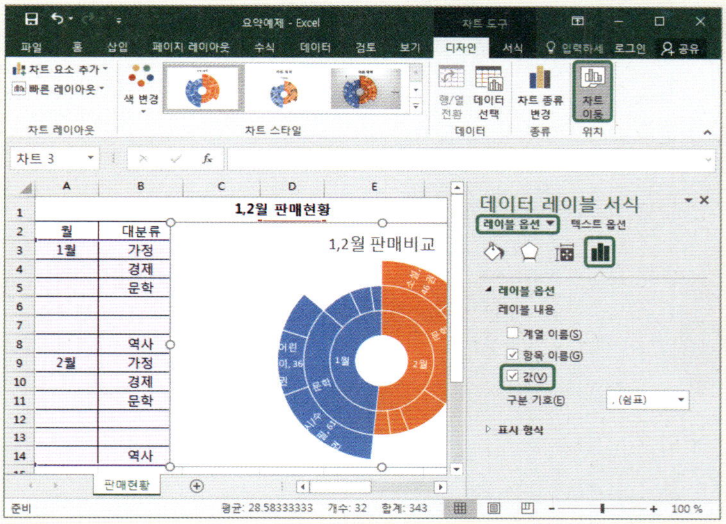

5 [차트 이동] 대화상자에서 [새 시트]를 선택하고 시트 이름으로 *선버스트*를 입력한 다음 [확인]을 누른다.

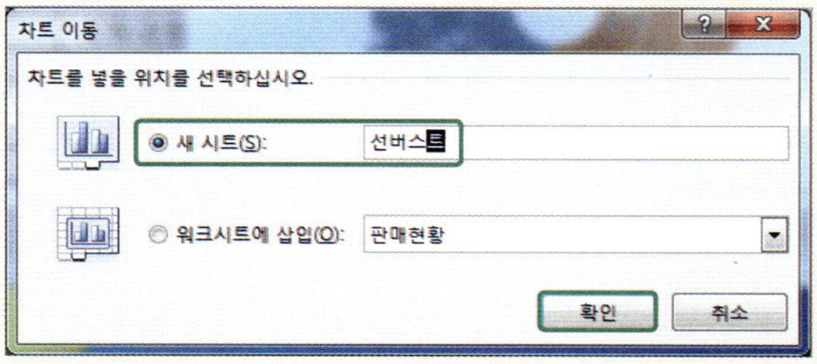

6 [차트 도구]의 [디자인] 탭-[차트 스타일] 그룹에서 다섯 번째 항목을 선택한다. 화면 아래의 범례를 선택한 뒤 [범례 서식] 작업 창에서 [범례 위치]를 [위쪽]으로 선택한다.

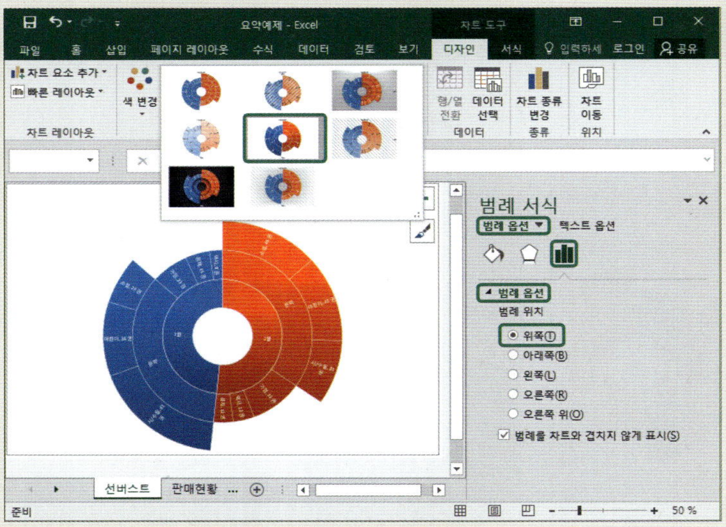

7 이번에는 2월 판매금액에 대한 전월대비 증감액을 폭포 차트로 만들어 보기로 한다. '판매현황' 시트에서 B9:B14 범위를 선택하고 Ctrl을 누른 채 F9:F14 범위를 함께 선택한다.

	A	B	C	D	E	F
1	1,2월 판매현황					
2	월	대분류	소분류	판매량	판매금액	전월대비 증감액
3	1월	가정		23 권	418,610 원	
4		경제		15 권	276,000 원	
5		문학	소설	23 권	358,800 원	
6			시/수필	61 권	1,006,500 원	
7			어린이	36 권	432,000 원	
8		역사		8 권	104,000 원	
9	2월	가정		33 권	600,600 원	181,990 원
10		경제		12 권	200,800 원	-75,200 원
11		문학	소설	46 권	667,000 원	308,200 원
12			시/수필	31 권	483,600 원	-522,900 원
13			어린이	42 권	705,600 원	273,600 원
14		역사		13 권	171,600 원	67,600 원

선버스트 | 판매현황

8 [삽입] 탭–[차트] 그룹–[폭포 차트 또는 주식형 차트 삽입] 목록에서 [폭포]를 선택한다.

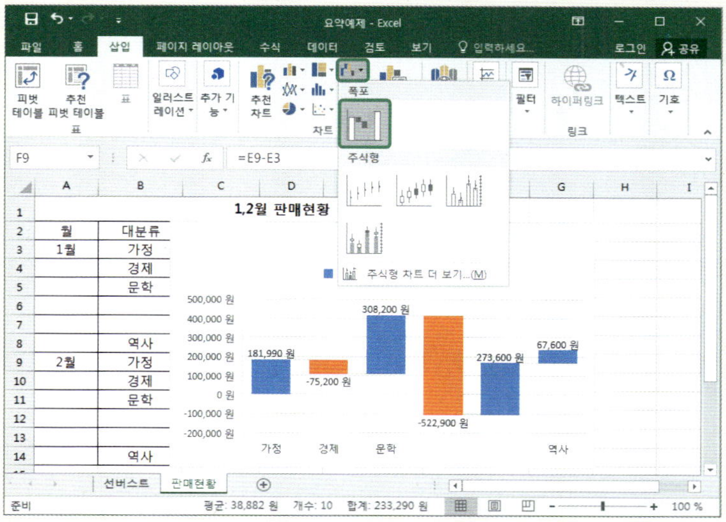

9 임의의 데이터 막대를 선택해 [데이터 계열 서식] 작업 창이 나타나면 [계열 옵션]–[계열 옵션] 탭–[계열 옵션]에서 [간격 너비]를 [75%]로 설정한다.

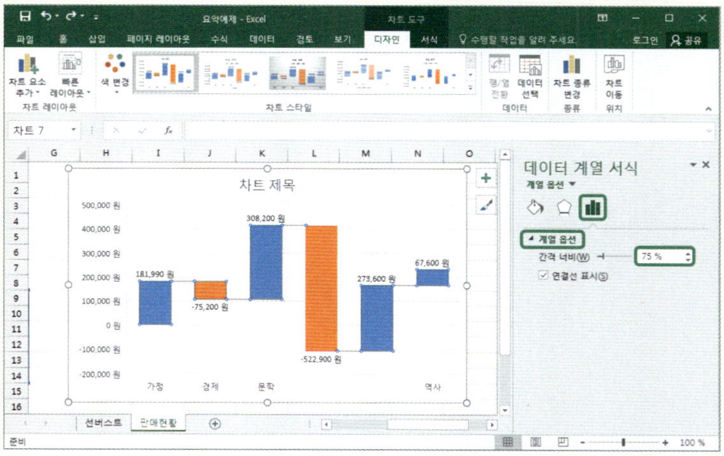

TIP 폭포 차트에서는 첫 번째 막대를 제외한 중간 값은 부동 막대 모양이다. 바로 앞 막대를 연결하여 양수와 음수의 색상을 다르게 다음 막대를 표시하는 형태로, 다리형 차트라고도 한다.

10 차트 제목에 *2월 판매금액 증감현황*을 입력하고 [+ 차트 요소] 단추를 누른 다음 [눈금선]의 선택을 해제한다.

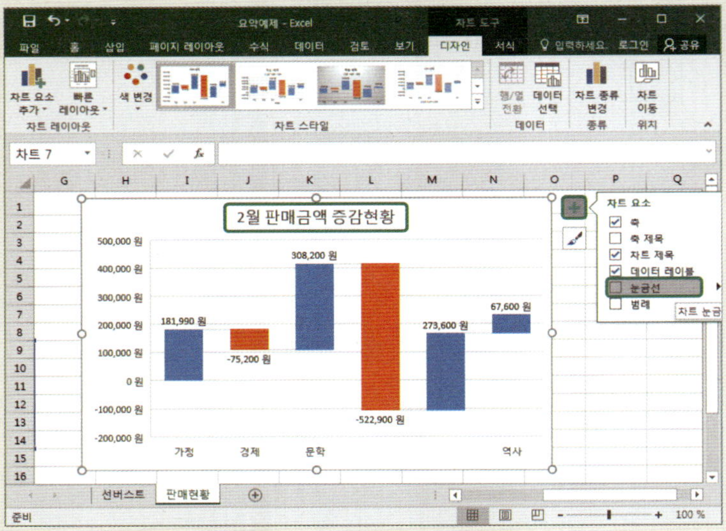

연습 문제

1 '연습.xlsx' 파일의 '연습1' 시트를 열고 다음과 같은 차트를 만들어 보시오.

❶ 차트에 표시할 데이터 영역을 알맞게 선택하고, 차트 종류는 '원형 대 가로 막대형 차트'로 선택하시오.

❷ 범례 요소는 제거하고, 데이터 레이블과 차트 제목을 다음과 같이 설정하시오.

❸ 차트 영역 서식은 [패턴 채우기]에서 임의의 패턴으로 설정하시오.

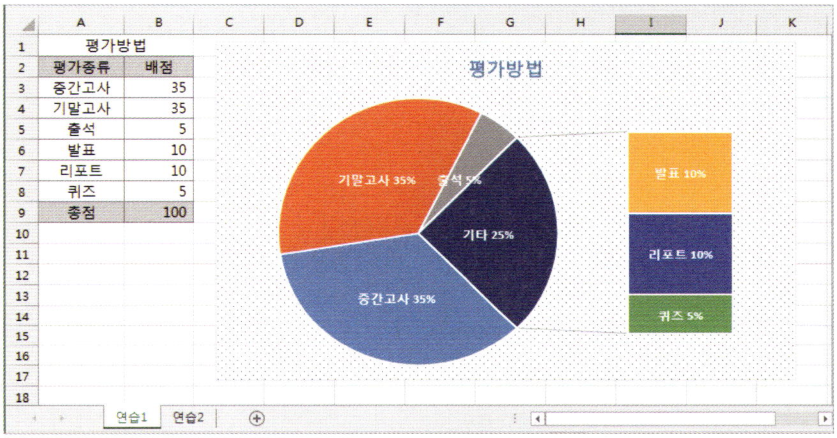

평가방법	
평가종류	배점
중간고사	35
기말고사	35
출석	5
발표	10
리포트	10
퀴즈	5
총점	100

2 '연습.xlsx' 파일의 '연습2' 시트를 열고 다음과 같은 차트를 만들어 보시오.

❶ 차트에 표시할 데이터 영역을 알맞게 선택하고, 차트 종류는 '트리맵 차트'를 이용하시오.

❷ 차트 디자인의 색 변경을 이용하여 차트 색상을 '색 4'로 설정하시오.

❸ 차트 영역 서식은 [그라데이션 채우기]로 설정하시오.

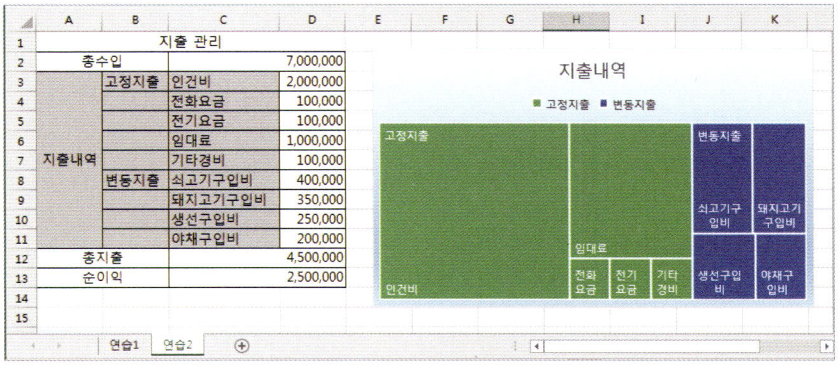

지출 관리			
총수입			7,000,000
지출내역	고정지출	인건비	2,000,000
		전화요금	100,000
		전기요금	100,000
		임대료	1,000,000
		기타경비	100,000
	변동지출	쇠고기구입비	400,000
		돼지고기구입비	350,000
		생선구입비	250,000
		야채구입비	200,000
총지출			4,500,000
순이익			2,500,000

PART

02

파워 포인트

POWERPOINT 2016

CHAPTER 08

파워포인트 기본 기능

학습목표

- 프레젠테이션 제작 과정을 단계별로 설명할 수 있다.
- 서식 파일을 이용해 프레젠테이션을 만들 수 있다.
- 파워포인트 문서를 열고 슬라이드를 다룰 수 있다.

SECTION 01

프레젠테이션 과정 살펴보기

파워포인트는 프레젠테이션(presentation)을 위한 프로그램이다. 프레젠테이션이란 청중에게 정보를 제공하거나 설득하기 위한 대화 기법의 하나로, 특정 정보를 청중에게 발표하는 전체 과정을 의미하며, 강연이나 상품 홍보, 정보 공유 등 다양한 분야에서 활용된다. 프레젠테이션은 다수의 사람과 주고받는 커뮤니케이션이므로 일방적 전달이 아닌 상호 작용이 이루어져야 한다. 또한, 효과적인 전달을 위해 다양한 형태의 자료나 멀티미디어 등을 이용하여 가독성을 높이고 쉽게 이해할 수 있는 디자인으로 작성해야 한다.

프레젠테이션을 제작하는 과정은 ① 주제나 대상 파악을 위한 프레젠테이션 기획, ② 수집한 자료를 이용한 슬라이드 제작, ③ 작성한 자료를 이용한 프레젠테이션 발표로 이루어진다. 여기서는 파워포인트를 사용하기에 앞서 프레젠테이션 제작 과정을 살펴보고 각 단계별로 고려할 사항과 세부 작업을 이해하면서 효과적인 프레젠테이션을 작성하기 위한 기본 개념을 알아보기로 한다.

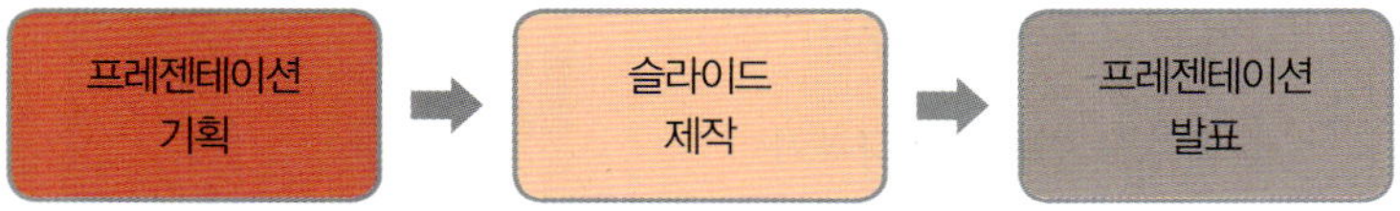

▲ 프레젠테이션 제작 과정

1.1 프레젠테이션 기획

프레젠테이션을 기획하는 과정에서는 발표하고자 하는 주제와 발표 대상을 먼저 파악한 후 스토리를 구성하고 슬라이드에 들어갈 주요 내용을 요약한다.

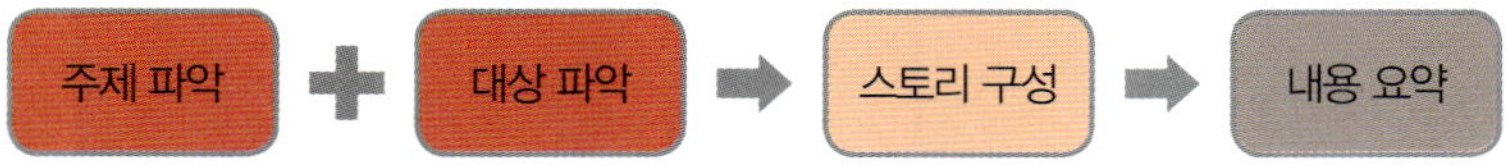

▲ 프레젠테이션 기획 과정

- **주제 파악**: 동일한 주제라 하더라도 시점이나 대상에 따라 다양한 해석과 접근이 가능하여 흐름과 결론이 달라질 수 있다는 점에 유의해야 한다. 예를 들어 '자기 소개'라는 주제로 프레젠테이션을 한다면, 자신의 성격이나 취미와 관련된 내용을 발표할 수도 있고 경력과 업무 능력에 대한 내용을 발표할 수도 있다.

- **대상 파악**: 발표 대상의 성별, 나이, 종교, 국가, 경험, 직업 등에 따라 가치관이나 성향, 환경 등에 매우 다양한 차이가 있을 수 있다. 따라서 같은 내용을 전달하더라도 대상에 따라 상호 작용이나 이해도, 혹은 공감 여부가 완전히 달라질 수 있다. 예를 들어 '취업 준비'라는 주제로 프레젠테이션을 한다면 성별과 나이, 혹은 경험이나 직업 유무에 따라 청중에게 어떤 정보가 필요한지, 어떤 예를 들어 설명할 것인지 등의 많은 내용을 다른 관점에서 기획해야 한다.
- **스토리 구성**: 발표의 흐름을 결정하는 스토리는 뉴스나 글쓰기의 진행 구조와 같이 서론, 본론, 결론의 형식을 따르는 것이 좋다. 서론에서는 호기심을 자극할 수 있도록 주제와 배경 등을 언급하고 본론에서는 자신의 생각을 논리적으로 전개하여 원하는 목표를 위한 결론에 도달하도록 구성한다.
- **내용 요약**: 스토리를 구성했으면 내용을 요약하여 슬라이드 제작의 기초 자료를 결과물로 산출하도록 한다. 요약의 결과물을 정확하고 구체적으로 작성하면 다음 단계 작업을 더욱 효율적으로 진행할 수 있다. 특히, 여러 사람이 공동으로 작업하는 대형 프로젝트나 사업계획서 등을 준비하는 경우와 같이 기획과 제작 단계의 업무를 분리하여 작업할 때는 더욱 중요한 자료가 될 수 있다.

1.2 슬라이드 제작

프레젠테이션 기획 단계에서 만든 내용 요약 결과물과 수집한 자료 등을 이용해 발표 자료를 만드는 단계이다. 이때 프레젠테이션 프로그램을 정해야 하는데, 여러 가지 프레젠테이션 프로그램 중에서 발표 목적, 장소, 상황에 적당한 것을 사용하도록 한다. 현재 가장 널리 사용되고 있는 파워포인트는 다양한 형식의 슬라이드를 제공할 뿐만 아니라 멀티미디어 및 애니메이션 기능을 이용해 역동적인 발표 자료를 제작할 수 있다는 장점이 있다. 슬라이드를 제작할 때는 다음 사항에 유의한다.

- 중요한 메시지만 담아 간결하게 요약한다.
- 텍스트의 크기와 색상은 읽기 쉽게 만든다.
- 그림이나 도형을 활용하여 이해하기 쉽고 보기 좋게 만든다.
- 텍스트나 이미지와 같은 콘텐츠 간의 연관성과 크기 등을 고려해서 효과적으로 배치할 수 있는 레이아웃으로 구성한다.
- 발표 순서에 따라 슬라이드를 제작한다.
- 청중에게 메시지를 효과적으로 전달하기 위해 주제 혹은 소재가 세 가지를 넘지 않도록 한다.
- 텍스트에는 너무 많은 색을 사용하지 않는다. 지나치게 다양한 색을 사용하면 전문성이 약해 보이는 역효과가 나타날 수 있으니 가급적 세 가지 이내의 색을 사용한다. 색 조합 사이트(https://color.adobe.com/ko/create/color-wheel)의 색상 규칙을 참고하여 유사색 등을 잘 활용하도록 한다.
- 슬라이드에서 반복되는 요소는 단축키를 사용하거나 콘텐츠를 재활용하여 효율적으로 작업한다.

TIP 파워포인트 외에도 다양한 프레젠테이션 프로그램이 있는데, 대표적으로 키노트(Keynote)와 프레지(Prezi)가 있다. 애플이 개발한 키노트는 높은 해상도의 테마와 다중 화면 지원, 다양한 형식의 파일로 내보내기 등이 장점으로, 초보자도 쉽게 제작할 수 있는 iOS 기기 전용 프레젠테이션 도구이다. 프레지는 클라우드 기반의 프레젠이션 도구로 웹에서 사용할 수 있는 무료 소프트웨어이다. 프레지는 슬라이드를 하나씩 제작하고 넘기는 기존 방식과 달리 하나의 화면에 발표할 내용을 모두 담고 특정 내용을 강조하거나 순서대로 움직이게 하는 탁월한 애니메이션 처리가 장점이다.

1.3 프레젠테이션 발표

프레젠테이션의 마지막 단계는 청중과의 커뮤니케이션이라고 할 수 있는 발표 과정이다. 제작한 슬라이드를 활용하여 청중에게 잘 전달하고 설득하는 것이 프레젠테이션의 목표라 할 수 있는데, 많은 시간과 노력을 들여 발표 자료를 제작했더라도 내용 전달이 명확하지 않거나 준비 부족으로 발표를 미흡하게 한다면 프레젠테이션 제작의 전체 과정이 쓸모없게 될 수도 있다. 프레젠테이션 발표를 할 때 고려할 사항은 다음과 같다(출처: 아이디어충전소).

- **청중 분석(3P 분석)**: People(나이, 성별, 지식 수준 등을 파악하고 의사 결정권자가 있을 경우 미리 확인), Purpose(청중이 듣고 싶어 하는 needs에 집중), Place(발표 장소와 환경을 고려)를 분석하라.
- **처음과 끝을 강조**: 초두효과(먼저 제시된 정보가 나중에 알게 되는 정보보다 더 강력한 영향을 미치는 현상)와 최신효과(가장 최근의 정보를 더 잘 기억하는 현상)를 기억하라.
- **시각 자료 활용**: 청중은 귀로 들은 내용의 20%만을 기억하고 귀로 듣는 동시에 눈으로 본 것은 40%를 기억하며 듣고 보고 직접 경험한 것은 80%를 기억한다.
- **정해진 시간 엄수**: 시간은 청중과의 약속으로 정해진 시간을 지키는 것은 신뢰의 문제라고 할 수 있다. 긴 발표 시간은 청중의 집중도를 저하시키는 원인이기도 하므로 정해진 발표 시간을 초과하지 않는다.
- **시선처리 요령 숙지**: 발표 전 미리 청중을 살펴본 뒤, 시선을 두기에 가장 편한 사람을 파악해 그들을 보며 발표를 시작하라.
- **끊임없는 연습**: 불필요한 접두사인 '어~'나 '저기'와 같은 발표 습관은 공신력을 떨어뜨리므로 발표 연습을 통해 불필요한 말을 줄여나가야 한다. 잘못된 발표 습관이나 문제점을 한눈에 파악하기 위해 발표를 영상으로 찍어 확인해 보는 것도 좋다.

SECTION 02

파워포인트 시작하기

SECTION 01에서 설명한 프레젠테이션 제작 과정 중 슬라이드 제작 단계에서는 파워포인트와 같은 프레젠테이션 프로그램을 사용하여 발표할 문서를 만든다. 여기서는 파워포인트의 서식 파일을 이용하여 간편하게 프레젠테이션을 만들고 저장하는 방법을 알아보기로 한다. 파워포인트로 만들어지는 프레젠테이션은 하나 이상의 슬라이드로 구성되며 확장자가 .pptx인 파일 형식으로 저장된다.

2.1 서식 파일 활용

파워포인트에서는 슬라이드의 디자인을 다양하게 구성한 서식 파일을 다운로드할 수 있다. 서식 파일을 이용하여 프레젠테이션을 만들면 디자인 서식이 미리 적용된 여러 슬라이드가 자동으로 만들어지고, 각 슬라이드에 필요한 내용을 입력하거나 수정해서 원하는 자료를 쉽게 제작할 수 있다.

기본예제 8-1 서식 파일로 프레젠테이션 만들고 저장하기

파워포인트에서 제공하는 여러 서식 파일 중에서 비즈니스용 서식을 활용하여 프레젠테이션을 만들고 파일로 저장해 보자.

01 파워포인트 2016을 실행하고 첫 화면의 [추천 검색어] 중 '비즈니스'를 선택한다.

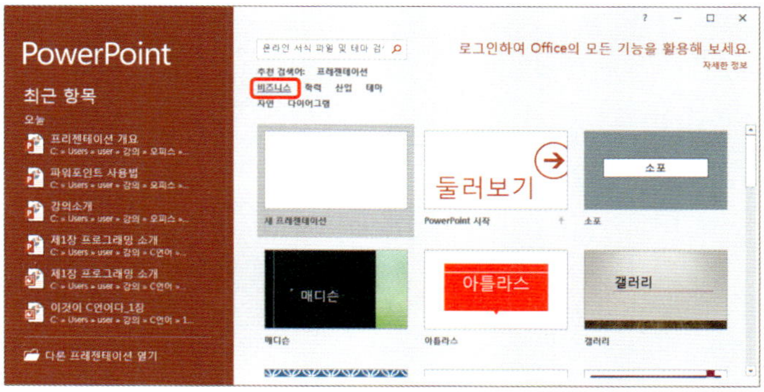

02 비즈니스용 서식 파일 목록을 아래로 스크롤하여 [전략 제안 프레젠테이션]을 선택한다.

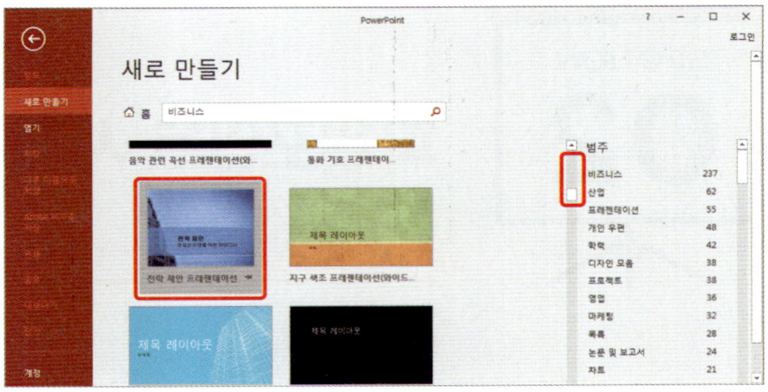

03 [전략 제안 프레젠테이션] 대화상자가 열리면 [만들기]를 누른다.

04 여러 개의 슬라이드로 구성된 프레젠테이션이 만들어지고 화면에 제목 슬라이드가 표시된다. 제목을 눌러 다음과 같이 *마케팅 전략 제안*으로 수정한다. 부제목은 *제품 마케팅 아이디어*로 수정한다.

05 필요에 따라 다른 슬라이드의 제목이나 내용을 수정한다.

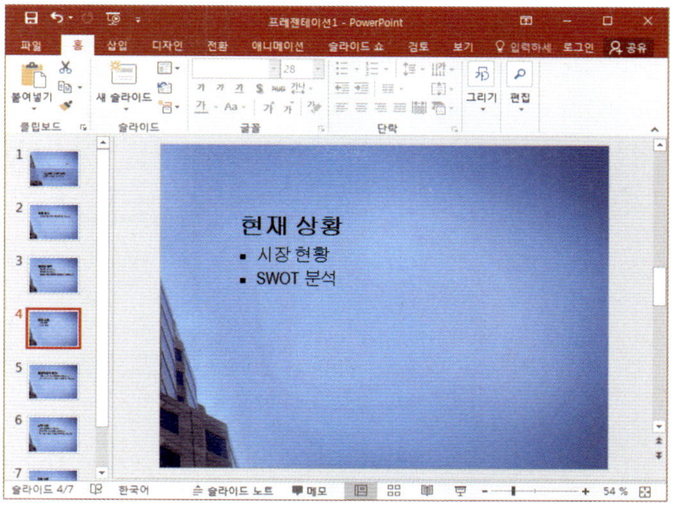

TIP 전략 제안 프레젠테이션에서 기본으로 만들어지는 슬라이드에 표기된 주제와 순서를 그대로 사용해도 되지만, 필요에 따라 슬라이드를 추가하거나 삭제 혹은 수정할 수도 있다.

06 빠른 실행 도구 모음의 [저장]을 누르면 파워포인트 실행 첫 화면인 백스테이지(backstage)의 [다른 이름으로 저장] 화면이 열린다. 파일을 저장할 위치는 [찾아보기]를 눌러 선택한다.

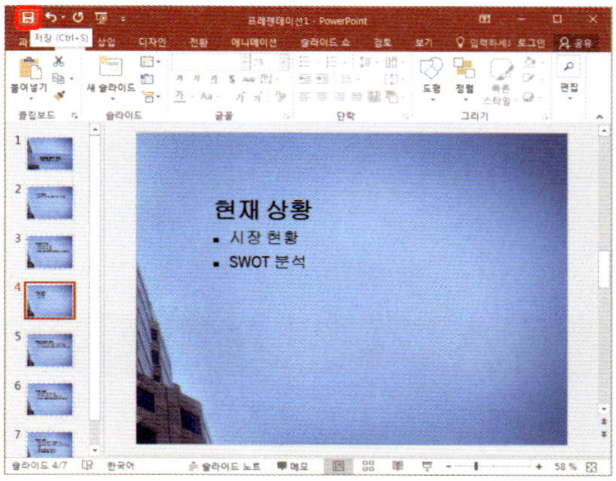

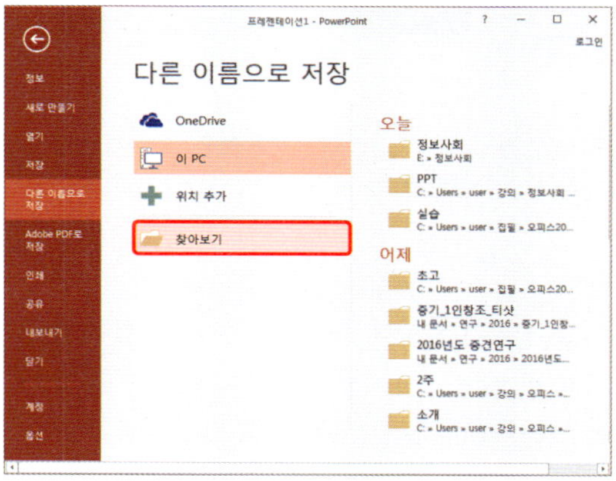

TIP 빠른 실행 도구 모음의 [저장] 대신에 [파일] 탭–[저장] 또는 [다른 이름으로 저장]을 선택한 다음 [찾아보기]를 선택해도 된다.

07 [다른 이름으로 저장] 대화상자가 열리면 [파일 이름]에 *마케팅 전략 제안*을 입력하고 [저장]을 누른다.

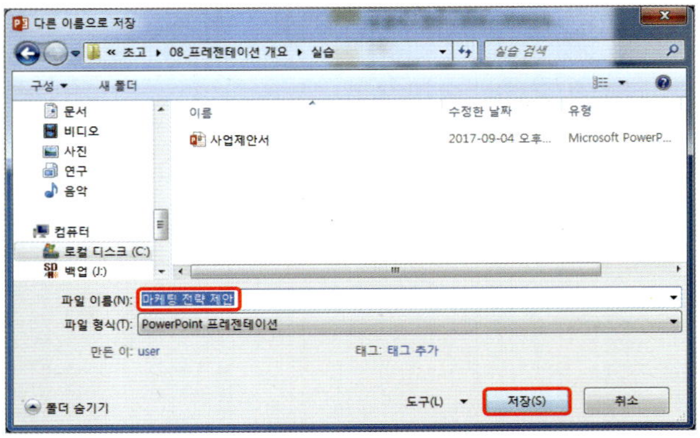

08 프레젠테이션 문서를 닫을 때는 [파일] 탭–[닫기]를 선택한다.

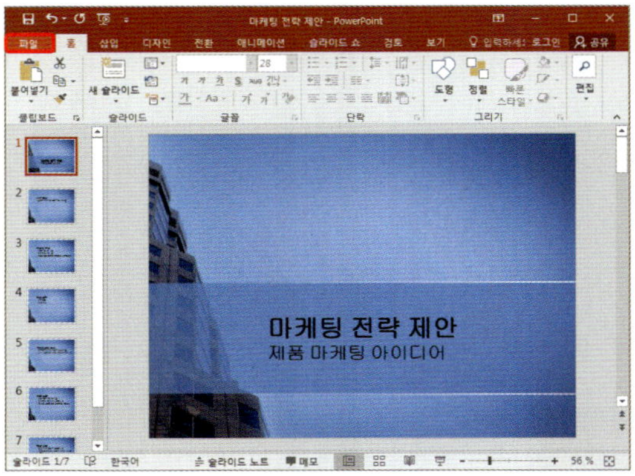

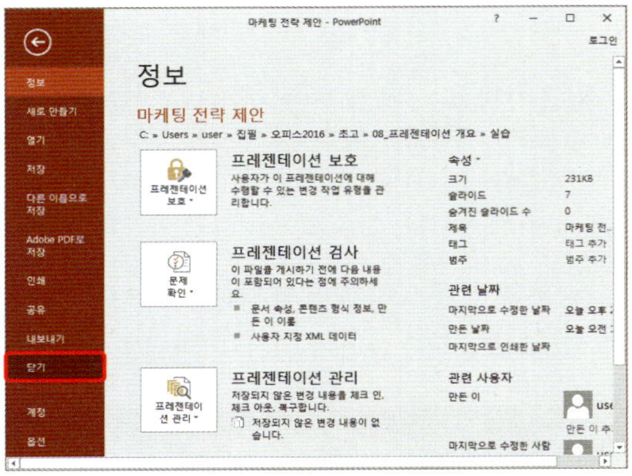

TIP 문서 닫기는 단축키 Ctrl+F4를 이용할 수도 있다.

09 문서를 닫으면 파워포인트 화면에 빈 영역이 표시된다. 파워포인트 프로그램을 종료하려면 화면 오른쪽 상단의 [× 닫기] 단추를 누른다.

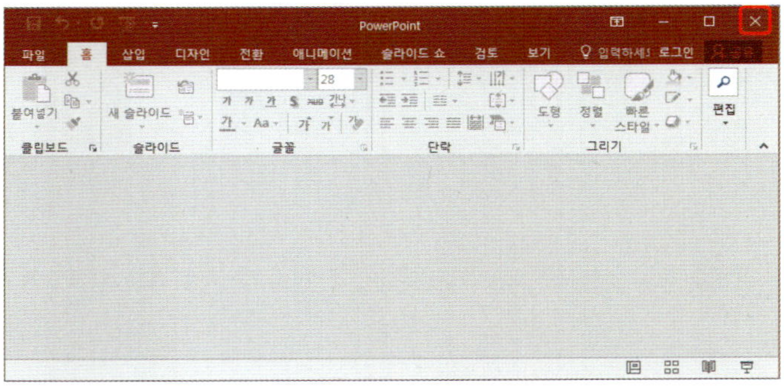

TIP 단축키 Alt+F4를 눌러 프로그램을 종료할 수도 있는데, 여러 개의 프레젠테이션 문서가 열려 있는 경우에 이 단축키를 이용하면 모든 문서를 닫은 후에 파워포인트 프로그램이 종료된다.

SECTION 03

파워포인트 문서 다루기

SECTION 02에서는 파워포인트에서 제공하는 서식 파일을 이용하여 프레젠테이션을 만들고 저장하는 방법을 알아보았다. 여기서는 파워포인트를 더 잘 다루기 위해 기본 화면 구성을 살펴보기로 한다. 파워포인트 화면은 다음 그림과 같이 제목 표시줄과 리본 메뉴, 슬라이드 보기 창과 슬라이드 창, 작업 표시줄로 이루어진다.

- **제목 표시줄과 리본 메뉴**: 제목 표시줄에는 빠른 실행 도구 모음, 작업 중인 프레젠테이션의 파일 이름, 리본 메뉴 표시 옵션/최소화/최대화/닫기 단추가 표시된다. 리본 메뉴는 파워포인트에서 사용할 수 있는 메뉴를 유형별로 묶어 탭 형식으로 모아 놓은 것이다.
- **슬라이드 보기 창과 슬라이드 창**: 왼쪽의 슬라이드 보기 창에서 모든 슬라이드의 형태를 확인할 수 있고 슬라이드의 순서를 변경하거나 추가 및 삭제 작업도 간편하게 할 수 있다. 슬라이드 창에서는 슬라이드 보기 창에서 선택한 슬라이드에 텍스트를 입력하거나 도형, 그림 등을 삽입하는 등의 편집 작업을 할 수 있다.
- **작업 표시줄**: 전체 슬라이드 개수나 현재 선택한 슬라이드 번호 등의 작업 상태를 표시하고, 슬라이드 보기 형식을 변경하거나 화면 확대/축소를 바로 실행할 수 있다.

3.1 파일 열기

파워포인트로 작성하여 저장한 프레젠테이션을 더블클릭하거나 파워포인트 프로그램을 실행한 다음 목록에서 원하는 파일을 선택하는 등 파워포인트 문서를 여는 방법은 여러 가지가 있다.

기본예제 8-2 다양한 방법으로 파워포인트 문서 열기

[기본예제 8-1]에서 작성한 '마케팅 전략 제안.pptx' 파일을 이용하여 파일을 여는 여러 가지 방법을 알아보자.

01 파워포인트 2016을 실행하고 실행 초기 화면의 [최근 항목] 중에서 '마케팅 전략 제안'을 선택한다.

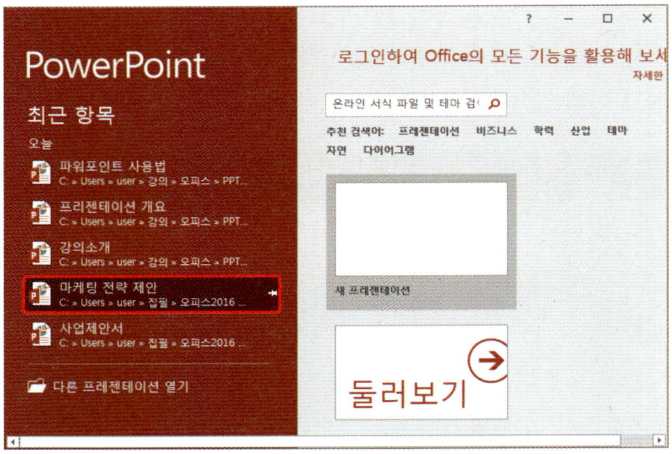

02 파워포인트가 이미 실행중이라면 [파일] 탭–[열기]를 선택하고 [찾아보기]를 누른 다음 파일을 선택하고 [열기]를 누른다.

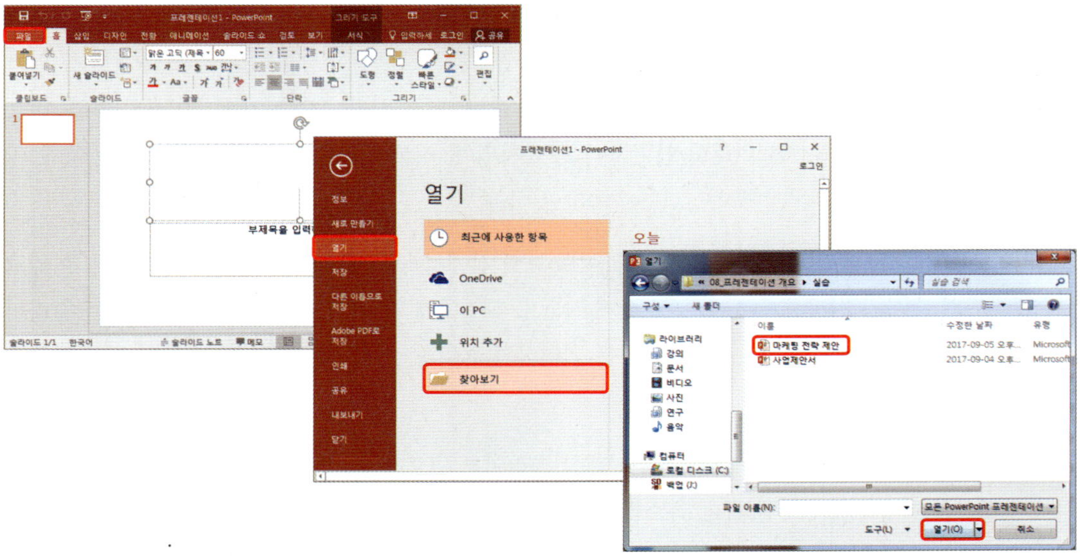

03 Windows 탐색기를 실행하고 원하는 파일이 저장되어 있는 폴더를 찾아 파일을 더블클릭한다.

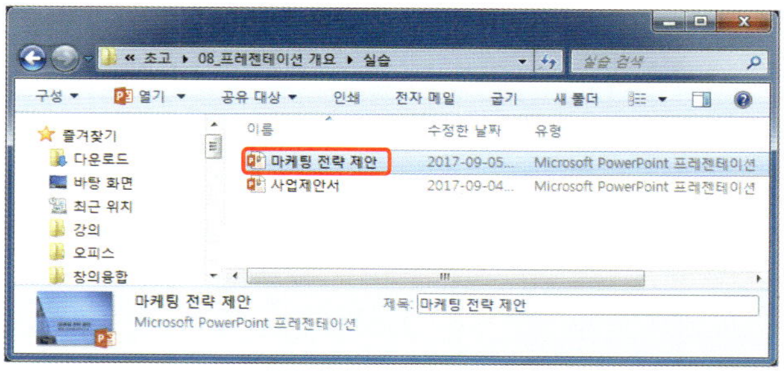

3.2 파일 내보내기

파일 내보내기를 이용하면 파워포인트에서 만든 프레젠테이션을 PDF 형식이나 비디오 혹은 다른 형식의 파일로 저장할 수 있다.

기본예제 8-3 프레젠테이션을 PDF와 비디오로 저장하기

'마케팅 전략 제안.pptx' 파일을 이용하여 파워포인트 문서를 다른 형식으로 내보내기하여 저장해 보자.

01 '마케팅 전략 제안.pptx' 파일을 열고 [파일] 탭–[내보내기]를 선택한 다음, [내보내기] 목록에서 [PDF/XPS 문서 만들기]를 선택하고 [PDF/XPS 만들기] 단추를 누른다.

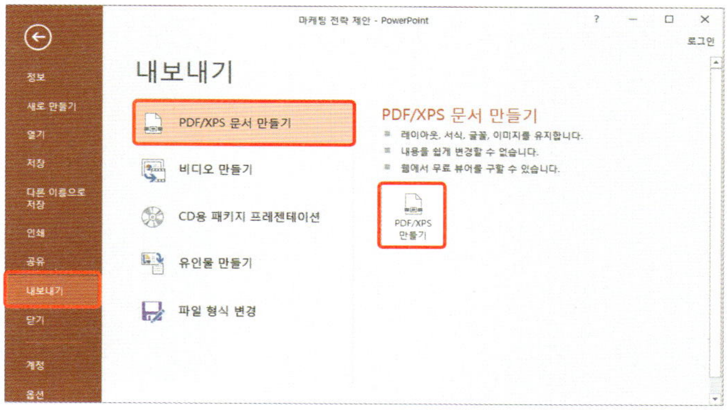

TIP PDF(Portable Document Format) 형식은 윈도우, 맥, 유닉스 등 대부분의 플랫폼에서 원본 문서의 글꼴이나 그래픽이 그대로 유지되고 보안성이 높아 파일 공유나 자료 배포를 목적으로 할 때 많이 사용된다.

02 [PDF 또는 XPS로 게시] 대화상자가 열리면 [파일 이름]을 *마케팅 전략 제안*으로 입력하고 [게시 후 파일 열기]를 선택한 다음 [게시]를 누른다.

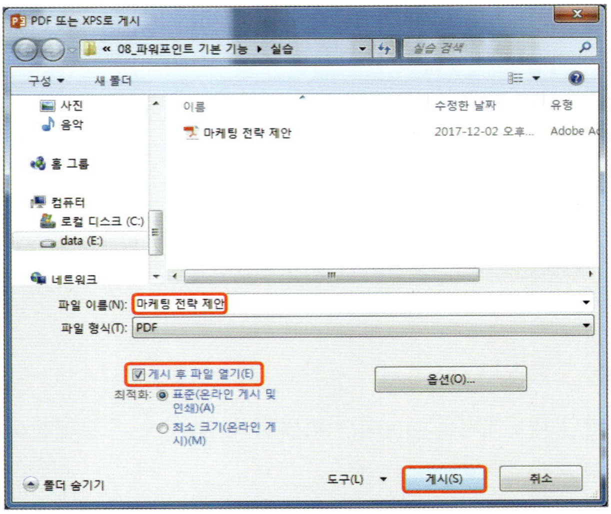

03 PDF 문서 작성 과정이 종료되면 만들어진 문서가 화면에 게시된다.

04 프레젠테이션을 비디오로 만들기 위해 [파일] 탭–[내보내기]를 선택한 다음, [내보내기] 목록에서 [비디오 만들기]를 선택한다. [각 슬라이드에 걸린 시간(초)]를 '3'으로 바꾸고 [비디오 만들기] 단추를 누른다.

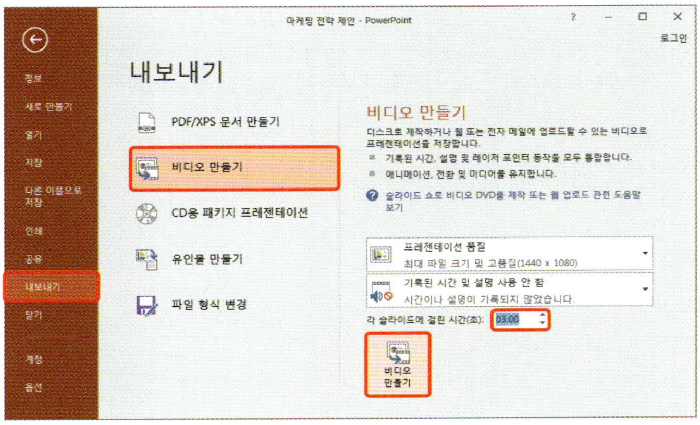

TIP 비디오 파일을 만들 때 [시간 및 설명 기록]을 선택하면 프레젠테이션을 녹음하거나 녹화할 때의 설명이나 포인터의 움직임, 시간 등을 저장할 수 있다.

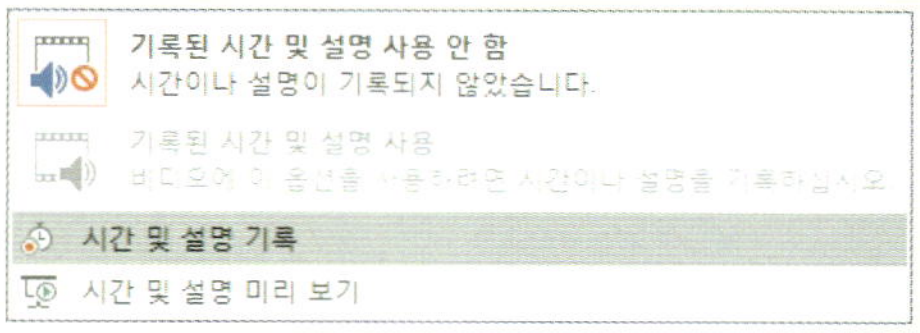

05 [다른 이름으로 저장] 대화상자에서 [파일 이름]은 *마케팅 전략 제안*으로 입력하고, [파일 형식]은 [Windows Media 비디오]로 선택한 다음 [저장]을 누른다.

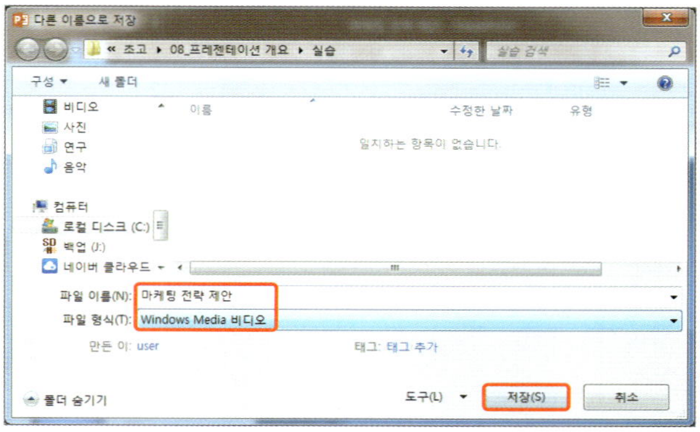

06 저장된 비디오 파일을 탐색기에서 찾아 더블클릭하면 비디오가 재생된다.

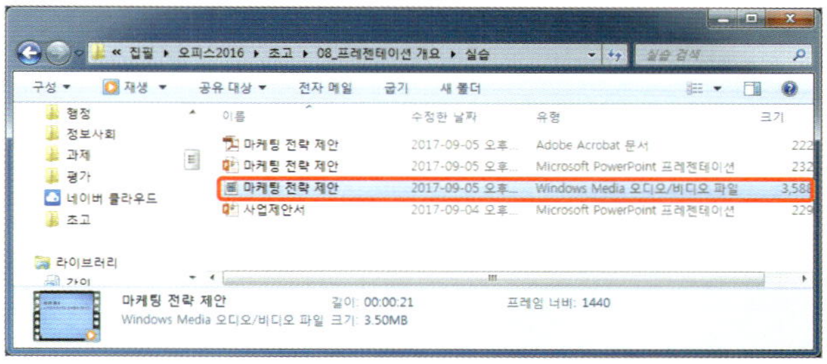

3.3 슬라이드 다루기

슬라이드 내용을 편집하기에 앞서 슬라이드 보기 모양이나 크기 변경, 슬라이드의 복사/삽입/삭제 및 슬라이드 레이아웃이나 구역 설정 등 프레젠테이션 진행에 필요한 슬라이드를 구성하는 도구들에 대해 알아본다.

기본예제 8-4 슬라이드 보기 모양과 순서, 크기 바꾸기

파워포인트 화면의 작업 표시줄에 있는 슬라이드 보기 모양 변경과 크기 조절 기능을 이용해 슬라이드를 편집해 보자.

01 '마케팅 전략 제안.pptx' 파일을 열고 작업 표시줄에서 [여러 슬라이드] 단추를 누른다.

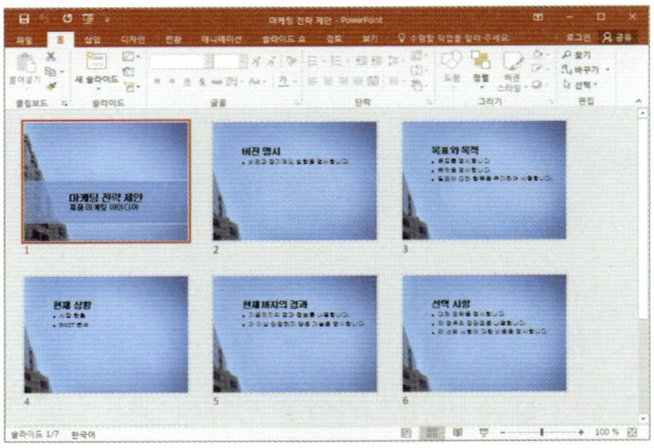

TIP [보기] 탭에서 다양한 보기 모양을 선택할 수 있다.

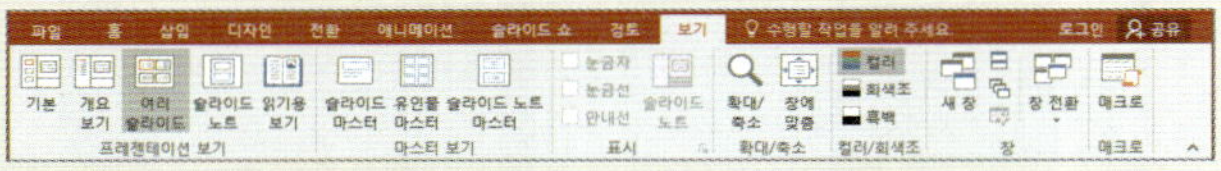

02 5번 슬라이드를 마우스로 드래그하여 4번 슬라이드 앞에 오도록 위치를 조정한다.

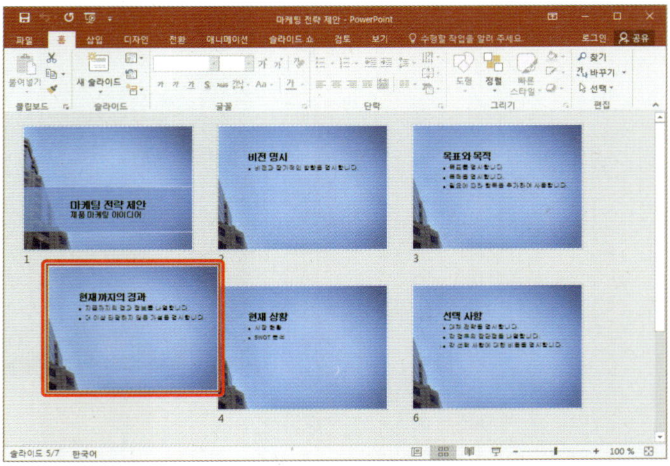

TIP [여러 슬라이드] 단추를 누르면 모든 슬라이드가 순서대로 나열되기 때문에 슬라이드 순서를 바꾸거나 삭제하는 등 슬라이드 구성을 변경할 때 유용하다.

03 [읽기용 보기] 단추를 눌러 모양을 확인한다.

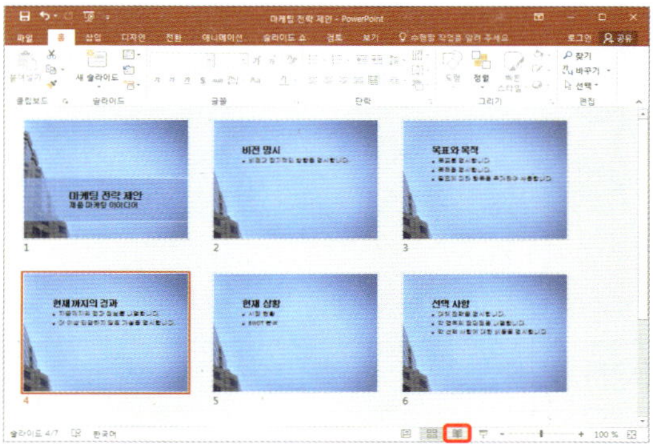

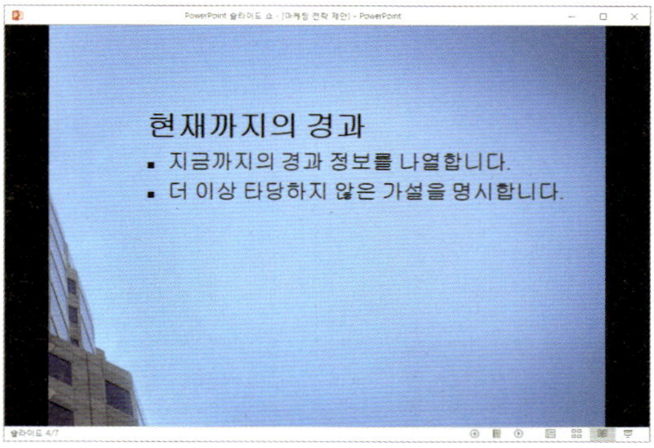

TIP [읽기용 보기]를 누른 상태에서는 [슬라이드 쇼] 단추를 눌렀을 때처럼 파워포인트의 창 크기가 전체 화면으로 확대되지 않고 화면 전환이나 애니메이션 등이 진행되는 과정을 볼 수 있다.

04 [기본] 단추를 누르고 [확대/축소] 조절점을 오른쪽 방향으로 드래그하면 슬라이드 크기를 확대할 수 있다.

05 작업 표시줄 맨 오른쪽에 있는 단추를 누르면 슬라이드를 현재 창 크기에 맞게 자동으로 조정할 수 있다.

기본예제 8-5 슬라이드 복사, 복제와 추가, 삭제하기

파워포인트 화면의 슬라이드 보기 창을 이용해 슬라이드 복사 및 복제, 추가 및 삭제 작업을 해 보자.

01 '마케팅 전략 제안.pptx' 파일을 열고 복사할 슬라이드를 선택한 다음 [홈] 탭–[클립보드] 그룹–[복사]를 누른다.

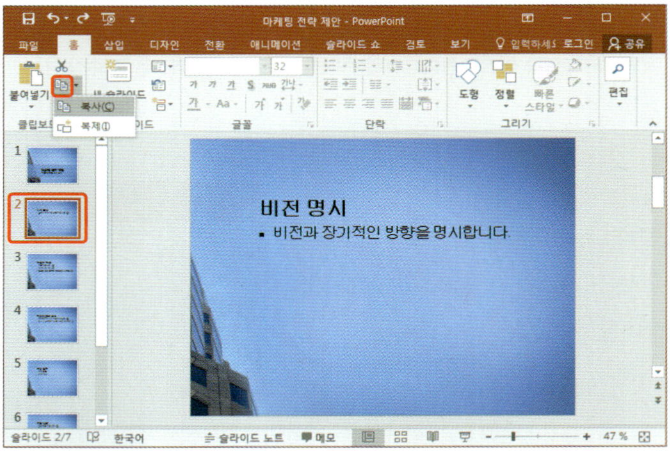

02 [홈] 탭-[클립보드] 그룹-[붙여넣기]를 누르면 선택한 슬라이드 아래에 복사한 슬라이드가 삽입된다.

TIP 슬라이드를 선택하고 [홈] 탭-[클립보드] 그룹-[복사] 목록에서 [복제]를 선택하면 단계 **01~02**의 과정을 한 번에 실행할 수 있다. 단축키 Ctrl+D를 눌러도 된다.

03 마우스를 이용하여 슬라이드를 복사할 수도 있다. 슬라이드 보기 창에서 슬라이드를 선택하고 Ctrl을 누른 채로 드래그하여 원하는 위치로 이동하면 해당 위치에 슬라이드가 복사된다.

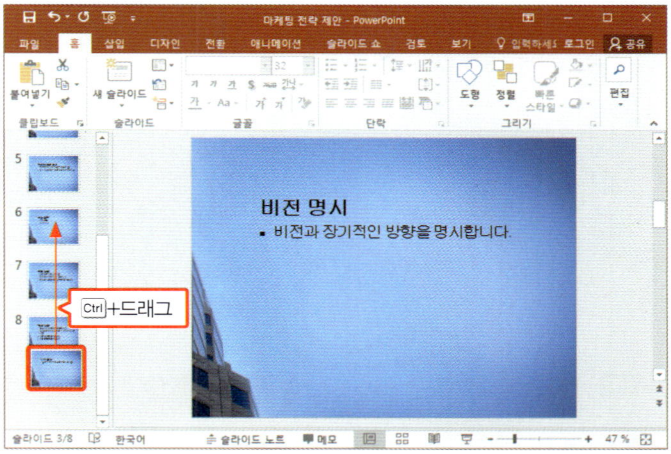

04 슬라이드를 새로 추가하려면 [홈] 탭-[슬라이드] 그룹-[새 슬라이드] 목록에서 필요한 슬라이드 레이아웃을 선택한다.

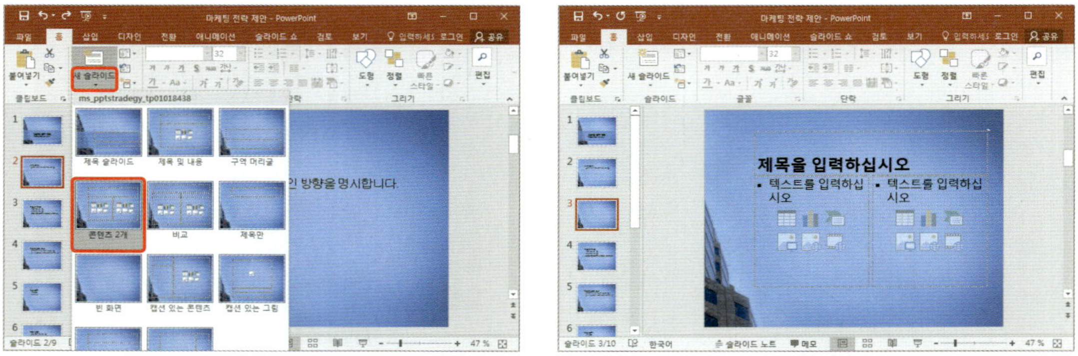

TIP 새 슬라이드는 슬라이드 보기 창에서 선택한 슬라이드 다음에 삽입된다. 슬라이드 보기 창에서 슬라이드와 슬라이드 사이를 마우스로 선택하면 다음 그림과 같이 가로 선이 표시된다. 이 상태에서 Enter를 누르면 위쪽 슬라이드와 같은 레이아웃의 새 슬라이드가 추가된다.

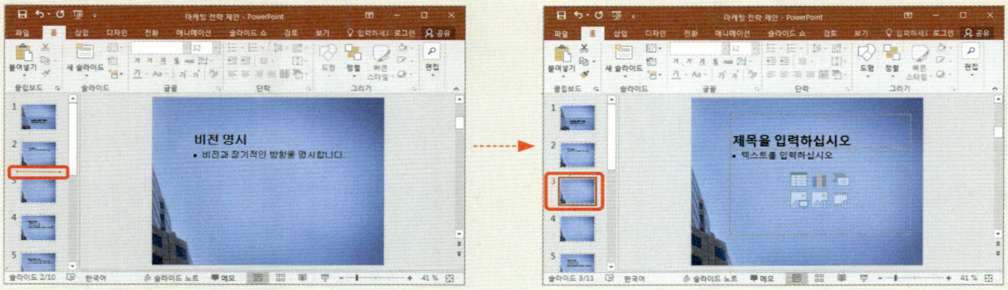

TIP 슬라이드는 제목이나 본문 텍스트, 표나 차트 등의 콘텐츠와 같은 여러 요소로 구성된다. 파워포인트에서는 이 요소들을 다르게 배치한 기본 레이아웃을 제공한다. 레이아웃을 변경하려면 슬라이드를 선택하고 [홈] 탭-[슬라이드] 그룹-[레이아웃] 목록에서 원하는 레이아웃을 선택한다.

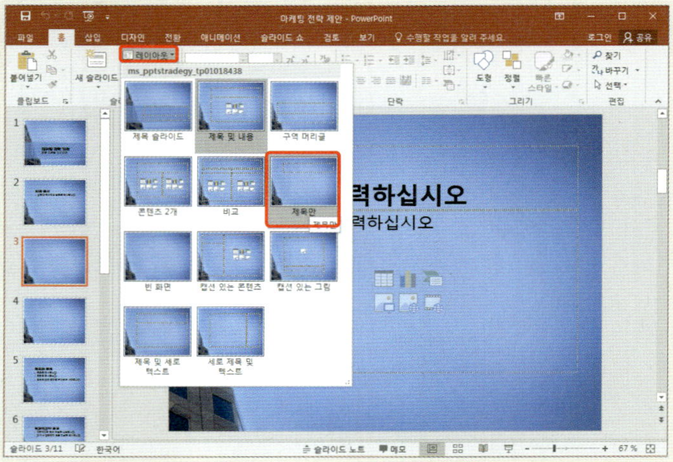

05 필요없는 슬라이드를 삭제하려면 삭제할 슬라이드를 선택하고 마우스 오른쪽 단추를 눌러 [슬라이드 삭제]를 선택한다.

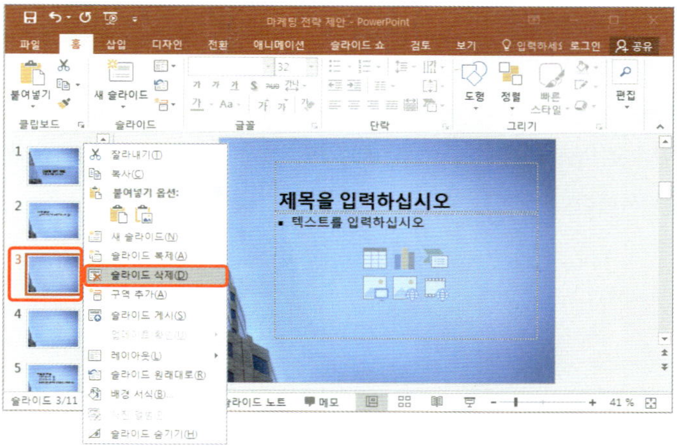

TIP 삭제할 슬라이드를 선택하고 Delete를 눌러도 된다.

기본예제 8-6 구역 설정하기

파일을 폴더별로 관리하듯이 파워포인트의 슬라이드를 주제나 내용에 따라 그룹화하여 분리할 수 있다. 이때 사용하는 것이 구역 설정이다. 구역 설정 기능을 이용해 슬라이드를 서론, 본론, 결론으로 분리해 보자.

01 '마케팅 전략 제안.pptx' 파일의 첫 번째 슬라이드를 선택하고 [홈] 탭–[슬라이드] 그룹–[구역] 목록에서 [구역 추가]를 선택한다.

02 '제목 없는 구역'이 만들어지고 모든 슬라이드가 이 구역에 포함된다. 구역 이름을 마우스 오른쪽 단추로 누르고 [구역 이름 바꾸기]를 선택한다.

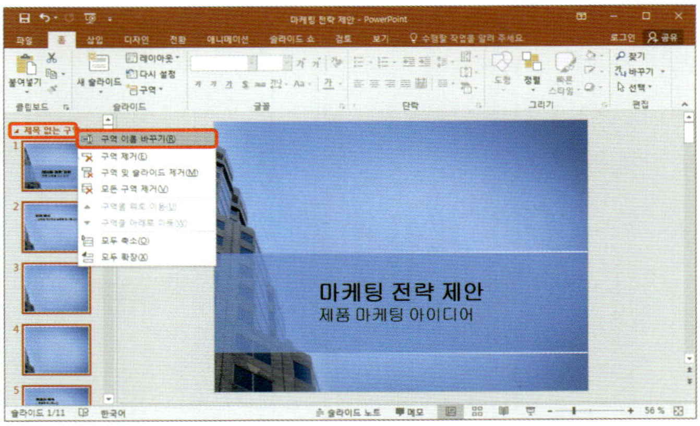

TIP 구역 이름을 선택하면 구역에 속한 모든 슬라이드가 자동으로 선택된다. 구역 이름 바꾸기는 구역 이름을 선택하고 [홈] 탭–[슬라이드] 그룹–[구역] 목록에서 [구역 이름 바꾸기]를 선택해 작업해도 된다.

03 [구역 이름 바꾸기] 대화상자의 [구역 이름]에 *서론*을 입력하고 [이름 바꾸기]를 누른다.

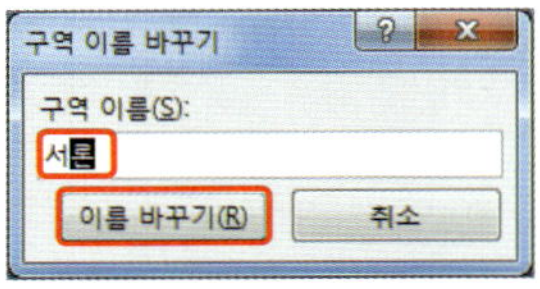

04 5번 슬라이드를 선택하고 **01~03** 단계를 반복하여 '본론' 구역을 추가한다.

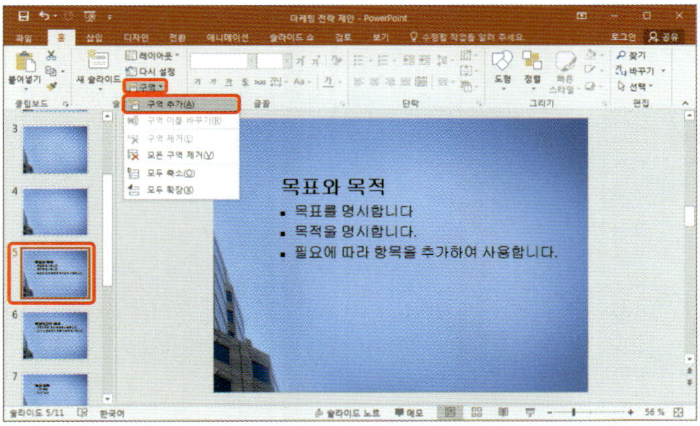

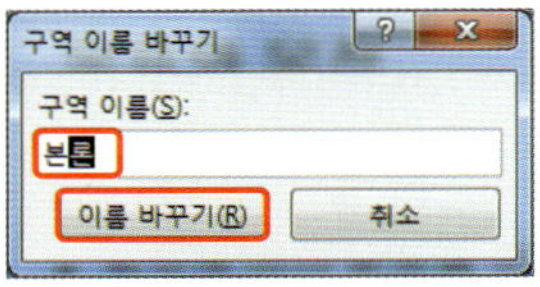

05 마지막 슬라이드를 선택하고 '결론' 구역을 추가한다.

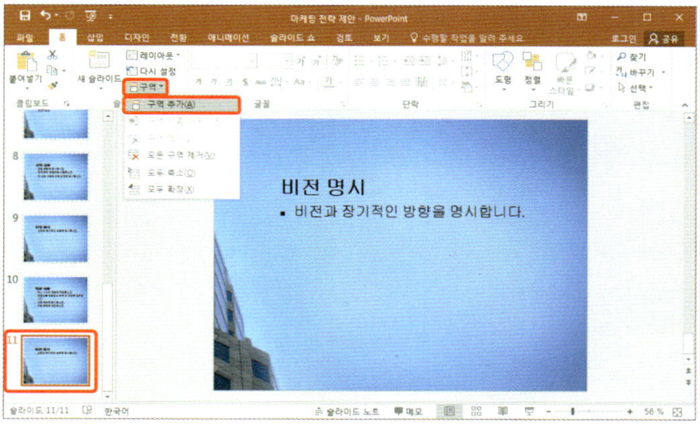

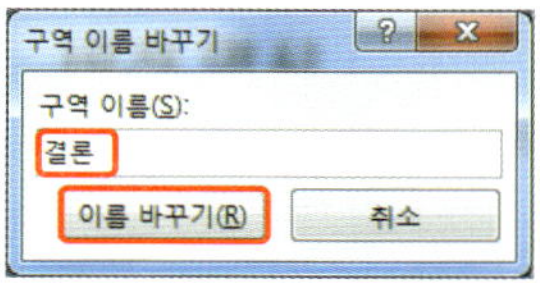

TIP 슬라이드 보기 창에서 슬라이드를 이동하는 것과 같이 구역 이름을 마우스로 드래그하여 구역의 위치를 바꿀 수 있고, 다른 구역에 있는 슬라이드를 드래그하여 구역을 변경할 수도 있다.

06 구역을 제거하려면 제거할 구역 이름을 마우스 오른쪽 단추로 누르고 [구역 제거]를 선택한다.

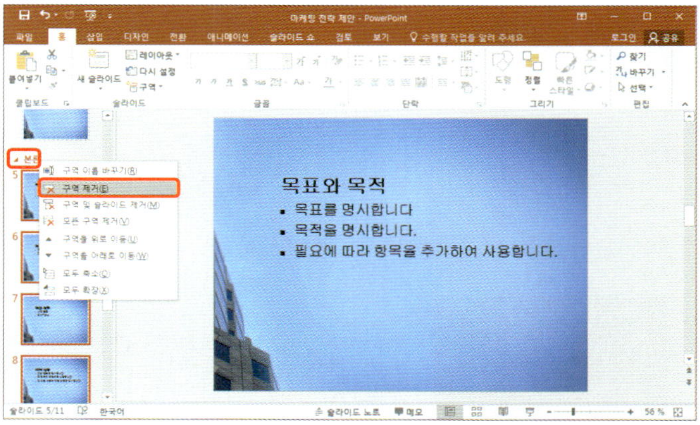

TIP [구역 제거]를 선택하면 구역 구분만 없어지고 포함된 슬라이드는 그대로 남는 반면, [구역 및 슬라이드 제거]를 선택하면 해당 구역에 포함된 슬라이드가 모두 제거된다.

요약예제

교양 교육과정의 영역과 목표, 개편 방향을 주제로 하는 프레젠테이션 자료를 제작해 보자. 이번 예제에서는 주제에 대한 개요가 미리 저장되어 있는 텍스트 파일을 슬라이드 제작에 활용해 본다.

TIP 프레젠테이션 기획 단계에서는 발표할 주제를 분석하여 스토리에 맞게 요약한다. 이때 요약 내용을 다음 그림과 같이 워드 문서 등에 텍스트로 저장하면 슬라이드 개요로 바로 활용할 수 있다.

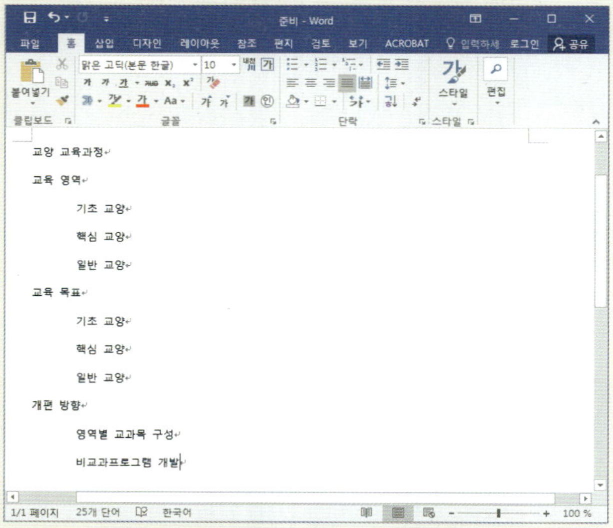

1 파워포인트 2016을 실행한 첫 화면에서 '틀' 테마를 더블클릭한 후 [만들기]를 누른다.

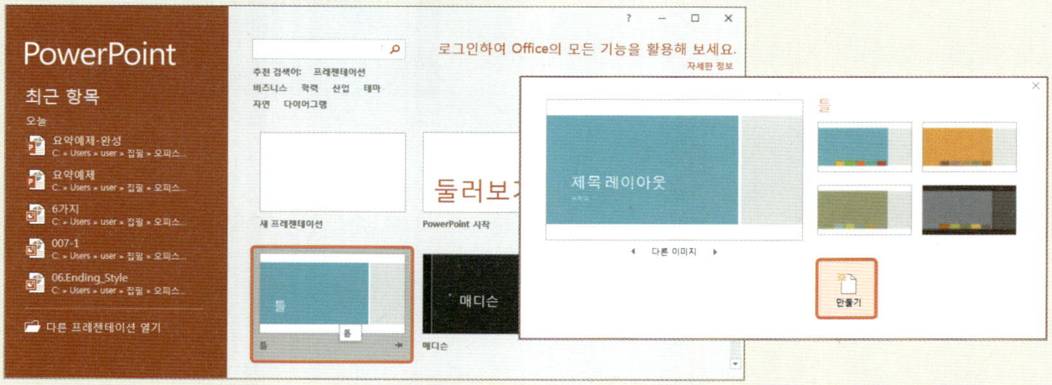

TIP 서식 파일이나 테마가 목록에 나타나지 않는 경우에는 검색란에 이름을 입력하여 검색한다. 여러 슬라이드가 한 번에 만들어지는 서식 파일과 달리 테마는 슬라이드의 서식만 미리 설정해 두고 사용자가 원하는 슬라이드를 하나씩 추가하면서 문서를 작성하는 방식이다.

2 테마가 적용된 프레젠테이션이 만들어진다. [홈] 탭–[슬라이드] 그룹–[새 슬라이드] 목록에서 [슬라이드 개요]를 선택한다.

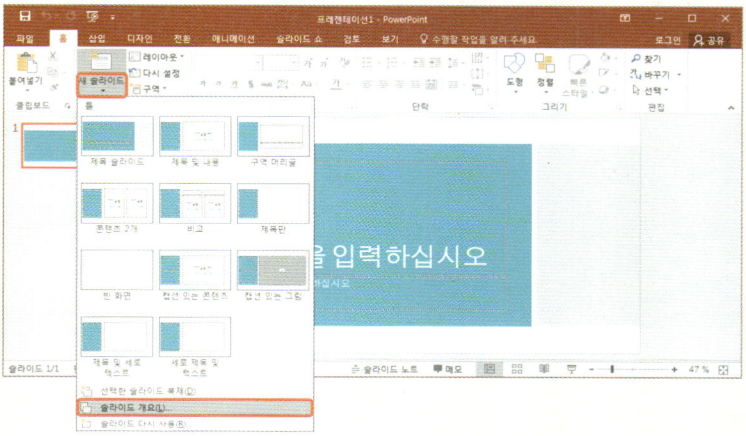

3 [개요 삽입] 대화상자가 열리면 개요가 입력된 '준비.docx' 워드 문서를 선택하고 [삽입]을 누른다.

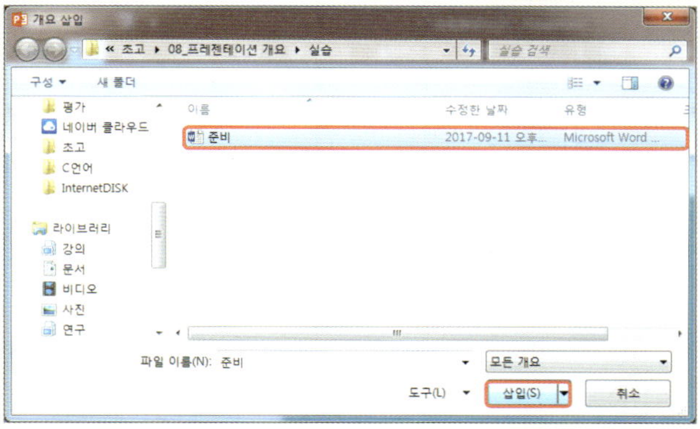

4 [보기] 탭–[프레젠테이션 보기] 그룹–[개요 보기]를 누르면 워드 문서의 내용을 개요로 하여 여러 개의 슬라이드가 삽입된 것을 확인할 수 있다.

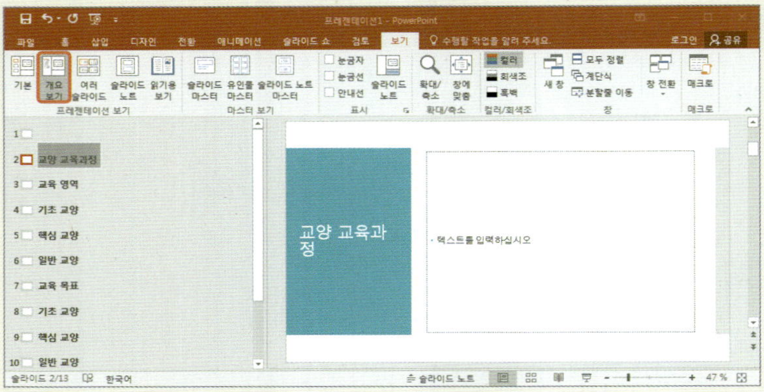

5 [보기] 탭–[프레젠테이션 보기] 그룹–[기본]을 선택하고, 첫 번째 빈 슬라이드를 삭제하기 위해 마우스 오른쪽 단추로 누른 다음 [슬라이드 삭제]를 선택한다.

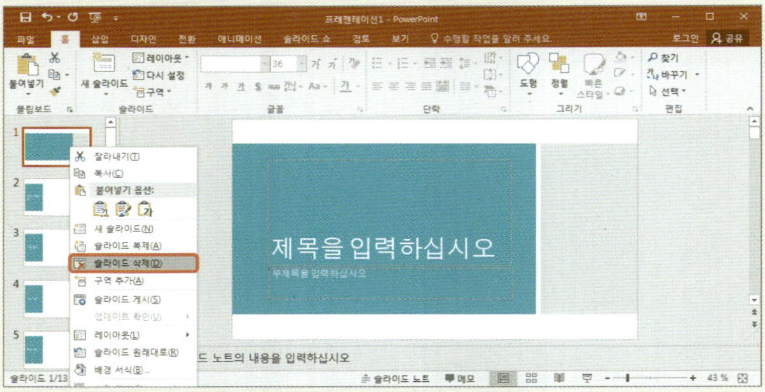

6 프레젠테이션의 제목 슬라이드를 설정하기 위해 첫 번째 슬라이드를 선택하고 [홈] 탭–[슬라이드] 그룹–[레이아웃] 목록에서 [제목 슬라이드]를 선택한다.

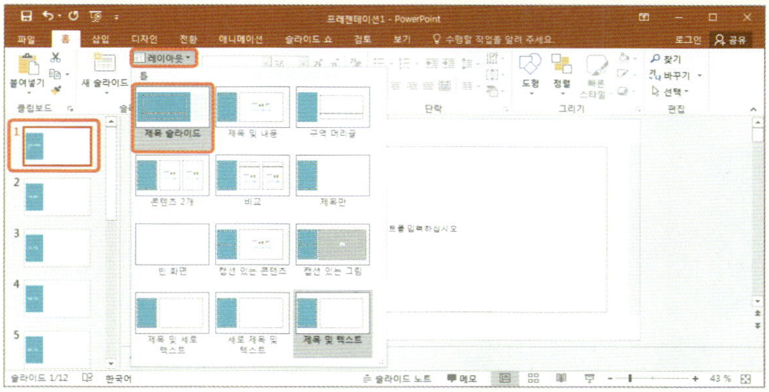

7 2번, 6번, 10번 슬라이드를 함께 선택한 다음 [홈] 탭–[슬라이드] 그룹–[레이아웃] 목록에서 [구역 머리글]을 선택한다.

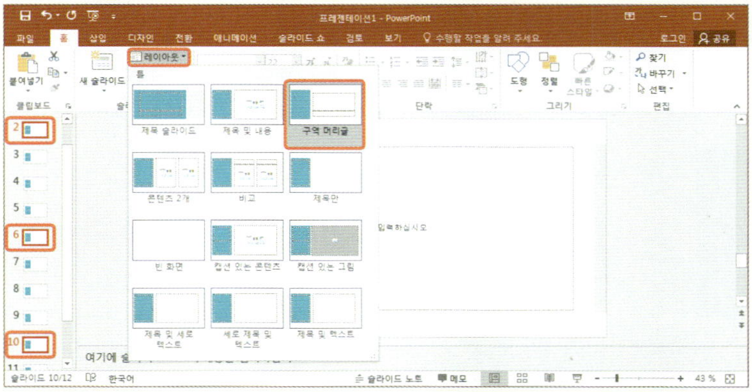

TIP Ctrl을 누른 채로 마우스를 누르면 여러 개의 슬라이드를 함께 선택할 수 있다.

8 구역을 설정하기 위해 2번 슬라이드를 선택하고 [홈] 탭–[슬라이드] 그룹–[구역] 목록에서 [구역 추가]를 선택한다.

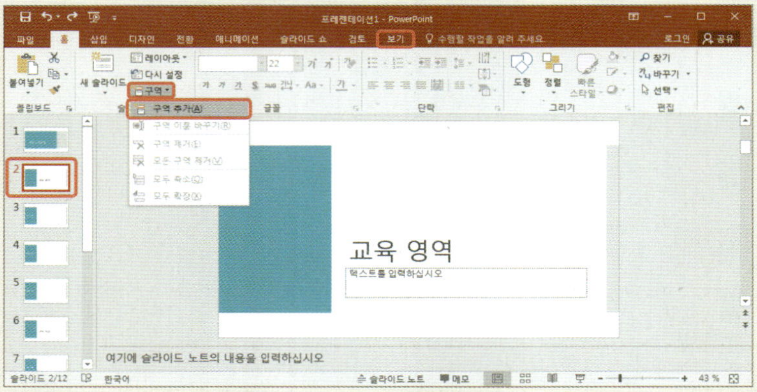

9 구역 이름을 마우스 오른쪽 단추로 눌러 [구역 이름 바꾸기]를 선택한다. [구역 이름 바꾸기] 대화상자가 열리면 [구역 이름]에 *교육 영역*을 입력하고 [이름 바꾸기]를 누른다.

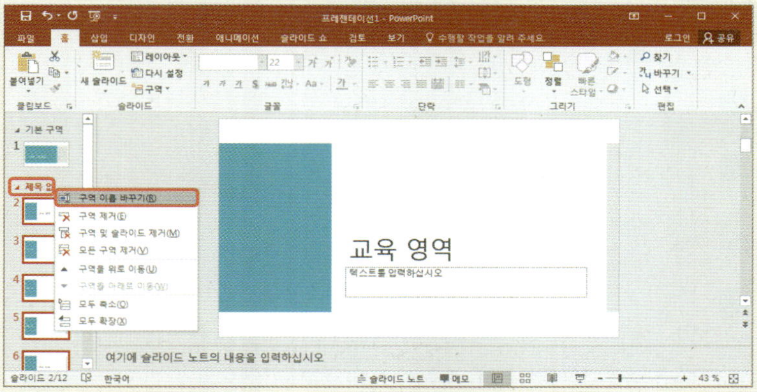

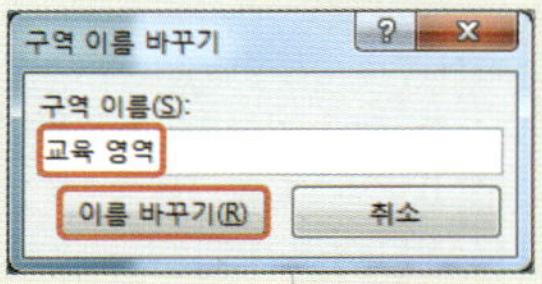

10 6번 슬라이드를 선택하고 단계 **08~09**와 같은 방법으로 '교육 목표' 구역을 추가한다.

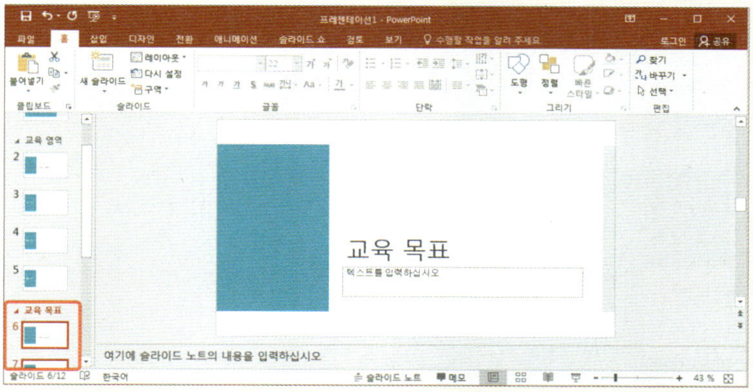

11 10번 슬라이드를 선택하고 '개편 방향' 구역을 추가한다.

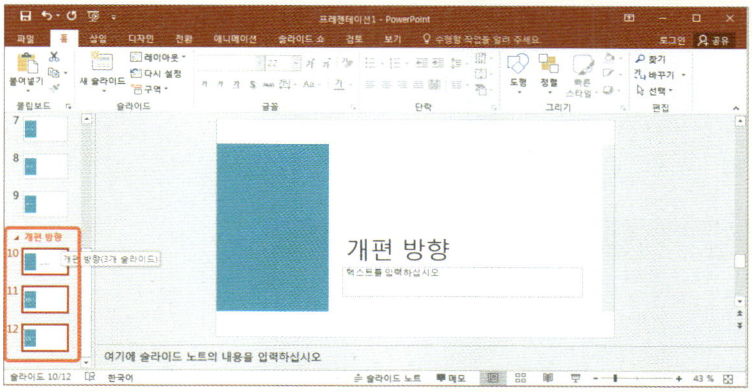

12 '개편 방향' 구역을 선택하고 [디자인] 탭–[테마] 그룹–[테마] 목록에서 [메디슨] 테마를 찾아 마우스 오른쪽 단추로 누르고 [선택한 슬라이드에 적용]을 선택한다.

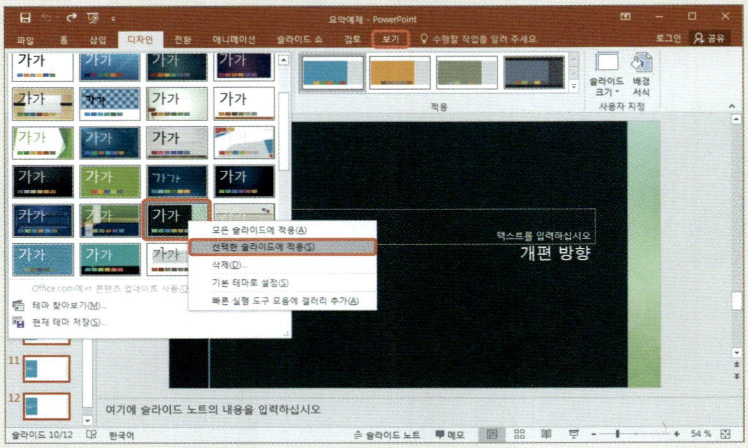

TIP 여러 슬라이드를 선택한 경우에는 마우스 왼쪽 단추로 변경할 테마를 눌러도 되지만 하나의 슬라이드만 선택하여 테마를 변경할 때는 반드시 [선택한 슬라이드에 적용] 메뉴를 선택해야 한다. 그렇지 않으면 모든 슬라이드의 디자인이 선택한 테마로 변경된다.

13 개요에 따라 각 슬라이드에 필요한 내용을 입력한다.

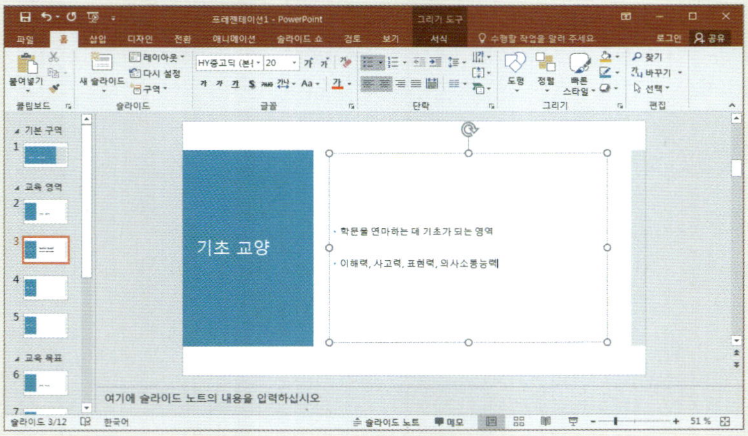

TIP 각 슬라이드에 입력할 내용은 다음과 같다.

① 슬라이드 3: •학문을 연마하는 데 기초가 되는 영역 •이해력, 사고력, 표현력, 의사소통능력

② 슬라이드 4: •학문영역 간 융복합 교육을 위한 영역 •전체적 시야와 종합적 사고능력

③ 슬라이드 5: •인문, 사회, 자연, 예술체육 등의 영역 •문화, 예술, 인문 등의 주제에 관한 균형적 안목

④ 슬라이드 7: •논리적/분석적 사고능력과 표현능력의 함양 •외국어 이해 및 의사소통능력 함양

⑤ 슬라이드 8: •다양한 학문 분야를 넘나드는 통합적 안목 형성 •비판적/종합적 시야에서 문제를 해결하는 능력 함양

④ 슬라이드 9: •문화/예술의 가치와 의미에 대한 이해력 제고 •인간과 세계에 대한 올바른 인식능력 함양

14 작성한 프레젠테이션을 저장하기 위해 빠른 실행 도구 모음의 [저장]을 누른다. 백스테이지 화면에서 [찾아보기]를 누르고 [다른 이름으로 저장] 대화상자에서 원하는 폴더를 선택하고 [파일 이름]을 *요약예제*로 입력한 다음 [저장]을 누른다.

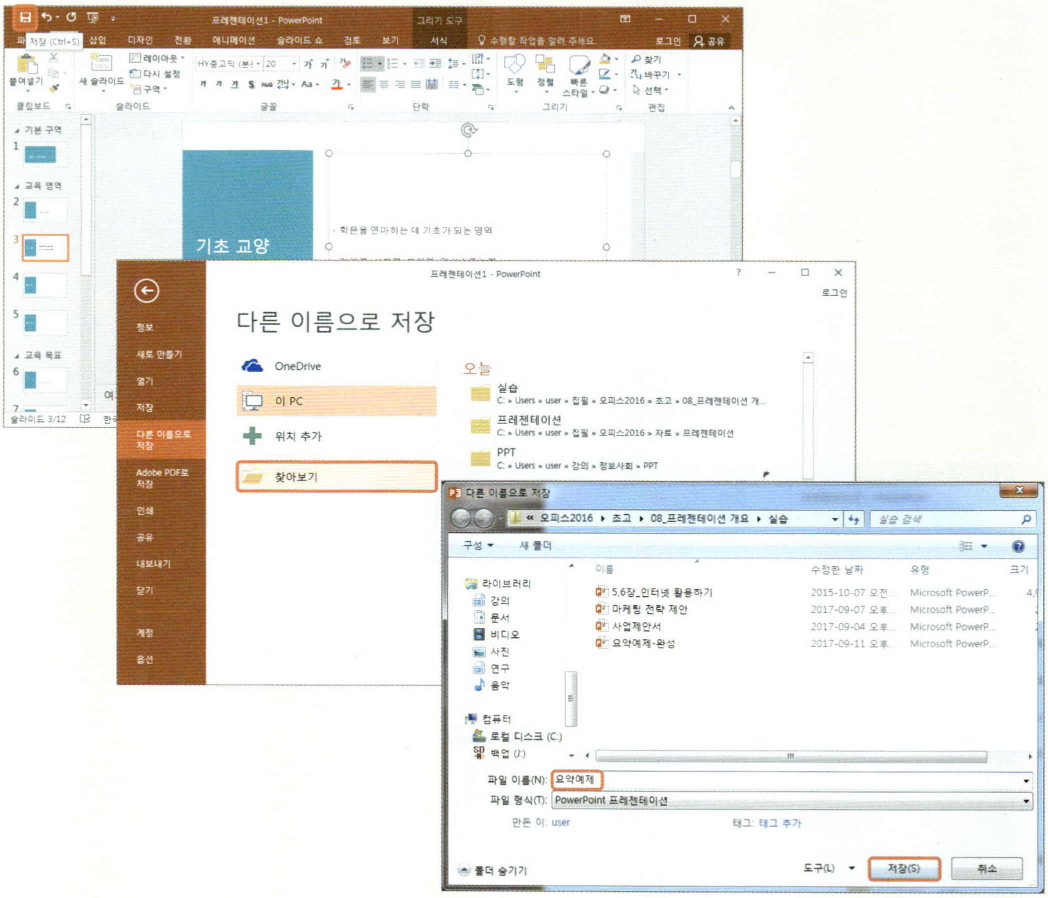

연습문제

1 파워포인트 테마를 적용하여 다음의 지시대로 프레젠테이션을 작성해 보시오.

❶ '연습(1).pptx' 파일을 열고 모든 슬라이드의 디자인을 '슬레이트' 테마로 설정하시오.

❷ 1번 슬라이드 뒤에 '제목 및 내용' 레이아웃으로 새 슬라이드를 추가하고 왼쪽 그림과 같이 목차를 입력하시오.

❸ 3~4번 슬라이드의 레이아웃을 '제목 및 캡션'으로 설정하시오.

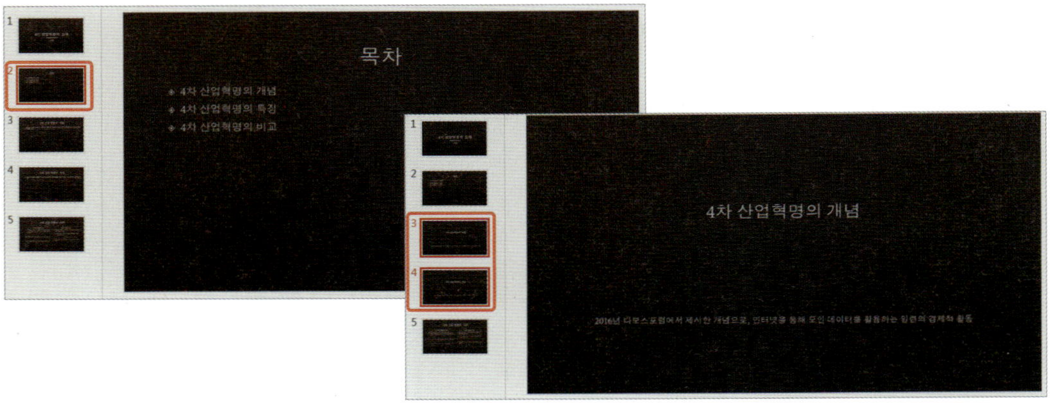

2 다음의 지시대로 파워포인트 서식 파일을 이용하여 캘린더를 만든 다음 이미지 파일 형식으로 저장하시오.

❶ '달력' 또는 '캘린더'로 검색하여 '2017년 달력(월~일)' 서식 파일을 선택하고 문서를 만드시오.

❷ 2017년 9월 슬라이드의 내용을 다음 그림과 같이 입력하고, [내보내기] 메뉴를 사용하여 해당 슬라이드만 [JPEG 파일 교환 형식]을 이용하여 이미지 파일로 저장하시오. 이때 파일 이름은 '2017년 9월.jpg'로 저장하시오.

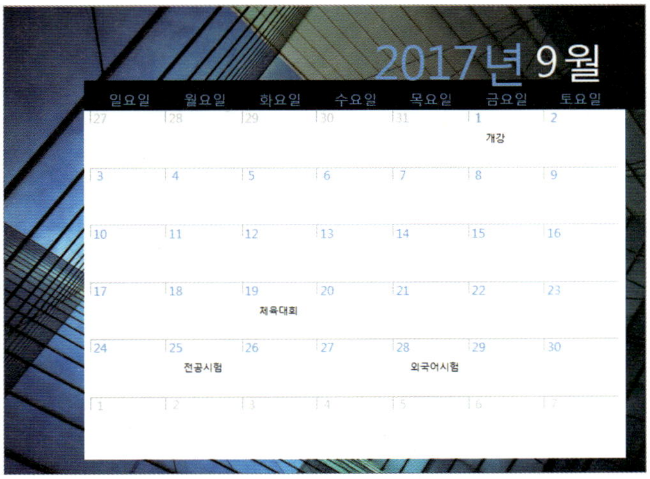

CHAPTER 09

텍스트 활용

학습목표

- 입력한 텍스트에 서식을 설정할 수 있다.
- 워드아트 기능을 활용하여 텍스트 효과를 설정할 수 있다.

SECTION 01

텍스트 다루기

파워포인트에서 슬라이드를 제작할 때 가장 많이 사용하는 기본적인 정보 형태는 텍스트이다. 텍스트는 슬라이드의 개체 틀이나 텍스트 상자 혹은 도형 등을 삽입하여 입력할 수 있으며 전달할 내용의 가독성을 높이기 위해 텍스트 양이나 글꼴 및 단락 서식 등을 목적에 맞게 디자인하는 것이 중요하다. 여기서는 문자, 기호, 한자 등 다양한 형식의 텍스트를 개체 틀이나 텍스트 상자에 입력하고 글꼴이나 단락의 서식을 설정하는 방법을 알아본다.

1.1 개체 틀 활용

개체 틀은 슬라이드 레이아웃에 따라 위치와 크기가 다른데, 제목이나 내용 등 텍스트를 입력하면 디자인 테마에 따라 미리 설정되어 있는 서식 형태로 글꼴 크기, 색상, 글머리 기호 등이 표시된다.

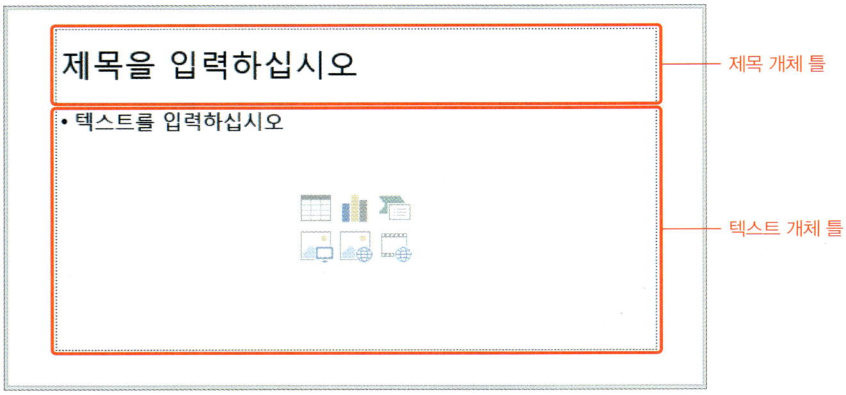

TIP 텍스트 개체 틀은 텍스트뿐 아니라 표나 차트 등 다른 개체를 삽입할 때도 사용할 수 있으며, 개체 틀이 필요 없다면 삭제해도 된다.

기본예제 9-1 텍스트 슬라이드 만들기

디자인 테마나 서식 파일을 설정하지 않고 새 프레젠테이션 파일을 만들어 보고, 제목 슬라이드의 개체 틀에 텍스트를 입력한 다음 글꼴 크기나 글꼴 색 등의 서식을 설정해 보자.

01 파워포인트를 실행하고 첫 화면에서 [새 프레젠테이션]을 선택한다.

TIP 서식 파일이나 디자인 테마를 선택하지 않고 새 프레젠테이션을 만들면 'Office 테마'가 적용된다.

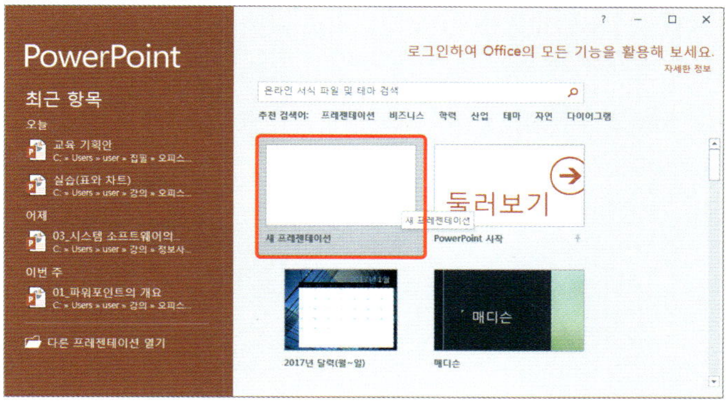

02 제목 슬라이드에서 제목 개체 틀을 선택하고 *교육 기획안*을 입력한 다음, 부제목 개체 틀에는 *인력자원팀*이라고 입력한다.

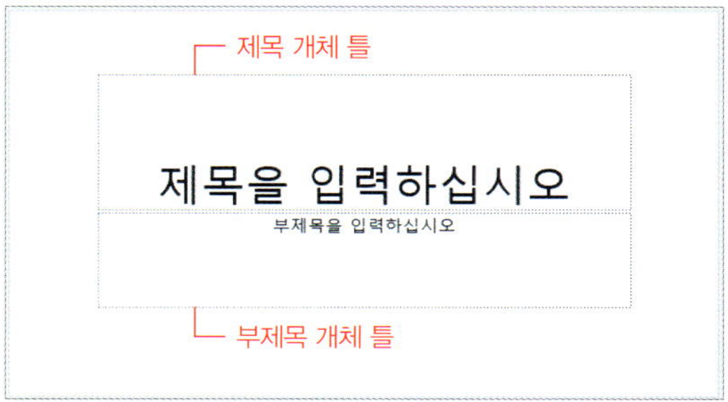

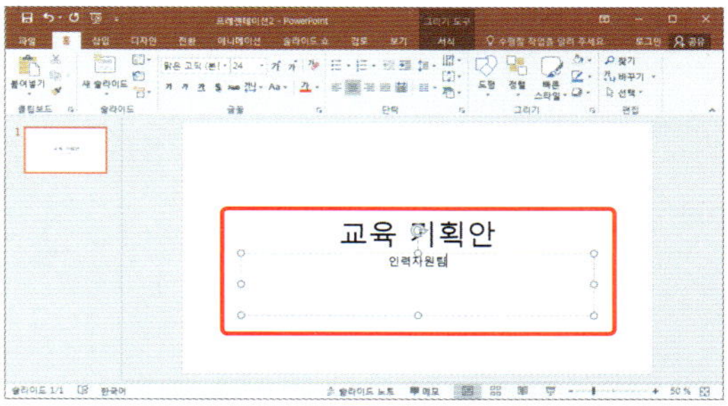

TIP 제목을 입력한 다음 부제목 개체 틀을 선택하려면 마우스로 누르거나 다음 개체 틀을 선택하는 단축키인 Ctrl+Enter를 누른다.

03 부제목 개체 틀을 선택하고 [홈] 탭-[글꼴] 그룹에서 글꼴 크기를 [28]로 설정한다. [글꼴 색] 목록에서 [회색-25%, 배경 2, 50% 더 어둡게]를 선택한다.

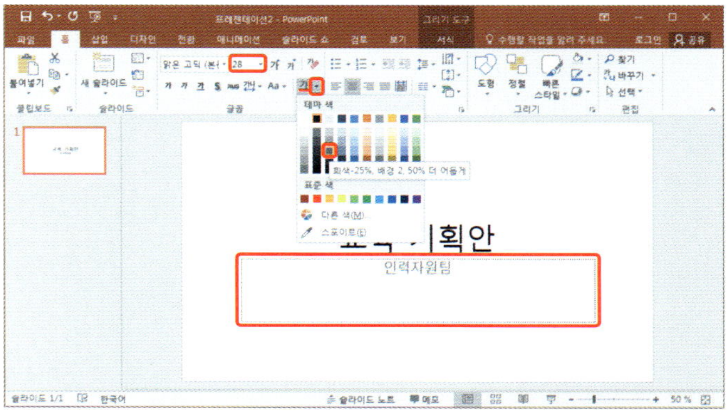

TIP 개체 틀에 입력한 텍스트 중 일부분의 서식만 변경할 때는 마우스로 드래그하여 텍스트 범위를 설정한 후 서식을 변경한다.

04 [파일] 탭–[다른 이름으로 저장]을 선택해 작성한 프레젠테이션을 '교육 기획안.pptx' 파일로 저장한다.

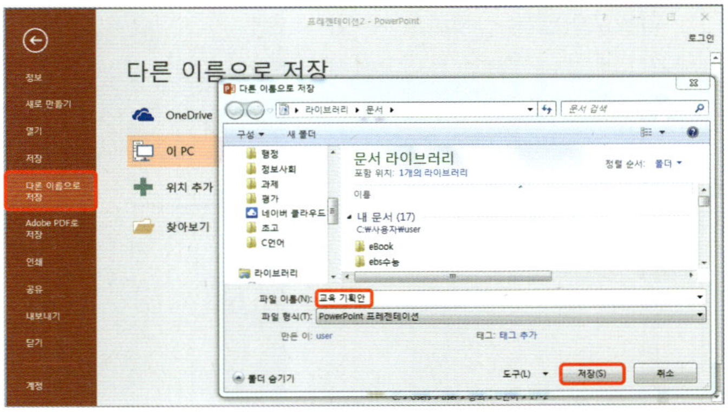

기본예제 9-2 번호 매기기와 줄 간격 설정하기

[기본예제 9–1]에서 작성한 프레젠테이션에 슬라이드를 추가한 다음 텍스트를 입력하고 번호 매기기와 줄 간격을 설정해 보자.

01 '교육 기획안.pptx' 프레젠테이션을 열고 [홈] 탭–[슬라이드] 그룹–[새 슬라이드] 목록에서 [제목 및 내용]을 선택한다.

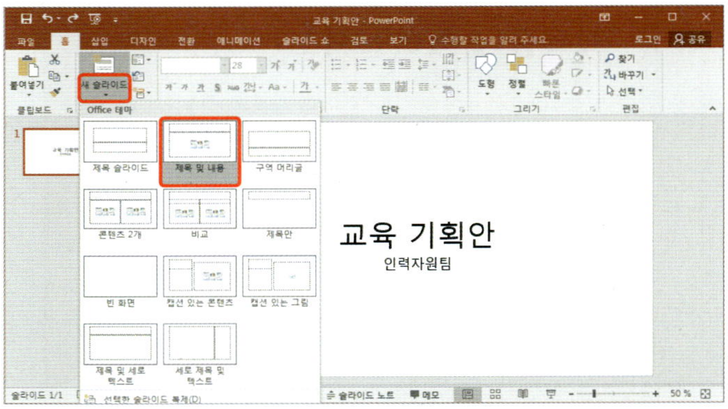

02 다음과 같이 제목과 텍스트 개체 틀에 텍스트를 입력한다.

TIP 제목을 입력하고 텍스트 개체 틀로 이동할 때 마우스 클릭 대신 Ctrl+Enter를 눌러도 된다.

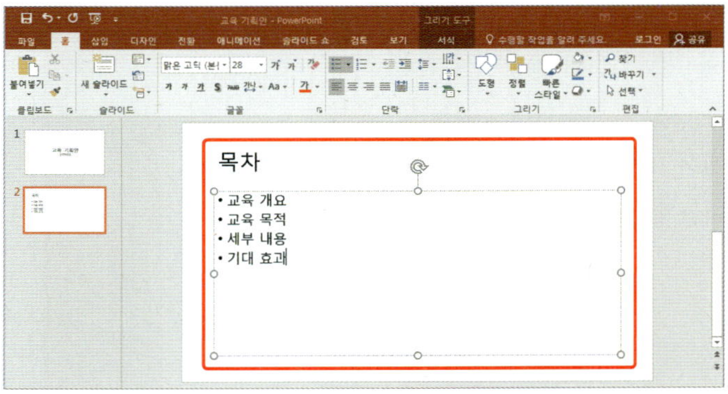

TIP 내용을 입력할 때 Enter를 눌러 다음 줄로 이동하면 'Office 테마'에 미리 설정되어 있는 글머리 기호 서식이 자동으로 표시된다. 글머리 기호를 변경하거나 제거하는 방법은 다음 예제에서 알아보기로 한다.

03 번호 매기기를 설정할 내용을 모두 선택하고 [홈] 탭–[단락] 그룹–[번호 매기기] 목록에서 [글머리 기호 및 번호 매기기]를 선택한다.

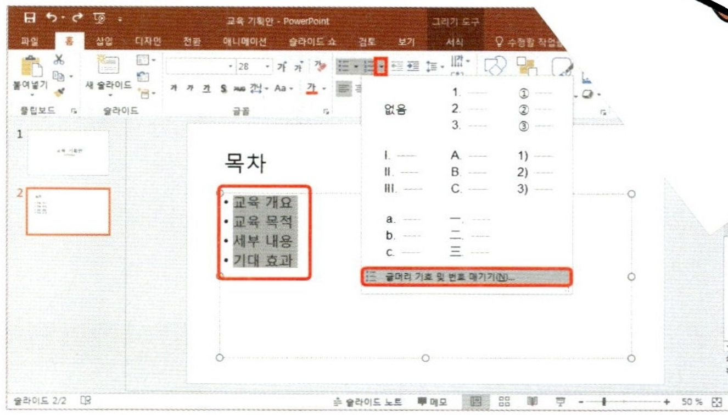

TIP 입력한 텍스트를 모두 선택하는 경우에는 내용이 입력된 개체 틀을 선택하고 번호 매기기를 설정해도 된다.

04 [글머리 기호 및 번호 매기기] 대화상자의 [번호 매기기] 탭에서 [Ⅰ. Ⅱ. Ⅲ]을 선택하고 [텍스트 크기]는 [120%], [색]은 [검정, 텍스트 1, 50% 더 밝게]를 선택한 다음 [확인]을 누른다.

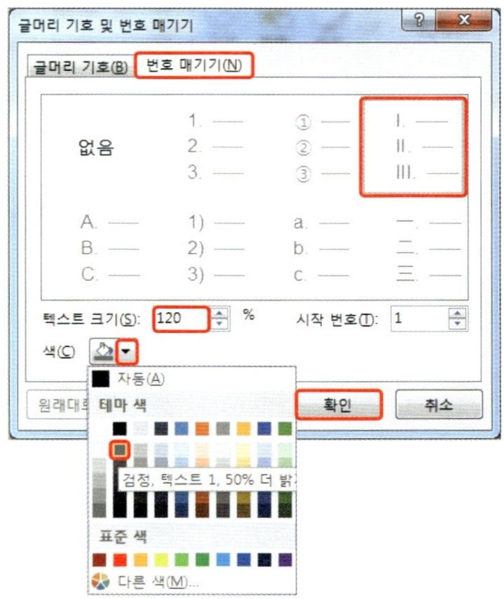

05 목차 내용을 선택한 상태에서 [홈] 탭–[단락] 그룹–[줄 간격]을 누르고 [2.0]을 선택한다.

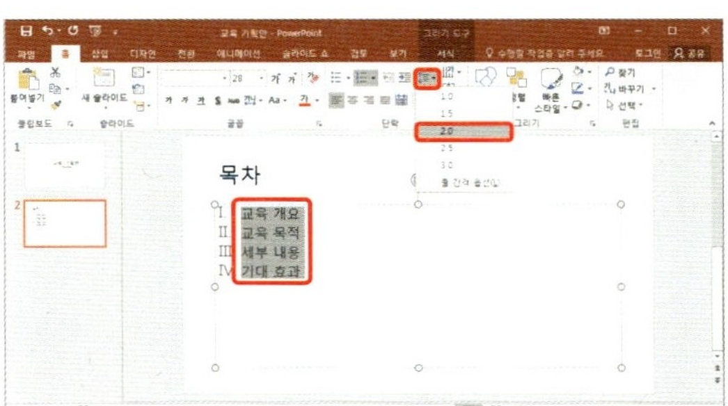

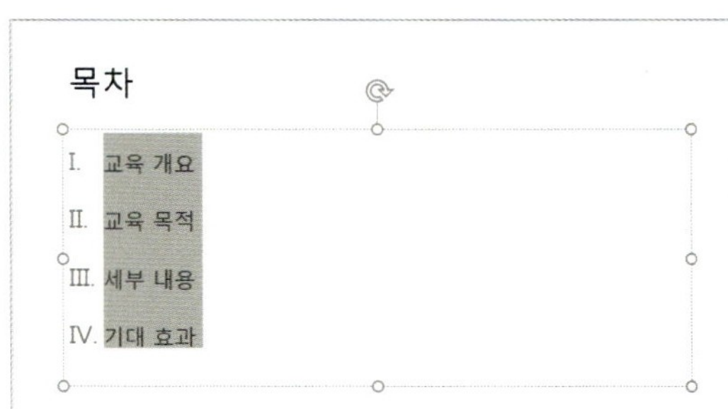

글머리 기호와 수준 변경하기

텍스트를 요약할 때 [기본예제 9-2]와 같이 번호 매기기를 사용하여 순서가 있는 목록으로 표시하는 경우도 있지만, 순서가 중요하지 않은 경우에는 글머리 기호를 사용하여 목록으로 요약할 수도 있다. 세부 목록이 필요한 경우에는 목록 수준을 다르게 표시하거나 디자인 테마에 따라 설정되어 있는 글머리 기호를 다른 모양으로 변경할 수 있다.

01 '교육 기획안.pptx' 프레젠테이션에 새 슬라이드를 추가하기 위해 슬라이드 보기 창에서 마지막 슬라이드를 선택하고 [홈] 탭-[슬라이드] 그룹-[새 슬라이드]를 선택한다.

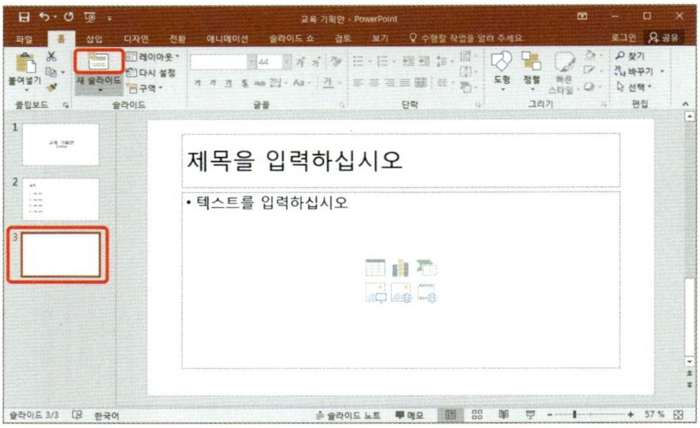

02 슬라이드의 제목 개체 틀에 *교육 개요*를 입력하고 텍스트 개체 틀에는 *교육 방침*을 입력한 다음 Enter를 누른다.

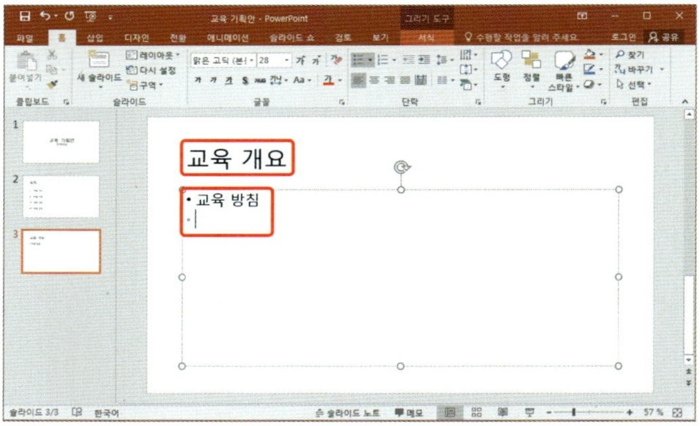

03 다음 단락의 시작 위치에서 [홈] 탭–[단락] 그룹–[목록 수준 늘림]을 누른 후 다음과 같이 내용을 입력하고 Enter를 누른다.

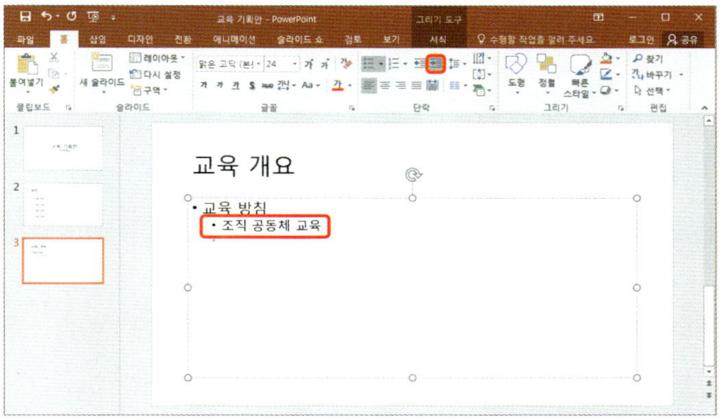

TIP [목록 수준 늘림]을 누르는 대신 단락 시작 위치에서 Tab을 눌러도 된다.

04 다음 단락의 시작 위치에서 [홈] 탭–[단락] 그룹–[목록 수준 줄임]을 눌러 앞 단계로 이동한 후, 다음과 같이 내용을 입력하고 Enter를 누른다.

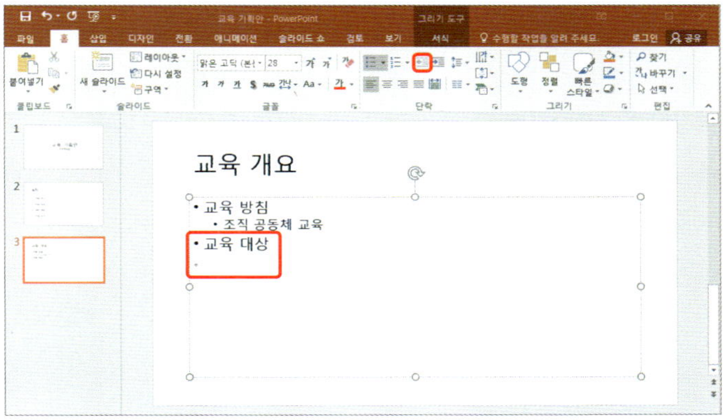

TIP [목록 수준 줄임]을 누르는 대신 단락 시작 위치에서 Shift+Tab을 눌러도 된다.

05 단계 **03~04**를 반복하여 다음과 같이 나머지 내용을 입력한다.

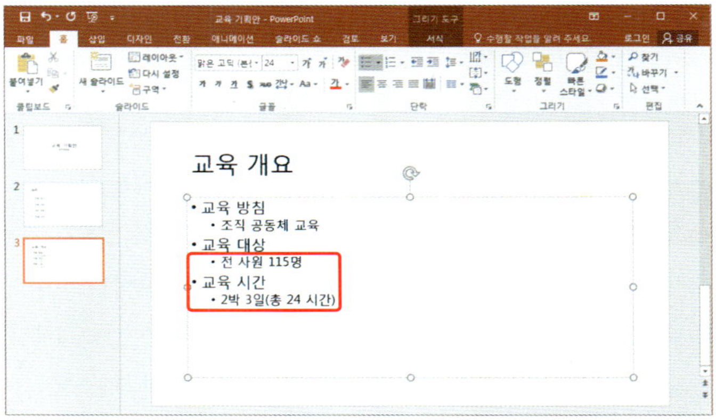

06 글머리 기호를 변경할 단락을 다음과 같이 선택하고 [홈] 탭–[단락] 그룹–[글머리 기호] 목록에서 [별표 글머리 기호]를 선택한다.

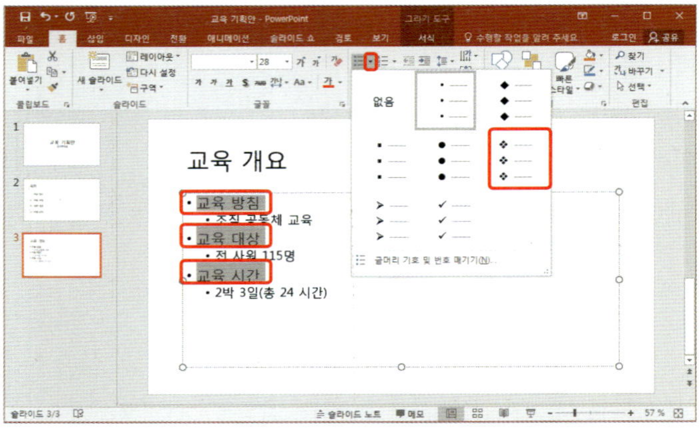

TIP 여러 단락을 한 번에 선택하려면 Ctrl을 누른 상태에서 마우스로 해당 텍스트를 드래그하면 된다. 글머리 기호를 변경하려는 단락이 하나인 경우에는 텍스트를 선택하지 않고 단락 내 임의의 위치에 마우스를 두고 글머리 기호를 선택하면 된다.

07 단계 **06**에서 글머리 기호를 변경하기 위해 선택한 단락의 줄 간격을 변경하기 위해 [홈] 탭–[단락] 그룹–[줄 간격] 목록에서 [1.5]를 선택한다.

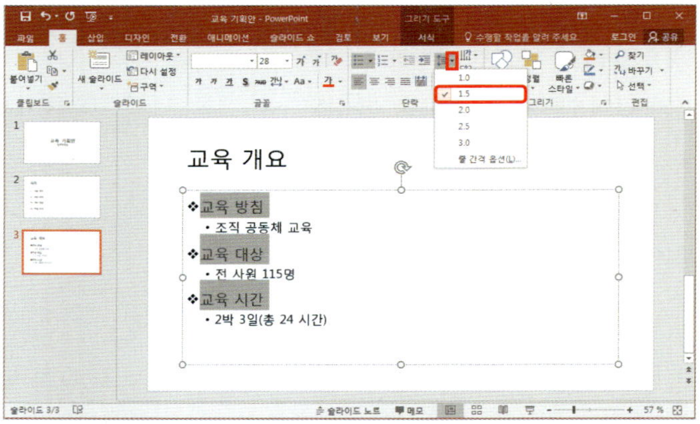

1.2 텍스트 상자 활용

임의의 위치에 자유롭게 텍스트를 배치하려고 한다면 텍스트 상자를 활용하면 된다. 텍스트 상자를 슬라이드에 삽입하고 텍스트를 입력한 다음 서식을 설정하거나 기호, 한자, 수식 등을 입력하는 방법을 알아보기로 한다.

기본예제 9-4 텍스트 상자 삽입하기

텍스트 상자를 이용하여 텍스트를 입력할 때는 슬라이드의 빈 공간에 텍스트 상자를 먼저 삽입해야 한다. 삽입된 텍스트 상자에 텍스트를 입력할 때는 텍스트 개체 틀처럼 글머리 기호 등의 서식이 정해져 있지 않기 때문에 필요한 서식을 직접 설정해야 한다. 텍스트 상자를 삽입하고 내용을 입력해 보자.

01 '교육 기획안.pptx' 프레젠테이션에 새 슬라이드를 추가하기 위해 슬라이드 보기 창에서 마지막 슬라이드를 선택하고 [홈] 탭-[슬라이드] 그룹-[새 슬라이드] 목록에서 [빈 화면]을 선택한다.

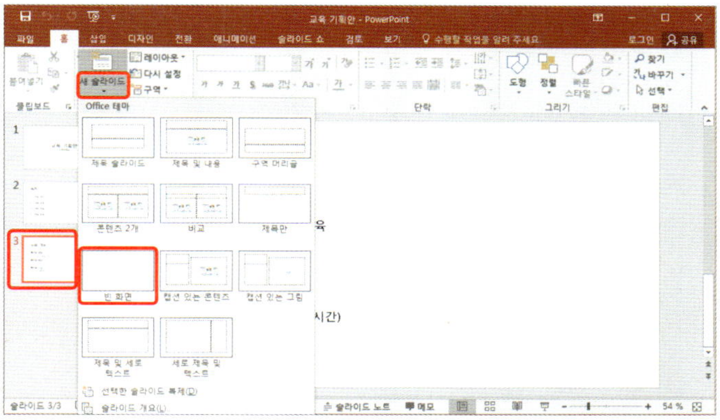

02 [삽입] 탭-[텍스트] 그룹-[텍스트 상자] 목록에서 [가로 텍스트 상자]를 선택한다. 슬라이드 영역에서 원하는 크기만큼 드래그하여 텍스트 상자를 삽입하고 내용을 *교육 목표*라고 입력한 다음 Esc를 누른다.

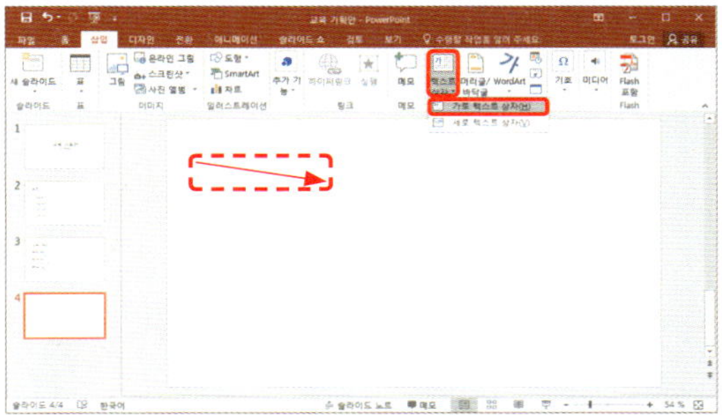

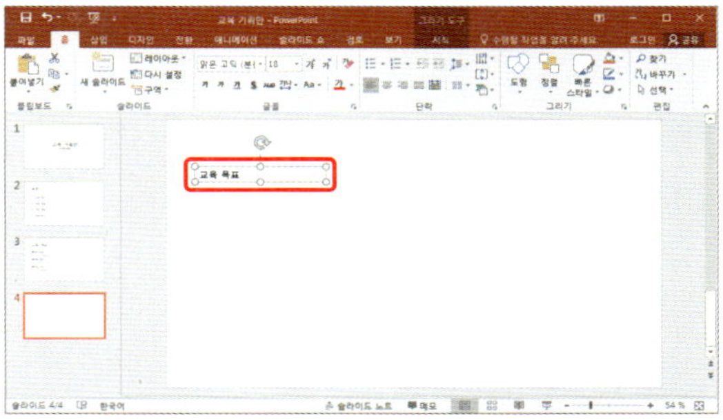

TIP 원하는 크기로 마우스를 드래그하여 텍스트 상자를 삽입하는 대신 슬라이드에서 텍스트 상자를 삽입할 시작 위치를 마우스로 누르고 텍스트를 입력하면 입력한 텍스트의 길이에 맞게 상자 크기가 조절된다.

03 텍스트 상자가 선택된 상태로 [홈] 탭-[글꼴] 그룹에서 글꼴은 [맑은 고딕(제목)], 글꼴 크기는 [44]로 설정한다.

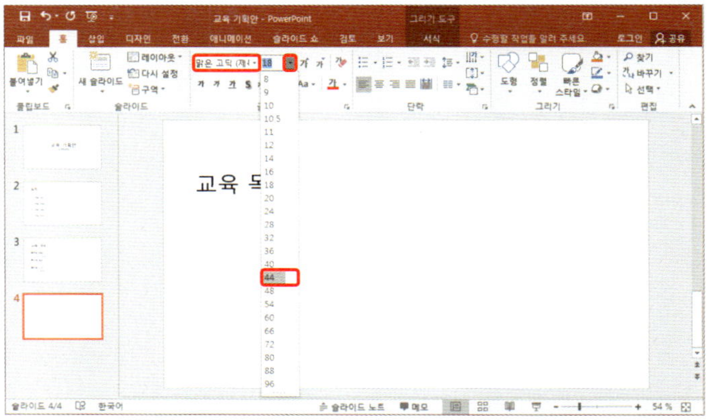

TIP 프로그램에 기본으로 설정되어 있지 않은 글꼴을 사용하면 컴퓨터에 글꼴을 설치하는 번거로운 작업이 필요할 수 있다. 글꼴을 사용할 때는 미적 효과 못지 않게 호환성도 고려해야 한다.
[파일] 탭–[옵션]을 선택하고 [PowerPoint 옵션] 대화상자에서 글꼴을 포함하여 문서를 저장하도록 설정하면 다른 컴퓨터에서 파일을 열더라도 글꼴을 새로 설치하지 않아도 된다. 단, 이 옵션은 파일을 다시 열 때는 유지되지 않으므로 저장할 때 옵션을 재설정해야 한다.

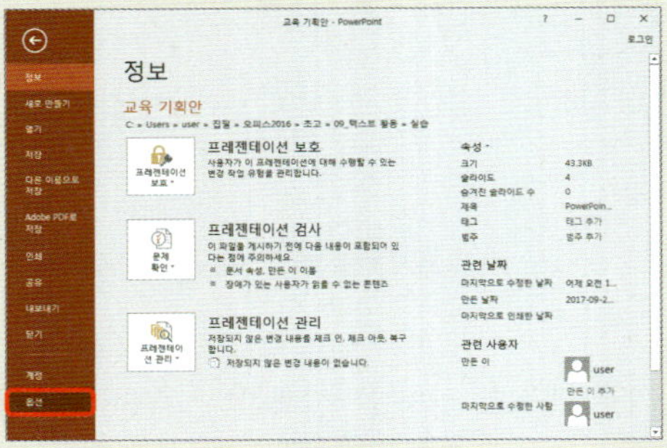

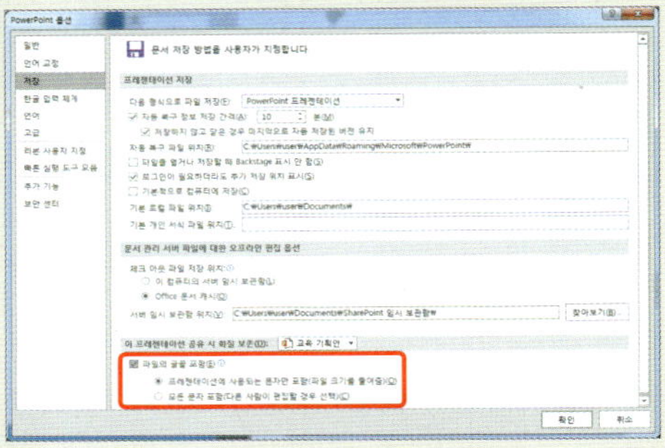

04 단계 **02**를 반복하여 슬라이드의 오른쪽 영역에 텍스트 상자를 하나 더 삽입하고 *교육 방법*이라고 입력한다.

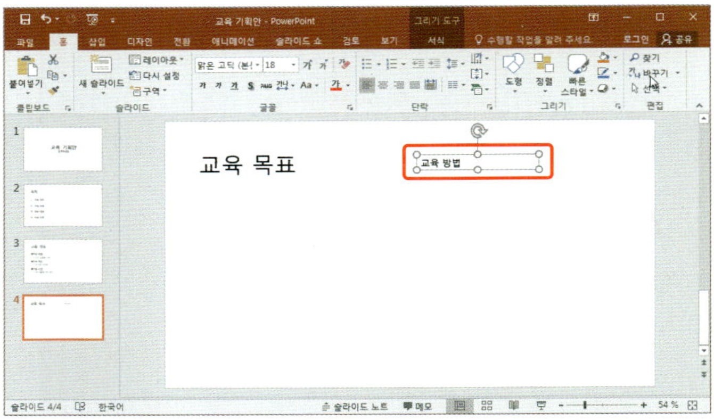

05 '교육 목표' 텍스트 상자를 선택하고 [홈] 탭–[클립보드] 그룹–[서식 복사]를 눌러 마우스 포인터가 모양으로 바뀌면 그 상태에서 '교육 방법' 텍스트 상자를 누른다.

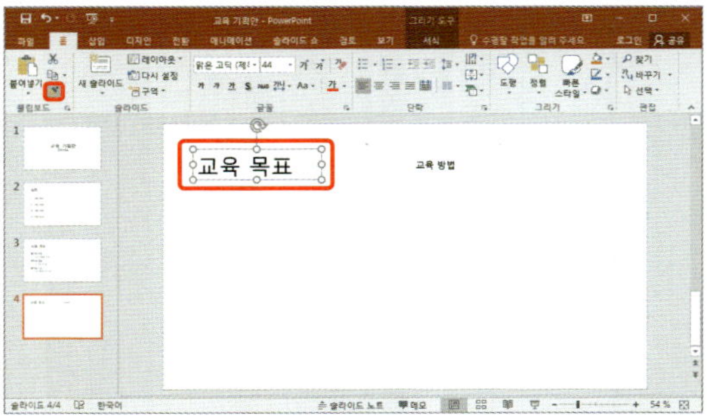

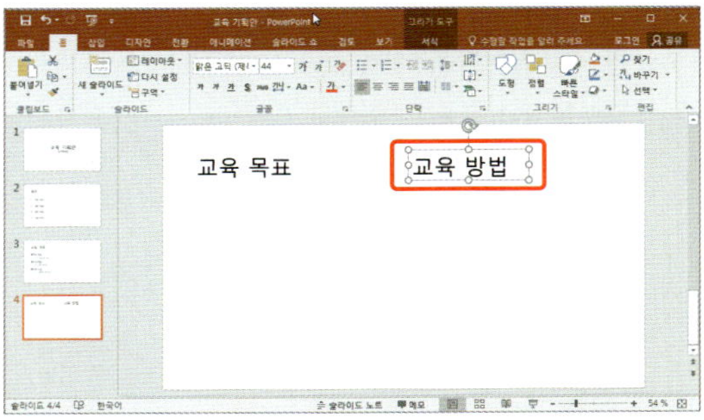

TIP 단계 **04~05**의 서식 복사 기능을 이용하는 대신 텍스트 상자를 복제(Ctrl+D)한 후 텍스트를 수정해도 된다.

06 글꼴 색을 설정하기 위해 '교육 방법' 텍스트 상자를 선택하고 [홈] 탭–[글꼴] 그룹–[글꼴 색] 목록에서 [녹색]을 선택한다.

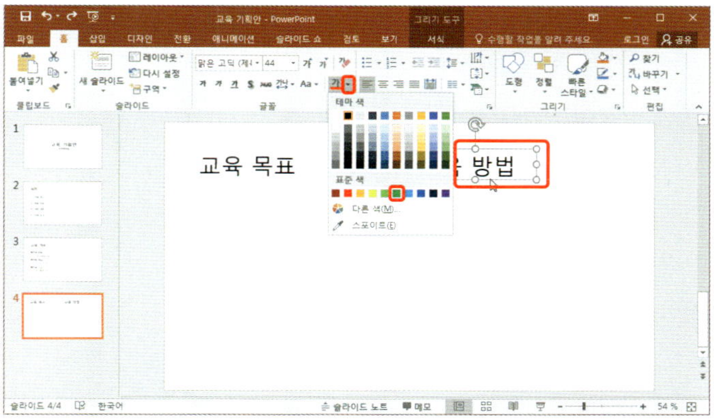

TIP 텍스트 상자에서 변경하고 싶은 글자만 드래그하여 선택하고 글꼴 크기나 색 등을 설정해도 된다.

기본예제 9-5 기호와 한자 입력하기

텍스트 상자에서도 개체 틀과 같이 글머리 기호를 설정할 수 있고, 기호를 삽입하거나 한글을 한자로 변환할 수 있다. 텍스트 상자에 글머리 기호와 단락을 설정하는 방법과 입력한 한글을 한자로 변환하고 기호를 삽입하는 방법을 알아보자.

01 [기본예제 9-4]에서 만든 마지막 슬라이드에서 [삽입] 탭–[텍스트] 그룹–[텍스트 상자]를 누른 다음 슬라이드 영역에서 드래그하여 텍스트 상자를 삽입한다.

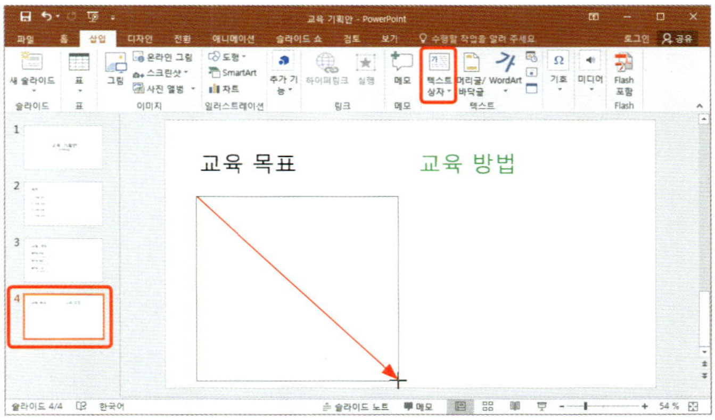

02 텍스트 상자에 *변화의 필요성 인식, 팀원간 단결력 강화, 유기적이고 도전적인 조직문화 함양*을 입력한다. 텍스트 상자를 선택하고 [홈] 탭–[글꼴] 그룹에서 [글꼴]은 [맑은 고딕]으로, [글꼴 크기]는 [28]로 설정한 다음 [단락] 그룹–[글머리 기호] 목록에서 [속이 찬 정사각형 글머리 기호]를 선택한다.

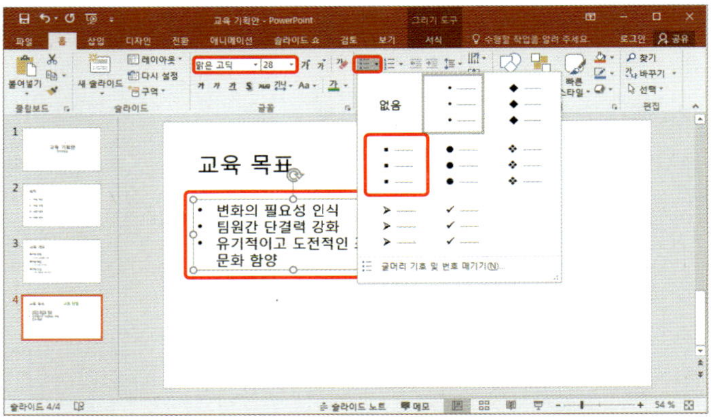

03 두 번째 단락(팀원간 단결력 강화) 중 임의의 위치를 마우스로 누르고 [홈] 탭–[단락] 그룹–[줄 간격] 목록에서 [줄 간격 옵션]을 선택한다.

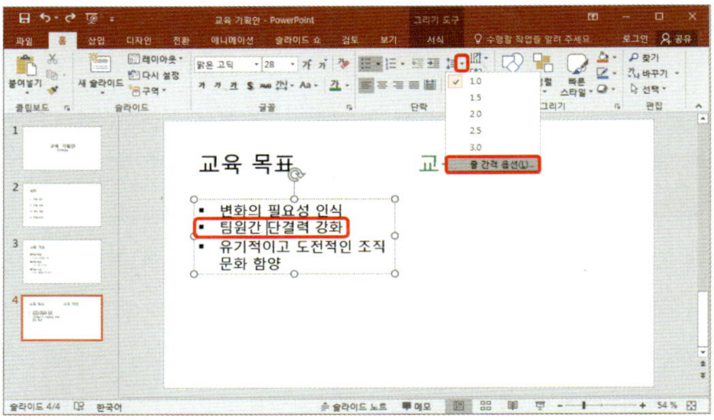

04 [단락] 대화상자의 [들여쓰기 및 간격] 탭에서 [간격]의 [줄 간격]을 [2줄]로, [단락 뒤]는 [12pt]로 설정하고 [확인]을 누른다.

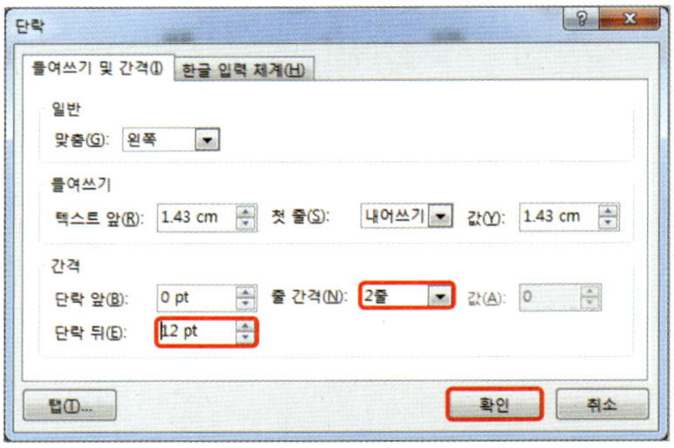

05 세 번째 단락의 문장에서 줄바꿈이 필요한 위치인 '조직문화' 단어 앞에서 마우스를 누른 뒤 단축키 Shift+Enter를 누른다.

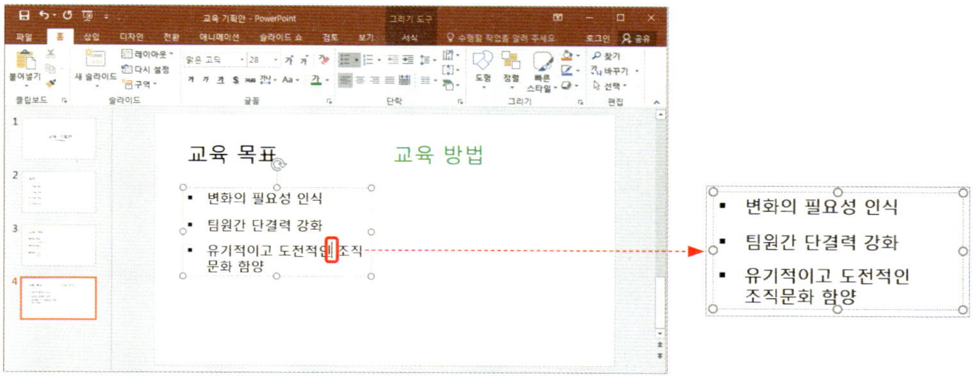

TIP 텍스트 상자의 크기에 따라 긴 문장은 자동으로 다음 줄에 표시되지만, Shift+Enter를 사용하면 특정 위치에서 줄을 바꿔 입력할 수 있다.

06 '변화'를 한자로 변환하기 위해 단어 뒤에서 마우스를 누르고 한자를 누른 다음 '變化'를 선택한다.

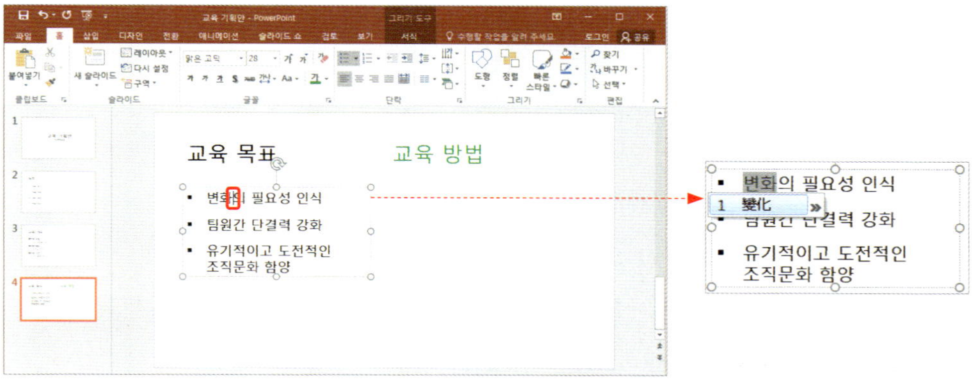

07 단계 **06**을 반복하여 '단결력', '유기적', '도전적'도 다음과 같이 한자로 바꾸어 표시한다.

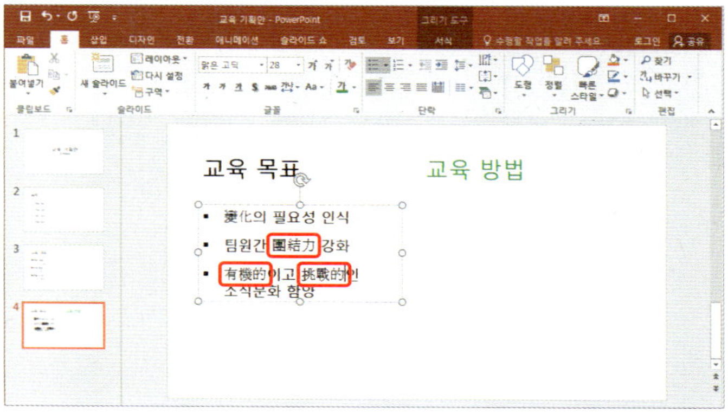

08 단계 **01**을 반복하여 텍스트 상자를 하나 더 삽입하고 *Open*, *Change*, *Together*, *Challenge*를 입력한다. 이때 Enter를 한 번씩 더 눌러 단락 뒤에 빈 줄을 입력한다. 텍스트 상자를 선택한 다음 [홈] 탭–[글꼴] 그룹에서 [글꼴]은 [맑은 고딕], [글꼴 크기]는 [28]로 설정하고, [단락] 그룹에서 [가운데 맞춤]을 누른다.

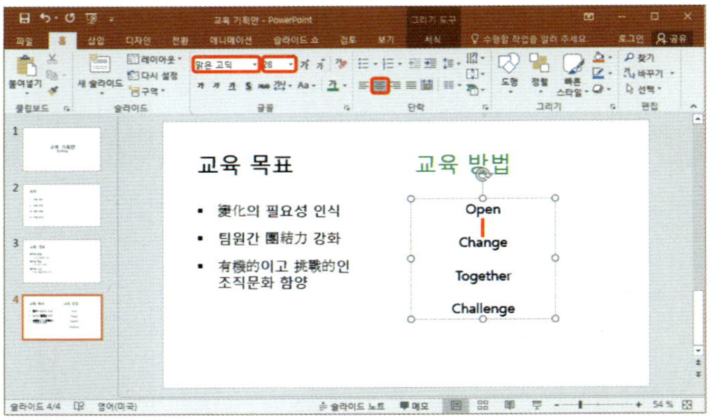

09 단어 사이 빈 줄에 커서를 두고 [삽입] 탭–[기호] 그룹–[기호]를 누른다.

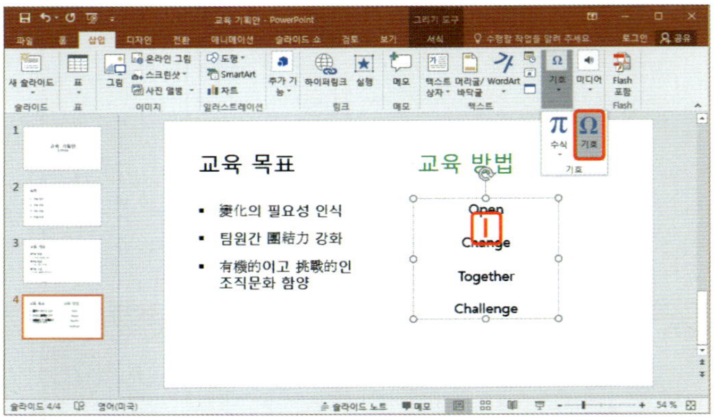

10 [기호] 대화상자의 [도형 기호] 목록에서 [▼]를 선택하고 [삽입]을 눌러 기호를 삽입한다. 다른 단락에도 같은 모양의 기호를 삽입한다.

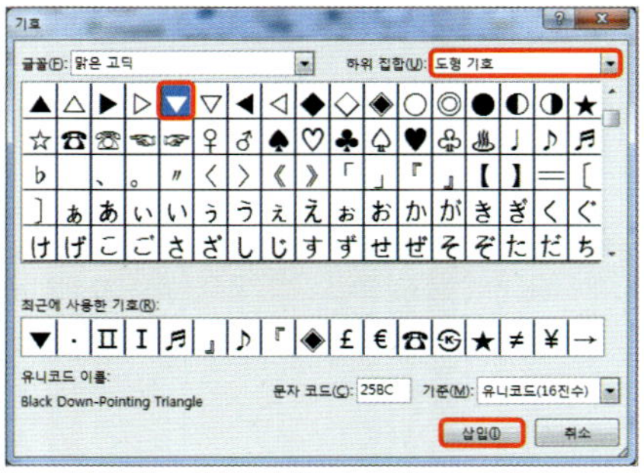

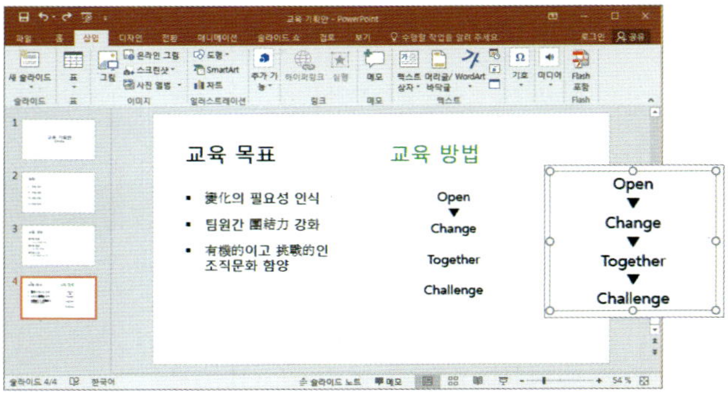

기본예제 9-6 수식 입력하기

개체 틀이나 텍스트 상자에 수식을 입력할 수도 있다. 기호와 달리 수식은 개체 틀이나 텍스트 상자가 없어도 도형처럼 슬라이드에 삽입할 수 있다. 슬라이드에 수식을 삽입해 보자.

01 [기본예제 9-5]에서 사용한 마지막 슬라이드를 선택한다. [삽입] 탭–[기호] 그룹–[수식]을 눌러 수식 입력 상자가 만들어지면 마우스로 드래그하여 빈 영역으로 이동시킨다.

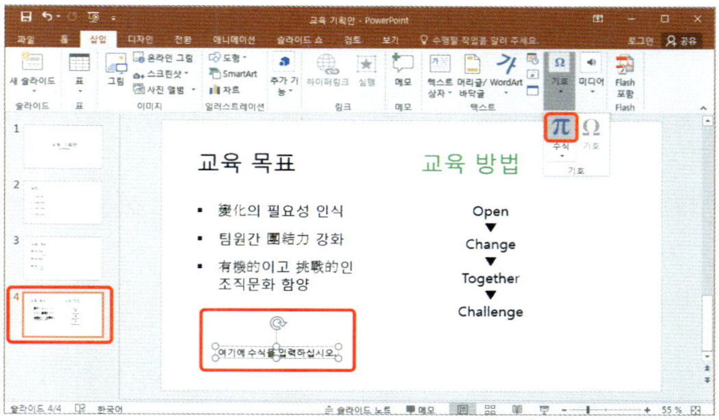

02 [수식 도구]–[디자인] 탭의 [기호]와 [구조] 그룹에서 수식 작성에 필요한 항목을 찾아 다음과 같이 수식을 입력한다.

$$H = \sum_{i=1}^{N} p_j \log_2\left(\frac{1}{p_j}\right)$$

03 수식을 선택하고 [홈] 탭–[글꼴] 그룹–[글꼴 크기] 목록에서 [28]을 선택하여 수식의 글꼴 크기를 변경한다.

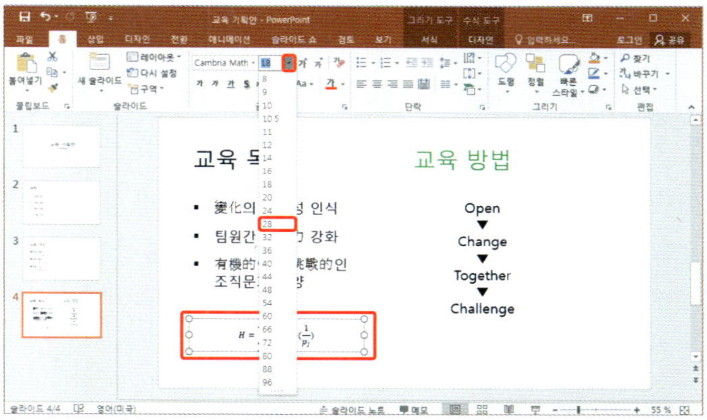

TIP 수식 수정은 수식을 선택해 [수식 도구]–[디자인] 탭 메뉴가 표시되면 수정할 부분을 편집하면 된다.

SECTION 02

워드아트 활용하기

워드아트(WordArt)란 텍스트를 꾸미는 기능으로, 워드아트를 이용하면 텍스트의 채우기 색이나 윤곽선의 서식 설정, 다양한 효과 및 변환을 통해 강조 효과를 얻을 수 있다. 주로 제목이나 핵심이 되는 텍스트에 활용한다.

청중에게 제공하는 텍스트 정보는 가독성이 가장 중요하다. 슬라이드 배경색이 어두운지 밝은지에 따라 텍스트가 잘 부각되도록 서식을 설정해야 한다. 워드아트에는 그림자나 반사, 변환 등 다양한 형태의 텍스트 효과를 적용할 수 있다. 하지만 과도한 효과는 오히려 텍스트의 가독성을 저하시킬 수도 있으므로 유의해서 사용한다.

▲ 어두운 배경색

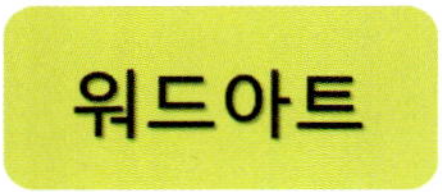

▲ 밝은 배경색

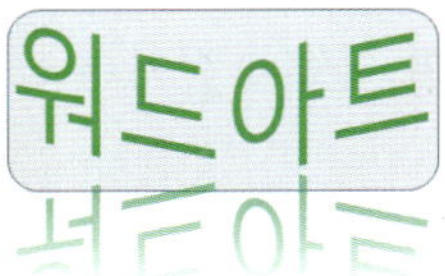

▲ 반사와 변환 효과

2.1 워드아트 스타일 서식

워드아트 스타일 서식은 개체 틀, 텍스트 상자, 도형 등에 입력되어 있는 텍스트에 효과를 적용할 때 사용할 수도 있고, 워드아트 개체를 직접 슬라이드에 삽입할 수도 있다. 슬라이드의 개체 틀에 입력된 텍스트를 워드아트 스타일 서식으로 설정하는 방법과 새 워드아트 개체를 삽입하는 방법에 대해 알아보기로 한다.

기본예제 9-7 개체 틀의 텍스트를 워드아트 스타일로 바꾸기

'교육 기획안.pptx' 프레젠테이션의 제목 슬라이드에서 개체 틀에 입력된 텍스트를 워드아트 스타일로 바꾸고 효과와 변환 서식을 설정해 보자.

01 '교육 기획안.pptx' 프레젠테이션의 제목 슬라이드에서 제목 개체 틀을 선택하고 [그리기 도구]의 [서식] 탭-[WordArt 스타일] 그룹-[빠른 스타일] 목록에서 [채우기-흰색, 윤곽선-강조 1, 그림자]를 선택한다.

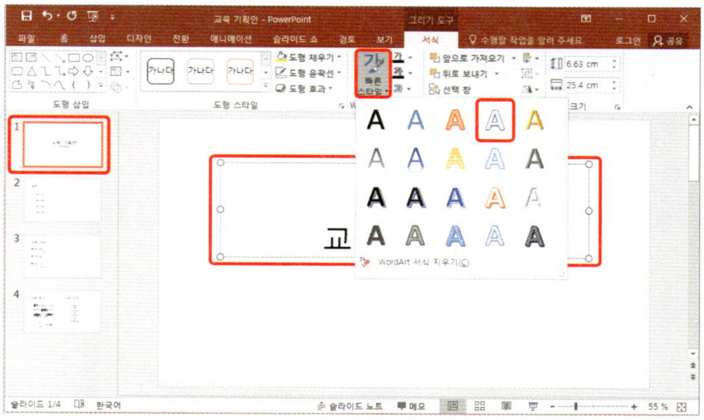

02 제목 개체 틀을 선택한 상태로 [그리기 도구]의 [서식] 탭-[WordArt 스타일] 그룹-[텍스트 채우기] 목록에서 [그라데이션]-[선형 위쪽]을 선택한다.

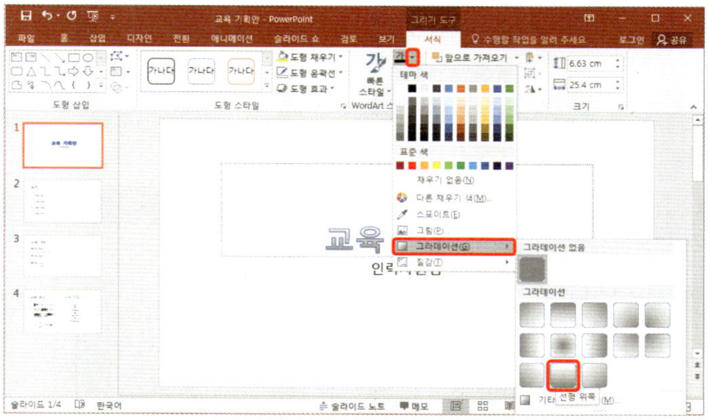

03 제목 개체 틀을 선택한 상태로 [그리기 도구]의 [서식] 탭-[WordArt 스타일] 그룹-[텍스트 효과] 목록에서 [반사]-[반사 변형]의 [근접 반사, 터치]를 선택한다.

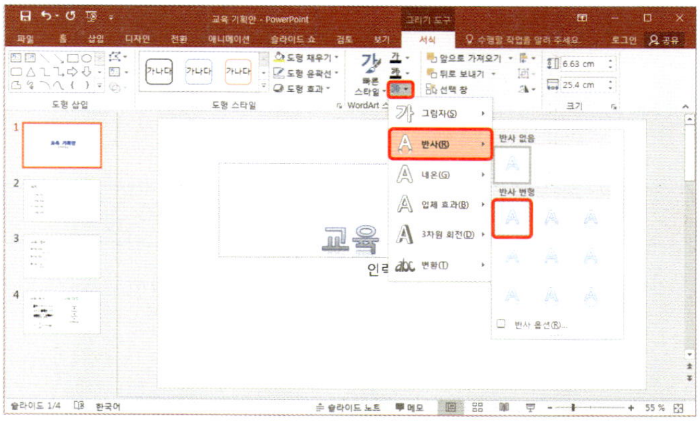

04 단축키 Shift+Tab을 눌러 부제목 개체 틀을 선택하고, 조절점을 마우스로 드래그하여 텍스트 상자의 크기를 줄인다.

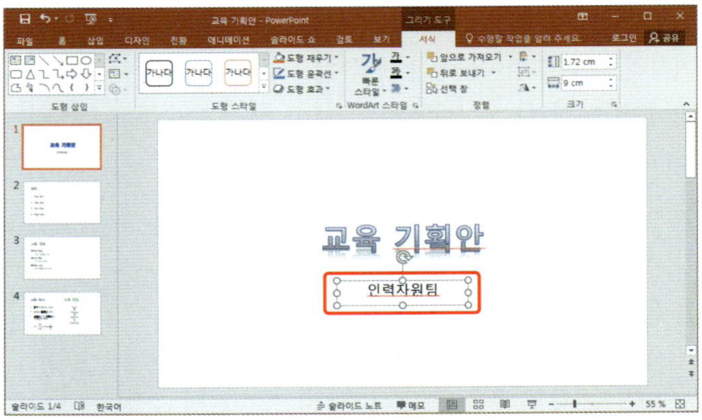

TIP 텍스트에 변환 효과를 설정할 때는 텍스트 상자 크기에 맞추어지므로 부제목 개체 틀의 크기를 조정하여 제목 텍스트의 크기보다 작아지도록 하는 것이 좋다.

05 부제목 개체 틀을 선택한 상태로 [그리기 도구]의 [서식] 탭–[WordArt 스타일] 그룹–[텍스트 효과] 목록에서 [변환]–[모양]의 [위쪽 원호]를 선택한다.

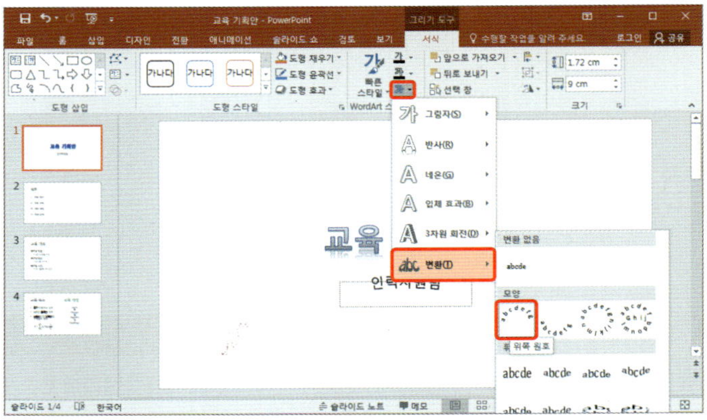

기본예제 9-8 워드아트 개체 삽입하기

슬라이드에 원하는 스타일의 워드아트 개체를 삽입하고 서식을 설정해 보자.

01 '교육 기획안.pptx' 프레젠테이션의 제목 슬라이드에서 [삽입] 탭–[텍스트] 그룹–[WordArt 삽입] 목록에서 [채우기 – 회색–50%, 강조 3, 선명한 입체]를 선택한다.

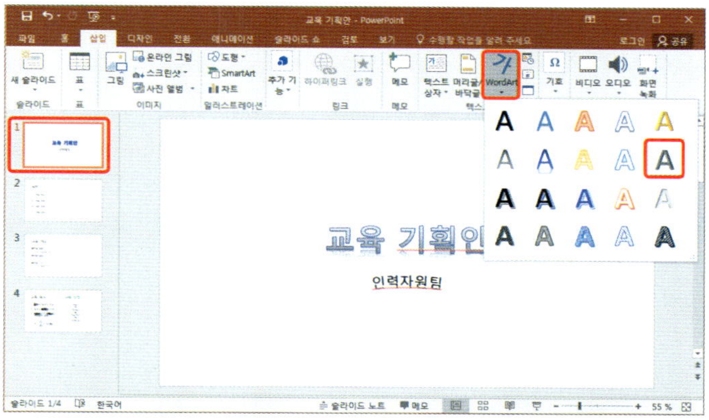

02 삽입된 워드아트에 '교육 개발부'라고 입력하고 마우스로 드래그하여 위치를 이동한다.

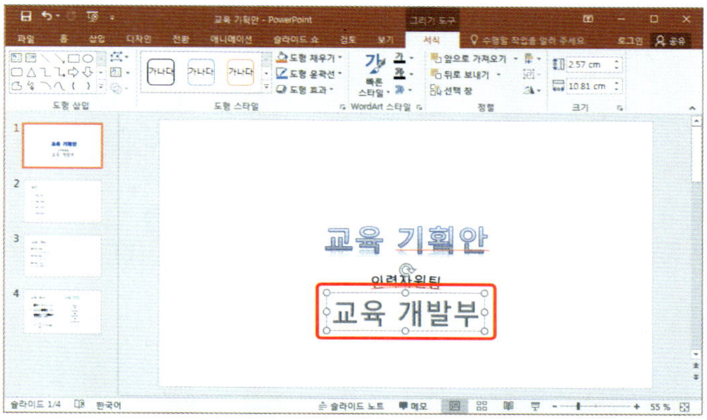

03 워드아트 상자가 선택된 상태로 [홈] 탭–[글꼴] 그룹에서 [글꼴 크기]를 [36]으로 설정한다.

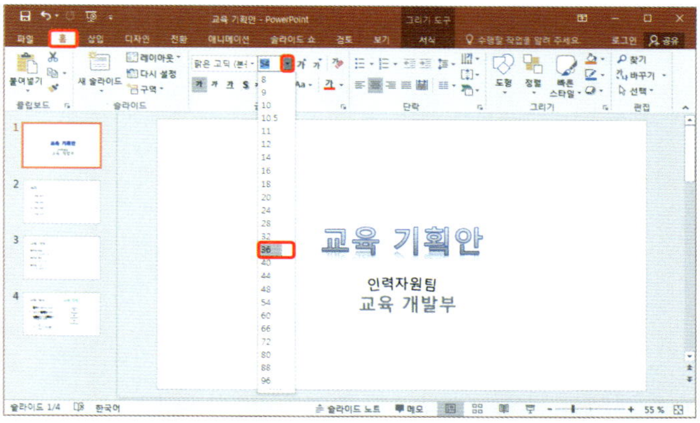

04 워드아트 상자가 선택된 상태로 [그리기 도구]의 [서식] 탭–[WordArt 스타일] 그룹–[텍스트 효과] 목록에서 [변환]–[모양]의 [아래쪽 원호]를 선택한다.

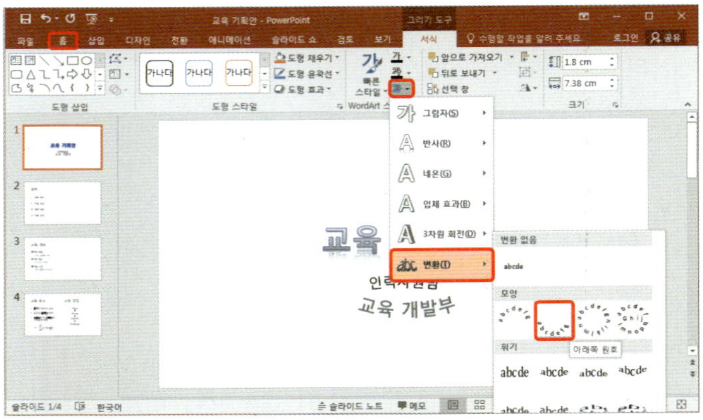

05 [디자인] 탭–[테마] 그룹–[테마]의 [자세히] 단추를 누르고 테마 목록에서 [기본]을 선택하여 모든 슬라이드에 선택한 테마를 적용한다. 작성이 끝나면 프레젠테이션을 저장한다.

요약예제

이 장에서 학습한 파워포인트의 텍스트 관련 기능과 워드아트 도구를 활용하여 다음과 같은 내용으로 프레젠테이션 파일을 만들어 보자.

1 파워포인트를 실행하고 '갤러리' 테마를 선택한 다음 [만들기]를 누른다.

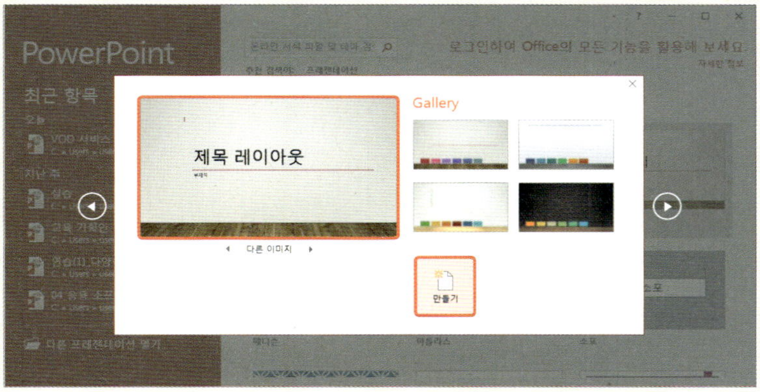

2 테마가 적용된 프레젠테이션과 제목 슬라이드가 만들어지면 제목과 부제목을 그림과 같이 입력한다.

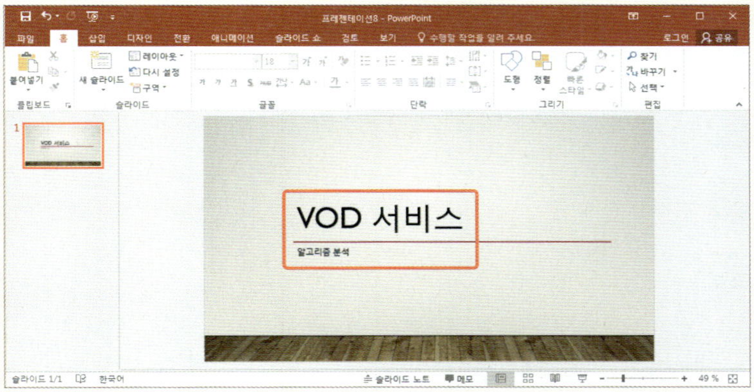

3 [홈] 탭–[슬라이드] 그룹–[새 슬라이드] 목록에서 [제목 및 내용]을 선택해 슬라이드를 추가한 다음 그림과 같이 제목과 내용을 입력하고 [단락] 그룹–[번호 매기기] 목록에서 [A. B. C.]를 선택한다.

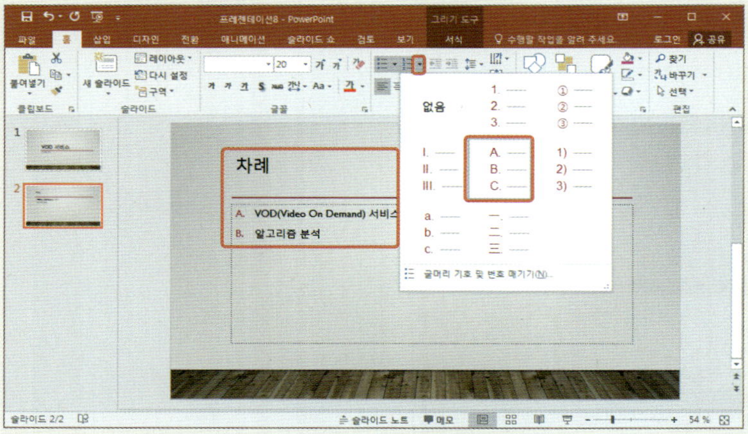

4 [홈] 탭–[슬라이드] 그룹–[새 슬라이드] 목록에서 [콘텐츠 2개]를 선택하여 새 슬라이드를 추가한다.

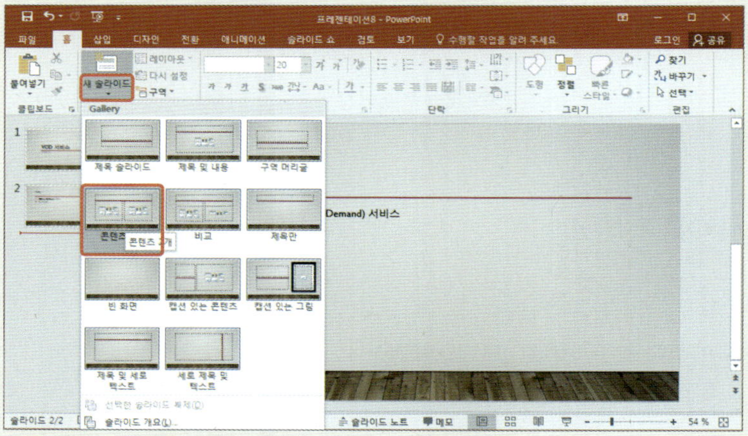

5 다음과 같이 슬라이드 제목과 왼쪽 텍스트 개체 틀에 텍스트를 입력하고, [홈] 탭–[단락] 그룹–[글머리 기호] 목록에서 [글머리 기호 및 번호 매기기]를 선택하고 그림과 같이 설정한다.

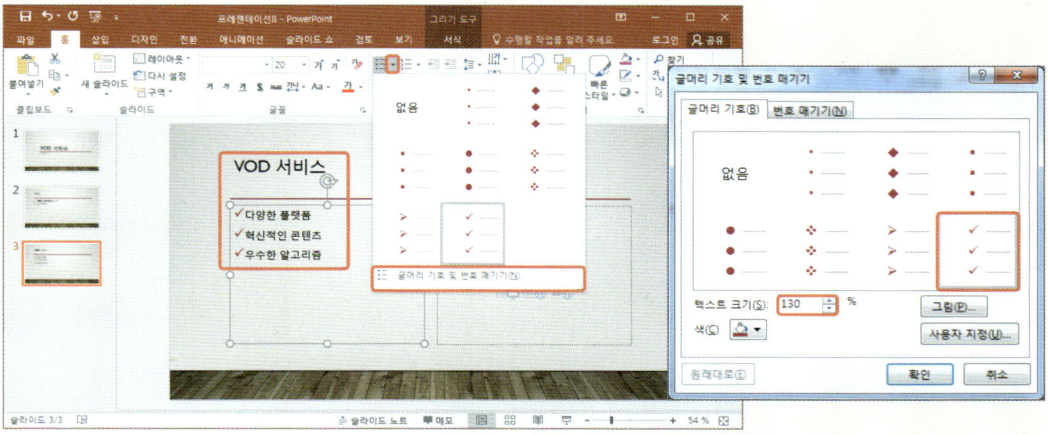

6 오른쪽 텍스트 개체 틀에 그림과 같이 텍스트를 입력한다. [홈] 탭–[단락] 그룹–[글머리 기호]를 눌러 글머리 기호를 해제하고 [줄 간격]을 [1.0]으로 설정한 다음, 입력한 텍스트의 길이에 맞게 마우스를 드래그하여 개체 틀의 크기를 조절한다.

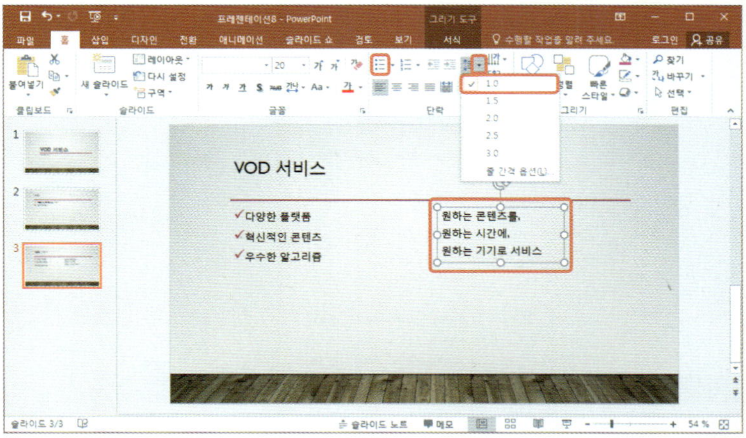

7 Ctrl을 누른 채로 마우스를 드래그하여 그림과 같이 텍스트 범위를 설정하고 [그리기 도구]의 [서식] 탭–[WordArt 스타일] 그룹–[빠른 스타일] 목록에서 [채우기 – 흰색, 윤곽선 – 강조 1, 네온 – 강조 1]을 선택한다.

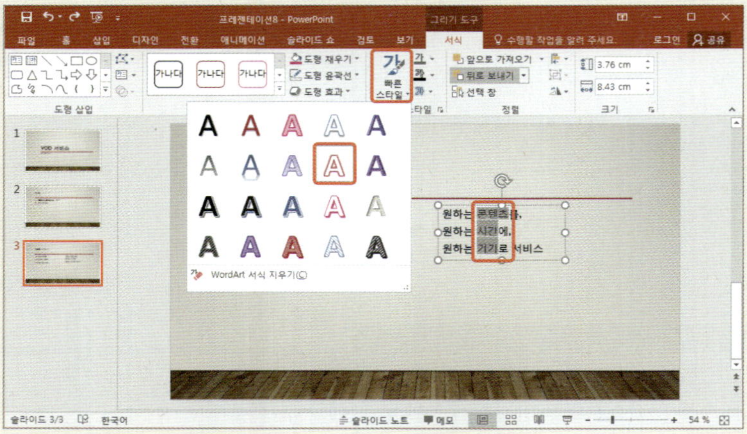

8 텍스트 개체 틀을 선택하고 [그리기 도구]–[서식] 탭–[WordArt 스타일] 그룹–[텍스트 효과] 목록에서 [변환]–[휘기]의 [팽창]을 선택한다.

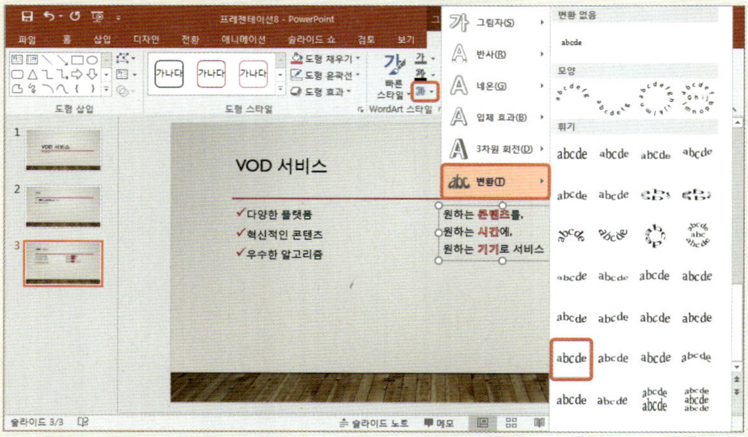

9 [홈] 탭–[슬라이드] 그룹–[새 슬라이드] 목록에서 [비교]를 선택하여 새 슬라이드를 추가한다.

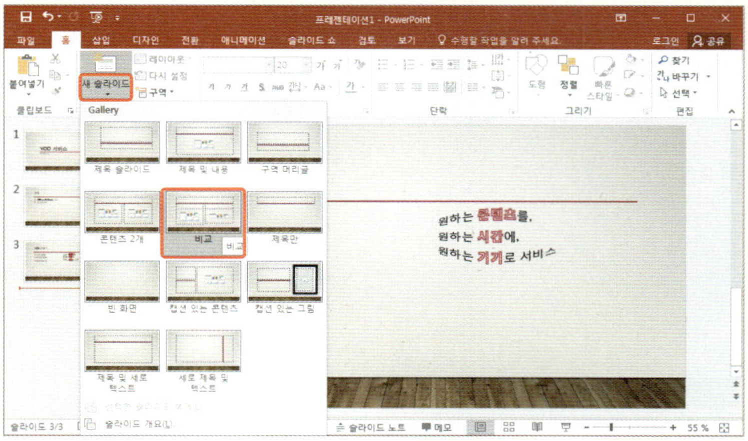

10 슬라이드에 그림과 같이 텍스트를 입력하고, [삽입] 탭–[기호] 그룹–[수식]을 누른다.

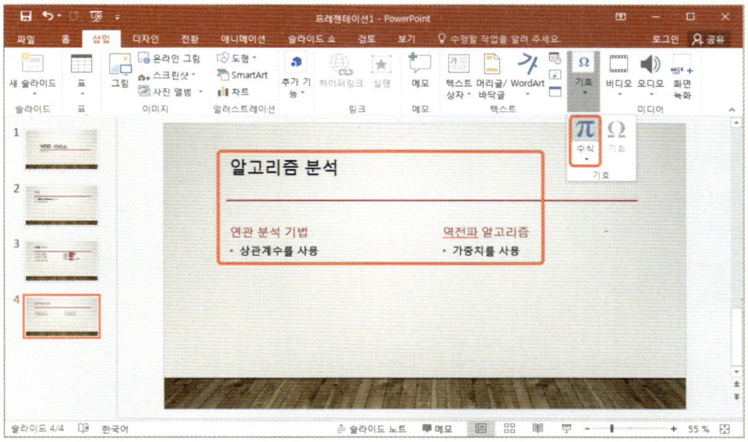

11 다음과 같이 수식을 입력하여 삽입한다.

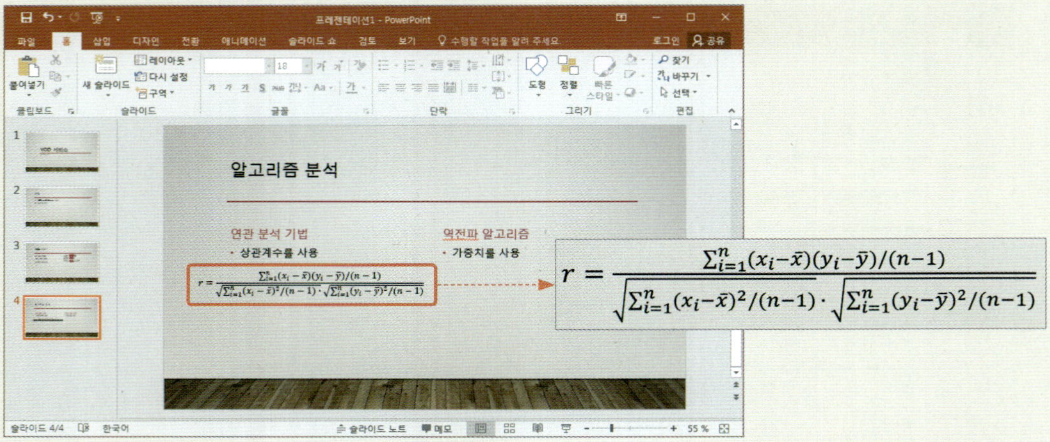

12 [홈] 탭–[슬라이드] 그룹–[새 슬라이드] 목록에서 [빈 화면]을 선택하여 새 슬라이드를 추가한다.

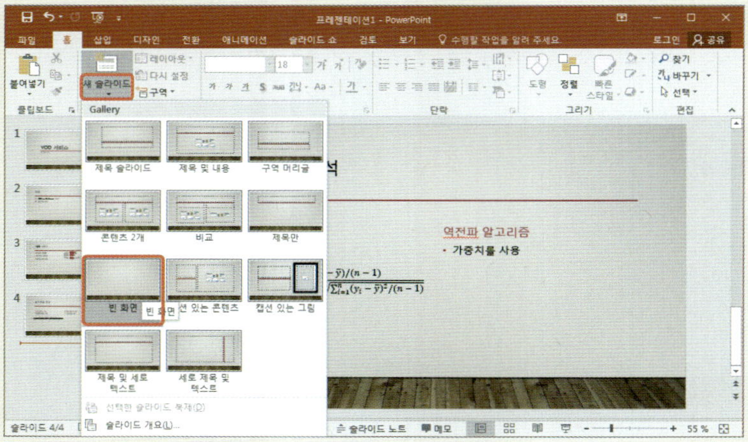

13 [삽입] 탭-[텍스트] 그룹-[WordArt 삽입] 목록에서 [무늬 채우기-빨강, 강조 1, 50%, 진한 그림자-강조 1]을 선택한 다음 *NETFLIX*를 입력한다.

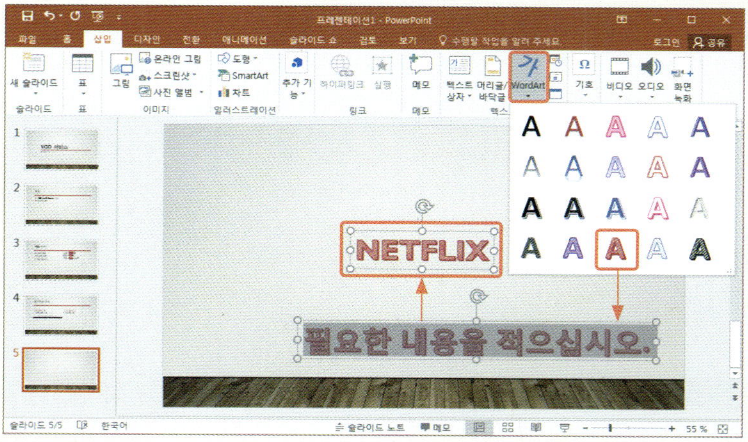

14 삽입한 워드아트 개체를 선택하고 [그리기 도구]의 [서식] 탭-[WordArt 스타일] 그룹-[텍스트 효과] 목록에서 [그림자]-[원근감]의 [원근감 대각선 오른쪽 아래]를 선택한다.

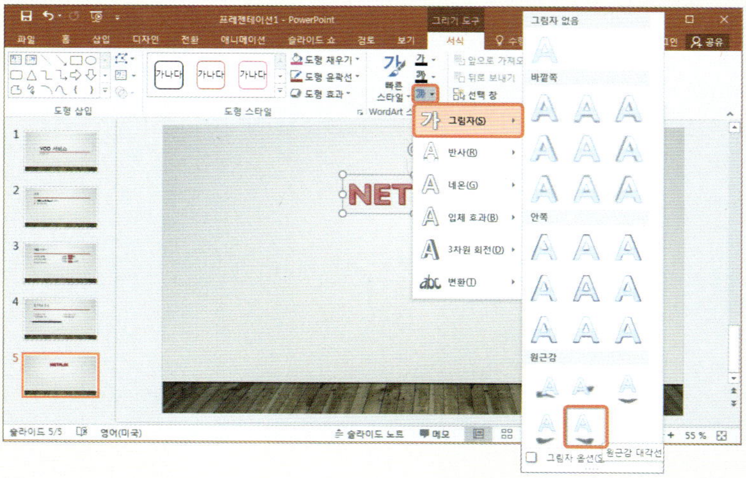

15 워드아트 개체를 선택한 상태에서 [그리기 도구]의 [서식] 탭–[WordArt 스타일] 그룹–[텍스트 효과] 목록에서 [변환]–[휘기]의 [수축]을 선택한다.

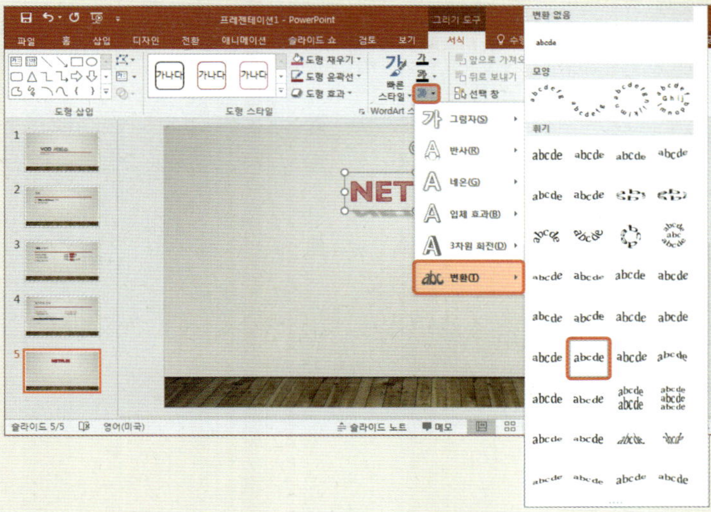

16 그림과 같이 다른 워드아트 개체도 슬라이드에 삽입하고, 작성한 프레젠테이션을 '요약 예제.pptx'로 저장한다.

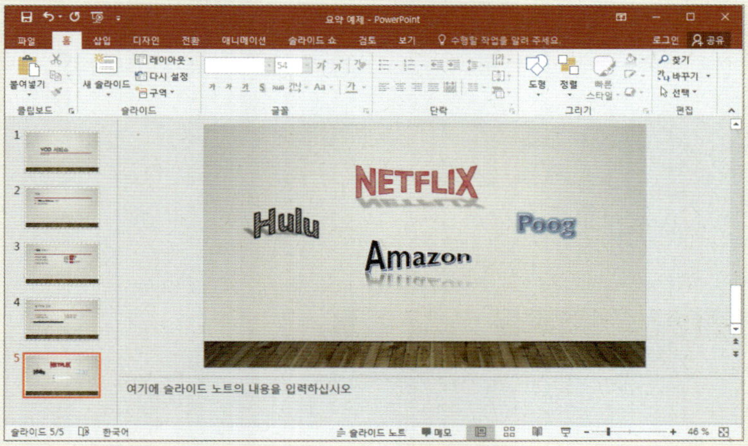

❶ [빠른 스타일]–[채우기 - 검정, 텍스트 1, 윤곽선 - 배경 1, 진한 그림자 - 강조 1]

❷ [텍스트 효과]–[반사]–[근접 반사, 4 pt 오프셋]

❸ [텍스트 효과]–[변환]–[휘기]–[오른쪽 줄이기]

❶ [빠른 스타일]–[무늬 채우기 - 회색–80%, 텍스트 2, 어두운 상향 대각선, 진한 그림자 - 텍스트 2]

❷ [텍스트 윤곽선]–[두께]–[3pt]

❷ [텍스트 효과]–[그림자]–[원근감]–[원근감 대각선 왼쪽 위]

❹ [텍스트 효과]–[변환]–[휘기]–[갈매기형 수장]

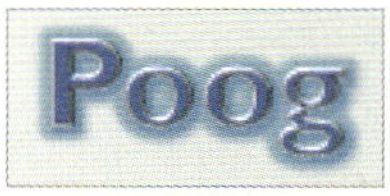

❶ [빠른 스타일]–[채우기 - 남색, 강조 1, 윤곽선 - 배경 1, 진한 그림자 - 강조 1]

❷ [텍스트 효과]–[입체 효과]–[둥글게]

❸ [텍스트 효과]–[네온]–[청회색, 5 pt 네온, 강조색 6]

연습 문제

1 다음의 지시대로 파워포인트 프레젠테이션을 작성하시오.

❶ '연습.pptx' 파일을 열고 슬라이드 크기를 '표준(4:3)'으로 설정하시오. 슬라이드 크기 설정은 [디자인] 탭-[사용자 지정] 그룹의 [슬라이드 크기] 목록을 이용한다.

❷ [제목] 슬라이드(슬라이드 1)에는 '기본' 테마를 설정하고, [제목 및 내용] 슬라이드(슬라이드 2)에는 '자연주의' 테마를 설정하시오. 슬라이드마다 다른 테마를 설정하는 방법은 CHAPTER 08의 요약예제를 참고하시오.

❸ 슬라이드 2의 글머리 기호를 번호 매기기(텍스트 크기는 70%, 색은 빨강)로 설정하시오.

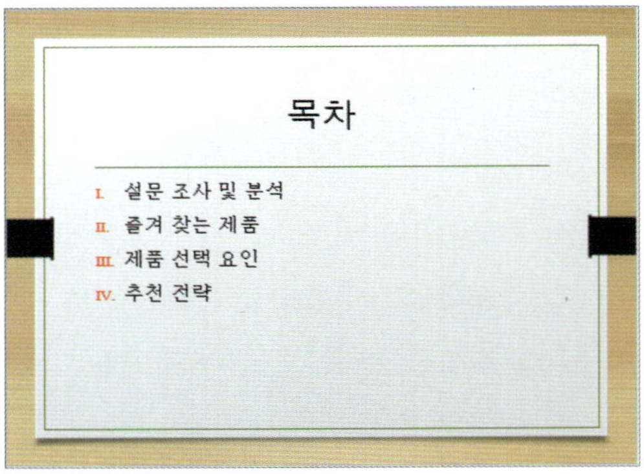

2 1번에서 작성한 '연습.pptx' 파일에 슬라이드를 추가하고 다음의 지시대로 수정하시오.

❶ [제목 및 내용] 레이아웃으로 슬라이드 3을 추가하고, 그림과 같이 내용을 입력한 뒤 글머리 번호를 설정하고 수식을 삽입하시오.

❷ [세로 제목 및 텍스트] 레이아웃으로 슬라이드 4를 추가하고, 텍스트 개체 틀의 [텍스트 방향]은 [가로]로, [줄 간격]은 [2.5]로 설정하고 내용을 입력하시오.

❸ 슬라이드 3과 4의 디자인은 '기본' 테마로 설정하시오.

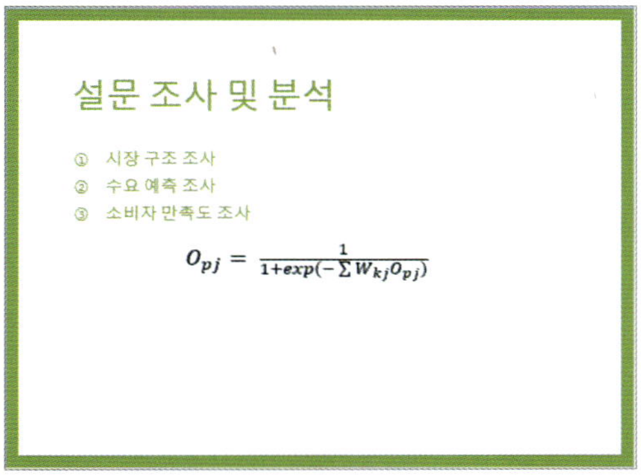

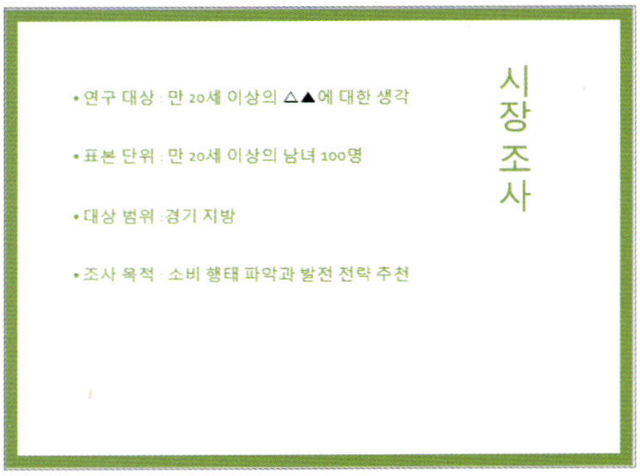

CHAPTER

10

도형과 스마트아트

학습목표

- 도형을 삽입하고 서식을 설정할 수 있다.
- 스마트아트에 서식을 설정하여 슬라이드에 활용할 수 있다.

SECTION 01

도형 다루기

프레젠테이션을 제작할 때 전달하고자 하는 내용을 텍스트로만 나열하는 것보다 도형을 만들어 시각화하면 정보 전달 효과를 높일 수 있다. 파워포인트에서 가장 많이 사용하는 텍스트 상자 역시 텍스트가 있는 사각형 도형이다. 여기서는 원형이나 삼각형 등 다양한 도형을 슬라이드에 삽입하고 텍스트를 추가하거나 서식을 설정하는 방법에 대해 알아보기로 한다.

1.1 도형 삽입

파워포인트에서 사용할 수 있는 도형은 텍스트 상자를 비롯해 원이나 삼각형 등의 기본 도형, 화살표, 자유형으로 직접 그린 모양 등이 있다. 도형을 삽입하여 편집할 때 마우스를 사용하는 경우가 많지만 Ctrl이나 Shift를 함께 사용하면 작업 효율을 더욱 높일 수 있다. 도형을 삽입하고 위치나 크기를 조절하는 방법과 자주 활용되는 몇 가지 단축키를 학습해 보자.

기본예제 10-1 도형 삽입하고 복제하기

슬라이드에 타원을 삽입하고 크기 조절 및 위치 이동을 해 보고 같은 모양의 도형을 복제해 보자.

01 파워포인트를 실행하고 첫 화면에서 [새 프레젠테이션]을 선택한다. [홈] 탭–[슬라이드] 그룹–[레이아웃] 목록에서 [빈 화면]을 선택한다.

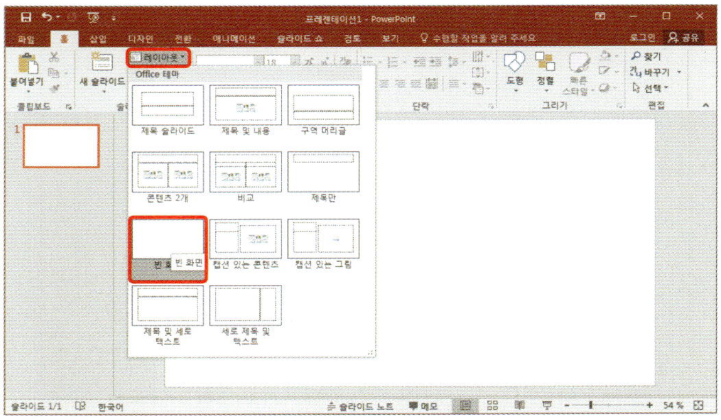

02 [삽입] 탭–[일러스트레이션] 그룹–[도형] 목록에서 [기본 도형]의 [타원]을 선택한다.

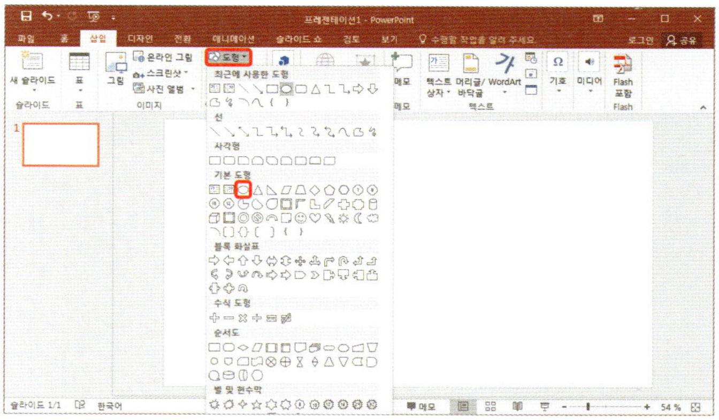

TIP [홈] 탭–[그리기] 그룹에 있는 [도형] 메뉴를 이용해도 된다.

03 타원을 그려 넣을 시작 위치를 마우스로 누르고 드래그하면 원하는 크기의 도형을 그릴 수 있다.

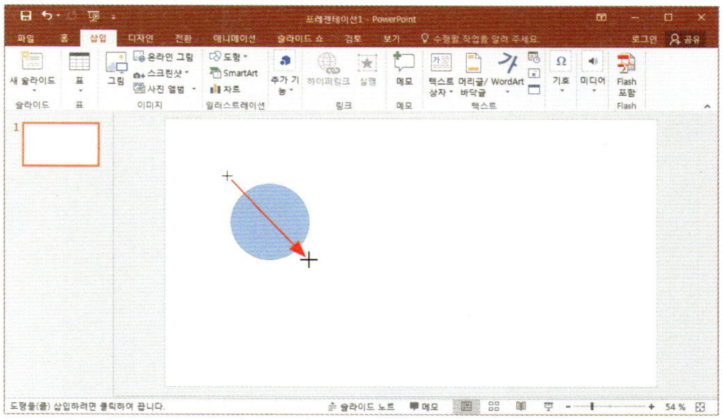

TIP Ctrl을 누른 채로 도형을 그리면 마우스를 누른 시작 위치가 도형의 중심이 된다. 또, 도형을 선택하고 삽입할 위치에서 마우스를 더블클릭하거나 Shift를 누른 채 드래그하면 좌우 비율이 동일한 정방형의 도형을 만들 수 있다.

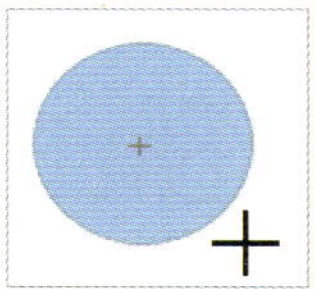

04 도형을 선택하여 마우스로 드래그하면 위치를 이동할 수 있고 크기 조절점을 드래그하면 도형의 크기를 변경할 수 있다.

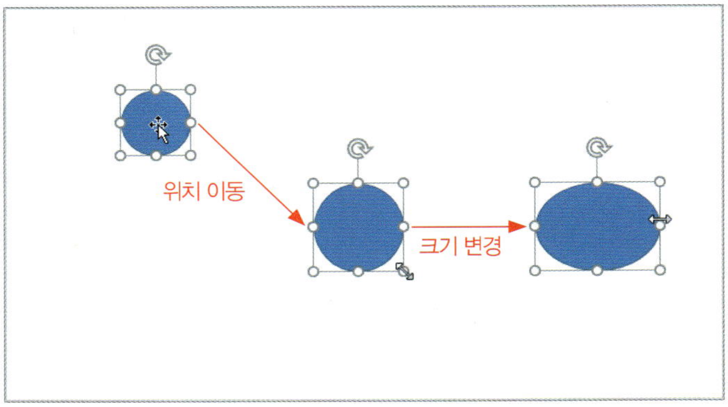

TIP Ctrl과 방향키(←, →, ↑, ↓)를 함께 누르면 도형의 위치를 미세하게 이동할 수 있다. 또, 도형의 크기를 변경할 때 Shift를 누르고 대각선 방향의 크기 조절점을 드래그하면 좌우 비율을 동일하게 유지할 수 있다.

05 도형을 선택하고 [홈] 탭–[클립보드] 그룹–[복사] 목록에서 [복제]를 선택한다.

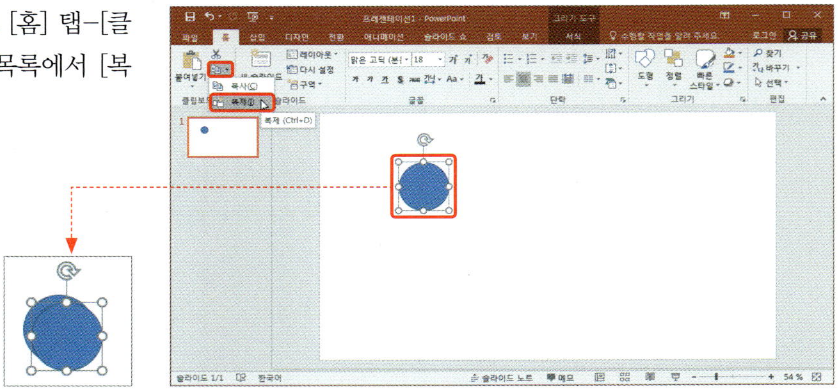

TIP 단축키 Ctrl+D를 사용하거나 Ctrl을 누른 상태에서 드래그하면 같은 모양의 도형을 쉽게 여러 개 복제할 수 있다. 또한 복제할 도형을 선택하고 Ctrl+Shift를 누른 상태에서 드래그하면 수평/수직 방향으로 도형을 복제할 수 있다.

기본예제 10-2 도형 모양 변경과 회전하기

슬라이드에 그린 도형을 다른 모양으로 변경하고 회전시키거나 여러 개의 도형을 병합하여 다양한 형태로 변형해 보자.

01 슬라이드에 삽입한 타원을 하나 선택하고 [그리기 도구]의 [서식] 탭–[도형 삽입] 그룹–[도형 편집] 목록에서 [도형 모양 변경]–[기본 도형]의 [해]를 선택한다.

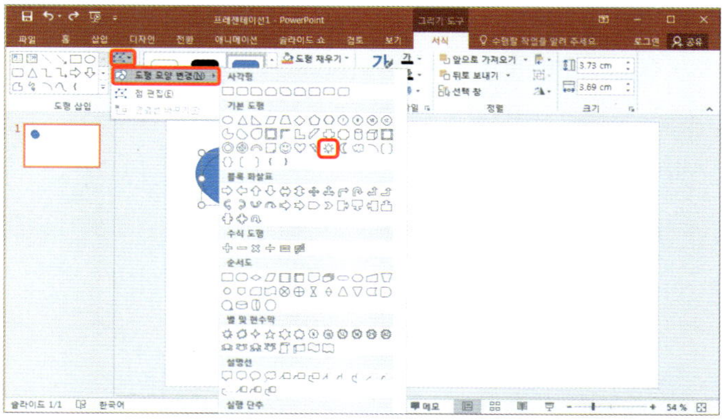

02 타원을 선택하고 [그리기 도구]의 [서식] 탭–[도형 삽입] 그룹–[도형 편집] 목록에서 [점 편집]을 선택한다.

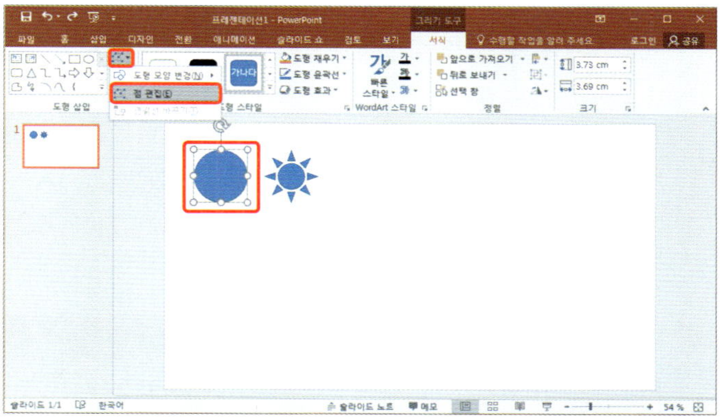

03 도형 조절점을 마우스로 드래그하여 원하는 형태로 변경한 다음 Esc를 눌러 편집을 끝낸다.

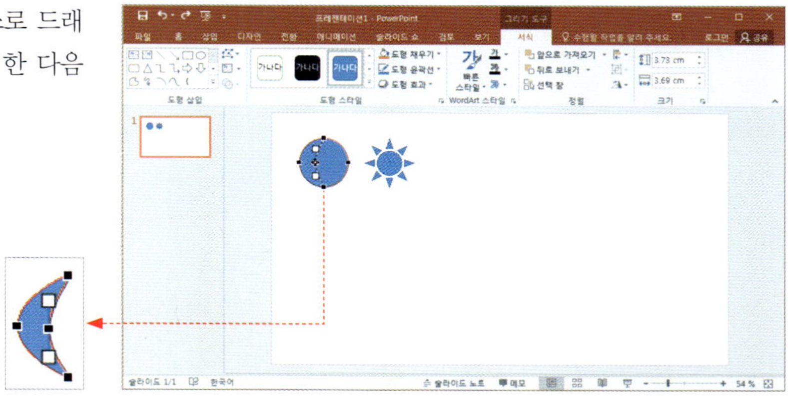

TIP 마우스로 도형의 바깥 영역을 눌러도 점 편집을 끝낼 수 있다.

04 도형을 선택하면 도형 위쪽에 회전 핸들(⟳)이 표시된다. 이 회전 핸들을 드래그하면 도형을 회전할 수 있다.

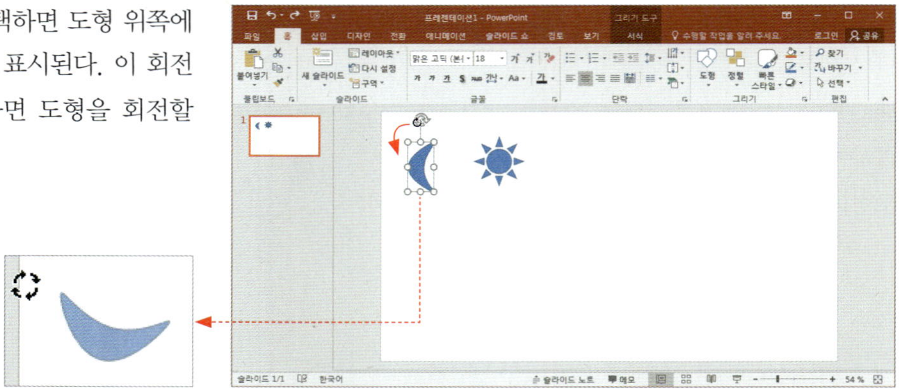

TIP Alt와 방향키(←, →, ↑, ↓)를 함께 누르면 도형을 15°씩 회전시킬 수 있다.

기본예제 10-3 도형 병합하기

여러 개의 도형을 병합하거나 결합 또는 교차하는 방법으로 새로운 모양의 도형을 만들어 보자.

01 [삽입] 탭–[일러스트레이션] 그룹–[도형] 목록에서 [블록 화살표]의 [오각형]을 선택하고 슬라이드에서 드래그하여 그림과 같이 도형을 삽입한다.

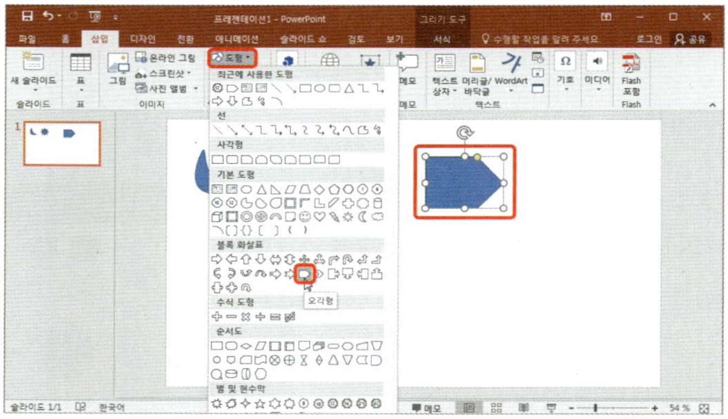

02 오각형을 복제(Ctrl+D)한 뒤 [그리기 도구]의 [서식] 탭-[정렬] 그룹-[회전] 목록에서 [좌우 대칭]을 선택하여 회전시킨 다음, 그림과 같이 배치한다.

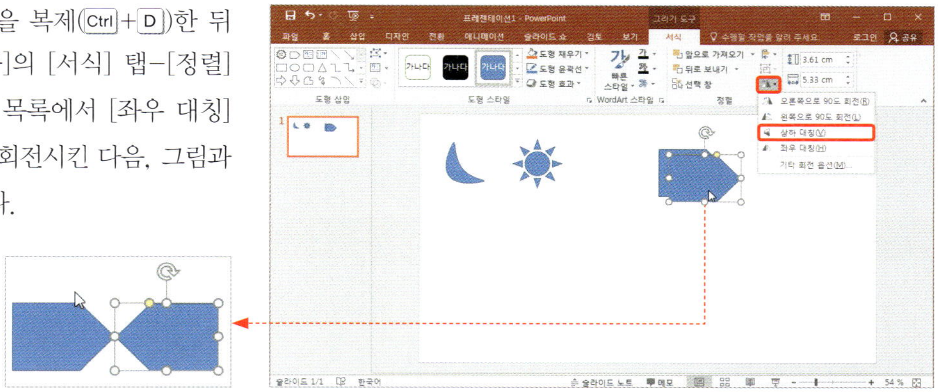

03 도형을 선택한 상태로 [그리기 도구]-[서식] 탭-[도형 삽입] 그룹-[도형] 목록에서 [기본 도형]의 [타원]을 선택하고 두 개의 오각형 가운데에 오도록 드래그하여 도형을 그린다.

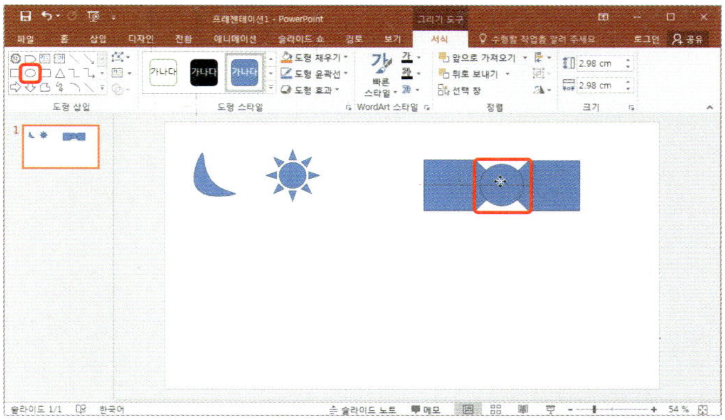

TIP Shift를 누른 상태에서 마우스를 드래그하면 정원을 그릴 수 있다.

04 도형 세 개를 포함하도록 마우스를 드래그하여 도형을 모두 선택하고 [그리기 도구]의 [서식] 탭-[도형 삽입] 그룹-[도형 병합] 목록에서 [병합]을 선택한다.

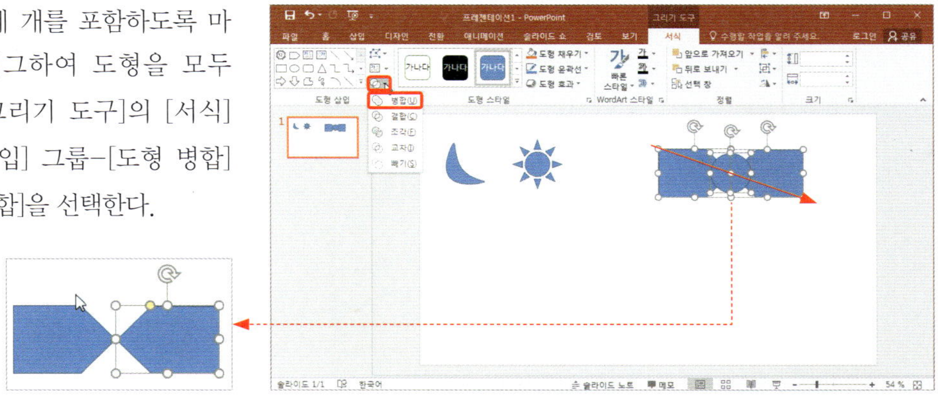

TIP 여러 개의 도형을 동시에 선택할 경우 Shift나 Ctrl을 누른 채 마우스로 원하는 도형을 하나씩 선택해도 된다.

1.2 도형 서식 설정

슬라이드에 삽입된 도형의 서식은 [그리기 도구]의 [서식] 탭이나 [도형 서식] 작업 창의 여러 메뉴를 이용하여 설정할 수 있다. 채우기 색이나 윤곽선 종류, 색 및 그림자나 입체 효과 등 다양한 효과를 도형에 적용할 수 있다.

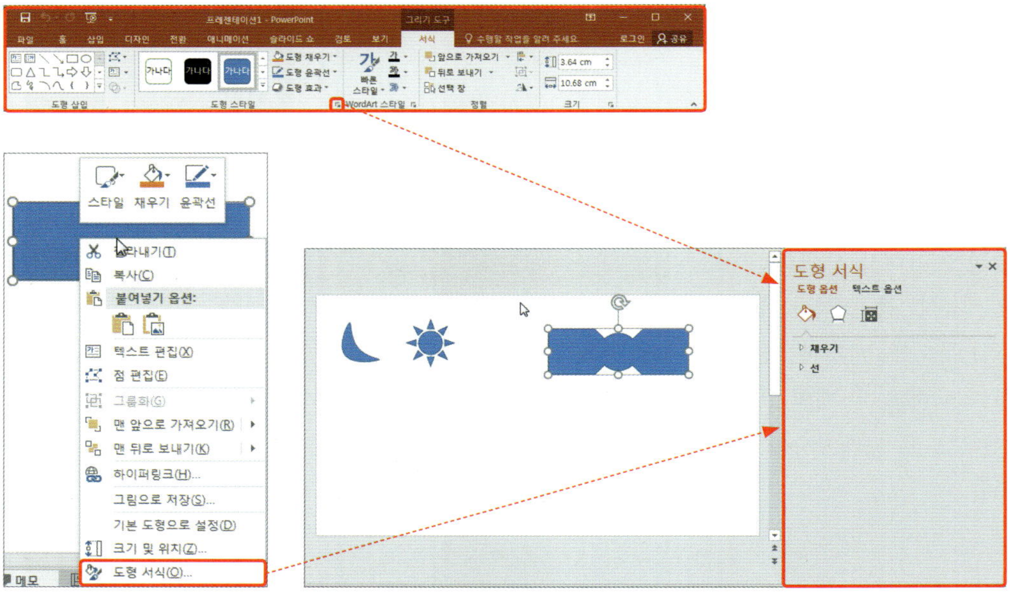

기본예제 10-4 도형 스타일과 다양한 서식 설정하기

도형 스타일을 이용하면 도형의 채우기나 윤곽선, 텍스트 모양 등을 빠르게 적용할 수 있다. 도형 스타일을 선택하는 방법과 그리기 도구의 여러 가지 서식 옵션을 도형에 설정하는 방법을 알아보자.

01 [빈 화면] 레이아웃의 새 슬라이드를 추가하고 [삽입] 탭–[일러스트레이션] 그룹–[도형] 목록에서 [타원]을 선택해 삽입한다.

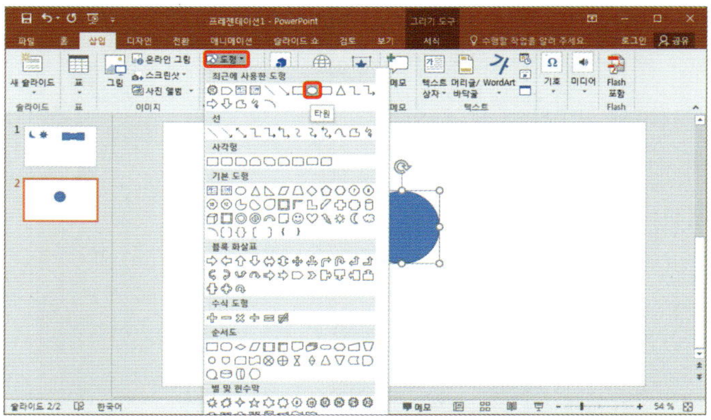

02 도형을 선택하고 [그리기 도구]의 [서식] 탭-[도형 스타일] 그룹에서 [자세히]를 눌러 [테마 스타일]의 [미세 효과 – 회색-50%, 강조 3]을 선택한다.

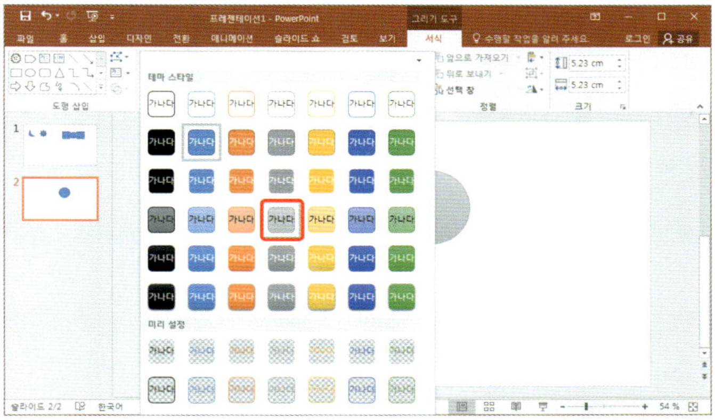

03 도형에 텍스트를 추가하기 위해 도형을 선택하고 *대상*이라고 입력한 다음, [홈] 탭-[글꼴] 그룹에서 [글꼴]은 [휴먼모음T], [글꼴 크기]는 [44]로 설정한다.

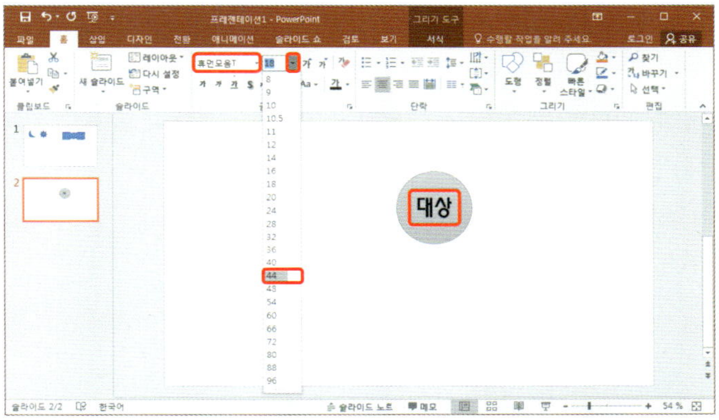

04 도형을 선택하고 [그리기 도구]의 [서식] 탭-[도형 스타일] 그룹-[도형 윤곽선] 목록에서 [윤곽선 없음]을 선택한다.

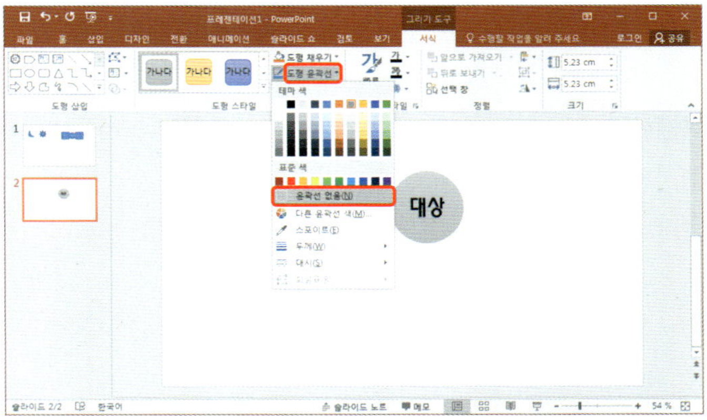

05 도형을 선택한 상태에서 [그리기 도구]의 [서식] 탭–[도형 스타일] 그룹에서 [대화상자 표시] 단추를 눌러 [도형 서식] 작업 창을 연다.

06 [도형 서식] 작업 창의 [도형 옵션]–[채우기 및 선] 탭–[채우기]에서 [단색 채우기]를 선택하고, [색]은 [회색–25%, 배경 2, 25% 더 어둡게], [투명도]는 [50%]로 설정한다. [선]은 [선 없음]을 선택한다.

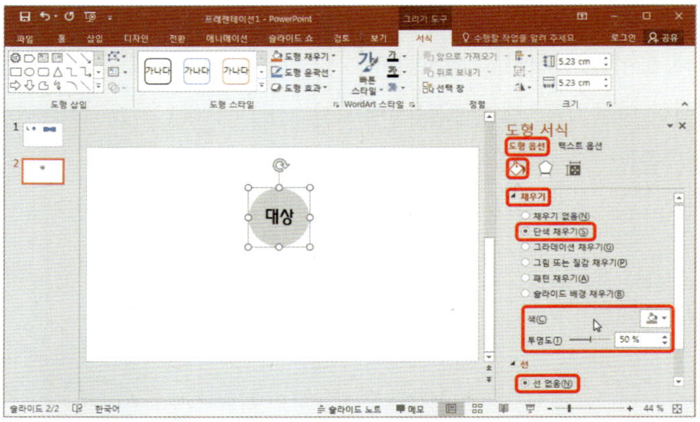

07 Ctrl을 누른 상태로 도형을 드래그하여 같은 모양의 타원을 두 개 복제한다. 텍스트를 *범위*, *목적*으로 변경하고 도형을 그림과 같이 배치한다.

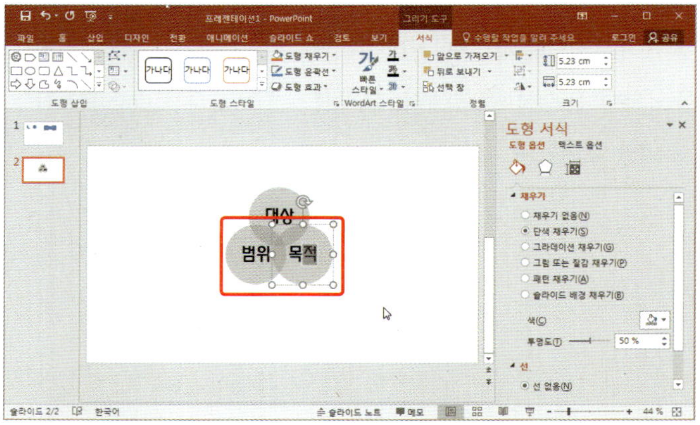

1.3 도형 정렬과 그룹

여러 개의 도형을 슬라이드에 삽입하면 먼저 삽입한 개체가 뒤에 표시되는데, 도형의 형태에 따라 개체 순서를 변경하여 앞으로 가져오거나 뒤로 보내야 할 수 있다. 또, 슬라이드에 삽입된 여러 개의 도형을 한꺼번에 이동하거나 복제할 때는 그룹 기능으로 하나의 개체처럼 간편하게 다룰 수 있고, 기준을 정해서 여러 도형을 일괄적으로 맞춤하여 정렬할 수도 있다.

기본예제 10-5 개체 순서, 맞춤과 그룹 만들기

슬라이드에 여러 개의 도형을 삽입할 때 개체 순서를 변경하고 개체를 그룹화하는 방법과 여러 개체를 아래쪽 기준으로 맞추는 방법을 알아보자.

01 [삽입] 탭–[일러스트레이션] 그룹–[도형] 목록에서 [이등변 삼각형]을 선택해서 슬라이드에 삽입하고, [그리기 도구]의 [서식] 탭–[도형 스타일] 그룹–[도형 윤곽선] 목록에서 [윤곽선 없음]을 선택한다.

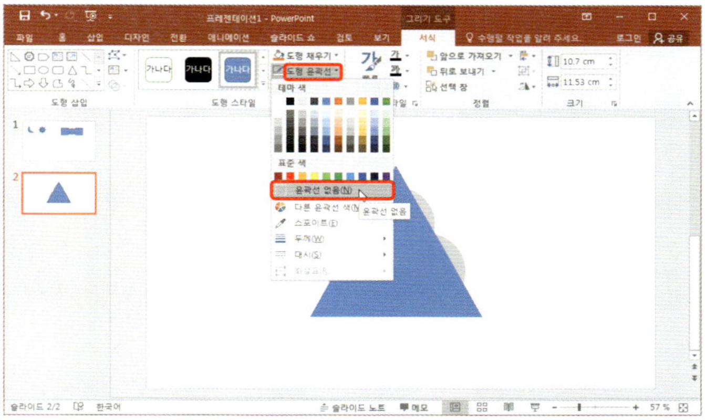

02 이등변 삼각형을 선택하고, [그리기 도구]의 [서식] 탭–[정렬] 그룹–[뒤로 보내기] 목록에서 [맨 뒤로 보내기]를 선택한다.

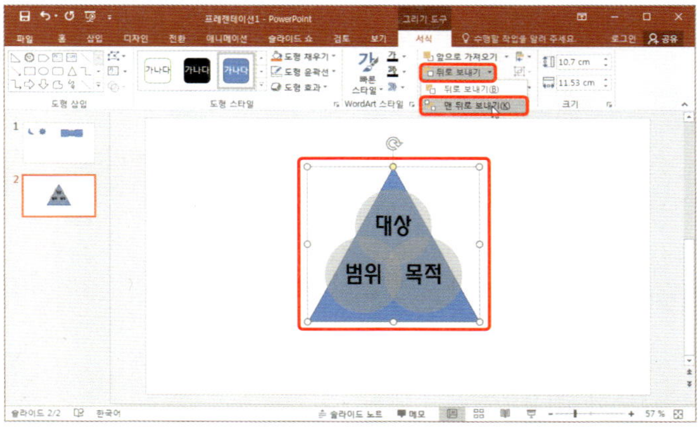

03 슬라이드에 삽입한 도형이 모두 포함되도록 마우스를 드래그하여 도형을 모두 선택하고 [그리기 도구]의 [서식] 탭–[정렬] 그룹–[개체 그룹화] 목록에서 [그룹]을 선택한다.

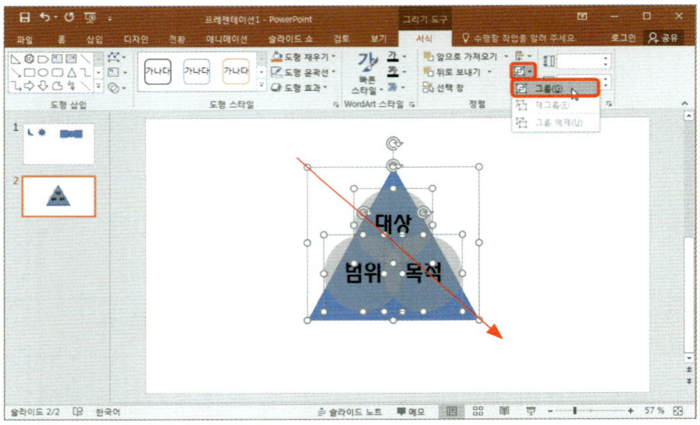

04 그룹화된 도형이 하나의 개체로 변환되어 슬라이드에 표시된다. 도형을 하나 더 복제하고 그림과 같이 텍스트를 수정한 다음 크기와 위치를 조절한다.

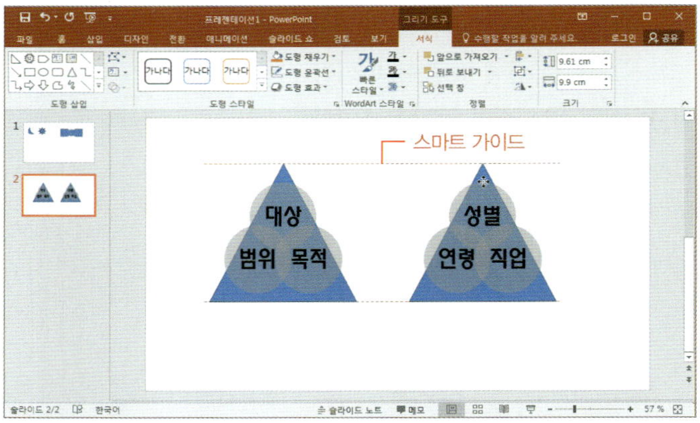

TIP 도형을 배치할 때 슬라이드에 빨간 점선의 스마트 가이드가 나타나서 여러 개체를 쉽게 정렬하도록 도와준다.

05 [삽입] 탭–[일러스트레이션] 그룹–[도형] 목록에서 [블록 화살표]의 [위쪽 화살표]를 선택하여 슬라이드에 삽입하고, [그리기 도구]의 [서식] 탭–[도형 스타일] 그룹–[도형 채우기] 목록에서 [회색–50%, 강조 3]을 선택한다.

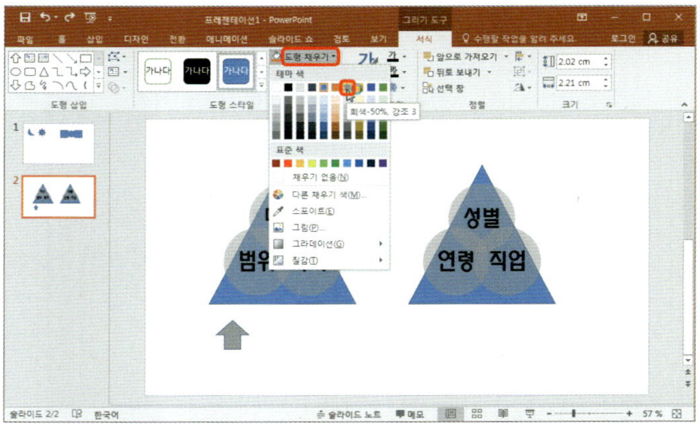

06 위쪽 화살표를 두 개 복제한 뒤 모두 선택하고 [그리기 도구]의 [서식] 탭-[정렬] 그룹-[개체 맞춤] 목록에서 [아래쪽 맞춤]과 [가로 간격을 동일하게]를 차례로 선택한다.

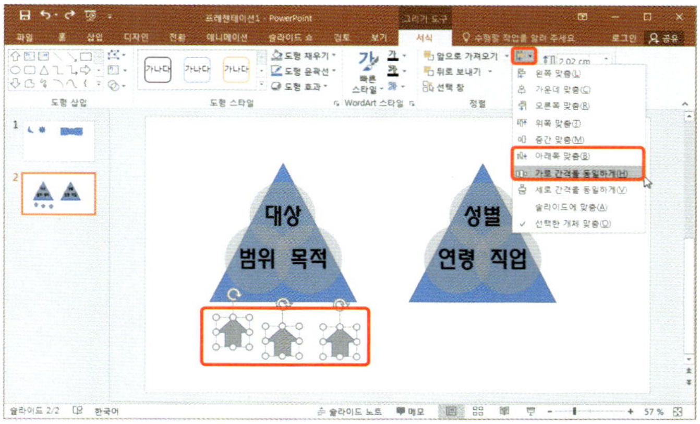

1.4 서식 복사

서식이 설정된 도형을 같은 모양으로 여러 개 만들 때는 도형을 복제하면 손쉽게 작업할 수 있다. 이때 모양이 다른 도형을 추가하여 동일한 서식을 설정하는 경우에는 반복 설정하지 않고 서식 복사 기능을 사용하면 된다.

기본예제 10-6 다른 모양의 도형에 서식 복사하기

[기본예제 10-5]에서 만든 프레젠테이션을 이용하여 특정 도형의 서식을 다른 모양의 도형에 똑같이 설정하기 위해 서식 복사를 해 보자.

01 [삽입] 탭-[일러스트레이션] 그룹-[도형] 목록에서 [블록 화살표]의 [왼쪽/오른쪽 화살표]를 선택하고 슬라이드에서 드래그하여 도형을 추가한다.

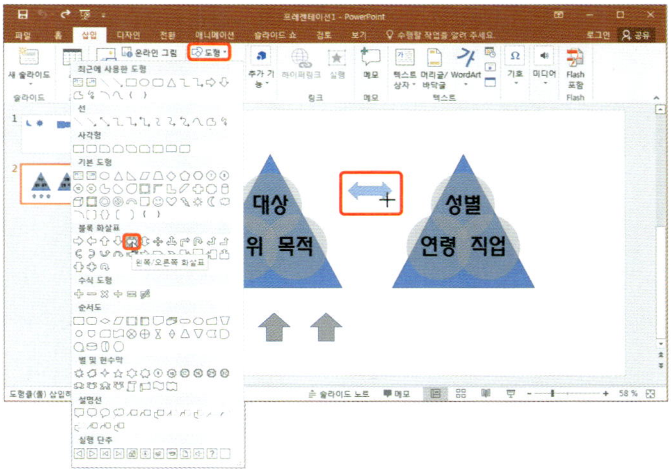

02 왼쪽/오른쪽 화살표 도형을 선택하고 [그리기 도구]의 [서식] 탭–[도형 스타일] 그룹–[도형 효과] 목록에서 [기본 설정]–[미리 설정]의 [기본 설정 4]를 선택한다.

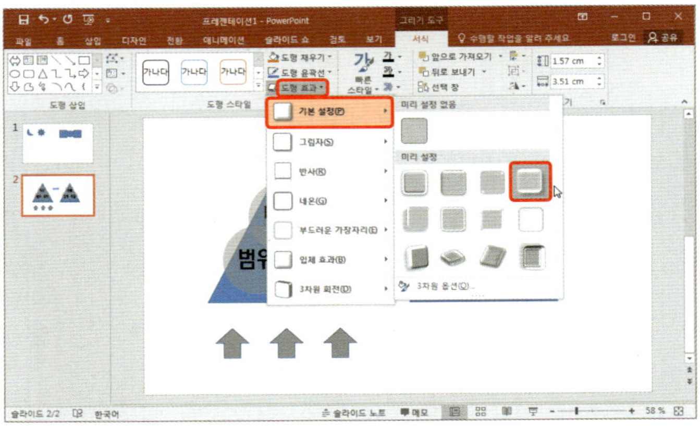

03 서식을 복사할 왼쪽/오른쪽 화살표 도형을 선택한 상태에서 [홈] 탭–[클립보드] 그룹–[서식 복사]를 누른다.

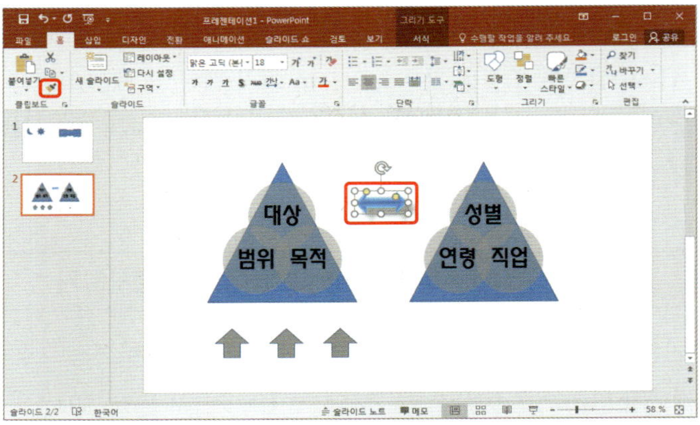

04 마우스 포인터가 모양으로 바뀌면 복사한 서식을 적용할 위쪽 화살표 도형을 선택한다.

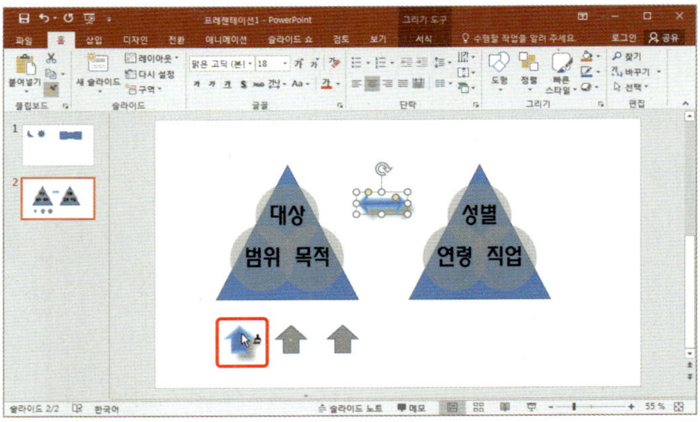

TIP 단계 03에서 [홈] 탭–[클립보드] 그룹–[서식 복사]를 더블클릭하면 Esc를 누를 때까지 서식 복사 동작을 계속 반복할 수 있다. 서식을 적용할 도형이 여러 개인 경우 활용하기 좋다.

SECTION 02

스마트아트 활용하기

스마트아트(SmartArt)는 정보를 도식화하여 시각적인 효과를 높이기 위한 도구로, 상황에 따라 골라 사용할 수 있도록 규격화된 레이아웃을 제공한다. 목차와 같이 정보를 순서대로 나열할 때 사용하는 목록형이나 조직도와 같은 구조의 정보를 표현할 때 사용하는 계층 구조형 등 여러 종류의 스마트아트가 있다.

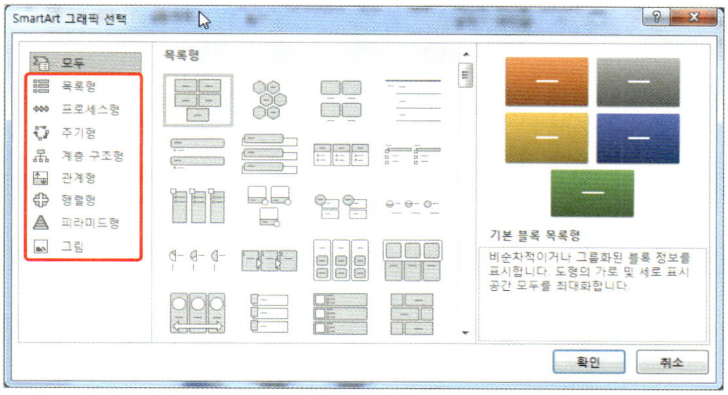

2.1 스마트아트 생성과 변환

파워포인트에서 스마트아트를 생성하는 방법에는 텍스트로 입력된 정보를 스마트아트로 변환하는 방법과 도형을 그릴 때처럼 원하는 종류의 스마트아트 개체를 먼저 선택한 뒤 텍스트를 입력하는 방법이 있다. 만들어진 스마트아트는 다시 텍스트로 변환할 수 있고 그룹화된 도형으로 변환할 수도 있다.

기본예제 10-7 스마트아트 만들기

스마트아트 중에서 관계형 스마트아트를 슬라이드에 삽입하고 텍스트를 입력하는 방법과 도형을 추가하거나 위치를 이동하고 삭제하는 방법을 알아보자.

01 프레젠테이션에 '제목 및 내용' 슬라이드를 추가하고 제목을 입력한 다음, 텍스트 개체 틀의 [SmartArt 그래픽 삽입]을 누른다.

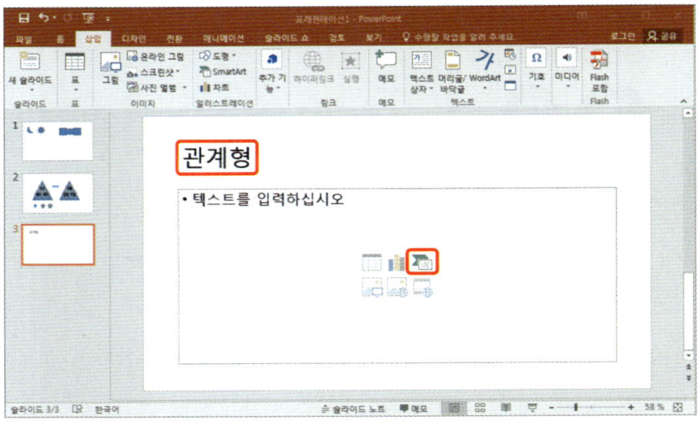

TIP [삽입] 탭–[일러스트레이션] 그룹에서 [SmartArt]를 선택해도 된다.

02 [SmartArt 그래픽 선택] 대화상자의 [관계형] 목록에서 [기본 벤형]을 선택하고 [확인]을 누른다.

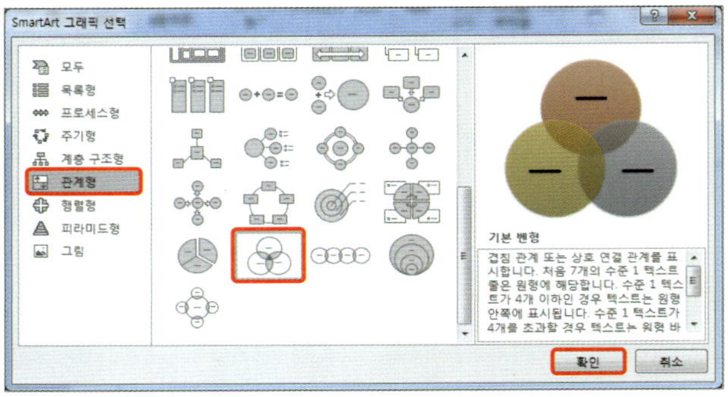

03 삽입된 스마트아트의 텍스트 입력 창에 *대상, 범위, 목적*을 방향키(↓)를 이용하여 차례로 입력한다.

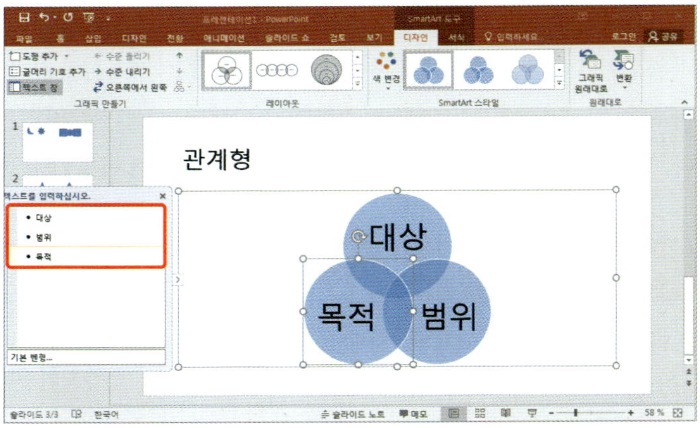

TIP 입력한 텍스트는 도형에 바로 표시된다. 텍스트 입력 창 대신 도형을 마우스로 선택하고 내용을 직접 입력해도 된다.

04 도형을 추가하기 위해 '범위' 도형을 선택하고 [SmartArt 도구]의 [디자인] 탭–[그래픽 만들기] 그룹–[도형 추가] 목록에서 [뒤에 도형 추가]를 선택한다.

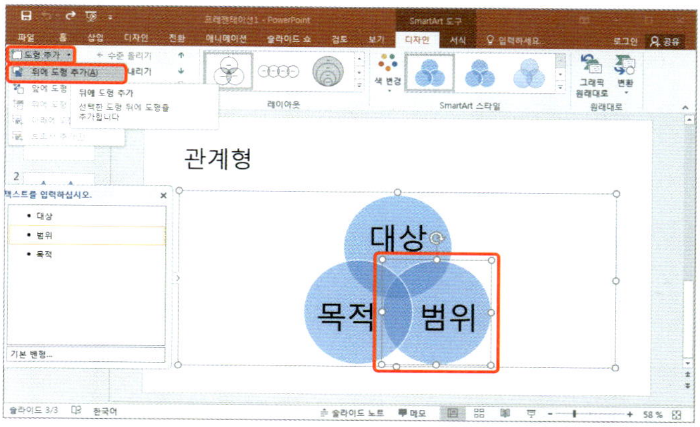

TIP 텍스트 입력 창의 '범위' 글자 뒤에 커서를 두고 Enter를 눌러도 도형이 추가된다.

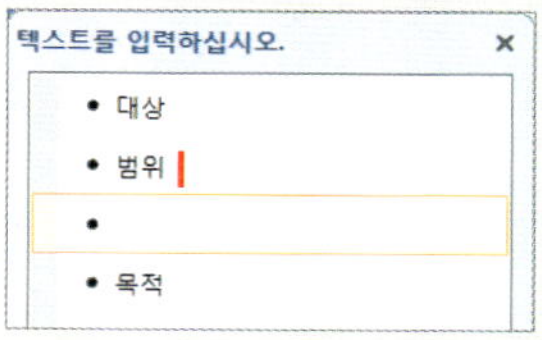

05 삽입한 도형을 선택하고 [SmartArt 도구]의 [디자인] 탭–[그래픽 만들기] 그룹–[선택 영역을 위로 이동]을 누르면 도형의 위치를 바꿀 수 있다.

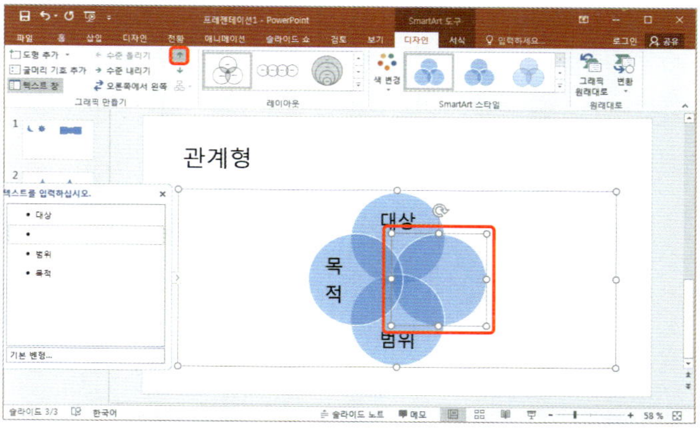

06 도형을 선택하고 마우스 오른쪽 단추를 눌러 [잘라내기]를 선택하면 도형이 삭제된다.

TIP 삭제할 도형을 선택하고 Delete를 눌러도 된다.

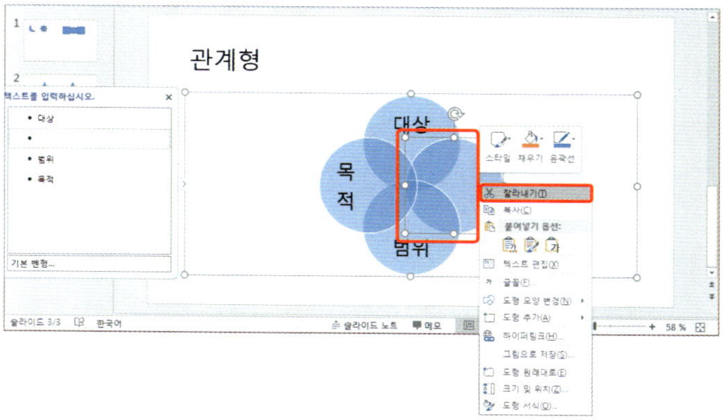

기본예제 10-8 스마트아트 변환하기

스마트아트에 텍스트로 입력한 내용은 글머리 기호가 있는 텍스트로 변환할 수 있고, 스마트아트 개체를 하나의 도형으로 변환할 수도 있다. 스마트아트를 텍스트나 도형으로 변환해 보자.

01 삽입한 스마트아트를 선택하고 [SmartArt 도구]의 [디자인] 탭–[원래대로] 그룹–[변환] 목록에서 [텍스트로 변환]을 선택한다.

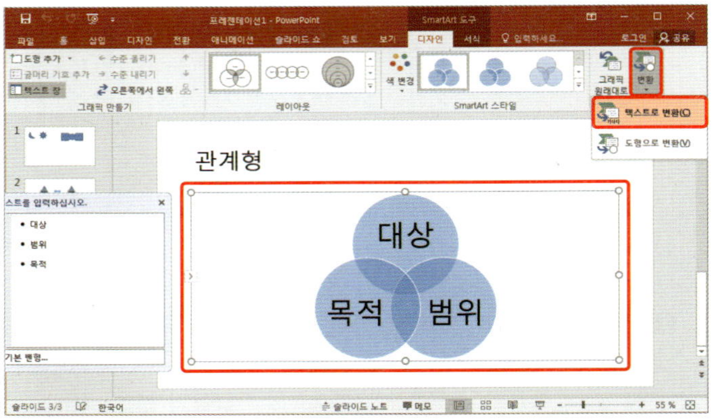

02 스마트아트가 있던 위치에 텍스트 상자가 만들어지고 스마트아트의 내용이 표시된다. 텍스트를 다시 스마트아트로 변환하려면 텍스트 상자를 선택한 상태에서 [홈] 탭–[단락] 그룹–[SmartArt로 변환] 목록에서 원하는 형태를 선택하면 된다. 여기에서는 [기본 주기형]으로 변환한다.

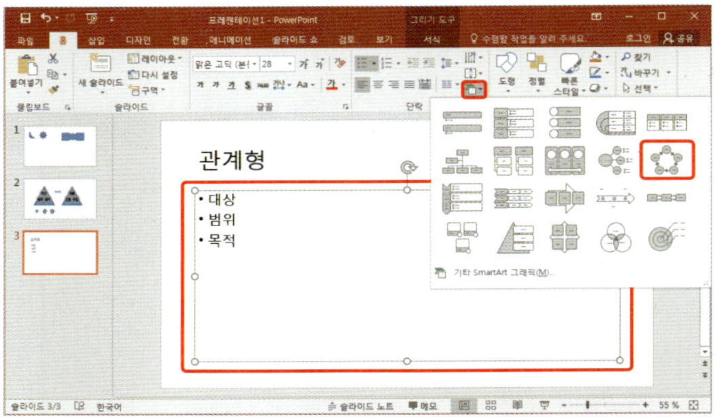

03 텍스트가 다시 스마트아트로 변경된다. 스마트아트가 선택된 상태로 [SmartArt 도구]의 [디자인] 탭–[원래대로] 그룹–[변환] 목록에서 [도형으로 변환]을 선택한다.

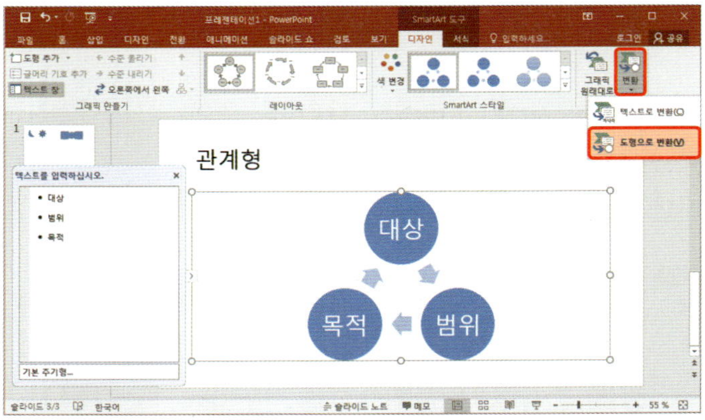

04 스마트아트가 그룹화된 하나의 도형으로 변환된다. 이제 [SmartArt] 도구 대신 [그리기 도구]로 서식을 설정하면 된다.

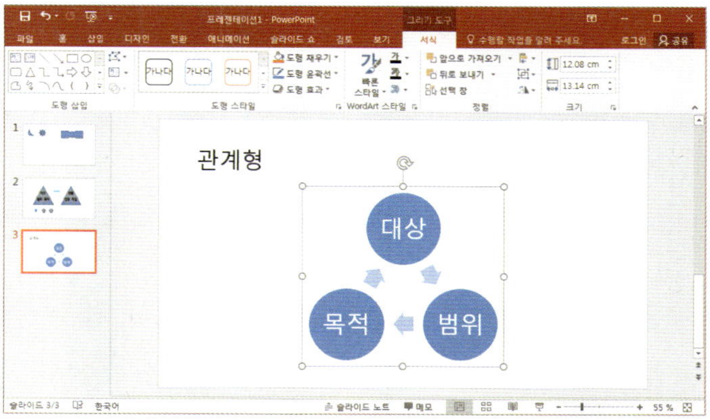

TIP 변환된 도형을 다시 스마트아트로 변환하는 메뉴는 없으므로, [되돌리기] 메뉴나 단축키 Ctrl+Z를 이용하여 변환 작업을 취소해야 한다.

2.2 스마트아트 디자인과 서식 설정

스마트아트는 다양한 레이아웃을 적용할 수 있을 뿐만 아니라 여러 가지 스타일과 색을 설정하여 프레젠테이션 디자인에 효과적인 모양으로 수정할 수 있다. 스마트아트를 구성하는 각 도형 개체를 선택하여 기본으로 제공되는 도형의 모양을 바꾸거나 채우기 색, 윤곽선, 텍스트 효과 등의 서식을 다르게 설정할 수도 있다.

기본예제 10-9 스마트아트 스타일과 색 설정하기

슬라이드에 입력한 텍스트를 목록형 스마트아트로 변환하고 스타일, 색, 도형 서식 등의 SmartArt 도구를 사용해 보자.

01 프레젠테이션에 '제목 및 내용' 슬라이드를 추가하고 그림과 같이 제목과 내용을 입력한다.

02 텍스트 개체 틀을 선택하고 [홈]-[단락] 그룹-[SmartArt로 변환] 목록에서 [세로 갈매기형 수장 목록형]을 선택한다.

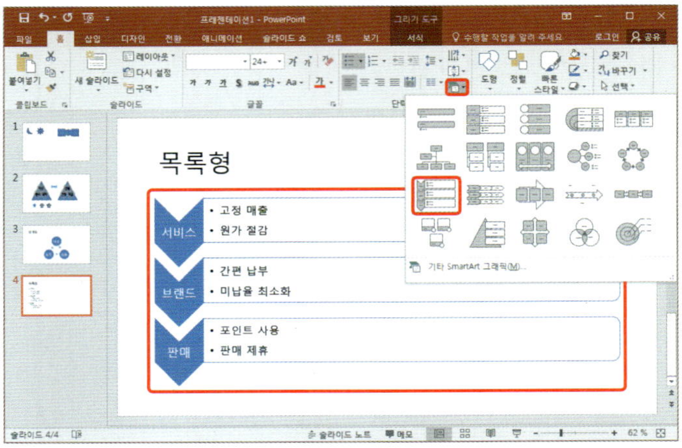

03 스마트아트가 선택된 상태로 [SmartArt 도구]의 [디자인] 탭-[SmartArt 스타일] 그룹-[색 변경] 목록에서 [기본 테마 색]의 [어두운 색 1 윤곽선]을 선택한다.

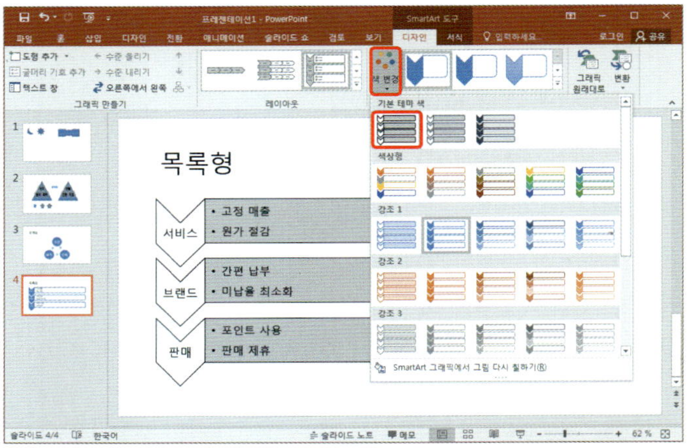

04 스마트아트를 선택한 상태에서 [SmartArt 도구]-[디자인] 탭-[SmartArt 스타일] 그룹의 [자세히] 단추를 누른 뒤 [3차원]의 [일몰]을 선택한다.

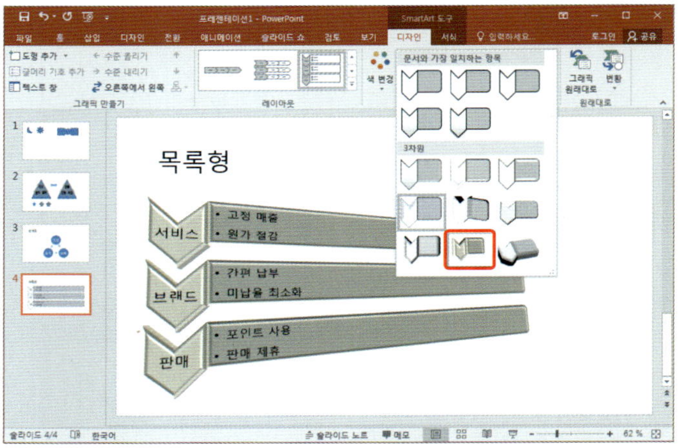

05 스마트아트의 '브랜드' 도형을 선택하고 [SmartArt 도구]–[서식] 탭–[도형] 그룹–[도형 모양 변경] 목록에서 [기본 도형]의 [타원]을 선택한다.

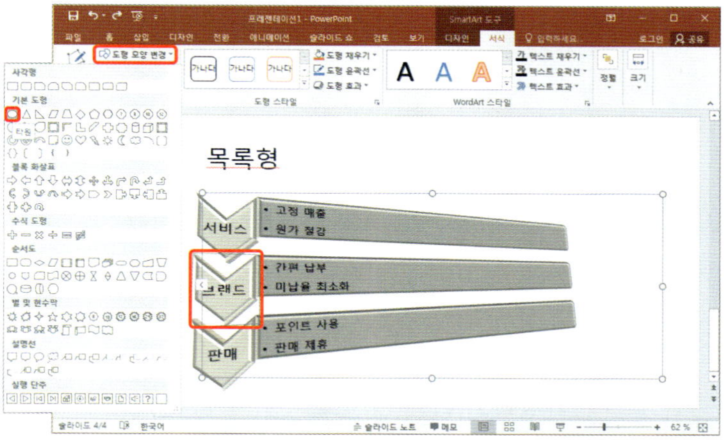

TIP 스마트아트를 구성하고 있는 각 도형의 서식은 [SmartArt 도구]의 [서식] 탭에서 제공하는 도구들을 이용해 일반적인 도형 개체처럼 설정할 수 있다.

06 '브랜드' 도형이 선택된 상태로 [SmartArt 도구]의 [서식] 탭–[도형 스타일] 그룹–[도형 채우기] 목록에서 [표준 색]의 [주황]을 선택한다.

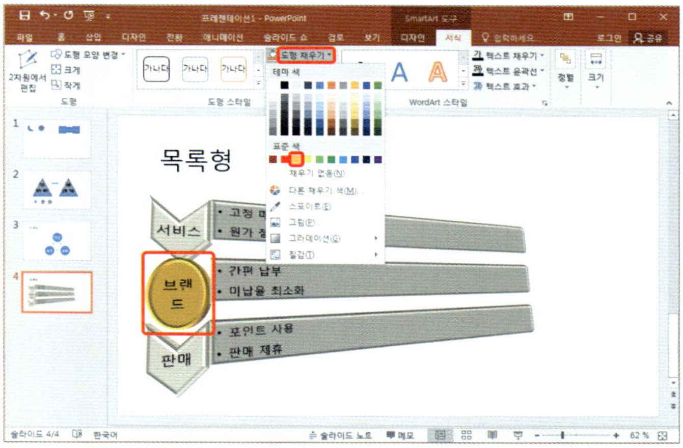

요약예제

파워포인트의 도형과 스마트아트를 활용하여 다음과 같은 프레젠테이션을 만들어 보자.

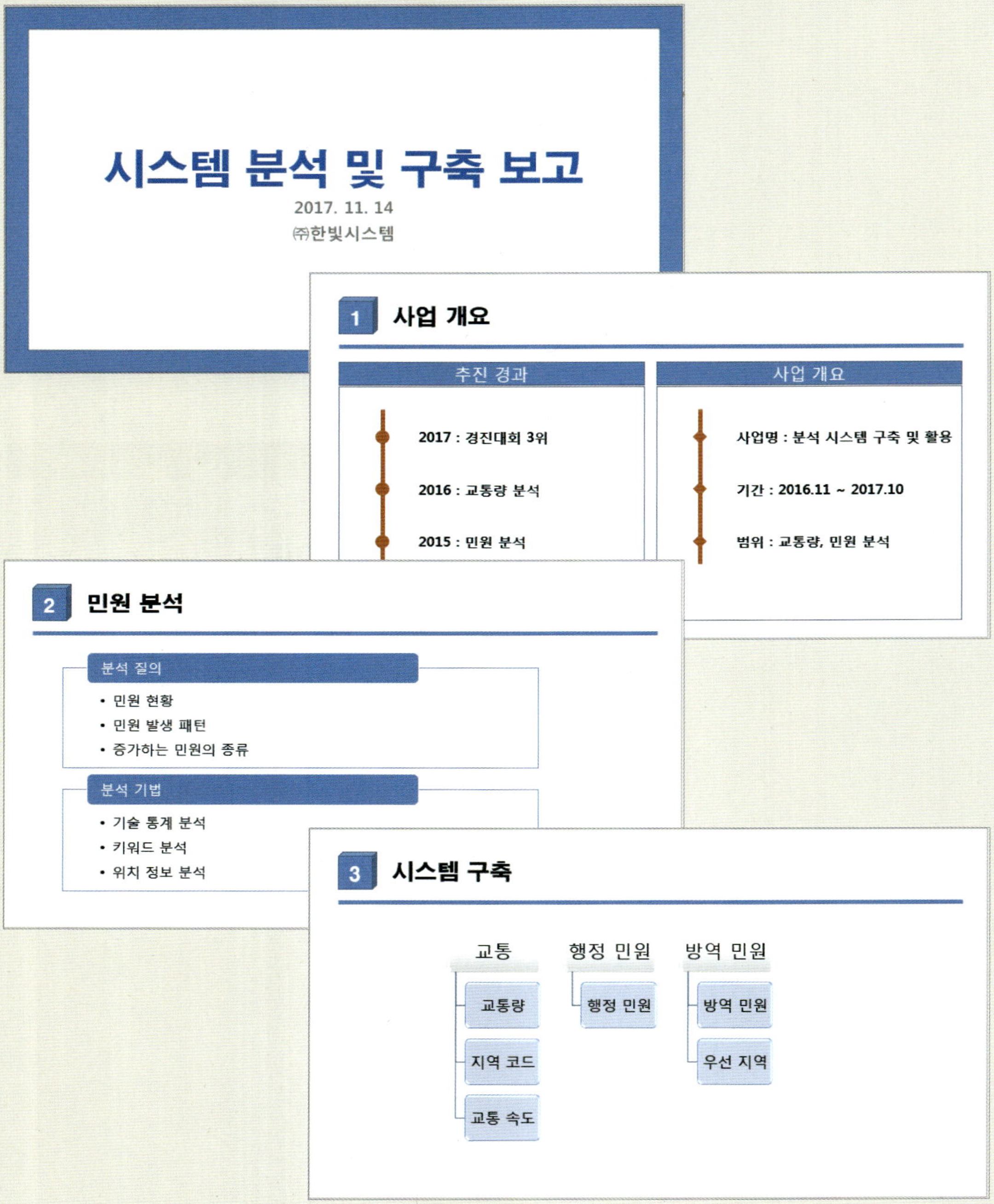

1 파워포인트를 실행하고 [새 프레젠테이션]을 선택한다. 만들어진 프레젠테이션의 제목 슬라이드에 그림과 같이 제목과 부제목을 입력한다.

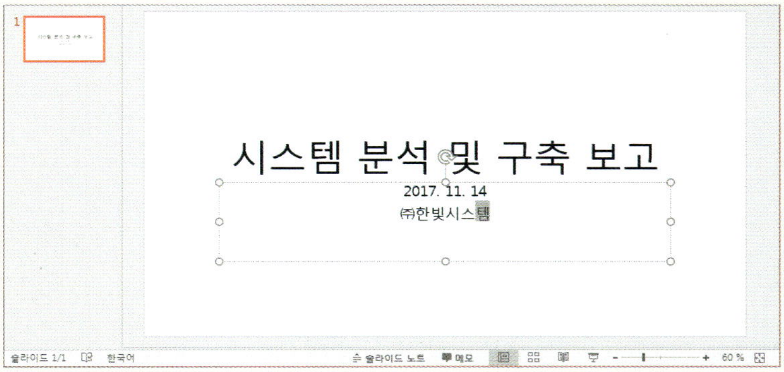

2 제목은 [홈] 탭-[글꼴] 그룹에서 [글꼴]을 [HY 견고딕], [글꼴 색]을 [파랑]으로 설정한다. 부제목은 [그리기 도구]의 [서식] 탭-[WordArt 스타일] 그룹-[빠른 스타일] 목록에서 [채우기 - 회색-50%, 강조 3, 선명한 입체]로 설정한다.

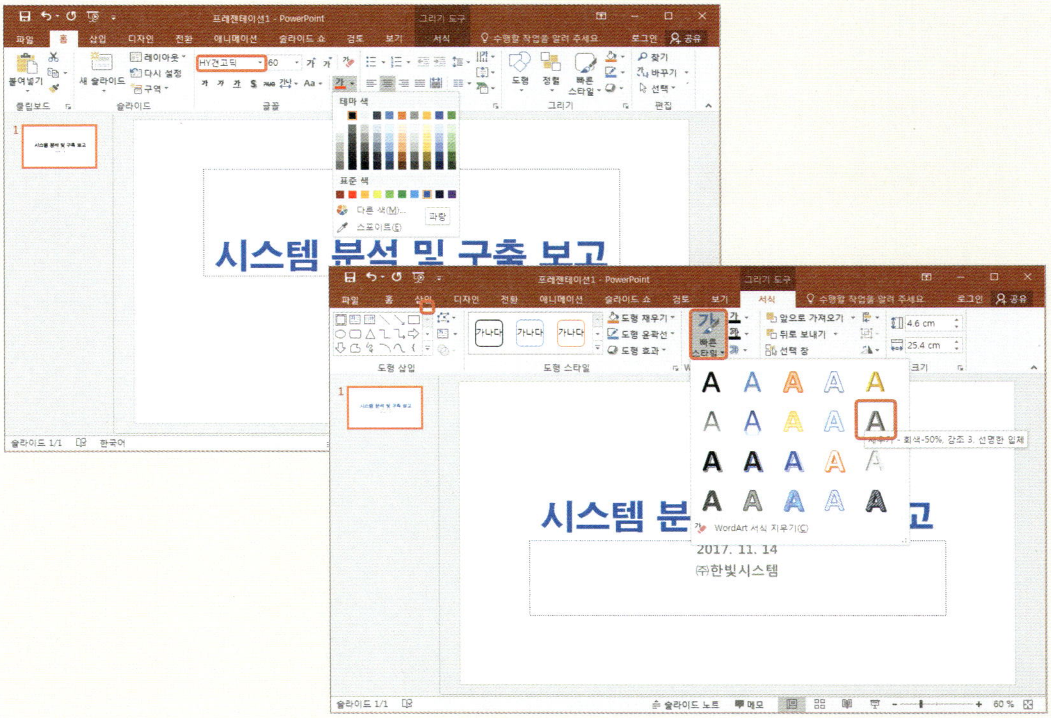

3 [삽입] 탭-[일러스트레이션] 그룹-[도형] 목록에서 [기본 도형]의 [액자]를 선택하고 제목 슬라이드에서 마우스를 넓게 드래그하여 슬라이드 크기와 같은 액자 도형을 삽입한다.

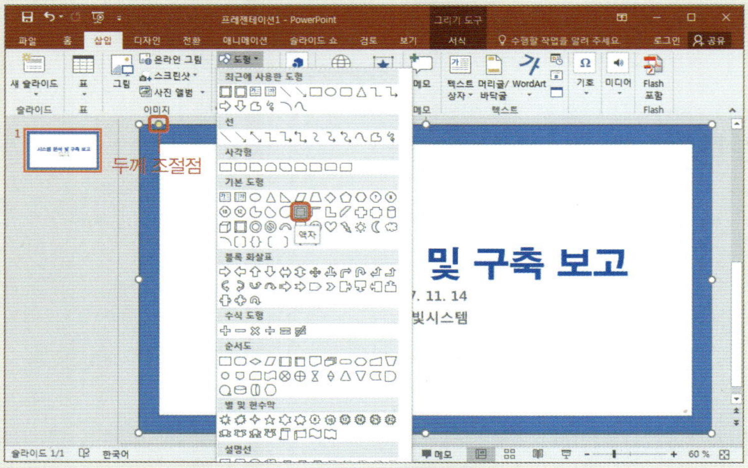

TIP 액자의 노란 조절점을 마우스로 드래그하면 액자 두께를 조절할 수 있다.

4 [빈 화면] 레이아웃의 새 슬라이드를 추가하고 [삽입] 탭-[일러스트레이션] 그룹-[도형] 목록에서 [정육면체]와 [선]을 삽입한 다음 그림과 같이 배치한다. 선을 선택하고 [그리기 도구]의 [서식] 탭-[도형 스타일] 그룹-[도형 윤곽선] 목록에서 [두께]-[6pt]를 선택한다.

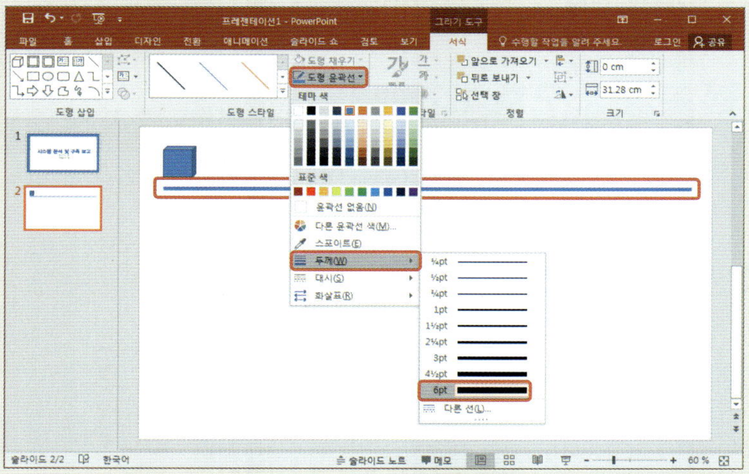

TIP 정육면체의 노란 조절점을 마우스로 드래그하면 깊이를 조절할 수 있다.

5 그림과 같이 [가로 텍스트 상자]를 삽입하고 *사업 개요*라고 내용을 입력한 후, 정육면체에는 *1*을 입력한다. 정육면체와 텍스트 상자를 모두 선택하고 [홈] 탭–[그리기] 그룹–[정렬] 목록에서 [맞춤]–[중간 맞춤]을 선택한다.

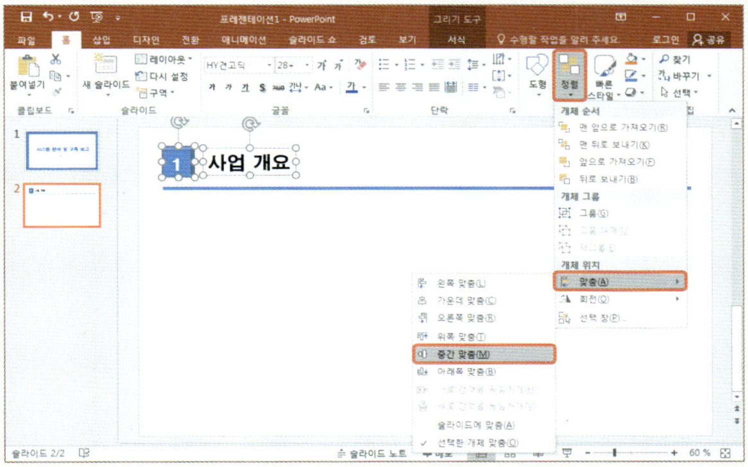

TIP [그리기 도구]의 [서식] 탭–[정렬] 그룹–[맞춤]에서 [중간 맞춤]을 선택해도 된다.

TIP 가로 텍스트 상자의 [글꼴]은 [HY견고딕], [글꼴 크기]는 [32]로 설정하고, 정육면체의 [글꼴]은 [HY견고딕], [글꼴 크기]는 [28]로 설정한다.

TIP 제목으로 사용한 도형(정육면체, 텍스트 상자, 선)을 모두 선택하여 그룹으로 설정해 두면 다음 슬라이드에서 복사하여 사용하기 좋다.

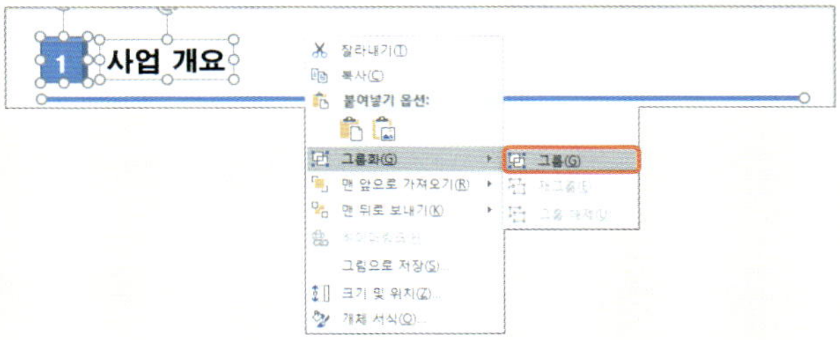

6 [직사각형] 두 개를 슬라이드에 삽입하고 그림과 같이 배치한 다음, 내용을 입력한다.

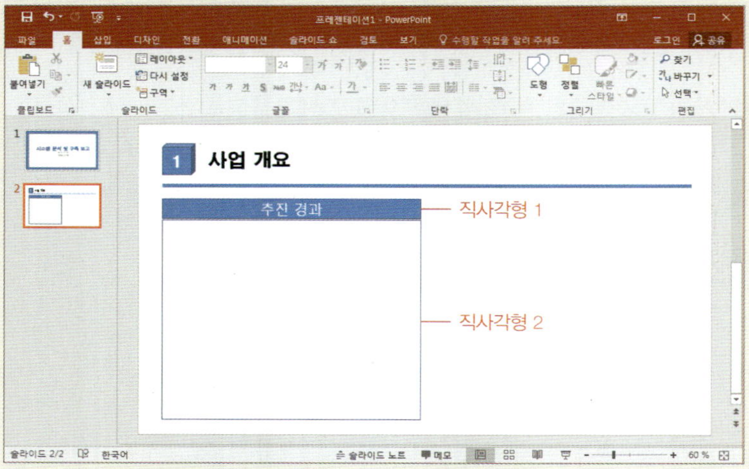

TIP 직사각형 1의 [글꼴]은 [맑은 고딕(본문)], [글꼴 크기]는 [24]로 설정하고, 직사각형 2에는 [도형 채우기]-[채우기 없음]을 설정한다.

7 슬라이드에 [가로 텍스트 상자]를 세 개 삽입하고 그림과 같이 내용을 입력한다. 텍스트 상자를 모두 선택하고 [홈] 탭-[그리기] 그룹-[정렬] 목록에서 [맞춤]의 [왼쪽 맞춤]과 [세로 간격을 동일하게]를 차례로 선택한다.

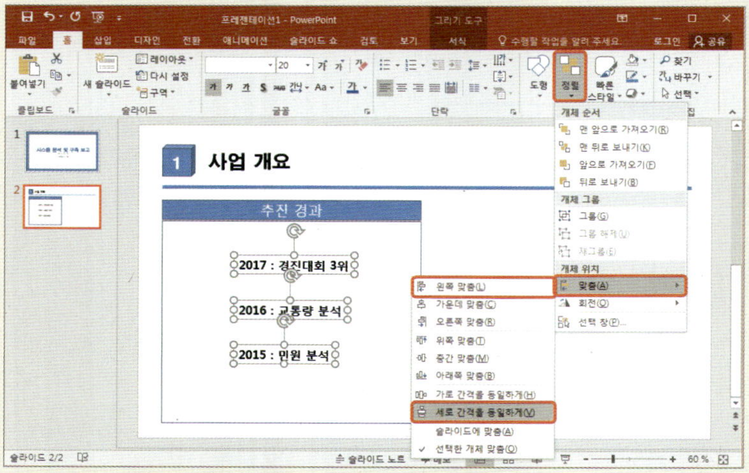

TIP 텍스트 상자의 [글꼴]은 [맑은 고딕(본문)], [굵게], [글꼴 크기]는 [20]으로 설정한다.

8 [선]과 [타원]을 세 개 삽입하고 모두 선택한 다음 [홈] 탭–[그리기] 그룹–[정렬] 목록에서 [맞춤]–[가운데 맞춤]으로 설정한다. 타원을 모두 선택하고 [맞춤]–[세로 간격을 동일하게]로 설정한다.

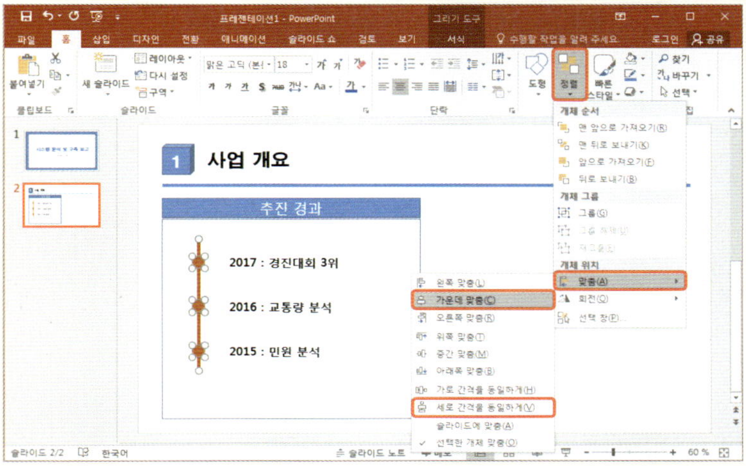

TIP 선과 타원의 [도형 채우기] 색상은 [주황, 강조 2, 25% 더 어둡게]로 설정하고 선의 [두께]는 [6pt]로 설정한다.

9 삽입한 도형(직사각형, 텍스트 상자, 선과 타원)을 모두 선택하고 [홈] 탭–[그리기] 그룹–[정렬] 목록에서 [그룹]을 선택한다.

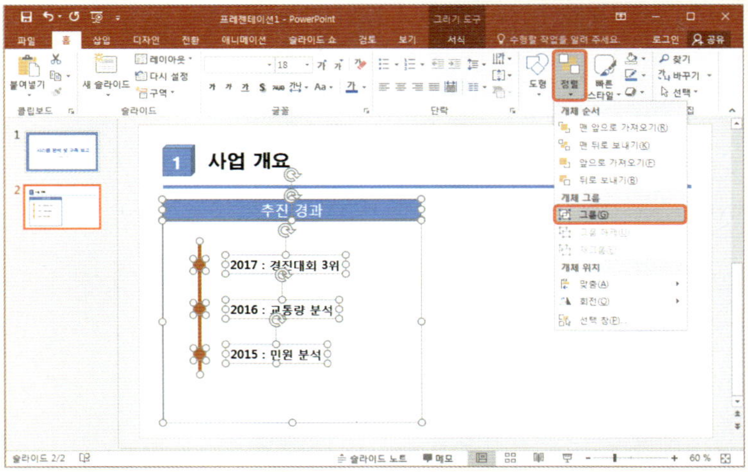

10 그룹화된 도형을 오른쪽에 복제하고 그림과 같이 내용을 수정한다. 타원 세 개를 선택하고 [그리기 도구]의 [서식] 탭–[도형 삽입] 그룹–[도형 편집] 목록에서 [도형 모양 변경]–[기본 도형]의 [다이아몬드]를 선택한다.

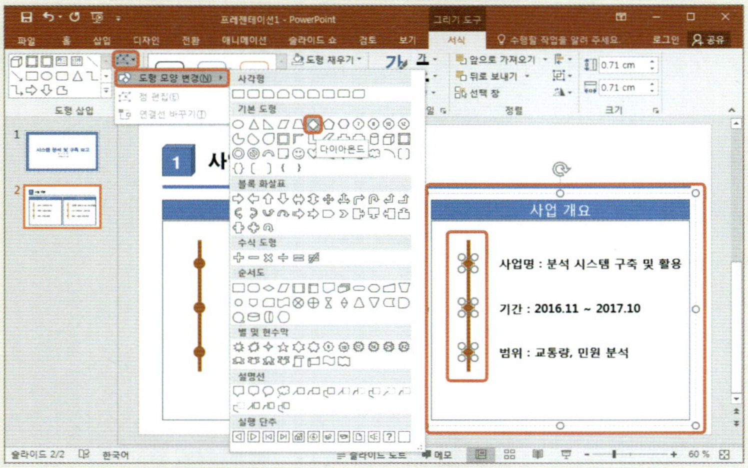

TIP Shift나 Ctrl을 누른 상태에서 마우스를 누르면 타원 세 개를 한 번에 선택할 수 있다.

11 [빈 화면] 레이아웃의 새 슬라이드를 추가하고 슬라이드 2에서 제목으로 사용한 도형을 복사하여 붙여넣은 다음 그림과 같이 내용을 변경한다.

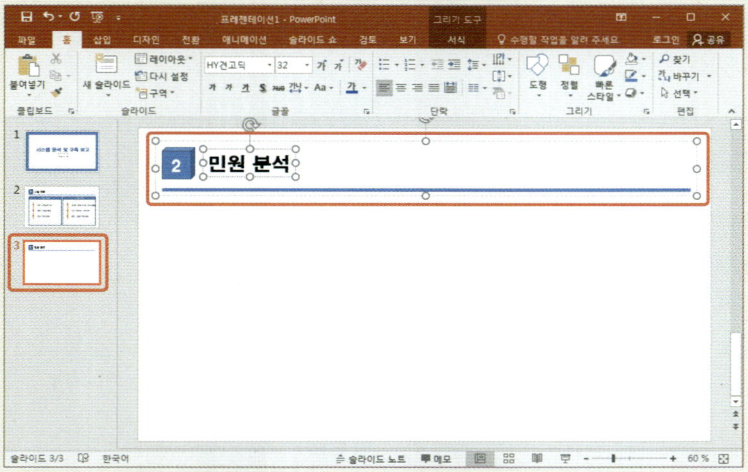

12 [가로 텍스트 상자]를 삽입하고 [글머리 기호]를 표시하도록 설정한 다음, 그림과 같이 입력한다.

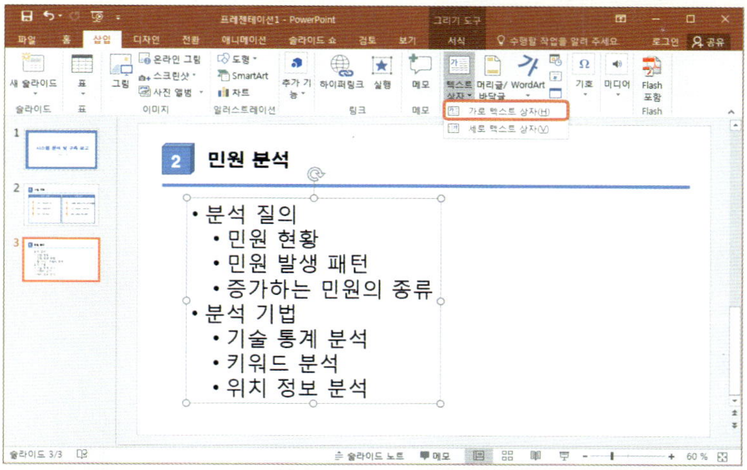

13 텍스트 상자가 선택된 상태로 [홈] 탭–[단락] 그룹–[SmartArt로 변환] 목록에서 [기타 SmartArt 그래픽]을 선택해 [SmartArt 그래픽 선택] 대화상자가 열리면 [세로 상자 목록형]을 선택하고 [확인]을 누른다.

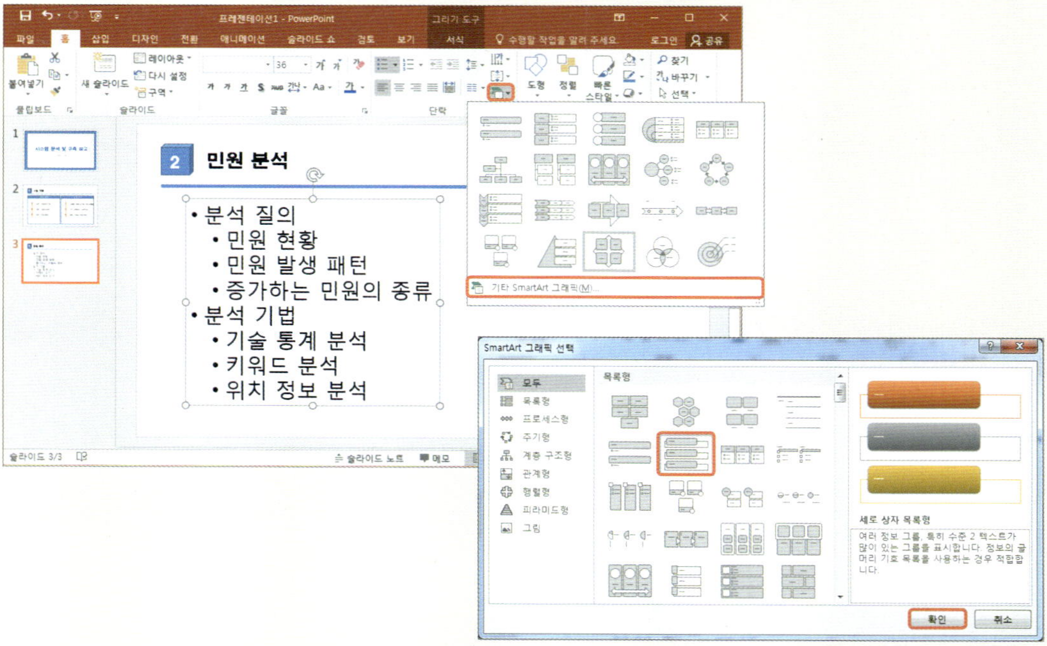

14 텍스트 상자가 스마트아트로 변환된다. [SmartArt 도구]의 [디자인] 탭–[SmartArt 스타일] 그룹–[색 변경] 목록에서 [강조 1]의 [색 채우기 – 강조 1]을 선택한다.

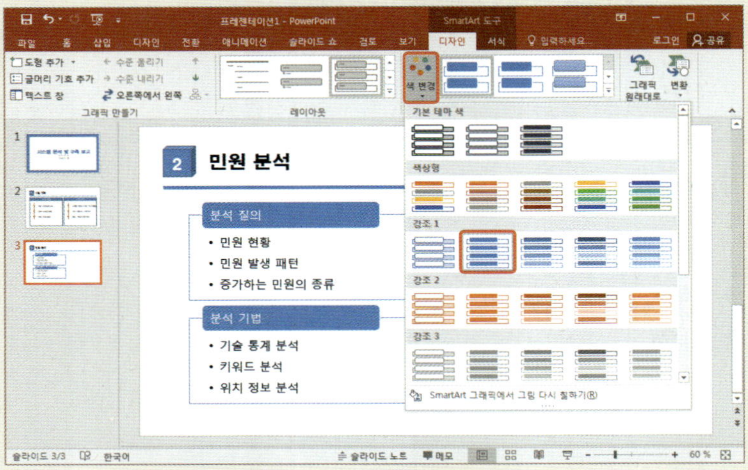

15 단계 **11**을 반복하여 새 슬라이드를 추가하고 그림과 같이 제목을 수정한다.

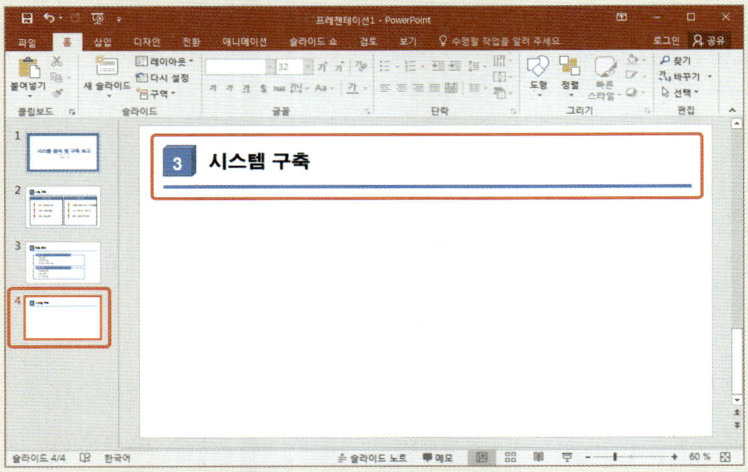

TIP 슬라이드 3을 복제하고 스마트아트를 삭제한 다음, 제목을 수정해도 된다.

16 [삽입] 탭–[일러스트레이션] 그룹–[SmartArt]를 눌러 [SmartArt 그래픽 선택] 대화상자가 열리면 [계층 구조형]–[계층 구조 목록형]을 선택하고 [확인]을 누른다.

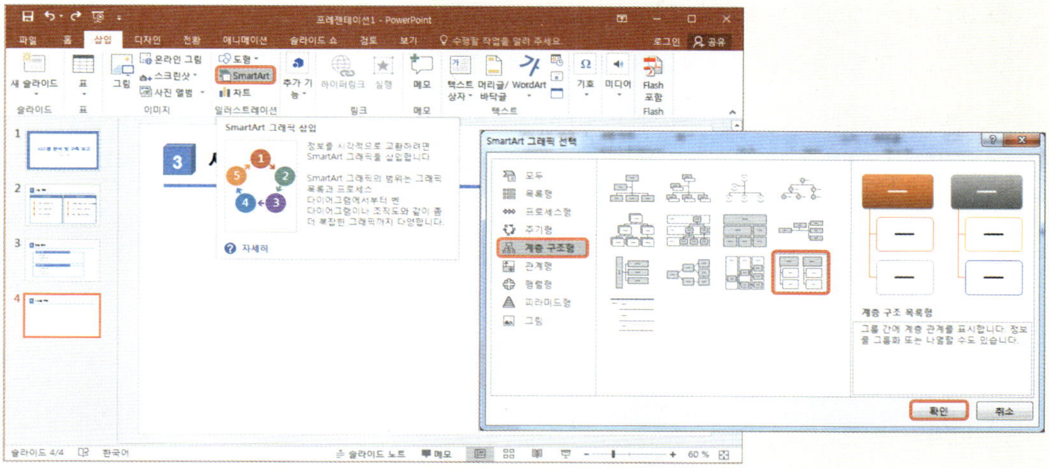

17 삽입된 스마트아트를 선택한 상태로 [SmartArt 도구]의 [디자인] 탭–[그래픽 만들기] 그룹–[도형 추가]를 이용해 그림과 같은 모양이 되도록 수정한다. [SmartArt 스타일] 그룹–[색 변경] 목록에서 [강조 1]의 [색 윤곽 – 강조 1]을 선택하고, [SmartArt 스타일]은 [3차원]의 [광택 처리]를 선택한다.

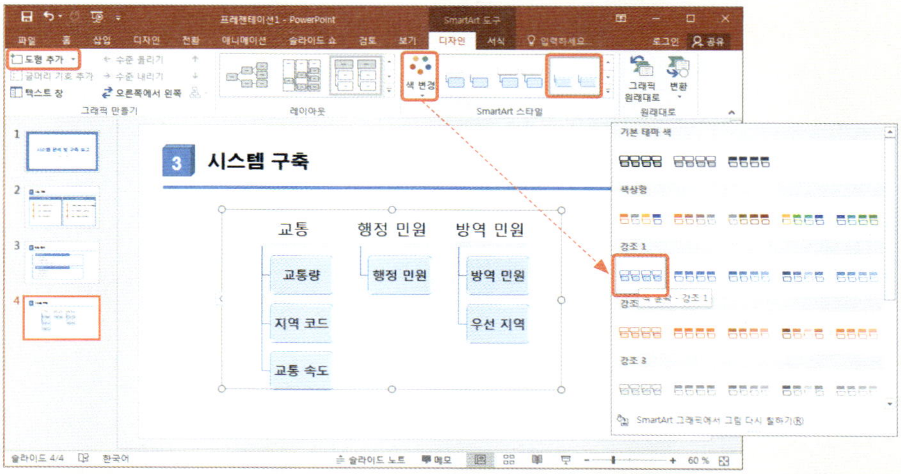

연습문제

1 도형을 이용하여 다음 그림과 같이 슬라이드를 작성하시오.

❶ 제목(발표 순서) 도형은 [모서리가 둥근 직사각형], 글꼴은 [HY견고딕], 글꼴 크기는 [36]으로 설정하시오.

❷ 선은 [강한 선, 강조 5] 도형 스타일로, 선의 두께는 [6]으로 설정하시오.

❸ 번호(1, 2, 3) 도형은 정육면체, 글꼴은 [HY견고딕], 글꼴 크기는 [28]로 설정하시오.

❹ 가로 텍스트 상자(사업 개요, 민원 분석, 시스템 구축)의 글꼴은 [HY견고딕], 글꼴 크기는 [28]로 설정하시오.

❺ 정육면체와 텍스트 상자를 맞춤(왼쪽 맞춤, 중간 맞춤, 가로/세로 간격을 동일하게)하고 그룹으로 묶으시오.

2 다음의 지시대로 스마트아트를 활용하여 슬라이드를 작성하시오.

❶ [제목 및 내용] 레이아웃을 이용하고, 제목 개체 틀에 제목(환경 분석)을 입력하시오.

❷ 제목 개체 틀을 선택하고 [WordArt 빠른 스타일]에서 [채우기 – 검정, 텍스트 1, 윤곽선 – 배경 1, 진한 그림자 – 배경 1]로 설정하고, 첫 글자(환)는 글꼴 크기를 [48], 글꼴 색은 [빨강]으로 변경하시오.

❸ 텍스트 개체 틀에 '눈금 행렬형' 스마트아트를 삽입하고 내용을 입력하시오.

❹ 스마트아트의 [색 변경]은 [색상형 – 강조색]으로, [SmartArt 스타일]은 [만화]로 설정하시오.

❺ '정치 환경 분석' 도형의 모양을 [구름 모양 설명선]으로 변경하시오.

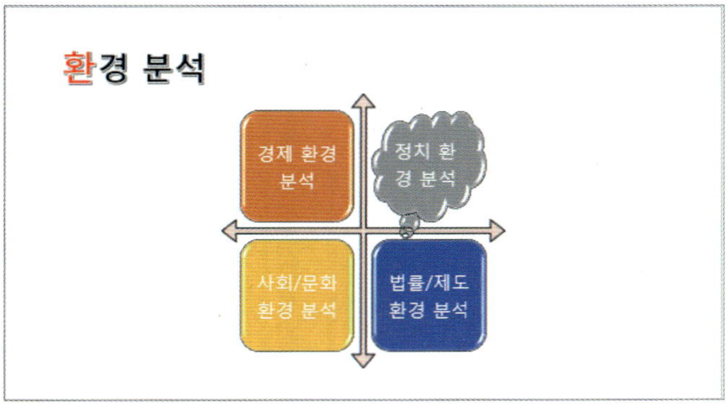

CHAPTER 11

표와 차트

학습목표

- 표를 사용하여 내용을 요약하고 구성할 수 있다.
- 다양한 표 도구 기능을 활용하여 표를 편집할 수 있다.
- 차트의 종류를 알고 차트를 이용해 슬라이드를 작성할 수 있다.
- 다양한 차트 도구 기능을 활용하여 차트를 편집할 수 있다.

SECTION 01

표 만들기

표는 숫자 데이터나 글 목록을 요약하거나 정리하여 알아보기 쉽게 표현할 때 유용하다. 표 안에 데이터를 입력할 뿐만 아니라 다양한 스타일과 서식을 설정할 수 있어서 프리젠테이션에서 원하는 정보 전달력을 높일 수 있다.

1.1 표 구성 형식

표(table)는 사각형 모양의 셀(cell)이 하나 이상 모여서 이루어져 있고, 각 셀에는 다음과 같이 열과 행 방향으로 순서가 있다. 표에 몇 개의 열과 행이 필요한지 계산하는 것이 표를 만드는 첫 번째 단계이다.

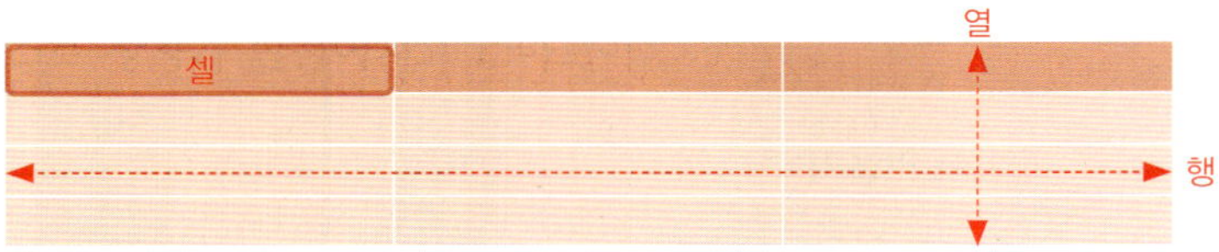

▲ 표 구성 형식

표 만드는 작업을 다음 단계로 진행하면 좀 더 효율적이다.

① 표의 크기를 계산한다. 병합할 열과 행은 개별적으로 계산하는 것이 좋고, 셀을 분할하기보다는 병합하는 것이 더 편리하다.

② 표를 삽입하고, 셀을 적절히 병합하여 원하는 형태로 만든다.

③ 표에 내용을 요약하여 입력한다.

④ 셀 크기를 조절해 전체 표를 완성하고 테두리를 편집한다.

⑤ 스타일과 옵션, 서식을 설정하여 표를 꾸민다.

1.2 다양한 표 만들기

파워포인트에서는 표를 만드는 방법이 다양하다. 먼저 원하는 크기의 표를 삽입하는 방법을 알아본다.

기본예제 11-1 개체 선택 아이콘 이용하기

프레젠테이션의 본문을 구성할 때 주로 사용하는 '제목 및 내용' 슬라이드에는 글이나 그림 등 콘텐츠를 입력하는 상자가 있다. 상자에 있는 [표 삽입] 단추를 사용하여 슬라이드에 표를 삽입해 보자.

01 [홈] 탭–[슬라이드] 그룹–[새 슬라이드] 목록에서 [제목 및 내용] 슬라이드를 선택한다.

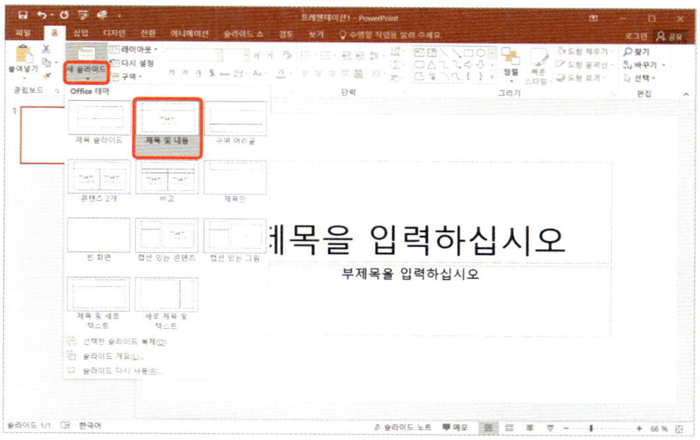

02 콘텐츠 상자의 개체 선택 단추 중 [표 삽입] 단추를 누른다.

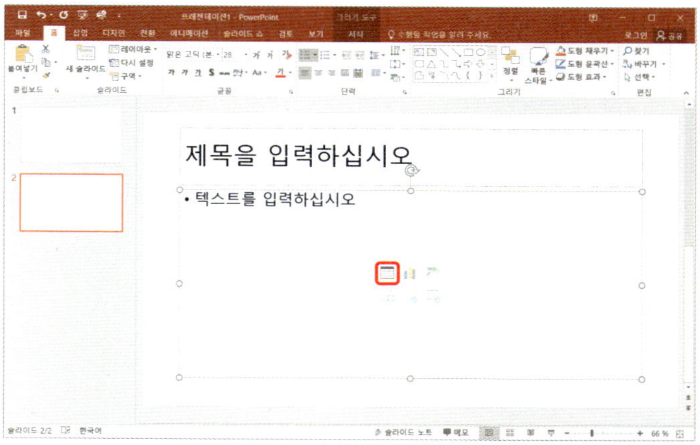

03 [표 삽입] 대화상자가 열리면 열 개수와 행 개수를 입력하고 [확인]을 누른다.

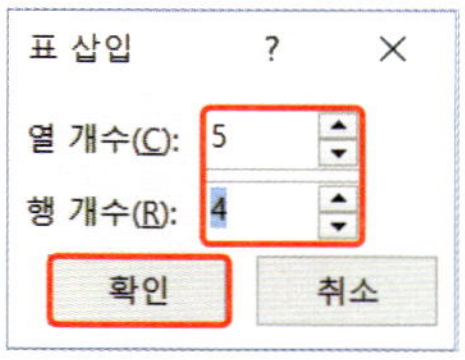

04 지정한 열과 행의 크기에 맞는 표가 콘텐츠 상자 자리에 만들어진다.

TIP 개체 선택 단추 중에서 [표 삽입] 단추를 이용하는 것은 [삽입] 탭–[표] 그룹에서 [표 삽입]을 선택하는 것과 같다.

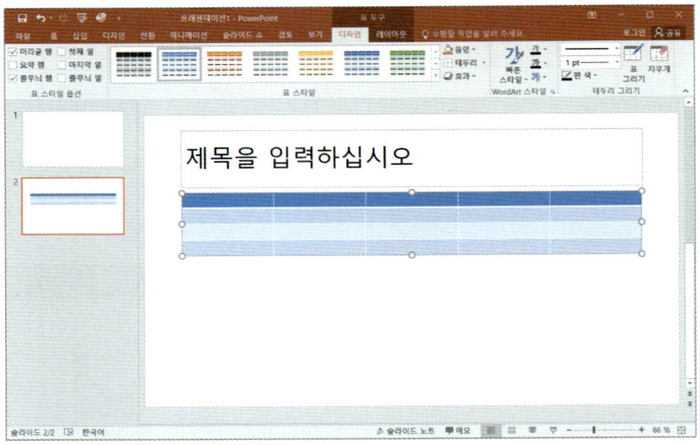

기본예제 11-2 표 도구 이용하기

파워포인트의 메뉴 중 [삽입] 탭의 [표] 그룹을 이용하여 표를 삽입해 보자.

01 프레젠테이션에 [제목 및 내용] 슬라이드를 하나 더 추가하고, [삽입] 탭–[표] 그룹–[표]를 누른다. [표 삽입] 창의 '4×6 표' 위치에서 마우스를 누른다.

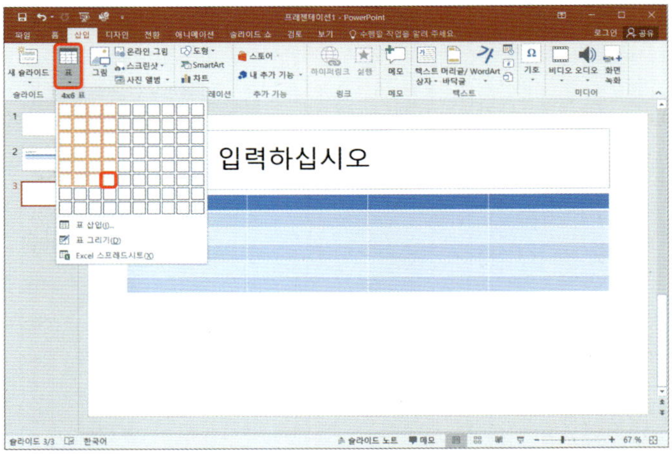

02 선택한 크기의 표가 삽입된 것을 확인하고, 슬라이드에 제목을 입력한다.

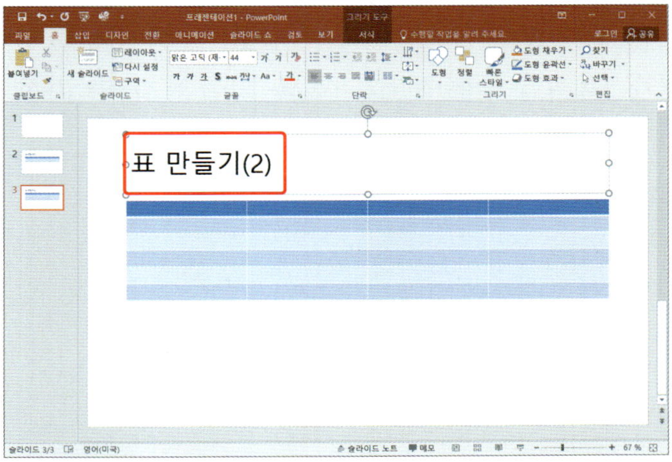

기본예제 11-3 표 그리기 도구 이용하기

표를 삽입하는 메뉴 중에서 [표 그리기]는 마우스를 이용하여 도형을 그리듯이 표를 만들고 자유롭게 셀을 분할하거나 병합할 수 있는 기능이다. 표 그리기 도구를 이용해 표를 삽입하고 테두리도 설정해 보자.

01 [제목 및 내용] 슬라이드를 만들고 제목을 *표 만들기(3)*으로 입력한다. [삽입] 탭–[표] 그룹–[표] 목록에서 [표 그리기]를 선택한다.

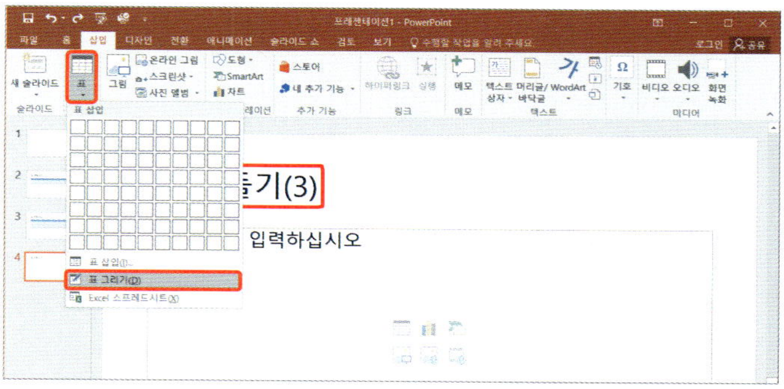

02 마우스를 드래그해 큰 사각형을 그리면 '1×1 표'의 바깥쪽 테두리가 만들어진다.

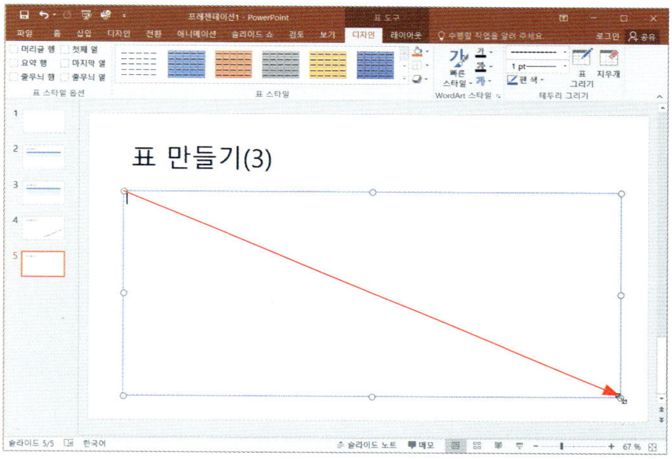

03 표가 선택된 상태로 [표 도구]의 [디자인] 탭–[테두리 그리기] 그룹–[표 그리기]를 누르고 마우스 포인터가 연필 모양으로 바뀌면 표 내부에 선을 그려 셀을 분할한다.

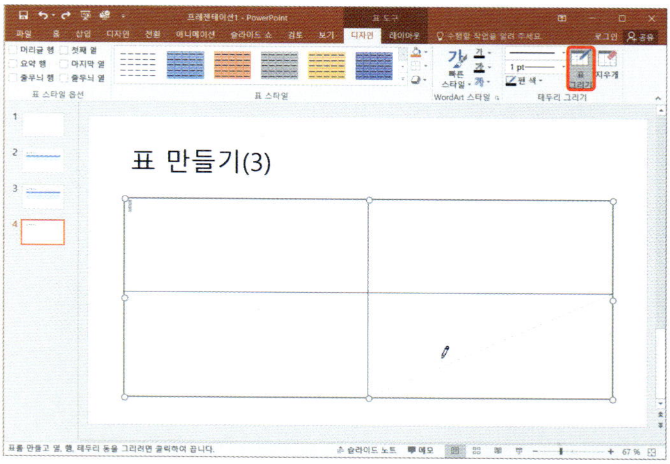

04 이때 [표 도구]의 [디자인] 탭–[테두리 그리기] 그룹에서 [펜 스타일], [펜 두께], [펜 색]을 설정하고 선을 그리면 셀 테두리 스타일과 두께, 색이 적용된다.

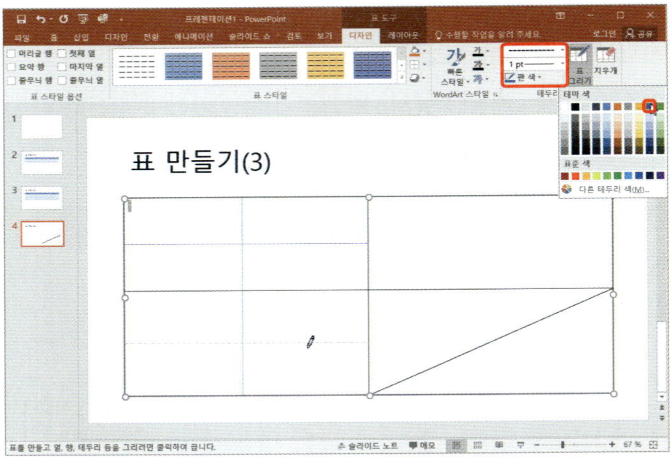

05 분할된 셀을 다시 병합하려면 [지우개] 메뉴를 이용하여 선을 지우면 된다. [표 도구]의 [디자인] 탭–[테두리 그리기] 그룹–[지우개]를 누르고 셀을 분할하고 있는 선을 마우스로 누른다.

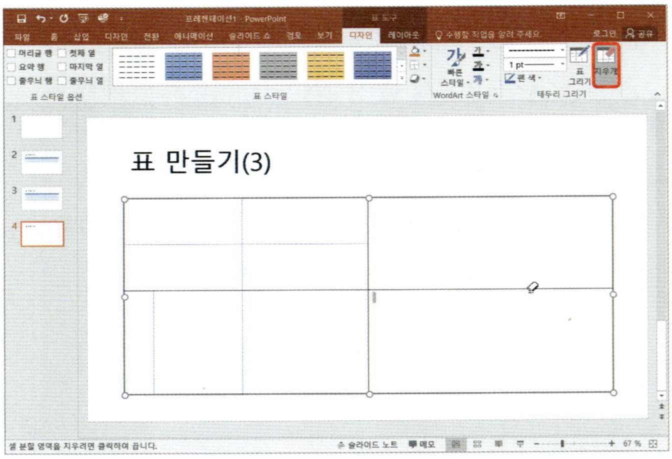

기본예제 11-4 엑셀 스프레드시트로 만들기

엑셀 스프레드시트에 데이터를 입력해두고 파워포인트 슬라이드에서 표로 사용할 수도 있다. 숫자를 자동으로 계산하는 엑셀 기능을 이용하기 좋은 방법이다. 엑셀 데이터를 파워포인트 슬라이드에 표로 삽입해 보자.

01 [제목 및 내용] 슬라이드를 추가하고 제목에 *표 만들기(4)*를 입력한다. 그리고 [삽입] 탭–[표] 그룹–[표] 목록에서 [Excel 스프레드시트]를 선택한다.

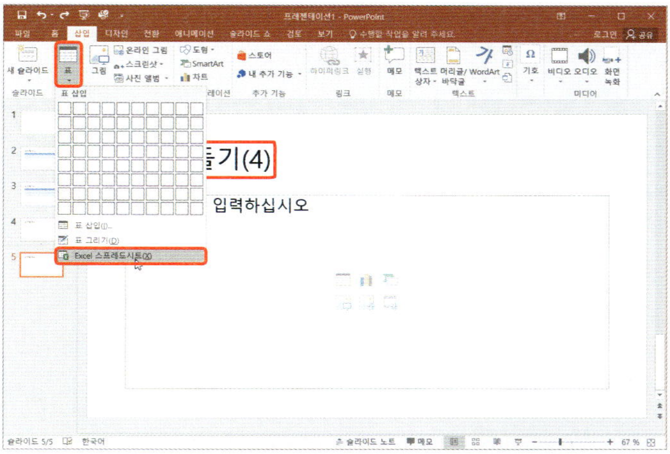

02 엑셀 스프레드시트가 슬라이드에 삽입되면 크기 조정 핸들을 드래그하여 원하는 크기로 조정한다.

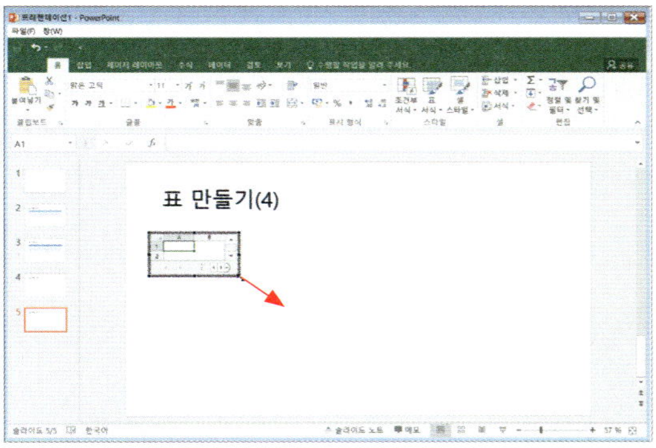

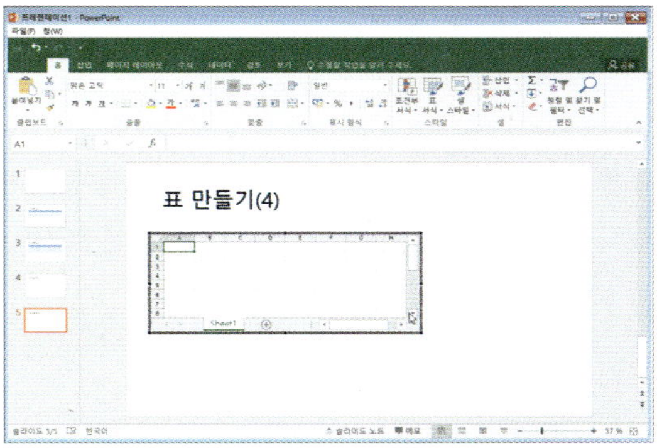

03 스프레드시트 바깥쪽을 마우스로 누르면 엑셀 창은 사라지고, 스프레드시트가 슬라이드에 표 형태로 삽입된다.

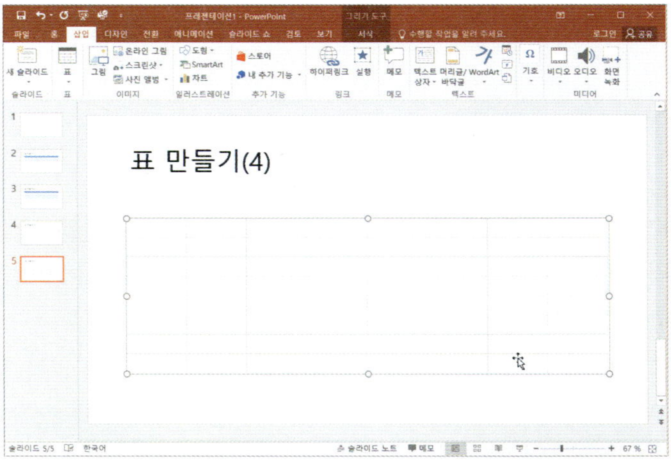

SECTION 02

표 도구 활용하기

삽입한 표에 내용을 입력한 다음 표의 크기나 위치를 조절하고 셀을 병합하거나 분할하는 등 표의 레이아웃을 조정할 수 있다. 또한 스타일이나 옵션, 효과 등을 이용해 디자인을 설정할 수 있다.

2.1 표 레이아웃 조정

[표 도구]의 [레이아웃] 탭에 있는 메뉴를 이용하여 셀 크기 조절, 행과 열의 추가 또는 삭제, 셀 병합과 분할 등의 작업을 할 수 있다.

기본예제 11-5 크기와 위치 조정하기

표에 내용을 입력하면 글의 양과 글꼴 크기에 따라 표의 전체 크기나 여백, 행과 열의 너비와 높이를 조정하거나 위치를 이동할 필요가 있다. 표의 크기와 위치를 조정해 보자.

01 슬라이드를 추가한 다음 3×4 크기의 표를 삽입하고 그림과 같이 텍스트를 입력한다.

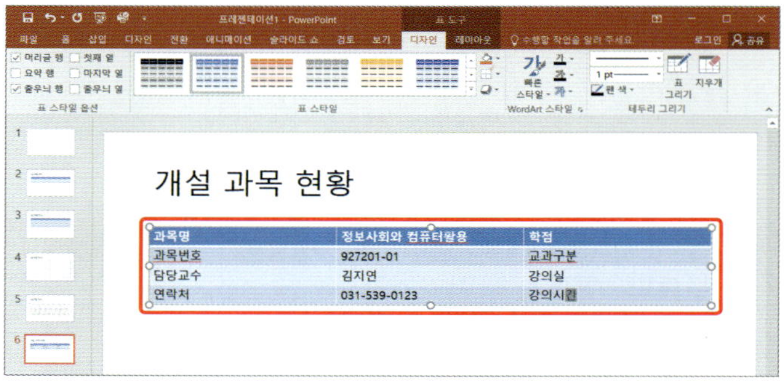

02 표를 선택하면 나타나는 상하좌우 · 대각선 방향의 크기 조정 핸들을 드래그하여 표 전체의 크기를 조절한다. 이때 바깥쪽 테두리를 마우스로 드래그하면 원하는 위치로 표를 이동할 수 있다.

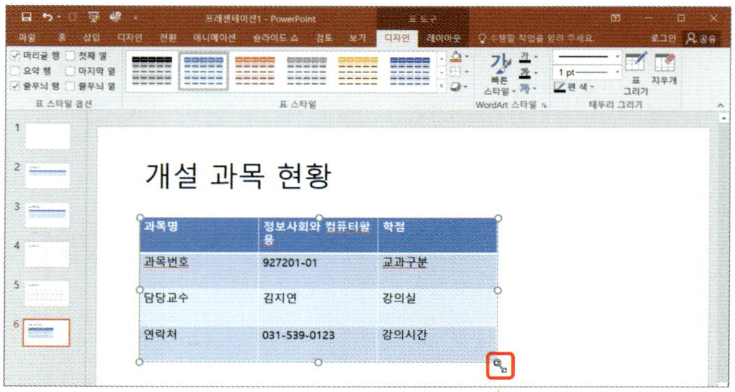

03 셀 사이의 테두리를 마우스로 드래그하여 셀의 너비와 높이를 조절한다.

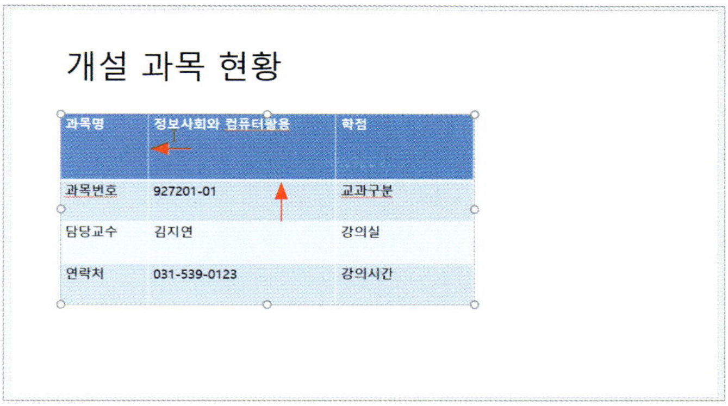

04 표의 모든 셀 높이를 동일하게 맞추려면 표를 선택하고 [표 도구]의 [레이아웃] 탭–[셀 크기] 그룹–[행 높이를 같게]를 누른다.

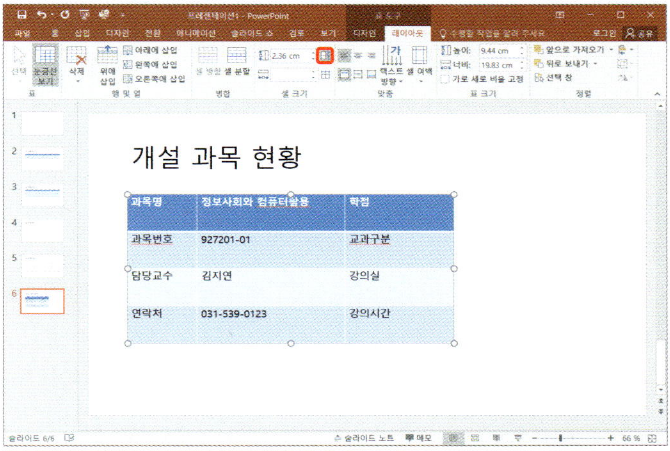

05 표에 입력한 텍스트를 정렬하기 위해 [표 도구]의 [레이아웃] 탭–[맞춤] 그룹–[가운데 맞춤]과 [세로 가운데 맞춤]을 선택한다. 텍스트 양이 많으면 [셀 여백]을 [좁게]로 설정한다.

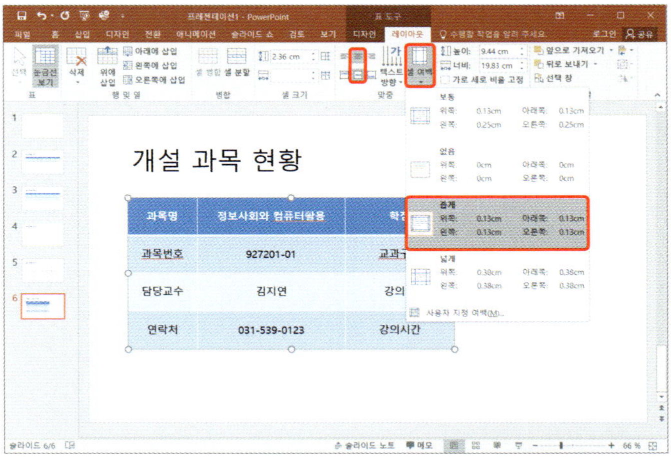

기본예제 11-6 행과 열 추가 및 셀 병합하기

표에 행이나 열을 추가하려면 추가할 위치를 선택한 다음 [표 도구]의 [레이아웃] 탭에 있는 메뉴를 이용한다. 표에 행과 열을 추가해 보자.

01 표의 마지막 열 중 임의의 셀에 커서를 두고 [표 도구]의 [레이아웃] 탭–[행 및 열] 그룹–[오른쪽에 삽입]을 누른다.

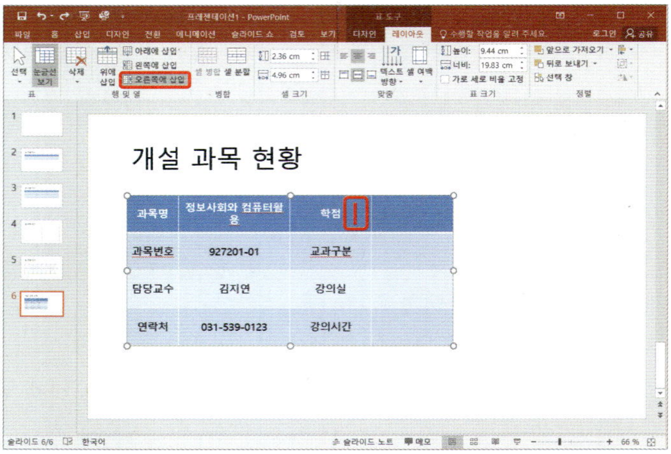

02 표의 마지막 행 중 임의의 셀에 커서를 두고 [표 도구]의 [레이아웃] 탭–[행 및 열] 그룹–[아래에 삽입]을 누른다.

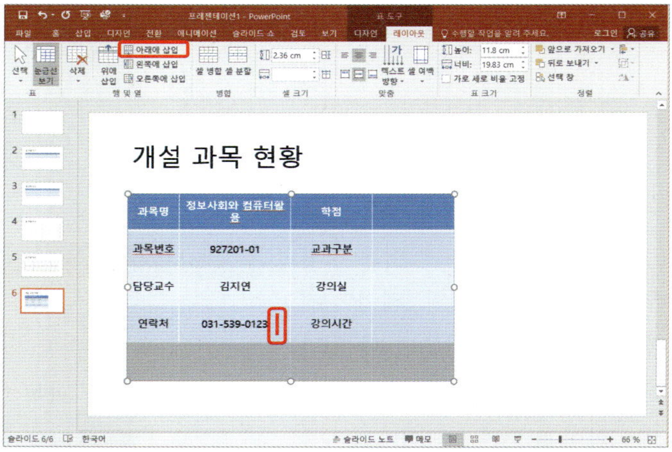

TIP 하나 이상의 열이나 행 또는 셀을 선택하고 삽입하면 선택한 범위만큼 추가된다.

03 추가한 행과 열에 내용을 입력하고, 표의 전체 크기를 조정한다.

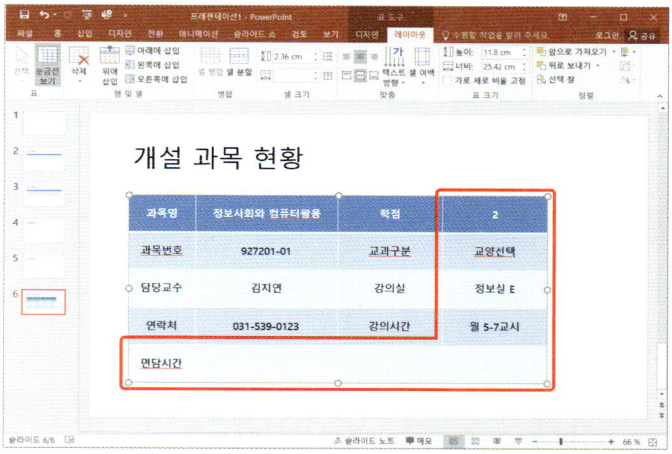

04 마지막 행의 비어 있는 셀을 모두 선택하고 [표 도구]의 [레이아웃] 탭–[병합] 그룹–[셀 병합]을 누른다.

TIP 셀 병합은 [표 도구]의 [디자인] 탭–[테두리 그리기] 그룹의 [지우개] 메뉴를 이용해도 된다.

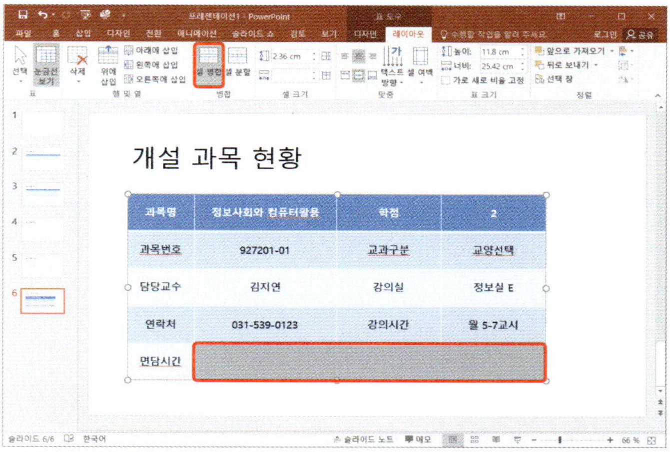

05 병합된 셀에 내용을 입력하고, [표 도구]의 [레이아웃] 탭–[셀 크기] 그룹–[열 너비를 같게]를 눌러 셀 너비를 조정한다.

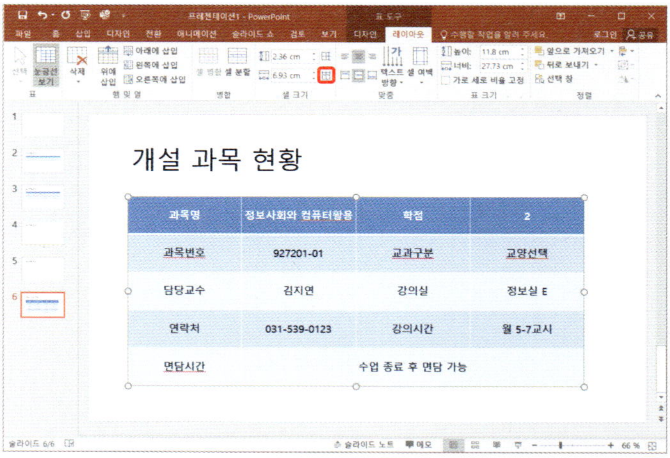

2.2 표 디자인 변경

[표 도구]의 [디자인] 탭에는 표 스타일이나 음영, 테두리, 그 외 여러 가지 효과를 적용할 수 있는 다양한 도구가 있다.

기본예제 11-7 표 스타일과 테두리 설정하기

표 스타일은 프레젠테이션의 테마 색과 관련된 다양한 서식 조합으로 구성된다. 표를 만들 때 자동으로 설정되는 기본 스타일을 변경해 보자.

01 앞에서 만든 슬라이드 6을 선택한다. [표 도구]의 [디자인] 탭–[표 스타일 옵션] 그룹에서 [줄무늬 열] 항목만 선택한다.

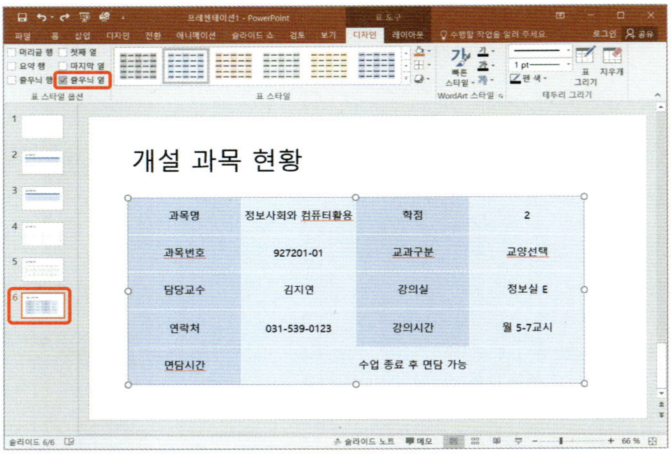

02 [표 도구]의 [디자인] 탭–[표 스타일] 그룹에서 [자세히] 단추를 누르고 [보통 스타일 2]를 선택한다.

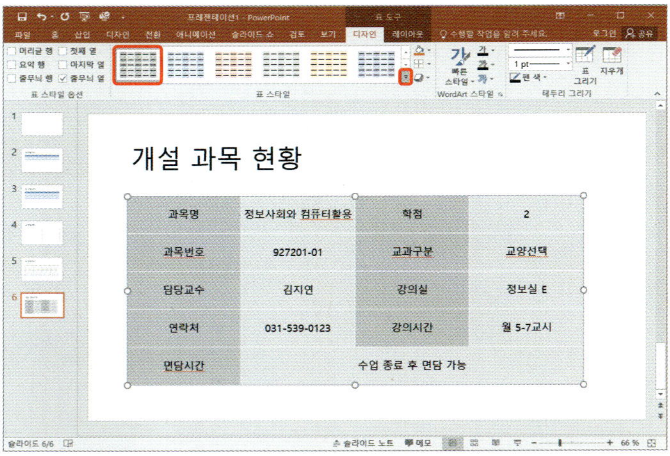

03 마우스로 드래그하여 표의 모든 셀을 선택하고 [표 도구]의 [디자인] 탭–[표 스타일] 그룹–[테두리] 목록에서 [바깥쪽 테두리]를 선택한다.

TIP 셀 범위를 선택하지 않고 테두리를 설정하면 현재 위치한 셀에만 테두리가 생긴다.

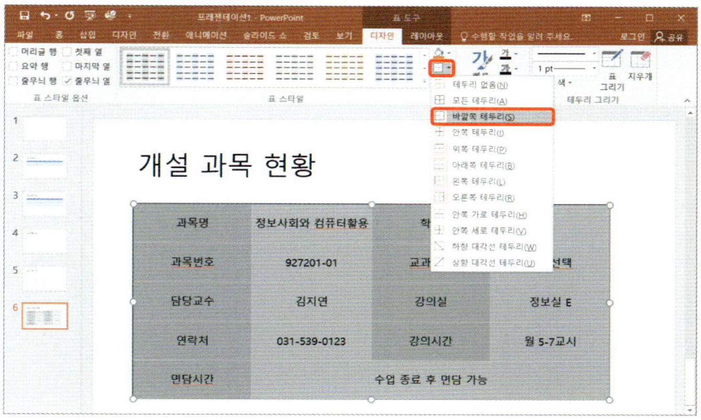

04 [표 도구]의 [디자인] 탭–[테두리 그리기] 그룹에서 [펜 스타일]은 [점선], [펜 색]은 [파랑]으로 변경하고 [테두리]는 [안쪽 테두리]를 선택한다.

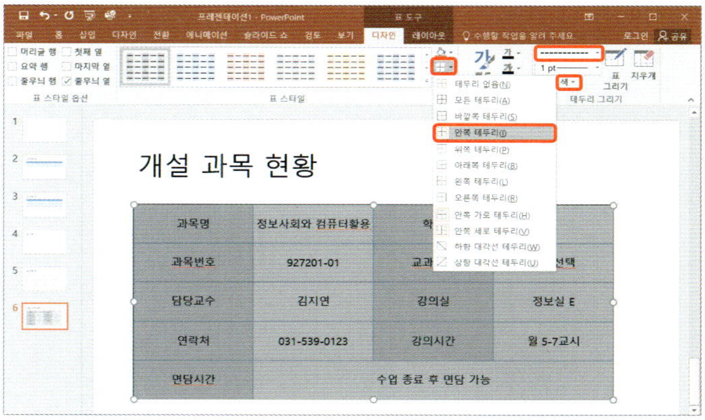

기본예제 11-8 음영과 셀 입체 효과 설정하기

셀의 배경을 다른 색 또는 그림으로 채우거나 표나 셀에 마치 도형의 서식 설정과 같이 그림자, 반사 또는 입체 효과를 설정할 수 있다. 셀에 음영과 셀 입체 효과를 설정해 보자.

01 음영을 변경할 셀에 커서를 두고 [표 도구]의 [디자인] 탭–[표 스타일] 그룹–[음영] 목록에서 [그라데이션]–[선형 위쪽]을 선택한다.

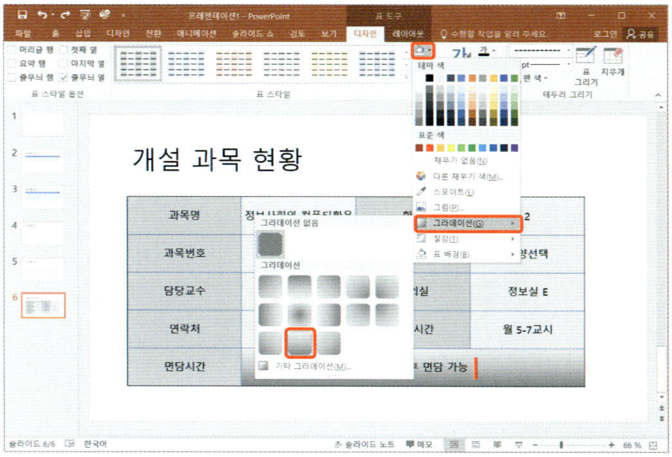

02 표의 셀을 모두 선택하고 [표 도구]의 [디자인] 탭–[표 스타일] 그룹–[효과] 목록에서 [셀 입체 효과]–[각지게]를 선택한다.

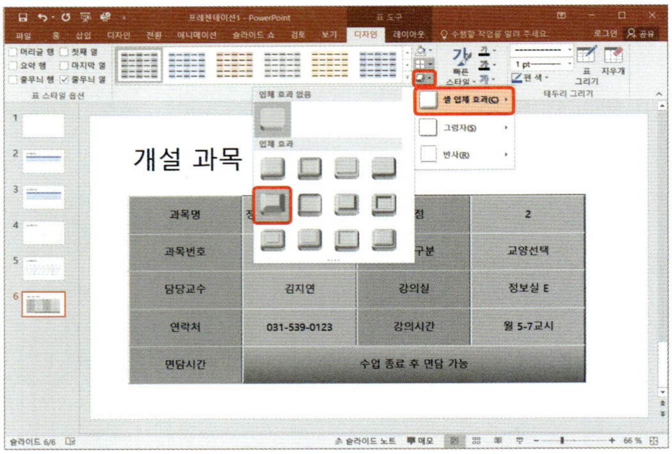

TIP 표 전체의 배경을 하나의 그림으로 설정하려면 [표 도구]의 [디자인] 탭–[표 스타일] 그룹–[음영] 목록에서 [표 배경]–[그림]을 선택하고 원하는 그림을 찾아 넣는다.

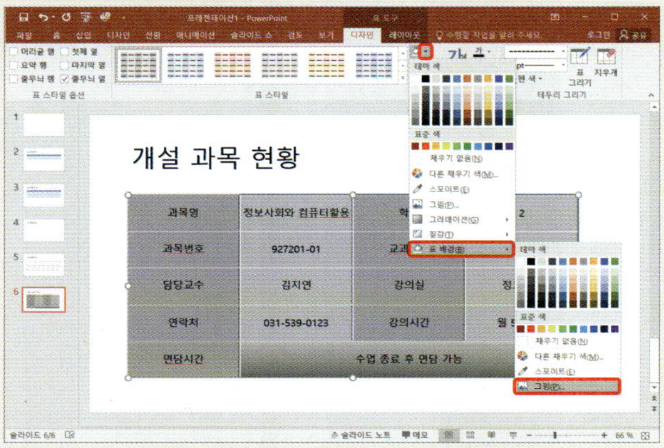

이때 설정한 그림이 배경으로 표시되지 않는다면 [음영] 목록에서 [채우기 없음]을 선택한다.

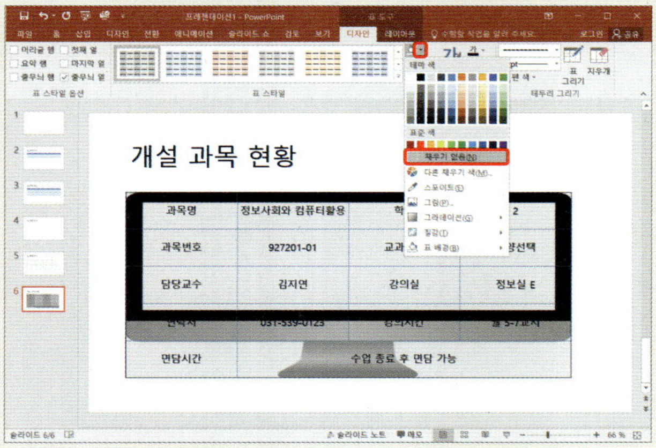

EXCEL 2016 POWERPOINT 2016

SECTION 03

차트 만들기

차트는 숫자 데이터를 그래프로 표시하고 데이터 레이블이나 범례 등 여러 가지 구성 요소를 포함시켜 수치 변화를 알아보기 쉽게 나타내 프레젠테이션 효과를 높이는 시각화 도구이다. 파워포인트에서는 다양한 종류의 차트를 사용할 수 있다. 이때 차트로 나타내고자 하는 데이터가 어떤 유형인지 파악하여 이용 가능한 차트를 적절하게 선택하는 것이 중요하다. 파워포인트에서 사용하는 차트의 종류와 작성 방법은 엑셀과 동일하며 차트에서 사용하는 데이터를 입력하거나 편집하려면 엑셀 프로그램이 필요하다. 여기서는 엑셀에서 다룬 기본적인 차트 작성과 함께 차트의 종류별 특징과 다양한 서식 설정 방법에 대해 더 알아보기로 한다.

3.1 다양한 종류의 차트

파워포인트에서 제공하는 차트는 세로 막대형, 꺾은선형, 원형 등 15가지로 분류되어 있다. 이 중에서 표현하고자 하는 데이터에 따라 알맞은 것을 선택해야 한다. 각 차트의 특징과 주로 활용되는 분야는 다음과 같이 요약할 수 있다.

- **세로 막대형**: 일정 기간의 데이터 변화를 표시하여 각 항목을 비교할 수 있다.

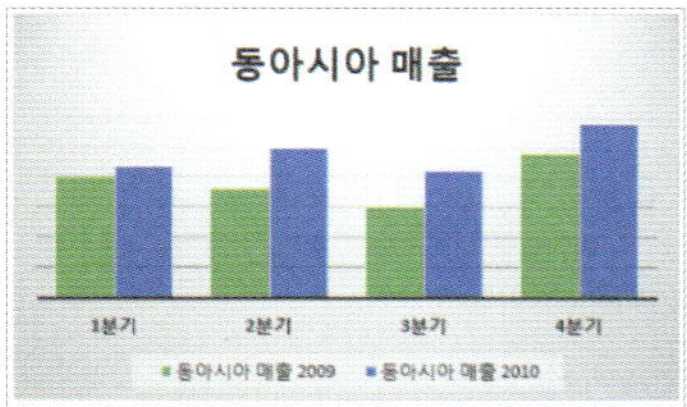

- **영역형**: 시간에 따른 변화, 개별 값과 총합의 관계를 보여주거나 비교할 때 유용하다.

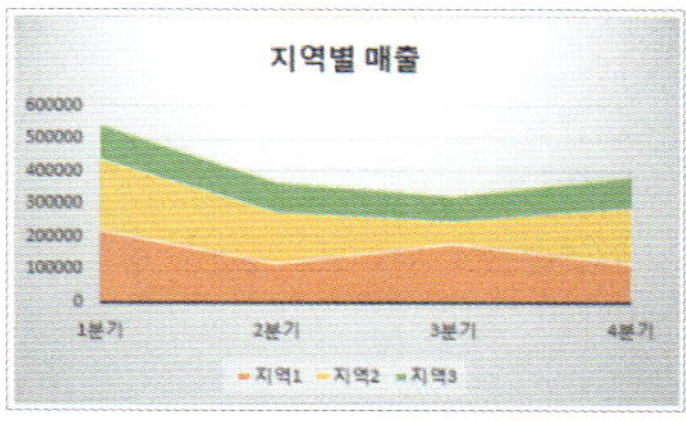

- **원형**: 데이터의 합계 비율을 표시하는 차트로, 하나의 데이터 계열만 강조할 때 유용하다.

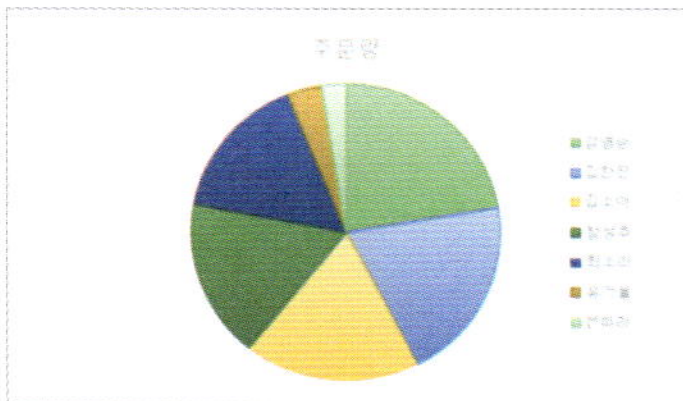

- **꺾은선형**: 일정 기간의 데이터 추세나 데이터 변화를 표시할 수 있다.

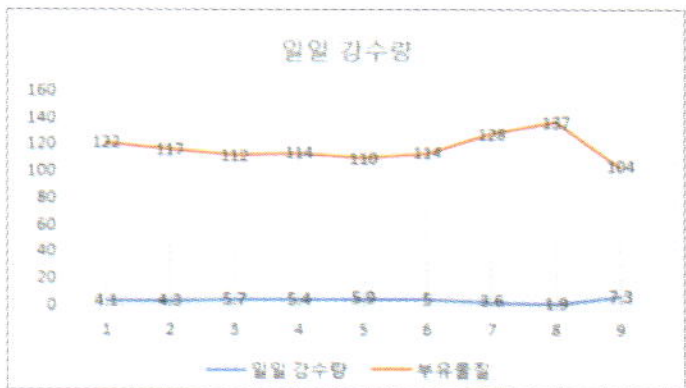

- **가로 막대형**: 축 레이블이 길거나 차트로 표시하는 값이 기간인 경우에 유용하다.

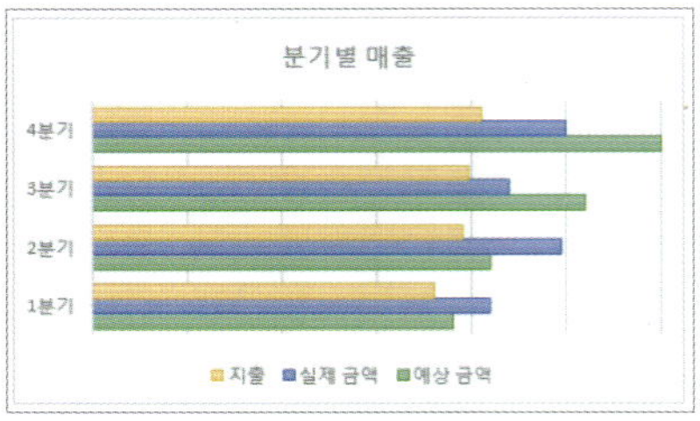

- **분산형**: 두 숫자 그룹을 하나의 xy 좌표 계열로 그리는 것으로, 데이터의 불규칙한 간격이나 묶음을 표시할 수 있다.

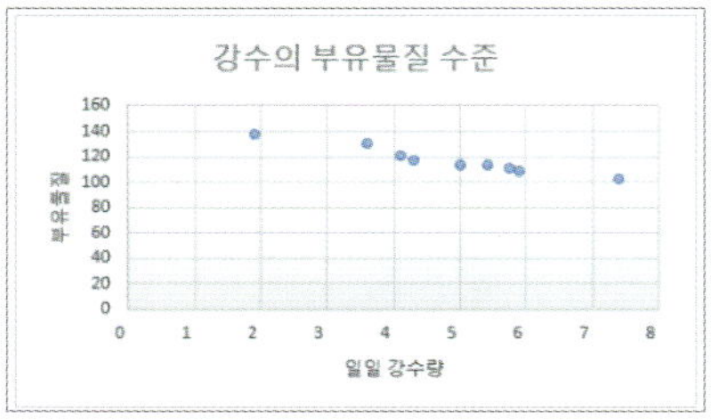

- **주식형**: 주가 변동이나 기온 변화와 같은 데이터 변화를 표시할 수 있다.

- **방사형**: 여러 데이터 계열의 값을 집계한 것을 비교할 수 있다.

- **선버스트**: 계층 구조를 갖는 데이터를 여러 수준의 고리로 표시하는 것으로, 각 고리가 어떤 구성 요소로 이루어져 있는지 나타낼 때 유용하다.

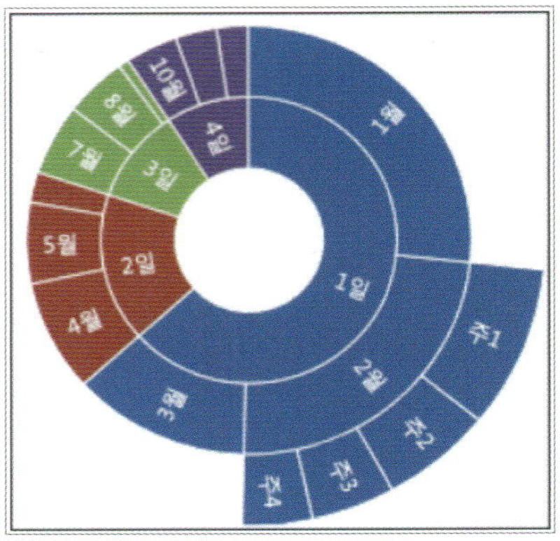

- **상자 수염 그림**: 데이터 분포를 사분위수로 표시하는 것으로, 평균 및 이상값을 강조할 때 유용하다.

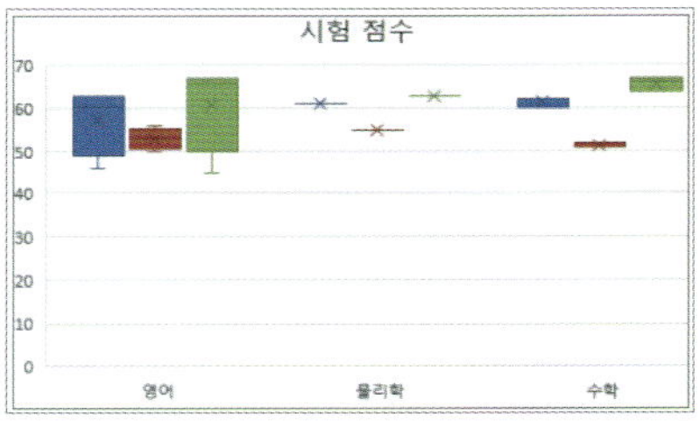

- **콤보**: 데이터 범위가 광범위한 경우에 두 개 이상의 차트 종류를 결합하여 보조 축과 함께 표시할 수 있다.

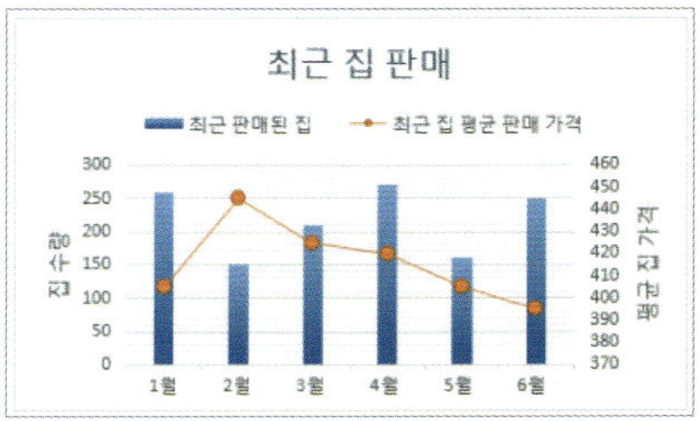

- **표면형**: 같은 값의 범위에 속하는 영역을 색과 무늬로 표시하는 차트로, 두 데이터 집합에서 최적의 조합을 찾을 때 유용하다.

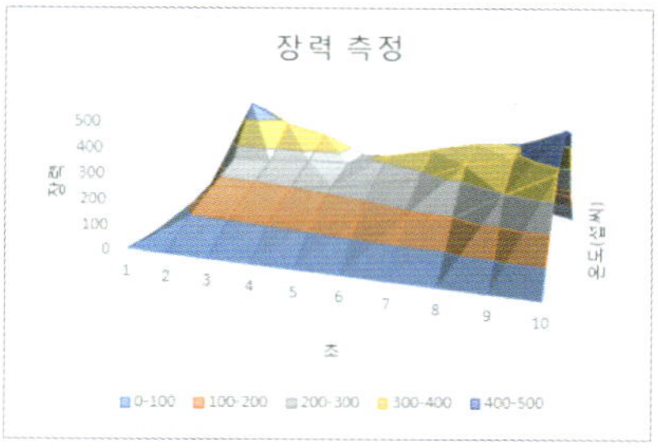

- **트리맵**: 데이터를 계층 구조로 표시하는 차트로, 다른 데이터 계열을 비교할 때 유용하다.

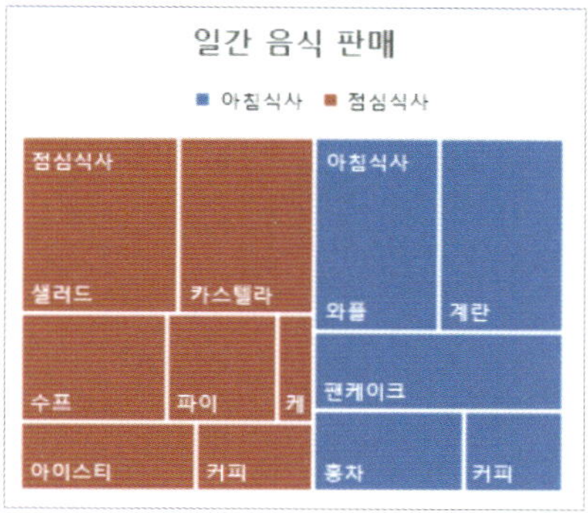

- **히스토그램**: 데이터의 분포와 빈도를 표시하는 차트로, 데이터를 세부적으로 분석할 때 유용하다.

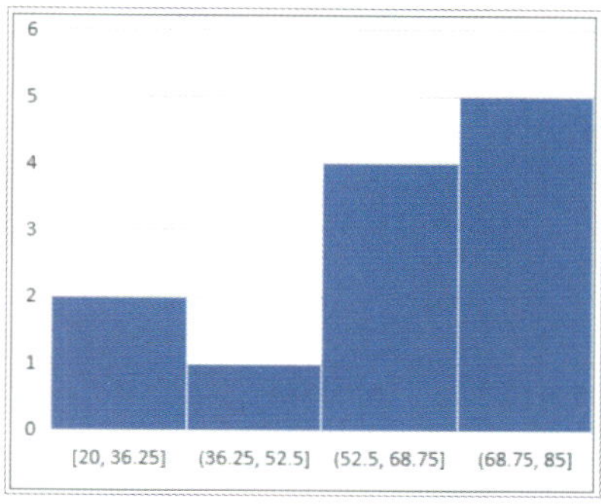

- **폭포**: 양수와 음수를 색이 다른 막대로 표시하는 차트로, 재무 데이터의 누계와 값의 변화에 따른 영향을 표시할 때 유용하다.

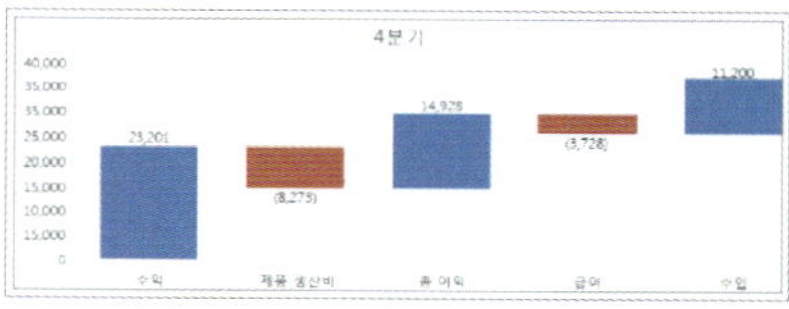

3.2 차트 삽입과 데이터 입력

데이터 유형에 따라 적합한 차트를 선택하면 차트를 삽입한 뒤 데이터를 입력한다. 데이터를 입력할 때는 엑셀이 실행되므로 엑셀 사용법을 알고 있다면 데이터 입력과 편집을 더 쉽게 할 수 있다.

기본예제 11-9 차트 삽입하기

차트 종류를 선택하고 차트를 삽입하려면 [삽입] 탭의 메뉴를 이용하거나 콘텐츠 상자의 개체 선택 단추 중 [차트 삽입]을 사용한다. 차트를 삽입하고 크기와 위치를 조절해 보자.

01 [제목 및 내용] 슬라이드를 추가하고 제목에 '차트 만들기'를 입력한다. [삽입] 탭–[일러스트레이션] 그룹에서 [차트]를 누른다.

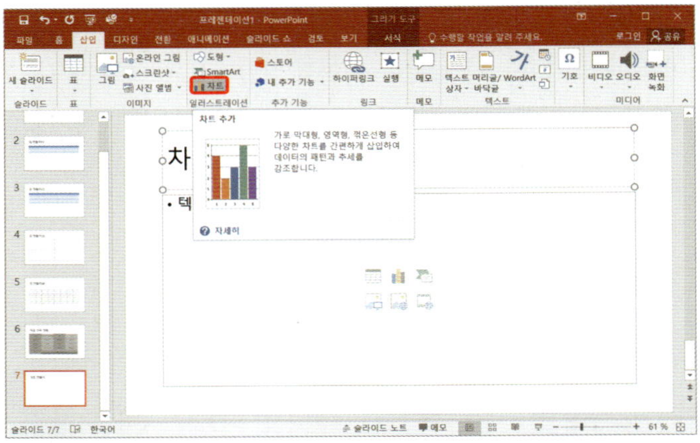

02 [차트 삽입] 대화상자가 나타나면 [세로 막대형] 중에서 [묶은 세로 막대형]을 선택하고 [확인]을 누른다.

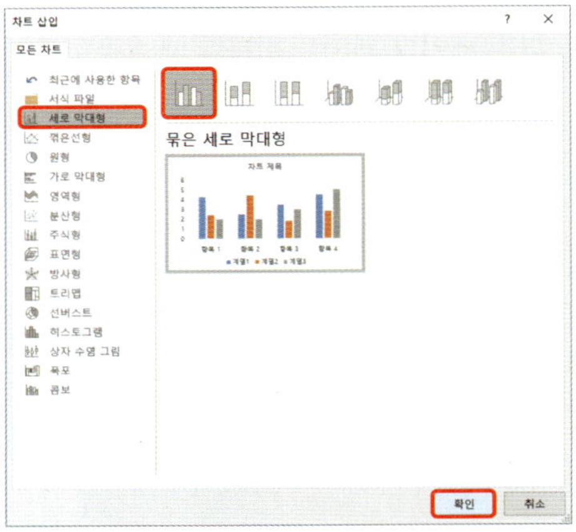

03 슬라이드에 차트가 만들어지고 데이터를 입력하기 위한 엑셀 창이 표시된다.

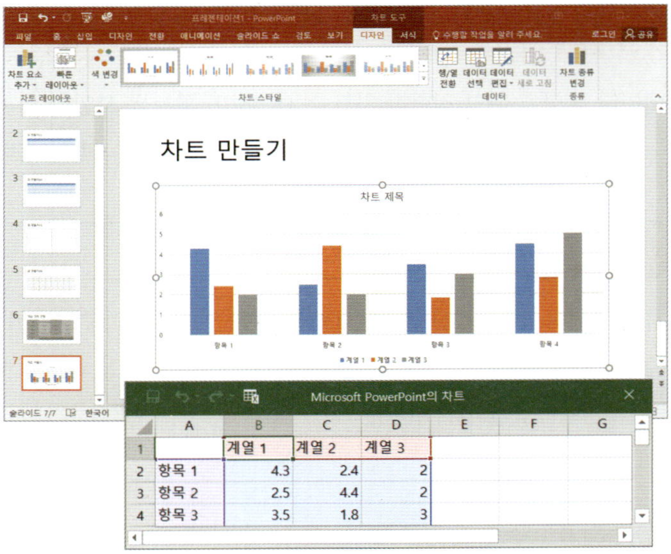

04 차트를 선택한 다음 크기 조정 핸들을 드래그하여 크기를 조정하고, 원하는 위치로 이동시킨다.

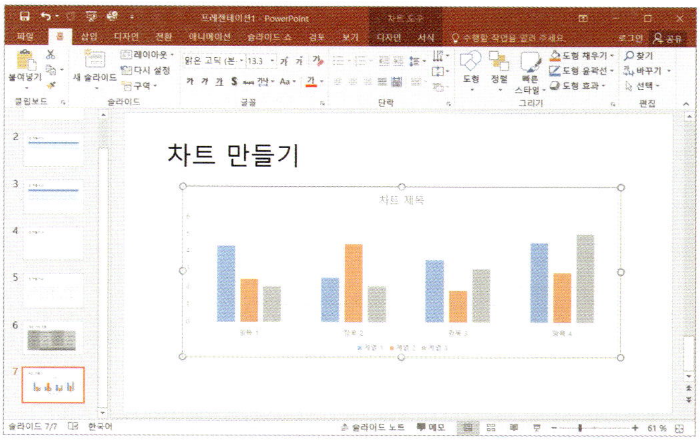

기본예제 11-10 차트 데이터 편집하기

차트에 표시되는 그래프의 기준이 되는 데이터는 차트를 삽입할 때 나타나는 엑셀 창에서 입력한다. 나중에 데이터를 수정하려면 [차트 도구]의 [디자인] 탭–[데이터] 그룹–[데이터 편집] 메뉴를 이용할 수 있다. 차트의 데이터를 수정하고 행/열을 전환하거나 선택한 범주만 표시되게 하는 등 차트 데이터를 편집하는 방법을 알아보자.

01 삽입된 차트를 선택한 뒤 [차트 도구]의 [디자인] 탭–[데이터] 그룹–[데이터 편집] 목록에서 [데이터 편집]을 선택한다.

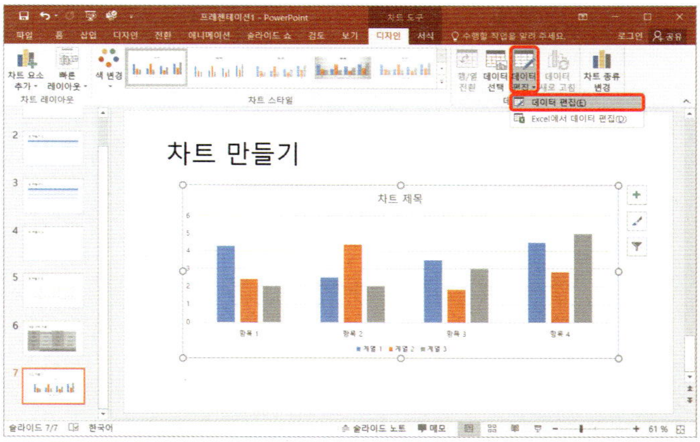

02 엑셀 창에 그림과 같이 데이터를 입력하고 [× 닫기] 단추를 누른다.

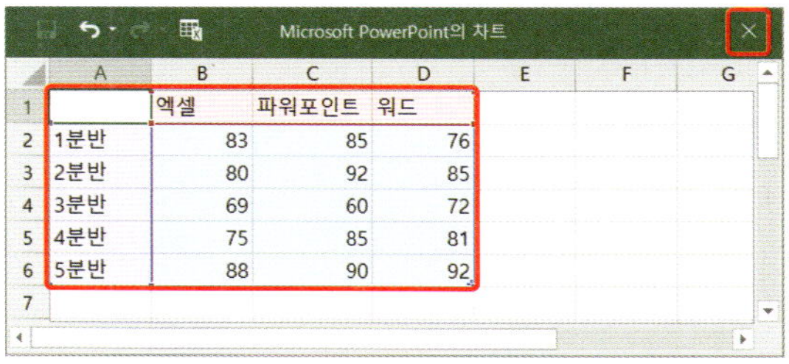

	엑셀	파워포인트	워드
1분반	83	85	76
2분반	80	92	85
3분반	69	60	72
4분반	75	85	81
5분반	88	90	92

03 [차트 도구]의 [디자인] 탭–[데이터] 그룹–[데이터 선택]을 누르면 [데이터 원본 선택] 대화상자가 나타난다. [행/열 전환] 단추를 누르고 [확인]을 누른다.

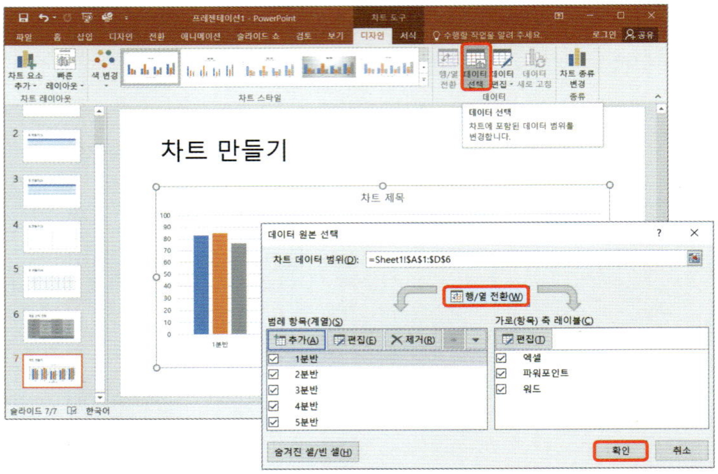

04 차트를 선택하면 오른쪽에 나타나는 단추 중에서 [차트 필터]를 누른 뒤 [범주] 목록에서 '워드'의 선택을 해제하고 [적용]을 누른다.

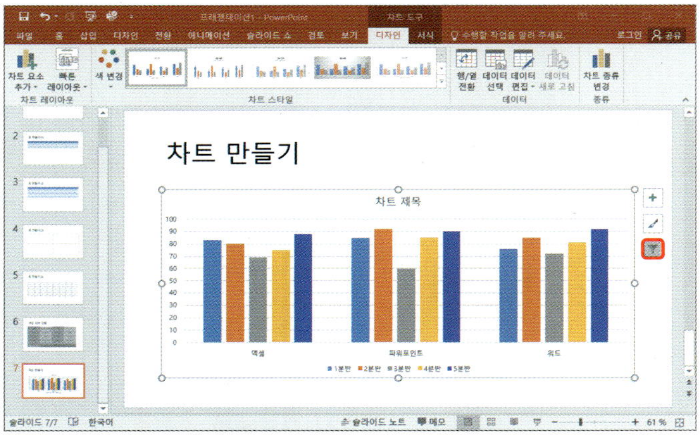

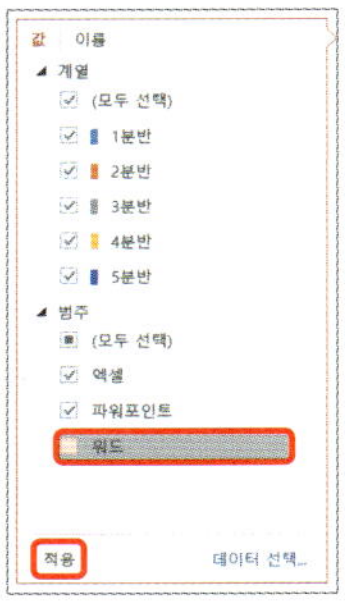

05 차트의 [데이터 편집] 창을 확인해 보면 '워드' 데이터는 삭제되지 않았지만 차트에는 '워드' 범주가 표시되지 않는다.

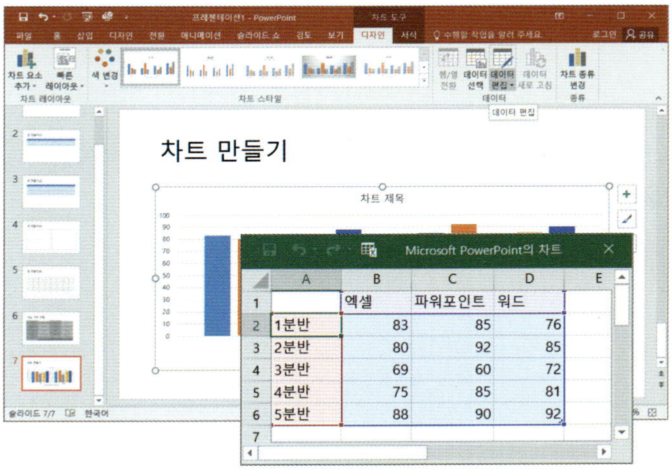

SECTION 04

차트 도구로 편집하기

차트를 구성하는 여러 요소를 알면 차트에서 불필요한 요소를 제거하거나 차트에 나타내고자 하는 데이터를 이해하기 쉽게 디자인하여 정보를 좀더 효과적으로 표시할 수 있다. 여기서는 차트 도구를 이용하여 차트 모양을 다양하게 수정해 보기로 한다.

4.1 차트 요소

차트는 숫자 데이터를 그림으로 표시한 그래프 부분과 그 외 여러 요소로 이루어져 있다. 차트를 삽입하면 유형에 따라 기본으로 표시되는 차트 요소가 있는데, 각 요소의 표시 위치를 변경하거나 특정 요소를 제거 또는 추가할 수도 있다. 세로 막대형 차트의 요소 이름은 다음과 같다.

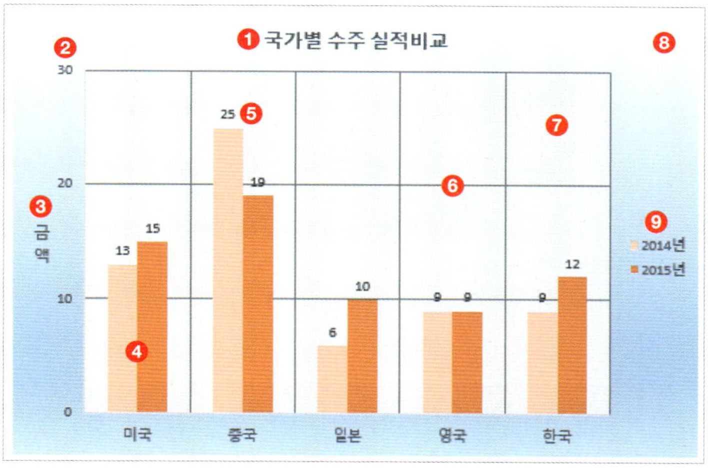

❶ 차트 제목 ❷ 축 ❸ 축 제목
❹ 데이터 계열의 데이터 요소 ❺ 데이터 레이블 ❻ 주 눈금선
❼ 그림 영역 ❽ 차트 영역 ❾ 범례

4.2 차트 서식 설정

[차트 도구]의 [디자인] 탭은 차트 서식을 설정하는 여러 가지 메뉴로 구성되고 [서식] 탭은 차트의 각 요소별 서식을 설정하는 메뉴로 구성된다.

기본예제 11-11 차트 스타일과 레이아웃

[차트 도구]의 [디자인] 탭을 이용해 차트의 레이아웃과 스타일, 색상을 간편하게 변경해 보자.

01 [차트 도구]의 [디자인] 탭–[차트 레이아웃] 그룹–[빠른 레이아웃] 목록에서 [레이아웃 1]을 선택한다.

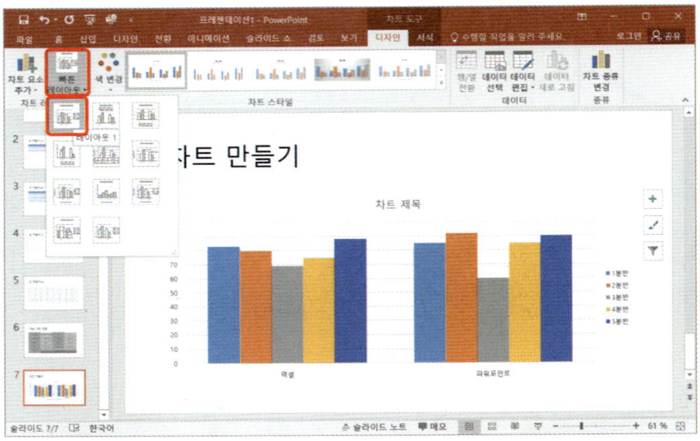

02 [차트 도구]의 [디자인] 탭–[차트 스타일] 그룹–[색 변경] 목록에서 [단색형]의 [색 5]를 선택한다.

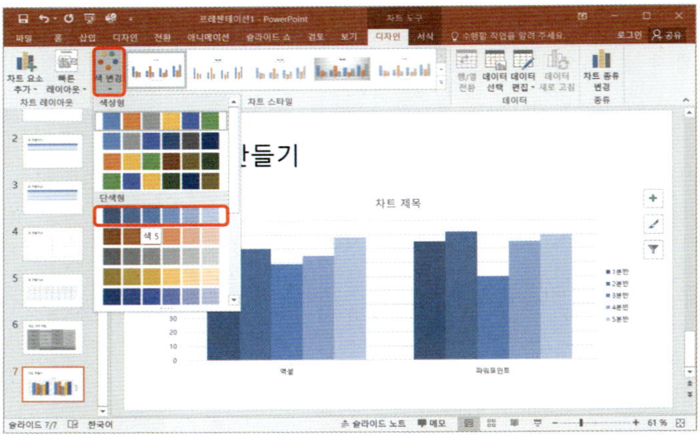

03 [차트 도구]의 [디자인] 탭–[차트 스타일] 그룹에서 [스타일 4]를 선택한다.

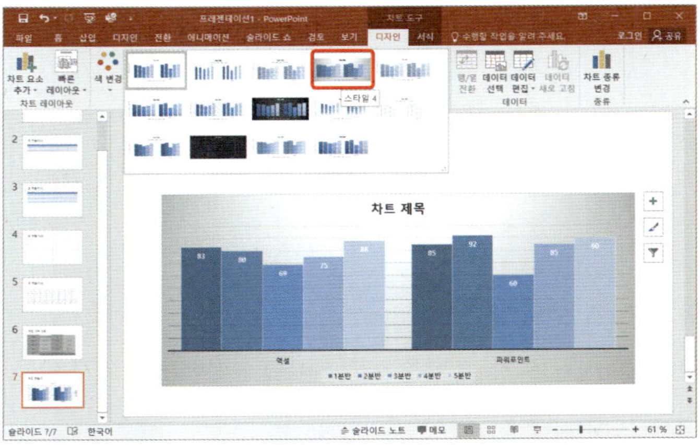

기본예제 11-12 차트 요소 추가와 변경

선택한 차트 레이아웃에 따라 차트에 표시되는 요소의 위치나 속성을 바꾸고 차트에 표시되지 않은 요소를 추가해 보자.

01 차트 제목을 선택하여 *오피스 실무 분반별 비교*를 입력하고, [차트 도구]의 [서식] 탭–[WordArt 스타일] 그룹–[텍스트 효과] 목록에서 [반사]–[반사 변형]의 [근접 반사, 터치]를 선택한다.

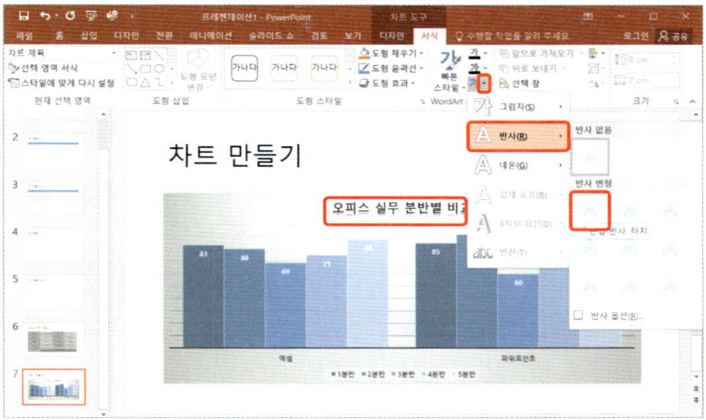

02 [차트 도구]의 [디자인] 탭–[차트 레이아웃] 그룹–[차트 요소 추가] 목록에서 [축 제목]–[기본 세로]를 선택한다.

TIP 차트 오른쪽의 [+ 차트 요소] 단추를 눌러도 된다.

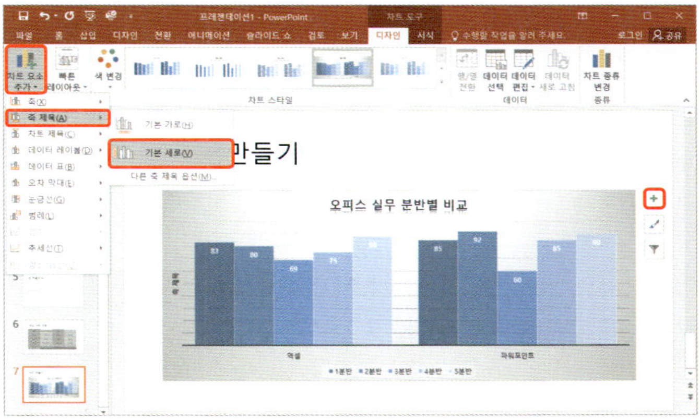

03 축 제목을 더블클릭하여 *점수*로 바꾸고 [차트 도구]의 [서식] 탭–[현재 선택 영역] 그룹–[선택 영역 서식]을 누른다.

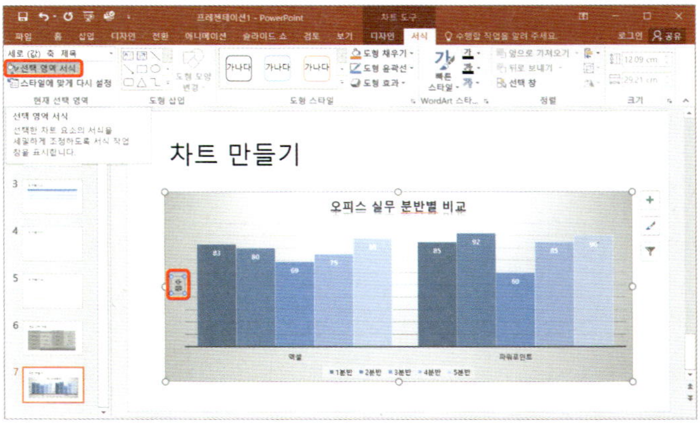

04 [축 제목 서식] 작업 창의 [텍스트 옵션]–[텍스트 상자] 탭–[텍스트 상자]를 선택하고 [텍스트 방향] 목록에서 [스택형]을 선택한다.

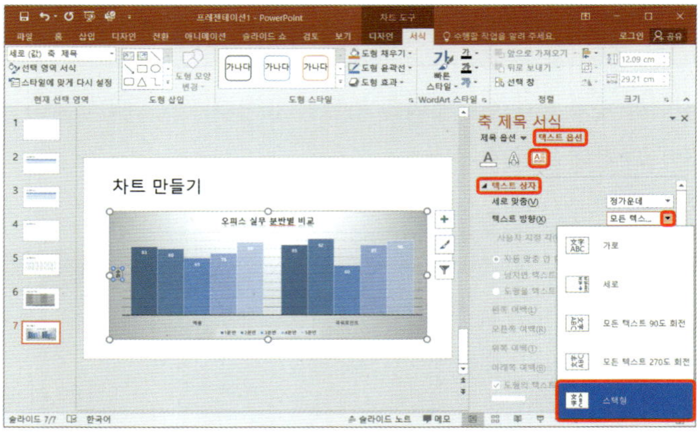

05 차트 오른쪽의 [+ 차트 요소] 단추를 누르면 나타나는 [차트 요소] 목록에서 [범례]–[위쪽]을 선택하여 범례 위치를 변경한다.

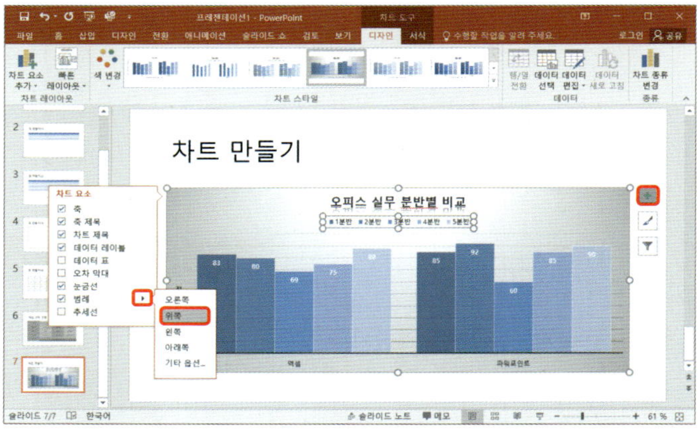

06 [차트 요소] 목록에서 [축]–[기본 세로]를 선택한다.

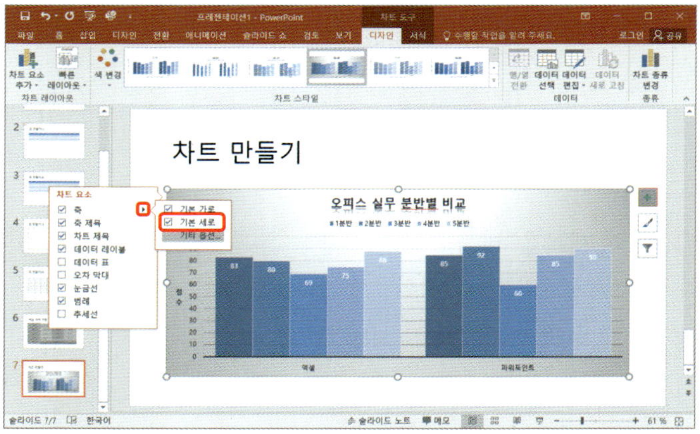

기본예제 11-13 차트 요소의 서식 설정

차트에 표시되는 모든 요소는 각각의 특성에 따라 서식을 설정할 수 있다. 서식을 적절하게 설정하면 전달력이 높은 효과적인 차트로 만들 수 있다. 차트 요소의 서식을 설정해 보자.

01 차트에서 [세로(값) 축]을 더블클릭하여 [축 서식] 작업 창이 열리면 [축 옵션]–[축 옵션] 탭–[축 옵션]에서 [경계] 항목의 [최소]와 [최대]를 각각 *50*, *100*, [단위] 항목의 [주]와 [보조]를 각각 *10*, *5*로 설정한다.

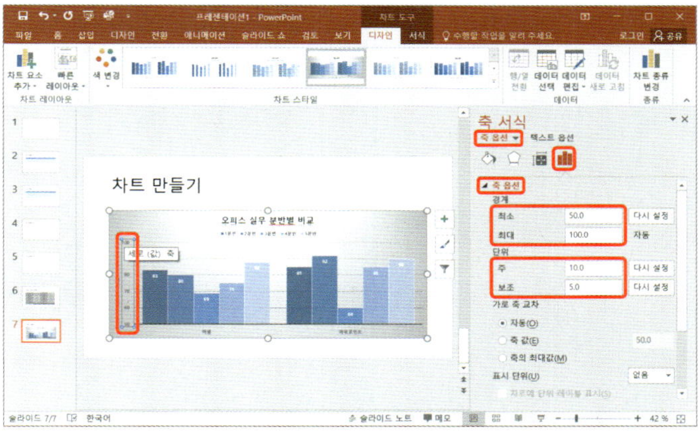

02 [축 서식] 작업 창에서 아래쪽으로 마우스를 스크롤해 [눈금] 항목을 찾아 [보조 눈금]을 [교차]로 선택한다.

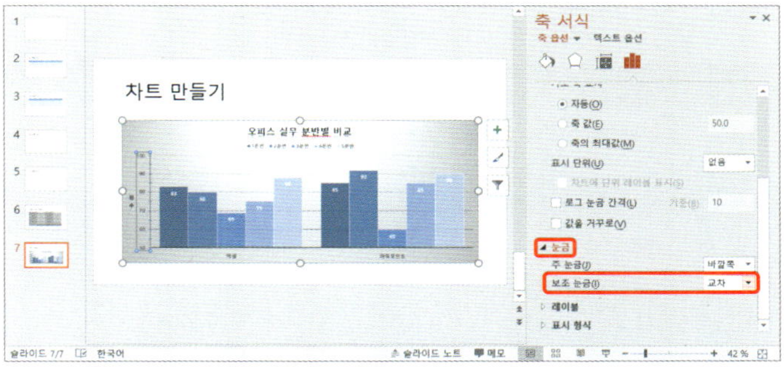

03 차트의 그림 영역에서 [계열 "2분반" 요소 "파워포인트"] 세로 막대를 더블클릭한다. [데이터 요소 서식] 작업 창의 [계열 옵션]–[채우기 및 선] 탭–[채우기]에서 [그림 또는 질감 채우기]를 선택하고 [온라인] 단추를 눌러 '책' 그림을 검색한 뒤 원하는 그림을 선택하고 [삽입]을 누른다. [다음 배율에 맞게 쌓기] 항목을 선택하고 [Units/Picture]에 *10*을 입력한다.

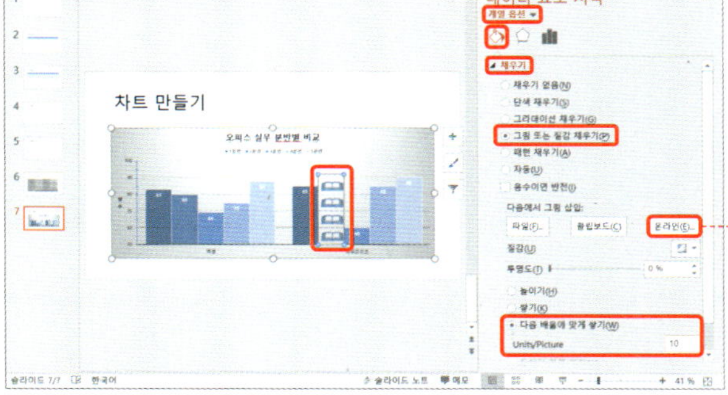

04 서식 작업 창에서 [▾ 옵션] 단추를 눌러 [차트 영역]을 선택한다. [차트 영역 서식] 작업 창이 열리면 [채우기 및 선] 탭–[채우기]에서 [단색 채우기]를 선택하고 [색] 목록에서 원하는 색을 선택한다.

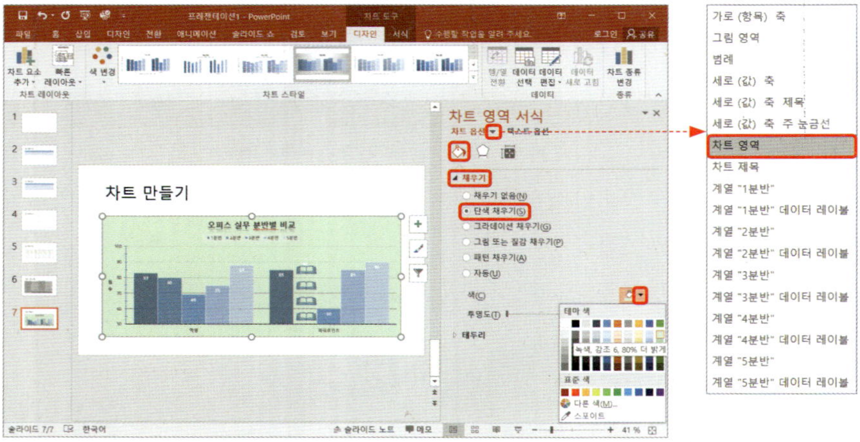

05 [▾ 옵션] 단추를 눌러 [그림 영역]을 선택하고 [그림 영역 서식] 작업 창으로 바뀌면 [채우기 및 선] 탭–[채우기]에서 [그라데이션 채우기]를 선택한다.

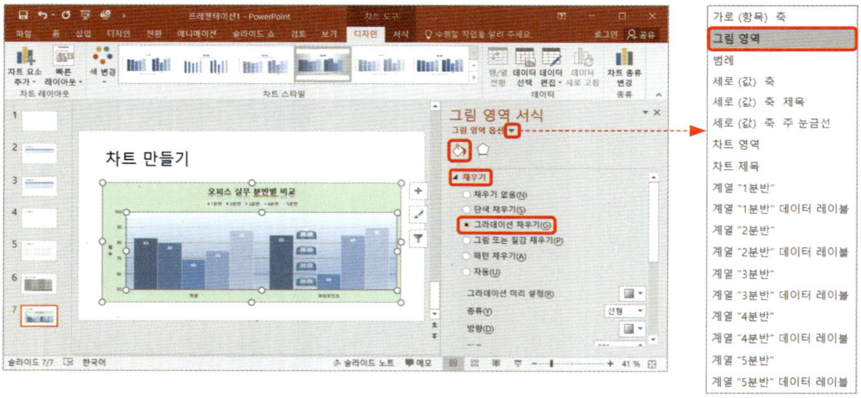

요약예제

앞에서 학습한 표와 차트를 활용하여 다음과 같은 슬라이드를 만들어 보자.

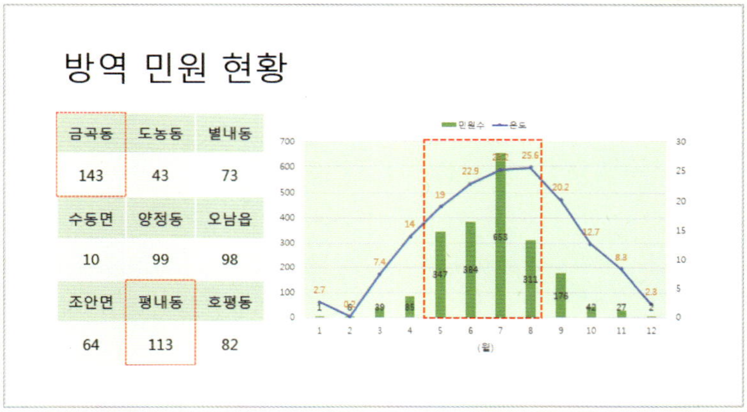

1 파워포인트를 실행하고 [새 프레젠테이션]을 누른다. 만들어진 슬라이드의 레이아웃을 [콘텐츠 2개]로 수정한 다음, 제목에 *방역 민원 현황*을 입력한다.

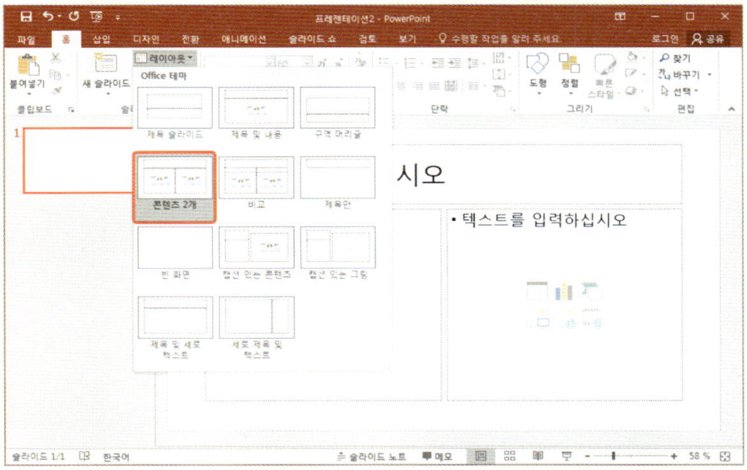

2 왼쪽 텍스트 개체 틀의 [표 삽입] 단추를 눌러 나타나는 [표 삽입] 대화상자에서 열 개수는 '3'으로, 행 개수는 '6'으로 변경하고 [확인]을 누른다.

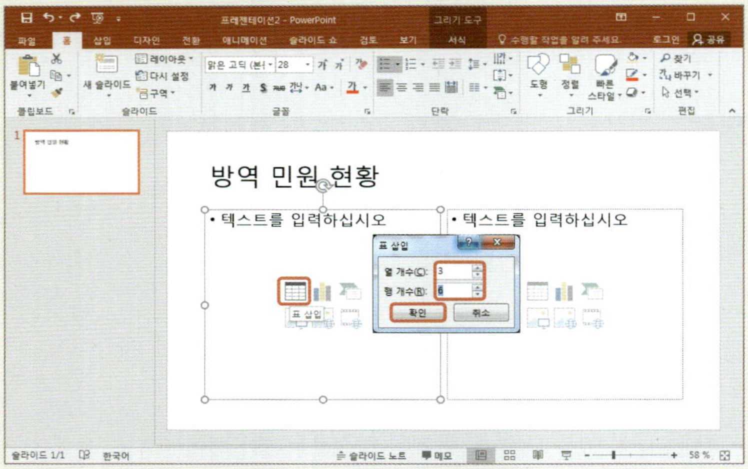

3 삽입된 표에 그림과 같이 내용을 입력하고 마우스로 표의 조절점을 드래그하여 크기를 조절한다. 표에 입력한 텍스트의 [글꼴]은 [맑은 고딕(본문)], [글꼴 크기]는 [20]으로 설정하고, [표 도구]의 [레이아웃] 탭–[맞춤] 그룹에서 [가운데 맞춤]과 [세로 가운데 맞춤]을 선택한다.

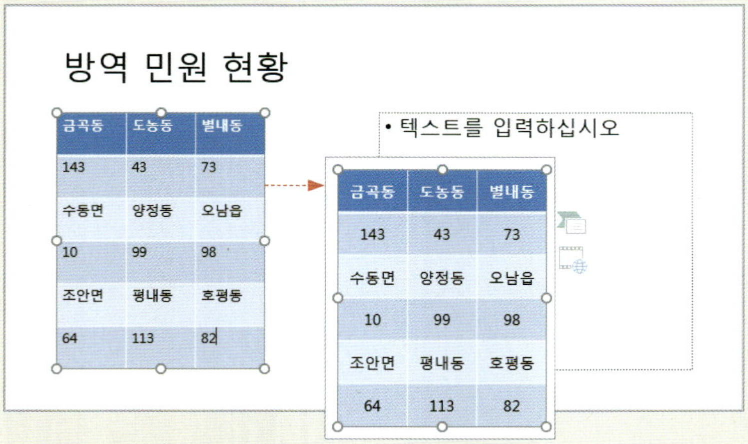

4 [표 도구]의 [디자인] 탭–[표 스타일 옵션] 그룹에서는 [줄무늬 행]만 선택하고, [표 스타일] 그룹–[보통 스타일 2 – 강조 6]을 선택한다.

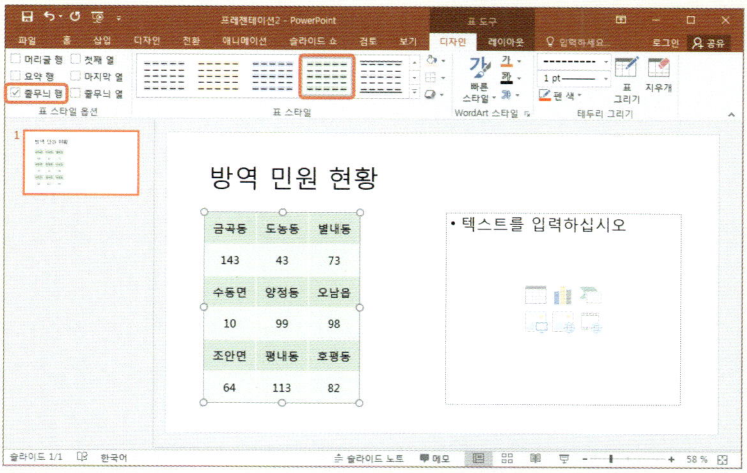

5 [표 도구]의 [디자인] 탭–[테두리 그리기] 그룹에서 [펜 색]과 [펜 스타일]을 [빨강]과 [점선]으로 바꾼다. 그림에 표시한 두 셀을 선택한 뒤 [표 스타일] 그룹의 [테두리] 목록에서 [바깥쪽 테두리]를 선택한다.

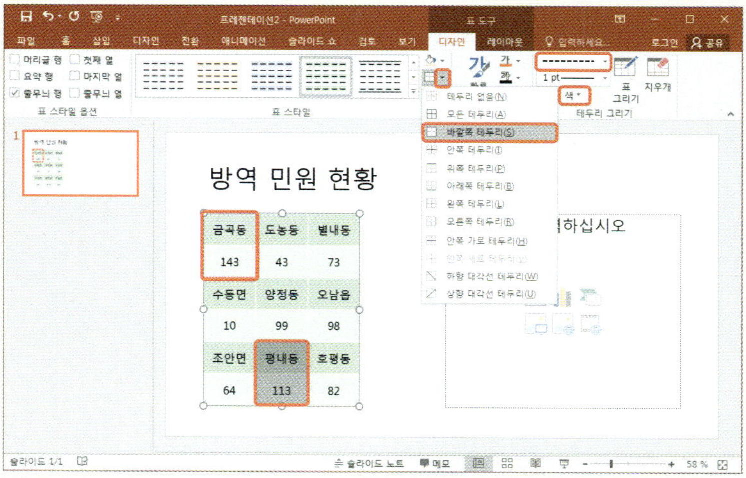

6 오른쪽 텍스트 개체 틀의 [차트 삽입] 단추를 눌러 나타나는 [차트 삽입] 대화상자에서 [세로 막대형]–[묶은 세로 막대형]을 선택하고 [확인]을 누른다.

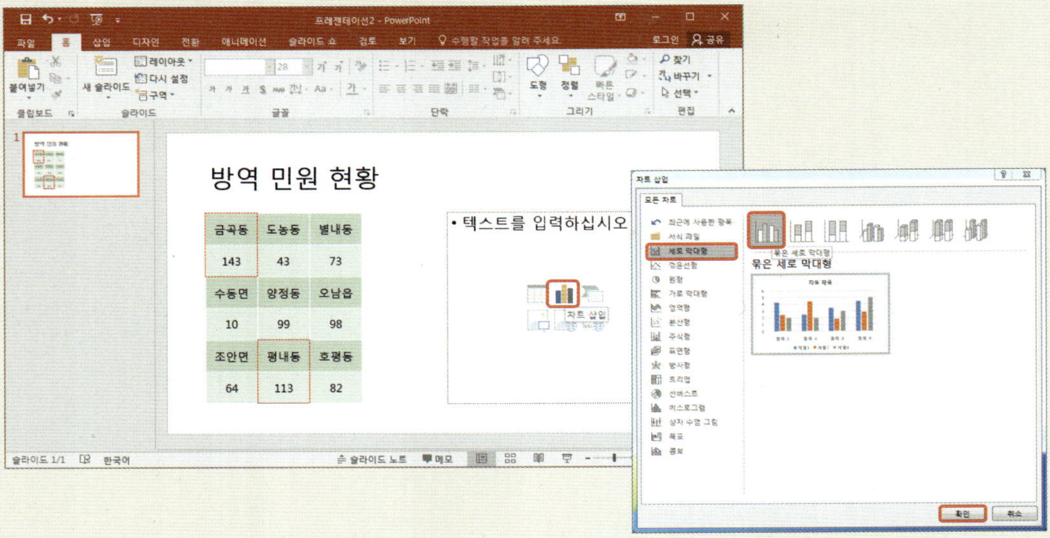

7 슬라이드에 차트가 삽입되고 차트 데이터를 입력하기 위한 엑셀 창이 표시되면 그림과 같이 데이터를 입력하고 엑셀 창을 닫는다.

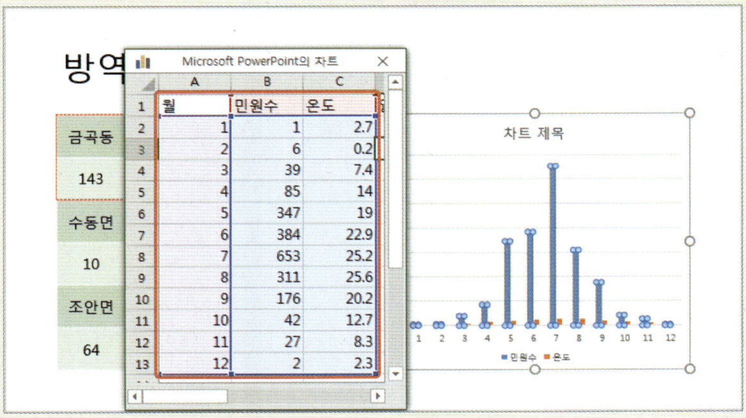

8 차트 크기를 조절한 뒤 [차트 도구]의 [디자인] 탭–[종류] 그룹–[차트 종류 변경]을 누른다.

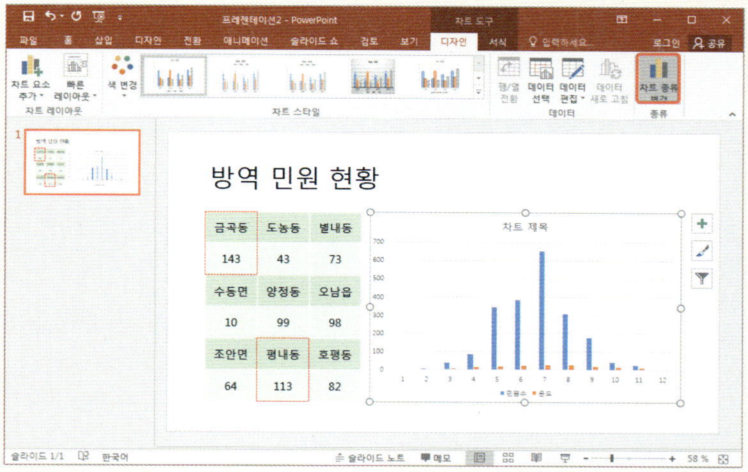

9 [차트 종류 변경] 대화상자에서 [콤보]를 선택한다. '온도' 계열의 차트 종류를 [표식이 있는 꺾은선형]으로 설정하고 [보조 축]을 선택한 다음 [확인]을 누른다.

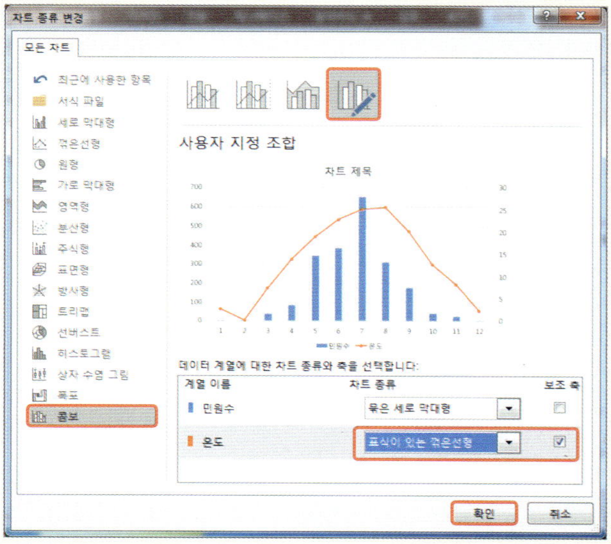

10 [차트 도구]의 [디자인] 탭–[차트 레이아웃] 그룹–[차트 요소 추가] 목록에서 [차트 제목]–[없음], [범례]–[위쪽], [데이터 레이블]–[가운데]를 차례로 선택한다.

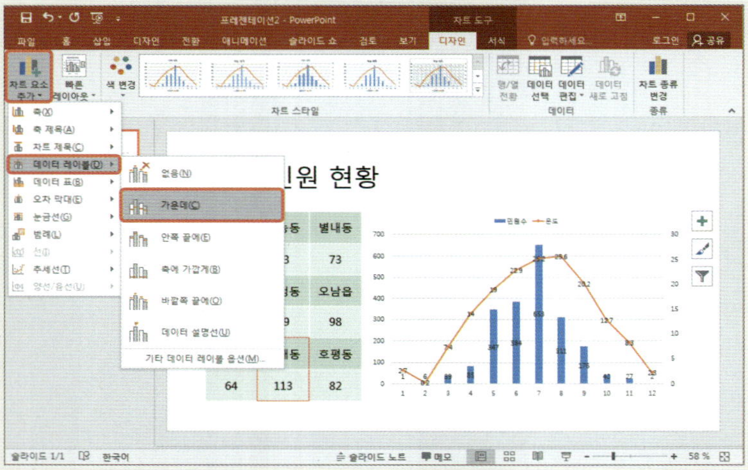

11 [차트 도구]의 [서식] 탭–[현재 선택 영역] 그룹에서 [계열 "온도" 데이터 레이블]을 선택하고 [선택 영역 서식]을 누르면 오른쪽에 [데이터 레이블 서식] 작업 창이 나타난다. [레이블 옵션]–[레이블 옵션] 탭–[레이블 옵션]에서 [레이블 위치]를 [위쪽]으로 선택한 다음, [텍스트 옵션]–[텍스트 채우기 및 윤곽선] 탭–[텍스트 채우기]에서 [단색 채우기]를 선택하고 [색]을 [주황, 강조 2]로 설정한다.

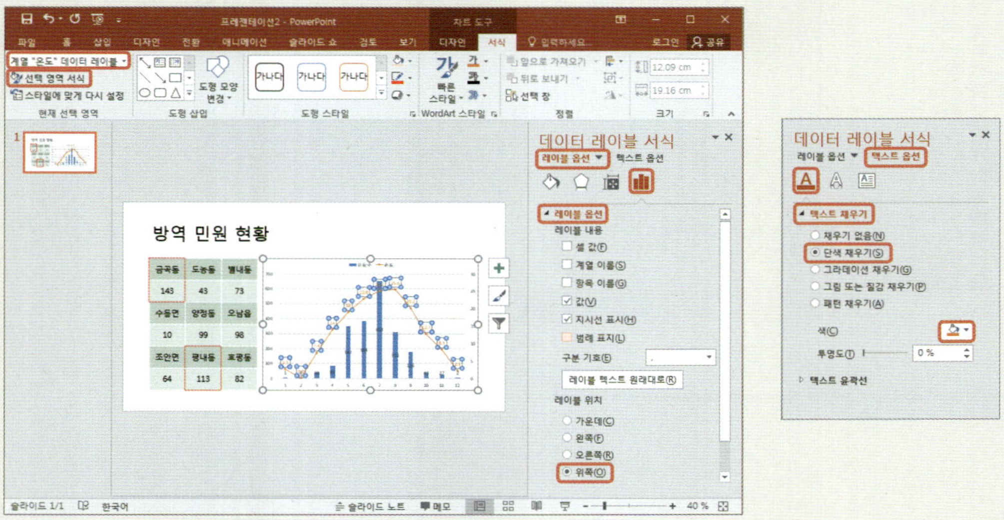

12 [차트 도구]의 [디자인] 탭–[차트 레이아웃] 그룹–[차트 요소 추가] 목록에서 [축 제목]–[기본 가로]를 선택하고 축 제목에 *(월)*을 입력한다.

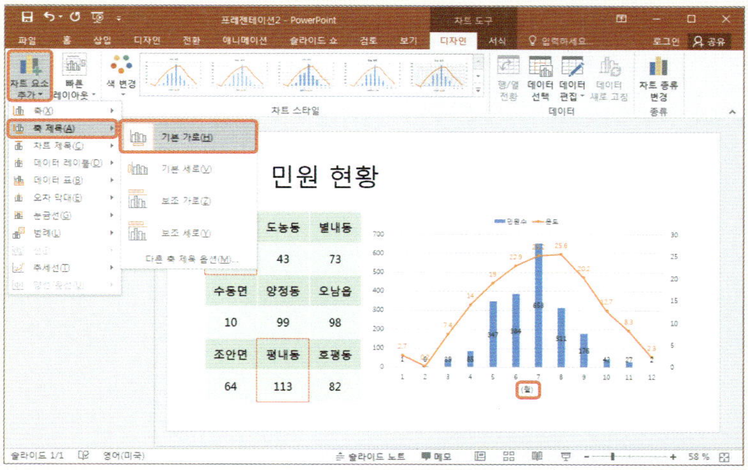

13 [차트 도구]의 [디자인] 탭–[차트 스타일] 그룹–[색 변경] 목록에서 [색상형]의 [색 4]를 선택한다.

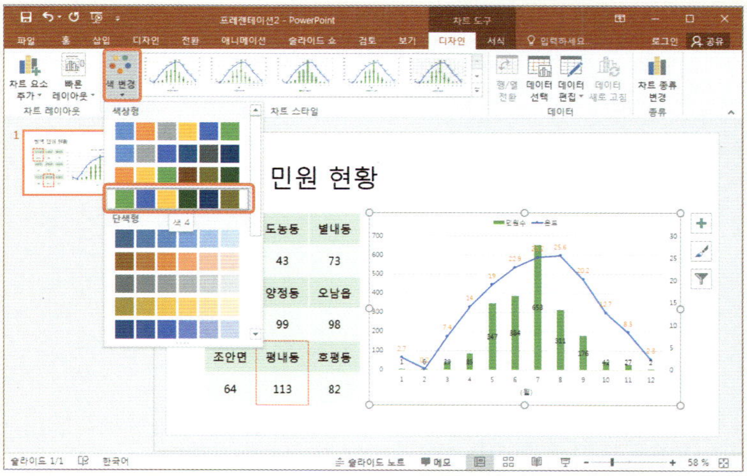

14 차트에서 그래프가 표시되는 [그림 영역]을 더블클릭하여 [그림 영역 서식] 작업 창이 표시되면 [그림 영역 옵션]–[채우기 및 선] 탭–[채우기]에서 [단색 채우기]를 선택하고 [색]을 [녹색, 강조 6, 80% 더 밝게]로 설정한다.

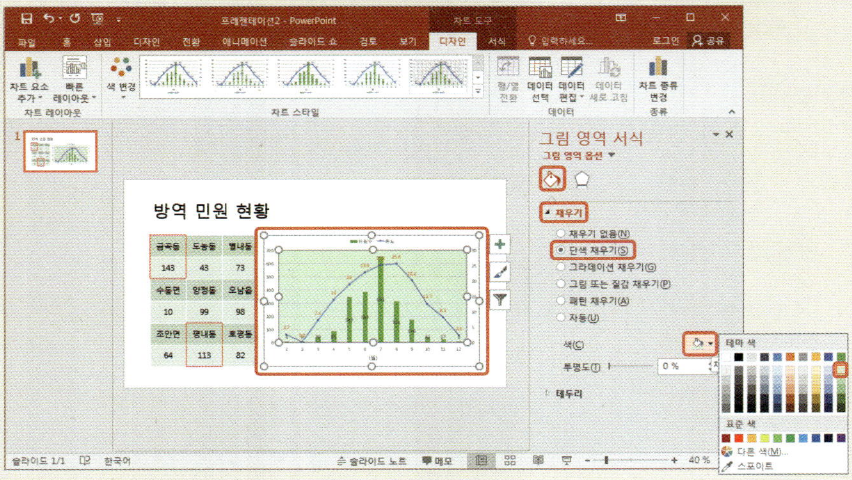

15 민원이 많이 발생한 월을 강조하기 위해 그림과 같이 직사각형 도형을 삽입하고 [그리기 도형]의 [서식] 탭–[도형 스타일] 그룹에서 [도형 채우기]–[채우기 없음], [도형 윤곽선]–[빨강], [도형 윤곽선]–[두께]–[3pt], [도형 윤곽선]–[대시]–[사각 점선]으로 서식을 설정한다.

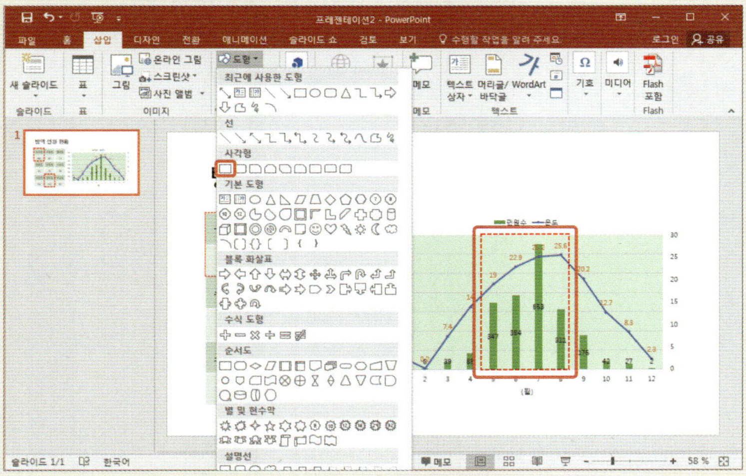

연습문제

1 아래의 지시대로 슬라이드에 표를 작성하시오.

❶ [제목 및 내용] 레이아웃으로 슬라이드를 만들고 제목을 입력하시오.

❷ 제목 텍스트의 글꼴은 [HY헤드라인M]으로, 글꼴 크기는 [44], 단락은 [가운데 맞춤]으로 설정하시오.

❸ 제목 개체 틀의 도형 모양을 [대각선 방향의 모서리가 잘린 사각형]으로 변경하고, 도형 채우기 색은 [주황]으로 설정하시오.

❹ 그림의 모양에 맞게 표의 크기를 계산하여 삽입하시오.

❺ 표에 텍스트를 모두 입력하고, 글꼴은 [맑은 고딕(본문)], 글꼴 크기는 [20]으로 설정하시오.

❻ 모든 셀에 [행 높이를 같게], [가운데 맞춤], [세로 가운데 맞춤]으로 설정하시오.

❼ 표 스타일 옵션은 [머리글 행]과 [첫째 열]로 설정하고, 표 스타일은 [보통 스타일 2 – 강조 3]으로 설정하시오.

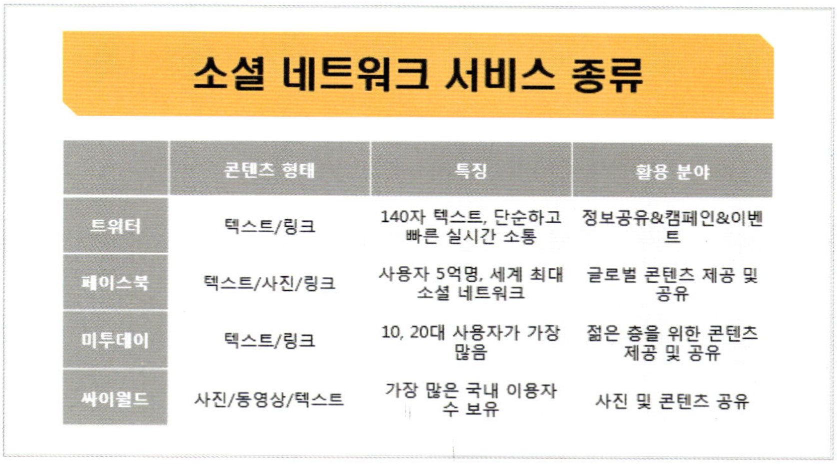

	콘텐츠 형태	특징	활용 분야
트위터	텍스트/링크	140자 텍스트, 단순하고 빠른 실시간 소통	정보공유&캠페인&이벤트
페이스북	텍스트/사진/링크	사용자 5억명, 세계 최대 소셜 네트워크	글로벌 콘텐츠 제공 및 공유
미투데이	텍스트/링크	10, 20대 사용자가 가장 많음	젊은 층을 위한 콘텐츠 제공 및 공유
싸이월드	사진/동영상/텍스트	가장 많은 국내 이용자 수 보유	사진 및 콘텐츠 공유

2 아래의 지시대로 슬라이드에 차트를 작성하시오.

❶ 슬라이드에 [3차원 세로 막대형] 차트를 삽입하고 그림과 같이 데이터를 입력하시오.

	A	B	C
1		6월	12월
2	트위터	227	308
3	페이스북	249	410
4	미투데이	180	150
5	싸이월드	190	170

❷ 차트 제목의 글꼴은 [HY헤드라인M], 글꼴 크기는 [32]로 하고, 텍스트 효과의 [반사]를 [근접 반사, 8pt 오프셋]으로 설정하시오.

❸ 차트 요소를 추가하여 데이터 레이블을 표시('12월'의 값은 [빨강]으로 텍스트 채우기)하고, 범례는 차트 요소에서 제거하시오.

❹ 데이터 계열 서식의 계열 옵션에서 세로 막대 모양을 [원통형]으로 설정하시오.

❺ 옆면과 밑면 서식의 채우기 옵션을 [그라데이션 채우기]로 설정하시오.

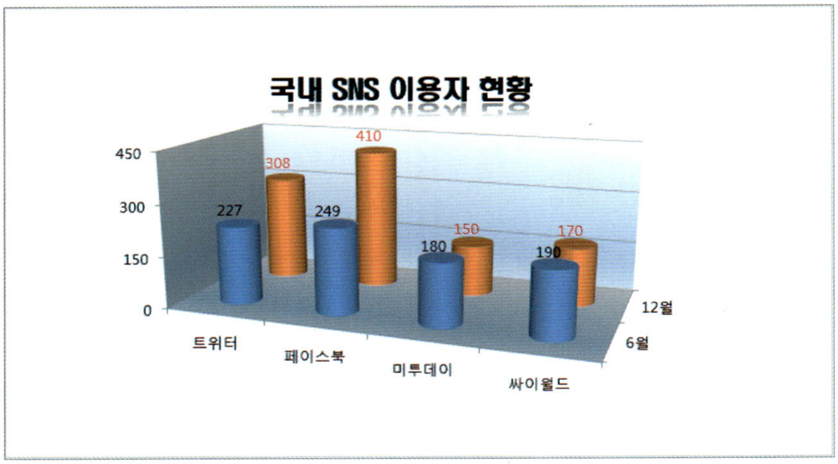

CHAPTER 12

멀티미디어

학습목표

- 그림을 삽입하고 그림 도구로 편집할 수 있다.
- 그림을 배경 서식으로 활용할 수 있다.
- 비디오와 오디오를 삽입하고 편집할 수 있다.

SECTION 01

그림 삽입과 편집하기

프레젠테이션에서 여러 문장으로 나타낼 내용을 강렬한 인상을 주는 그림이나 사진으로 대신하면 정보 전달력을 높일 수 있다. 그래서 프레젠테이션에서는 텍스트 대신 이미지 정보를 종종 활용한다. 파워포인트에서는 손쉽게 그림을 삽입할 수 있을 뿐 아니라 다양한 그림 도구가 제공되므로 그림을 자르거나 밝기, 선명도, 색조와 채도 등을 수정하는 편집 작업도 함께 할 수 있다.

1.1 그림 삽입과 크기 변경 및 위치 이동

슬라이드에 그림을 삽입하거나 복제하고 크기를 조절하거나 위치를 이동하는 작업은 도형이나 스마트아트 개체와 동일하다. 하지만, 가로/세로 비율을 유지해야 하는 그림인 경우에는 확대나 축소를 하는 것보다 자르기를 이용하여 크기를 삽입될 공간에 맞추는 것이 좋다.

기본예제 12-1 다양한 방법으로 그림 삽입하기

파워포인트에서는 컴퓨터에 미리 저장해 둔 그림을 삽입하거나 온라인에서 검색한 그림을 삽입할 수 있다. 슬라이드에 필요한 그림을 삽입해 보자.

01 파워포인트를 실행하고 [자르기] 서식 파일을 선택한 다음, [만들기]를 누른다.

02 제목에 *COFFEE*, 부제목에 *푸드 스토리*를 입력하고, [그리기 도구]의 [서식] 탭–[WordArt 스타일] 그룹–[빠른 스타일]에서 [무늬 채우기 – 밤색, 강조 3, 좁은 가로선, 안쪽 그림자]를 선택한다.

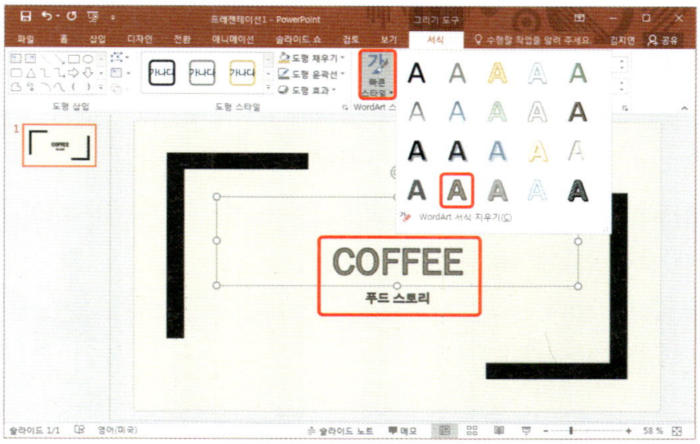

03 [삽입] 탭–[이미지] 그룹에서 [그림]을 누르면 [그림 삽입] 대화상자가 나타난다. 파일 목록에서 '커피.jpg' 파일을 선택하고 [삽입]을 누른다.

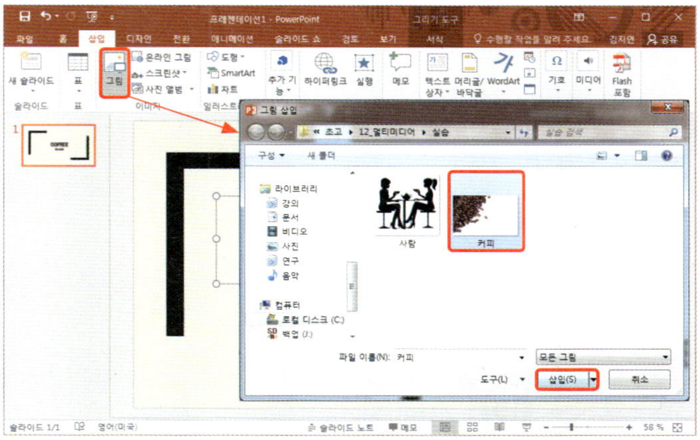

TIP '커피.jpg' 파일은 이 책의 실습 자료를 제공하는 'source' 폴더에서 찾을 수 있다. 실습 자료가 포함된 'source' 폴더를 내려받는 자세한 방법은 6쪽을 참고한다.

04 삽입된 그림을 선택하고 드래그하여 위치를 이동하고, 조절점을 드래그하여 크기도 조절한다. 이때, [그림 도구]의 [서식] 탭–[정렬] 그룹–[뒤로 보내기] 목록에서 [맨 뒤로 보내기]를 선택해 제목과 부제목을 가리지 않도록 한다.

05 [홈] 탭–[슬라이드] 그룹–[새 슬라이드] 목록에서 [제목만]을 선택해 슬라이드를 추가한다. 추가된 슬라이드 제목에 '커피 열매'를 입력하고 단계 **03~04**를 반복한다. 이때 슬라이드에 삽입하는 이미지는 '사람.jpg'이다.

06 [삽입] 탭–[이미지] 그룹에서 [온라인 그림]을 눌러 [그림 삽입] 대화상자가 나타나면 검색 입력란에 *커피나무*를 입력하고 Enter를 누른다.

07 검색 결과 중에서 원하는 그림을 선택하고 [삽입]을 누르면 슬라이드에 그림이 삽입된다.

기본예제 12-2 화면 캡처로 그림 삽입하기

파워포인트 2010부터 추가된 스크린샷 기능을 사용하면 현재 컴퓨터에서 실행중인 프로그램의 창을 캡처하거나 필요한 영역만 지정하여 캡처할 수 있다. 스크린샷 기능을 사용하여 슬라이드에 그림을 삽입해 보자.

01 인터넷 익스플로러나 구글 크롬과 같은 웹브라우저 프로그램을 실행한 뒤 '커피열매'를 검색한다.

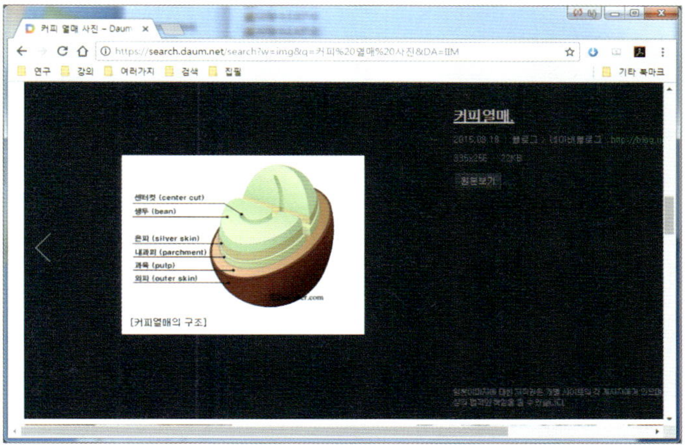

02 파워포인트 실행 창에서 [삽입] 탭–[이미지] 그룹–[스크린샷] 목록에서 [화면 캡처]를 선택한다.

TIP [사용할 수 있는 창]에는 현재 실행 중인 프로그램이 표시된다. 창 전체를 그림으로 삽입하려면 목록에서 선택하면 된다.

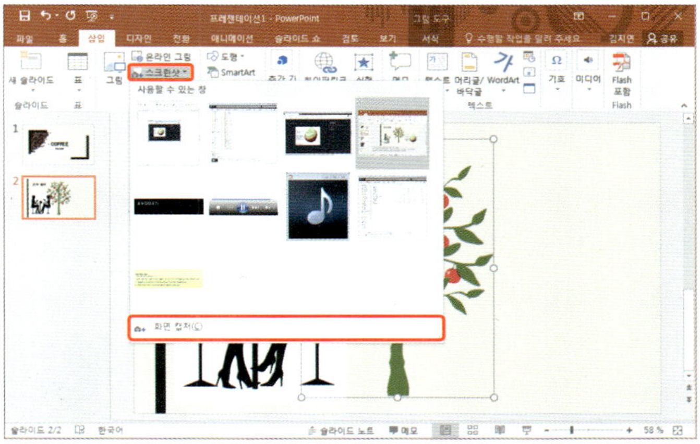

03 캡처할 영역을 드래그하여 선택한다.

TIP 캡처할 화면이 있는 작업 창을 미리 스크린에 활성화해야 한다.

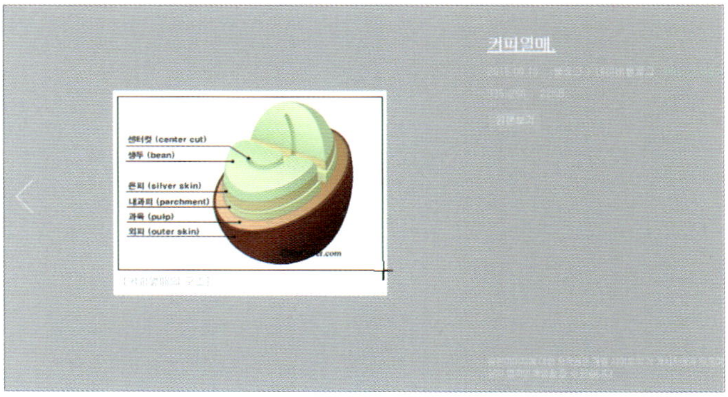

04 캡처한 영역이 슬라이드에 그림으로 추가되면 선택하고 드래그하여 그림 위치를 변경한다.

1.2 그림 효과와 그림 편집

슬라이드에 삽입한 그림을 선택하면 [그림 도구]의 [서식] 탭이 표시된다. 여기에서 그림을 편집할 수 있는 여러 가지 기능을 사용할 수 있다. 그림 도구를 사용하여 그림의 배경을 제거하거나 그림 자르기, 선명도나 밝기 조절하기, 꾸밈 효과 주기와 같은 그림 편집 기능을 사용하는 방법을 알아본다.

기본예제 12-3 그림의 배경 제거와 투명한 색 설정하기

파워포인트에서는 배경 제거와 투명한 색 설정하기 기능을 이용해 필요하지 않은 배경이나 그림의 특정 영역을 제거할 수 있다. 슬라이드에 삽입한 그림의 불필요한 배경이나 색을 제거해 보자.

01 [기본예제 12-1]에서 만든 제목 슬라이드에서 삽입한 '커피.jpg' 그림을 선택하고 [그림 도구]의 [서식] 탭-[조정] 그룹-[배경 제거]를 누른다.

02 붉은 색으로 나타나는 부분이 제거할 배경이 된다. 조절점을 드래그하여 배경을 제거할 영역을 결정하고 그림 바깥 영역을 마우스로 누르면 선택한 영역의 배경이 제거된다.

TIP [배경 제거] 탭-[고급 검색] 그룹에서 [보관할 영역 표시]나 [제거할 영역 표시]를 선택한 뒤 그림의 해당 영역을 선택하면 보관하거나 제거할 영역을 세밀하게 선택할 수 있다.

03 두 번째 슬라이드에 삽입한 '사람.jpg' 그림을 선택하고 [그림 도구]의 [서식] 탭-[조정] 그룹-[색] 목록에서 [투명한 색 설정]을 선택한다.

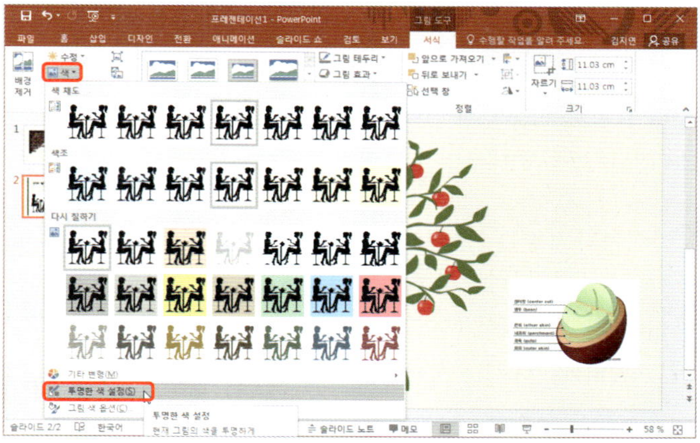

04 마우스 포인터가 모양으로 변경되면 그림의 배경 영역을 눌러서 선택한다.

TIP 단계 03~04 대신 단계 01~02의 [배경 제거] 기능을 사용해도 된다. 하지만, '사람.jpg' 그림처럼 배경과 전경이 명확하게 구분되는 그림에서는 [투명한 색 설정]이 더 간편하다.

05 '커피열매.jpg' 그림도 단계 **03~04**를 반복하여 배경을 제거한다.

기본예제 12-4 그림 수정과 색, 효과 설정하기

파워포인트의 그림 도구를 이용하면 포토샵과 같은 이미지 편집 프로그램에서 작업할 수 있는 선명도나 밝기/대비 조절, 색 채도나 색조 변경 등의 다양한 기능을 수행할 수 있다. 또, 이미지 편집 프로그램의 필터 효과와 비슷한 꾸밈 효과를 이용하면 스케치나 필름과 같은 효과를 그림에 적용할 수 있고, 그림 스타일을 적용해 테두리나 그림자 등을 설정할 수도 있다. 그림에 다양한 효과를 적용해 보자.

01 '사람.jpg' 그림을 선택하고 [그림 도구]의 [서식] 탭–[조정] 그룹–[수정] 목록에서 [선명도 조절]의 [선명하게: 25%]를 선택한다.

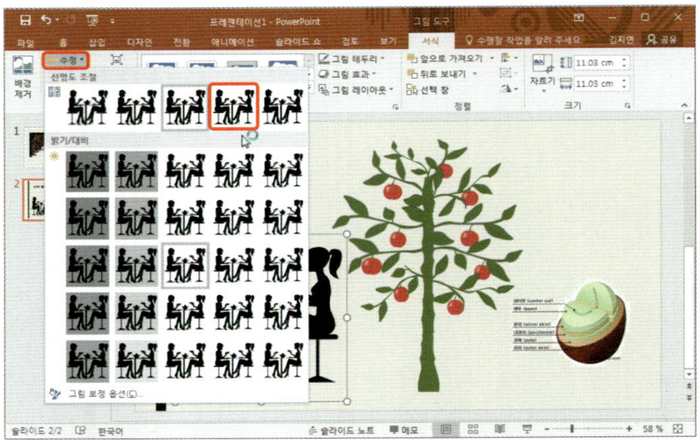

TIP 선명도는 가운데 원본을 기준으로 25% 단위로 좌/우 두 가지씩 옵션을 선택할 수 있다. 슬라이드에 삽입한 그림의 화질이 떨어지는 경우에는 선명도를 조금만 높여도 화질 개선 효과를 얻을 수 있다. 반면에, 그림을 부드럽게 표현하기 위해 선명도를 낮추는 방법을 사용하는 경우도 있다.

02 '사람.jpg' 그림을 선택한 상태로 [그림 도구]의 [서식] 탭-[조정] 그룹-[수정] 목록에서 [밝기/대비]의 [밝기: +20%, 대비: +20%]를 선택한다.

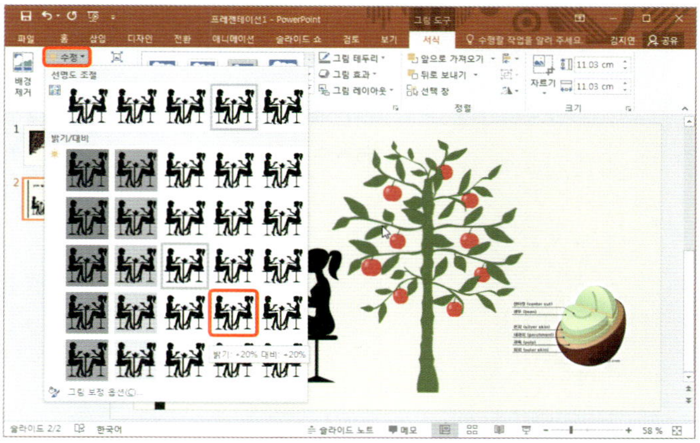

TIP 밝기 조정을 이용하면 그림을 밝게 또는 어둡게 수정할 수 있다. 대비는 밝은 부분과 어두운 부분의 차이를 의미하므로 대비를 높이면 밝은 부분과 어두운 부분에 경계가 생겨 그림이 또렷해지는 효과가 생긴다. 선명도와 밝기/대비를 더 세밀하게 변경하려면 [그림 보정 옵션]을 선택한다.

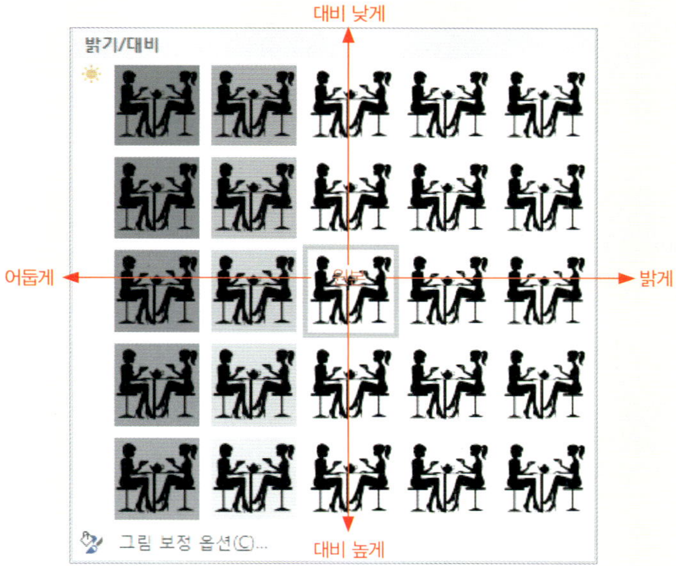

03 '사람.jpg' 그림을 선택하고 [그림 도구]의 [서식] 탭–[조정] 그룹–[색] 목록에서 [다시 칠하기]의 [녹색, 밝은 강조색 4]를 선택한다.

TIP 색 채도와 색조, 다시 칠하기 기능을 이용하면 그림의 색 농도나 온도, 톤을 변경할 수 있다. 색 채도가 높을수록 색이 강해지고, 색조가 높을수록 따뜻한 느낌이 든다.

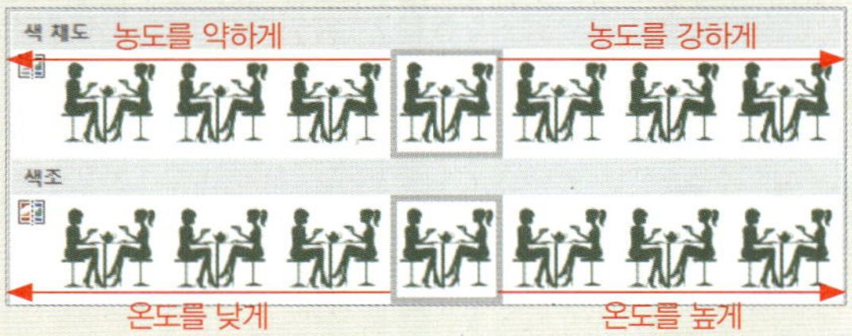

그림의 전체적인 색상 톤을 변경하는 다시 칠하기 기능을 이용하면 원본 그림을 흑백이나 다홍처럼 다른 색으로 바꿀 수 있다. 다시 칠하기 목록에 없는 색상으로 바꾸려면 [기타 변형]을 선택하고 색을 고르면 된다.

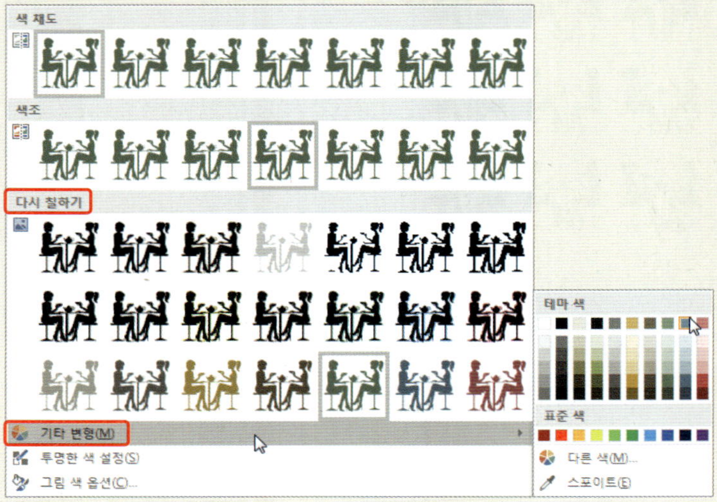

04 '사람.jpg' 그림을 선택하고 [그림 도구]의 [서식] 탭–[조정] 그룹–[꾸밈 효과] 목록에서 [플라스틱 워프]를 선택한다.

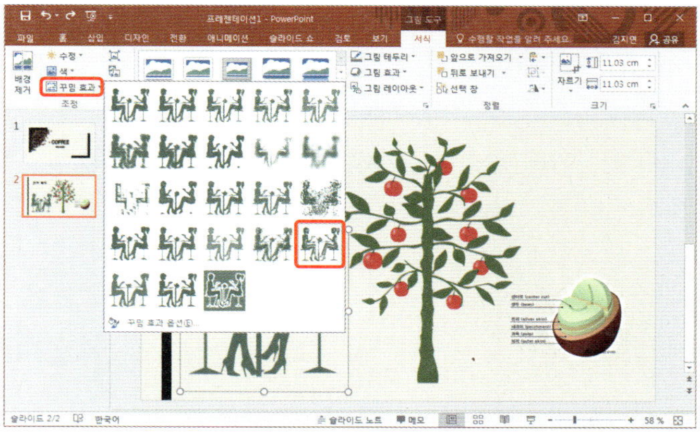

TIP 꾸밈 효과를 그림에 적용하면 파스텔이나 연필로 그린 것처럼 변형하거나 카메라 필터 기능 등의 특수 효과를 그림에 적용할 수 있다. 꾸밈 효과를 취소하려면 맨 윗줄의 원본 그림을 다시 선택하면 되고, 꾸밈 효과의 세부 속성은 [꾸밈 효과 옵션]을 선택하여 변경할 수 있다.

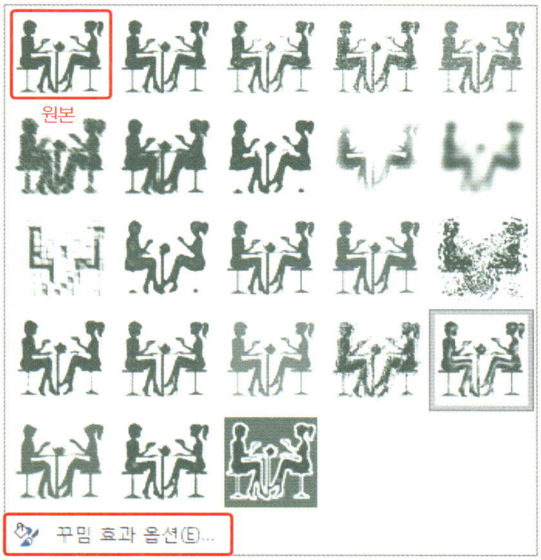

TIP [그림 도구]의 [서식] 탭–[조정] 그룹에 있는 [그림 압축], [그림 바꾸기], [그림 원래대로] 도구는 다음과 같은 목적으로 사용할 수 있다.

- 그림 압축(): 그림을 압축 후 저장하여 전체 프레젠테이션 파일의 크기를 줄일 수 있다.
- 그림 바꾸기(): 선택한 그림의 서식과 크기를 유지하면서 다른 그림으로 변경할 수 있다.
- 그림 원래대로(): 선택한 그림에 설정한 서식이나 크기 설정을 취소하고 원본 그림으로 되돌릴 수 있다.

05 '사람.jpg' 그림을 선택한 상태로 [그림 도구]의 [서식] 탭–[그림 스타일] 그룹–[그림 효과] 목록에서 [그림자]–[원근감]의 [원근감 대각선 왼쪽 위]를 선택한다.

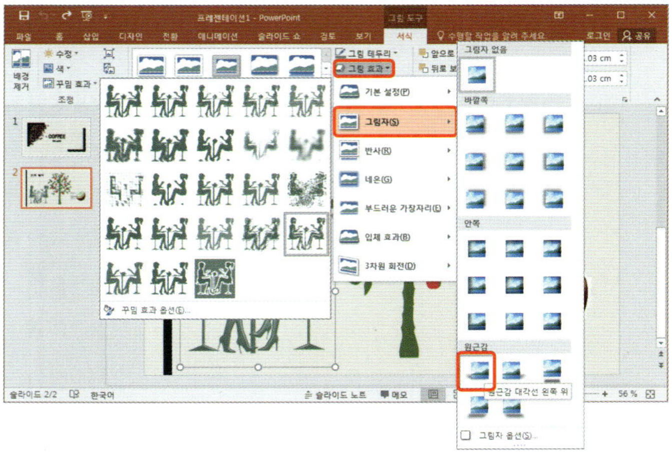

TIP [그림 스타일] 그룹의 [자세히] 단추를 누르면 미리 설정된 서식 스타일을 선택할 수 있다. 선택한 스타일에 따라 그림 테두리나 그림 효과를 빠르게 적용할 수 있다.

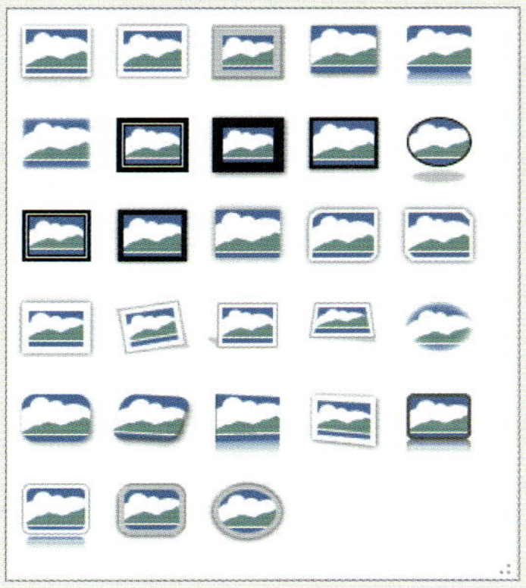

기본예제 12-5 개체 회전과 자르기

도형이나 개체 틀에 그림을 삽입하는 경우 틀의 모양에 맞추려고 그림을 확대하거나 축소하면 좌우 비율이 달라질 수 있다. 이런 경우에는 이미지를 틀에 맞게 잘라 사용하는 것이 훨씬 보기 좋다. 다른 이미지 편집 프로그램을 사용하지 않고도 파워포인트에서 제공하는 자르기 도구를 이용하면 이러한 작업을 편리하게 수행할 수 있다. 그림에서 필요한 부분만 잘라 표시해 보자.

▲ 그림 크기를 변경한 경우

▲ 그림 자르기를 사용한 경우

01 '사람.jpg' 그림을 선택하고 [그림 도구]의 [서식] 탭–[크기] 그룹–[자르기] 목록에서 [도형에 맞춰 자르기]–[기본 도형]의 [사다리꼴]을 선택한다.

02 사다리꼴로 표시되는 그림의 잘려진 영역을 조정하기 위해 [그림 도구]의 [서식] 탭–[크기] 그룹–[자르기] 목록에서 [자르기]를 누른다.

03 그림에 표시되는 자르기 핸들을 마우스로 드래그하거나 그림을 드래그하여 원하는 부분을 선택한다. 선명하게 표시되는 부분이 슬라이드에 남게 된다. 자르기 작업을 끝내려면 그림 바깥쪽을 누른다.

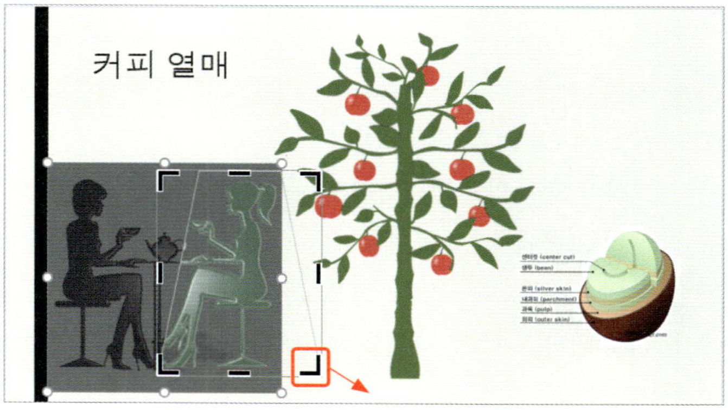

04 그림을 회전하기 위해 [그림 도구]의 [서식] 탭–[정렬] 그룹–[개체 회전] 목록에서 [좌우 대칭]을 선택하고 위치를 이동하여 적절하게 배치한다.

05 [삽입] 탭–[일러스트레이션] 그룹–[도형] 목록에서 [기본 도형]의 [눈물 방울]을 선택한다.

06 눈물 방울 도형을 '커피 열매' 그림 뒤에 그려 넣고([뒤로 보내기]), [그리기 도구]의 [서식] 탭–[도형 스타일] 그룹에서 [도형 채우기]는 [채우기 없음]으로, [정렬] 그룹에서 [개체 회전]은 [좌우 대칭]으로 설정한다.

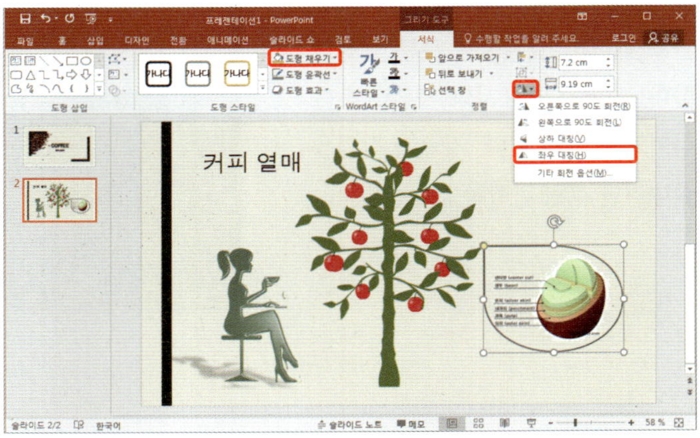

SECTION 02

그림 활용하기

프레젠테이션에서는 시각적 효과를 사용하여 전달력을 높이고자 할 때 그림을 사용하는데, 그림만 보여주는 경우도 있지만 그림을 배경으로 텍스트를 보여주거나 그림과 텍스트를 함께 배치할 때도 있다. 이때 그림에 따라 텍스트의 가독성이 떨어지는 상황이 발생한다면, 투명도를 조절하거나 그라데이션 효과를 이용하여 그림과 텍스트를 적절하게 배치할 수 있다.

2.1 투명도 효과

[기본예제 12-3]에서 살펴본 것처럼 파워포인트의 그림 도구는 그림의 특정 색을 지정하여 투명하게 설정하는 방법은 제공하지만, 그림 전체의 투명도를 설정하는 방법은 제공하지 않는다. 하지만, 그림이 도형이나 슬라이드의 배경으로 채워지는 경우에는 투명도를 조절할 수 있어서 함께 표시되는 텍스트의 가독성을 높이는 효과를 낼 수 있다.

기본예제 12-6 그림의 투명도 조절하기

슬라이드의 배경 서식에서 그림으로 채우기를 하면 그림의 투명도를 조절할 수 있다. 그림의 투명도를 조절하여 슬라이드에 보여줄 텍스트의 가독성을 높여 보자.

01 [홈] 탭-[슬라이드] 그룹-[새 슬라이드] 목록에서 [제목 및 내용]을 선택하여 새 슬라이드를 삽입한다.

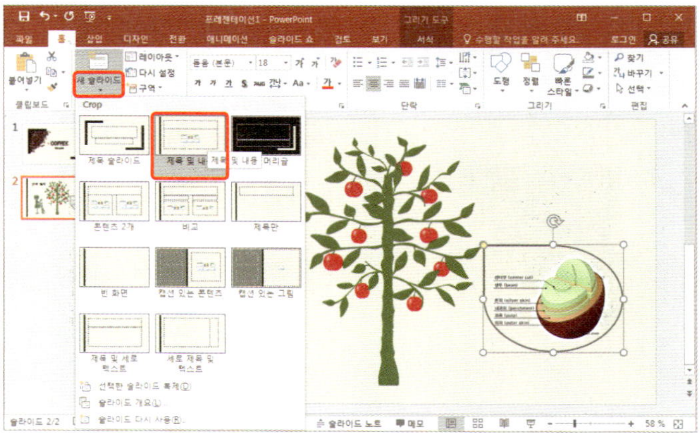

02 삽입한 슬라이드의 제목과 내용을 그림과 같이 입력하고, 내용 개체 틀의 [글꼴]을 [돋움(본문)], [굵게], [글꼴 크기]는 [32], [줄 간격]은 [1.5]로 설정한다.

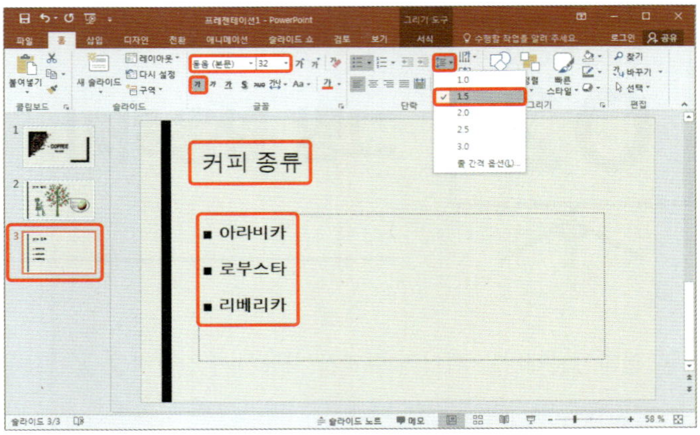

03 [디자인] 탭–[사용자 지정] 그룹에서 [배경 서식]을 누르면 [배경 서식] 작업 창이 오른쪽에 나타난다.

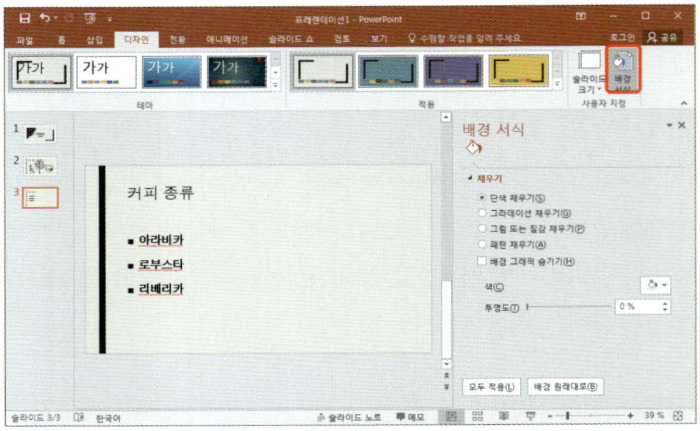

04 [배경 서식] 작업 창의 [채우기 및 선] 탭–[채우기]에서 [그림 또는 질감 채우기]를 선택하고 [파일] 단추를 눌러 [그림 삽입] 대화상자가 열리면 삽입할 그림을 찾아 선택하고 [삽입]을 누른다.

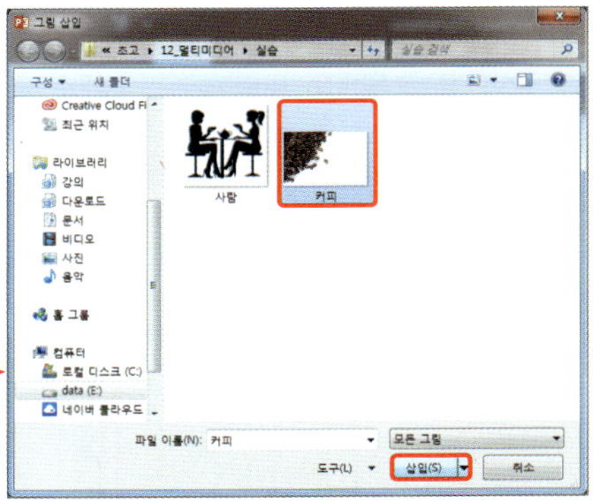

05 투명도를 조절하기 위해 [배경 서식] 작업 창의 [채우기 및 선] 탭-[채우기]에서 [투명도]의 조절점을 마우스로 드래그하거나 숫자를 입력하여 '60%'로 변경한다.

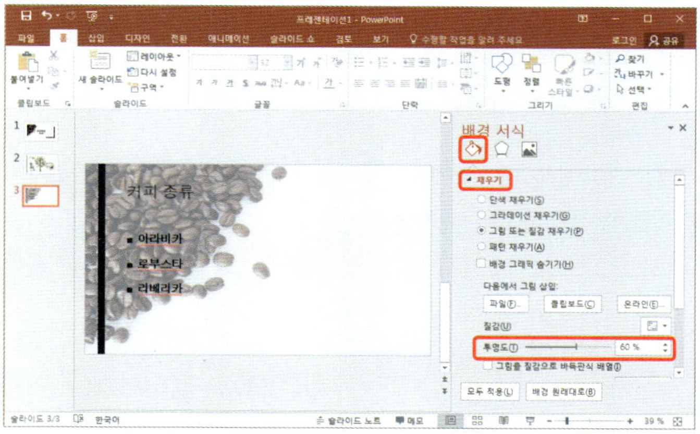

2.2 그라데이션 효과

그림 위에 배치되는 텍스트를 잘 표시하기 위한 간단한 방법은 [기본예제 12-6]과 같이 그림을 배경으로 채우고 투명도를 조절하는 것이다. 그런데 텍스트의 가독성도 높이면서 그림은 선명하게 보여주고 싶다면, 다음과 같이 그림과 텍스트 사이에 그라데이션 도형을 삽입하는 방법을 이용할 수 있다. 그라데이션(gradation)이란 명도나 색상 혹은 채도에 단계적으로 변화를 주는 방식이다. 가령 시작 부분은 밝게, 끝 부분은 어둡게 설정하여 명도를 변화시키거나 한 색상에서 다른 색상으로 점차 변해가는 것 등을 말한다.

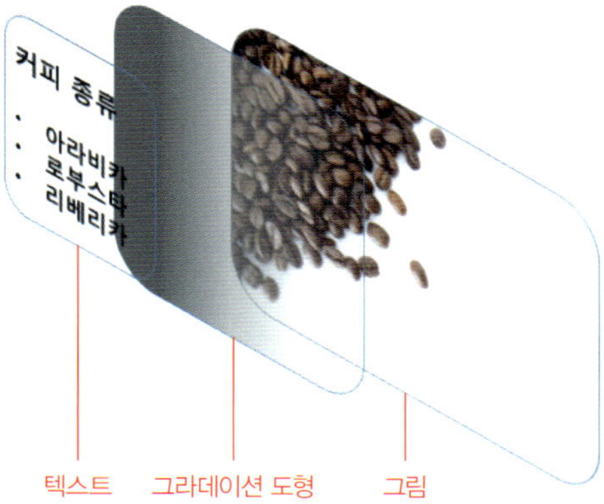

기본예제 12-7 도형의 투명도와 그라데이션 활용하기

도형의 투명도와 그라데이션을 조절하여 텍스트와 그림의 가독성을 높일 수 있는 방법을 알아보자.

01 [기본예제 12-6]에서 만든 슬라이드를 복제하고(단축키 Ctrl+D) [배경 서식] 작업 창에서 [채우기 및 선] 탭-[채우기]의 [투명도]를 '0%'로 변경하여 그림을 선명하게 표시한다.

02 [삽입] 탭-[일러스트레이션] 그룹-[도형] 목록에서 [직사각형]을 선택하여 직사각형을 그린다. 이때 직사각형의 높이는 슬라이드 높이로, 너비는 슬라이드의 약 2/3 정도로 그린다.

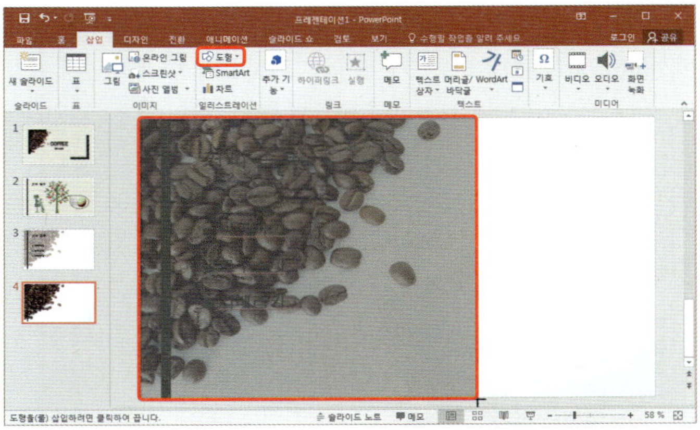

03 도형을 선택하고 [그리기 도구]-[서식] 탭의 [정렬] 그룹-[뒤로 보내기] 목록에서 [맨 뒤로 보내기]를 선택한다. [도형 서식] 작업 창을 나타내기 위해 도형을 마우스 오른쪽 단추로 누르고 [도형 서식]을 선택한다.

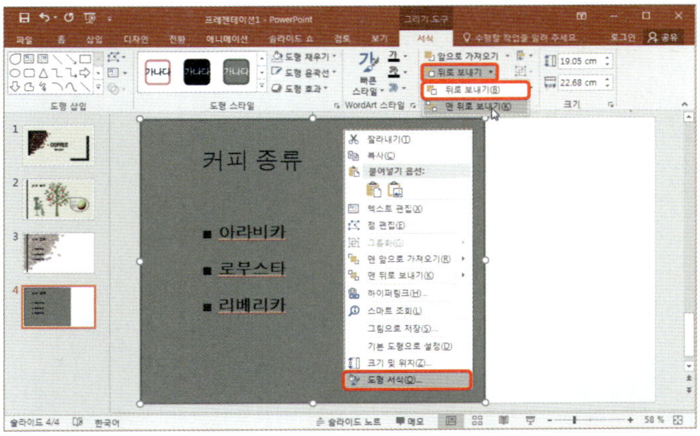

04 [도형 서식] 작업 창에서 [도형 옵션]–[채우기 및 선] 탭–[채우기]의 [그라데이션 채우기]를 선택하고, [종류]는 [선형], [방향]은 [선형 오른쪽]으로 설정한다.

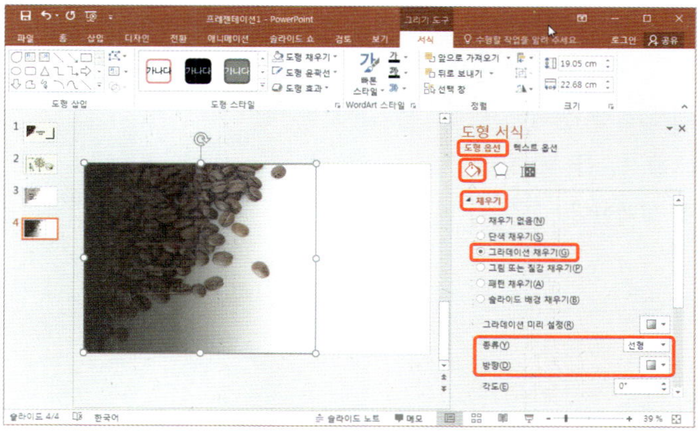

05 세 개의 그라데이션 중지점을 두고 첫 번째와 두 번째 중지점의 [색]은 [밤색, 강조 3, 50% 더 어둡게], 세 번째는 [흰색, 배경 1]로 설정한다. 각 그라데이션 중지점의 위치와 투명도, 밝기는 그림과 같이 설정한다.

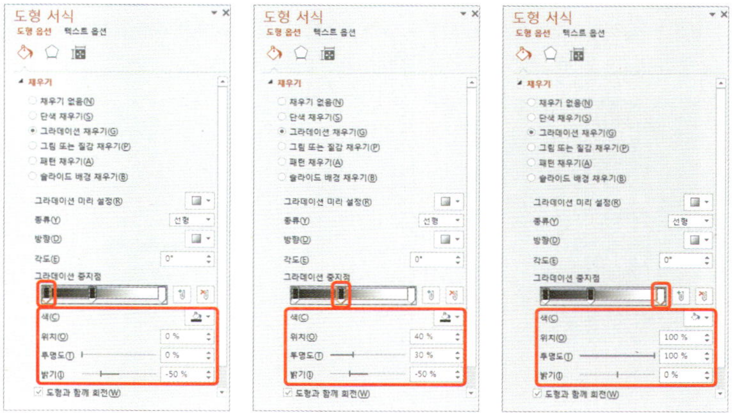

TIP 그라데이션 중지점의 개수는 [그라데이션 중지점 추가] 단추나 [그라데이션 중지점 제거] 단추를 눌러 필요한 만큼 설정할 수 있다.

06 [도형 서식] 작업 창의 아래쪽에서 [선]–[선 없음]을 선택한다.

07 텍스트를 더 잘 보이도록 하기 위해 제목과 내용이 적힌 텍스트 개체 틀을 선택하고 [홈] 탭–[글꼴] 그룹–[글꼴 색]에서 [흰색, 배경 1]을 선택한다.

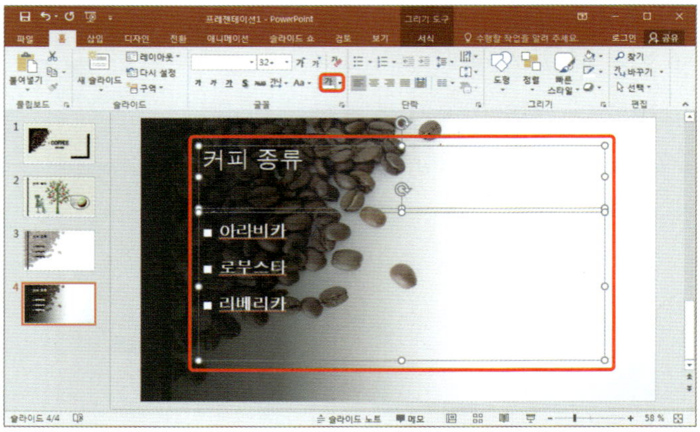

TIP 슬라이드 왼쪽에 있는 세로 막대의 모양을 더 잘 보이게 하려면 그라데이션 중지점을 하나 더 추가하고 첫 번째와 두 번째 중지점의 위치와 투명도 설정을 그림과 같이 변경한다.

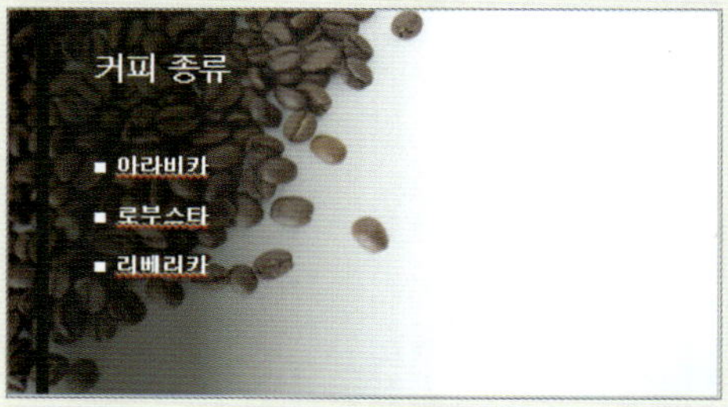

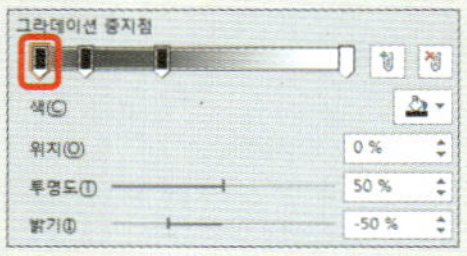

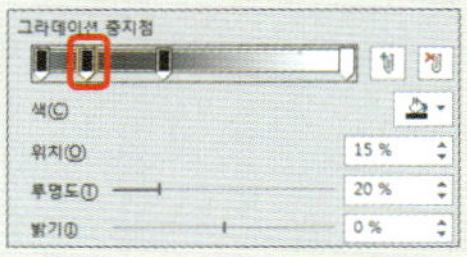

SECTION 03

미디어 활용하기

프레젠테이션에 사용하는 슬라이드에는 텍스트와 그림을 주로 사용하지만 청중의 집중도를 높이고 정보를 효과적으로 전달하기 위해 오디오나 비디오와 같은 멀티미디어를 사용하는 경우도 있다. 파워포인트에서는 멀티미디어 파일을 슬라이드에 삽입하고 재생하는 기능 외에도 간단한 편집 기능을 지원하고 있다. 여기서는 오디오와 비디오의 특성에 따라 활용할 수 있는 도구의 종류와 사용법에 대해 알아본다.

TIP 프레젠테이션에 멀티미디어 파일을 사용할 때는 파일 크기나 저작권 문제 등으로 웹에 있는 파일을 링크하여 보여주는 방법을 사용하기도 한다. 이때 프레젠테이션 장소에 따라 통신 환경이 원활하지 않은 경우도 있으므로 미리 점검하여 대비해야 한다.

3.1 오디오와 비디오 도구

슬라이드에 오디오나 비디오를 삽입하면 나타나는 오디오 도구와 비디오 도구에서는 재생과 볼륨 조절, 트리밍, 페이드 인/아웃 시간 지정과 같은 편집 기능을 지원한다. 오디오와 비디오에도 도형이나 그림처럼 서식을 설정할 수 있는데, 화면의 색이나 테두리, 효과 및 스타일을 설정하여 재생 화면의 모양이나 색을 변경할 수 있다.

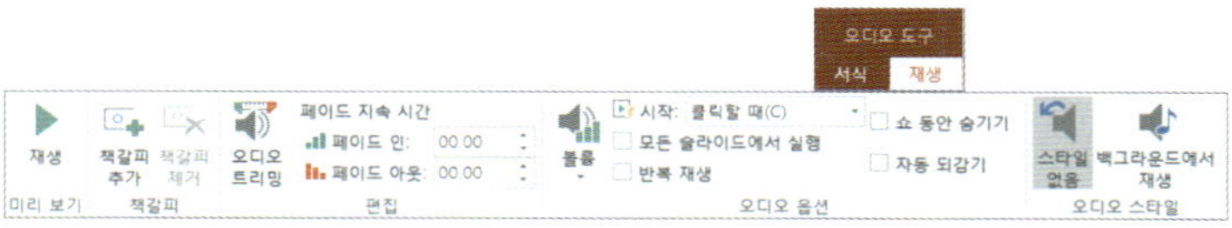

▲ 오디오 도구

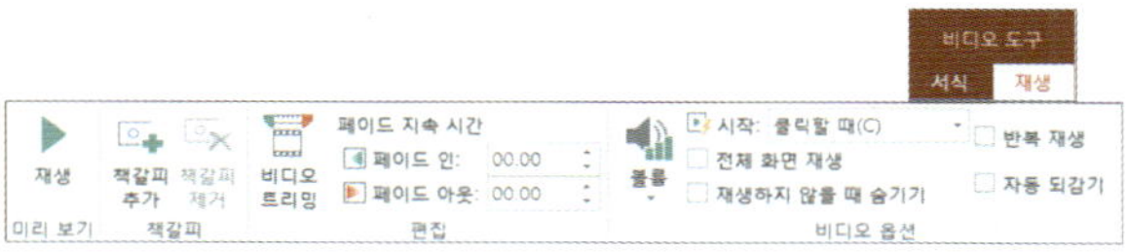

▲ 비디오 도구

기본예제 12-8 슬라이드에 오디오 삽입하기

슬라이드에 오디오 파일을 삽입하고, 오디오 도구를 이용해 페이드 인과 페이드 아웃 시간 및 재생 시작 방법을 설정해 보자.

01 [홈] 탭-[슬라이드] 그룹-[새 슬라이드] 목록에서 [제목 및 내용]을 선택해 새 슬라이드를 삽입한다.

02 제목을 *Hand Drip Coffee*로 입력하고 [삽입] 탭-[미디어] 그룹-[오디오] 목록에서 [내 PC의 오디오]를 선택한다. 오디오 파일이 위치한 폴더로 이동하여 파일을 선택하고 [삽입]을 누른다.

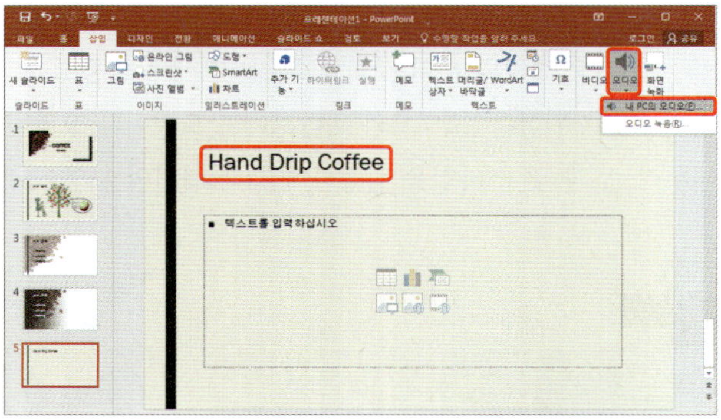

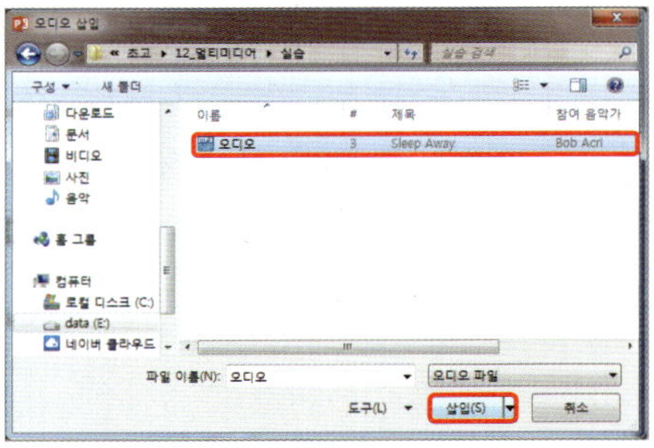

03 슬라이드에 오디오 클립 아이콘이 만들어지는데, 이 아이콘 위에 마우스를 대거나 누르면 오디오 컨트롤 막대가 나타난다. 막대의 재생 버튼을 눌러 오디오를 재생시킨다.

04 [오디오 도구]의 [재생] 탭–[편집] 그룹에서 [페이드 인]과 [페이드 아웃]을 모두 '0.5'로, [오디오 옵션] 그룹에서 [시작]은 [자동 실행]으로 변경하고 [쇼 동안 숨기기]를 선택한다.

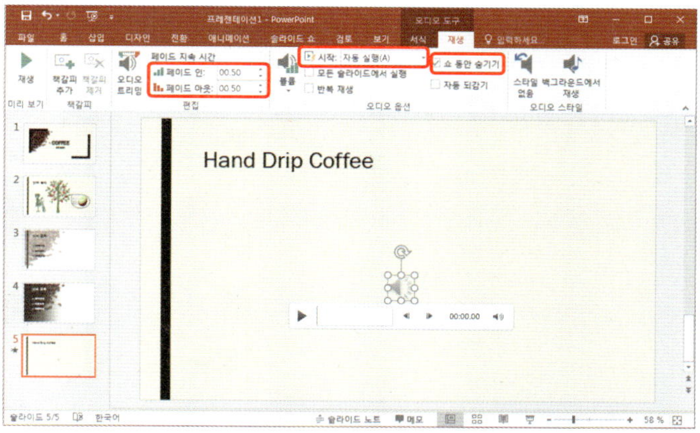

TIP 오디오의 시작 방법을 [자동 실행]으로 하면 발표 도중 재생 버튼을 찾아 누르지 않아도 슬라이드가 표시될 때 음악을 자동으로 재생할 수 있다. 오디오가 자동 재생될 때 오디오 클립 아이콘이 슬라이드에서 보이지 않도록 [쇼 동안 숨기기]를 선택한다.

기본예제 12-9 슬라이드에 비디오 삽입하기

슬라이드에 비디오 파일을 삽입한 뒤 비디오 도구를 사용하여 원하는 재생 구간을 남기고 불필요한 부분을 잘라내 보자.

01 [삽입] 탭–[미디어] 그룹–[비디오] 목록에서 [내 PC의 비디오]를 선택하고 [비디오 삽입] 대화상자가 열리면 비디오 파일을 찾아 [삽입]을 누른다.

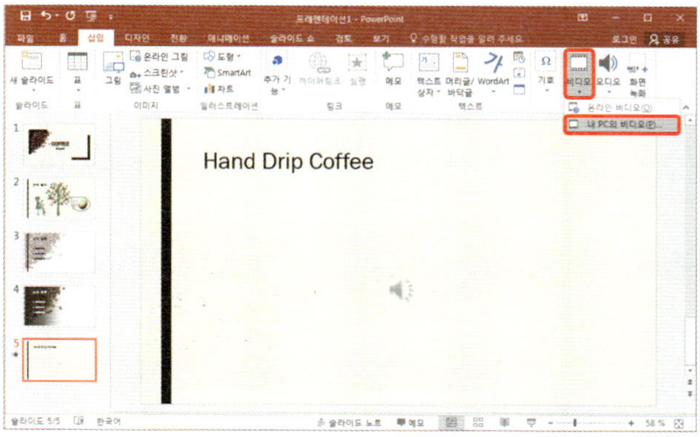

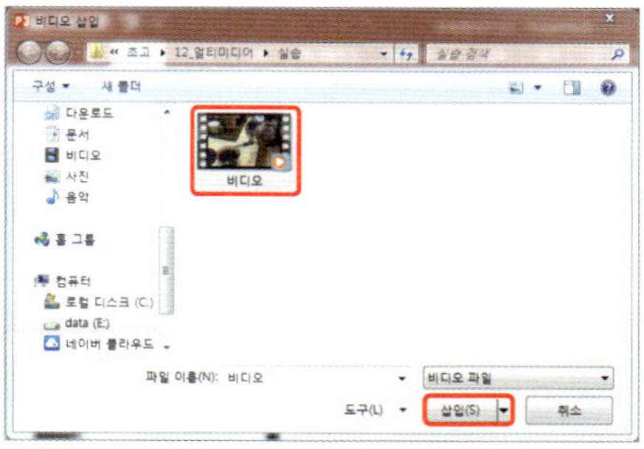

02 슬라이드에 비디오 클립이 표시되면 크기와 위치를 그림과 같이 수정한다.

TIP [비디오 삽입] 대화상자에서 [삽입]의 [▾ 목록] 단추를 누르면 [파일에 연결] 메뉴가 표시된다. 비디오 파일을 프레젠테이션에 포함시키지 않고 연결만 하는 방법이므로, 프레젠테이션 파일의 저장 위치가 바뀌면 비디오 파일도 함께 이동해야 비디오를 재생할 수 있다.

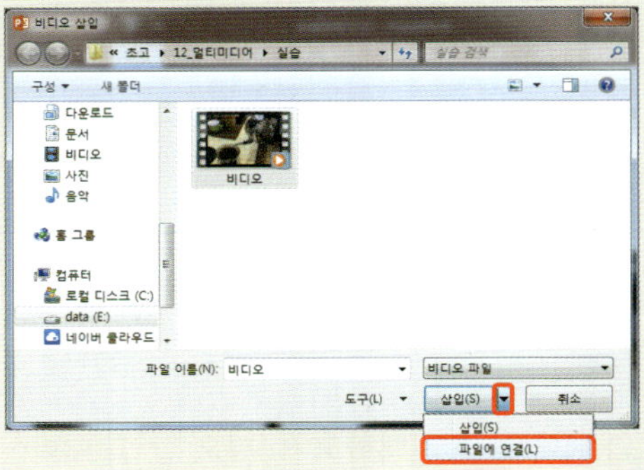

03 [비디오 도구]의 [재생] 탭-[편집] 그룹에서 [페이드 인]과 [페이드 아웃]을 모두 '2.0'으로 설정하고, [비디오 옵션] 그룹에서 [볼륨]을 [음소거]로 설정하고, [전체 화면 재생]을 선택한다.

TIP 슬라이드의 배경 음악이 자동 재생되도록 오디오 클립을 설정하였으므로 비디오의 볼륨을 [음소거]로 설정한다. 또한, 청중의 집중도를 높이기 위해 전체 화면으로 비디오를 재생하는 것이 좋다.

04 [비디오 도구]–[재생] 탭–[편집] 그룹–[비디오 트리밍]을 눌러 [비디오 맞추기] 대화상자가 열리면 [시작 시간]은 '00:02'로, [종료 시간]은 '00:20'으로 설정하고 [확인]을 누른다.

TIP 비디오의 시작 시간과 종료 시간을 맞추기 위해 마우스로 초록색과 빨간색 막대를 움직여도 된다. 트리밍된 막대 바깥쪽에 위치한 영상 부분은 재생되지 않는다.

05 [비디오 도구]의 [서식] 탭–[비디오 스타일] 그룹의 [자세히] 단추를 누르고 [강함]의 [캔버스, 회색]을 선택한다.

06 삽입한 비디오의 모양을 확인하고, 콘트롤 막대를 이용하여 재생해 본다.

요약예제

이 장에서 학습한 그림과 멀티미디어 도구를 활용하여 다음과 같은 프레젠테이션 자료를 만들어 보자.

1 파워포인트를 실행하고 [새 프레젠테이션]을 클릭하여 만들어진 제목 슬라이드에 그림과 같이 제목과 부제목을 입력한다.

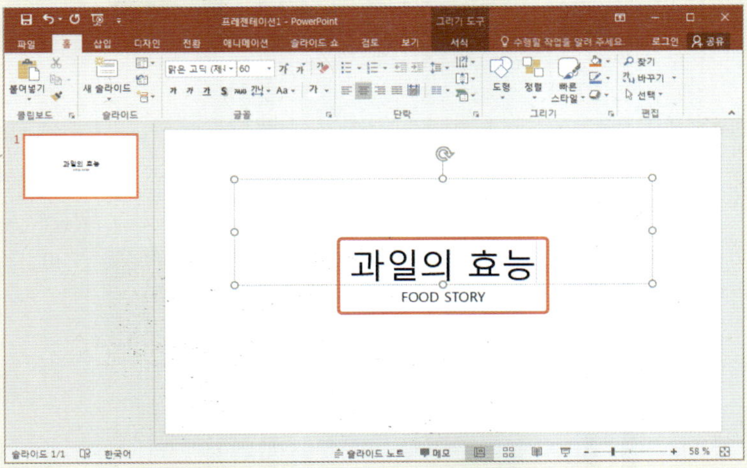

2 [디자인] 탭-[사용자 지정] 그룹-[배경 서식]을 누르고 [배경 서식] 작업 창에서 [채우기 및 선] 탭-[채우기]의 [그림 또는 질감 채우기]를 선택한 다음 [파일] 단추를 누르면 [그림 삽입] 대화상자가 나타난다. 배경으로 채울 그림을 선택하고 [삽입]을 누른다.

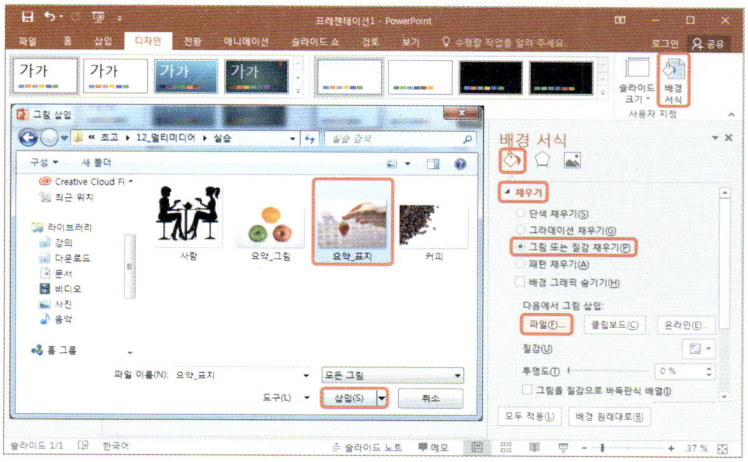

3 [배경 서식] 작업 창에서 [채우기 및 선] 탭의 [채우기] 옵션 중 [오프셋 위쪽]을 [−10%], [오프셋 아래쪽]을 [−24%]로 설정하여 그림이 표시되는 위치를 아래쪽으로 조금 이동시킨다.

TIP 그림으로 배경 서식을 채울 때 슬라이드 크기와 그림의 비율이 맞지 않아 원본 그림이 그대로 표시되지 못하고 필요한 부분이 잘리는 경우가 있다. 배경으로 채운 그림은 위치 이동이나 크기 조절을 할 수 없기 때문에, 그림이 표시되는 위치를 오프셋으로 조정해서 원하는 그림 영역이 슬라이드의 적절한 위치에 표시되도록 한다.

4 [삽입] 탭–[일러스트레이션] 그룹–[도형] 목록에서 [직사각형]을 선택해 슬라이드와 너비는 같고 높이는 [17cm]인 직사각형을 삽입한 뒤 [맨 뒤로 보내기]로 정렬한다.

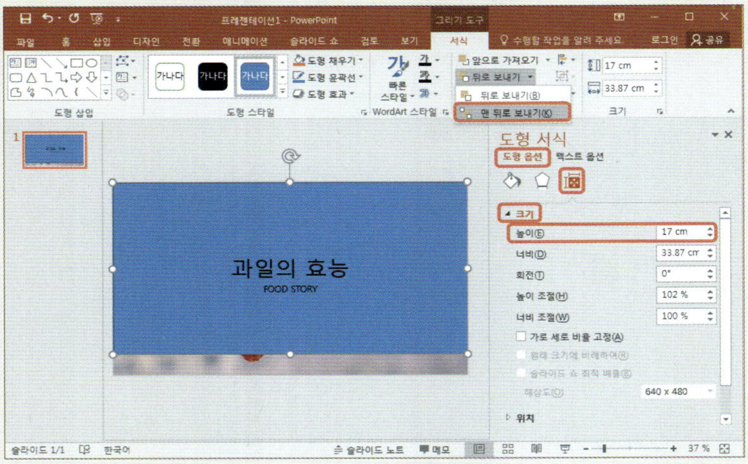

5 [도형 서식] 작업 창에서 [도형 옵션]–[채우기 및 선] 탭–[채우기]의 [그라데이션 채우기]를 선택하고 [종류]는 [선형], [방향]은 [선형 아래쪽], [각도]는 [90°]로 설정한다. 그라데이션 중지점을 세 개로 하여 각각 그림과 같이 설정한다.

TIP 중지점 1과 2의 [색]은 [진한 녹색, 강조 6, 50% 더 어둡게]로, 중지점 3은 [흰색, 배경 1]로 하고, 도형 옵션의 [선]은 [선 없음]으로 설정한다.

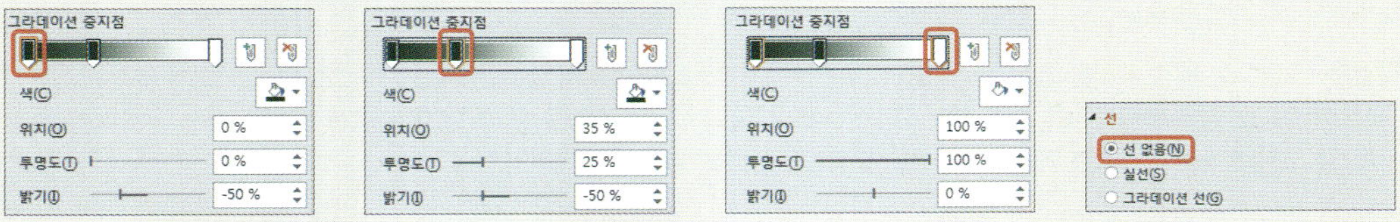

6 제목과 부제목의 크기와 위치를 조정하고, 글꼴 종류와 크기, 텍스트 옵션을 각각 그림과 같이 설정한다.

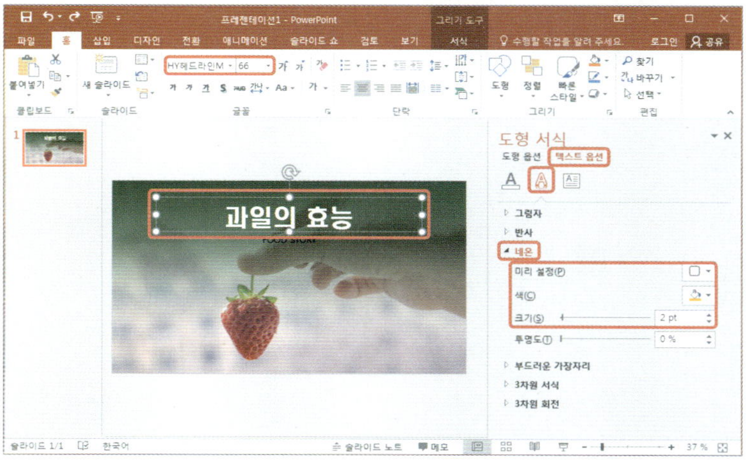

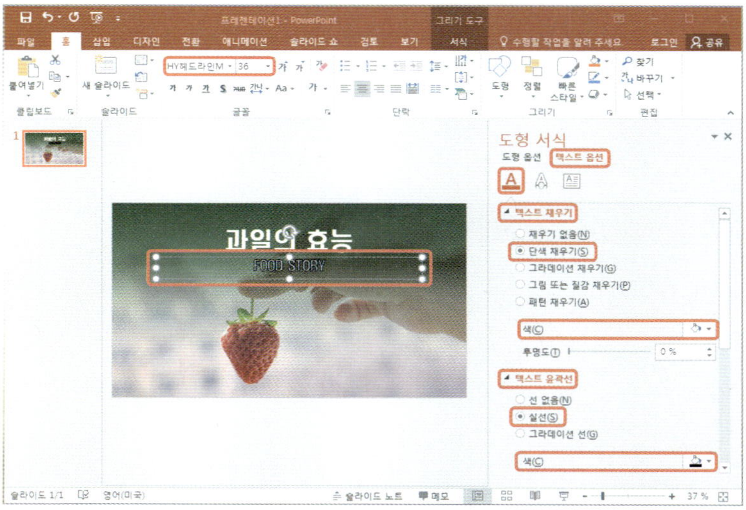

TIP

	제목	부제목
글꼴	HY헤드라인M	HY헤드라인M
글꼴 크기	66	36
글꼴 색	흰색, 배경 1	회색-25%, 배경 2
텍스트 효과	네온(색은 [주황], 크기는 [2pt])	–
텍스트 윤곽선	–	실선(색은 [검정, 텍스트 1])

7 [빈 화면] 슬라이드를 추가한다. [디자인] 탭–[사용자 지정] 그룹–[배경 서식]을 눌러 [배경 서식] 작업 창을 열고 [채우기 및 선] 탭–[채우기]에서 [그림 또는 질감 채우기]를 선택한 다음 [파일] 단추를 눌러 [그림 삽입] 대화상자가 열리면 그림을 찾고 [삽입]을 누른다.

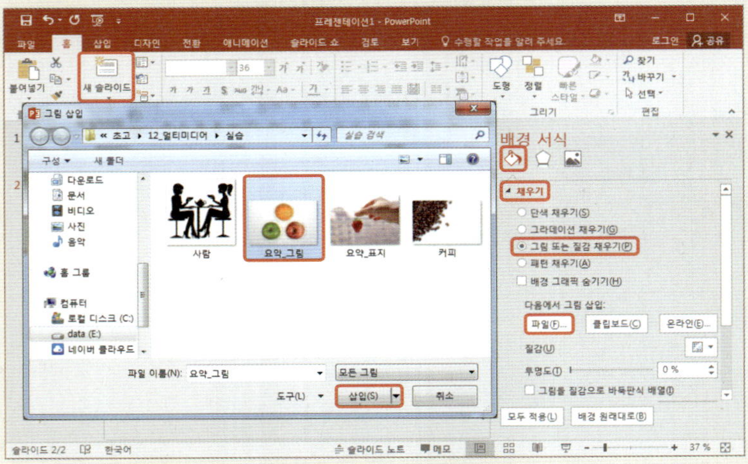

8 [배경 서식] 작업 창의 [채우기 및 선] 탭–[채우기]에서 [오프셋 위쪽]은 [–6%], [오프셋 아래쪽]은 [–12%]로 변경한다.

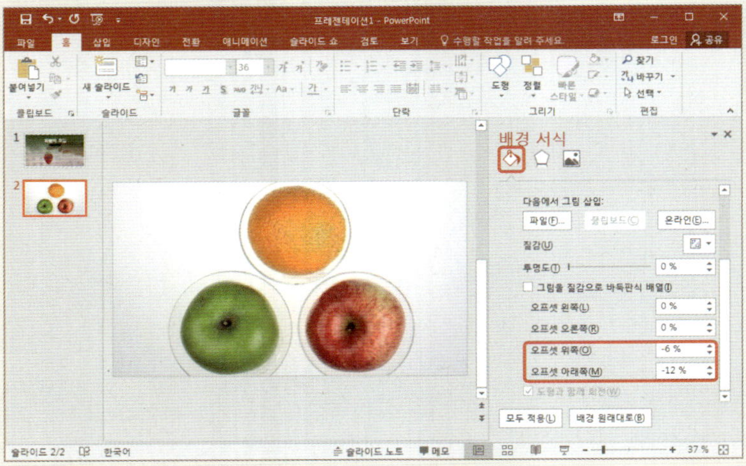

9 [배경 서식] 작업 창에서 [꾸밈 효과]의 종류를 [밝은 화면]으로 설정한다.

10 [삽입] 탭–[이미지] 그룹–[그림]을 눌러 배경 그림을 찾은 뒤 [삽입]을 누른다.

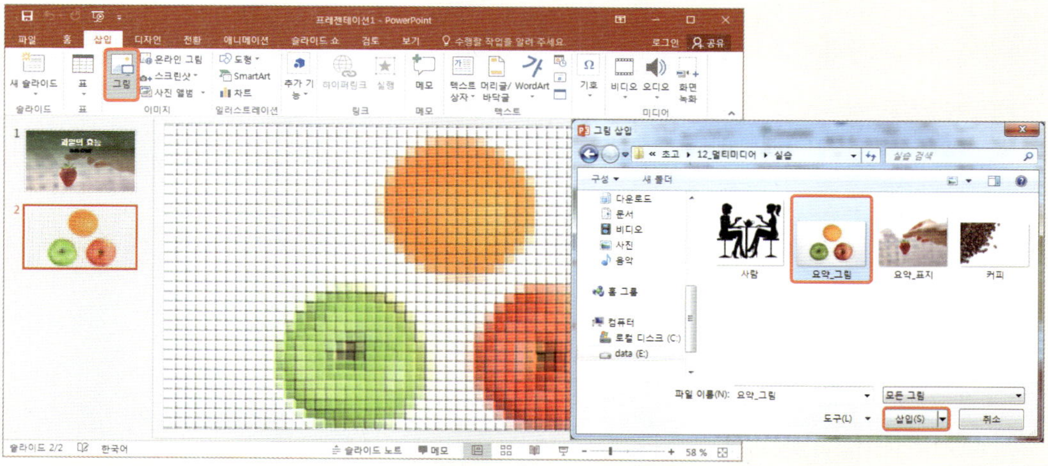

11 삽입한 그림의 크기를 조정하고 [그림 도구]의 [서식] 탭-[크기] 그룹-[자르기] 목록에서 [도형에 맞춰 자르기]-[기본 도형]의 [타원]을 선택한다.

12 [그림 도구]의 [서식] 탭-[크기] 그룹-[자르기]를 누르면 자르기 조절점이 나타난다. 마우스로 조절점을 움직여 오렌지만 남겨두고 그림을 자른다. 자르기 작업을 끝내려면 그림 바깥쪽을 누른다.

TIP 오렌지는 선명하게 나타나는 반면, 그 외의 전체 배경은 흐리게 표시된다. 꾸밈 효과를 설정한 배경 그림 위에 특정 부분만 잘라낸 같은 그림을 겹쳐 놓으면 사진 촬영의 아웃 포커스(out of focus)와 같은 효과를 낼 수 있다.

13 [삽입] 탭–[일러스트레이션] 그룹–[도형] 목록에서 [직사각형]을 선택해 두 개의 직사각형을 그림과 같이 삽입하고 [채우기]는 [그라데이션 채우기]로, [선]은 [선 없음]으로 설정한다.

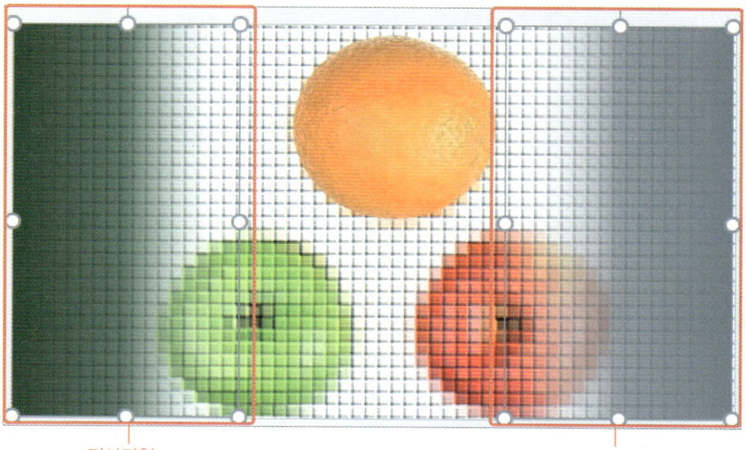

TIP

그라데이션 설정	직사각형 1	직사각형 2
종류	선형	선형
방향	선형 오른쪽	선형 왼쪽
각도	0°	180°
중지점 1의 색	진한 녹색, 강조 6, 50% 더 어둡게	흰색, 배경 1, 50% 더 어둡게
중지점 1의 위치/투명도/밝기	0%/0%/–50%	0%/0%/–50%
중지점 2의 색	진한 녹색, 강조 6, 50% 더 어둡게	흰색, 배경 1, 50% 더 어둡게
중지점 2의 위치/투명도/밝기	50%/25%/–50%	50%/25%/–50%
중지점 3의 색	흰색, 배경 1	흰색, 배경 1
중지점 3의 위치/투명도/밝기	100%/100%/0%	100%/100%/0%

14 [삽입] 탭–[텍스트] 그룹–[텍스트 상자] 목록에서 [가로 텍스트 상자]를 선택해 두 개의 텍스트 상자를 삽입하고 다음과 같이 설정한다.

TIP

	제목	부제목
글꼴	HY헤드라인M	HY헤드라인M
글꼴 크기	54	32
글꼴 색	흰색, 배경 1	회색–25%, 배경 2
텍스트 윤곽선	선 없음	실선(색은 [검정, 텍스트 1])

15 제목 슬라이드를 선택하고 [삽입] 탭–[미디어] 그룹–[오디오] 목록에서 [내 PC의 오디오]를 선택한 다음, [오디오 삽입] 대화상자에서 음악을 찾아 [삽입]을 누른다.

16 삽입한 오디오 파일을 프레젠테이션의 배경 음악으로 설정하기 위해 [오디오 도구]의 [재생] 탭–[오디오 옵션] 그룹에서 [모든 슬라이드에서 실행]과 [쇼 동안 숨기기], [시작]–[자동 실행]을 선택한다. 페이드 인과 페이드 아웃의 값은 '2'초로 설정하여 음악이 부드럽게 시작하고 끝나도록 한다.

TIP 슬라이드에 오디오 파일을 삽입하면 현재 슬라이드에서만 음악이 재생되는 것이 기본 설정이므로 슬라이드가 전환되면 재생이 중지된다. 배경 음악과 같이 쇼가 진행되는 동안 음악을 연속해서 재생해야 하는 경우, [모든 슬라이드에서 실행]을 선택하여 음악이 끊어지지 않도록 한다.

연습문제

1 다음 과정을 통하여 그림을 활용한 슬라이드를 작성하시오.

❶ 제공하는 '차.jpg' 파일을 이용하거나 온라인으로 'car'를 검색하고, 선택한 그림을 슬라이드의 배경으로 채우시오.

❷ 슬라이드의 가운데에 직사각형을 삽입(가운데 맞춤)하고, 단색(검정, 텍스트 1) 채우기와 투명도(40%)를 설정하시오.

❸ 제공하는 '차트.jpg' 파일을 슬라이드에 그림으로 삽입하고, 배경을 제거하고 크기를 조절해 직사각형 위에 배치하시오.

❹ 텍스트 상자를 추가하여 내용을 입력하고 직사각형 위에 배치하시오(제목의 글꼴은 [HY헤드라인M], 크기는 [24]로, 소제목의 글꼴은 [맑은 고딕(본문)], 크기는 [16]으로 설정).

2 다음 과정을 수행하여 슬라이드를 작성하시오.

❶ 제공하는 '바이크.jpg' 파일을 이용하거나 온라인으로 '바이크'를 검색하고, 선택한 그림을 슬라이드의 배경으로 채우시오.

❷ 배경 서식에 꾸밈 효과([연필 스케치], 압력은 [50])를 설정하시오.

❸ 배경으로 사용한 바이크 파일을 슬라이드에 그림으로 삽입하시오. 삽입한 그림을 도형에 맞춰 자르기(모서리가 둥근 직사각형)하고, 부드러운 가장자리 효과(크기는 [10pt])를 설정하시오.

❹ 자르기한 그림에 3차원 회전 효과(미리 설정–원근감은 [원근감 강조(오른쪽)])를 설정하시오.

❺ 텍스트 상자(글꼴은 [맑은 고딕(제목)], 크기는 [48], [굵게])를 추가하고, 내용을 입력하고 위치를 이동하여 아래 그림과 같이 배치하시오. 3차원 회전 효과(미리 설정–원근감은 [원근감 강조(오른쪽)])를 설정하시오.

CHAPTER

13

애니메이션과 슬라이드 쇼

01 애니메이션 활용하기

02 하이퍼링크와 실행 도구 활용하기

03 화면 전환 활용하기

04 슬라이드 쇼 진행하기

요약예제

연습문제

학습목표

- 개체에 애니메이션을 설정하고 효과를 설정할 수 있다.
- 하이퍼링크와 실행 단추를 설정할 수 있다.
- 슬라이드에 화면 전환 효과를 설정할 수 있다.
- 슬라이드 쇼 진행을 위한 도구를 사용할 수 있다.

SECTION 01

애니메이션 활용하기

애니메이션을 활용한 동적인 프레젠테이션은 청중의 이목을 집중시키고 분위기를 환기시키기 위한 좋은 방법이다. 또한, 슬라이드 내용을 쉽게 이해하도록 도와주는 역할도 할 수 있다. 하지만, 아무리 좋은 기능이라도 효과를 과도하게 적용하거나 진행에 지장을 줄 만큼 많은 애니메이션을 설정하는 것은 자제해야 한다. 동적 효과를 살린 좋은 자료를 만들려면 프레젠테이션의 목적과 상황에 잘 어울리는 애니메이션을 선택할 수 있어야 하고, 시간이나 소리, 반복 등의 효과 옵션을 적절하게 조정할 수 있어야 한다.

1.1 애니메이션의 종류와 설정

파워포인트에서 제공하는 애니메이션은 무척 다양한데, 나타내기, 끝내기, 강조, 이동 경로의 네 가지 종류로 크게 구분할 수 있다. 이는 애니메이션 동작에 따라 구분하는 것으로 특징은 다음과 같다.

종류	효과 설정 후 동작	
나타내기	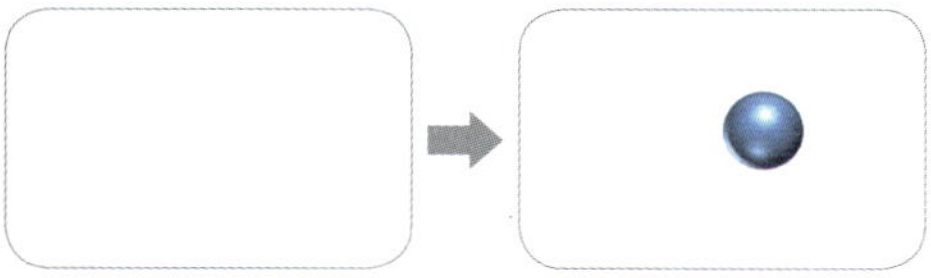	올라오기 등의 설정 효과로 슬라이드에 없는 개체가 나타난다.
끝내기	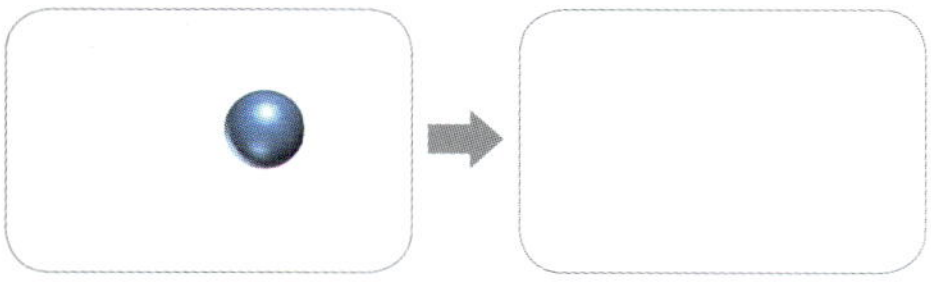	가라앉기 등의 효과로 슬라이드에 표시된 개체가 사라진다.
강조	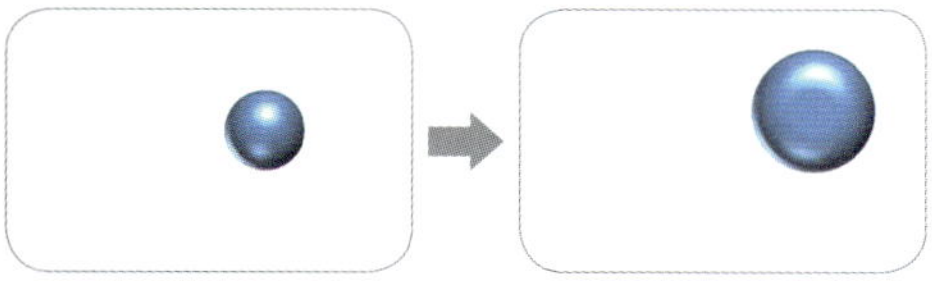	슬라이드에 있는 개체의 크기나 색 등이 변화하면서 강조된다.
이동 경로	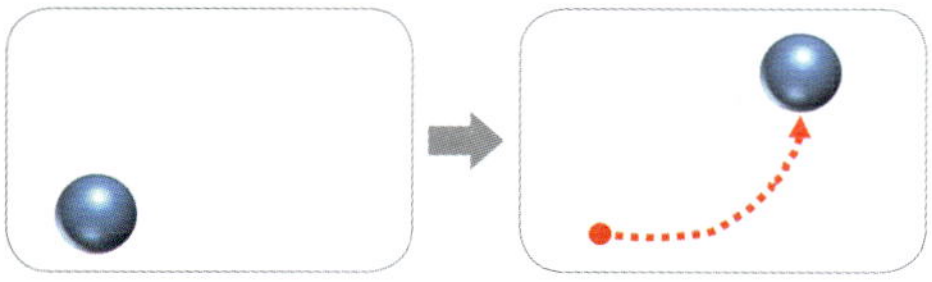	슬라이드에 있는 개체가 지정한 경로에 따라 이동한다.

자주 사용하는 몇 가지 애니메이션을 개체에 적용하고 효과 옵션이나 타이밍 등을 설정하는 방법을 알아보기로 한다.

기본예제 13-1 애니메이션 설정하기와 지우기

슬라이드에 있는 제목이나 내용을 보여주는 텍스트 상자, 도형과 그림, 스마트아트 및 차트 등 모든 개체에 애니메이션을 적용할 수 있다. 애니메이션을 선택하고 재생 시간을 변경하거나 설정한 애니메이션을 제거하는 기본적인 방법을 알아보자.

01 '준비.pptx' 파일을 열고 슬라이드 2를 선택한다.

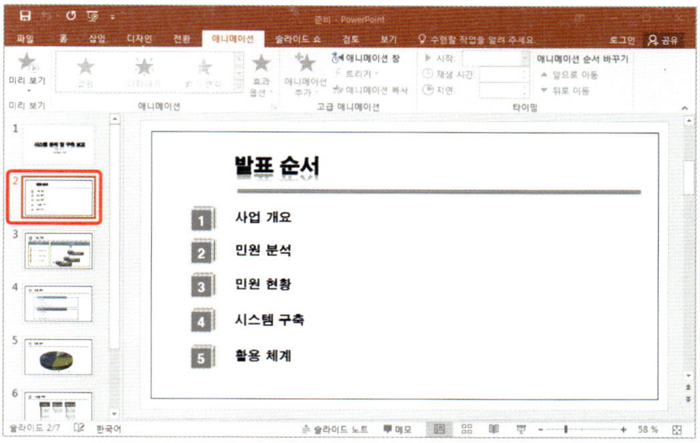

02 발표 순서 중 '1 사업 개요'를 선택하고 [애니메이션] 탭–[애니메이션] 그룹의 [자세히] 단추를 눌러 [나타내기]의 [밝기 변화]를 선택한다.

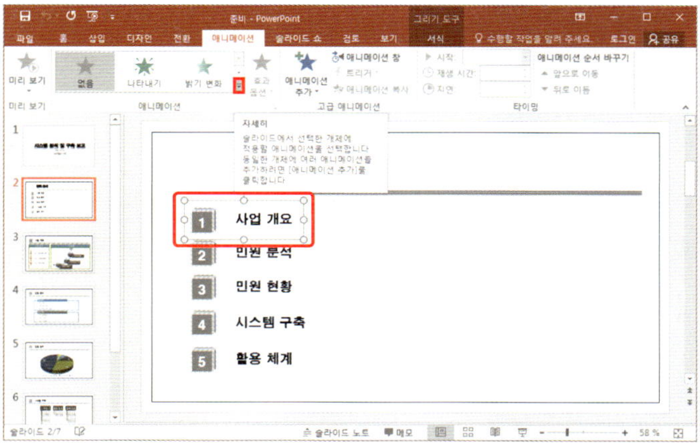

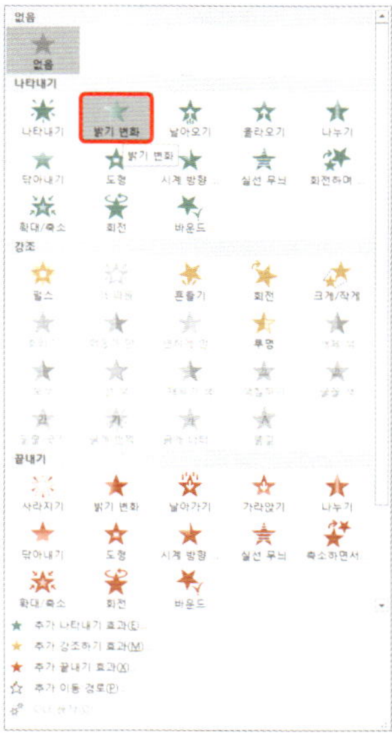

TIP 목록에 표시되는 효과 외에 다른 나타내기 효과가 필요하다면 [추가 나타내기 효과]를 선택한다.

TIP [추가 나타내기 효과]를 선택하면 기본 효과, 은은한 효과, 온화한 효과, 화려한 효과로 분류된 많은 나타내기 효과를 선택할 수 있다.

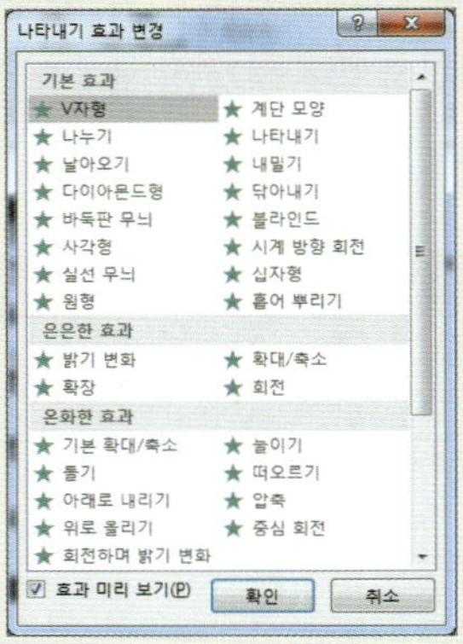

03 [애니메이션] 탭-[타이밍] 그룹에서 [재생 시간]을 '1'초로 변경하고 [미리 보기] 탭-[미리 보기]를 눌러 설정한 애니메이션을 재생해 본다.

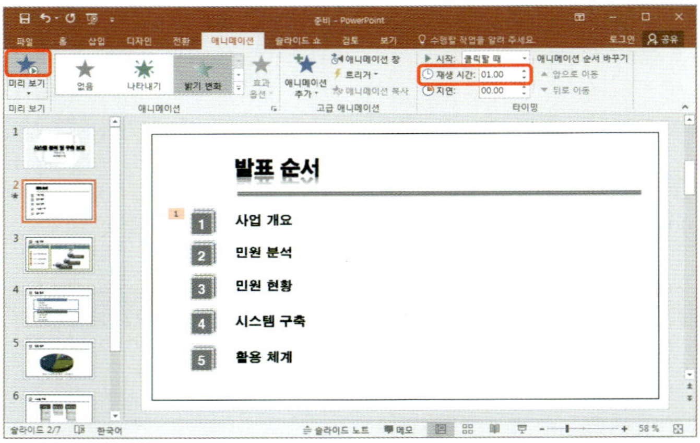

04 설정한 애니메이션을 제거하려면 개체를 선택하고 [애니메이션] 탭-[애니메이션] 그룹에서 [없음]을 선택한다.

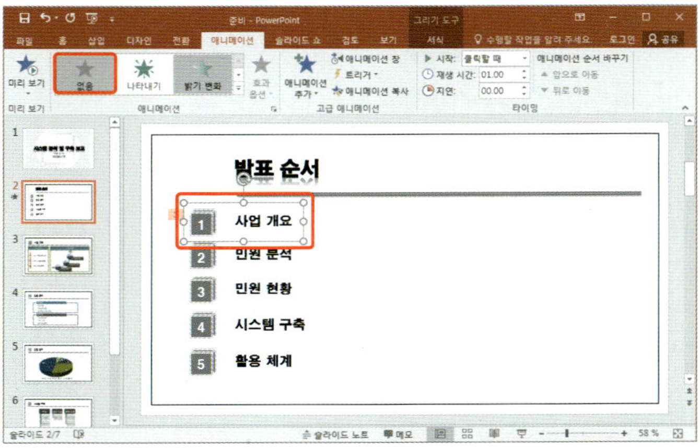

기본예제 13-2 효과 옵션 설정과 애니메이션 복사하기

개체에 설정한 애니메이션의 종류에 따라 각기 다른 효과 옵션이 제공된다. 가령 [기본예제 13-1]의 '밝기 변화'로 나타내기에서는 효과 옵션이 제공되지 않지만 '닦아내기'로 나타내기에서는 '아래에서', '왼쪽에서', '오른쪽에서', '위에서'와 같은 네 가지 효과 옵션을 선택할 수 있다. 효과 옵션을 설정하고 설정한 애니메이션을 다른 개체에 복사해 보자.

01 슬라이드 2의 '1 사업 개요'를 선택하고 [애니메이션] 탭-[애니메이션] 그룹에서 [자세히] 단추를 누르고 [나타내기]의 [닦아내기]를 선택한다.

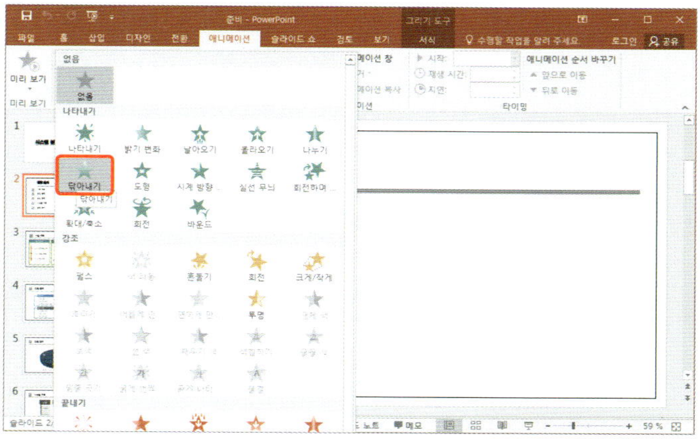

02 [애니메이션] 탭-[애니메이션] 그룹-[효과 옵션] 목록에서 [왼쪽에서]를 선택한다.

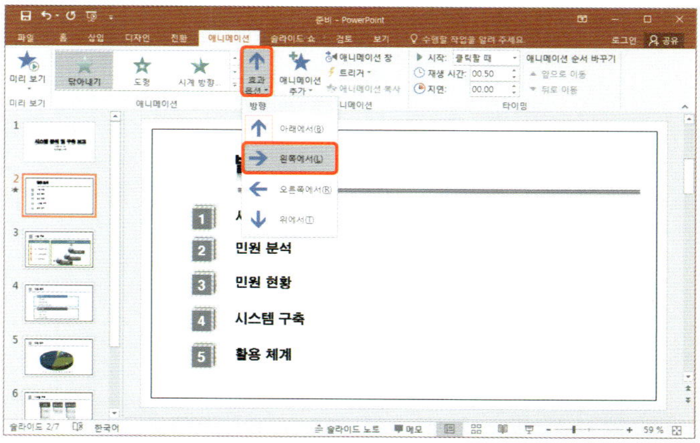

03 '1 사업 개요'를 선택하고 [애니메이션] 탭–[고급 애니메이션] 그룹–[애니메이션 복사]를 누른다.

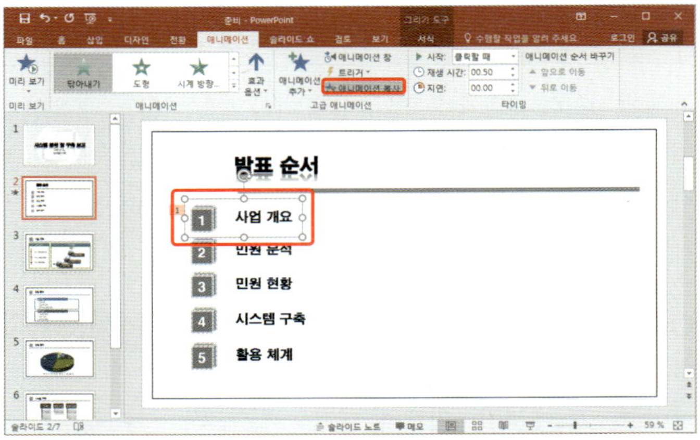

04 마우스 포인터가 모양으로 바뀌면 '2 민원 분석'을 눌러서 선택한다.

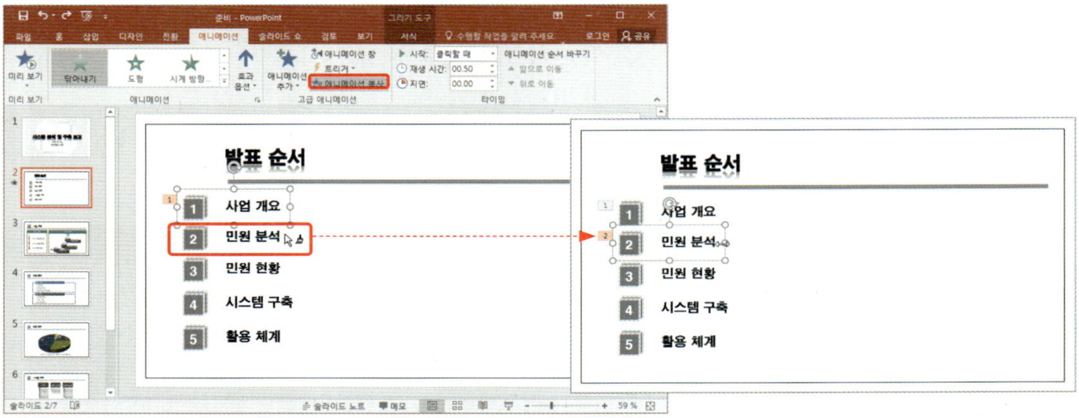

05 '3 민원 현황', '4 시스템 구축', '5 활용 체계'를 모두 선택하고, [애니메이션] 탭–[애니메이션] 그룹에서 [자세히] 단추를 누르고 [나타내기]의 [닦아내기]를 선택한다.

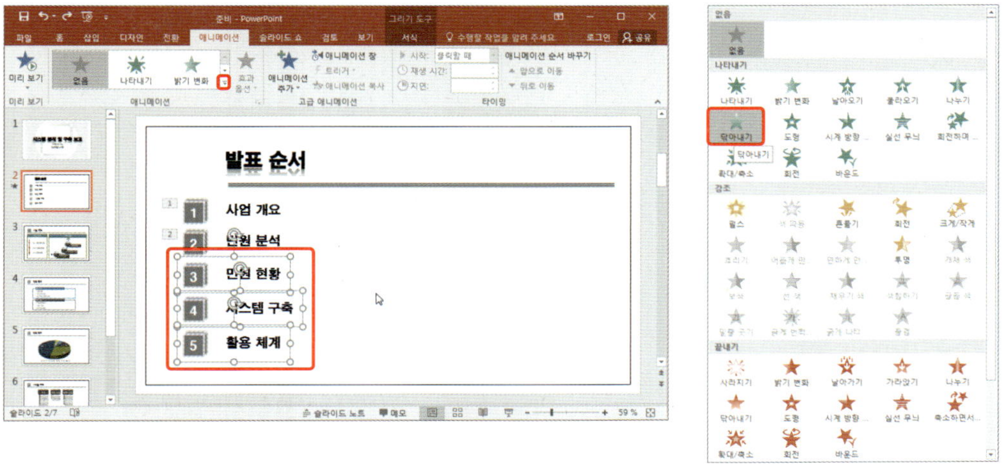

06 [애니메이션] 탭–[애니메이션] 그룹–[효과 옵션] 목록에서 [왼쪽에서]를 선택한다.

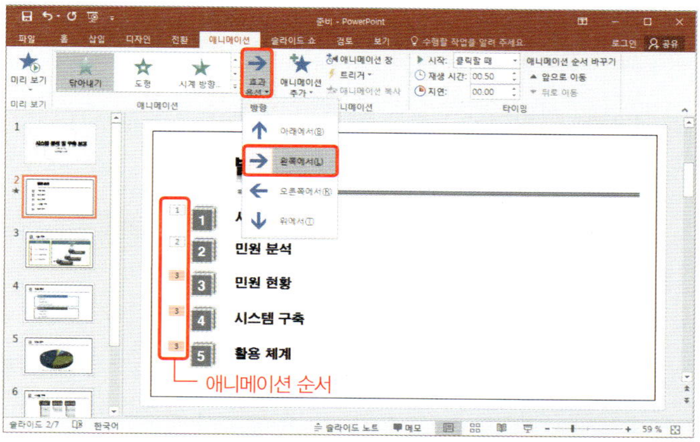

TIP 여러 개체를 한 번에 선택하고 애니메이션을 설정하면 마치 하나의 개체처럼 동시에 같은 동작을 하고 애니메이션 복사와 달리 애니메이션 순서가 하나의 번호로 나타난다.

1.2 애니메이션 창

슬라이드에 여러 애니메이션이 설정되어 있는 경우 [애니메이션 창]을 이용하면 편리하다. 현재 슬라이드에 설정되어 있는 모든 애니메이션을 한눈에 볼 수 있어서 순서를 바꾸거나 추가 및 삭제가 쉽고, [애니메이션] 탭에 나타나지 않는 세부적인 효과 옵션이나 타이밍 메뉴를 설정할 수 있다. [애니메이션 창]의 구성과 기능은 다음과 같다.

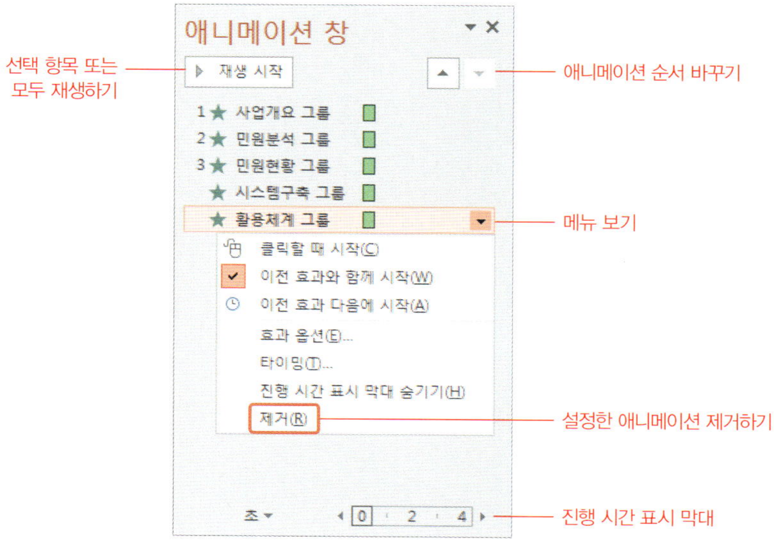

TIP 애니메이션을 제거하려면 [제거]를 누르는 대신 항목 선택 후 Delete를 눌러도 된다.

기본예제 13-3 애니메이션 창에서 옵션 설정하기

[애니메이션 창]을 열어 슬라이드에 설정되어 있는 애니메이션 순서를 바꾸고 효과 옵션과 타이밍을 변경해 보자.

01 '준비.pptx' 파일의 슬라이드 2를 선택하고 [애니메이션] 탭–[고급 애니메이션] 그룹–[애니메이션 창]을 누른다.

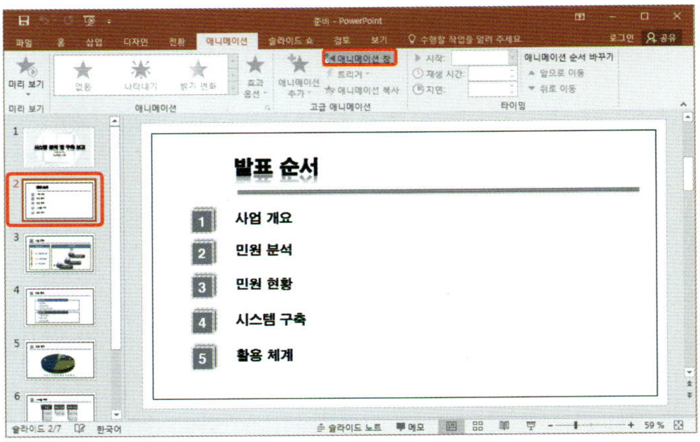

02 '발표 순서' 제목 텍스트 상자를 선택하고 [애니메이션] 탭–[애니메이션] 그룹에서 [강조]의 [흔들기]를 선택한다.

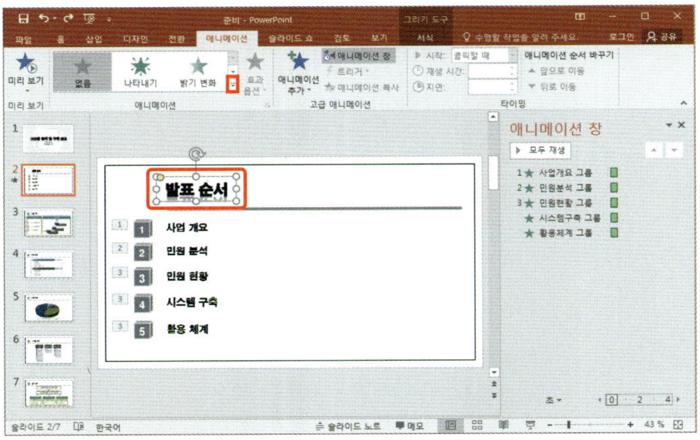

03 [애니메이션 창]에서 추가된 '제목: 발표 순서' 항목을 선택하고 ▲ 단추를 눌러 순서를 첫 번째로 변경한다.

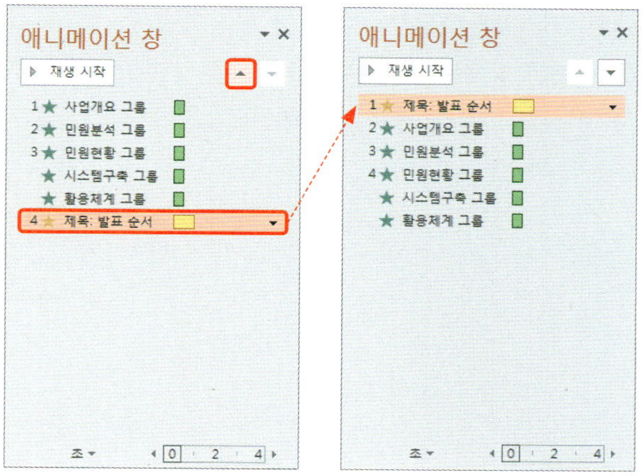

TIP 선택한 항목을 마우스로 드래그하여 원하는 위치로 옮겨도 된다.

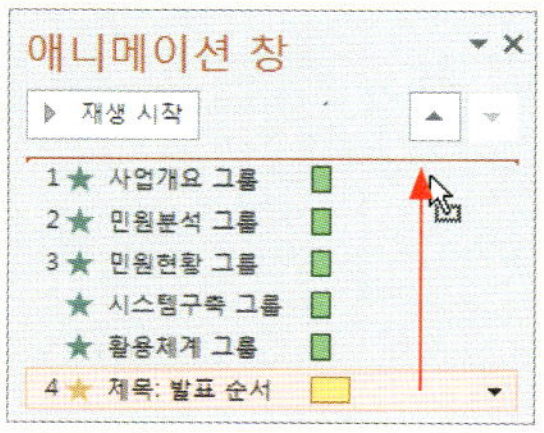

04 '제목: 발표 순서' 항목의 재생 시간 막대를 마우스로 드래그하여 0.5초로 변경한다.

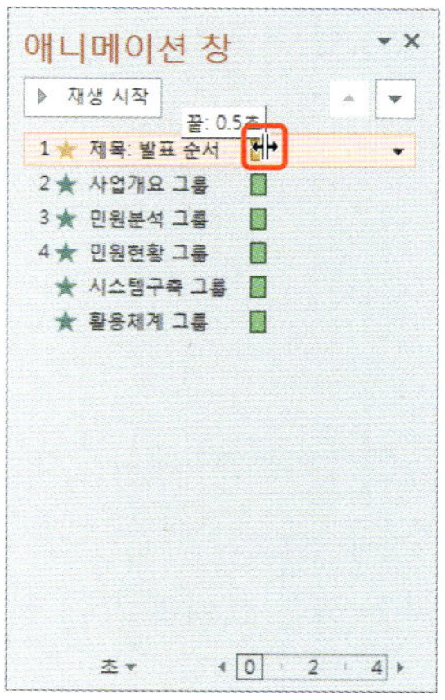

05 두 번째 항목부터 마지막 항목까지 모두 선택한 상태에서 [▼ 목록] 단추를 누르고 [이전 효과 다음에 시작]을 선택한다.

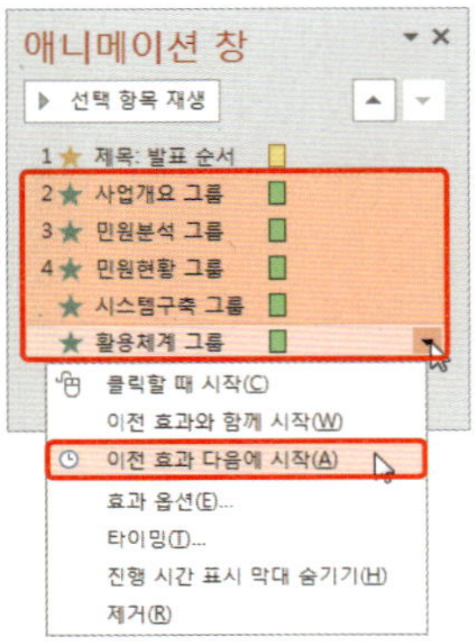

TIP ▶ 두 번째 항목을 선택하고 Shift를 누른 상태에서 마지막 항목을 선택하면 모든 항목을 선택할 수 있다.

기본예제 13-4 반복 재생과 색 변경하기

[애니메이션 창]에서는 애니메이션 종류에 따라 선택할 수 있는 효과 옵션이나 소리 추가, 반복 재생 등을 세부적으로 설정할 수 있다. 제목 텍스트 상자에 설정한 애니메이션을 두 번 반복하고, 애니메이션이 끝나면 글꼴 색을 변경하도록 설정해 보자.

01 [애니메이션 창]에서 '제목: 발표 순서'의 [▼ 목록] 단추를 누르고 [효과 옵션]을 선택한다.

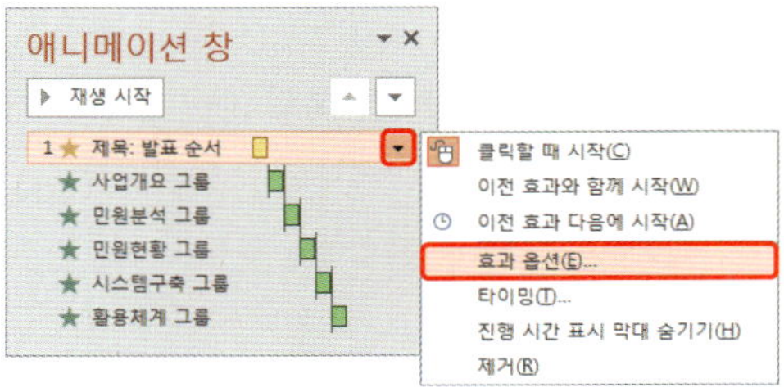

02 [흔들기] 대화상자가 나타나면 [효과] 탭에서 [애니메이션 후]의 [▼ 목록] 단추를 누르고 애니메이션이 끝난 후 변경할 글꼴 색을 그림과 같이 선택한다.

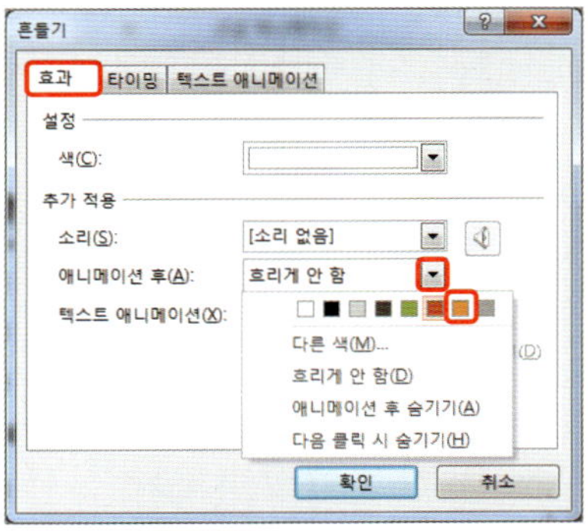

03 [텍스트 애니메이션] 목록에서는 [단어 단위로]를 선택한다.

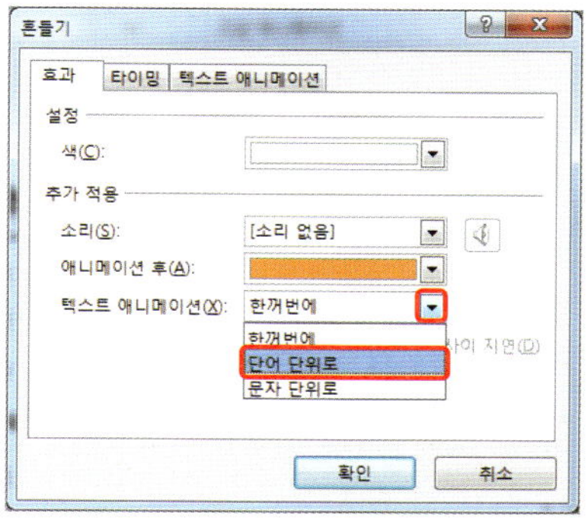

04 [타이밍] 탭에서 [반복]–[2]를 선택하고 [확인]을 누른다.

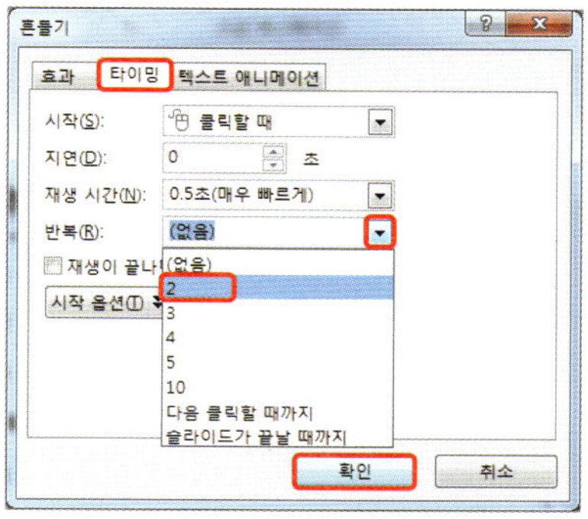

05 [애니메이션] 탭–[미리 보기] 그룹의 [미리 보기]를 눌러 설정한 효과 옵션과 타이밍 설정 결과를 확인해 본다.

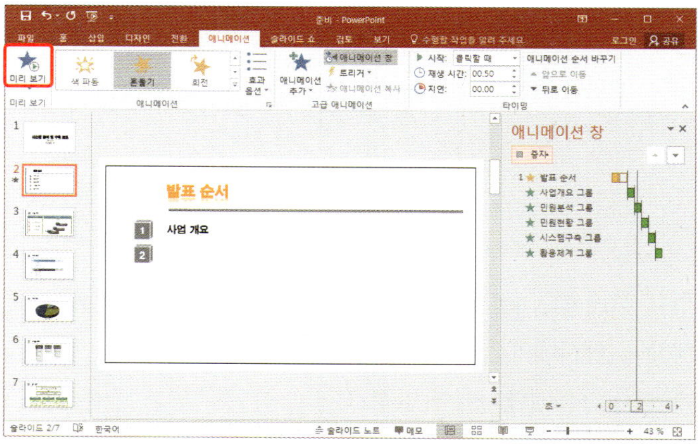

TIP [애니메이션 창]의 [재생 시작]을 눌러도 된다.

1.3 애니메이션 추가

슬라이드에 있는 개체에 애니메이션을 설정할 때 하나 이상의 동작을 하도록 하려면 애니메이션 추가 기능을 이용한다. 가령, 제목을 흔들기 효과로 강조한 후 슬라이드에서 작아지면서 사라지게 하거나, 도형이 회전하며 타원 모양 경로로 이동하도록 하려면 애니메이션을 하나 이상 설정해야 한다.

기본예제 13-5 제목 텍스트 상자에 애니메이션 추가하기

슬라이드에 있는 하나의 개체가 여러 가지 동작을 하도록 애니메이션을 추가하는 방법을 알아보자.

01 슬라이드 2의 '발표 순서' 제목 텍스트 상자를 선택하고 [애니메이션] 탭–[고급 애니메이션] 그룹–[애니메이션 추가]를 누른다.

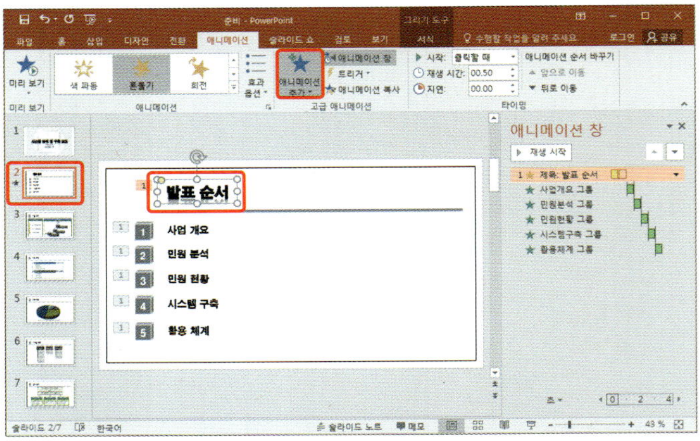

02 애니메이션 종류 중에서 [끝내기]의 [확대/축소]를 선택한다.

03 이번에는 '1 사업 개요'를 선택하고 [애니메이션] 탭–[고급 애니메이션] 그룹–[애니메이션 추가]를 누른다.

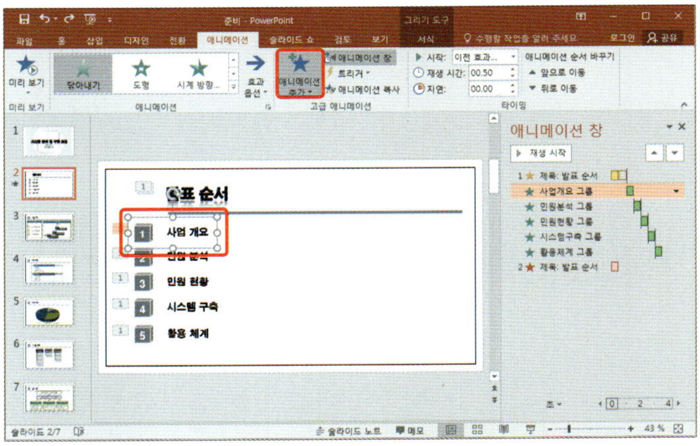

04 애니메이션 종류 중에서 [이동 경로]의 [선]을 선택한다.

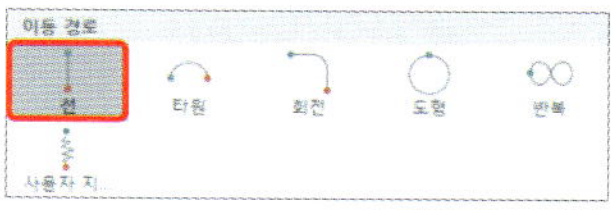

05 [애니메이션] 탭–[애니메이션] 그룹–[효과 옵션] 목록에서 [방향]을 [오른쪽]으로 선택한다.

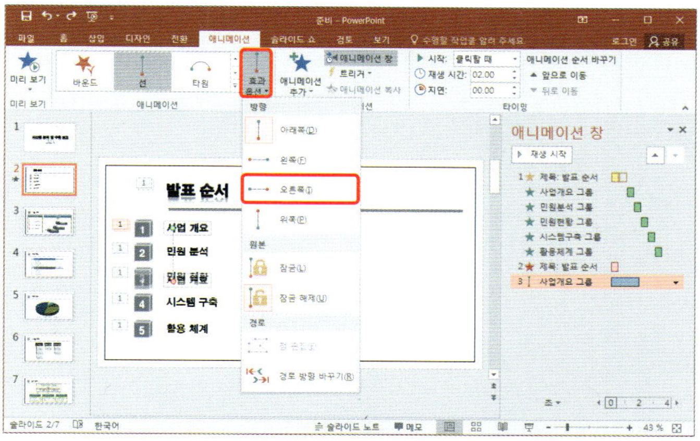

TIP 효과 옵션의 [원본]은 다른 사용자가 애니메이션을 변경하지 못하도록 만들 수 있고, [경로]는 이동 경로의 모양이나 방향을 직접 지정할 수 있다.

06 설정한 이동 경로로 개체가 움직이는 동작을 미리 보기로 재생할 수 있다. 슬라이드에는 이동 경로의 시작과 종료 지점을 연결하는 선이 표시된다.

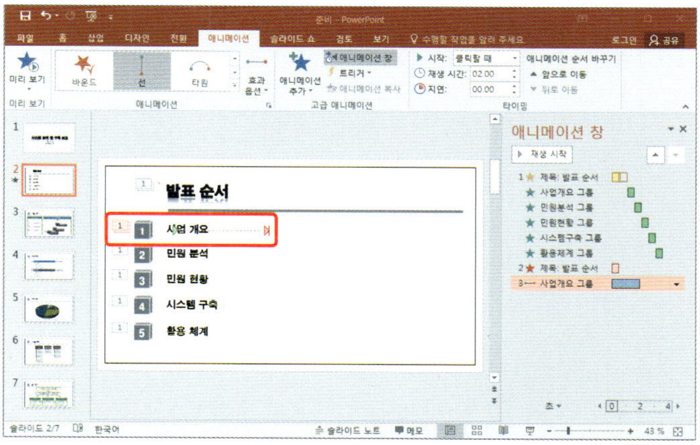

TIP 시작과 종료 지점을 연결하는 선은 다음과 같은 모양이다.

시작 종료

07 '1 사업 개요'를 선택한 상태에서 다시 [애니메이션 추가]를 누르고, [강조]의 [크게/작게]를 선택한다.

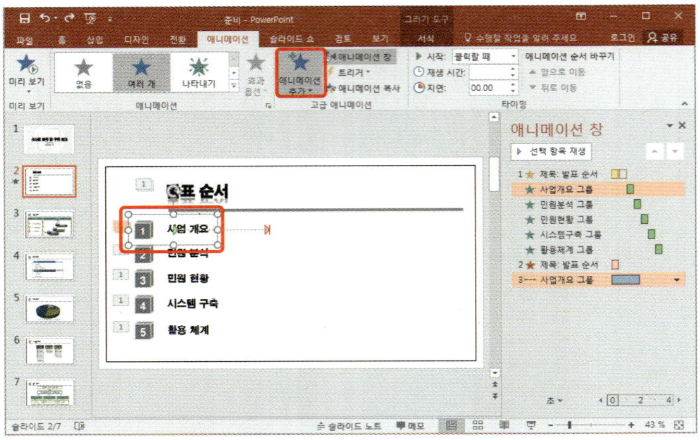

08 [애니메이션 창]에서 '사업개요 그룹'에 설정한 3과 4 항목의 [▾ 목록] 단추를 눌러 시작 방법을 [이전 효과와 함께 시작]으로 설정하고 재생 시간 막대를 드래그하여 재생 시간을 0.5초로 설정한다.

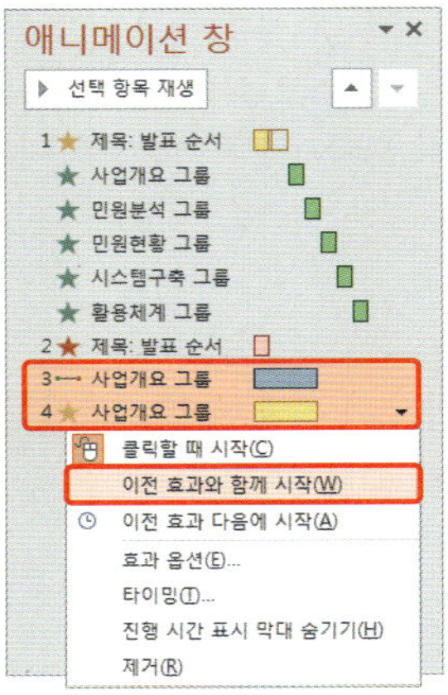

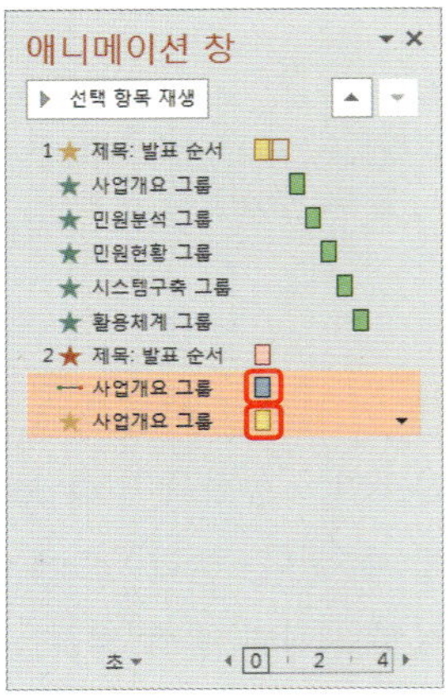

SECTION 02

하이퍼링크와 실행 도구 활용하기

인터넷에서 웹 서비스를 이용할 때 연관된 페이지를 서로 연결하는 하이퍼링크 기능을 파워포인트에서도 활용할 수 있다. 슬라이드의 특정 개체를 눌렀을 때 웹 사이트로 연결하거나 다른 파일 혹은 현재 프레젠테이션 파일에 있는 다른 슬라이드를 연결해놓고 바로 가기를 할 수 있다. 또, 실행 도구를 활용하면 하이퍼링크뿐 아니라 다른 프로그램이나 슬라이드 쇼 마침과 같은 특정 동작을 실행하도록 지정할 수 있다.

2.1 하이퍼링크 활용

프레젠테이션을 진행할 때 웹 사이트나 다른 파일에 저장되어 있는 자료를 이용해 설명할 수도 있고, 자료가 있는 다른 슬라이드로 이동해야 할 때도 있다. 하이퍼링크를 활용해 도형이나 텍스트를 눌렀을 때 다른 자료가 바로 보이도록 설정하면 웹 사이트를 검색하거나 파일을 찾는 번거로움을 줄이고 제한된 발표 시간을 낭비하지 않을 수 있다. 하지만 프레젠테이션 흐름을 매끄럽게 해 주는 하이퍼링크도 지나치게 많이 사용하면 발표자가 링크된 개체를 일일이 기억하지 못해 실수를 할 수도 있으니 주의해야 한다.

기본예제 13-6 하이퍼링크로 웹 사이트와 다른 슬라이드 연결하기

슬라이드의 개체를 선택하면 특정 웹 사이트나 다른 슬라이드로 이동하도록 하이퍼링크를 만들어 보자.

01 '준비.pptx' 파일의 슬라이드 2에서 제목 '발표 순서'를 선택하고 [삽입] 탭–[링크] 그룹–[하이퍼링크]를 누른다.

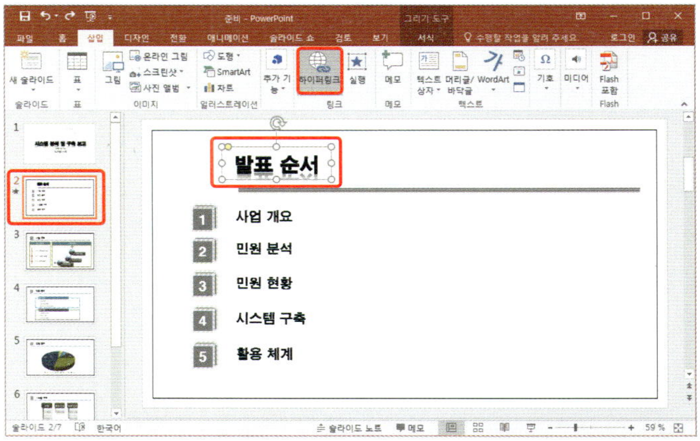

02 [하이퍼링크 삽입] 대화상자의 [주소]에 *http://www.hanbit.co.kr*을 입력하고 [화면 설명]을 누른다. [화면 설명 텍스트]에 *한빛 사이트로 이동*이라고 입력하고 [확인]을 눌러 대화상자를 모두 닫는다.

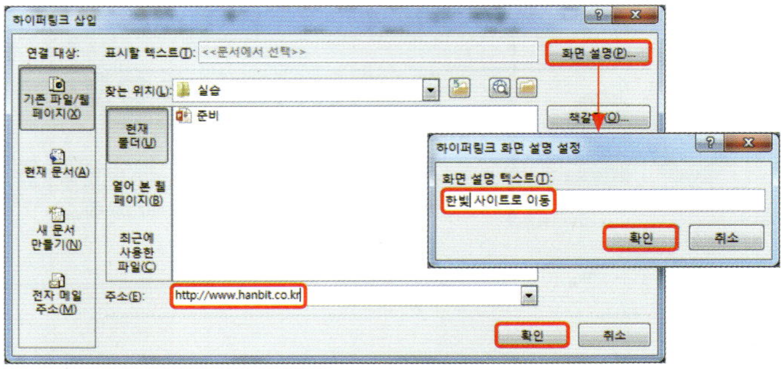

TIP 웹 주소의 'http://' 부분은 생략해도 자동으로 추가된다. 화면 설명을 설정하면 링크된 개체 위에 마우스를 올려놓았을 때 주소 대신 화면 설명 텍스트를 보여준다.

03 작업 표시줄에서 [읽기용 보기] 단추나 [슬라이드 쇼] 단추를 눌러 슬라이드 쇼를 시작한다. 하이퍼링크가 설정된 제목 부분에 마우스를 올리면 설명 텍스트가 보이고, 마우스를 누르면 웹 브라우저가 실행되면서 입력한 주소로 연결된다.

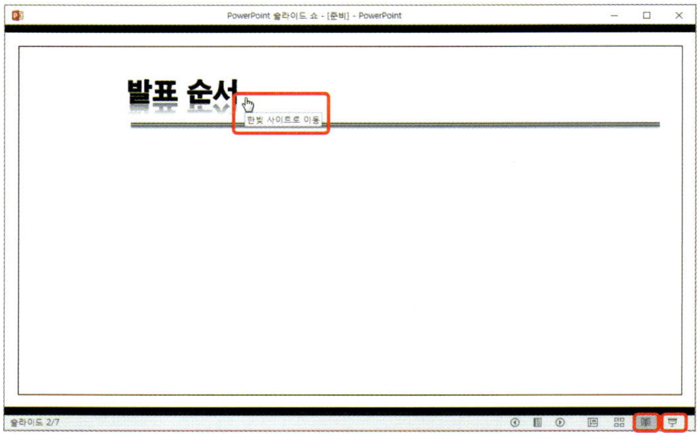

04 도형 '3'을 선택하고 [삽입] 탭–[링크] 그룹–[하이퍼링크]를 눌러 [하이퍼링크 삽입] 대화상자를 열고 [현재 문서]–[슬라이드 5]를 선택한 다음 [확인]을 누른다.

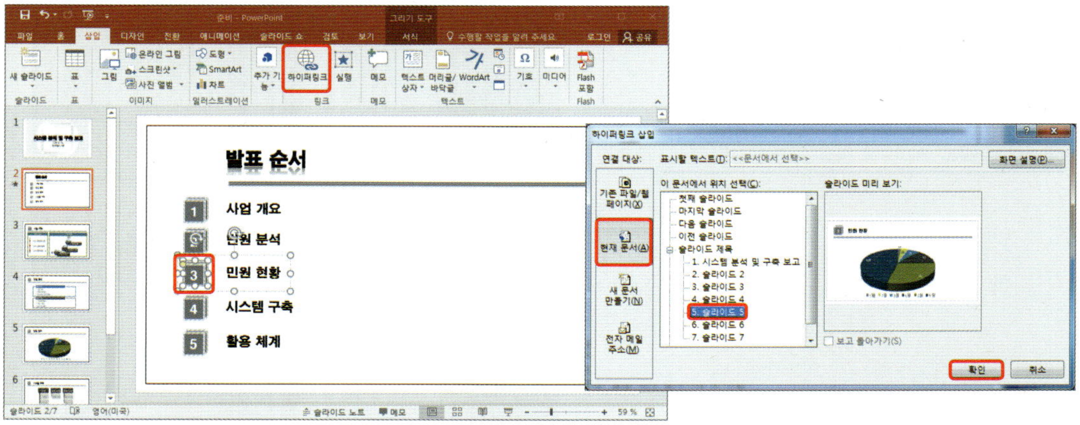

TIP 설정된 링크를 제거하려면 개체를 마우스 오른쪽 단추로 눌러 [하이퍼링크 제거]를 선택하거나, 개체를 선택한 뒤 [삽입] 탭-[링크] 그룹-[하이퍼링크]를 누르면 나타나는 [하이퍼링크 편집] 대화상자에서 [링크 제거]를 누르면 된다.

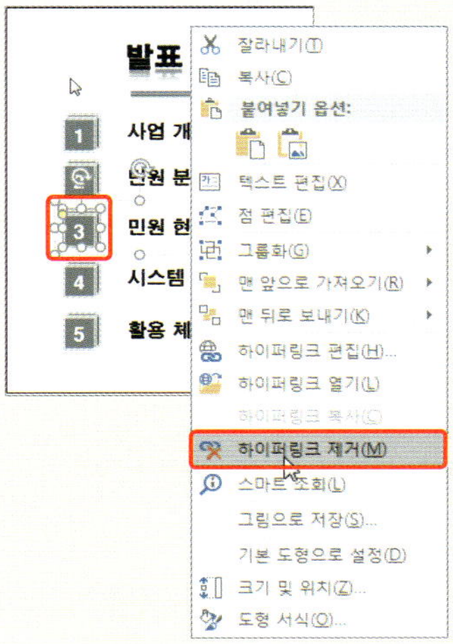

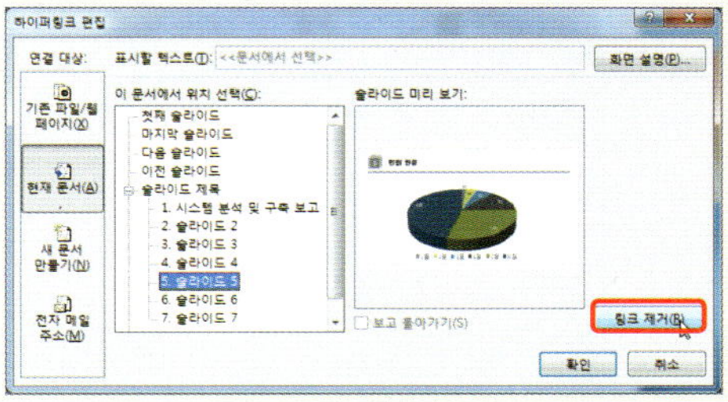

05 [읽기용 보기] 상태에서 '3 민원 현황'을 마우스로 누르면 슬라이드 5로 진행 순서가 이어진다.

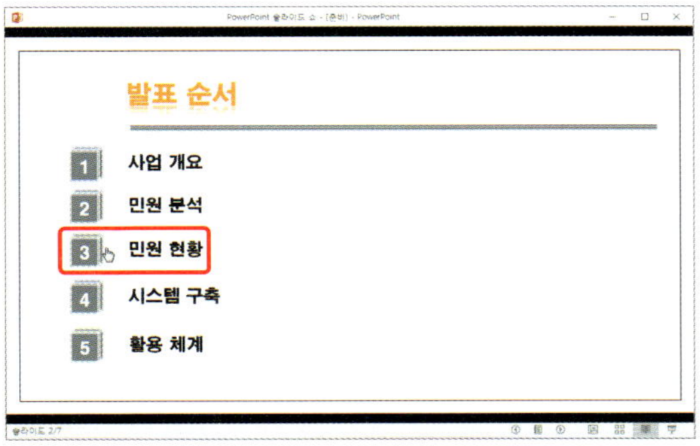

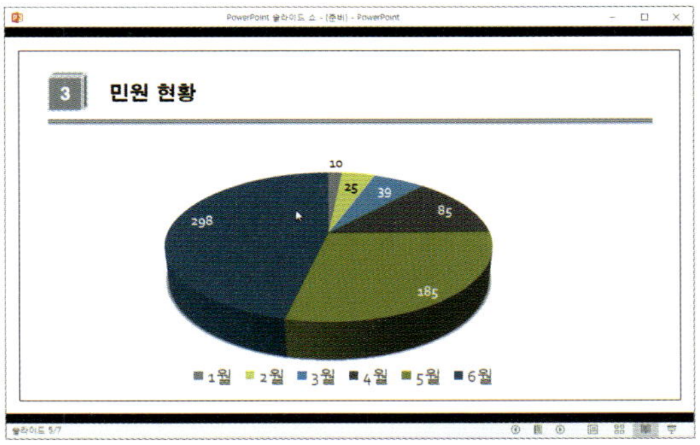

TIP 도형 '3'과 텍스트 상자 '민원 현황'이 그룹화되어 있으므로 둘 중 어느 하나에만 하이퍼링크를 설정해도 같은 동작을 하게 된다.

2.2 실행 도구 활용

파워포인트의 실행 도구는 하이퍼링크와 유사한 링크 기능이지만, 파일이나 웹 사이트 주소 외에 슬라이드 쇼 종료나 오디오 재생과 같은 다양한 동작을 실행시킬 수 있다. 또, 도형으로 삽입할 수 있는 실행 단추를 이용하면 같은 파일 내의 맨 처음 슬라이드나 마지막 슬라이드와 같이 특정 슬라이드로 연결하는 실행 기능을 간편하게 작성할 수 있다.

기본예제 13-7 실행 도구로 쇼 마침과 슬라이드 이동하기

실행 도구는 하이퍼링크와 같이 슬라이드에 있는 개체를 이용할 수도 있고, 실행 단추를 만들어 동작하도록 작성하기도 한다. 개체를 이용하여 실행시키는 방법과 실행 단추를 만들어 실행 도구를 활용하는 방법을 알아보자.

01 '준비.pptx' 파일의 슬라이드 7에서 도형 '5'를 선택하고 [삽입] 탭–[링크] 그룹–[실행]을 누른다.

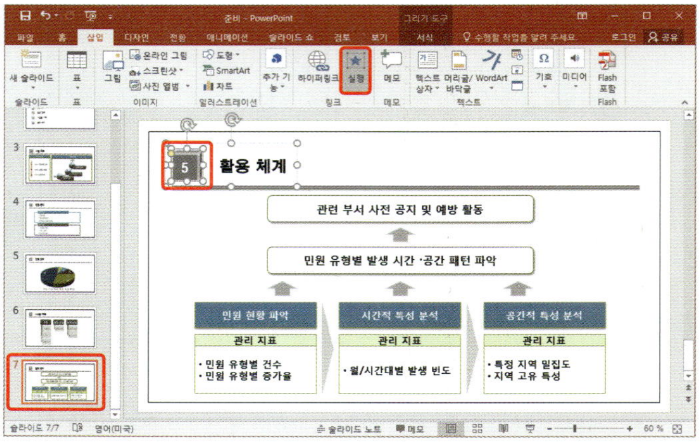

02 [실행 설정] 대화상자에서 [하이퍼링크]를 선택하고 목록에서 [쇼 마침]을 선택한 다음 [확인]을 누른다.

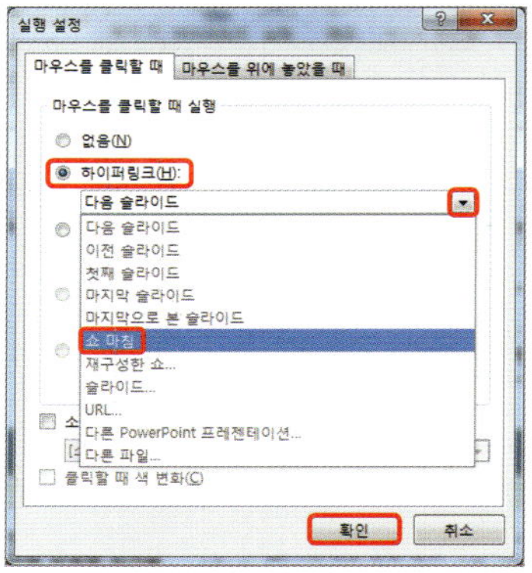

03 실행 단추를 삽입하기 위해 [삽입] 탭–[일러스트레이션] 그룹–[도형] 목록에서 [실행 단추]의 [실행 단추: 홈]을 선택한다.

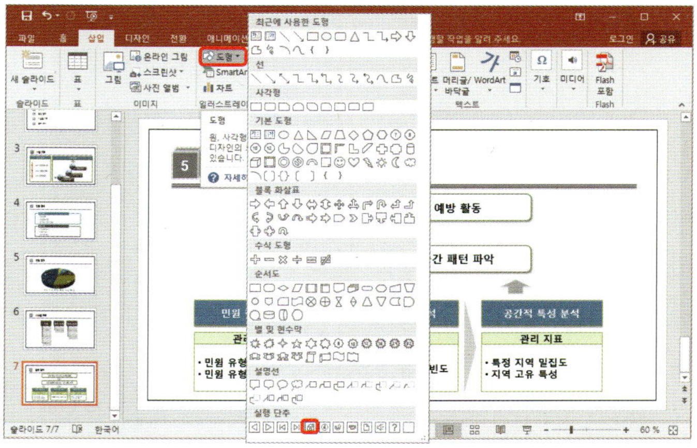

04 마우스 포인터가 십자형으로 바뀌면 슬라이드에서 드래그하여 실행 단추를 삽입한다.

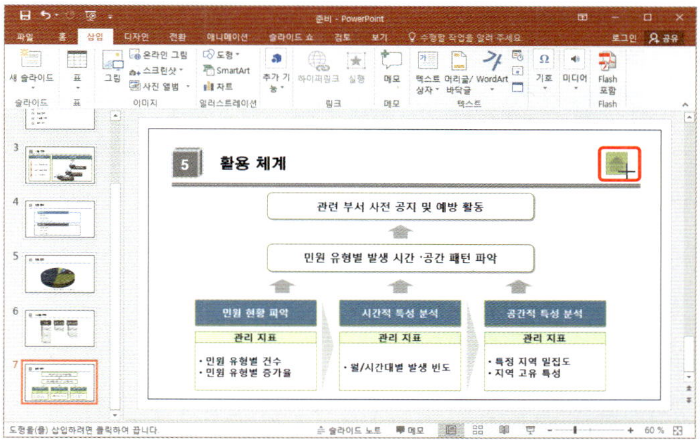

05 [실행 설정] 대화상자가 나타나면 [하이퍼링크]–[첫째 슬라이드]를 선택하고 [확인]을 누른다.

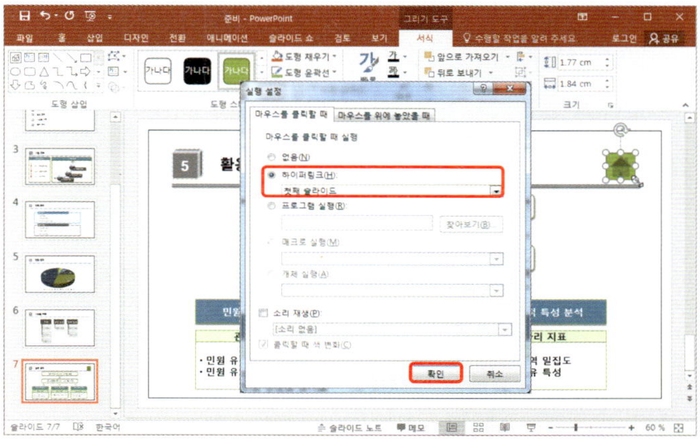

06 작업 표시줄에서 [읽기용 보기] 단추나 [슬라이드 쇼] 단추를 눌러 슬라이드 쇼를 실행하고 ' ' 도형과 실행 단추( )를 눌러 실행 동작을 확인해 본다.

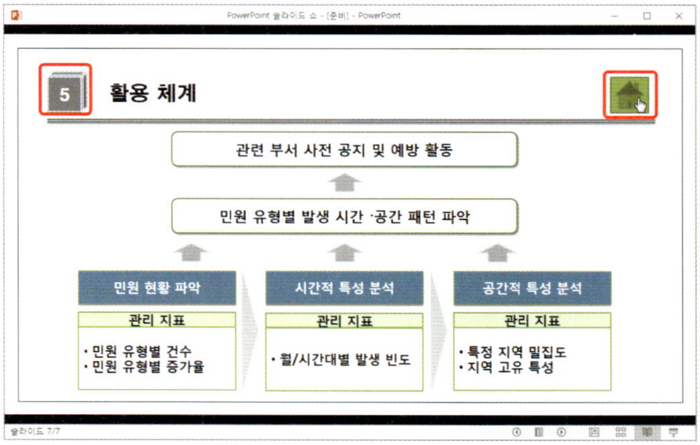

SECTION 03 화면 전환 활용하기

슬라이드 쇼를 진행하는 과정에서 슬라이드가 표시될 때 동적 효과를 설정하는 것을 전환이라고 한다. 슬라이드 내에 있는 각 개체에 동적 효과를 설정하는 애니메이션과 달리, 전환은 각 슬라이드에 동적 효과를 설정하는 기능이다. 화면 전환을 이용하면 슬라이드가 바뀔 때 나타나는 모양을 다양하게 설정할 수 있고, 애니메이션처럼 소리나 시간을 적용할 수도 있어서 이야기하려는 주제가 바뀔 때 청중의 이목을 집중시키거나 분위기를 환기시키는 효과를 얻을 수 있다.

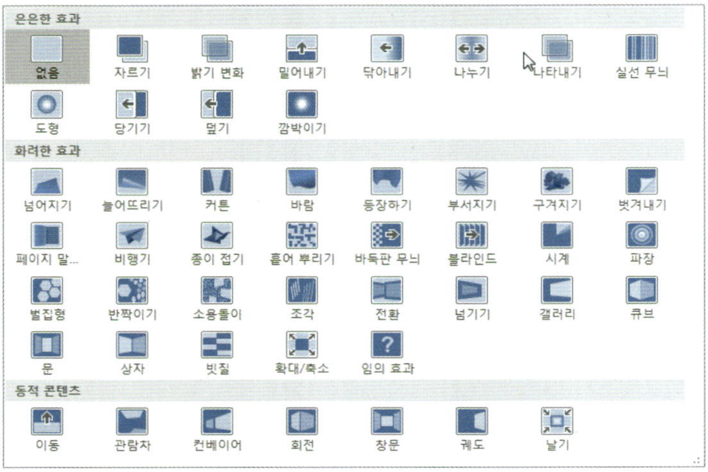

▲ 슬라이드 화면 전환 스타일

3.1 전환 효과 설정

하나의 개체에 여러 가지 효과를 추가할 수 있는 애니메이션과 달리, 전환은 각 슬라이드마다 한 가지 효과만 설정할 수 있다. 전환 효과를 설정할 슬라이드를 슬라이드 보기 창에서 선택할 수도 있지만 [여러 슬라이드]로 보기 모양을 바꾸면 슬라이드에 효과를 설정하기 편리하다.

기본예제 13-8 슬라이드에 전환 효과 설정하기

전환 효과를 이용하여 슬라이드가 표시될 때 실행될 다양한 형태의 동적 효과를 설정해 보자.

01 '준비.pptx' 파일을 열고 [보기] 탭–[프레젠테이션 보기] 그룹–[여러 슬라이드]를 누른다.

TIP 작업 표시줄에서 [여러 슬라이드] 단추를 눌러도 된다.

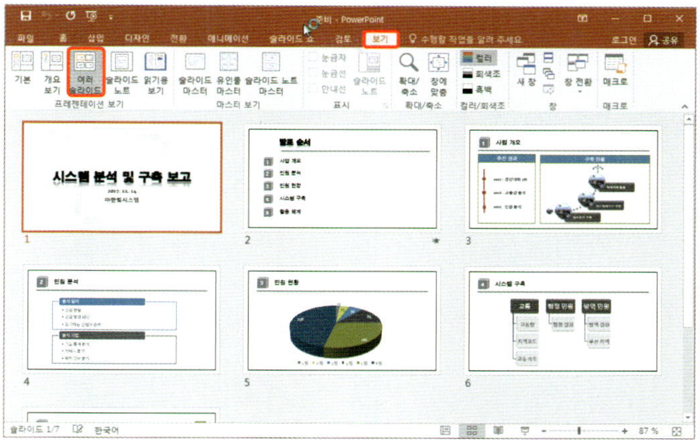

02 슬라이드 1을 선택하고 [전환] 탭–[슬라이드 화면 전환] 그룹에서 [자세히] 단추를 눌러 [화려한 효과]의 [늘어뜨리기]를 선택한다.

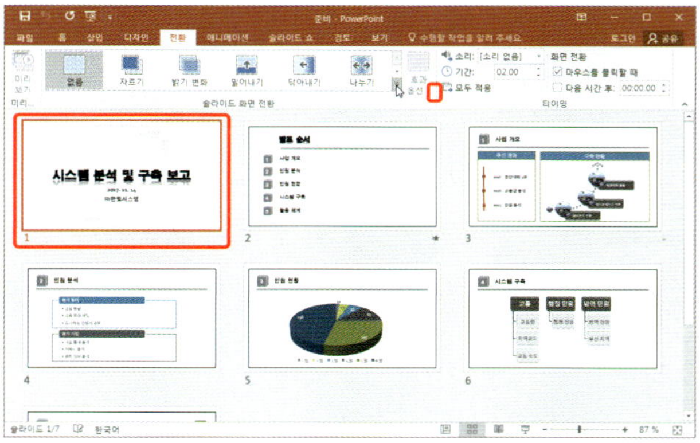

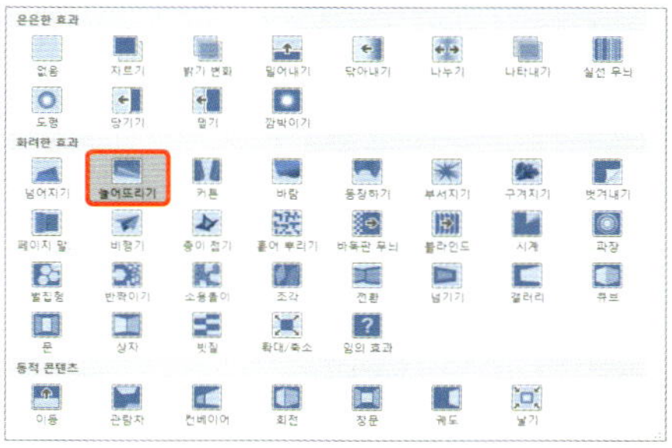

TIP 전환 효과를 선택하면 슬라이드 축소판 화면에 설정한 효과가 미리 보기로 나타난다.

03 [전환] 탭–[슬라이드 화면 전환] 그룹–[효과 옵션] 목록에서 [오른쪽으로]를 선택하고 [미리 보기]로 확인해 본다.

TIP 슬라이드의 오른쪽 아래에 나타나는 [★] 모양은 동적 효과가 설정되었다는 표시이다.

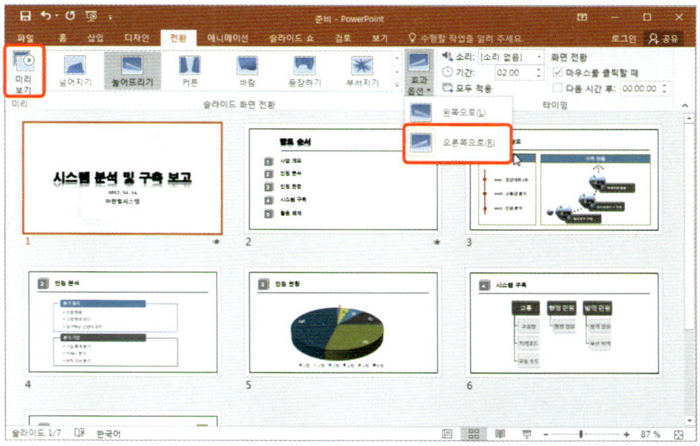

04 [전환] 탭–[타이밍] 그룹–[모두 적용]을 누르면 모든 슬라이드에 동일한 전환 효과가 적용된다.

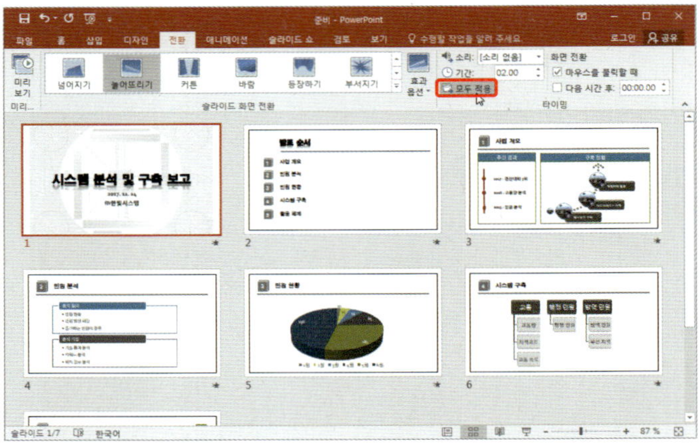

05 설정한 전환 효과를 제거하려면 슬라이드를 선택하고 [전환] 탭–[슬라이드 화면 전환] 그룹에서 [없음]을 선택한다.

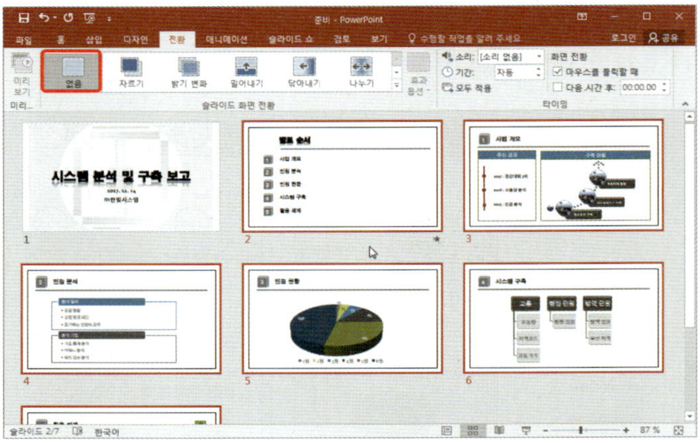

기본예제 13-9 전환 효과 속성 변경하기

애니메이션의 효과 옵션처럼 화면 전환에도 소리나 시간에 관한 옵션이 있는데, 애니메이션에 비하면 복잡하지 않다. 슬라이드에 적용한 효과의 속성을 변경해 보자.

01 슬라이드 1을 선택하고 [전환] 탭–[슬라이드 화면 전환] 그룹에서 [밀어내기]를, [효과 옵션] 목록에서 [위에서]를 선택한다.

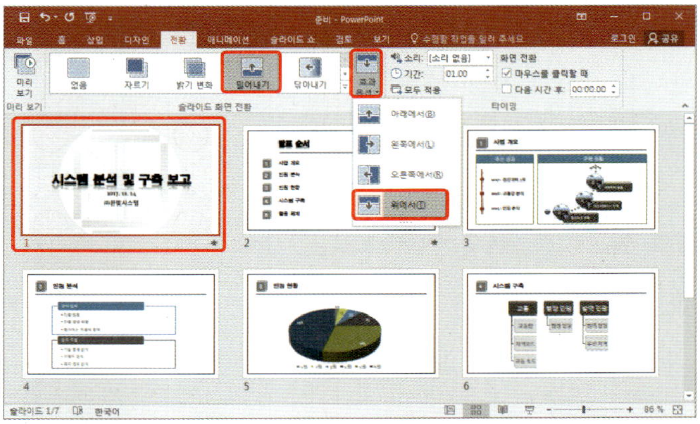

02 [전환] 탭–[타이밍] 그룹에서 [기간]을 [01.50]으로 설정하고, [미리 보기] 그룹–[미리 보기]를 눌러 슬라이드의 전환 효과가 재생되는 시간을 확인해 본다.

TIP 슬라이드 1의 [기간]을 1.5초로 설정한 것은 슬라이드 1이 밀어내기 효과로 나타나는 데 걸리는 시간이 1.5초라는 의미이다.

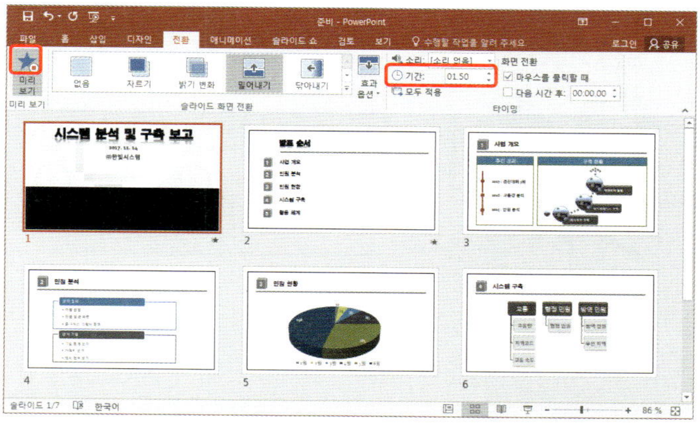

03 [전환] 탭–[타이밍] 그룹에서 [화면 전환]의 [다음 시간 후]를 선택하고 [00:05.00]으로 설정하면 슬라이드 1의 그림 아래에 '00:05'로 시간이 표시된다. 이는 슬라이드 1이 나타난 후 5초가 지나면 자동으로 슬라이드 2로 전환된다는 의미이다.

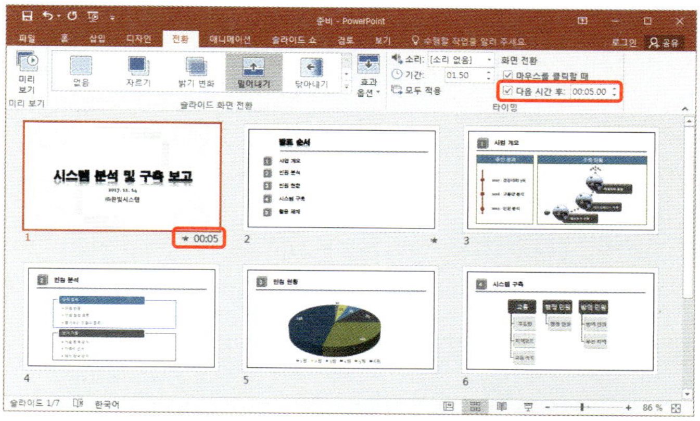

TIP 화면 전환 방법으로 [마우스를 클릭할 때]를 함께 선택하면 5초가 경과하지 않더라도 마우스를 눌러 다음 슬라이드로 전환할 수 있다.

04 [전환] 탭–[타이밍] 그룹–[모두 적용]을 누른다. [읽기용 보기]나 [슬라이드 쇼]를 실행해 각 슬라이드가 나타나는 시간(1.5초)과 다음 슬라이드로 바뀌는 시간(5초)을 확인해 본다.

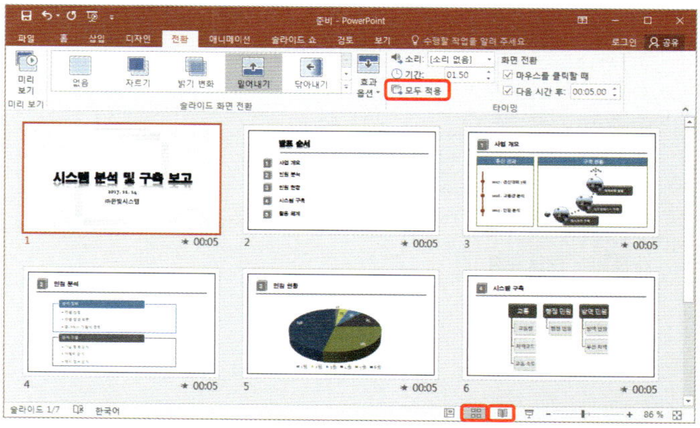

SECTION 04

슬라이드 쇼 진행하기

프레젠테이션을 기획하는 단계부터 제작 단계까지 공들여 만든 자료를 청중 앞에서 발표하는 시간은 그 어떤 단계보다도 중요하다. 프레젠테이션 자료를 잘 만들기 위해 다양한 도구를 사용하였듯이, 발표를 잘 하려면 다양한 슬라이드 쇼 도구 사용법을 알아 두고 많은 연습을 통해 익혀야 한다. 그래야 발표할 때 실수나 긴장감을 줄이고 자신감을 가질 수 있을 뿐만 아니라, 예상치 못한 변화가 발생할 수 있는 발표 현장이나 업무 보고 상황에서 유연하게 대처할 수 있다.

4.1 슬라이드 쇼 도구 활용

파워포인트의 [슬라이드 쇼] 탭에는 슬라이드 쇼를 진행할 때 혹은 미리 연습할 때 필요한 도구와 슬라이드 쇼를 재구성하거나 자동 반복 등을 설정하는 도구들이 있다.

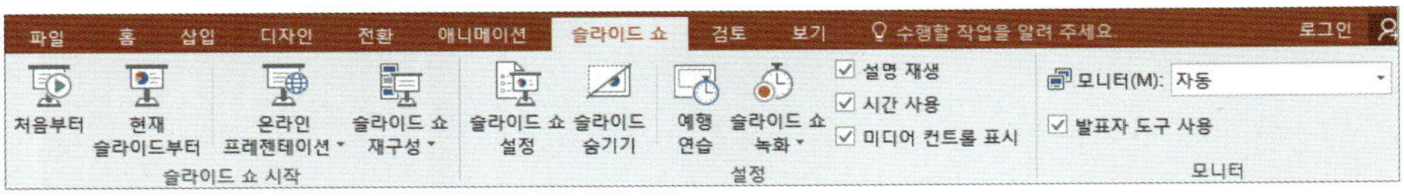

▲ 슬라이드 쇼를 시작하고 설정하는 도구

슬라이드 쇼를 진행할 때 화면 하단에 마우스를 올려 놓으면 발표자 도구가 표시된다. 발표자 도구를 이용하면 발표 도중 펜이나 레이저 포인터로 슬라이드 화면 위에 글씨를 쓰거나 특정 위치를 가리키는 등의 동작을 실행할 수 있다.

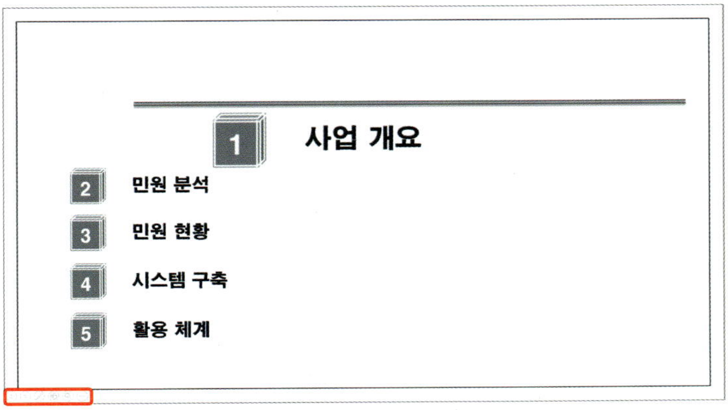

▲ 슬라이드 쇼가 진행될 때 사용할 수 있는 발표자 도구

기본예제 13-10 슬라이드 쇼 시작하기

슬라이드를 쇼를 시작하는 방법과 쇼가 진행되는 동안 사용할 수 있는 발표자 도구의 사용법을 알아보자.

01 '준비.pptx' 파일을 열고 [슬라이드 쇼] 탭–[슬라이드 쇼 시작] 그룹–[처음부터]를 누른다.

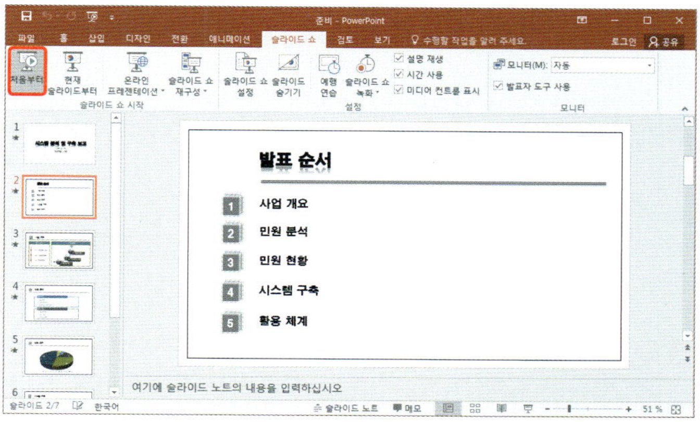

TIP 첫 번째 슬라이드부터 쇼를 진행하려면 F5를 눌러도 된다.

02 첫 번째 슬라이드부터 슬라이드 쇼가 진행된다. 쇼를 마치려면 마우스를 화면 아래쪽에 두면 표시되는 발표자 도구에서 ⋯ 단추를 누르고 [쇼 마침]을 선택한다.

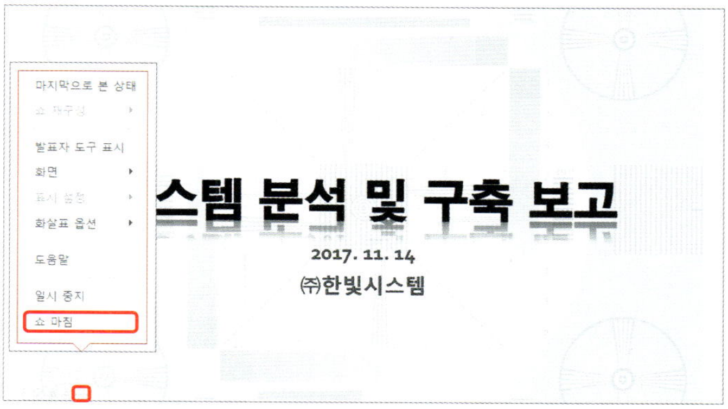

TIP 키보드에서 Esc를 누르거나, 화면에서 마우스 오른쪽 단추를 눌러 [쇼 마침] 메뉴를 선택해도 된다.

TIP 발표자 도구가 화면에 표시되지 않는다면 [슬라이드 쇼] 탭–[모니터] 그룹의 [발표자 도구 사용]이 선택되어 있는지 확인한다.

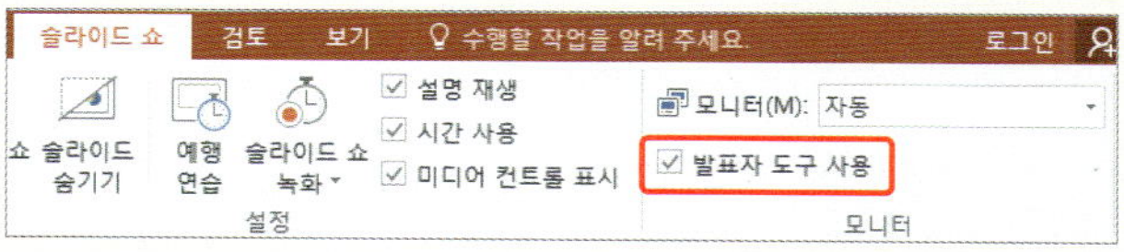

03 슬라이드 2를 선택하고 [슬라이드 쇼] 탭–[슬라이드 쇼 시작] 그룹–[현재 슬라이드부터]를 누르면 슬라이드 2부터 쇼가 진행된다.

TIP 단축키 Shift+F5를 누르거나, 작업 표시줄에서 [슬라이드 쇼] 단추를 눌러도 현재 슬라이드부터 쇼가 진행된다.

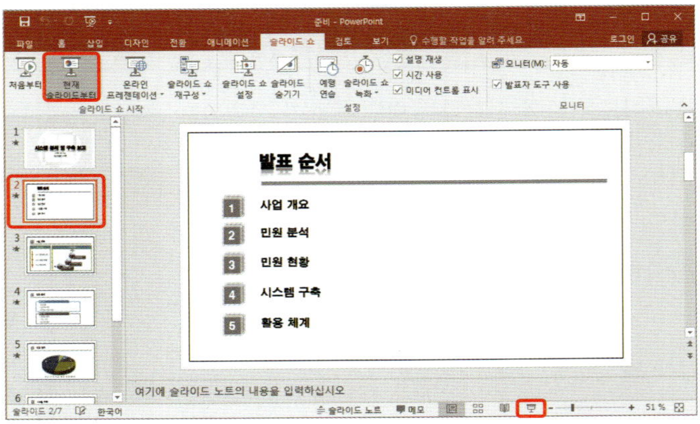

04 마우스를 화면 아래쪽에 가져가 발표자 도구가 나타나면 단추를 누르고 [펜]을 선택한다.

TIP 화면에 직접 글씨를 쓰거나 표시를 할 때 사용하는 발표자 도구 펜은 단축키 Ctrl+P를 눌러서 사용해도 된다.

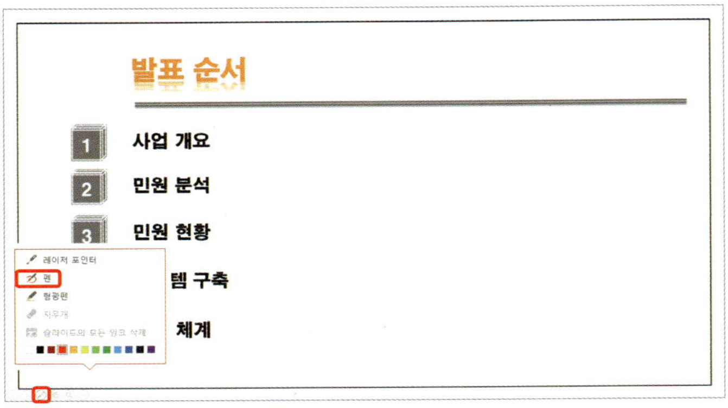

05 마우스 포인터가 빨간색 펜으로 바뀌면 화면에 직접 글씨를 쓰거나 줄을 그어 필요한 부분을 표시할 수 있다. 필기한 내용은 단축키 Ctrl+E로 지우개( )를 표시하여 지우거나 E를 눌러 한 번에 모두 지울 수 있다.

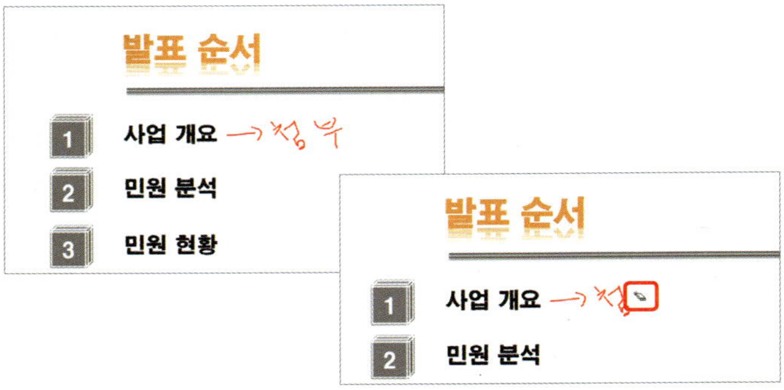

TIP 슬라이드 쇼를 마칠 때 필기한 내용을 프레젠테이션 파일에 포함시켜 저장할지 여부를 선택할 수 있도록 그림과 같은 대화상자가 나타난다.

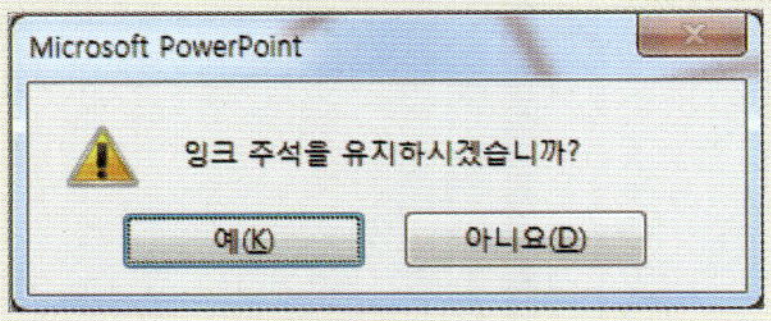

기본예제 13-11 슬라이드 쇼 녹화 활용하기

전시회처럼 사람들의 이동이 잦은 곳에서 비디오의 반복 재생과 같은 방식으로 프레젠테이션 자료를 보여줄 수도 있다. 슬라이드 쇼를 녹화한 후 반복 재생하도록 설정하고 비디오 파일로 저장해 보자.

01 [슬라이드 쇼] 탭–[설정] 그룹–[슬라이드 쇼 녹화] 목록에서 [처음부터 녹음 시작]을 선택한다.

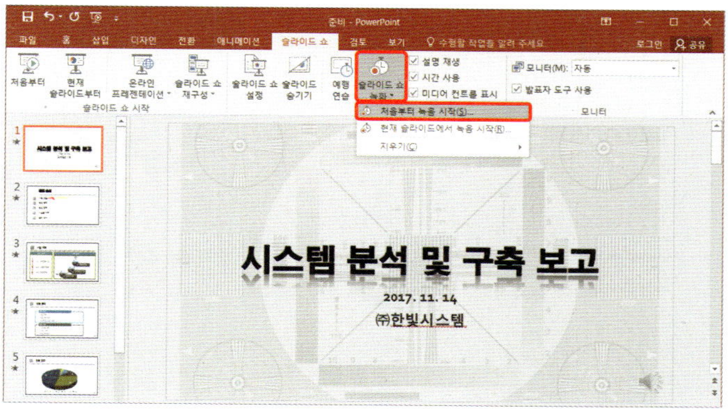

02 [슬라이드 쇼 녹화] 대화상자가 나타나면 녹화할 항목을 선택하고 [녹화 시작]을 선택한다.

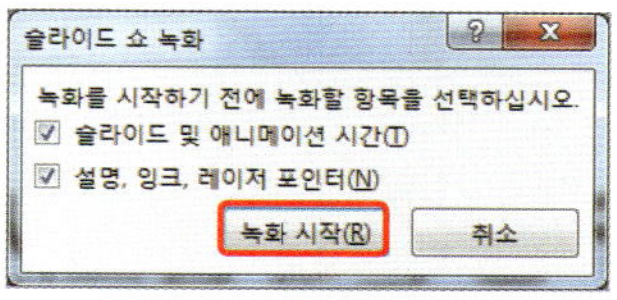

TIP 컴퓨터에 마이크가 연결되어 있지 않은 경우 [설명, 잉크, 레이저 포인터] 항목을 선택할 수 없어서 슬라이드 쇼를 진행하는 시간만 기록할 수 있다.

03 슬라이드 쇼가 진행되며 마이크로 녹음한 설명과 함께 시간이 저장된다. 저장된 시간은 [여러 슬라이드] 보기에서 확인할 수 있다.

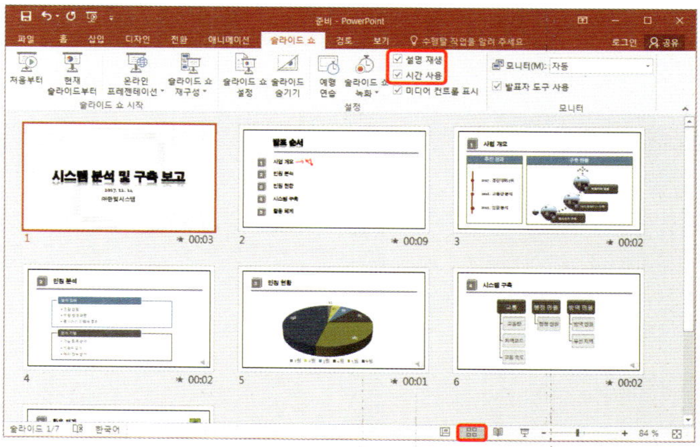

TIP [설정] 그룹의 [설명 재생]과 [시간 사용]이 체크되어 있으면 슬라이드 쇼를 실행할 때 녹화한 내용이 기록된 시간에 따라 자동 재생된다. 슬라이드 쇼를 자동 재생하지 않고 발표자가 수동으로 진행하려면 이 항목의 선택을 해제한다.

04 [슬라이드 쇼] 탭–[설정] 그룹–[슬라이드 쇼 설정]을 눌러 [쇼 설정] 대화상자가 열리면 [표시 옵션]의 [〈Esc〉 키를 누를 때까지 계속 실행]을 선택한다. 이제 Esc를 누를 때까지 슬라이드 쇼가 반복 실행된다.

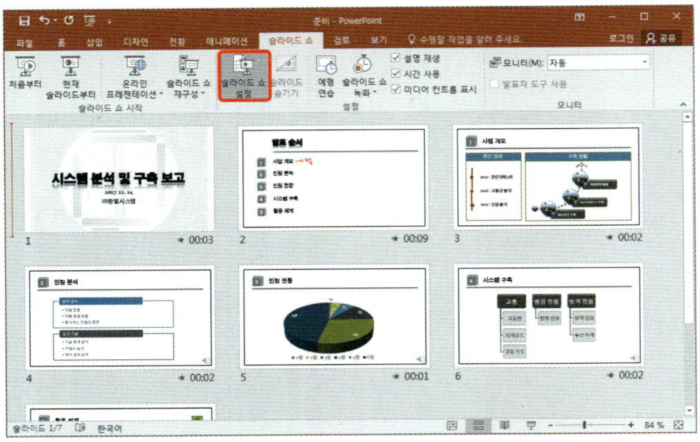

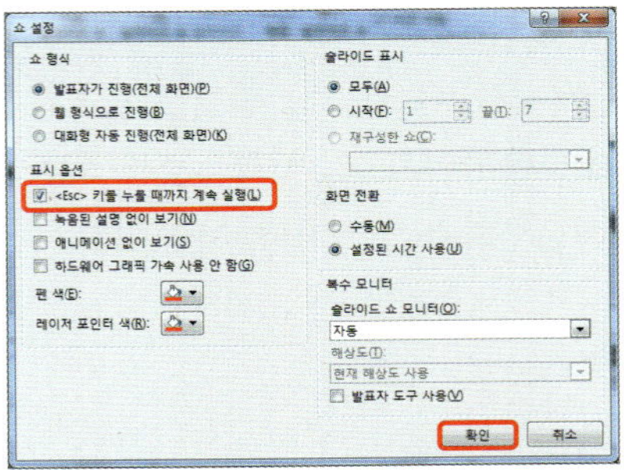

TIP [쇼 설정] 대화상자의 [쇼 형식] 종류는 각각 다음과 같이 활용할 수 있다.

- **발표자가 진행(전체 화면)**: 슬라이드 쇼를 진행하는 사람이 수동으로 마우스를 눌러 슬라이드를 전환할 수 있는 일반적인 발표 상황에서 사용한다.
- **웹 형식으로 진행**: 슬라이드 전환을 제어할 수 없는 화면에서 슬라이드 쇼를 발표하는 경우에 활용하는 것으로 모니터나 펜 색을 설정할 수 없다.
- **대화형 자동 진행(전체 화면)**: 키오스크와 같은 화면에서 슬라이드 쇼를 보는 사람이 Esc를 누를 때까지 무한 반복하면서 슬라이드 쇼를 보여줄 때 활용할 수 있다.

05 슬라이드 쇼를 비디오 파일 형식으로 저장하려면 [파일] 탭–[내보내기]에서 [비디오 만들기]를 선택한다. [프레젠테이션 품질]이나 [기록된 시간 및 설명 사용]을 선택하고 [비디오 만들기]를 누른다. 비디오 파일을 저장할 폴더와 파일 이름을 입력하고 [저장]을 누른다.

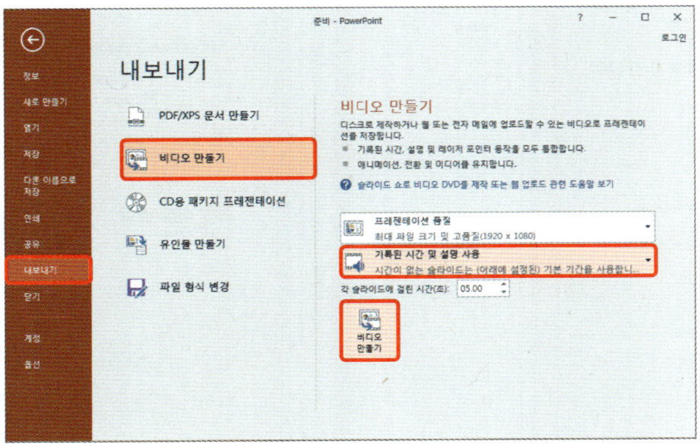

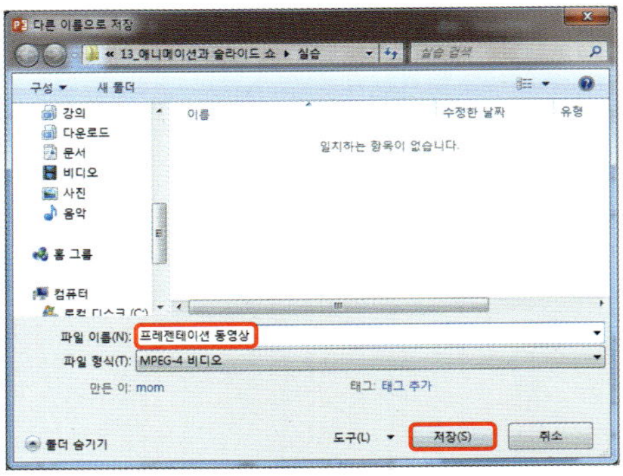

기본예제 13-12 슬라이드 숨기기와 슬라이드 쇼 재구성하기

발표 시간 제한이나 발표 대상 변경 등 여러 가지 상황 변화로 준비한 슬라이드를 모두 설명하지 못하는 경우가 있다. 이런 경우에는 슬라이드를 삭제하지 않고도 특정 슬라이드가 보이지 않도록 슬라이드 쇼에서 숨길 수 있다. 또, '10분 발표'나 '20분 발표' 혹은 '재학생 대상'이나 '졸업생 대상' 등 상황에 맞게 슬라이드 쇼를 재구성하여 미리 준비하는 방법도 있다.

01 [여러 슬라이드] 보기에서 슬라이드 5를 선택하고 [슬라이드 쇼] 탭–[설정] 그룹–[슬라이드 숨기기]를 누르면 슬라이드 쇼에서 슬라이드 5는 제외된다.

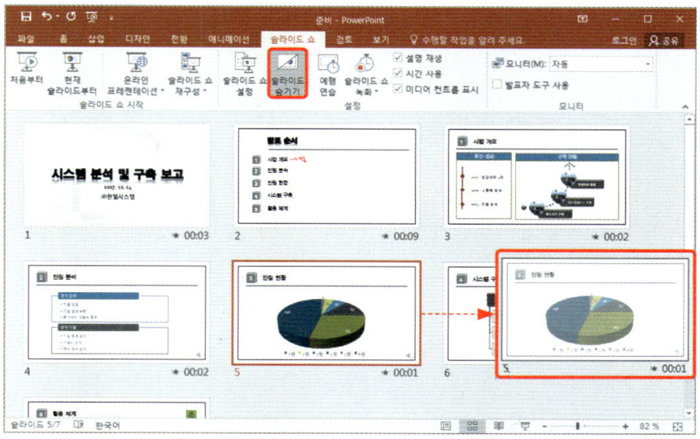

TIP 제외한 슬라이드를 다시 쇼에 포함시키려면 [슬라이드 숨기기]를 한 번 더 누르면 된다.

02 [슬라이드 쇼] 탭–[슬라이드 쇼 시작] 그룹–[슬라이드 쇼 재구성]을 누르고 [쇼 재구성]을 선택한다. [쇼 재구성] 대화상자가 열리면 [새로 만들기]를 누른다.

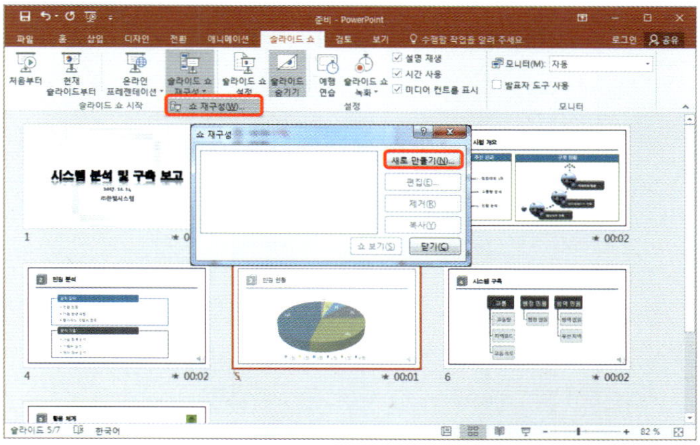

03 [쇼 재구성하기] 대화상자에서 [슬라이드 쇼 이름]을 *10분 발표*로 바꾼 다음, 쇼에 보여줄 슬라이드를 선택하고 [추가]를 눌러 [재구성한 쇼에 있는 슬라이드] 목록으로 이동시킨다. [확인]을 눌러 [쇼 재구성하기] 대화상자를 닫는다.

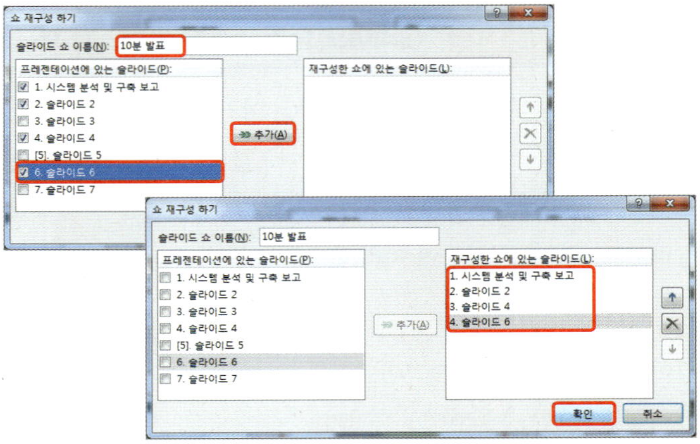

04 [쇼 재구성] 대화상자 목록에 '10분 발표'가 표시된다. [쇼 보기]를 눌러 슬라이드 쇼를 실행시켜 본 뒤 [닫기]를 눌러 대화상자를 닫는다.

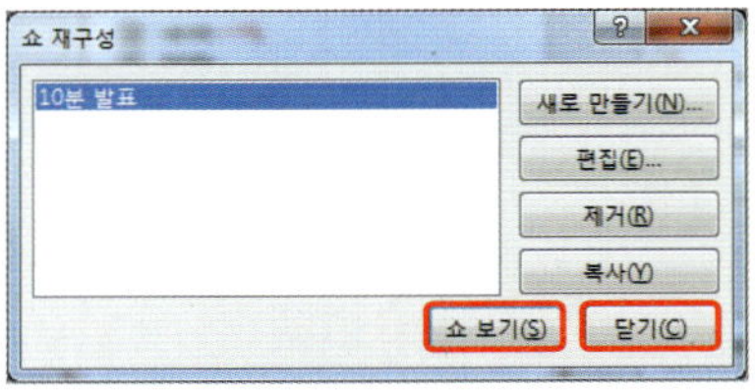

TIP [쇼 재구성] 대화상자는 재구성한 쇼의 편집과 제거, 복사에 이용할 수도 있다.

05 재구성한 쇼를 진행하려면 [슬라이드 쇼] 탭–[슬라이드 쇼 시작] 그룹–[슬라이드 쇼 재구성]을 누르고 [10분 발표]를 선택한다.

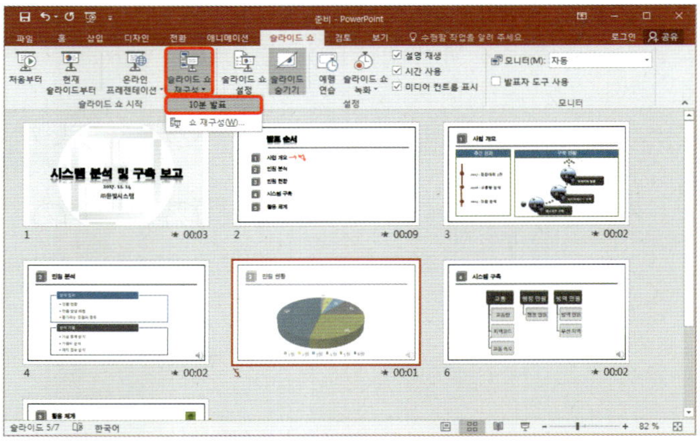

TIP [처음부터]나 [현재 슬라이드부터]를 눌러 슬라이드 쇼를 시작하면 재구성한 쇼가 아닌 전체 슬라이드가 포함된 슬라이드 쇼가 진행된다.

기본예제 13-13 온라인 프레젠테이션 활용하기

온라인 프레젠테이션은 파워포인트 2013 버전부터 지원되는 새로운 기능으로 온라인으로 연결된 청중에게 슬라이드 쇼를 실시간으로 진행하는 방법이다. 온라인 프레젠테이션에 참가할 청중에게 슬라이드 쇼를 진행할 링크를 알려주고 방송 서비스를 이용하는 것처럼 웹 브라우저를 통해 발표 내용을 볼 수 있도록 한다.

01 '준비.pptx' 파일을 열고 [슬라이드 쇼] 탭–[슬라이드 쇼 시작] 그룹에서 [온라인 프레젠테이션]–[Office Presentation Service]를 선택한다.

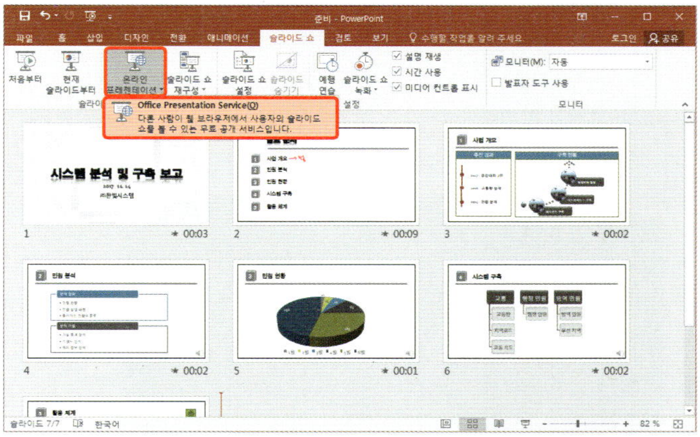

02 온라인 프레젠테이션으로 제공하는 파일의 다운로드 허용 여부와 서비스 계약 동의 내용을 확인하고 [연결]을 누른다.

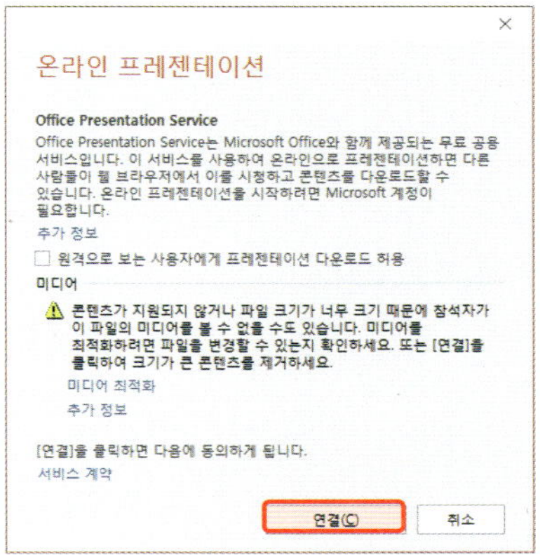

03 온라인 프레젠테이션 진행자는 미리 등록해 둔 오피스 클라우드 서비스(OneDrive) 계정을 이용하여 로그인한다.

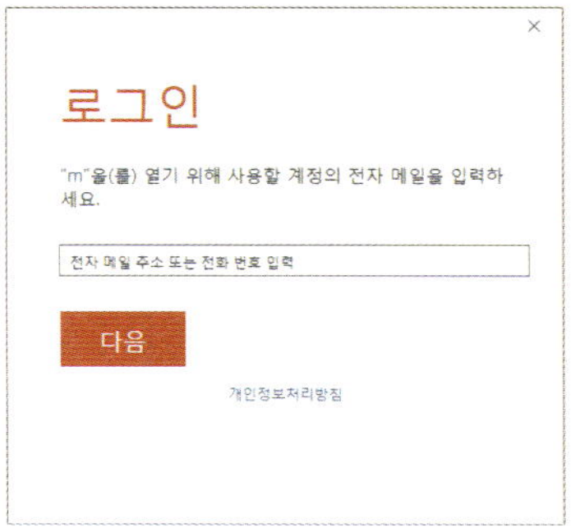

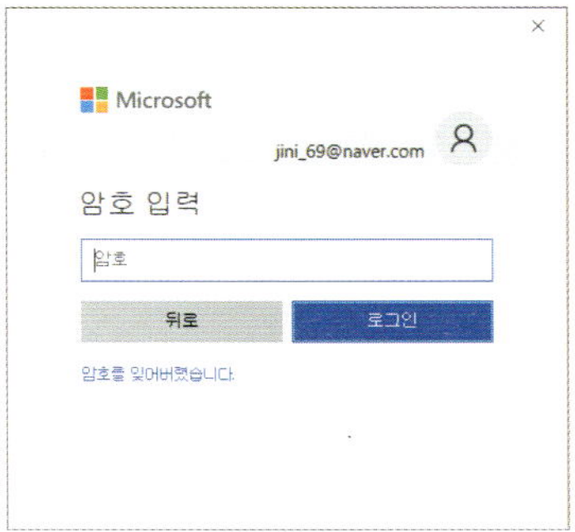

04 온라인 프레젠테이션이 준비되면 슬라이드 쇼의 링크가 표시된다. [링크 복사]를 눌러 참석할 청중에게 전자 메일 등으로 링크를 알린다.

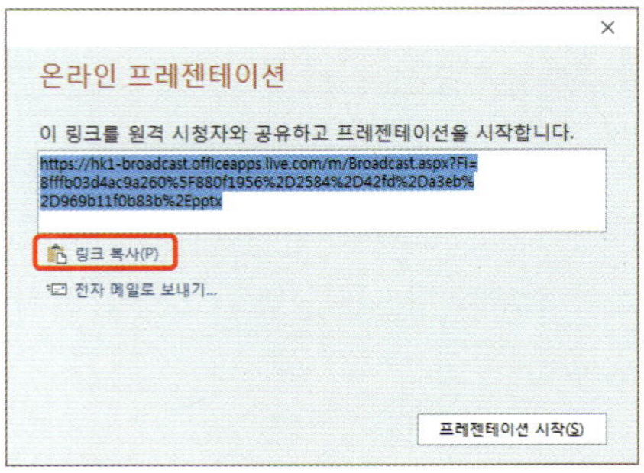

TIP 청중이 웹 브라우저 주소 창에 링크를 입력하고 슬라이드 쇼가 시작되기를 기다리는 화면이다.

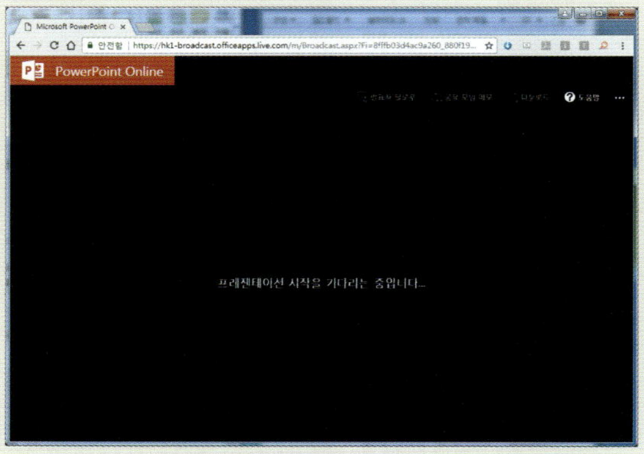

05 청중이 모두 연결하고 슬라이드 쇼를 진행할 준비가 완료되면 [프레젠이션 시작]을 눌러 슬라이드 쇼를 진행한다.

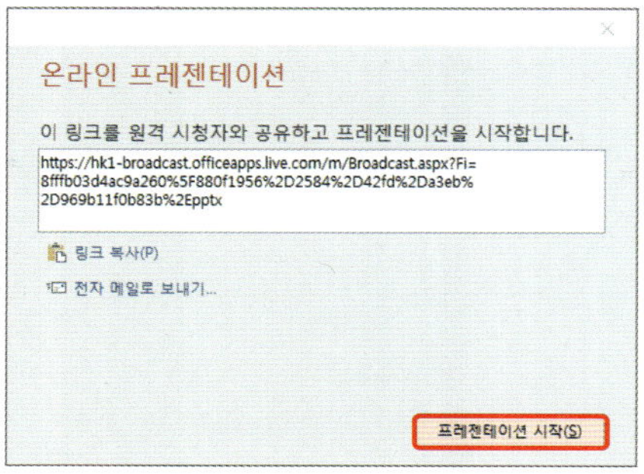

TIP 슬라이드 쇼가 진행될 때 청중에게 보여지는 화면이다.

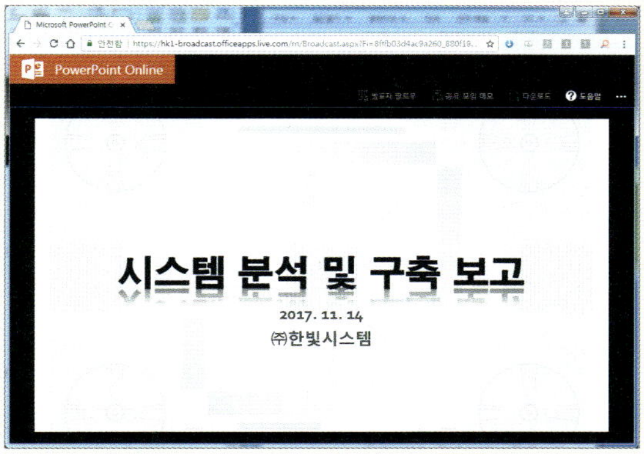

06 슬라이드 쇼가 끝나면 진행자는 [온라인 프레젠테이션] 탭-[온라인 프레젠테이션] 그룹-[온라인 프레젠테이션 종료]를 누른다. [Microsoft PowerPoint] 대화상자가 열리면 [온라인 프레젠테이션 종료]를 눌러 링크를 해제한다.

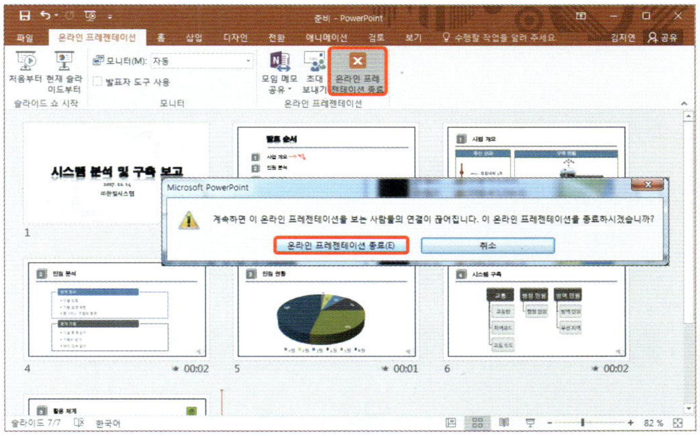

TIP 진행자가 온라인 프레젠테이션을 종료했을 때 청중에게 보여지는 화면이다.

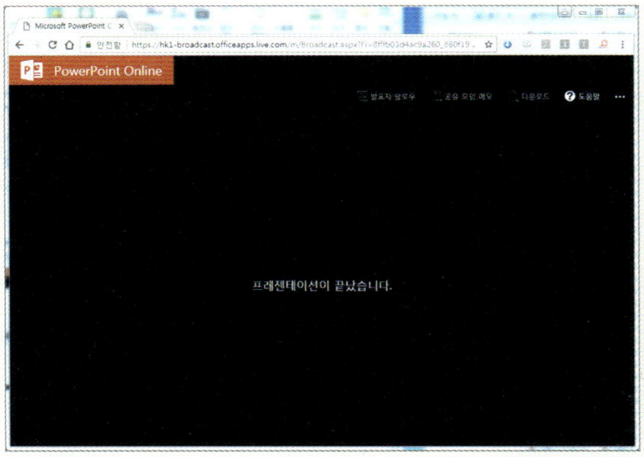

TIP 마이크로소프트에서 제공하는 원드라이브(OneDrive.com)에 계정을 등록하면 클라우드 서비스를 이용할 수 있다. 클라우드 서비스는 인터넷으로 ICT 자원 서비스를 이용할 수 있다는 개념으로 하드웨어나 소프트웨어를 포함한 모든 ICT 기능과 기술이 해당된다. 마이크로소프트사의 원드라이브는 애플의 아이클라우드나 네이버의 N드라이브처럼 클라우드 스토리지 서비스의 일종으로 인터넷에 연결하여 데이터를 저장할 수 있는 인터넷 하드디스크라고 할 수 있다. 클라우드 스토리지 서비스를 통해 사진이나 문서, 동영상 등 여러 가지 콘텐츠를 클라우드 서버에 저장해두면 언제 어디서나 액세스할 수 있고 다른 사람과 공유할 수도 있다. 엑셀이나 파워포인트와 같은 오피스 문서를 작성하고 나서 원드라이브에서 제공하는 저장소에 저장해 두면 휴대폰이나 태블릿으로 인터넷에 연결하여 어디에서나 문서를 조회 및 편집할 수 있다.

원드라이브로 클라우드 서비스를 이용하려면 먼저 계정을 만들어야 한다.

① 웹브라우저를 실행한 뒤 주소 입력란에 'onedrive.com'을 입력하여 다음과 같은 페이지가 열리면 [무료 가입]을 누른다.

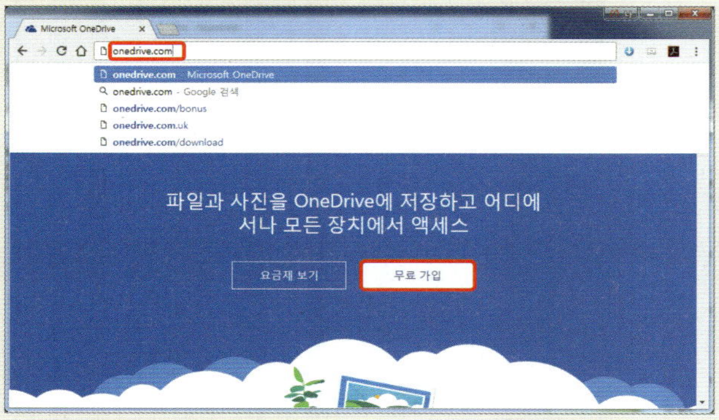

② [Microsoft 계정 만들기]를 선택하고 이메일 주소와 암호를 입력한 다음 [동의하고 계정 만들기]를 누른다.

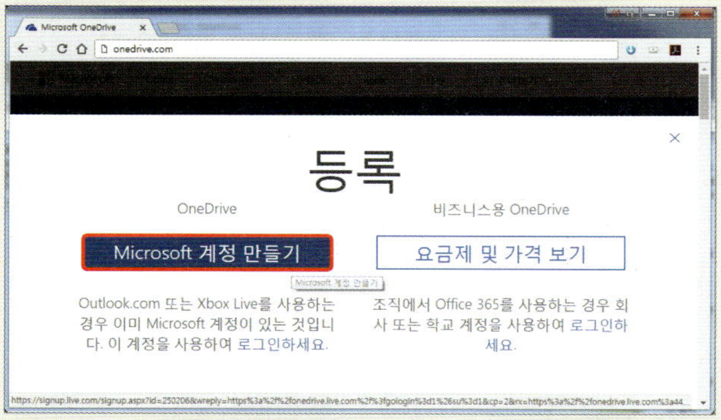

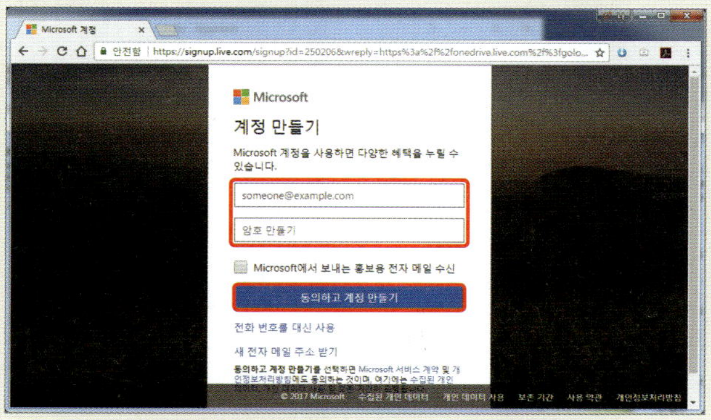

③ 계정을 설정하기 위한 개인 정보를 입력하고 보안 코드로 본인 인증을 마치면 클라우드 서비스를 시작할 수 있다.

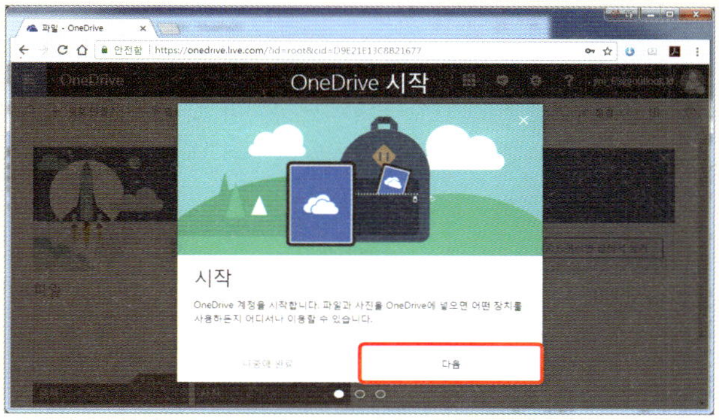

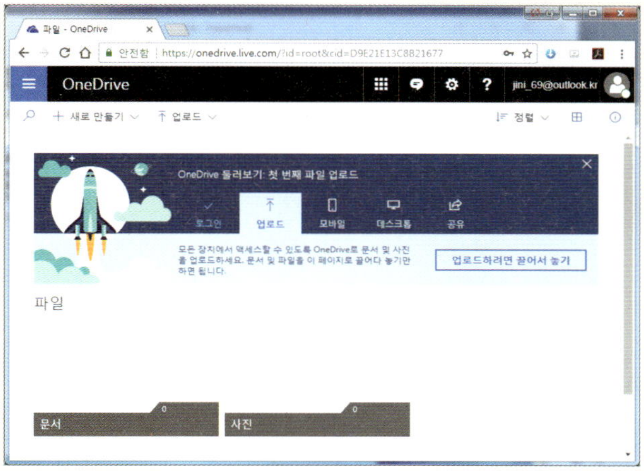

④ 계정을 만들었다면 엑셀이나 파워포인트와 같은 오피스 프로그램의 오른쪽 상단에 있는 [로그인]을 눌러 등록한 계정으로 로그인한다. 그러면 작업 중인 문서를 원드라이브에 저장할 수 있다.

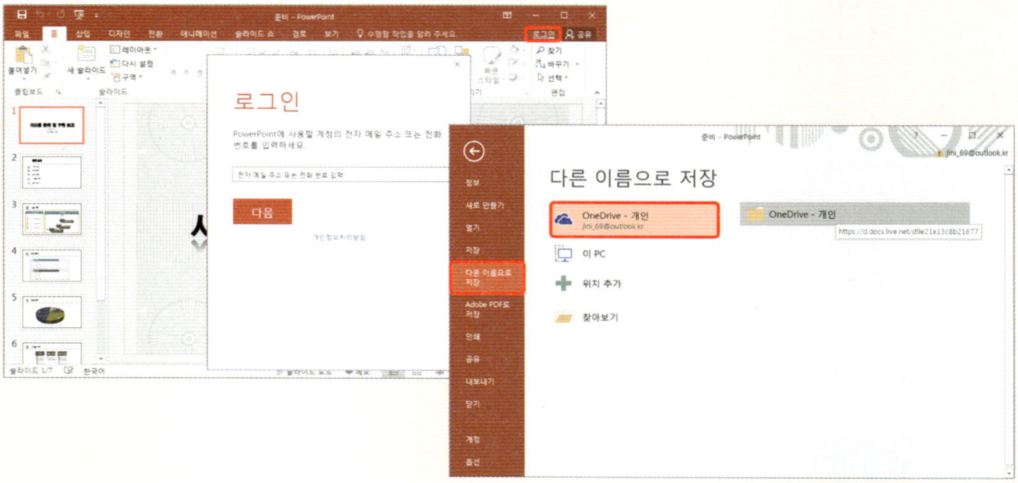

요약예제

다음과 같이 차트와 스마트아트 혹은 여러 가지 도형으로 이루어진 슬라이드에 이 장에서 학습한 애니메이션을 적용하여 동적 효과를 나타내 보자.

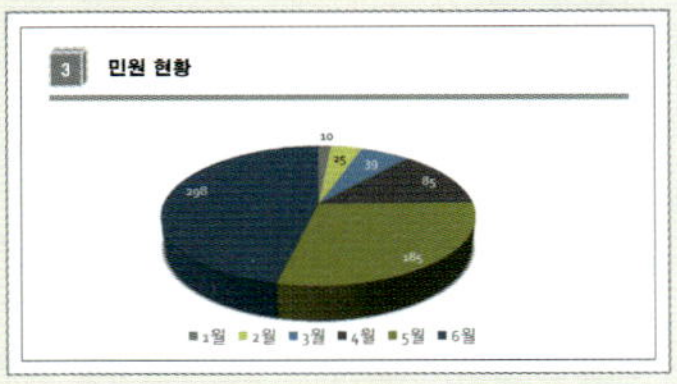

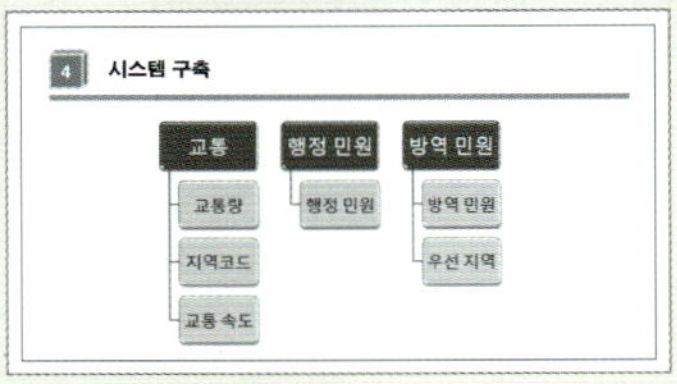

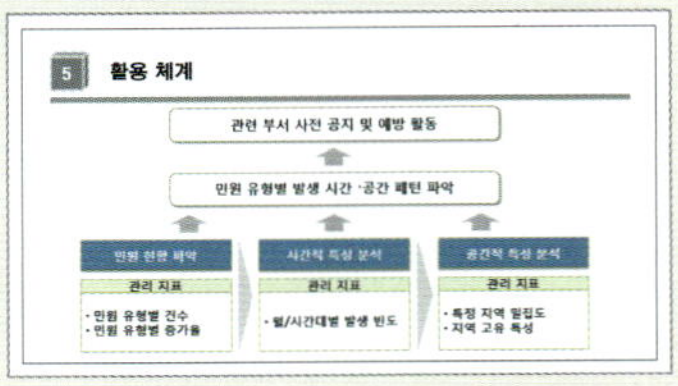

1 '요약예제.pptx' 파일의 슬라이드 5에 있는 원형 차트를 누르고 [애니메이션] 탭–[애니메이션] 그룹의 [자세히] 단추를 눌러 [나타내기]의 [시계 방향 회전]을 선택한다.

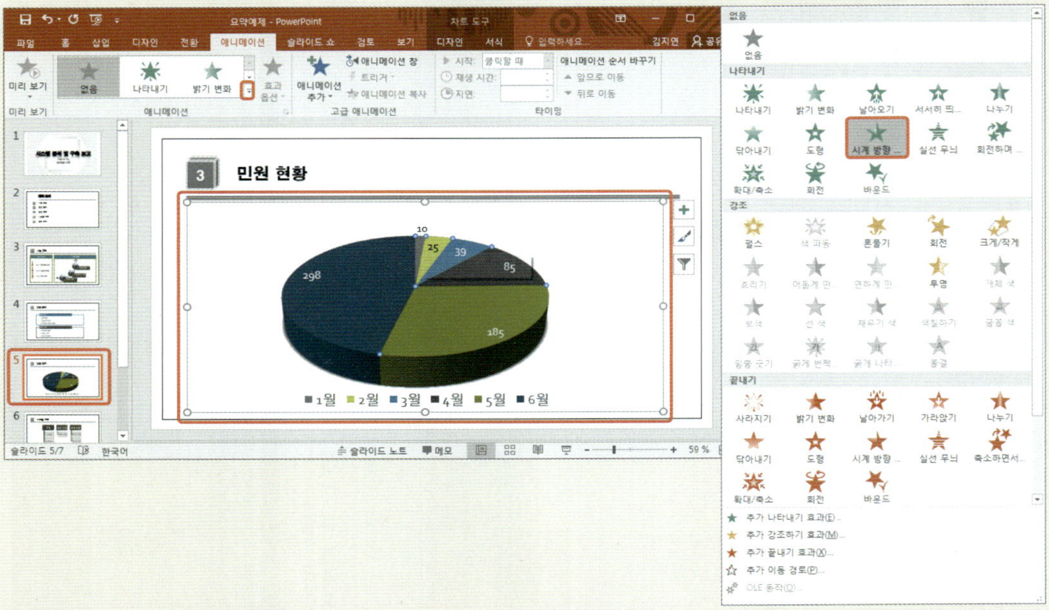

TIP [미리 보기]로 애니메이션을 재생해 보면 회전의 중심이 3차원 원형 차트와 일치하지 않아 나타나는 형태가 부자연스럽다.

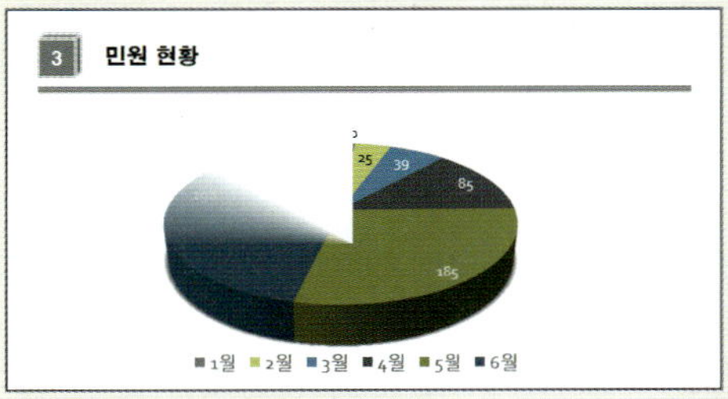

2 [애니메이션] 탭–[애니메이션] 그룹–[효과 옵션] 목록에서 [시퀀스]의 [항목별로]를 선택하고, [타이밍] 그룹에서 [시작]을 [이전 효과와 함께]로 설정한다.

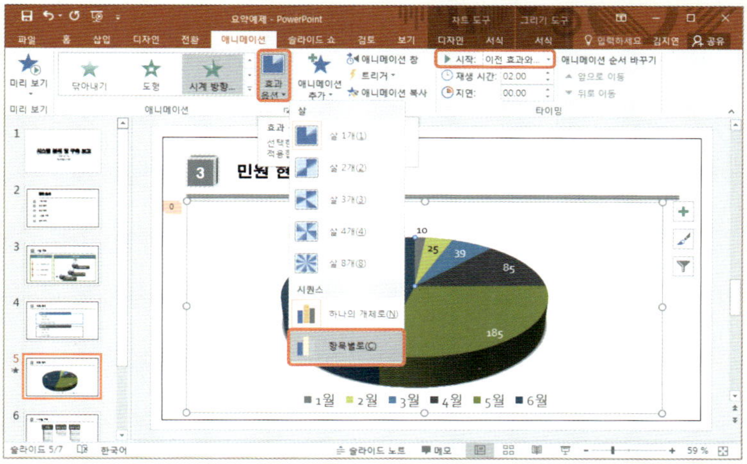

TIP 항목별로 원형 차트를 나타나게 하는 경우 회전의 중심이 항목 단위로 나타난다. 이때 애니메이션의 재생 속도가 지나치게 느려지므로 모든 항목이 같이 재생되도록 변경한다.

3 이번에는 슬라이드 6의 스마트아트를 선택하고, [애니메이션] 탭–[애니메이션] 그룹의 [ ] 자세히] 단추를 눌러 [강조]의 [채우기 색]을 선택한다.

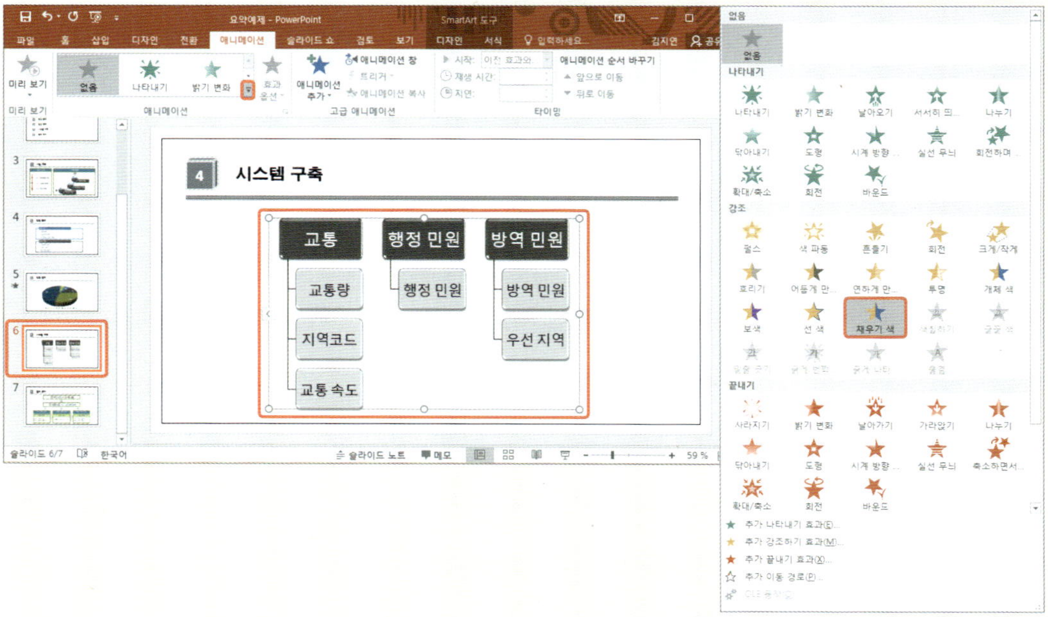

4 [애니메이션] 탭–[애니메이션] 그룹–[효과 옵션] 목록에서 [테마 색]을 임의의 색으로 선택하고, [시퀀스]는 [수준(개별적으로)]를 선택한다.

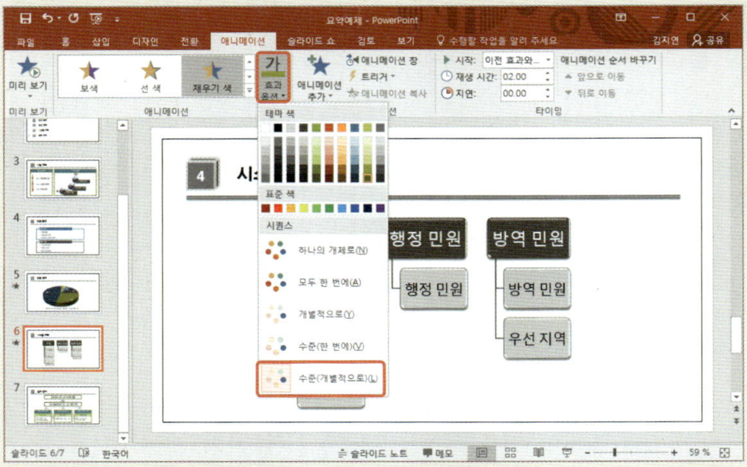

5 [애니메이션] 탭–[고급 애니메이션] 그룹–[애니메이션 창]을 누르고, [애니메이션 창]에서 2~9까지 모두 선택한다.

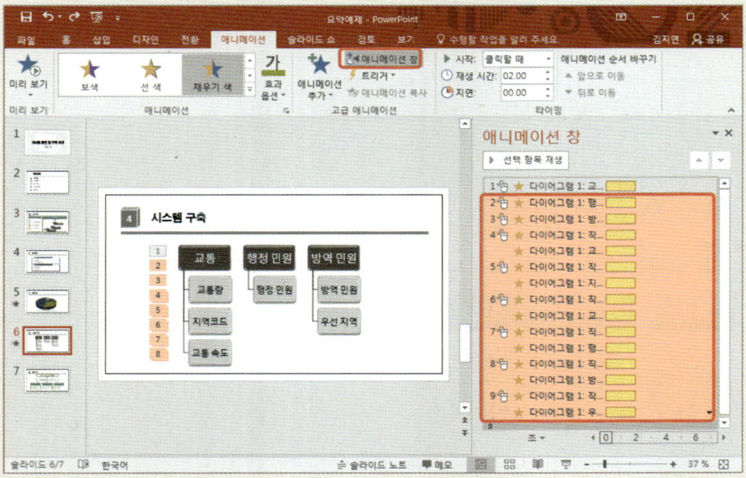

TIP 애니메이션 창에서 [확장] 단추를 누르면 내용을 확장할 수 있다.

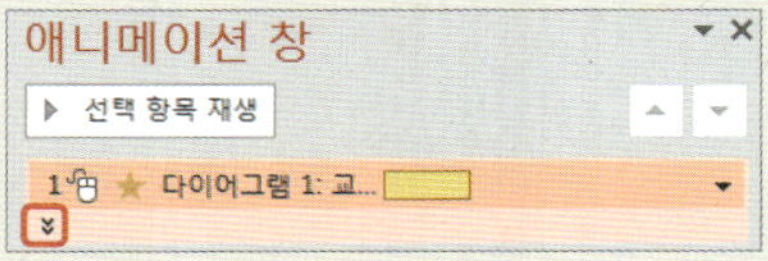

6 [애니메이션] 탭–[타이밍] 그룹에서 [시작]을 [이전 효과 다음에]로, [재생 시간]을 [00.30]으로 설정한다.

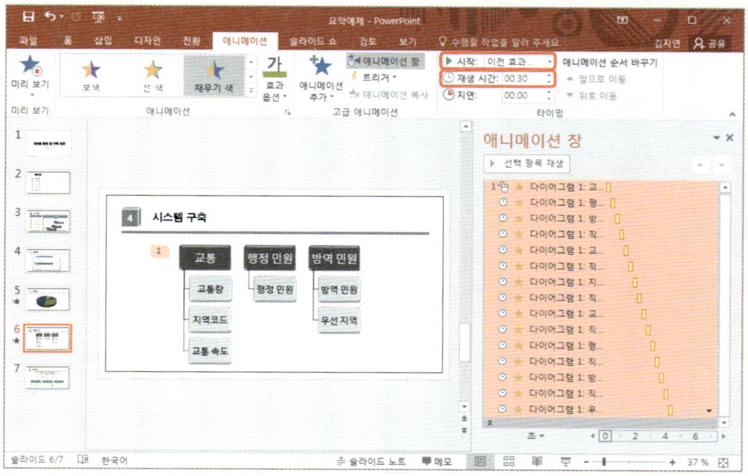

TIP 재생 시간을 1초 이상으로 설정하면 모든 도형이 순서대로 나타나는 시간이 길고 지루하게 느껴질 수도 있다. '다이어그램 1: 교통'의 [재생 시간]도 0.3초로 변경하여 모든 애니메이션이 빠르게 연속 재생되도록 설정한다.

7 슬라이드 7을 선택하고 아래쪽 세 개의 도형인 '그룹 1~3'을 모두 선택하고 [애니메이션] 탭–[애니메이션] 그룹의 [나타내기] 목록에서 [밝기 변화]를 선택한다.

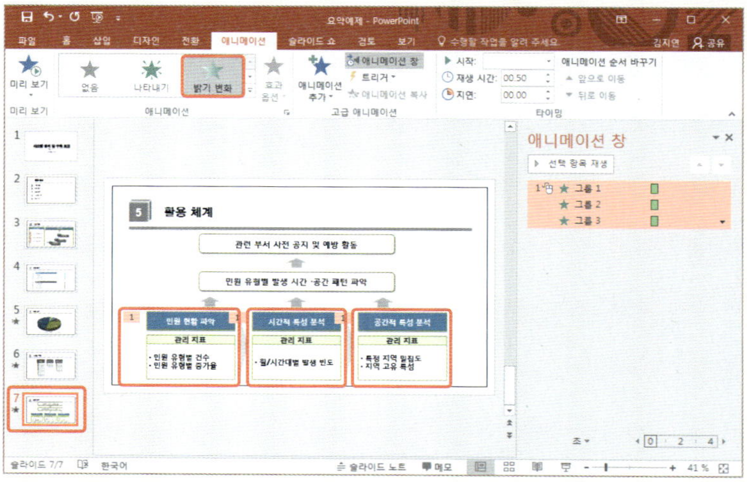

8 두 개의 '오른쪽 화살표 1~2' 도형을 모두 선택하고 [애니메이션] 탭-[애니메이션] 그룹의 [나타내기] 목록에서 [닦아내기]로 설정한 다음, [효과 옵션] 목록에서 [왼쪽에서]를 선택한다.

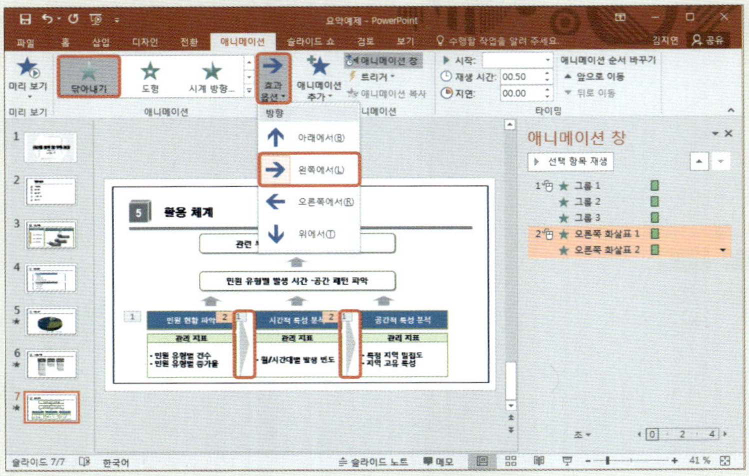

9 [애니메이션 창]에서 '오른쪽 화살표 1~2'의 애니메이션 순서를 그림과 같이 변경하고 [▼ 목록] 단추를 눌러 [이전 효과 다음에 시작]을 선택한다.

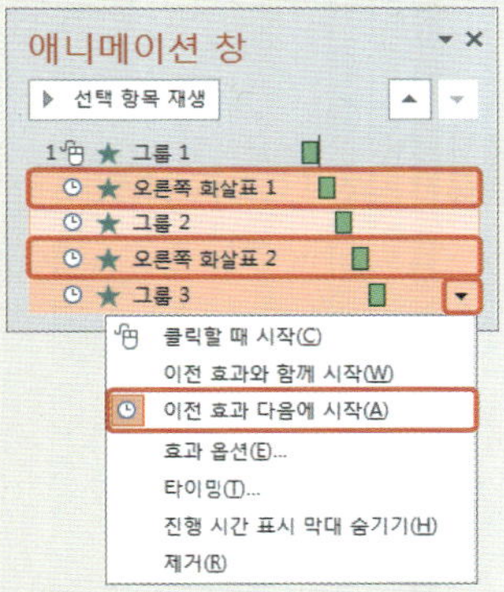

10 세 개의 '위쪽 화살표 1~3'을 모두 선택하고 애니메이션을 [나타내기]의 [닦아내기]로 설정한 다음, [효과 옵션] 목록에서 [아래에서]를 선택한다.

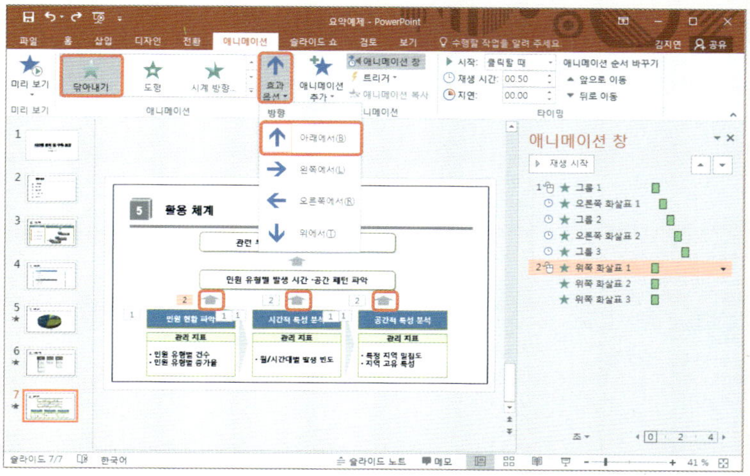

11 [애니메이션] 창에서 '위쪽 화살표 1'을 [이전 효과 다음에 시작]으로 설정하여 위쪽 화살표 1~3의 동작이 그림과 같이 시작되도록 한다.

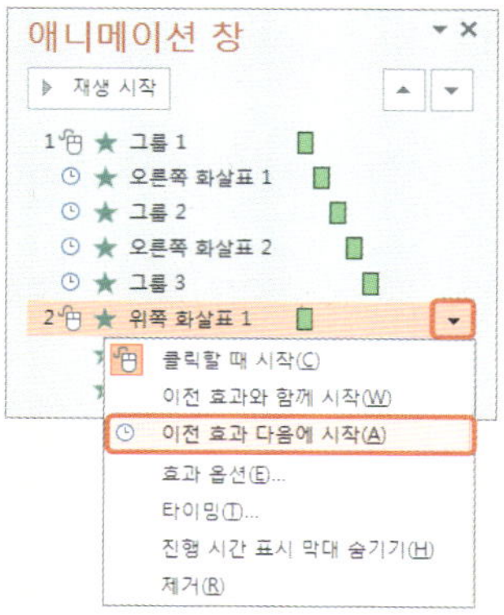

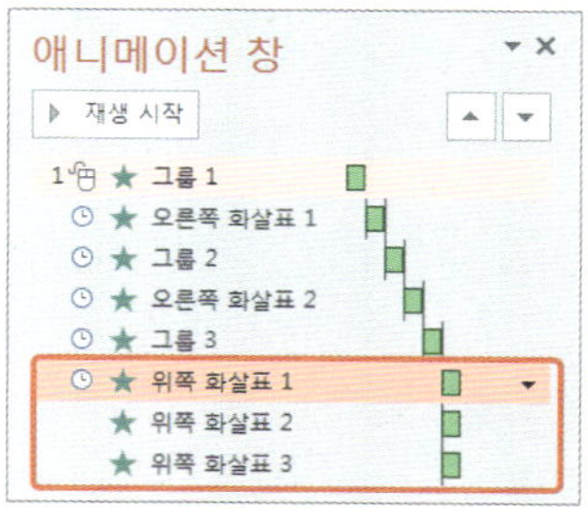

12 두 개의 '사각형 1~2'를 선택하고 애니메이션을 [나타내기]의 [밝기 변화]로 설정한 다음, [애니메이션 창]에서 [이전 효과 다음에 시작]으로 설정한다.

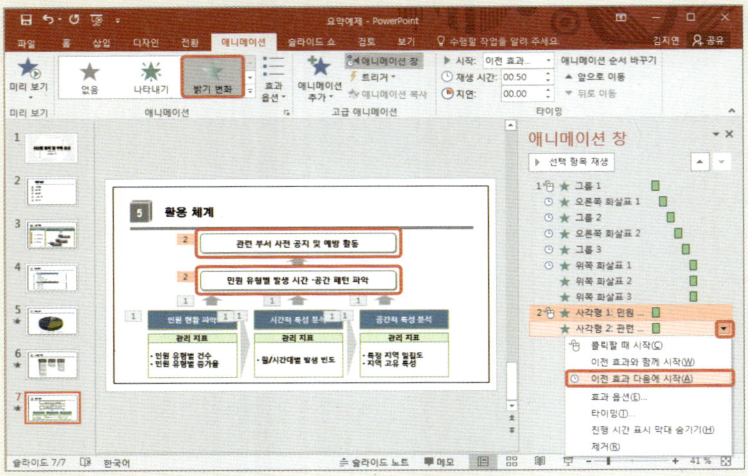

13 '위쪽 화살표 4' 도형을 선택하고 애니메이션을 [나타내기]의 [닦아내기]로 설정하고, [효과 옵션] 목록에서 [아래에서]를 선택한다.

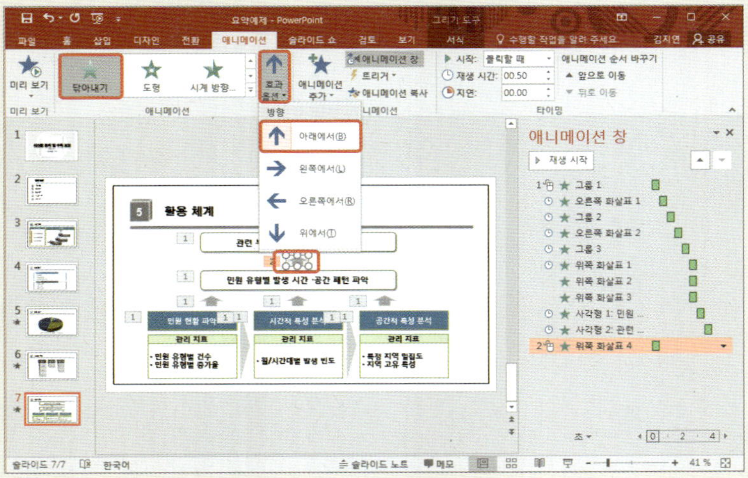

14 [애니메이션 창]에서 '위쪽 화살표 4'의 애니메이션 순서를 그림과 같이 변경하고 [이전 효과 다음에 시작]으로 설정한다.

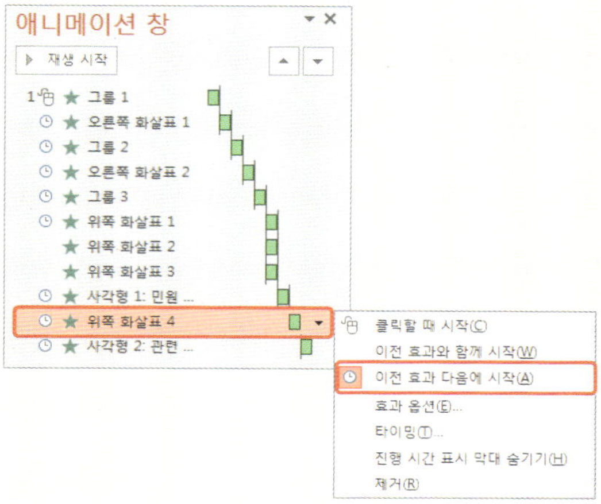

15 '사각형 2' 도형을 선택하고 [애니메이션] 탭–[고급 애니메이션] 그룹–[애니메이션 추가]를 눌러 [강조]의 [크게/작게]를 선택한다.

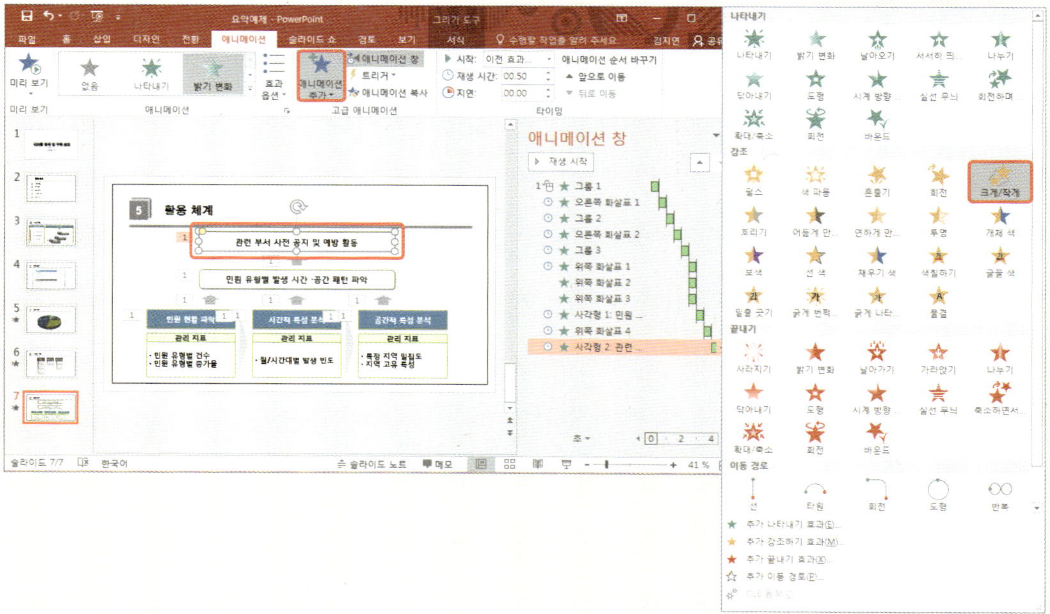

16 [애니메이션 창]에서 '사각형 2'의 [효과 옵션]을 선택한다.

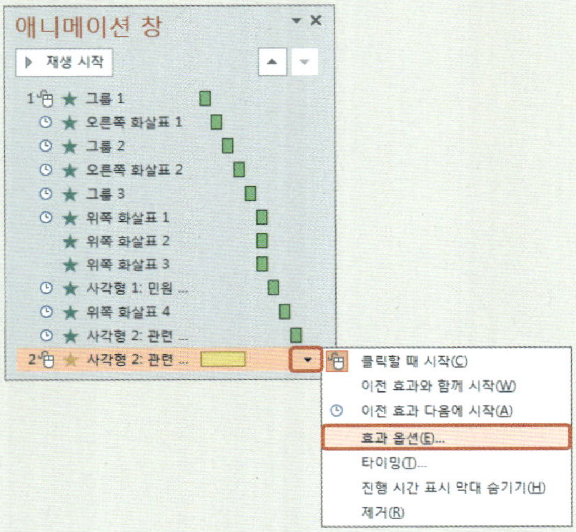

17 [크게/작게] 대화상자의 [효과] 탭에서 [설정] 그룹에 있는 [크기]를 [사용자 지정]–[120%]로 변경하고, [타이밍] 탭에서 [시작]을 [이전 효과 다음에]로, [재생 시간]을 [0.5초(매우 빠르게)]로 설정한 후 [확인]을 누른다.

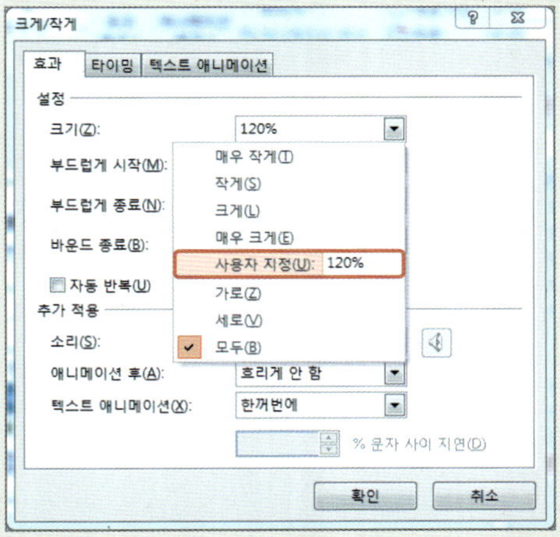

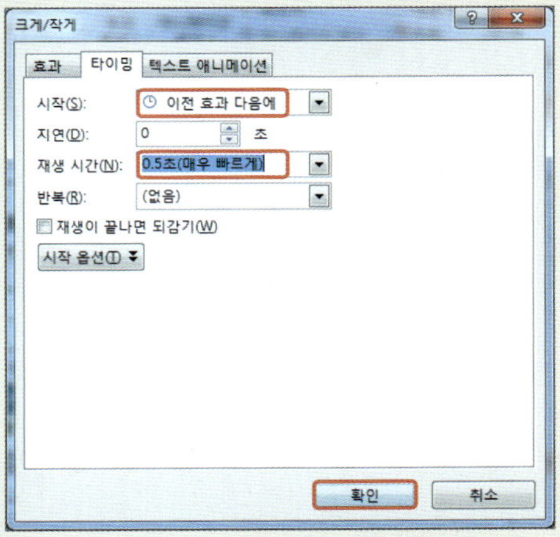

18 [애니메이션] 그룹-[미리 보기] 그룹-[미리 보기]를 눌러 설정한 애니메이션의 동작을 [미리 보기]로 확인해 본다.

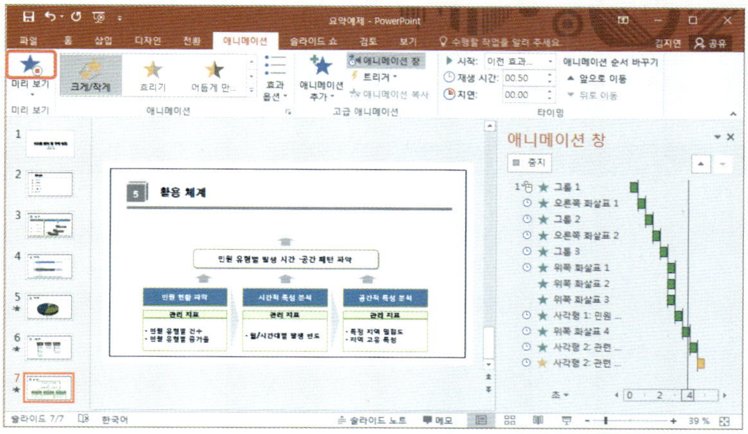

연습문제

1 '요약예제.pptx' 파일의 슬라이드 3을 이용하여 다음과 같은 애니메이션이 실행되도록 하시오.

❶ '추진 경과'의 텍스트 상자를 [나누기]로 나타나도록 하시오. 효과 옵션에서 나누기 방향은 [세로 바깥쪽으로]로 설정하고, [이전 효과 다음에] 시작하도록 하시오.

❷ '추진 경과' 상자 안의 빨간 도형 그룹(타원과 직선)이 텍스트 상자와 함께 [닦아내기]로 나타나도록 하시오. 닦아내기 방향은 [아래에서]로 설정하시오.

2 '요약예제.pptx' 파일을 이용하여 다음과 같이 화면을 전환하도록 쇼를 재구성하시오.

❶ 전환 효과 중 [동적 콘텐츠]–[회전]을 모든 슬라이드에 적용하고, 회전 방향([오른쪽에서])과 기간(1초)을 설정하시오.

❷ 모든 슬라이드가 5초 후에 자동 전환되도록 설정하시오.

❸ 번호가 홀수인 슬라이드(슬라이드 1, 3, 5, 7)를 '요약 발표'라는 이름의 쇼로 재구성하시오.

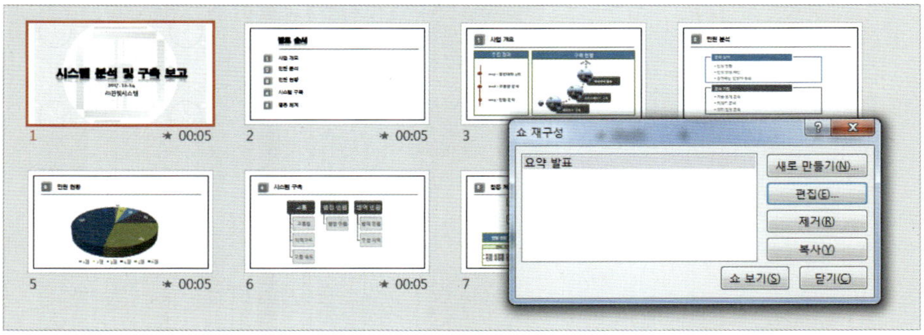

CHAPTER

14

슬라이드 마스터와 인쇄 설정

학습목표

- 슬라이드 마스터를 만들고 활용할 수 있다.
- 유인물 마스터를 작성할 수 있다.
- 슬라이드를 인쇄할 수 있다.

SECTION 01 슬라이드 마스터 활용하기

슬라이드를 제작할 때 각 슬라이드마다 다른 서식과 레이아웃으로 디자인을 할 수도 있지만, 작업 시간이 오래 걸려 효율성이 낮고 결과물의 일관성도 떨어져 오히려 역효과가 날 수도 있다. 많은 양의 슬라이드를 제작하거나 회사 로고 및 대표 색상을 프레젠테이션에 공통적으로 사용해야 하는 경우 슬라이드 마스터를 활용하면 작업의 효율성을 높이고 슬라이드를 일관되게 표현할 수 있다.

1.1 슬라이드 마스터와 레이아웃

식빵을 구울 때 빵 틀을 먼저 만들고 원하는 재료를 틀에 넣어 구우면 재료에 따라 우유식빵, 곡물식빵, 초코식빵 등 여러 종류의 식빵을 비슷한 모양으로 만들 수 있다. 우리가 일상에서 흔히 볼 수 있는 이런 틀은 같은 모양으로 많은 양의 작업을 할 때 아주 유용하다.

슬라이드 마스터는 슬라이드를 같은 모양으로 만들기 위해 사용하는 틀이라고 할 수 있다. 배경 서식이나 도형, 글꼴 등 슬라이드에 공통으로 사용하는 개체를 몇 가지 레이아웃으로 배치해 두고, 내용만 바꾸어 여러 장의 슬라이드로 만들 수 있도록 한다.

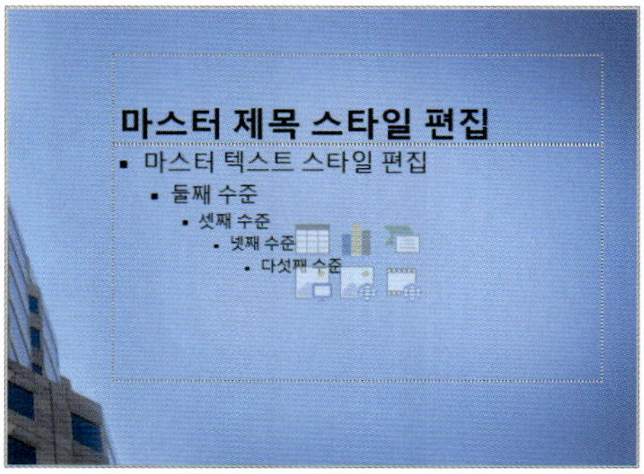

▲ 슬라이드 마스터 레이아웃 1

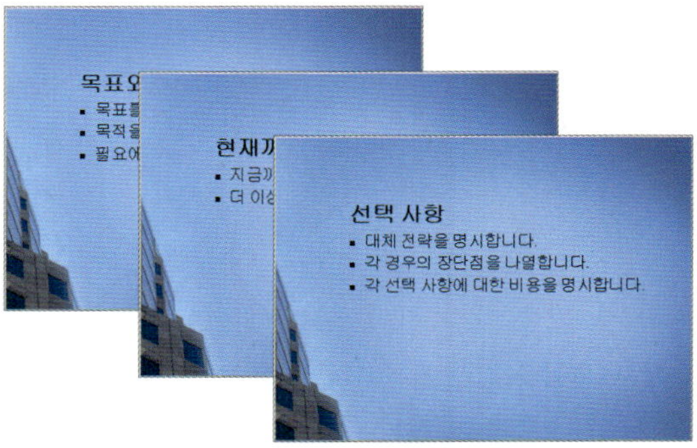

▲ 슬라이드 1, 슬라이드 2, 슬라이드 3

하나의 슬라이드 마스터는 여러 종류의 레이아웃으로 구성되는데, 이는 하나의 팀이 각자의 역할을 가진 여러 명의 팀원으로 구성되는 것과 같다. 레이아웃은 제목 슬라이드 레이아웃, 제목 및 내용 레이아웃, 빈 화면 레이아웃 등의 이름으로 용도에 따라 개체 틀의 배치나 서식을 다르게 설정하여 슬라이드 마스터 하위에 만들어 둔다.

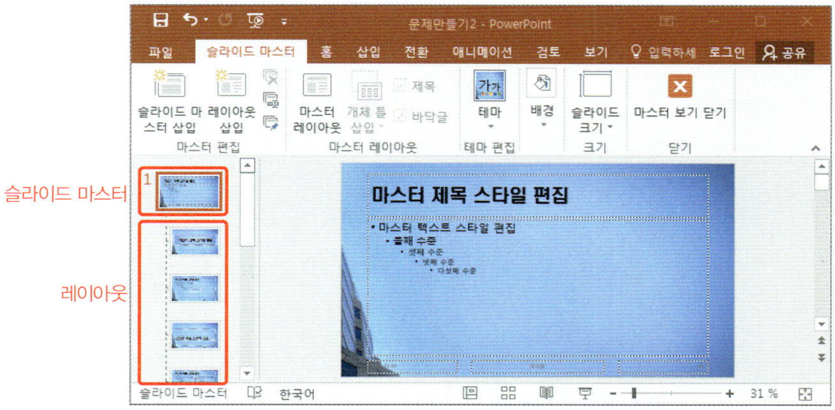

TIP 하나의 프레젠테이션 파일 안에서 여러 개의 슬라이드 마스터를 사용할 수도 있다.

기본예제 14-1 슬라이드 마스터와 레이아웃 추가, 삭제하기

슬라이드 마스터 도구를 사용하여 슬라이드 마스터와 레이아웃을 만드는 기본 사용 방법을 알아보자.

01 파워포인트를 실행하고 새 프레젠테이션을 만든 다음 [보기] 탭–[마스터 보기] 그룹–[슬라이드 마스터]를 누른다.

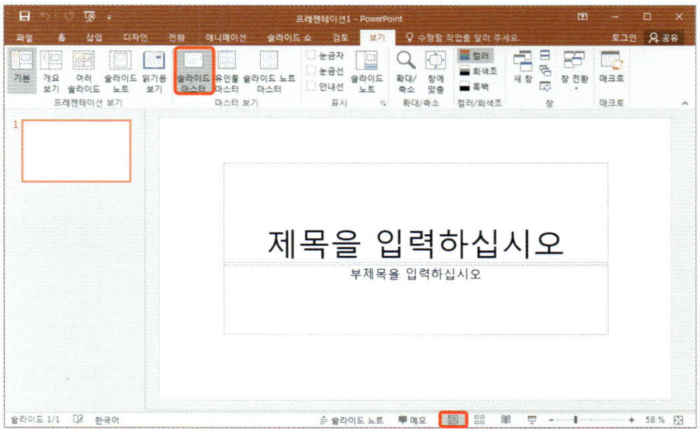

TIP 작업 표시줄에서 [기본] 단추와 Shift를 함께 눌러도 슬라이드 마스터 보기를 실행할 수 있다.

02 [제목 슬라이드] 레이아웃과 [제목 및 내용] 레이아웃을 제외한 나머지 레이아웃을 모두 선택하고 [슬라이드 마스터] 탭–[마스터 편집] 그룹–[삭제]를 누른다.

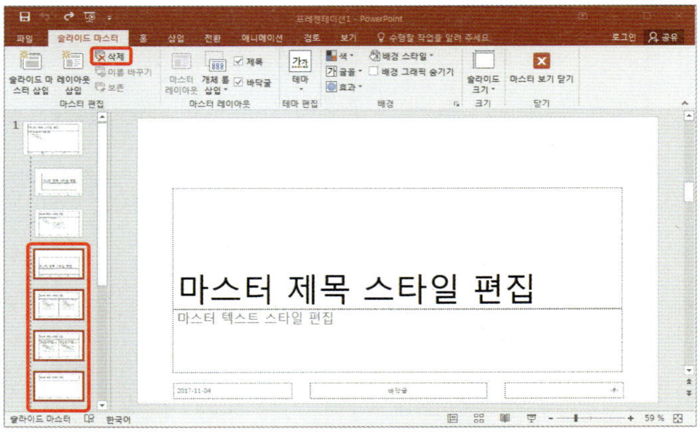

TIP 기본으로 제공되는 'Office 테마 슬라이드 마스터'와 11개 레이아웃이 하위로 나타난다. 레이아웃에 마우스를 위치시키면 레이아웃 이름과 해당 레이아웃을 사용하는 슬라이드 번호를 알 수 있다. 이때 사용 중인 슬라이드가 있는 레이아웃은 삭제할 수 없다.

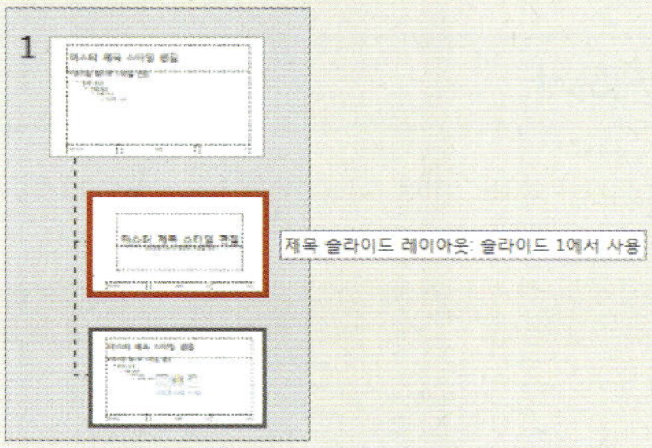

03 [슬라이드 마스터] 탭–[마스터 편집] 그룹–[레이아웃 삽입]을 눌러 레이아웃을 추가한다.

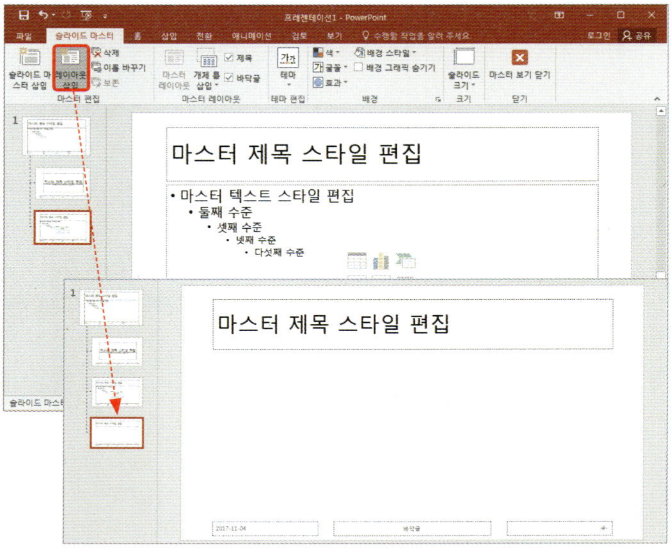

TIP [슬라이드 마스터 삽입]을 누르면 새로운 슬라이드 마스터와 레이아웃 그룹이 만들어진다.

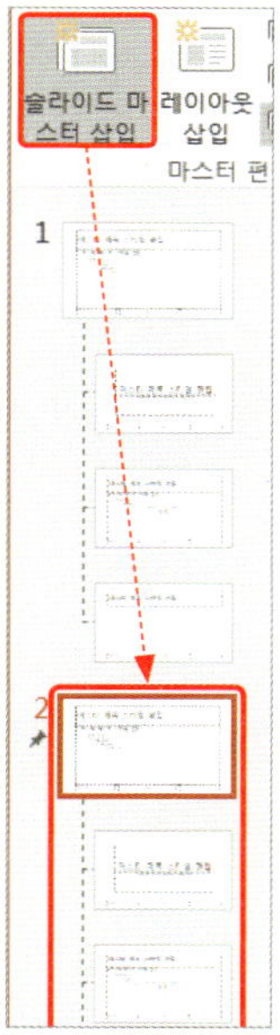

04 추가한 레이아웃을 선택하고 [슬라이드 마스터] 탭–[마스터 편집] 그룹–[이름 바꾸기]를 누른다. [레이아웃 이름 바꾸기] 대화상자의 [레이아웃 이름]에 *제목만*이라고 입력하고 [이름 바꾸기]를 누른다.

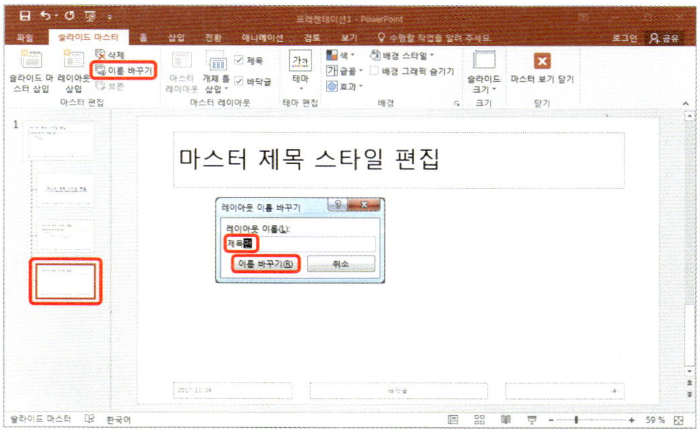

05 이번에는 슬라이드 마스터를 선택하고 단계 **04**를 반복하여 이름을 '제안서'로 변경한다.

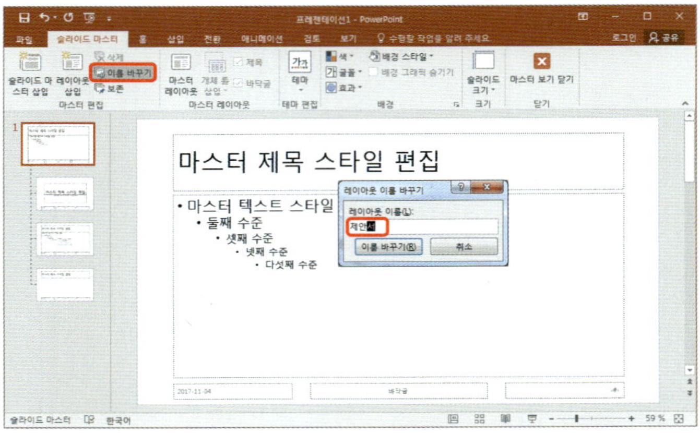

06 [슬라이드 마스터] 탭–[닫기] 그룹–[마스터 보기 닫기]를 눌러 기본 보기 화면으로 돌아간다.

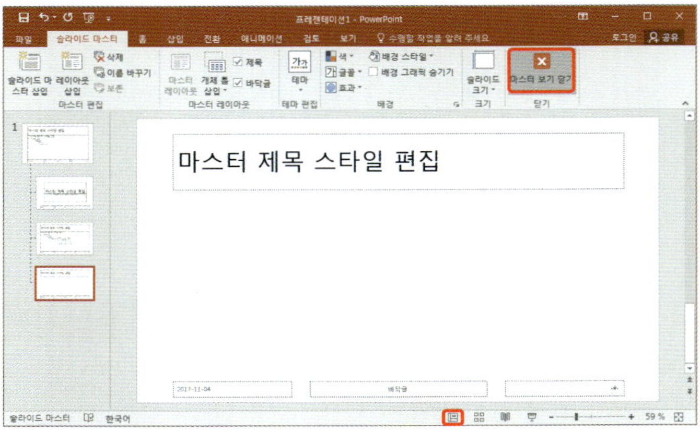

TIP 작업 표시줄에서 [기본] 단추를 눌러도 된다.

07 [홈] 탭–[슬라이드] 그룹–[레이아웃]을 눌러보면 이름을 변경한 슬라이드 마스터와 레이아웃이 표시된다.

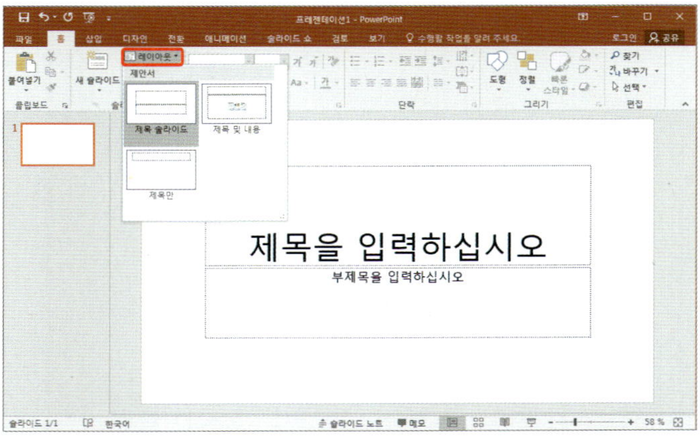

1.2 슬라이드 마스터와 레이아웃 편집

제목 슬라이드 레이아웃, 제목 및 내용 레이아웃 등 슬라이드 마스터를 구성하는 각 레이아웃은 텍스트나 그림 등의 개체 틀로 구성되어 있고, 이 개체 틀의 크기나 위치 또는 서식을 원하는 모양으로 설정할 수 있다. 마찬가지로 여러 레이아웃의 상위에 있는 슬라이드 마스터 자체도 개체 틀과 서식 설정을 변경할 수 있다. 이때 슬라이드 마스터를 편집하면 하위의 모든 레이아웃에 영향을 주게 된다.

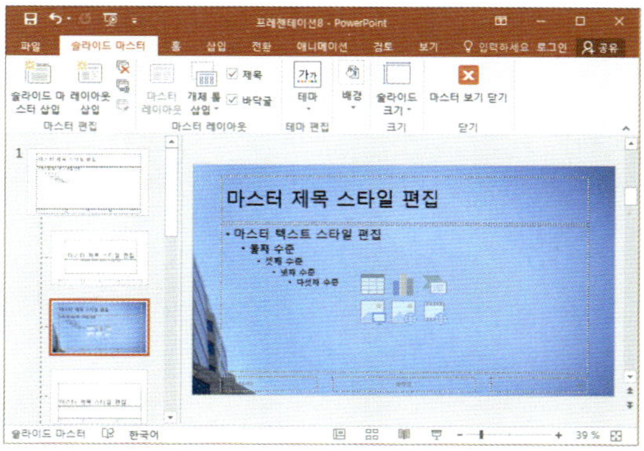

▲ [제목 및 내용] 레이아웃에 배경 서식을 설정한 경우

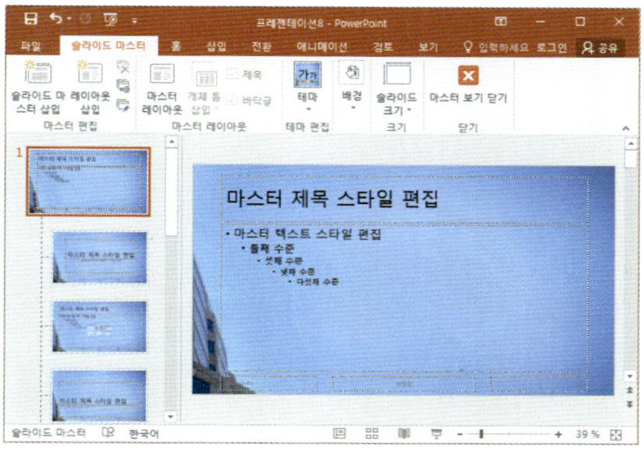

▲ [슬라이드 마스터]에 배경 서식을 설정하면 모든 레이아웃에 적용

모든 레이아웃에 동일한 모양으로 사용해야 하는 글꼴, 도형, 배경 서식 등이 있다면 슬라이드 마스터에서 편집하고, 그 외의 경우는 해당 레이아웃을 선택한 뒤 개별적으로 서식을 설정하는 것이 좋다.

기본예제 14-2 슬라이드 마스터 편집하기

일반적인 슬라이드 편집과 같이 슬라이드 마스터에도 배경이나 글꼴 등의 서식을 설정할 수 있다. 슬라이드 마스터를 이용하여 전체 레이아웃에 공통으로 설정하는 모양을 만들어 보자.

01 화면 하단의 작업 표시줄에서 [기본] 단추와 Shift를 함께 눌러 슬라이드 마스터 보기로 화면을 전환하고, 맨 위에 있는 슬라이드 마스터를 선택한다.

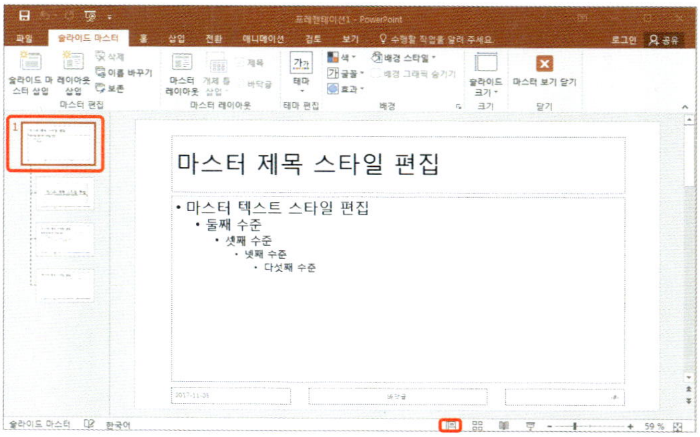

02 슬라이드 마스터를 마우스 오른쪽 단추로 누르고 [배경 서식]을 선택해 [배경 서식] 작업 창을 연다.

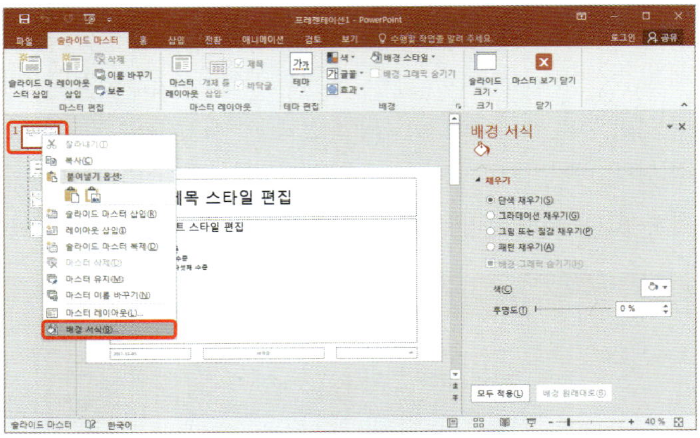

TIP [슬라이드 마스터] 탭–[배경] 그룹–[배경 스타일] 목록에서 [배경 서식]을 선택해도 된다.

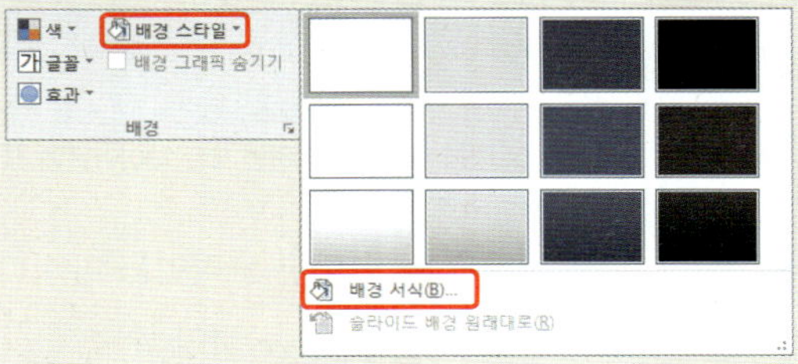

03 [배경 서식] 작업 창에서 [채우기]–[그림 또는 질감 채우기]를 선택하고 [파일]을 눌러 [그림 삽입] 대화상자가 열리면 그림을 찾고 [삽입]을 누른다.

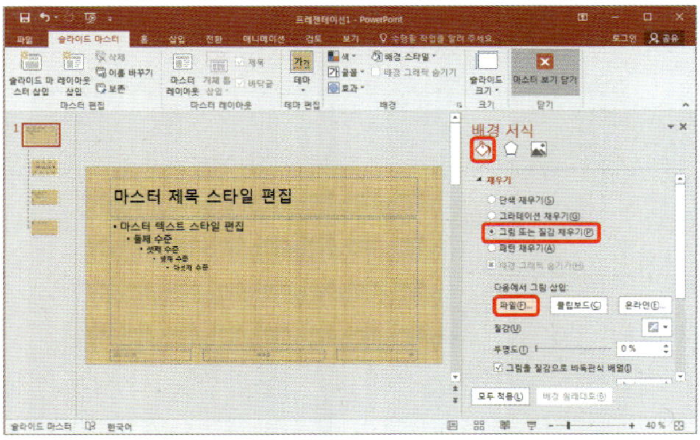

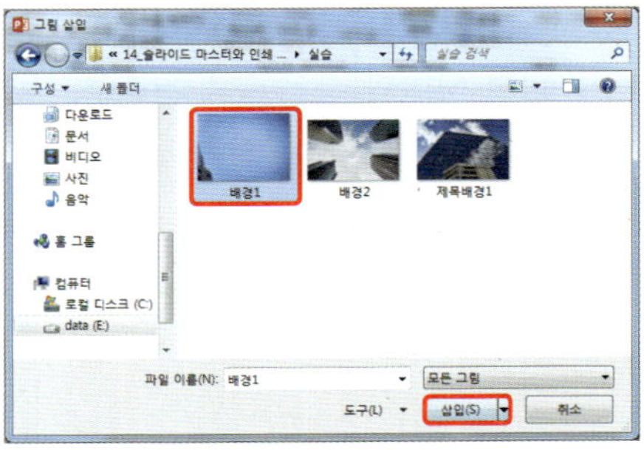

04 [배경 서식] 작업 창을 닫고 제목 개체 틀을 선택한다. [홈] 탭-[글꼴] 그룹에서 [글꼴]은 [HY헤드라인M]으로, [글꼴 크기]는 [40]으로 설정한다.

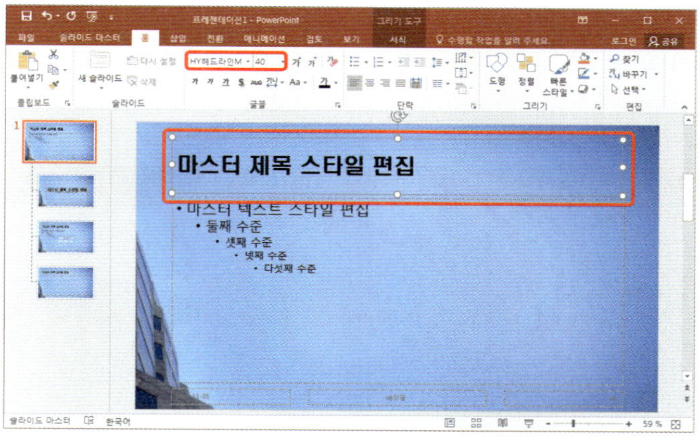

05 내용 개체 틀의 첫 단락에 커서를 두고 [홈] 탭-[단락] 그룹-[번호 매기기] 목록에서 [글머리 기호 및 번호 매기기]를 선택한다.

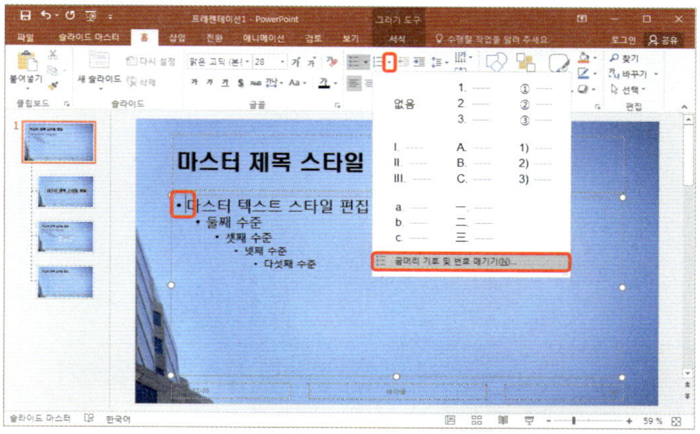

06 [글머리 기호 및 번호 매기기] 대화상자의 [번호 매기기] 탭에서 [1) 2) 3)]을 선택하고 [텍스트 크기]는 [90%], [색]은 [검정, 텍스트 1, 35% 더 밝게]로 설정하고 [확인]을 누른다.

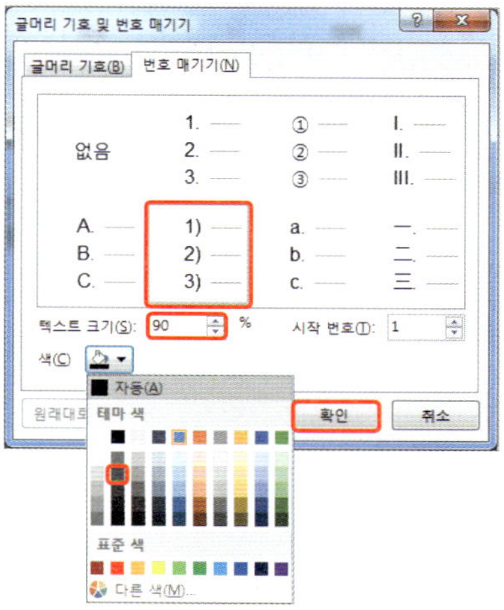

07 내용 개체 틀의 나머지 단락을 모두 선택하고 [글머리 기호] 목록에서 [글머리 기호 및 번호 매기기]를 선택한다. [글머리 기호 및 번호 매기기] 대화상자의 [글머리 기호] 탭에서 [색]을 [검정, 텍스트 1, 35% 더 밝게]로 설정하고 [확인]을 누른다.

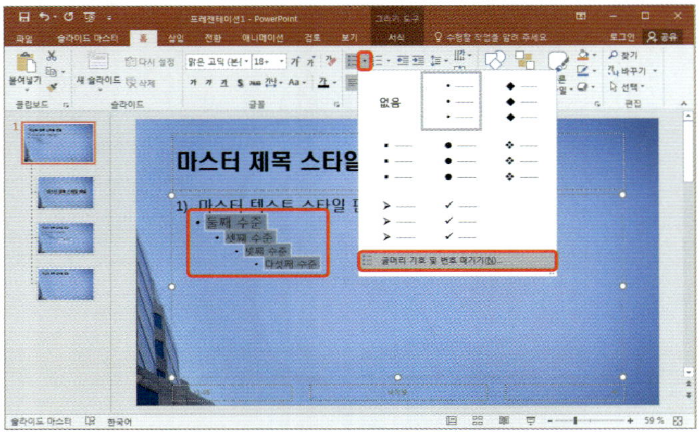

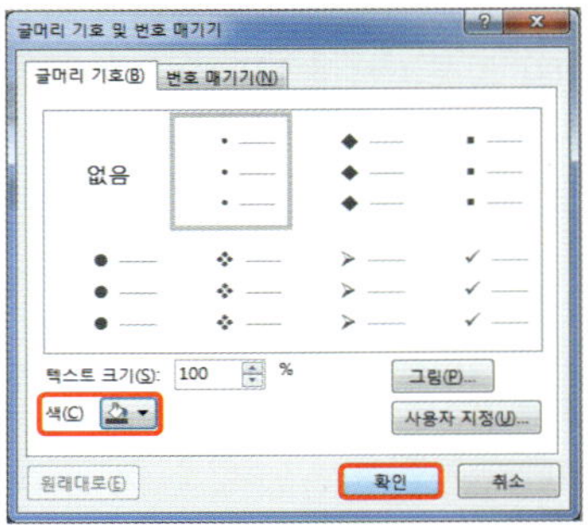

TIP 설정을 마치면 슬라이드 마스터 하위에 있는 다른 레이아웃에도 설정이 적용되어 제목 글꼴이나 글머리 기호 모양 등이 변경된다.

기본예제 14-3 레이아웃 편집과 개체 틀 삽입하기

슬라이드 마스터를 구성하는 레이아웃은 표지나 목차 슬라이드, 그림이나 차트를 보여주는 슬라이드 등 용도에 따라 다양한 개체 틀을 배치하고 서식을 설정하게 된다. 레이아웃에 개체 틀을 삽입하거나 서식을 설정하는 방법을 알아보자.

01 슬라이드 마스터 보기에서 [제목 슬라이드] 레이아웃을 마우스 오른쪽 단추로 누르고 [배경 서식]을 선택한다.

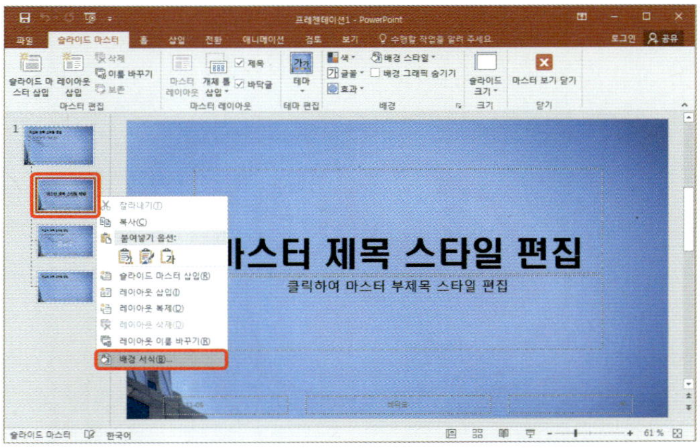

02 [배경 서식] 작업 창에서 [채우기]–[그림 또는 질감 채우기]를 선택하고 [파일]을 눌러 [그림 삽입] 대화상자가 열리면 배경 그림을 찾은 뒤 [삽입]을 선택한다.

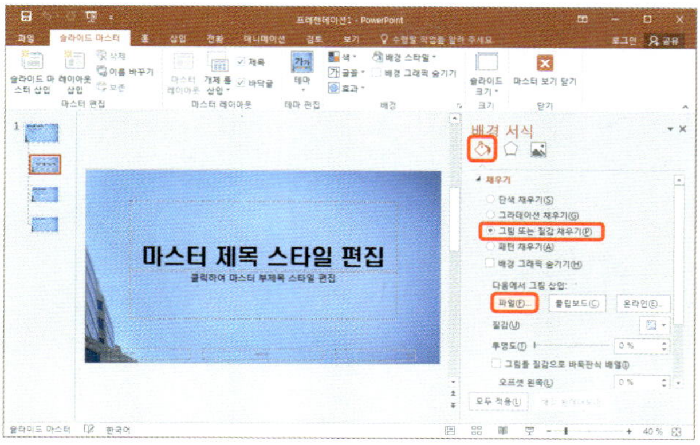

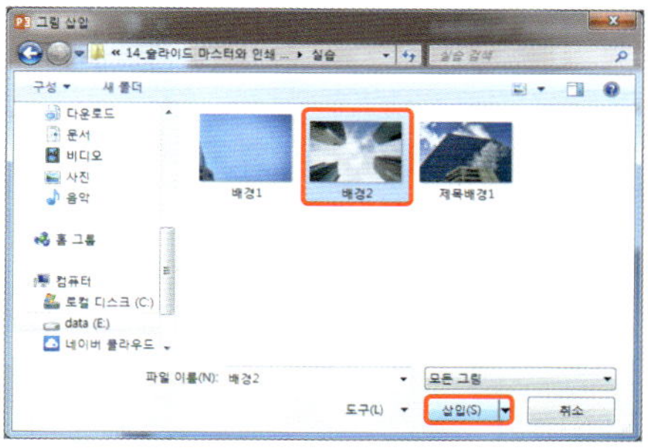

03 [삽입] 탭–[일러스트레이션] 그룹–[도형] 목록에서 [직사각형]을 선택해 제목과 부제목을 덮을 크기로 직사각형을 삽입한 뒤 마우스 오른쪽 단추를 눌러 나타나는 메뉴에서 [맨 뒤로 보내기]를 선택한다.

04 직사각형을 선택한 상태로 [도형 서식] 작업 창에서 [채우기]–[투명도]를 [60%]로, [선]은 [선 없음]으로 설정한다.

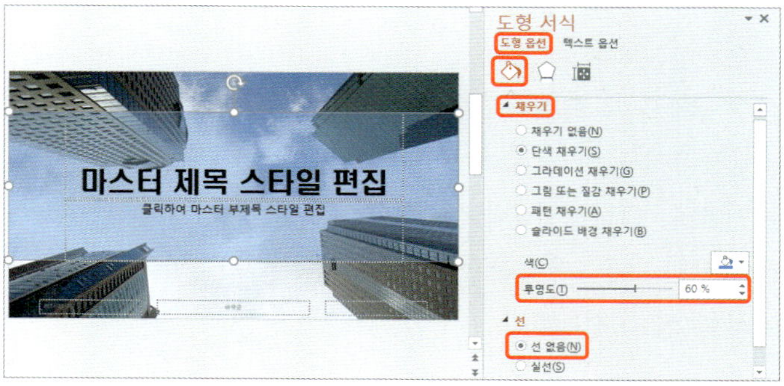

05 [슬라이드 마스터] 탭–[마스터 레이아웃] 그룹–[바닥글]을 눌러 선택을 취소한다.

TIP 제목 슬라이드에는 날짜나 슬라이드 번호와 같은 바닥글을 표시하지 않는 것이 더 좋다.

06 제목과 부제목, 직사각형을 모두 선택하고 텍스트 가독성을 높이기 위해 슬라이드 가운데에 위치하도록 드래그하여 이동시킨다.

07 [제목만] 레이아웃을 선택하고 [슬라이드 마스터] 탭–[마스터 레이아웃] 그룹에서 [바닥글] 선택을 해제한 다음 [개체 틀 삽입] 목록에서 [그림]을 선택한다.

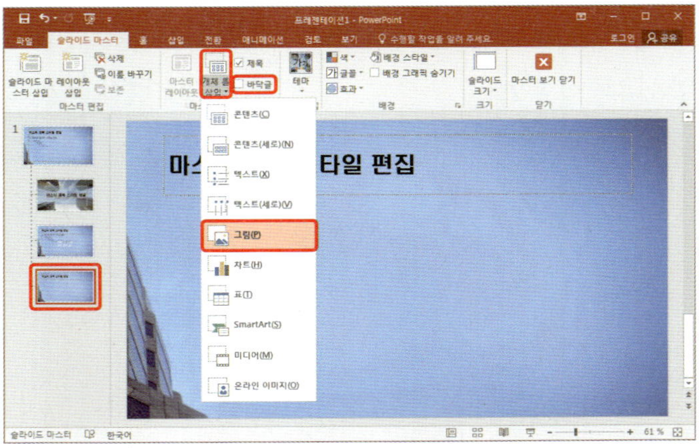

08 마우스를 드래그하여 슬라이드 오른쪽에 그림 개체 틀을 삽입하고 제목 개체 틀의 크기와 위치를 조정한다.

09 [슬라이드 마스터] 탭-[닫기] 그룹에서 [마스터 보기 닫기]를 눌러 레이아웃 편집을 끝낸다. 슬라이드 편집 창에서 [제목] 슬라이드에 그림과 같이 내용을 입력하고, [홈] 탭-[새 슬라이드] 목록에서 필요한 레이아웃을 선택해 슬라이드를 추가한다.

TIP 슬라이드 마스터에서 만든 레이아웃을 활용하여 다음과 같이 프레젠테이션에 사용할 슬라이드를 제작해 보도록 한다.

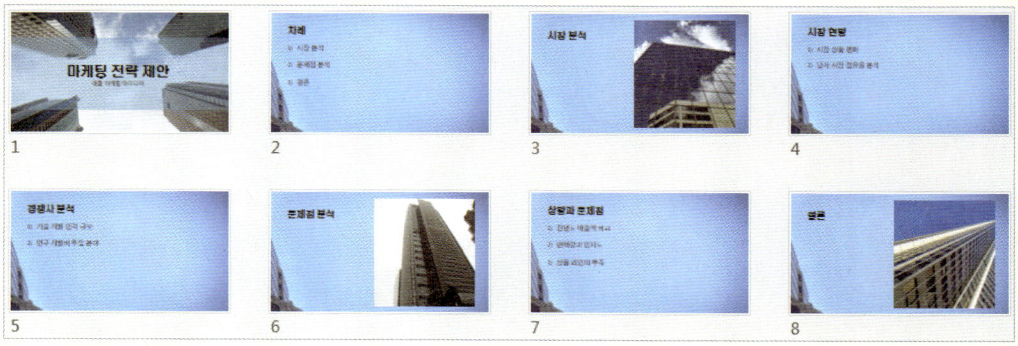

SECTION 02

유인물 마스터 활용하기

유인물은 프레젠테이션의 효과를 높이기 위해 청중에게 배포하는 인쇄물을 말한다. 유인물을 인쇄할 때는 화면에 표시되는 슬라이드를 그대로 출력하는 것보다 여러 개의 슬라이드를 한 면에 인쇄하는 것이 인쇄 용지 낭비를 줄일 수 있어서 더 효율적이다. 또, 회사 로고나 발표자 정보, 날짜 등을 추가하여 인쇄하면 프레젠테이션이 끝난 후에도 활용할 수 있는 자료가 된다.

2.1 유인물 마스터 도구

유인물 마스터에서는 인쇄할 때의 용지 방향이나 인쇄할 슬라이드 개수 또는 크기를 설정할 수 있다. 또, 머리글과 바닥글을 이용하여 필요한 정보를 추가로 입력하여 인쇄하거나 날짜와 페이지 번호 표시, 배경 스타일을 원하는 모양으로 설정할 수도 있다.

기본예제 14-4 유인물 마스터로 인쇄 형식 설정하기

유인물을 효과적으로 인쇄하기 위해 유인물 마스터를 활용하는 방법을 알아보자.

01 [기본예제 14-3]에서 작성한 파일을 열고 [보기] 탭–[마스터 보기] 그룹–[유인물 마스터]를 누른다.

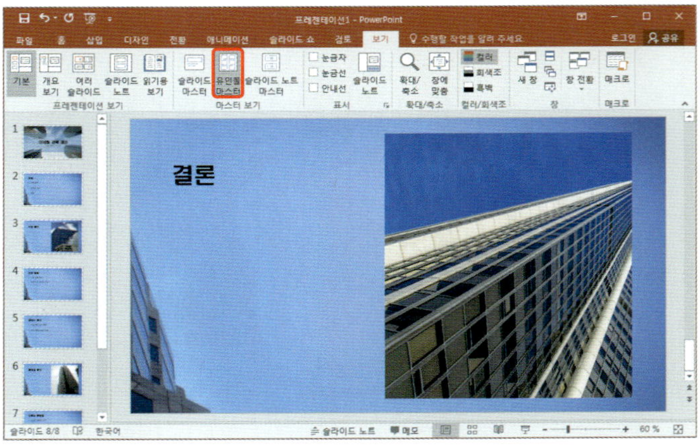

02 [유인물 마스터] 탭–[페이지 설정] 그룹–[유인물 방향] 목록에서 [가로]를 선택한다.

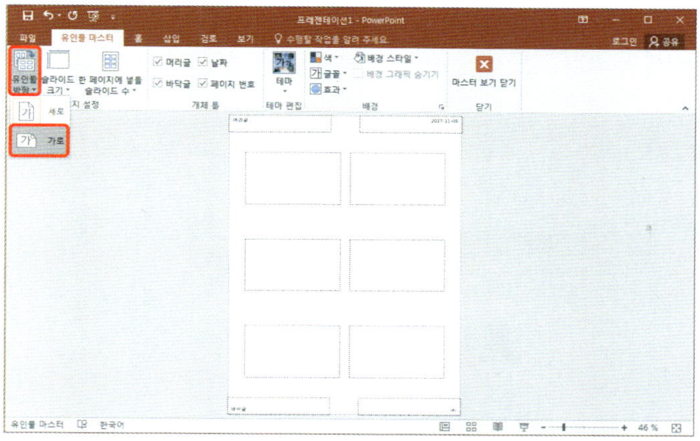

03 [유인물 마스터] 탭–[페이지 설정] 그룹–[한 페이지에 넣을 슬라이드 수] 목록에서 [4슬라이드]를 선택한다.

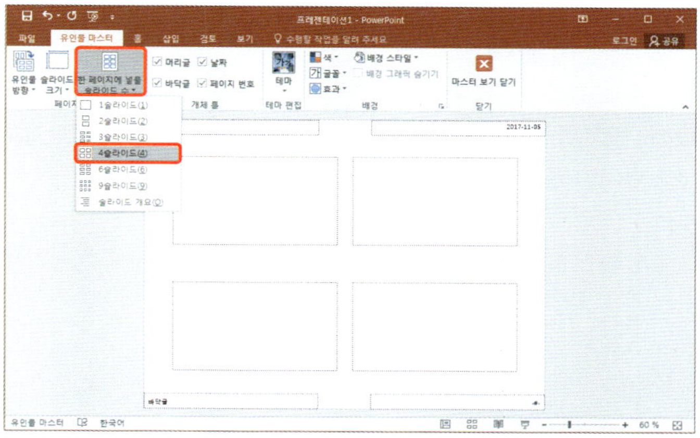

04 머리글을 눌러 *마케팅 전략 제안서*라고 입력하고 [홈] 탭–[글꼴] 그룹에서 [글꼴 크기]를 [14]로 설정한다.

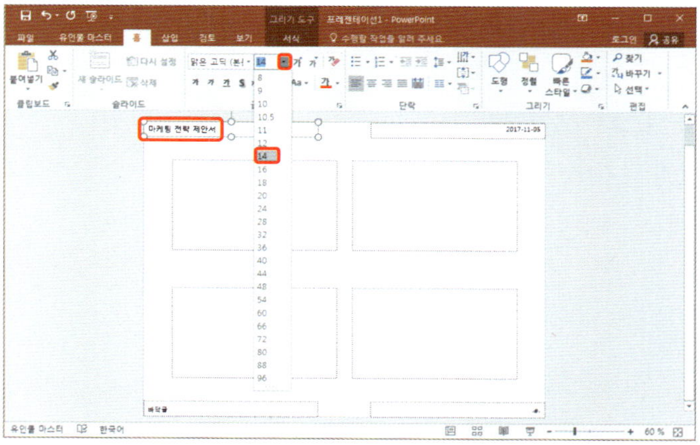

05 [삽입] 탭–[이미지] 그룹–[그림]을 누르고 [그림 삽입] 대화상자에서 '로고.jpg'를 선택한 다음 [삽입]을 누른다. 삽입된 그림의 크기를 작게 조정하고 바닥글 영역에 위치시킨다.

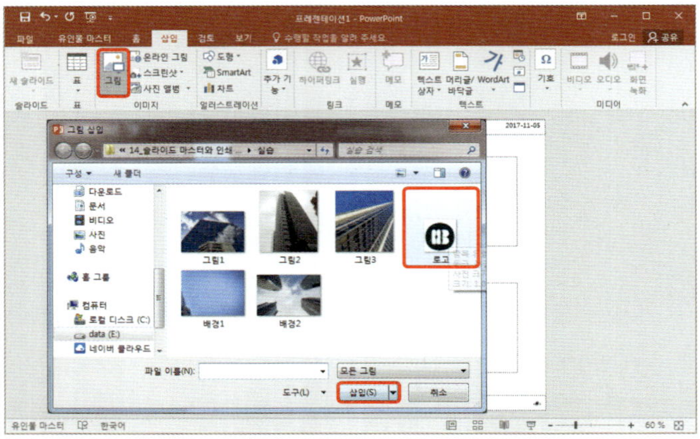

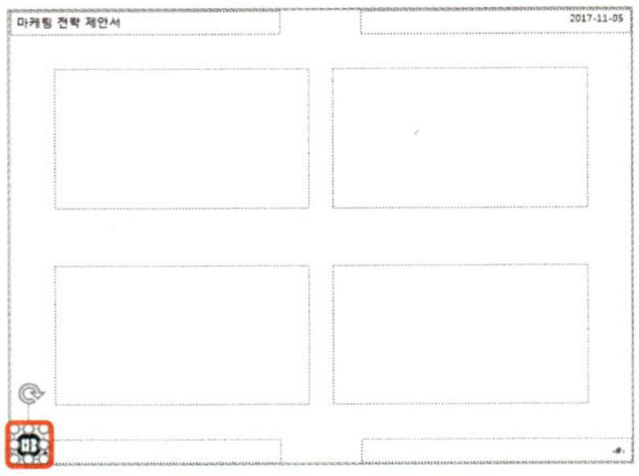

06 바닥글을 눌러 *한빛시스템*이라고 입력하고 [홈] 탭–[글꼴] 그룹에서 [글꼴 크기]를 [14]로 설정한다.

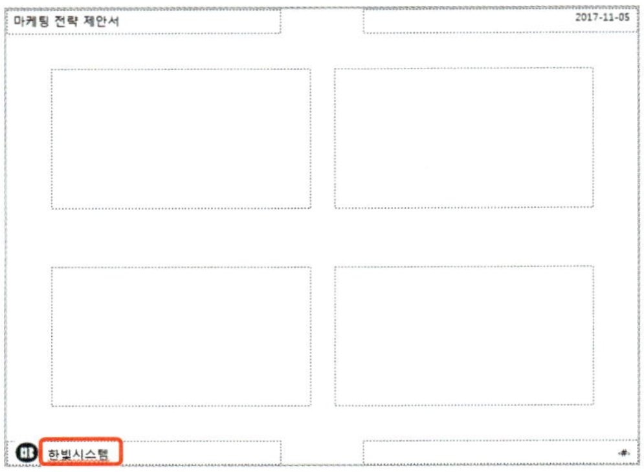

07 유인물 설정이 끝나면 [유인물 마스터] 탭–[닫기] 그룹–[마스터 보기 닫기]를 누른다.

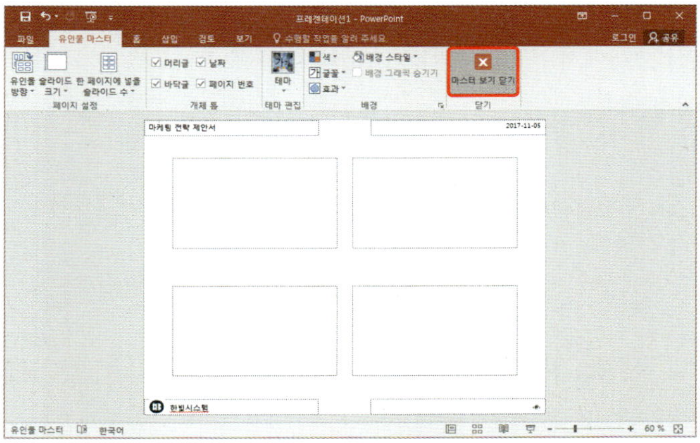

08 유인물을 인쇄하기 위해 [파일] 탭-[인쇄]를 선택하고, [전체 페이지 슬라이드] 오른쪽의 [▼ 목록] 단추를 눌러 [유인물]의 [4 슬라이드 가로]로 설정하고 [용지에 맞게 크기 조정]은 선택을 해제한다.

TIP 인쇄될 슬라이드 수를 다르게 선택해도 유인물 마스터에서 설정한 머리글이나 바닥글 모양이 적용된다.

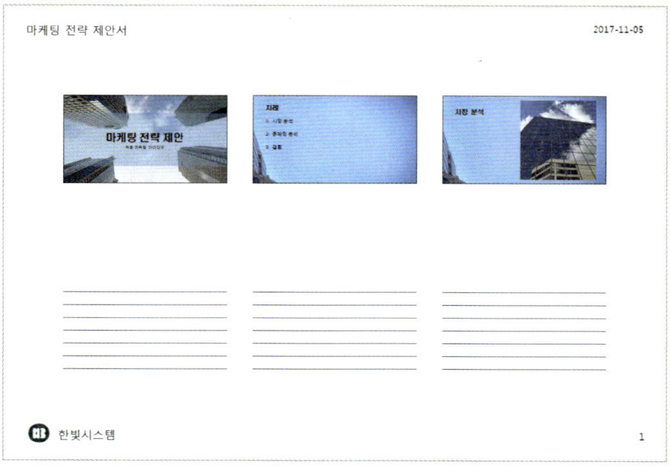

▲ 유인물을 3슬라이드로 선택한 경우

09 유인물 마스터에서 설정한 인쇄 모양을 미리보기에서 확인할 수 있다.

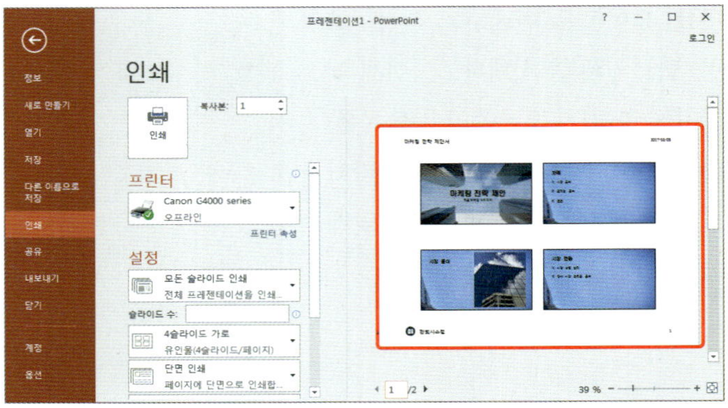

TIP [보기] 탭-[마스터 보기] 그룹의 [슬라이드 노트 마스터]는 슬라이드 노트를 인쇄할 때 형식을 지정하기 위한 도구이다. 슬라이드 노트는 각 슬라이드에 대한 설명을 적어놓는 곳으로, 발표자가 프레젠테이션 중에 참고하기 위해 사용하는 경우가 많다.

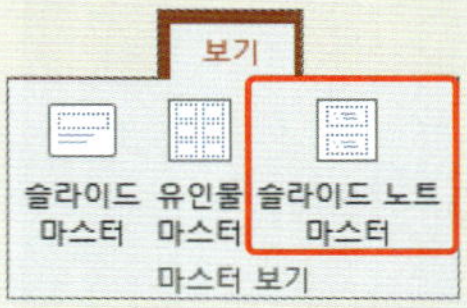

슬라이드 노트 마스터로 설정한 인쇄 형식은 [파일] 탭-[인쇄]의 [설정] 메뉴에서 [슬라이드 노트]를 누르면 사용할 수 있다.

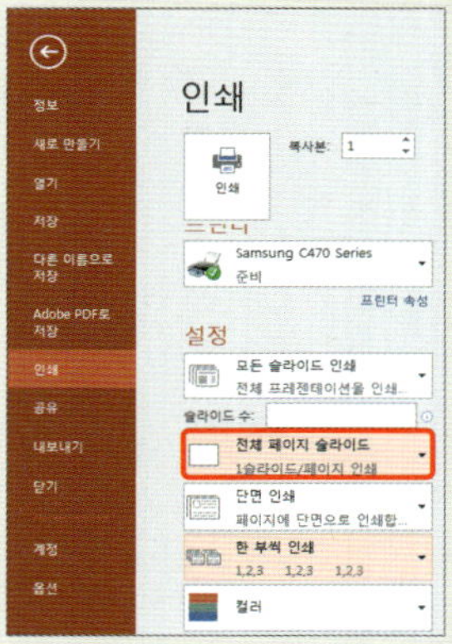

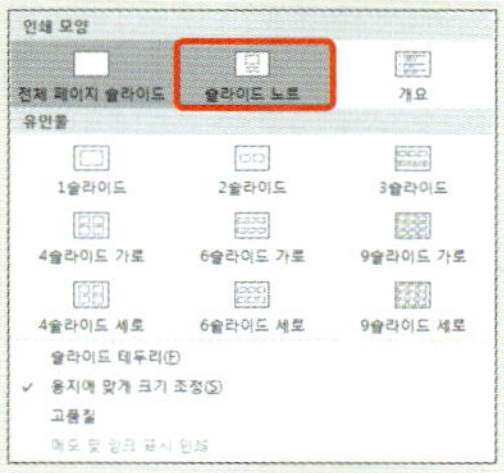

SECTION 03

인쇄 환경 설정하기

청중에게 배포할 문서를 인쇄할 때 유인물 형태나 슬라이드 노트 형식으로 마스터에서 미리 설정할 수도 있지만 슬라이드를 직접 인쇄할 수도 있다. 슬라이드의 범위나 인쇄 부수를 설정하고 흑백이나 회색조로 인쇄할 수 있을 뿐만 아니라 머리글 및 바닥글 편집 등 인쇄 방법을 선택하고 설정된 인쇄 모양을 미리보기로 확인할 수도 있다.

3.1 인쇄 환경 설정 옵션

[파일] 탭의 [인쇄]를 선택하면 인쇄 환경을 설정하기 위한 옵션 선택 메뉴와 설정한 옵션에 따라 인쇄될 모양을 미리보기로 확인할 수 있다.

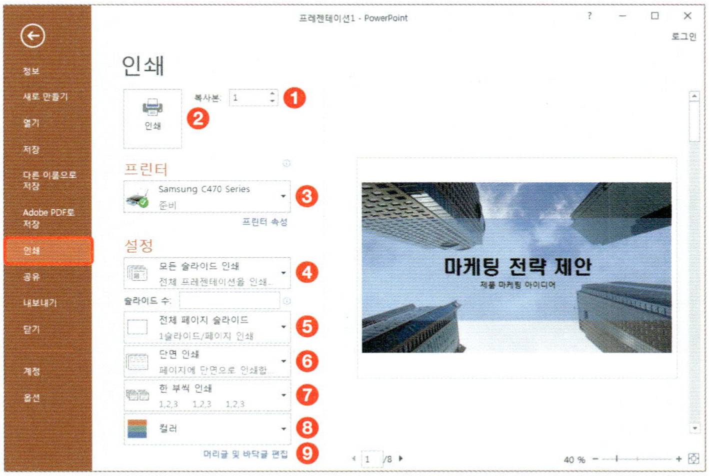

❶ 인쇄 부수 ❷ 인쇄하기 ❸ 프린터 설정
❹ 슬라이드 범위 선택 ❺ 인쇄 모양 선택 ❻ 단면/양면 선택
❼ 인쇄 순서 ❽ 인쇄 색상 선택 ❾ 머리글/바닥글 모양 선택

기본예제 14-5 인쇄 옵션을 설정하여 슬라이드 인쇄하기

용도에 따라 슬라이드를 원하는 형태로 인쇄하기 위해 옵션을 설정하고 인쇄하는 방법을 알아보자.

01 인쇄할 파일을 열고 [파일] 탭–[인쇄]를 선택한다. [설정]의 [모든 슬라이드 인쇄]를 누르면 열리는 목록에서 [범위 지정]을 선택하고 [슬라이드 수]에 '2, 5–8'을 입력한다.

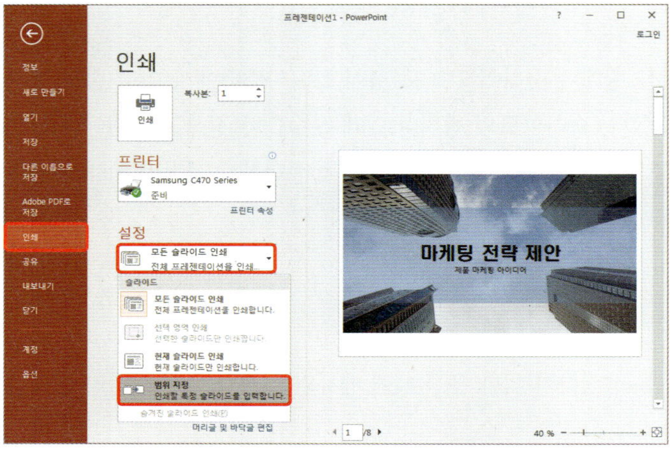

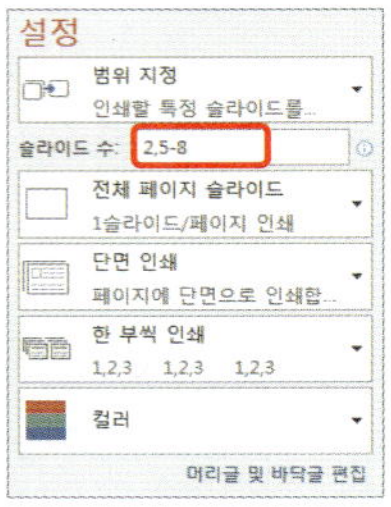

02 [전체 페이지 슬라이드]를 누르면 열리는 목록에서 [3슬라이드]를 선택한다.

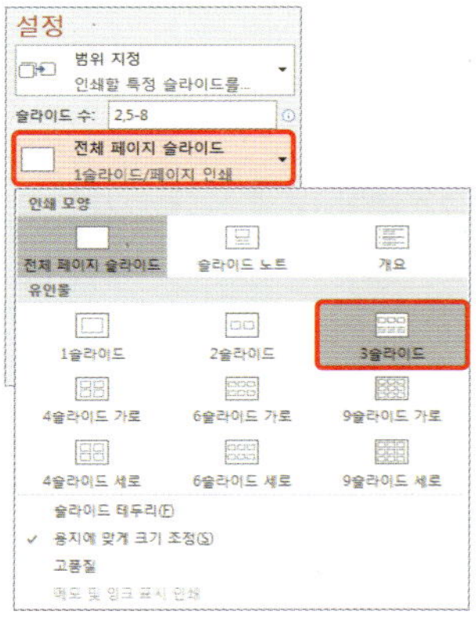

03 [가로 방향]을 누르면 열리는 목록에서 용지 방향을 [세로 방향]으로 변경한다.

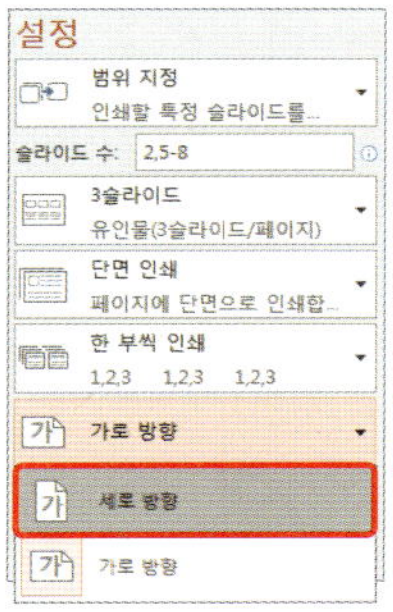

TIP [기본예제 14–4]의 유인물 마스터에서 인쇄 용지 방향을 가로로 설정한 것이 기본 설정으로 되어 있다.

04 [컬러]를 누르면 열리는 목록에서 인쇄 색상을 [회색조]로 변경한다.

TIP 인쇄 색상 선택에서는 흰색과 검정으로만 표현되는 흑백에 비해 자연스러운 인쇄 형태를 보여주는 회색조를 많이 사용한다.

05 [머리글 및 바닥글 편집]을 선택한다. [머리글/바닥글] 대화상자의 [슬라이드] 탭에서 [슬라이드 번호]와 [제목 슬라이드에는 표시 안 함]을 선택하고 [모두 적용]을 누른다.

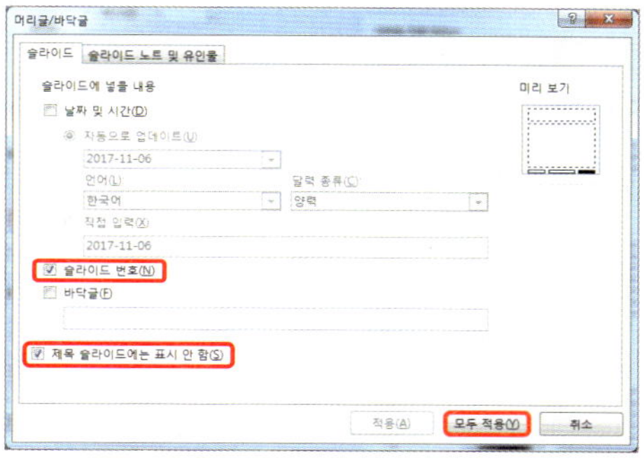

06 미리 보기 화면에서 설정한 인쇄 모양을 확인할 수 있다.

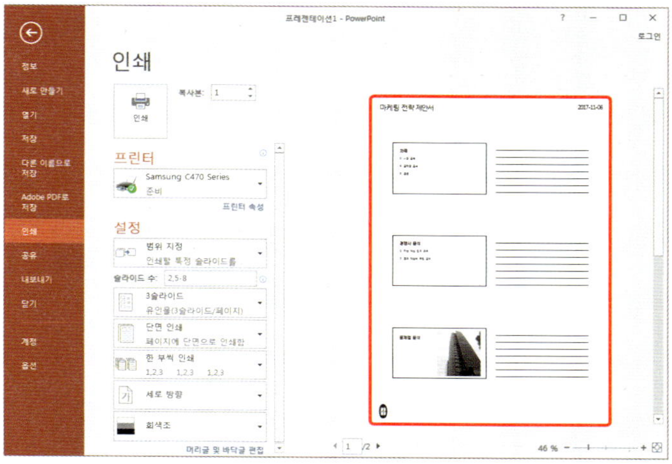

요약예제

이 장에서 학습한 슬라이드 마스터 도구로 다음과 같은 레이아웃을 만들어 도서 판매 전략 프레젠테이션 제작에 활용해 보자.

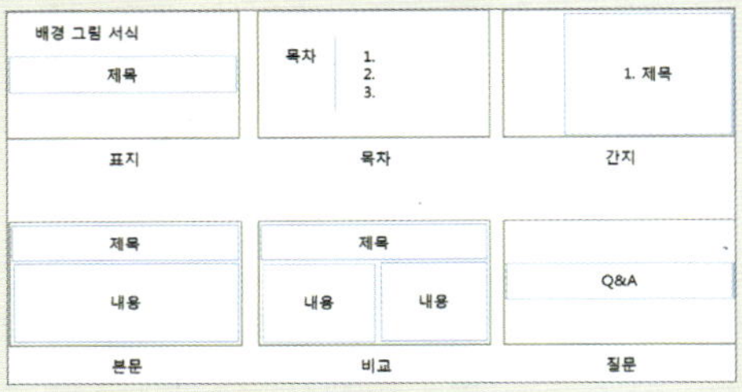

▲ 슬라이드 마스터 레이아웃

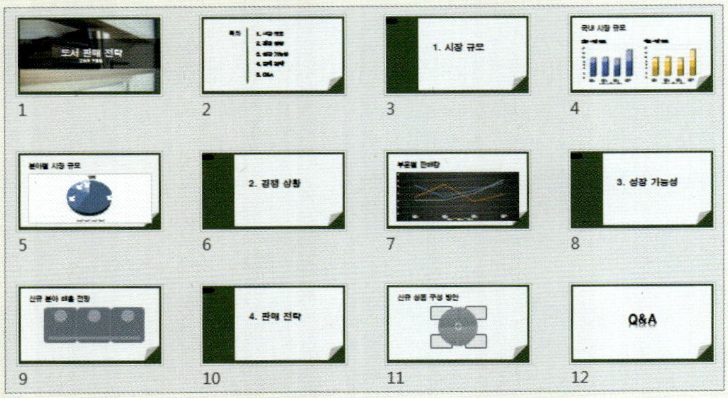

▲ 슬라이드 마스터 레이아웃을 활용한 슬라이드

1 새 프레젠테이션을 만들고 [보기] 탭–[마스터 보기] 그룹–[슬라이드 마스터]를 누른다.

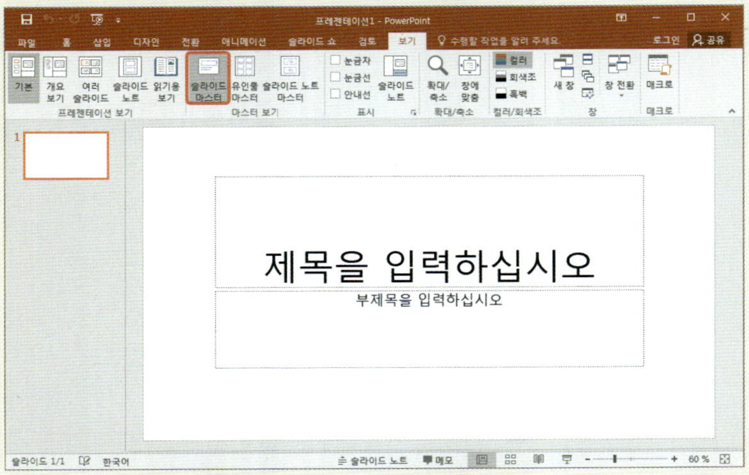

2 맨 위에 있는 [슬라이드 마스터]를 선택하고 [슬라이드 마스터] 탭–[마스터 편집] 그룹–[이름 바꾸기]를 눌러 *도서전략*으로 이름을 변경한다.

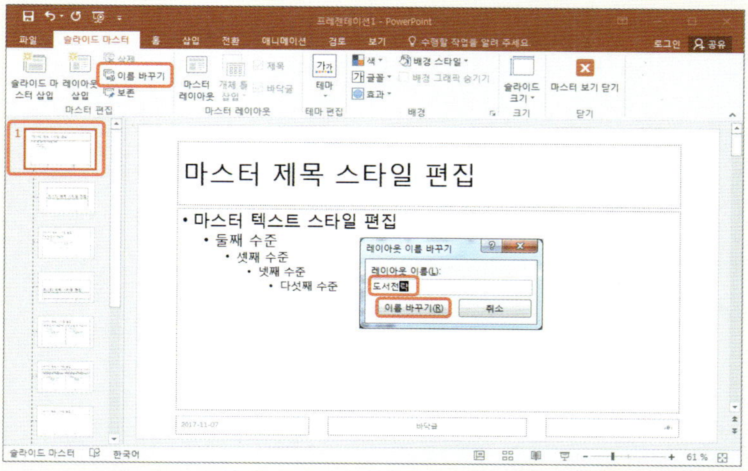

TIP 이제부터 작성할 슬라이드 마스터와 레이아웃에는 용도별로 구분하기 쉽도록 각각 이름을 만들기로 한다.

3 '도서전략' 슬라이드 마스터를 마우스 오른쪽 단추로 누르고 메뉴에서 [배경 서식]을 선택한다.

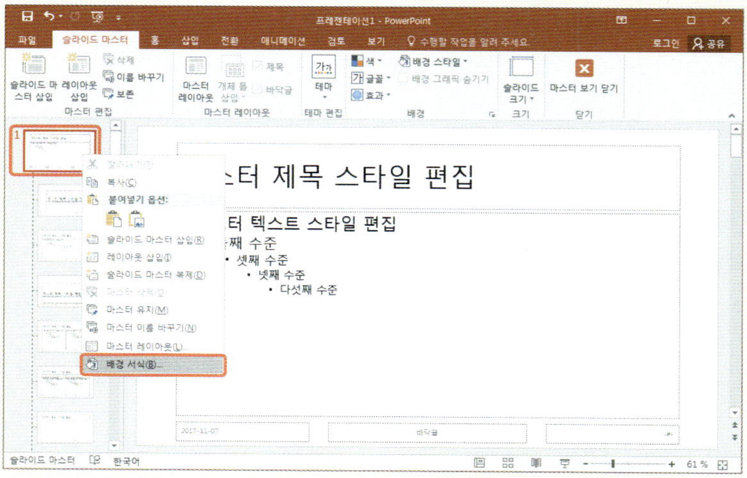

4 [배경 서식] 작업 창에서 [채우기]의 [단색 채우기]를 선택하고 [색]을 [녹색, 강조 6, 50% 더 어둡게]로 설정한다.

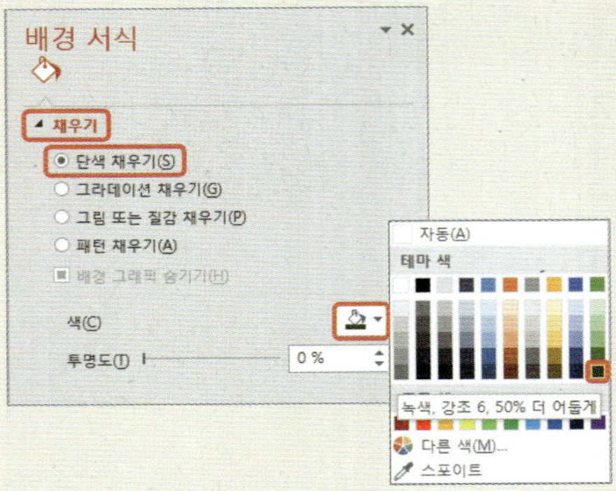

5 [삽입] 탭-[일러스트레이션] 그룹-[도형] 목록에서 [기본 도형]의 [모서리가 접힌 도형]을 선택하여 그림과 같이 슬라이드보다 조금 작은 크기로 삽입한다.

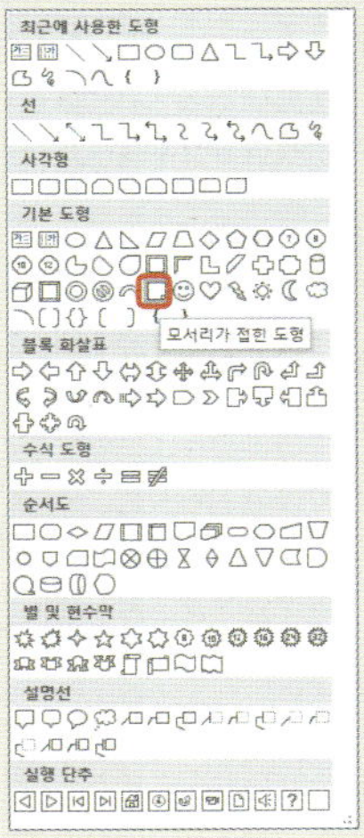

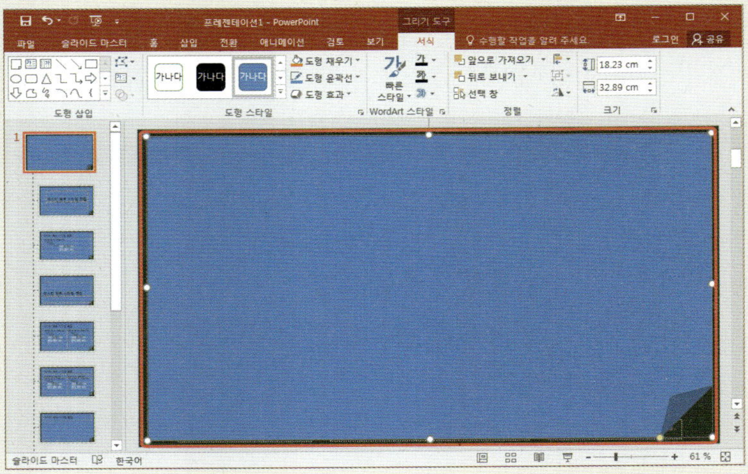

6 도형을 선택한 상태로 [그리기 도구]의 [서식] 탭–[도형 스타일] 그룹–[도형 채우기] 목록에서 [테마 색]의 [흰색, 배경 1, 5% 더 어둡게]를 선택하고, [정렬] 그룹–[뒤로 보내기] 목록에서 [맨 뒤로 보내기]를 선택한다.

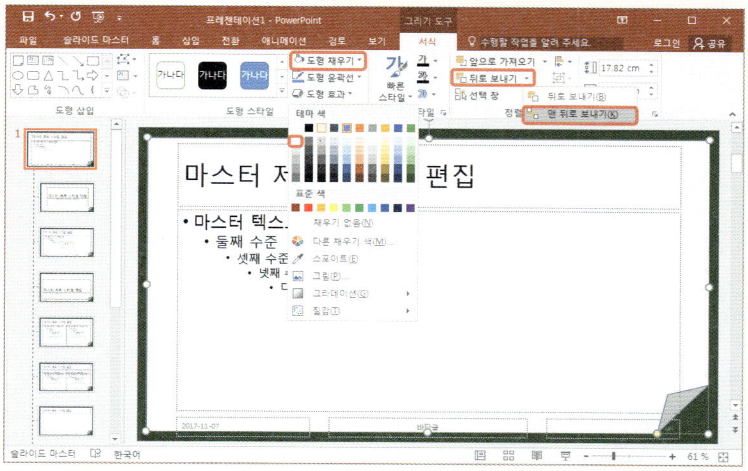

7 [슬라이드 마스터] 탭–[배경] 그룹–[글꼴] 목록에서 [글꼴 사용자 지정]을 선택한다.

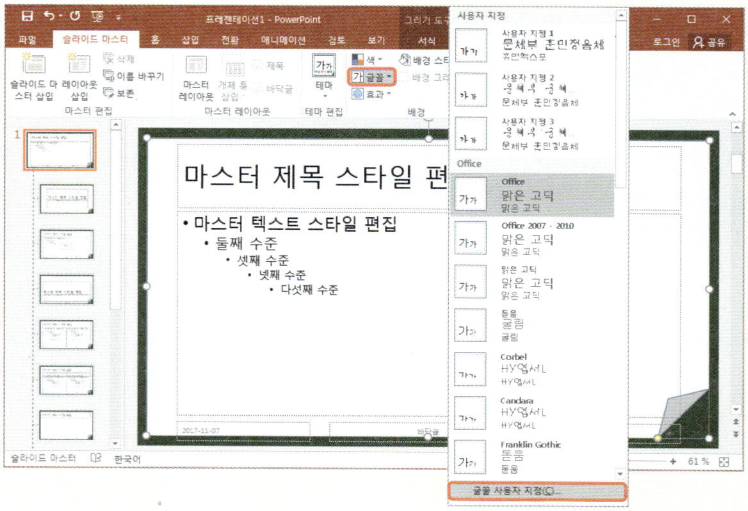

8 [새 테마 글꼴 만들기] 대화상자에서 그림과 같이 글꼴을 설정하고, [이름]은 *도서전략 글꼴*로 입력한 다음 [저장]을 누른다.

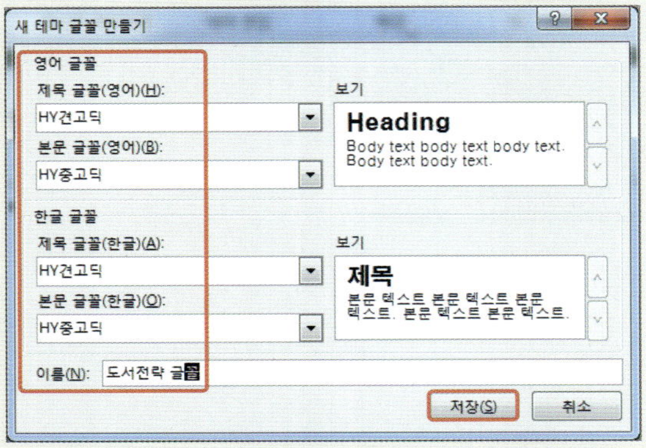

9 [제목 슬라이드] 레이아웃을 선택하고 그림과 직사각형 도형을 삽입한 다음 제목과 부제목 개체를 맨 앞으로 정렬하여 텍스트 가독성을 높이도록 설정한다.

TIP 다음과 같은 순서로 작성한다.

① '책.jpg' 그림을 삽입하고 [맨 뒤로 보내기]로 설정한다.

② 직사각형 도형을 삽입하고 [도형 서식] 작업 창의 [도형 옵션]–[채우기]에서 [단색 채우기]–[검정, 텍스트 1], [투명도]–[45%]로 설정하고, [도형 옵션]–[선]은 [선 없음]으로 설정한다.

③ 제목과 부제목 개체 틀을 선택하여 [맨 앞으로 가져오기]로 정렬한 다음, [글꼴 색]–[흰색, 배경 1]로 설정한다.

④ [슬라이드 마스터] 탭에서 [바닥글]은 숨기고, [이름 바꾸기]를 눌러 레이아웃 이름을 '표지'로 변경한다.

10 [제목 및 내용] 레이아웃을 선택하고 [바닥글]을 숨긴 다음, [이름 바꾸기]로 레이아웃 이름을 *본문*으로 변경한다.

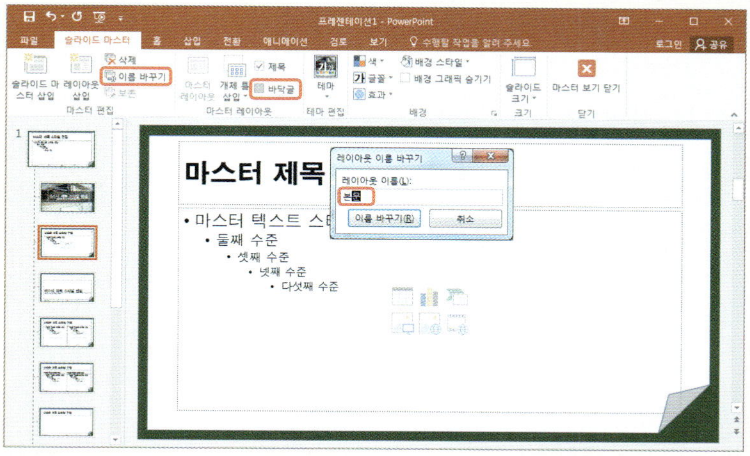

11 [구역 머리글] 레이아웃을 선택하고 도형을 삽입하여 그림과 같이 변경한 뒤 레이아웃 이름을 *간지*로 변경한다.

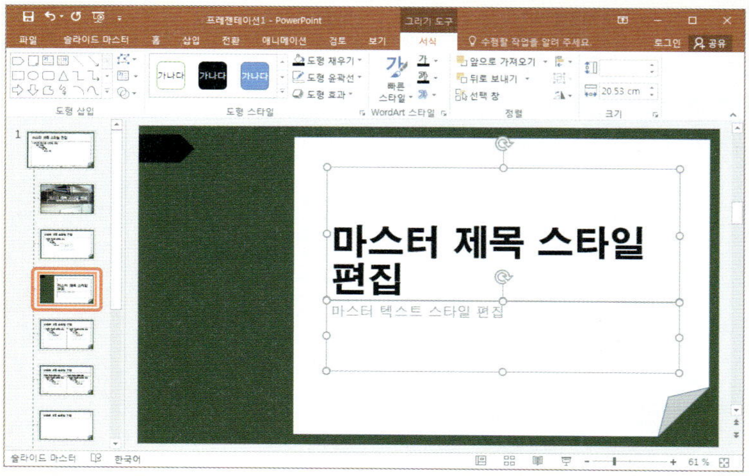

TIP 다음과 같은 순서로 작성한다.

① [삽입] 탭–[일러스트레이션] 그룹–[도형]–[사각형]–[직사각형]을 슬라이드 너비의 1/4 정도의 크기로 삽입하고, [그리기 도구]의 [서식] 탭에서 [도형 채우기]는 [녹색, 강조 6, 50% 더 어둡게]로, [도형 윤곽선]은 [윤곽선 없음]으로 설정한다.

② [삽입] 탭–[일러스트레이션] 그룹–[도형]–[블록 화살표]–[오각형]을 슬라이드 왼쪽 상단에 삽입하고, 그리기 도구의 [서식] 탭에서 [도형 스타일]은 [색 채우기 – 검정, 어둡게 1]로 설정한다.

③ 텍스트 개체 틀의 크기와 위치를 조정한다.

12 [비교] 레이아웃을 선택하고 [바닥글]을 숨긴 뒤 마우스로 드래그하여 [간지] 레이아웃 아래로 이동한다.

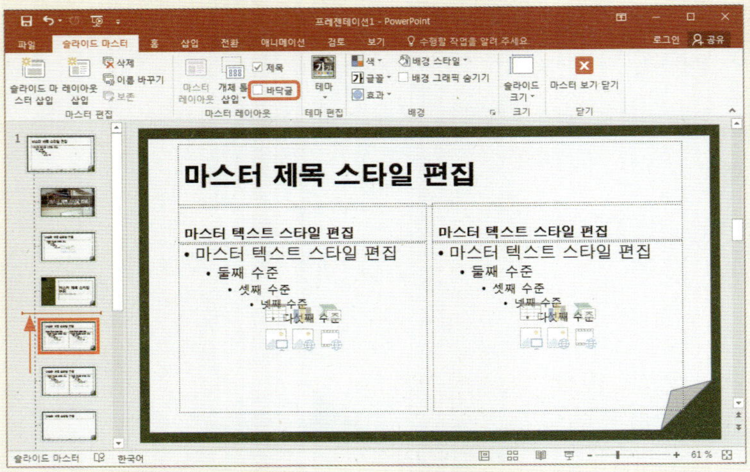

13 [캡션 있는 콘텐츠] 레이아웃을 선택하여 [비교] 레이아웃 아래로 이동시키고 그림과 같이 변경한다.

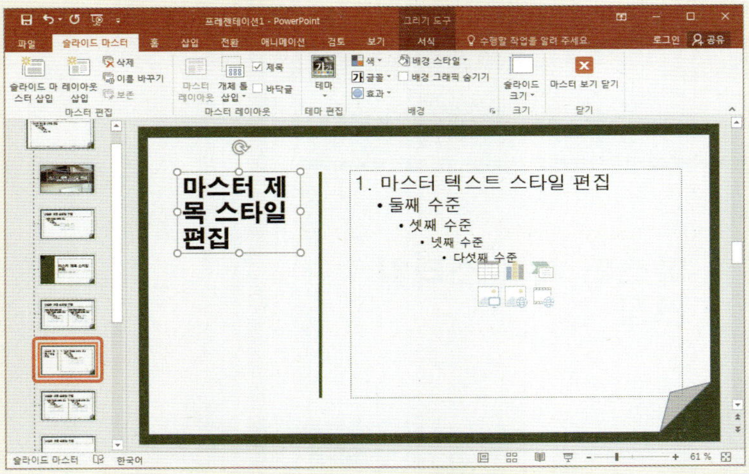

TIP 다음과 같은 순서로 작성한다.

① 제목 아래의 텍스트 상자는 삭제하고 제목 텍스트의 글꼴 크기를 [40]으로 설정하고, 개체 틀의 크기와 위치를 조정한다.

② 텍스트 개체 틀의 첫째 수준을 [번호 매기기]로 변경하고, 개체 틀의 크기와 위치를 조정한다.

③ [선] 도형을 삽입하고 [도형 서식] 작업 창에서 [색]은 [녹색, 강조 6, 50% 더 어둡게]로, [너비]는 [4.5 pt]로 설정한다.

④ [바닥글]을 숨기고 레이아웃 이름을 '목차'로 바꾼다.

14 [빈 화면] 레이아웃을 선택하여 [목차] 레이아웃 아래로 이동시키고 그림과 같이 설정한다.

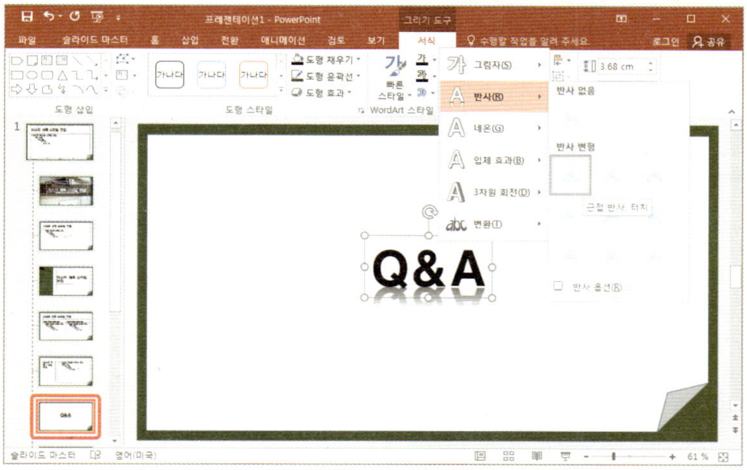

TIP 다음과 같은 순서로 작성한다.

① [삽입] 탭에서 [가로 텍스트 상자]를 삽입하고 'Q&A'라고 입력한다.

② 텍스트 상자의 글꼴은 [HY견고딕], 글꼴 크기는 [80]으로 설정한다.

③ 텍스트에 반사 효과를 주기 위해 [그리기 도구]의 [서식] 탭–[WordArt 스타일] 그룹–[텍스트 효과]에서 [반사]의 [근접 반사, 터치]를 선택한다.

④ [바닥글]을 숨기고, 레이아웃의 이름은 '질문'으로 변경한다.

15 불필요한 레이아웃을 모두 선택하고 마우스 오른쪽 단추를 눌러 나타나는 메뉴에서 [레이아웃 삭제]를 선택한다.

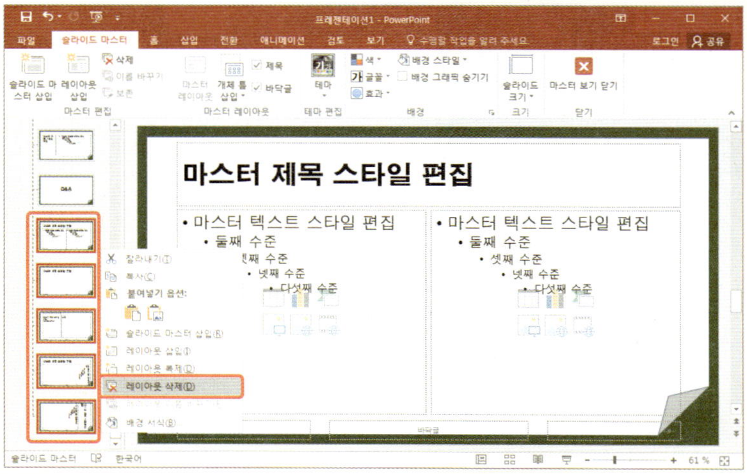

16 [슬라이드 마스터] 탭–[테마 편집] 그룹–[테마] 목록에서 [현재 테마 저장]을 선택하고, [현재 테마 저장] 대화상자의 [파일 이름]에 *도서 전략*을 입력한 다음 [저장]을 누른다.

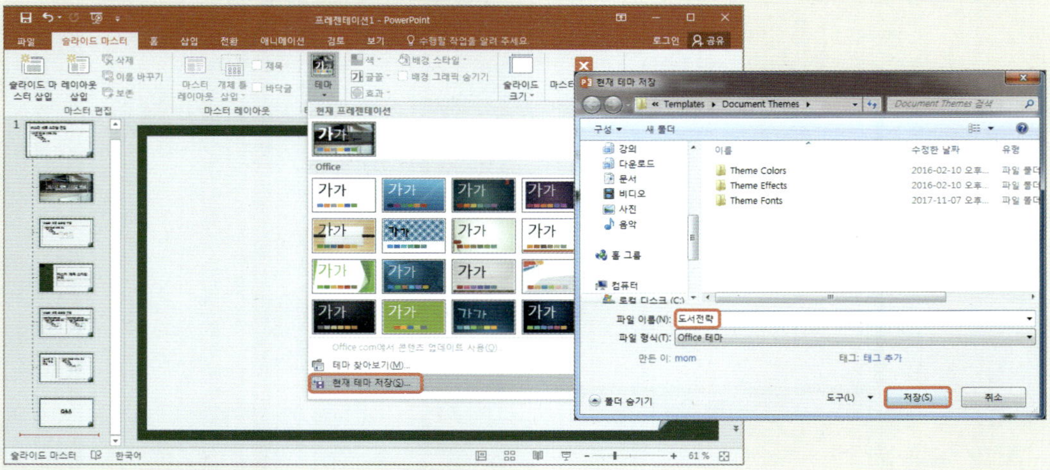

TIP 작성한 슬라이드 마스터 모양을 다른 파일에서도 사용하고 싶다면 테마로 저장하면 된다. 앞에서 저장한 '도서전략' 테마는 슬라이드 편집 화면의 [디자인] 탭–[테마] 그룹–[사용자 지정] 목록에서 선택할 수 있으므로 다른 프레젠테이션 파일을 작성할 때도 활용할 수 있다.

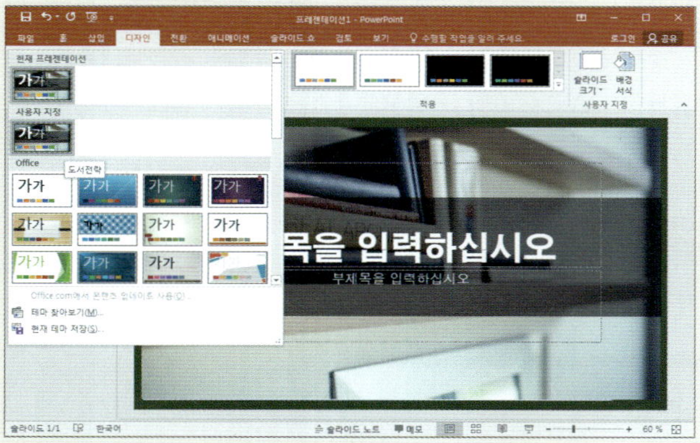

17 [슬라이드 마스터] 탭–[닫기] 그룹에서 [마스터 보기 닫기]를 눌러 슬라이드의 편집 화면으로 전환한다. 표지와 목차 등 필요한 슬라이드를 추가하여 프레젠테이션 파일을 제작한다.

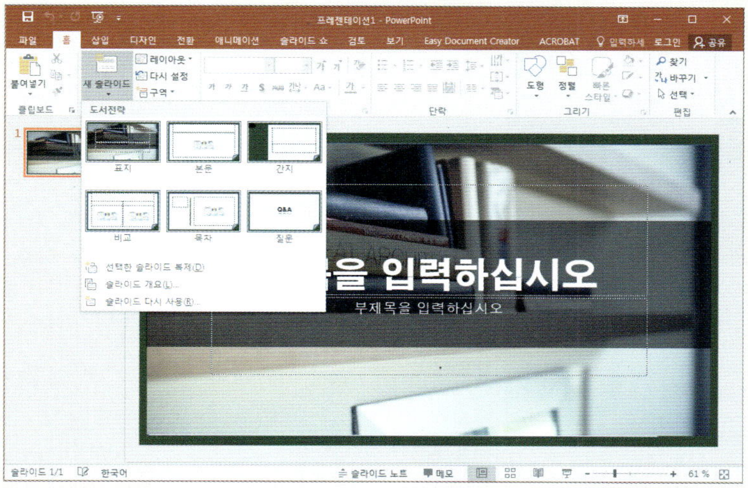

연습문제

1 다음 그림과 같은 프레젠테이션을 작성하기 위해 조건에 맞는 슬라이드 마스터를 제작하시오.

슬라이드 1

▲ 표지 레이아웃

슬라이드 2

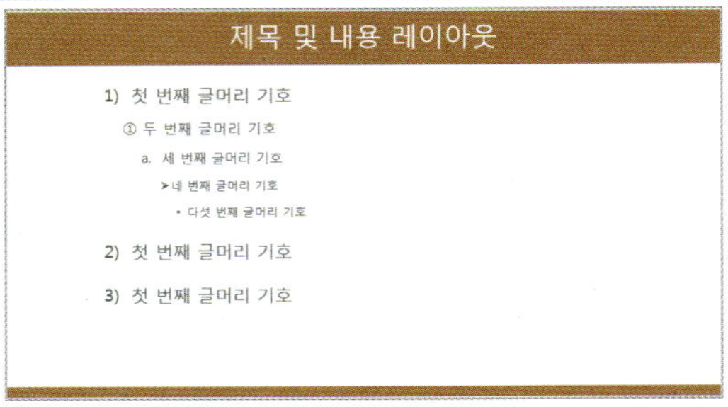

▲ 제목 및 내용 레이아웃

슬라이드 3

▲ 제목 및 내용 레이아웃

슬라이드 4

▲ 그림 레이아웃

❶ 슬라이드 마스터 레이아웃

– 슬라이드 아래쪽에 직사각형을 추가하시오. 직사각형의 너비는 슬라이드 폭과 같게 하고, 높이는 [0.5cm], 채우기는 [주황, 강조 2, 25% 더 어둡게]로 설정하시오.

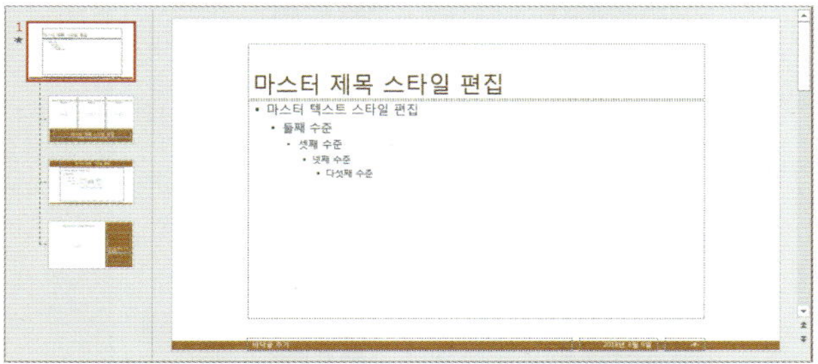

❷ 표지 레이아웃

– 슬라이드 아래쪽에 높이가 [5.7cm]인 직사각형을 추가하시오. 너비는 슬라이드 폭과 같게 하고, 채우기는 [주황, 강조 2, 25% 더 어둡게]로 설정하시오.

– 제목 텍스트의 글꼴은 [맑은 고딕], 글꼴 크기는 [44]로 설정하시오.

– 부제목 텍스트의 글꼴은 [맑은 고딕], 글꼴 크기는 [18]로 설정하시오.

– 슬라이드 위쪽에 그림 개체 틀을 세 개 삽입하시오.

– [바닥글]은 표시되지 않도록 설정하시오.

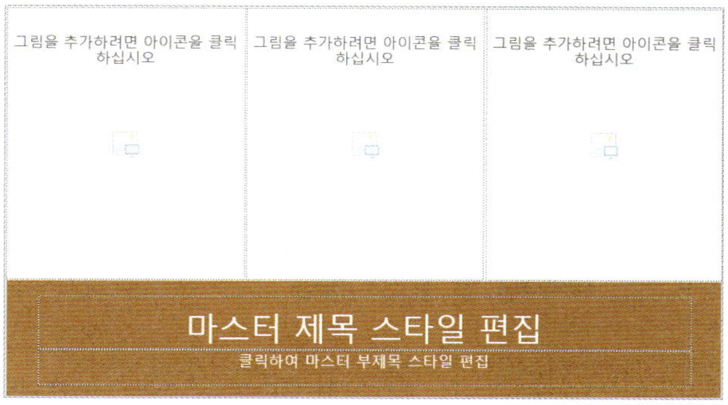

❸ 제목 및 내용 레이아웃

– 슬라이드 위쪽에 높이가 2.6cm인 직사각형을 추가하시오. 너비는 슬라이드 폭과 같게 하고, 채우기는 [주황, 강조 5, 25% 더 어둡게]로 설정하시오.

– 제목 텍스트의 글꼴은 [맑은 고딕], 글꼴 크기는 [36], [가운데 맞춤]으로 설정하시오.

– 내용 개체 틀의 글머리 기호는 수준별로 [1)–①–a–➢–·] 모양이 되도록 설정하고 줄 간격은 [1.5]로 설정하시오.

– [바닥글]은 표시되지 않도록 설정하시오.

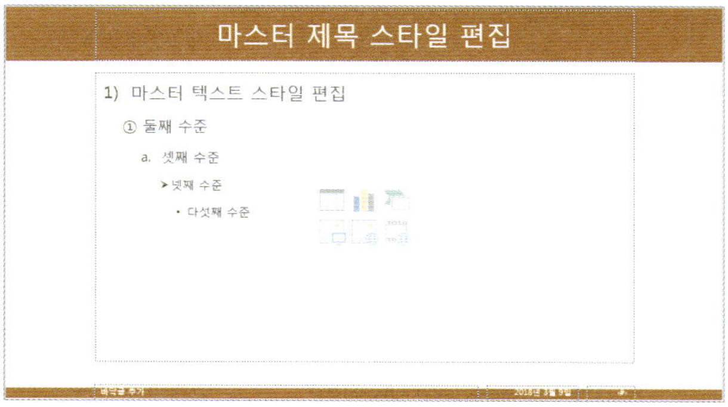

❹ 그림 레이아웃

– 기본으로 제공되는 [캡션 있는 그림 레이아웃]을 선택하여 수정하시오.

– 슬라이드 왼쪽에 그림 개체 틀을, 오른쪽에 제목과 텍스트 개체 틀을 배치하시오.

– 제목과 텍스트 개체 틀 뒤로 너비가 [11cm]인 직사각형을 추가하시오. 높이는 슬라이드 높이와 같게 하고, 채우기는 [주황, 강조 5, 25% 더 어둡게]로 설정하시오.

– [바닥글]은 표시되지 않도록 설정하시오.

2 그림과 같이 슬라이드를 인쇄하도록 조건에 맞게 유인물 마스터와 인쇄 옵션을 설정하시오.

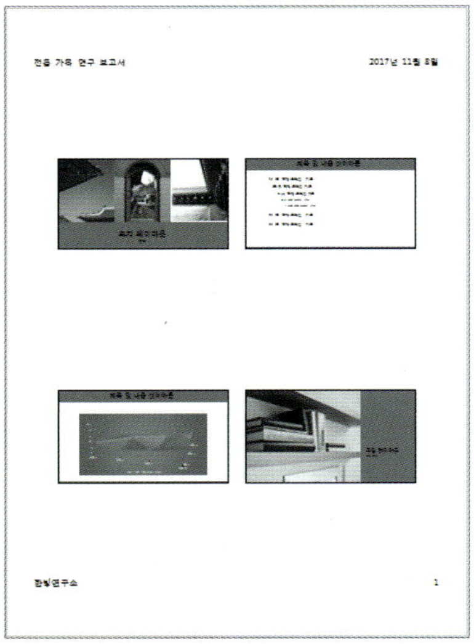

❶ 유인물 마스터에서 [한 페이지에 넣을 슬라이드 수]를 [4슬라이드]로 설정하고, 머리글/바닥글/날짜/페이지 번호를 모두 선택하시오. 머리글에는 *전통 가옥 연구 보고서*, 바닥글에는 *한빛연구소*라고 입력하시오.

❷ 인쇄 옵션에서 [용지에 맞게 크기 조정]을 이용하여 유인물 마스터에서 설정한 머리글/바닥글/날짜/페이지 번호가 모두 표시되도록 하고, [회색조]로 인쇄되도록 설정하시오.

[엑셀로 찾아보기]

[기호/숫자]

[알파벳]

A B

C

D

F

H

I

L

M

N O P

[파워포인트로 찾아보기]

[숫자]

[알파벳]